2021
빅데이터
한국사
능력검정시험 심화

지피지기(知彼知己) 백전불태(百戰不殆)

이론 + 문제 우리문화역사연구소 김용만 지음

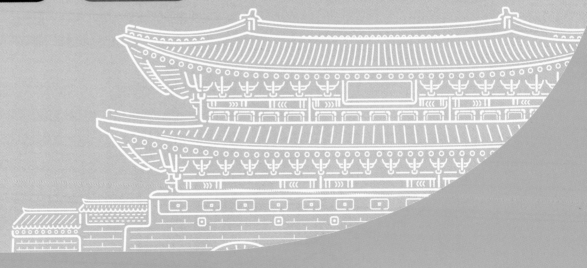

✔ 시험에 자주 출제되는 내용 횟수별 정리
✔ 빅데이터에 의한 빈출 문제와 문항 제시

학연문화사

국사편찬위원회가 말하는 한국사능력검정시험

한국사능력 검정시험이란?

학교 교육에서 한국사의 위상은 날로 추락하고 있는데, 주변 국가들은 역사교과서를 왜곡하고 심지어 역사 전쟁을 도발하고 있습니다. 한국사의 위상을 바르게 확립하는 것이 무엇보다 시급한 실정입니다.

이러한 현실에서 우리역사에 관한 패러다임의 혁신과 한국사교육의 위상을 강화하기 위하여 국사편찬위원회에서는 한국사능력검정시험을 마련하였습니다.

국사편찬위원회는 우리 역사에 대한 관심을 제고하고, 한국사 전반에 걸쳐 역사적 사고력을 평가하는 다양한 유형의 문항을 개발하고 있습니다. 이를 통해 한국사 교육의 올바른 방향을 제시하고, 자발적 역사학습을 통해 고차원적 사고력과 문제해결 능력을 배양하고자 합니다.

한국사능력 검정시험의 목적

우리 역사에 대한 관심을 확산, 심화시키는 계기를 마련함

고차원적 사고력과 문제해결 능력을 육성함

균형 잡힌 역사의식을 갖도록 함

역사 교육의 올바른 방향을 제시함

한국사능력 검정시험의 특징

한국사능력검정시험은 한 나라의 국민으로서 가져야 하는 기본적인 역사적 소양을 측정하고, 역사에 대한 전 국민적 공감대를 형성하기 위한 시험으로 다음과 같은 특징을 갖고 있습니다. 한국사 학습능력을 측정할 수 있는 대표적인 시험입니다.

1 응시자의 계층이 매우 다양합니다

한국사능력검정시험은 입시생이나, 각종 채용시험과 같은 동일한 집단이 아니라, 다양한 연령층과 직업군을 가진 사람들이 응시하고 있습니다. 한국사에 대한 관심과 애정만 있다면 응시자의 학력수준이나 연령 등은 더욱 다양해질 것입니다.

2 국가기관인 국사편찬위원회가 주관합니다.

국사편찬위원회는 우리 역사에 대한 자료를 관장하고 있는 교육부 직속 기관입니다. 한국사능력검정시험은 우리나라 역사에 관한 자료를 조사·연구·편찬하는 국사편찬위원회가 주관·시행을 함으로써, 수준 높고 참신한 문항과 공신력 있는 관리를 통해 안정적인 시험 운영을 하고 있습니다.

3 참신한 문항 개발에 노력하고 있습니다

매회 시험마다 단순 암기 위주의 보편적인 문항보다는, 다양한 영역에서 여러 접근 방법을 통해 풀 수 있는 참신한 문항을 새로 개발하고 있습니다. 또한 탐구력을 증진할 수 있는 문항 개발을 통해 기존 시험의 틀을 탈피하려고 노력하고 있습니다.

4 '선발 시험'이 아니라 '인증 시험'입니다

합격의 당락을 결정하는 선발 시험의 성격이 아니라, 한국사의 학습 능력을 인증하는 시험입니다.

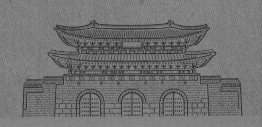

한국사능력 검정시험의 출제유형

한국사능력검정시험의 문항은 역사교육의 목표 준거에 따라 다음의 여섯 가지 유형으로 구분됩니다.

1. 역사 지식의 이해

역사 탐구에 필요한 기본적인 지식을 갖고 있는가를 묻는 영역입니다. 역사적 사실·개념·원리 등의 이해 정도를 측정합니다.

2. 연대기의 파악

역사의 연속성과 변화 및 발전을 이해하고 있는지를 묻는 영역입니다. 역사 사건이나 상황을 시대 순으로 정확하게 이해하고 인과관계를 파악할 수 있는가를 측정합니다.

3. 역사 상황 및 쟁점의 인식

제시된 자료에서 해결해야 할 구체적 역사 상황과 핵심적인 논쟁점, 주장 등을 찾을 수 있는가를 묻는 영역입니다. 문헌자료, 도표, 사진 등의 형태로 주어진 자료에서 해결해야 할 과제를 포착하거나 변별해내는 능력이 있는지를 측정합니다.

4. 역사 자료의 분석 및 해석

자료에 나타난 정보를 해석하여 그 의미를 파악할 수 있는가를 묻는 영역입니다. 정보의 분석을 바탕으로 자료의 시대적 배경과 사회적 의미를 해석할 수 있는가를 측정합니다.

5. 역사 탐구의 설계 및 수행

제시된 문제의 성격과 목적을 고려하여 절차와 방법에 따라 역사 탐구를 설계하고 수행할 수 있는 능력이 있는가를 묻는 영역입니다.

6. 결론의 도출 및 평가

주어진 자료의 타당성을 판별하고, 여러 자료를 종합하여 결론을 도출할 수 있는가를 묻는 영역입니다.

시험종류 및 인증 등급

시험종류	심화	기본	원서접수 및 자세한 시험 정보
인증등급	1급(80점 이상)	4급(80점 이상)	국사편찬위원회 누리집 (http://www.historyexam.go.kr)
	2급(70~79점)	5급(70~79점)	
	3급(60~69점)	6급(60~69점)	
문항수	50문항(5지 택1형)	50문항(4지 택1형)	

활용 및 특전

- 2012년부터 한국사능력검정시험 2급 이상 합격자에 한해 인사혁신처에서 시행하는 5급 국가공무원 공개경쟁채용시험 및 외교관후보자 선발시험에 응시자격 부여
- 2013년부터 한국사능력검정시험 3급 이상 합격자에 한해 교원임용시험 응시 자격 부여
- 국비유학생, 해외파견 공무원 선발 시 국사 시험을 한국사능력검정시험(3급 이상 합격)으로 대체
- 2014년부터 한국사능력검정시험 2급 이상 합격자에 한해 인사혁신처에서 시행하는 지역인재 7급 견습직원 선발시험에 추천자격 요건 부여
- 2015년부터 공무원 경력경쟁채용시험에 가산점 부여
- 2018년부터 군무원 공개경쟁채용시험에서 국사 과목을 한국사능력검정시험으로 대체
- **2021년부터 7급 국가지방공무원 공개경쟁채용시험에서 한국사 과목을 한국사능력검정시험으로 대체**
- 일부 공기업 및 민간기업의 직원 채용이나 승진 시 반영
- 일부 대학의 수시 모집 및 육군·해군·공군·국군간호사관학교 입시 가산점 부여

시작이 절반! 한국사능력검정시험에 도전하라!

30여 년간 역사고고학의 명가로, 수준 높은 전문 역사서를 출간해온 학연문화사는 수많은 역사전문가들과 함께 발전해왔습니다. 한국사 분야에서 30여 년간 축적해온 학연문화사만의 노하우로 수험생 여러분의 합격을 돕고자 합니다.

1. 국민시험이 된 한국사능력검정시험

한국사는 한국인이라면 누구나 알아야 할 필수 지식입니다. 자신이 한국사를 얼마나 알고 있는지를 검정해보는 한국사능력검정시험은 매년 50만 명 이상이 응시하는 국민시험이 되고 있습니다. 또한 합격률이 50~60%를 넘는 시험으로, 15일에서 1달 정도 공부하면 합격할 수 있는 도전해 볼 만한 시험입니다.

2. 지피지기(知彼知己) 백전불태(百戰不殆)

모든 시험에서 가장 중요한 것은 합격할 수 있다는 자신감입니다.

한국사는 어렵고, 외울 것이 많아요. 어쩌지요? 수천 년 한국사에서 벌어진 수많은 일들을 모두 다 공부해야 한다면, 어느 누구도 다 배울 수 없겠지요. 2006년부터 50회 이상 실시된 한국사능력검정시험은 다른 시험과 차별되는 뚜렷한 특징을 갖고 있습니다. 출제를 담당하는 국사편찬위원회의 의도와, 어떤 문제들이 출제되는 지를 알고 대비한다면 누구나 짧은 시간에 원하는 성과를 거둘 수가 있습니다.

30여 년간 역사고고학의 명가로, 수준 높은 전문 역사서를 출간해온 학연문화사는 수많은 역사전문가들과 함께 발전해왔습니다. 한국사 분야에서 30여 년간 축적해온 학연문화사만의 노하우와 빅 데이터 분석으로, 수험생 여러분의 공부 시간을 크게 줄여줄 것입니다.

3. 이렇게 공부해보세요.

1. 뭣이 중한데! - 어떤 것을 공부해야 하는지, 출제 경향, 출제된 문제, 출제 문항을 통해 알아봅시다.

2. 전체적인 흐름을 파악하고, 개념을 이해하세요. - 고대부터 현대까지 한국사에서 벌어진 큰 흐름을 본문과 함께 읽어가면서, 단편적 사실보다 시대적 흐름에 먼저 주목해주세요.

3. 7장, 8장 공간과 시간의 역사를 통해 지금까지 익힌 것을 다시금 정리하세요.

4. 기출 문제를 풀면서, 실력을 확인합니다.

5. 기출 문제 옆 해설을 보면서, 미진했던 것을 메워주세요.

6. 한국사능력검정시험을 대비하면서, 한국사에 친숙해진 것을 바탕으로, 이후 보다 심화된 인문지식으로 스스로의 배움을 발전시키셨으면 합니다.

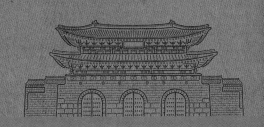

☑ 한국사능력검정시험의 출제 경향과 의도 분석

국사편찬위원회의 출제 의도를 파악하기 위해 1급 시험이 처음 치러진 2회부터 50회까지 출제된 2,450문제를 분석한 표입니다.

구분	출제문항	비중(%)	2 - 20회	비중(%)	21 - 40회	비중(%)	41 - 50회	비중(%)
선사	112	4.57	43	4.53	45	4.50	24	4.80
고대	353	14.41	127	13.37	157	15.70	69	13.80
고려	346	14.12	131	13.79	138	13.80	77	15.40
조선	613	25.02	262	27.58	237	23.70	114	22.80
근대	344	14.04	129	13.58	141	14.10	74	14.80
일제	353	14.41	112	11.79	156	15.60	85	17.00
현대	223	9.10	87	9.16	85	8.50	50	10.00
통합	85	3.47	53	5.58	26	2.60	6	1.20
세시	21	0.86	6	0.63	14	1.40	1	0.20
합계	2,450	100%	950	100%	1,000	100%	500	100%

- 고대사와 고려사 구분에서 후삼국시대는 고려사에 넣었고, 조선과 근대의 시대구분을 1863년 대원군 등장을 계기로 구분했을 경우입니다. 1876년 개항을 기준으로 시대를 구분하면, 조선시대가 33문제가 추가되어, 26.37%로 비중이 늘어나며, 근대 시기는 12.65%로 비중이 축소됩니다.

출제경향을 분석하면, 수험생 여러분이 무엇을 공부해야 하고, 짧은 시간에 어디에 중점을 두고 공부할 수 있을지를 알게 됩니다. '빅데이터 한국사'와 함께라면, 수험생 여러분들도 합격의 기쁨을 누리실 수 있을 것입니다.

빅데이터 한국사의 합격 전략

☑ **일정한 시대비율, 높아진 독립운동사 비율**

한국사 교육의 기준이 되는 공인된 시험이므로, 한국사능력검정시험의 출제범위는 전 시대에 걸쳐 일정한 비율로 출제됩니다. 국사편찬위원회의 입장에서는 특정 역사를 배제하거나, 특정 지역 역사만 강조할 수가 없습니다. 최근 출제 경향을 분석해보면 조선시대 비중이 조금 낮아지고, 일제시기 특히 독립운동사 관련 비중이 높아지고 있습니다. 반면 난이도가 높은 통합문제의 비중은 낮아지고 있습니다.

☑ **시대적 요구를 반영한 출제 비율**

무장독립투쟁사에 주목	최근 10회 시험에서 의열단 관련 문제가 6회 출제 되는 등, 매회 2문제 남짓 출제됩니다. 한일갈등이 고조된 상황을 반영해 올바른 독립운동사를 알려야겠다는 국사편찬위원회의 의도가 반영된 것이라 생각됩니다.
50번 문제는 통일 문제	40회 시험부터는 50번 문항에 정부의 통일노력을 묻는 문제가 고정적으로 출제되고 있습니다.
반드시 출제되는 발해사	26회 부터는 단 한 번 예외 없이 1문제가 빠지지 않고 고정적으로 출제되고 있습니다.
가야사의 부침	2017년 6월 대통령의 가야사 연구와 복원을 지시를 계기로, 2017년 8월에 치러진 36회 시험부터 45회 시험까지 10회 시험에서 가야사 문제가 9회 출제되었습니다. 이전까지 2회당 1회 출제된 것과 비교하면 크게 비중이 높아진 것입니다. 하지만 46~50회에는 2문제만 출제되어 비중이 조정되었습니다.
여성 독립운동가에도 주목	37회 시험에서 여성광복군 오광심, 43회 시험에서 조선의용대의 박차정, 46회 시험에서 3.1운동에서 활약한 김마리아, 48회 시험에서 사이토 총독 암살을 계획한 남자현, 49회 시험에서 서로군정서의 숨은 공로자인 허은 지사가 출제되었습니다. 여성 독립운동가에 대한 재조명이 활발한 만큼, 2019년 3.1운동 100주년 기념 우리가 기억해야 할 여성독립운동가 12인(남자현, 김마리아, 유관순, 박차정, **정정화**, 오광심, **조마리아, 안경신, 김순애, 윤희순, 이신애, 조신성**)으로 선정된 분들을 중심으로 아직 출제되지 않은 분들이 출제될 가능성이 높습니다.
시사 관련 문제도 출제	2019년 3월 고령 지산동 고분군 무덤에서 대가야 토제방울이 출토되자, 그해 5월 43회 시험에 출제되었습니다. 또 120년 전 프랑스인이 조선왕조의궤 2종을 필사한 것이 발견되었다는 소식이 2020년 3월 신문보도로 전해지자, 그해 6월에 치러진 47회 시험에서 출제되었습니다.

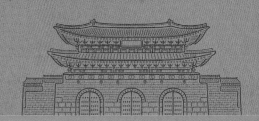

☑ 출제 빈도가 낮아진 문제

통합형 문제는 줄었지만, 지역사는 여전히 주목	전 시대를 아우르는 통사적 지식을 묻는 문제와, 특정 지역의 역사를 묻는 문제, 각 시대별로 다른 문화재를 구별할 줄 아는지를 묻는 문제는 난이도가 높아, 출제 비중이 낮아졌지만, 지역사를 중심으로 1문제 정도 출제됩니다. 48회 경주, 49회 부여, 50회 천안 등 특정 지역의 역사와 유물을 종합적으로 이해하고 있는지를 묻는 문제는 계속 출제됩니다.
세시풍속 문제는 비중이 낮아짐	세시풍속 문제는 15회~39회까지 25회 시험에서 19문제가 출제되었지만, 이후 출제되지 않다가 45회에서 다시 출제되었습니다. 비중이 크게 낮아졌지만, 대비하지 않을 수 없습니다.
논란이 있는 소수설은 출제되지 않음	국가기관에서 출제하는 만큼, 연구자들 사이에 논란이 있는 특정 문제에 대해서는 출제가 곤란합니다. 따라서 논란이 없는 기출 문항이 반복해서 출제되는 경향이 높으므로, 수험생께서는 자주 출제되는 문제를 놓치지 말고 점검하셔야 할 것입니다.

출제 유형에 따른 준비 이렇게 해보세요

☑ 흐름 파악에 중점을 두자

시대적 흐름 파악 문제의 높은 출제 빈도

50회 시험의 경우 사건 순서를 정리하는 문제가 2회(16, 22번), 사건과 사건 사이에 어떤 일이 생겼는지를 맞추는 문제가 4회(5, 27, 44, 47번)가 출제되었습니다.

49회 시험에서는 사건 순서를 정리하는 문제가 1회(21번), 사건과 사건 사이에 어떤 일이 생겼는지를 맞추는 문제가 4회(7, 14, 24, 47번), 연대표를 제시하고 구체적으로 언제 사건이 발생했는지를 묻는 2문제(29, 44번)가 출제되었습니다.

48회 시험에서도 사건순서를 정리하는 문제가 2문제(21, 33번)가 출제되었고, 사건과 사건 사이에 어떤 일이 생겼는지를 맞추는 문제가 4문제(4, 10, 42, 47번)가 출제되었으며, 연대표를 제시하고 구체적으로 언제 사건이 발생했는지를 묻는 2문제(5, 13번)가 출제되었습니다.

정확한 연대보다 큰 흐름이 먼저다

개별 연대보다, 중요 개념 위주로, 역사의 흐름을 이해하는 것이 필요합니다.

본문에서는 중요 사건의 연대를 일일이 적어두었지만, 그렇다고 모든 연대를 외울 필요는 없습니다. 근대사에는 많은 연대가 등장하는데, 갑오개혁, 을미개혁, 을사조약, 기유각서 등 육십갑자를 사용한 사건명은 육십갑자(7장 연대표 부분 참조)를 한번 알아두면 오래도록 연대문제로 힘들어 하는 일은 없을 것입니다.

사건의 연대를 알고자 하는 것은, 이 사건이 어떤 사건에 영향을 받고, 어떤 사건에 영향을 끼쳤는지를 이해하는데 필요하기 때문입니다. 굳이 정확한 연대는 몰라도 큰 흐름 속에 이 사건이 어떤 위치에 있다는 것만 알아도 역사를 제대로 이해하는 것이라고 할 수 있습니다. 연대표를 보고, 사건의 순서만이라도 자주 보시면 큰 도움이 될 것입니다.

빅데이터 한국사의 합격 전략

☑ 키워드로 시대 상황, 사건을 이해하자

역사는 인간이 왜 그때 그렇게 행동하고 사고했고, 왜 이렇게 생각하고 행동하지 않았는지를 이해하는 것을 통해 인간을 알아가는 학문이라고 합니다.

각 나라와 시대마다 특징적인 키워드가 있습니다. 동예는 책화, 신라는 골품제, 고려는 불교, 조선은 성리학, 현대는 분단, 통일, 민주화, 경제성장 등등. 특정 단어만 보고도 그 시대가 어떤 시대, 어떤 사건인지를 어느 정도는 알 수가 있습니다. 세종시대 과학기술, 영조시대 탕평책, 정조시대 수원화성 등 특정 시대, 사건에 맞는 키워드를 자주 익혀두셔야 합니다. 키워드를 알면 문제를 보다 수월하게 풀 수가 있습니다.

☑ 정확한 개념 확인

역사 공부는 낯선 용어들과의 싸움입니다. 일상생활에서는 거의 사용하지 않는 독서삼품과, 영정법, 전시과, 균역법, 경시서, 어사대 등 역사에는 온갖 낯선 용어들이 등장합니다. 모든 공부는 단어의 의미와 느낌을 제대로 이해하고, 타인에게 그 단어를 정확하게 전달할 수 있는 능력을 키우는 것입니다. 역사를 암기 과목이라고 하는데, 모든 공부는 그 공부에서 필요한 기본 개념을 이해하고 암기하는 것에서 시작됩니다. 어학공부는 수많은 단어와 문장을 외워야만 하는 암기과목입니다. 수학공부도 마찬가지로 온갖 수학 개념과 용어들을 암기하는 것에서부터 시작됩니다. 외우는 것을 너무 두려워하지 않으셨으면 합니다. 낯선 단어들도 자주 보다 보면, 저절로 그 의미와 사용법을 알게 되는 될 것입니다.

☑ 역사적 인물들과 친숙해지기

50회 한국사능력검정시험에서는 15번 최충헌, 20번 김정희, 35번 최재형, 39번 이동녕, 42번 심훈, 45번 조소앙 문제가 출제되었습니다. 49회에서는 정약용, 김홍집, 전봉준, 이상설, 지청천 문제가, 48회에서는 김춘추, 최치원, 이순지, 박정양, 호머 헐버트와 조지 루이스, 박은식, 47회에서는 원효, 이익, 정선, 안창호, 양세봉 문제가 출제되는 등, 왕이 아닌 인물에 대해 매회 5~6문제 정도 출제되고 있습니다.

역사적 인물로 후대에 기억되는 분들은 그가 살았던 시대를 대표하며, 후대에 큰 영향을 끼친 사람들입니다. 한국사능력검정시험에서 인물에 대한 출제 비중이 높은 만큼, 역사적 인물에 대한 이해는 반드시 필요합니다. 내가 만약 저 인물이었다면, 어떠했을까도 상상해보시면서, 역사적 인물들과 친숙해지시기 바랍니다.

☑ 문화유산, 사진 자료로 자주 확인하기

한국사능력검정시험은 정치사의 비중이 가장 높습니다. 그 다음으로 비중이 높은 분야가 경제사와 문화사입니다. 석탑, 승탑, 사찰, 불상, 도자기, 회화, 비석 등 자주 출제되는 문화재는 여러분의 눈에 익히셔야 합니다. 박물관이나 문화유산이 있는 곳을 찾아가서 직접 눈으로 확인하고 유물이 갖는 여러 의미를 현장에서 생각해보는 것이 가장 좋은 공부법입니다. 하지만 현실적으로 어렵다면 그림으로 자주 확인하고 익히셔야 합니다. 매회 빠지지 않고 출제되는 것이 문화유산 문제입니다.

한국사능력검정시험을 준비하는 여러분들은 교재에 실린 문화유산 사진을 보시고, 어떤 유물인지 눈으로 구분하는 시야를 가지시기 바랍니다.

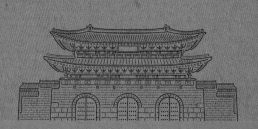

빅데이터 한국사의 대책

빅데이터 한국사는 수험생이 어떻게 공부해야 가장 효율적인 성과를 얻을 수 있는지를 염두에 두고 책을 구성했습니다.

✓ 빅데이터에 의한 출제 경향을 파악

기출문제는 국사편찬위원회에서 수험생들에게 '이것만큼은 알아야 합니다.' 라고 제시하는 문제입니다. 빅데이터 한국사는 2회부터 50회까지 모든 문제를 검토하여, 어떤 문제가 출제되어 왔는지를 여러분께 먼저 알려드립니다.

출제 경향을 파악해두면, 어떤 부분에 중점을 두고 공부를 해야 할 지를 쉽게 파악할 수가 있습니다. 한국사 공부를 시작할 때, 가장 먼저 자신이 이미 알고 있는 것을 중심으로 잡고, 그것부터 주변으로 차츰 확대해보세요. 어학도 자주 사용되는 단어와 문장부터 배우고, 점차 어려운 단어와 문장으로 나가듯이, 한국사 공부도 가장 출제 빈도가 높고, 가장 중요하고 잘 알려진 부분부터 내 것으로 만드는 것부터 시작하시기 바랍니다. 기출경향 파악은 한국사 공부의 뿌리와 줄기가 될 것입니다.

✓ 빅데이터에 의한 빈출 문제와 문항 제시

한국사능력검정시험은 다양한 유형의 문제가 출제되지만, 정답을 찾아야 할 문항은 유사한 것이 많습니다. 2회부터 50회까지 출제된 2,450문제와 1만 1,856개 문항을 분석해, 자주 출제되는 문제와 문항을 추출했습니다. 빈출 문제와 빈출 문항을 공부하는 것은 수험생 여러분이 한국사를 공부할 때에 기본 가지가 될 것입니다.

특히 빈출 문항을 통해 여러분의 기본실력으로 다진 후에, 점점 낯설었던 용어들을 익혀 나가다 보면 실력이 쑥쑥 늘어날 것입니다. 시험에서 여러 번 접했던 익숙한 문항들을 만나게 되면, 문제 풀기가 한결 쉬워질 것입니다.

✓ 역사적 배경에 대한 이해

역사는 단편적 사실의 나열을 배우는 학문이 아니라, 인과관계를 추적해 인간사의 다양성을 이해하는 학문입니다. 특정 시대와 사건을 이해하기 위해서는 그 시대 배경과, 그 사건만의 특성을 이해하는 것이 필요합니다.

핵심 용어만 외우면, 왜 이때 이런 일들이 있었는지를 이해하기 어렵습니다. 빅데이터 한국사는 전문가의 자문을 받아 각 단원별 이해를 돕기 위한 배경 해설을 추가했습니다. 시대 배경을 안다면, 왜 이때 이런 일이 있었고, 저렇게 되지 않았는지를 훨씬 쉽게 이해할 수 있습니다. 여러분의 역사를 바라보는 안목을 넓혀줄 것입니다.

빅데이터 한국사의 합격 전략

☑ 사건에 대한 명확한 해설

사건을 암기할 때는 A는 B라는 짧은 문장이 좋지만, 역사는 원인부터 결과까지 일련의 과정을 알아야 하는 공부입니다. 사건에 대한 명확한 해설을 통해 역사적 사건에 대한 여러분의 충분한 이해를 돕고자 했습니다. 꼭 알아야 할 역사용어를 제외하면, 가급적 쉬운 글로 역사적 사건을 해설하였습니다. 책의 내용을 충실히 읽기만 해도, 여러분이 목표하신 한국사능력검정시험 합격을 이룰 수 있도록 알찬 내용을 담았습니다. 출제 빈도가 높거나, 중요한 내용은 붉은 색으로, 출제된 적이 있거나, 결코 놓쳐서는 안 될 내용은 푸른 색으로 표시했습니다. 처음에는 쭉 읽어보시고, 다음에는 중요부분을 중심으로 검토하시면 도움이 되실 것입니다.

☑ 적절한 도표로 흐름 잡기

복잡한 내용이나, 같은 항목인데 시대별로 다른 내용은 표로 정리하여 볼 때 빨리 이해되는 경우가 많습니다. 수험생 여러분이 쉽게 공부할 수 있도록, 다양한 도표를 실었습니다. 종횡으로 역사를 이해할 수 있는 정리된 도표가 여러분에게 큰 도움이 될 것입니다.

☑ 유물과 유적 사진의 활용

사진 한 장은 수많은 정보를 압축해 담고 있습니다. 한 점의 유물 사진을 보고 역사가들은 수많은 정보를 분석해냅니다. 한국사능력검정시험에는 많은 유물과 유적 사진이 출제됩니다. 유물과 유적을 자주 보시는 것이 문제풀이에 유리합니다.
따라서 빅 데이터 한국사는 문제로 출제된 유물과 유적을 가급적 많이 게재하고자 했습니다. 또한 기출 유물에는 해설을 붙여, 꼭 아셔야 할 유물들에 대한 이해를 도왔습니다. 유물과 유적 사진을 결코 소홀히 하지 않으셨으면 합니다.

☑ 연대표로 정리

한국사능력검정시험 출제유형에는 흐름을 파악하는 문제의 비중이 특히 높습니다. 연표는 시간의 흐름을 파악하는 매우 중요한 도구입니다. 연표는 알고 있는 역사적 사건들을 스스로 재배열할 수 있도록 도와주는 도구입니다. 연표를 통해 역사 사건의 흐름과 인과관계를 파악하고 있는지를 점검해 보시기 바랍니다.

☑ 공간으로 정리

역사는 시간과 공간, 인간의 합작품입니다. 인간이 활동한 지리적 공간을 이해하지 못하면, 전체 역사를 이해하기가 어렵습니다. 한국사능력검정시험 출제 유형 가운데는 특정 지역에서 벌어진 역사적 사건을 묻는 문제가 있습니다. 이에 대비하기 위해 8장 공간으로 본 역사 장에서는 다양한 역사가 숨 쉬는 주요 지역의 역사를 일목요연하게 정리해두었습니다. 특히 독도, 강화도, 간도 등의 역사는 필히 정리해두시는 것이 필요합니다. 1~6장까지 공부했던 것을 7장과 8장을 통해 시간과 공간으로 다시 정리하면, 한국사 공부가 여러분의 기억에 더 잘 남아있게 될 것입니다.

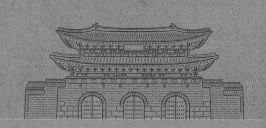

✅ 기출문제로 실력을 점검

기출문제 풀기는 한국사능력검정시험을 준비할 때, 필수 과정입니다. 2회부터 50회까지 출제된 문제 가운데 엄선된 문제를 풀어보면서 여러분의 실력을 점검하셨으면 합니다.

문제풀이에서 정답을 찾는 것만이 중요한 것은 아닙니다. 정답이 아닌 다른 문항에 대해서도 확인해야 합니다. 기출문제가 똑같이 나오는 경우는 단 한 번도 없습니다. 하지만 기출문제와 거의 같은 보기가 주어지고 다른 답을 구하는 문제가 자주 출제됩니다. "가락바퀴를 이용해 실을 뽑았다.(옷을 만들었다.)"는 문항은 무려 22회나 출제되었습니다. 가락바퀴가 신석기시대 대표유물임을 절대 몰라서는 안 되겠지요. 국사편찬위원회가 출제한 문제와 문항에서 추출한 이것만! 한 번 더 확인하시기 바랍니다.

빅데이터 한국사는 여러분을 합격의 길로 안내할 것입니다.

한국사능력검정시험은 수험생 여러분이 한국사에 대해 얼마만큼 알고 있는지를 확인하고, 앞으로 보다 깊은 한국사 이해를 위한 디딤돌을 만드는 과정입니다. 한국사능력검정시험을 대비하면서 얻은 지식을 바탕으로, 이후 심화된 인문지식으로 자신의 공부를 발전시켜 보셨으면 합니다.

    ** 수험생 여러분의 합격을 기원합니다.
      역사학은 과거를 위한 학문이 아닌, 미래를 위한 학문입니다.
      역사를 통해 배운 지식과 경험이 여러분의 미래에 도움이 되기를 바랍니다.
      한국사 공부를 통해 얻는 지혜로 보다 나은 미래 한국사를 만들어주시기 바랍니다.

CONTENTS

차례

CHAPTER

01

우리 역사의 형성과
고대 국가의 변화

한국사능력검정시험

단원의 핵심

지피지기 1. 출제 경향 점검

2회부터 50회까지 49회 시험에서 2,450문제가 출제되었습니다.

이 가운데 고대 부분은 465문제가 출제되어 18.98% 비중을 차지합니다. 최근 10회 시험에서도 93문제 18.6%가 출제되어, 출제 비중에 큰 변화가 없습니다.

고대 부분에서 9~10문제가 출제된다고 보면, 1번은 선사시대, 2~3번은 고조선과 초기국가, 4~9번은 고구려, 백제, 신라, 발해, 가야 각 나라에서 두루 출제됩니다. 최근 10회에서 가야 7, 고구려 12, 백제 11, 발해 10, 신라 29문제가 출제되었습니다. 가야와 발해의 비중이 의외로 높고, 신라사의 비중이 가장 높음을 알 수 있습니다.

5국에 대한 개별적인 질문만이 아니라, 2~3개국이 함께 어울린 문제도 많이 출제됩니다. 특히 문화사 분야가 다른 시대에 비해 비중이 높습니다. 고분벽화, 불교예술, 무덤, 석비 등이 두루 출제됩니다.

지피지기 2. 어떤 문제가 출제되었나?

1. 구석기~철기시대 문제

48회 1번 문제는 농경과 정착생활이 시작된 시대 생활 모습을 질문하며, 가락바퀴와 갈돌을 제시하였습니다. 50회 1번 문제는 공주 석장리 유적에서 출토된 찍개, 주먹도끼가 사용된 시기의 생활 모습을 묻는 문제였습니다.

출제된 문제는 대체로 유적이나 유물을 보여주고, 이 유적과 유물이 어느 시대의 것인지를 묻습니다. 그리고 보기에서 해당하는 시대의 생활상을 찾는 형태로 출제됩니다. 따라서 문제에 등장하는 유적의 이름은 몰라도, 어떤 시대를 설명하는지를 알 수 있는 용어 하나만이라도 알 수 있으면, 쉽게 문제의 답을 찾을 수가 있습니다.

구석기 - 주먹도끼, 슴베찌르개, 막집,
신석기 - 농경, 정착, 움집, 빗살무늬토기, 가락바퀴
청동기 - 계급발생, 비파형동검, 반달돌칼, 거친무늬거울, 고인돌
철　기 - 철제 농기구, 세형동검, 잔무늬거울, 널무덤, 붓

이와 같은 시대를 대표하는 용어를 외우고, 각 시대상을 떠올려 보시기 바랍니다.

2. 고조선과 여러 나라 문제

49회 2번 문제는 위만이 망명하여 준왕에게 그 나라의 번병이 되겠다고 설득했다는 삼국지 동이전 기록을 보여주며, 위만이 투항한 고조선에 대한 설명으로 옳은 것을 묻는 문제였습니다. 위만, 준왕 등 몇몇 키워드만 알아도 쉽게 고조선임을 알 수 있습니다. 다만 5가지 문항에서 고조선과 관련된 범금(犯禁) 8조를 찾는 것이 관건입니다.

47회 2번 문제는 고구려와 백제의 기원인 나라를 묻는 문제가 출제되었습니다. 쑹화강 유역의 자연환경과 경제생활, 사출

도, 1책12법 등을 나열하고, 부여를 아는지를 묻는 문제였습니다.

46회 2번 문제도 철기시대에 등장한 나라들의 혼인 풍속을 묻는 문제로, 옥저의 민며느리제와, 고구려의 서옥제를 보기로 들고, 두 나라를 설명한 문항을 찾는 것이었습니다.

50회 3번 문제는 책화 풍습이 있고, 단궁, 반어피, 과하마 등이 특산물인 나라, 즉 동예에 대한 질문이었습니다.

대체로 2~3번 문제로 출제되는 고조선과 여러 나라 문제는 각 나라의 대표적인 키워드, 즉 옥저 - 민며느리제, 동예 - 책화, 삼한의 벼농사 등을 암기하고 있으면 쉽게 답을 찾을 수 있습니다.

3. 가야

45회 3번은 고령에서 출토된 지산동 44호분을 설명하면서, 순장을 실시한 가야에 대해 묻는 문제였습니다. 50회 6번 문제는 김해 대성동과 양동리고분에서 출토된 목걸이 3점이 보물로 지정되었다는 뉴스를 전하면서, 김수로왕이 건국한 나라, 즉 가야에 대한 옳은 설명을 찾는 문제가 출제되었습니다.

김해와 고령 지역의 대표유적과 유물, 400년 고구려의 침공을 받아 금관가야 중심의 전기가야 연맹이 와해되고, 대가야 중심의 후기가야 연맹이 등장하는 역사 위주로 공부하시기 바립니다.

4. 고구려

50회 5번 문제는 고구려 장수왕이 백제의 수도 한성을 공격해 백제왕을 죽인 사건과, 고구려가 안시성에서 당나라군을 격파한 사건 사이에 벌어진 살수대첩의 시간 순서를 아는지 묻는 문제였습니다. 47회 3번은 백제 근초고왕의 평양성 공격과 고국원왕의 전사, 광개토대왕의 신라 지원, 백제 비유왕과 신라 눌지왕의 동맹체결 등 삼국의 발전과 경쟁의 순서를 묻는 문제였습니다.

고구려에서 출제빈도가 높은 문제는 광개토대왕의 업적, 고구려 - 수, 당 전쟁, 고분벽화, 나제동맹과 고구려의 대응, 평양천도 등이며, 서옥제, 진대법, 복식, 도교, 무덤, 비석 등 사회 문화부분 등도 출제됩니다. 고구려 불상인 연가칠년명 금동여래입상, 강서대묘 현무도, 광개토대왕릉비 등은 자주 보기로 예시되는 만큼, 눈으로 익히셔야 합니다.

5. 백제

49회 4번은 부소산성, 관북리유적, 정림사지, 나성, 능산리고분군 사진을 보여주며, 부여지역의 역사, 즉 백제 성왕이 수도를 옮긴 사건을 묻는 문제였습니다.

48회 4번은 동성왕이 사신을 보내 신라와 혼인동맹을 맺은 사건과, 성왕이 신라군의 습격을 받아 살해당한 사건 사이에 어떤 일이 벌어졌는지를 묻는 문제였습니다.

백제는 근초고왕, 무령왕, 성왕, 무왕, 의자왕 등 주요 왕들에 대한 문제가 자주 출제됩니다. 출제 빈도는 나제동맹, 웅진과 사비천도 등이 높은 편이며, 무령왕릉, 백제금동대향로를 비롯해 서울, 공주, 부여, 익산의 문화유산도 자주 등장합니다.

이처럼 삼국시대 부분에서 1개 국의 역사만이 아니라, 각국이 서로 얽힌 사건들의 순서를 묻는 문제가 출제되는 경우가 많습니다.

단원의 핵심

6. 신라

50회 5번은 만파식적 설화에 등장하는 신문왕에 대한 문제였고, 47회 4번은 화랑을 선발하고, 화랑 사다함이 가라국을 멸망시킨 이야기를 제시하면서, 이때 신라왕의 재위시기에 있었던 사실을 묻는 문제였습니다. 48회 7번은 최치원의 묘길상탑지를 보여주며, 그가 살던 신라 말 상황을 묻는 문제였습니다.

신라의 주요한 왕인 내물마립간, 지증왕, 법흥왕, 진흥왕, 무열왕, 문무왕, 신문왕 등의 업적을 묻거나, 9주 5소경, 골품제, 아라비아와 교역, 민정문서, 왜국과 교역, 신라 말의 혼란 등이 출제됩니다. 48회 9번은 신라의 천년 고도 경주 답사 계획서를 제시하고, 천마총, 첨성대, 동궁과 월지, 분황사지, 불국사에 대한 설명 가운데 옳지 않은 것을 묻는 문제였습니다. 신라는 매회 3문제 정도 출제되는데, 그 중 1문제는 석탑, 불상, 비석 등 문화유산에서 출제되는 경향이 있습니다. 사진 등의 자료를 통해 익혀두셔야 합니다.

7. 발해

48회 8번은 일본 나라현 헤이조큐 유적에서 출제된 목간에서 등장하는 고려 명칭을 통해 이 나라가 고구려를 계승했음을 보여주고, 발해에 대한 문항을 찾는 문제였습니다. 발해는 고구려 계승 문제가 가장 중요하게 출제됩니다.

발해의 정체성을 보여주는 일본에서 출토된 목간, 온돌, 연화문와당, 유득공의 발해고, 정효공주묘 등을 제시하면서 고구려와 관련성을 묻습니다. 또 2대 무왕의 등주 공격을 중심으로 한 당나라와 대립, 3대 문왕의 업적을 묻는 질문도 자주 출제됩니다.

발해의 정치조직, 지역 특산물, 문왕의 두 딸 정혜공주, 정효공주 두 사람의 무덤의 차이점을 아는 것도 필요합니다.

IMPORTANT

지피지기 3. 어떤 문항이 자주 출제되었나?

고대 단원에서 자주 출제된 문항을 익히면, 시험에 대한 자신감을 크게 상승시킬 수 있을 것입니다. 빈출 문항에는 그 시대를 대표하는 키워드가 많이 담겨있습니다.

구석기시대

주로 동굴이나 강가의 막집에서 거주하였다. - 18회

신석기시대

가락바퀴를 이용하여 실을 뽑아 옷을 만들었다. - 22회
빗살무늬토기를 만들어 식량을 저장하였다. - 11회
정착생활이 시작되면서 움집이 나타났다. - 7회

청동기시대

거푸집을 사용하여 청동기(비파형 동검, 도구, 무기)를 제작하였다. - 9회
반달 돌칼을 이용하여 벼를 수확하였다. - 12회
많은 인력을 동원하여 지배자의 무덤으로 고인돌을 만들었다. - 22회

철기시대

중국 화폐인 명도전, 반량전이 널리 사용되었다. - 15회
쟁기, 쇠스랑 등 철제 농기구를 사용하여 농사를 지었다. - 8회
거푸집을 사용하여 세형 동검을 제작하였다. - 6회
사람이 죽으면 독에 넣어 매장하였다. - 5회

고조선

사회 질서를 유지하기 위해 8조법을 만들었다. - 10회
한나라 무제가 파견한 군대와 맞서 싸웠다. - 7회
왕 아래 상, 대부, 장군 등의 관직을 두었다. - 3회

부여

도둑질한 자에게는 12배를 배상하게 하였다. - 10회
12월에 영고라는 제천행사를 열었다. - 13회
마가, 우가, 저가, 구가 등이 별도로 사출도를 다스렸다. - 22회

동예

특산물로 단궁, 과하마, 반어피 등을 생산하였다. - 12회
다른 부족의 영역을 침범하면 변상하는 책화가 있었다. - 22회
무천이라는 제천 행사가 있었다. - 9회
읍군이나 삼로라 불리는 지배자가 있었다. - 7회 (옥저도 해당)

옥저

혼인 풍속으로 민며느리제가 있었다. - 13회
가족이 죽으면 그 뼈를 추려서 가족 공동 무덤에 안치하였다. - 5회

단원의 핵심

삼한

제사장인 천군과 신성지역인 소도가 있었다. - 31회
철이 많이 생산되어 낙랑, 왜 등에 수출하였다. - 13회 (가야도 포함)

가야

낙랑, 왜를 연결하는 중계 무역으로 번성하였다. - 4회
고구려군의 공격으로 세력이 약화되었다 - 3회

고구려

10월에 동맹이라는 제천 행사를 열었다. - 5회
대가들이 사자, 조의, 선인 등의 관리를 거느렸다. - 9회
경당을 설치하여 청소년에게 글과 활쏘기를 가르쳤다. - 11회
진대법을 실시하여 빈민을 구제하였다. - 14회
관구검이 이끄는 위의 군대가 고구려를 침략하여 환도성이 함락되었다. - 7회
미천왕이 서안평을 공격하여 영토를 확장하였다. - 7회
광개토대왕이 군대를 보내 신라에 침입한 왜를 격퇴하였다. - 9회
612년 을지문덕이 수의 군대를 살수에서 크게 물리쳤다. - 13회
연개소문이 정변을 일으켜 권력을 장악하고 신라를 압박하였다. - 8회

백제

근초고왕이 평양성을 공격하여 고국원왕을 전사시켰다. -10회
백제의 문주왕이 웅진으로 천도하였다. - 6회
백제가 신라와 나제동맹을 맺었다. - 9회
무령왕이 지방에 담로를 두고 왕족을 파견하였다. - 22회
중국 남조의 영향을 받은 벽돌 무덤인 무령왕릉이 있다. - 12회
수도를 사비로 옮기고 국호를 남부여로 바꾸었다. - 8회
무왕이 익산에 미륵사를 창건하였다. - 9회
백제가 신라의 대야성을 함락하였다. - 10회
복신과 도침 등이 주류성에서 군사를 일으켜 부여풍을 왕으로 추대하였다. - 7회

신라

최고 지배자의 칭호를 대군장을 의미하는 마립간 칭호로 변경하였다. - 8회
지증왕이 시장을 감독하는 관청인 동시전을 설치하였다. - 11회
지증왕이 이사부를 보내 우산국을 복속시켰다. - 17회
병부와 상대등을 설치하고 관등을 정비하였다. - 12회
거칠부에게 국사를 편찬하게 하였다. - 10회
진흥왕이 대가야를 정복하여 영토를 넓혔다. - 13회
진흥왕이 화랑도를 국가적인 조직으로 정비하였다. -11회
건원이라는 독자적인 연호를 사용하였다. - 8회
자장의 건의로 황룡사 9층 목탑이 건립되었다. - 10회
지방관을 감찰하기 위하여 외사정을 파견하였다. - 13회
만장일치제로 운영된 화백회의를 통해 국정을 운영하였다. - 12회
신라가 매소성에서 당군을 물리쳤다. - 11회
신문왕이 왕의 장인인 김흠돌의 반란을 진압하고 진골 귀족세력을 숙청하였다. - 15회
관료전이 지급되고 녹읍이 폐지되었다. - 21회
군사조직을 9서당(중앙군) 10정으로 편성하였다. - 9회
국학을 설립하여 유학을 교육하였다. - 13회
상수리 제도를 실시하여 지방 세력을 견제하였다. - 10회
인재를 등용하고자 독서삼품과를 실시하였다. - 23회

발해

인안, 대흥 등의 독자적 연호를 사용하였다. - 17회
장문휴의 수군이 당의 등주를 공격하였다. - 9회
일본에 보낸 국서에 고구려의 후예임을 내세웠다. - 5회
유교 교육기관으로 주자감을 설치하였다. - 6회
솔빈부의 말이 특산물로 유명하였다. - 5회
5경 15부 62주의 지방 행정제도를 갖추었다. -10회

01 선사시대

주요한 기출 키워드

- 구석기시대 - 주먹도끼, 막집
- 신석기시대 - 가락바퀴, 빗살무늬토기, 움집
- 청동기시대 - 비파형동검, 반달 돌칼, 고인돌
- 철기시대 - 세형동검, 명도전, 철제 농기구

용어설명

전곡리 유적

1978년 처음 발견된 전곡리 유적은 아슐리안형 주먹도끼가 동아시아에서 처음으로 발견된 유적으로 유명하다.

주먹도끼

양쪽에 날이 있고, 한 손에 쥐고 사용할 수 있어, 찍기, 자르기, 동물 가죽 벗기기 등 다용도로 활용할 수 있다. 주먹도끼를 만들기 위해서 미리 적합한 돌을 골라 제작했다. 인류의 지혜가 발전했음을 보여주는 유물이다.

슴베찌르개

슴베(이음부)가 있어 나무에 연결해 사용했다. 대표적인 잔석기로, 후기 구석기시대에 사냥도구로 사용했다.

막집

이동 생활을 위한 임시 거주지. 불 땐 자리, 임시 기둥과 담을 두른 흔적이 있다.

① 구석기시대

시대 개요

선사시대는 역사 기록이 없는 시대다. 구석기시대는 인류가 출현하기 시작해 돌을 깨뜨리거나 떼어내어 도구를 만들어 사용하고, 채집과 사냥을 하며 살았던 시대다. 맹수들과 싸우며 살아남아야 하는 소수의 인간들이 가진 도구는 돌과 나무, 뼈 정도였다. 하지만 불을 사용하게 되면서 인간은 동물과의 경쟁에서 승리하게 되었다. 기록은 남아있지 않지만, 그들의 남긴 유적과 유물을 통해 구석기시대를 알아볼 수 있다.

■ 구석기시대의 생활

구석기시대는 약 70만 년 전~1만 년 전까지다. 구석기 사람들은 사냥, 채집, 어로로 식량을 마련하는 생활방식을 갖고 있었다. 그들은 무리를 지어 이동하며 생활하였고, 동굴이나, 바위 그늘, 강가의 막집에서 살았다.

인구도 적고, 가진 것도 거의 없는 사회였으므로, 지배자 - 피지배자와 같은 신분이 없는 평등한 공동체 생활을 했다. 구석기인들은 불을 사용하면서부터 음식을 익혀 먹고, 어둠을 밝히고, 추위를 이겨낼 수 있었다.

■ 구석기인의 도구

구석기인들은 돌에서 조각을 떼어낸 뗀석기와 나무 등을 도구로 이용했다.

만능도구인 주먹도끼와 사냥용 도구인 찍개, 조리도구인 긁개, 밀개를 사용했다. 후기 구석기시대에는 이음

▲ 주먹도끼   ▲ 찍개   ▲ 슴베찌르개

도구를 만들어 사용했는데, 슴베가 달린 찌르개인 슴베찌르개를 나무 막대에 박아 창을 만들어 사용했다. 또한 후기 구석기시대는 활과 화살이 등장해 보다 안전하게 사냥할 수 있었다.

구석기시대 대표 유적

- 경기 연천 전곡리 유적 - 동아시아 지역 최초 주먹도끼 출토
- 충남 공주 석장리 유적 - 다양한 문화층 발견
- 충북 청주 두루봉 유적 - 동굴 유적, 어린아이 유골 발견(흥수아이)
- 단양 수양개 유적, 평양 상원 검은모루 동굴, 고양시 도내동 유적 등

▲ 전곡리 유적   ▲ 전곡리 구석기인의 생활

② 신석기시대

용어설명

시대 개요

구석기인과 달리 신석기인은 '신석기혁명'이라 불리는 농경과 가축 키우기를 시작했다. 농경은 밭을 일궈 씨를 뿌리고 수확할 때까지 장시간이 걸리고, 매년 같은 곳에서 농사를 해야 하기 때문에, 인간은 한 곳에 정착해서 살아야 했다. 따라서 오래 머물 집이 필요해졌고, 생산된 곡물을 저장할 창고와 토기 등을 마련해야 했다. 따라서 다양한 도구가 필요해졌다. 가축을 키우면서 가축우리도 필요해졌다. 잉여생산물로 더 많은 인구를 먹여 살릴 수 있게 되자, 인구도 늘면서, 집단의 규모도 커졌다.

■ 신석기시대의 생활

기원전 8천년 경 시작된 신석기시대는 농경과 목축을 통한 식량 생산 단계로 진입한 사회이지만, 수렵과 채집이 여전히 중요한 사회였다. 신석기인은 농업에 유리한 강가나 해안가에 움집을 짓고 정착생활을 하였다. 반지하 움집에는 취사와 난방을 위한 화덕이 중앙에 설치되어 있다. 그물을 제작해 물고기를 잡는 어로 활동을 하였고, 가락바퀴를 이용하여 실을 뽑아 옷을 만들어 입고 살았다. 당시 사람들은 애니미즘(정령신앙), 샤머니즘, 토테미즘(동식물 숭배)을 신앙하며, 조개껍데기 가면, 치레걸이 등 장신구를 만들어 사용하기도 했다. 농업 생산성이 낮아, 빈부의 차이가 적은 만큼, 평등한 공동체 생활을 하며 부족 단위로 생활을 하였다.

■ 신석기시대 도구

농사에 필요한 도구로 돌보습과 돌삽을 사용했으며, 곡식을 갈아 먹기 위해 갈돌과 갈판이 이용되었다. 식량을 보관하거나 조리를 위해 토기를 만들어 사용했는데, 덧무늬토기, 빗살무늬토기 등이 당시 대표적인 토기다.

▲ 빗살무늬토기   ▲ 갈돌과 갈판   ▲ 조개껍데기 가면   ▲ 암사동 움집

신석기시대 대표 유적

- 서울 암사동 유적, 부산 동삼동 유적, 양양 오산리 유적
- 봉산 지탑리 유적, 제주 고산리 유적

〈구석기시대와 신석기시대 비교〉

구분	구석기시대	신석기시대(BC.8000)
유물	사냥도구 - 주먹도끼, 찍개, 슴베찌르개(이음도구) 조리도구 - 긁개, 밀개.	간석기: 돌보습, 돌삽 토기 : 덧무늬토기, 빗살무늬토기, 식량저장, 정착생활
경제	사냥, 채집	농경 시작, 어로 병행, 원시수공업 - 가락바퀴, 옷, 그물
주거	동굴, 강가의 막집	강가, 해안가의 원형, 방형 반지하 움집
사회	무리, 이동생활	부족사회, 평등사회
예술		조개가면, 동물조각, 장신구
신앙		애니미즘, 샤머니즘, 토테미즘
유적	연천 전곡리, 공주 석장리, 단양 수양개	서울 암사동, 창녕 비봉리

용어설명

움집

신석기시대 주거지. 땅을 파낸 뒤 기둥을 세우고 지붕을 얹고, 원형, 또는 둥근 방형형태로 움집을 지었다. 중앙에 난방과 조리를 위한 화덕이 있다.

막집	움집
땅 - 평평	땅 - 파짐

가락바퀴

실을 뽑는데 사용된 도구로, 가운데 구멍에 축이 될 막대를 끼워 넣고 축을 돌려 실을 뽑았다.

샤머니즘

초자연적 존재와 직접 교류하는 무당 곧 샤먼에 의해 점복, 예언, 병 치료를 하는 종교로, 무속 신앙으로도 불리며, 오랜 세월 한국인의 종교에서 큰 비중을 차지했다.

용어설명

거푸집

금속을 녹여 부어 일정한 모양의 물건을 만들 수 있는 틀이다. 거푸집은 금속의 대량생산을 의미한다.

비파형 동검

우리나라 청동기시대를 대표하는 동검으로, 만주에서 한반도 전역에 이르는 넓은 지역에서 출토된다.

고인돌

한반도와 만주 일대 청동기시대를 대표하는 무덤이다. 지배층이 죽으면 많은 인력을 동원하여 수십 톤에 달하는 덮개돌을 올려 고인돌을 만들어 매장했다.

부여 송국리 유적

원형 집터와 송국리형 토기를 지표로 하는 한국 청동기시대 중기의 대표유적지다.
송국리문화 범위는 충청, 전라, 경상 지역까지 넓게 퍼져있다. 송국리문화의 특징은 논농사가 발전하고, 마을 규모가 확대되고, 환호 등 방어시설이 등장한 것이다.

③ 청동기시대

시대 개요

청동기는 구리와 주석 또는 아연을 합금하여 만든 금속기다. 금속을 녹이기 위해서는 높은 온도가 필요하다. 금속은 액체가 되었다가 굳어지면 단단해진다. 청동기 시대에 거푸집에 액체상태 금속을 부어 비파형 동검 등 다양한 형태의 청동기를 제작하게 되었다. 희귀한 청동기를 가진 자들은 권력을 가진 지배층이었다. 청동기시대에는 빈부 격차와 계급이 발생하고, 재산의 사유화가 진행되었고, 권력을 가진 군장이 백성을 다스렸다. 또 국가가 등장하고, 전문직업인도 등장해 기술이 발전하게 되었다.

■ 청동기인의 생활

청동기시대는 기원전 2,000년에서 기원전 1,500년경에 시작되었다. 금속을 제련할 정도로 기술이 발전한 청동기시대에는 저습지에서 벼농사를 시작했고, 반달 돌칼을 사용하여 곡물을 수확했다. 구릉 위에 취락을 이루고, 집단의 안전을 위해 목책과 환호로 외부 침입에 대비하였다. 저축한 식량, 귀중한 청동기 등 지켜야 할 것이 늘었기 때문이다. 움집도 규모가 커져 직사각형 평면을 갖게 되었고, 화덕이 구석에 설치되었고, 점차 지상 가옥으로 발전되었다. 청동기시대에는 축적된 잉여 생산물을 둘러싸고 집단 사이에 갈등이 커져갔다.

■ 청동기시대 도구

청동기시대를 대표하는 도구는 비파형 동검, 거친무늬 거울, 청동방울이 있다. 하지만 농기구는 반달 돌칼 등 여전히 돌로 만든 것이 사용되었다. 토기는 민무늬토기, 미송리형 토기, 송국리형 토기, 붉은 간 토기가 사용되었다. 청동기시대에는 신분의 구별과 빈부격차가 발생했다. 지배자인 군장이 죽으면 많은 인력을 동원하여 고인돌(지석묘)을 만들었다.

대표 유적

• 여주 흔암리 유적, 부여 송국리 유적, 의주 미송리 유적
• 춘천 중도, 평창 하리유적

▲ 고인돌 탁자식과 바둑판식

▲ 반달 돌칼

▲ 송국리형 토기

▲ 미송리형 토기

▲ 비파형 동검

▲ 붉은 간 토기

④ 철기시대

시대 개요

철은 구리와 주석보다 구하기가 쉽다. 다만 구리보다 높은 온도에서 녹기 때문에, 철이 청동기보다 늦게 사용되었다. 생산량이 많은 철은 무기뿐만 아니라, 쟁기, 쇠스랑 등 농기구로도 제작되어 농업을 발전시켰다. 경제가 성장하자, 집단의 규모가 커졌다. 청동기시대에 고조선이 등장하지만, 철기시대에 와서 본격적으로 고대국가로 발전하게 된다.

■ 철기시대의 생활

철기시대는 기원전 5세기경에 시작된다. 철제 농기구의 사용으로, 농업이 성장했다. 소를 이용한 우경이 시작되었다. 철제 보습 등 농기구가 대형화되어 깊이갈이가 가능해졌다. 농업 생산력 증대로 생산물이 늘어나자, 명도전, 반량전 등 중국화폐가 곳곳에서 출토되는 것에서 보듯 교역도 늘어났다. 창원 다호리 유적에서 출토된 붓은 복잡해진 사회에서 글로 적어서 기록할 것이 많아졌음을 알게 해준다. 이때 한자가 사용되었다. 철기시대에 부여, 고구려 등 국가가 건국되고, 차츰 고대국가로 발전한다. 이 시기에 독무덤, 널무덤 등을 만들어 사용하였다.

■ 철기시대의 도구

철은 다양한 합금이 가능하고, 단단해 무기뿐만 아니라, 쟁기, 쇠스랑 등 철제 농기구로도 사용되었다. 하지만 여전히 청동기도 사용되어, 거푸집을 사용하여 독자적 청동기인 세형동검이 등장한다. 또한 잔무늬 청동거울, 농경문 청동기 등 의식용 도구로도 사용하였다. 토기도 고온에서 구워 만든 민무늬 토기, 덧띠 토기, 검은 간 토기를 사용하였다.

〈청동기, 철기시대 비교〉

구분	청동기(기원전 2000~)	초기 철기(기원전 5세기~)
유물	비파형 동검, 거친무늬 거울	철제무기, 세형 동검, 잔무늬 거울
토기	붉은 간 토기, 미송리형 토기, 민무늬토기	검은 간 토기, 덧띠 토기, 민무늬 토기
무덤	고인돌	널무덤, 독무덤
농기구	반달 돌칼, 바퀴날도끼	철제 농기구(쟁기, 쇠스랑)
경제	벼농사 시작, 가축 사육	생산성 증대, 중국과 교역 - 명도전, 붓
유적	부여 송국리, 여수 흔암리, 춘천 중도, 의주 미송리, 울주 대곡리	창원 다호리
주거	장방형 움집, 지상 가옥화, 배산 임수의 취락생활	
사회	계급사회, 사유재산제도, 일부일처 가족제도 성립	
정치	군장사회 형성, 군장국가 형성(고조선)	
예술	청동방울, 울주반구대 암각화 등 - 사냥과 농사, 어로의 풍요 기원	

02 열국시대

주요한 기출 키워드

- 고조선 - 팔조법금, 위만
- 부여 - 1책 12법, 영고, 사출도
- 옥저 - 민며느리제
- 동예 - 책화, 무천
- 삼한 - 천군, 소도, 변한의 철

용어설명

삼국유사는 어떤 책?

1281년경 일연이 쓴 신라, 고구려, 백제 3국의 이야기를 모아서 쓴 역사서. 불교 관련 이야기 위주지만, 기이편의 고조선 서술을 비롯해, 수많은 고대 사료들을 수록하고 있어, 김부식이 편찬한 삼국사기와 더불어 최고의 가치를 가진 고대사서다.

고조선의 문화 범위

고조선의 8조법

1. 사람을 죽인 자는 즉시 죽인다. 2. 남에게 상처를 입힌 자는 곡식으로 갚는다. 3. 도둑질을 한 자는 노비로 삼는다. 용서를 받고자 하는 자는 한 사람마다 50만 전을 내게 한다. 비록 용서를 받아도, 수치스럽게 여겨 혼인을 꺼려한다. 사람들은 도둑질하지 않아 대문을 닫고 사는 일이 없다. 여자는 정숙하여 음란하고 편벽된 짓을 하지 않는다.

『한서지리지』

① 고조선

시대 개요

고조선 건국이야기를 담은 삼국유사 기록에 따르면, 고조선은 기원전 2333년에 건국되었다고 한다. 천신인 환인의 아들 환웅이 3천명의 무리를 이끌고 신단수 밑에 내려와 신시를 세우고, 풍백, 우사, 운사를 거느리고 인간 360사를 다스리고 교화했다. 곰에서 사람으로 변한 웅녀와 결혼하여 낳은 자식이 단군이며, 단군왕검이 건국한 나라가 고조선이다. 건국 이야기를 통해 고조선이 이주해온 환웅세력과 토착부족인 웅녀세력이 결합하여 농업을 중심산업으로 삼고, 도시를 건설하고 정착한 나라임을 알 수 있다. 또한 단군왕검 칭호를 통해 제사장(단군)과 정치적 지배자(왕검)가 같은 제정일치 사회였음을 알 수 있다.

■ 고조선을 어떻게 알 수 있나?

삼국유사, 제왕운기, 응제시주, 동국여지승람, 세종실록지리지 등 국내기록들은 고조선의 건국 이야기를 중심으로 서술되어 있다. 사기, 위략, 삼국지, 관자 등 중국 측 기록은 고조선과 중국 관계, 중국인의 단편적인 견문록 등이 적혀있다. 기록으로 고조선을 충분히 알기에는 부족하다. 하지만 비파형 동검, 미송리식 토기, 탁자형 고인돌의 분포 등을 통해 고조선의 문화 범위와 특징들을 살펴볼 수 있다.

■ 고조선의 성장과 변화

요하 유역을 중심으로 청동기문화를 바탕으로 성립한 고조선은 차츰 세력을 키워갔다. 전국7웅의 하나인 연과 대적할 만큼 성장한 고조선은 연나라 진개의 침략을 받아 서쪽의 영토를 빼앗기기도 했다. 하지만 기원전 3세기경에 부왕, 준왕과 같은 강력한 왕이 등장하여 왕위를 세습하고, 상, 대부, 장군, 박사 등 여러 관직을 두었다. 그런데 기원전 194년 위만이 준왕을 속여 왕위를 빼앗아 버렸다. 이때부터 단군조선과 위만조선으로 구분하기도 한다.

■ 고조선 사회

고조선에는 사회 질서 유지를 위해 8조법이 있었다. 이 가운데 3개 항목이 전해지는데, 이를 통해 생명과 노동력을 중시하고, 형벌제도가 마련되었고, 사유 재산을 인정하는 농경사회였으며, 신분이 구별되어 노비가 존재하며, 화폐도 유통되는 사회였음을 알 수 있다. 명도전, 반량전 등 중국 화폐가 고조선 영역에 출토된 것은 교역이 활발했음을 알려준다.

〈고조선 요약〉

건국	BC 2333년(삼국유사). 청동기 문화 바탕. 군장 사회 통합
세력 범위	비파형 동검, 탁자식 고인돌, 미송리식 토기 분포지
기록한 책	삼국유사, 제왕운기, 응제시주, 세종실록지리지 등

사회 특징	1. 사유 재산 성립과 계급 분화, 2. 제정 일치 사회, 3. 농경 중시, 4. 환웅부족(선민사상)과 곰부족(토테미즘) 연합으로 건국	
후기 정치	1. 왕위 세습, 2. 상, 대부, 장군 등 관직 분화, 3. 연과 대립	

2 위만조선

시대 개요

기원전 200년 경 중국의 진·한 교체기에 대규모 유이민이 발생했다. 이들 가운데 일부가 고조선으로 몰려왔다. 위만은 이들의 대표로 준왕의 신임을 받고 박사가 되어, 서부변경을 지켰다. 그러나 위만은 준왕을 속이고 병력을 동원해 기원전 194년 준왕을 몰아내고 왕이 되었다. 위만은 철기문화를 본격적으로 수용하고, 한나라의 상황을 적극 이용해 고조선을 발전시켰다.

■ 위만조선의 성장

위만은 서쪽의 거대제국인 한나라와 평화롭게 지내면서, 한나라와 위만조선 남쪽의 진국 사이에서 중계무역을 통해 큰 이익을 얻었다. 또한 주변으로 세력을 넓혀 진번과 임둔 등을 복속시켜 사방 수천 리의 영토를 확보하며 성장했다.

■ 위만조선의 멸망

위만조선은 지리적 이점을 이용해 주변의 예, 진국 등이 한나라와 직접 교역하는 것을 막고, 흉노와 친하게 지내며 한나라를 견제하면서 경제적 성장을 이뤄냈다. 하지만 한나라 무제는 위만조선의 중계무역, 적국인 흉노와 친하게 지내는 것 등에 반발해, 기원전 109년 5만 7천 대군을 보내 공격해왔다. 조선상 역계경이 무리를 이끌고 남쪽 진국으로 가는 등 전쟁에 반대하는 이들도 있었지만, 1년간 우거왕을 중심으로 수도 왕검성을 방어했다. 하지만 내부 반란자들이 우거왕을 죽이고 항복해 멸망하고 말았다. 기원전 108년 고조선이 멸망하고, 한나라의 군현이 세워졌지만, 낙랑군을 제외하고 다른 군현들은 오래 유지되지 못했다. 고조선의 유민들은 흩어져 신라를 비롯한 여러 나라 발전에 도움이 되었다. 한 군현 설치 후 옛 고조선 지역에서 시행된 법 조항이 60여 조로 늘어 풍속이 각박해졌다.

〈고조선과 위만조선〉

구분	고조선	위만조선
기록	삼국유사, 제왕운기 등	사기, 삼국지, 위략 등
구성	환웅(이주민)+웅녀(선주민)	위만(이주민)+선주민
전쟁 상대	연나라	한나라
무역	명도전 출토	중계무역 이익
알려진 왕	단군왕검 …… 부왕, 준왕	위만 …… 우거
멸망 원인	준왕이 위만에게 속음	한나라의 침략

▲ 명도전

▲ 반량전

▲ 오수전

③ 부여 (? ~ 기원후 494)

사출도

부여 연맹체의 왕도에서 사방으로 통하는 큰 길과, 그 길을 중심으로 형성된 4개의 큰 부족집단이다. 마가(말), 우가(소), 구가(개), 저가(돼지) 등 가축의 이름을 딴 부족장인 가(加)가 다스렸다.

부여사의 중요성

부여는 고대국가로 발전하지 못하고, 연맹 왕국 단계에서 멸망했다. 또한 부여 관련 기록이 많지 않아, 알려진 것이 적다. 하지만 부여는 고조선 다음으로 건국된 나라다. 고구려는 부여에서 시작된 나라이며, 백제는 국호를 남부여로 한 적이 있다. 고구려, 백제의 뿌리가 되는 부여는 늦어도 기원전 2세기경에는 건국되어, 700년 넘는 긴 역사를 간직한 나라다. 부여는 고조선과 더불어 한국사의 뿌리가 되는 나라다.

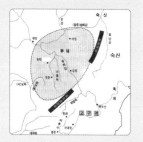

■ 부여의 탄생과 성장

부여의 건국시조는 기록에 따라 동명왕, 해모수, 해부루 등 다양하게 등장한다. 고구려 건국 이야기에 등장하는 금와왕, 대소왕이 다스리는 부여는 고구려보다 훨씬 강한 나라였다. 이웃한 숙신족을 제압하였고, 만주 송화강 유역 넓은 평야지대에서 5부족 연맹왕국으로 발전했다. 중앙은 왕이 다스리고, 마가, 우가, 저가, 구가 등이 사출도를 다스렸다. 하지만 고구려와 경쟁에서 차츰 밀리고, 3세기 말 선비족의 침략을 받아 약해지다가, 494년 고구려에 병합되었다.

형사취수제

형이 죽으면 동생이 형수와 결혼해 사는 제도로, 전쟁이 많아 남자들이 많이 죽는 전사사회에서 자주 볼 수 있는 풍습이다. 부여, 고구려, 흉노 등에 있었다. 남성 측 재산을 다른 부족에게 넘기지 않으려는 목적과, 여성의 생활 안정 2가지 이유로 이 풍속이 지속되었다.

■ 부여의 풍습

부여는 농업과 목축을 주산업으로 삼았다. 흉년이 들면 왕에게 책임을 묻기도 할 만큼, 농업을 중시했다. 부여에는 12월에 영고라는 제천행사가 있었는데, 신께 감사하고 구성원 모두가 함께 즐기는 축제였다. 공동체를 중요하게 여긴 부여에서는 남의 물건을 훔쳤을 때는 12배로 갚게 하였고, 살인자는 사형에 처하고 가족은 노비로 삼는 등 법이 엄하였다. 순장 풍습, 형사취수제, 제천행사(영고) 등은 고구려와 닮았다. 소를 죽여 그 굽으로 점을 치는 풍습도 있었다.

④ 초기 고구려

서옥제

남자가 혼인하면 신부 집에서 살다가 후에 처자식을 데리고 자기 집으로 돌아가는 풍습이다. 사위가 사는 집이 서옥이다.

고구려의 등장

고구려는 부여에서 내려온 세력에 의해 건국되었다. 압록강 중류 지역에서 일어난 고구려는 건국 초기에는 작은 나라로 출발했지만, 주변 소국을 통합하고, 중국 군현과 전쟁하면서 요동으로 진출했다. 태조왕은 옥저를 정복하고 동해안으로 진출했다. 고구려의 부족장인 대가들은 사자, 조의, 선인 등의 관리를 거느렸다. 대가들이 모인 제가회의에서 중요한 일을 결정했던 고구려는 5부가 연합한 연맹왕국이었으나, 점차 왕권이 강해져 중앙집권적인 고대국가로 발전했다.

■ 고구려 사회 풍습

고구려는 부여와 마찬가지로 형사취수제 풍습이 있지만, 부여와 달리 12월이 아닌 10월에 동맹이라는 제천 행사를 하였다. 옥저의 민며느리제와 반대인 서옥제 풍습이 있었다. 초기 고구려는 부여와 달리 산악지대에서 성장해, 식량이 부족해 집집마다 부경이라는 창고를 두고 식량을 저장했다. 무력을 키운 고구려는 동예, 옥저 등에게 공물을 받아 성장할 수 있었다.

⑤ 옥저

동해안 북쪽에 위치한 옥저는 읍군, 삼로라 불리는 군장이 부족을 지배했다. 언어, 음식, 의복, 집, 예절 등이 고구려와 비슷했던 옥저는 기름진 토지에서 오곡을 생산했고 해산물도 풍부했다. 하지만 고구려 태조왕에게 복속되어, 고구려에게 소금, 어물 등을 공납으로 보내야 했다. 가족이 죽으면 가매장했다가 뼈만 추려 목곽에 안치하는 풍습이 있었다(골장제). 혼인풍습으로 민며느리제가 있었다.

⑥ 동예

북으로 고구려, 옥저와 접한 동예는 혼인, 장례 등 풍속과 언어는 고구려와 비슷하지만, 읍군, 삼로 등의 군장이 부족을 다스렸다. 동예는 읍락 간의 경계를 중시하는 책화 풍습이 있어서, 통일되지 못했다. 따라서 고구려에게 복속되어 특산물인 단궁, 과하마, 반어피 등을 공납으로 바쳐야 했다. 같은 성끼리 결혼하지 않는 족외혼 풍습이 있었다. 매년 10월에는 하늘에 제사지내고 밤낮으로 춤추고 술 마시고 노래 부르는 무천이라는 제천행사가 있었다. 호랑이를 신으로 섬기기도 했다.

⑦ 삼한

삼한은 한반도 남부에 있던 마한, 진한, 변한의 총칭이다. 마한 54국, 진한 12국, 변한 12국으로 소국들이 나뉘어 있었고, 마한 목지국이 삼한 전체를 주도했다. 왕은 없고, 신지, 읍차 등의 지배자가 있었다. 또한 제사장인 천군과, 천군이 다스리는 신성 지역인 소도가 있었다. 소도에는 죄를 지은 자가 들어가도, 군장의 세력이 미치지 못해 함부로 잡아갈 수 없었다. 가야로 발전하는 변한에는 철이 많이 생산되어 낙랑과 왜에 수출하였다. 또 남해안 지역에는 남녀가 몸에 문신을 새기는 풍습이 있었다. 5월과 10월에는 계절제를 열어 하늘에 제사를 지내는 풍습이 있었다.

〈열국 나라들의 비교〉

구 분	군 장	경 제	제천행사	제 례	결혼·풍속	특산물
부 여	왕, 마가, 우가 저가, 구가	반농반목	영고 (12월)	순장	형사취수제 우제점복	말, 주옥, 모피
고구려	왕, 고추가, 상가, 대가	약탈경제 (부경)	농맹 (10월)	후장	데릴사위제	
옥 저	삼로, 읍군			골장제	민며느리제	해산물
동 예		방직 기술	무천 (10월)		족외혼 책화	단궁 과하마
삼 한	신지, 견지 읍차, 부례	벼농사 철생산	수릿날 상달제	독무덤		변한의 철

용어설명

민며느리제

여자가 10살이 되면 남자와 혼인할 것을 약속하고 남편 될 사람이 여자를 자기 집으로 데려가 길러서 여자가 성장한 후, 예물을 주고 혼인하는 제도다. 조선시대에도 가정 형편이 어려운 집의 여자를 민며느리로 데려오는 풍습이 있었다.

책화

부족 또는 지역 간 경계를 중요하게 여겨, 함부로 침범하지 못하게 한 풍습이다. 만약 경계를 넘어가면, 소나 말, 노비로 변상하게 했다. 책화 풍습은 부족이 자기 보호를 위한 것이기는 하지만, 부족의 통합과 성장을 제약했다.

여러 나라의 위치

03
삼국과 가야

주요한 기출 키워드

- 가야 - 철 수출, 금관가야 대성동 고분군, 대가야 지산동 고분군
- 고구려 - 동맹, 진대법, 광개토태왕의 왜 격퇴, 살수대첩
- 백제 - 근초고왕 영토 확장, 나제동맹, 담로, 무령왕릉, 사비천도
- 신라 - 마립간, 동시전, 우산국, 화랑도, 황룡사 9층 석탑, 화백회의

용어설명

금관가야 건국 이야기

왕이 없이 9명의 부족장이 다스리던 땅에 어느 날 하늘에서 "거북아, 거북아, 머리를 내밀어라. 그렇지 않으면 구워 먹을 것이다."라는 노래를 부르고 춤을 추면 왕을 맞이할 것이라는 소리가 들려왔다. 부족장들이 구지가라는 노래를 부르자 하늘에서 여섯 개의 알이 든 상자가 내려왔다. 알에서 가장 먼저 태어난 아이가 김수로다. 그가 금관가야의 왕이 되고, 다른 5명도 5가야의 왕이 되었다. 이 이야기는 금관가야가 가야 연맹의 맹주국임을 보여주는 이야기다.

허황옥 이야기

삼국유사에는 김수로왕의 부인은 아유타국에서 온 허황옥이라고 하였다. 허왕비릉 앞에 파사석탑은 우리나라에 없는 돌로 만들어졌다. 그녀의 출신에 대해 인도, 태국, 양자강 일대 등 논란이 많지만, 외국에서 온 사람임이 분명하다. 가야가 철을 수출하며 활발한 대외교역을 했음을 알려주는 이야기다.

① 가야의 성립과 발전

■ 변한에서 발전한 가야연맹

소백산맥과 낙동강 사이에 위치한 변한은 여러 소국들로 나눠져 있었다. 이들 가운데 철을 생산하여 낙랑, 대방, 왜국 등지에 수출하며 경제적으로 풍요로워진 김해의 금관가야를 중심으로 전기 가야 연맹이 형성된다. 대륙과 한반도, 일본열도로 이어지는 해상 교통로에 위치한 금관가야는 낙동강 수로 교역로를 장악하여 성장 속도가 빨랐다. 400년 이전까지 금관가야는 낙동강 동쪽 진한의 맹주국인 사로국(신라)보다 강성했다.

■ 철의 나라 가야

철이 풍부했던 가야는 외국에서 찾아오는 이들이 많았다. 삼국유사에 실린 가락국기에는 알에서 태어난 시조 김수로왕의 설화가 전한다. 또 아유타국에서 왔다는 허황옥의 결혼 이야기는 금관가야가 세상을 향해 넓게 열린 나라임을 보여준다. 김해 대성동 고분 등에서 출토된 청동 솥(동복)과, 뿔잔(각배)은 북방에서 김해지역을 찾아온 사람들의 존재를, 파형동기는 일본열도와의 교류를 보여준다. 가야는 덩이쇠를 화폐처럼 사용했고, 철 수출을 바탕으로 일본열도로도 활발히 진출했다.

■ 금관가야의 쇠퇴와 전기가야 연맹의 해체

399년 가야는 왜와 함께 신라를 공격했다. 그런데 신라의 요청을 받은 고구려가 5만 대군을 동원해 신라 구원에 나섰다. 400년 고구려군에 의해 가야군과 왜군이 격퇴된다. 이후, 금관가야는 크게 쇠퇴해 전기가야 연맹이 해체된다. 이 사건으로 가야 연맹의 중심세력이 바뀌게 된다. 5세기 말부터 내륙에 위치한 대가야가 성장하여 후기 가야연맹의 맹주가 되었다.

■ 금관가야의 멸망

가야연맹의 소국들은 정치적, 경제적으로 독자성이 강해, 중앙집권적 고대국가로 성장하지 못했다. 백제와 신라가 중앙집권국가로 성장해 팽창하는 가운데, 가야는 두 나라에게 시달리게 된다. 그리고 마침내 532년 신라 법흥왕에 의해 금관가야가 멸망하고 만다. 금관가야의 마지막 왕인 구형왕과 아들 김무력 등이 신라에 투항해 신라 진골로 편입된다. 김무력의 손자가 신라의 명장 김유신이다.

▲ 철과 토기로 가득한 김해 대성동 고분

▲ 파사 석탑

▲ 배모양토기

■ 대가야의 등장

대가야는 낙동강 중류인 고령지역에 위치한 내륙국가다. 400년 고구려의 침공에 피해를 입지 않아 힘을 보존하고 있던 대가야는 5세기 후반 합천, 거창, 함양, 산청, 하동, 사천 등지를 포괄하는 후기 가야연맹의 맹주로서 국제사회에 등장한다. 479년 남제(양쯔강 남쪽)에 가야왕의 이름으로 사신을 보내고, 481년 나제연합군과 함께 고구려를 공격하였고, 대왕이란 호칭을 사용할 만큼 전성기를 맞았다. 5세기 후반 소백산맥 서쪽까지 진출하였고, 농업에 유리한 입지조건과 제철 기술을 바탕으로 가야 연맹의 새로운 맹주국이 되었다.

■ 대가야의 멸망

대가야는 중앙집권국가 전 단계까지 발전했지만, 백제와 신라 사이에서 시달려야 했다. 백제의 공세가 심해지자, 522년 이뇌왕은 신라 법흥왕과 결혼동맹을 맺어 국제적 고립에서 벗어나려 하였다. 554년에는 백제와 연합하여 신라를 공격하였으나 크게 패하고, 오히려 562년 신라 진흥왕의 침입으로 멸망하였다.

■ 대가야의 유적과 유물

대가야 왕들의 무덤은 산능선에 조성되어 있다. 고령 지산동 44분에서 금동관이 출토되었고, 30여기의 순장 돌덧널이 확인되었다. 또한 판갑옷과 투구 등도 출토되었다.

▲ 지산동32호분 출토 금동관

▲ 지산동 고분군

▲ 대가야의 순장묘

〈금관가야와 대가야의 비교〉

구분	금관가야	대가야
시조	김수로왕	아진아시왕
지역	김해	고령
위상	전기 가야연맹 맹주	후기 가야연맹 맹주
성장배경	낙랑과 왜를 잇는 중계무역	높은 농업생산력과 철 생산
쇠퇴원인	고구려군의 침공(400년)	신라의 군사적 압박
멸망	532년(신라 법흥왕)	562년(신라 진흥왕)
유적유물	대성동 고분군, 파사석탑, 동복, 기마인물형 뿔잔	지산동 고분군, 금동관, 판갑옷과 투구, 순장 무덤
특징	일부 왕족이 멸망 후 신라 진골로 편입 (김무력, 김유신 등)	남제와 교류, 신라와 혼인동맹

용어설명

대가야의 건국 이야기

최치원이 쓴 석이정전에는 가야산신 정견모주가 천신 이비가지에게 감응되어 대가야의 왕 뇌질주일와 금관국 뇌질청예를 낳았다고 되어 있다. 대가야와 금관가야가 형제국이지만, 대가야가 형의 나라로 기술되어 있다. 가야의 맹주국이 두 곳이었음을 보여주는 이야기다. 삼국사기에는 대가야가 시조 이진아시왕으로부터 도설지왕까지 16대 520년간 존속했다고 하였다.

순장 풍습

어떤 죽음을 뒤따라 다른 사람이 스스로 목숨을 끊거나 강제로 죽임을 당해 주된 시신과 함께 묻는 장례 습속이다. 강제 순장은 신분제사회의 단면을 보여준다. 고조선, 고구려, 신라, 가야 등 다수의 고대사회에서 나타난 순장 풍습은 노동력의 가치가 높아지면서 사라졌다. 고구려는 248년 동천왕의 죽음 이후, 신라는 502년에 순장을 폐지했다.

용어설명

동명왕편

1193년 이규보가 구삼국사기를 얻어 보고, 고구려 건국 영웅인 동명왕에 관해 쓴 장편 서사시다. 유교적 역사인식이 반영된 삼국사기와 달리, 우리 고대사를 하늘에 직결시키는 등 자주의식이 반영되어 있다.

광개토대왕릉비

고구려 2번째 수도인 국내성이 위치한 중국 지린성 지안현에 서있는 높이 6.39m의 거대한 비석이다. 장수왕이 아버지인 광개토대왕의 업적을 기리기 위해 세운 것이다. 고구려의 건국 이야기, 광개토대왕의 업적, 묘지기인 수묘인에 대한 규정 3부분으로 된 1775자의 글이 적혀 있다. 고구려사 연구의 1급 자료다.

② 고구려의 성립과 발전

고구려 개요

시조 추모왕(주몽, 동명성왕)은 부여에서 태어났다. 부여를 탈출한 그는 남하하여 고조선 문화권에 속했던 압록강 유역 졸본지역의 토착세력인 소서노의 적극적 지원을 받아 고구려를 건국하였다. 고구려는 부여의 역사적 경험과 고조선의 문화적 기반을 토대로 이룩된 나라다. 고구려가 건국된 곳은 땅이 좁고, 평야가 적었다. 불리한 조건에도 불구하고 고구려는 상무적 기풍을 앞세워, 빠르게 성장했다.

■ 고구려의 성장

삼국사기는 고구려 건국을 기원전 37년, 백제를 기원전 18년, 신라를 기원전 57년으로 기록하고 있지만, 실질적으로는 고구려, 백제, 신라 순으로 국가체계를 갖추고 발전했다. '활을 잘 쏘는 사람'을 의미하는 주몽으로도 불린 추모왕이 졸본 땅에 건국한 고구려는 2대 유리명왕 때 국내성으로 천도했다. 3대 대무신왕은 부여, 낙랑과 싸우며 고구려를 성장시켰다. 6대 태조왕은 옥저를 정복(서기 56년)하고 동해안으로 진출하였고, 주변소국을 정벌해 고대국가체제를 마련했다.

■ 고국천왕의 진대법 시행, 미천왕의 영토 확장

194년 고국천왕은 을파소의 건의로 농민들의 생활안정을 위해 봄에 곡식을 빌려주고 가을에 돌려받는 진대법을 시행했다. 고구려가 수렵과 약탈에만 의지하는 나라가 아닌, 농업국가로 성장했음을 보여준다. 부족적 성격의 5부를 행정적 성격의 5부로 개편해 중앙집권체제를 강화했다. 하지만 246년 동천왕은 위나라 관구검의 침략을 받아 한차례 위기를 맞는다. 미천왕은 서안평을 점령하고, 낙랑군과 대방군을 축출하여 영토를 확장했다.

■ 고국원왕의 2차례 위기와 소수림왕의 개혁

고구려의 요동 진출은 342년 모용선비가 세운 전연의 침략을 받아 좌절된다. 수도가 함락되고, 미천왕의 시신을 빼앗기는 수모를 겪은 고국원왕은, 371년에는 백제의 침공을 막다가, 평양성 전투에서 전사했다. 고구려의 위기상황에서 등장한 소수림왕은 372년 불교를 도입하고, 태학을 설립해 인재를 양성했다. 또한 373년에는 율령을 반포하여 중앙집권체제를 강화하여 고구려 발전의 기틀을 마련했다.

■ 광개토대왕과 장수왕의 고구려 전성기

391년에 등장한 광개토태왕은 거란을 정벌하여 유목세계로 진출하고, 고국원왕에게 수모를 안긴 모용선비족이 세운 후연을 격파하고 요서지역으로 세력을 확장했다. 또 백제를 공략하여 아신왕의 항복을 받고 한강유역으로 진출했다. 아울러 신라에 구원병을 파견하여 왜구를 격퇴하고 금관가야를 약화시켰다. 숙신, 동부여 등을 복종시키며 사방으로 영토를 넓혔다. 황제를 의미하는 '태왕' 호칭과, '영락' 연호를 사용했다. 그의 업적을 보여주는 광개토대왕릉비와 호우명 그릇이 남아있다. 장수왕은 427년 수도를 평양으로 옮겨 남진정책을 본격화하였고, 475년 백제의 수도 한성을 점령하고 한강유역을 차지했다. 중원고구려비는 고구려의 남진과, 고구려와 신라의 상하관계를 보여주는 유물이다.

■ 고구려와 수 전쟁

5~6세기 고구려는 동아시아의 4대 강국의 하나로 전성기를 구가했다. 하지만 551년 백제 - 신라 연합군의 공격으로 한강유역을 빼앗겼다. 그러자 590년 경 온달은 영양왕에게 출사표를 내고, 한강유역을 회복하기 위해 출전했다가 아단성에서 죽었다. 한편 남북으로 나눠진 중국을 통일한 수나라가 고구려를 위협하자, 598년 영양왕은 수나라 영주를 선제공격하고, 1차 전쟁에서 승리한다. 600년 이문진을 시켜 역사서인 유기를 간추린 신집을 편찬했다. 612년 수 양제가 대군을 보내 고구려를 침략해왔지만, 요동성에서 막아내고 을지문덕이 수나라 30만 대군을 상대로 살수에서 크게 승리했다. 고구려에게 패배한 여파로 수나라는 618년 멸망한다.

■ 고구려와 당 전쟁

618년 영양왕이 죽은 후 등장한 영류왕은 같은 해 탄생한 당나라와 평화관계를 유지한다. 그런데 당나라 2대 태종이 고구려를 침략할 야욕을 드러내자, 고구려는 631년부터 천리장성을 쌓아 침략에 대비한다. 영류왕의 소극적인 대외정책에 불만을 가진 연개소문이 642년 정변을 일으켜 권력을 장악한다. 연개소문은 신라를 압박하는 한편, 당군의 침략에 맞섰다. 645년 1차 고 - 당 전쟁에서 고구려는 안시성을 비롯한 요동지역에서 당군을 물리쳤다. 당나라는 신라와 연합해, 660년 백제를 먼저 멸망시킨 후, 661년 고구려를 침략해왔지만, 연개소문이 다시금 이를 격파한다. 하지만 연개소문이 죽고, 오랜 전쟁으로 지친 고구려는 연개소문의 아들인 남생과 남건 - 남산 형제의 내분까지 겹쳐 국력이 약해진다. 이때 당나라와 신라 연합군이 고구려를 침공하였다. 668년 평양성이 함락되면서 고구려가 멸망했다.

■ 고구려 부흥운동

고구려의 수도가 함락되었지만, 고구려 영토의 대부분은 적에게 함락되지 않았다. 안시성 등 곳곳에서 부흥군이 일어났다. 고연무, 검모잠, 안승 등은 고구려 유민을 모아 오골성, 한성 등지에서 부흥운동을 펼쳤다. 신라와도 힘을 합쳐 당군과 싸우기도 했다. 그런데 안승은 검모잠을 죽이고 신라로 망명했다. 신라는 674년 안승을 보덕국왕으로 임명했다. 684년 보덕국은 신라에 흡수되어 사라졌다. 당나라는 평양에 안동도호부를 설치했으나, 유민들과 신라군의 저항으로 요동성으로 옮겼다가 신성으로 옮기는 등 고구려 옛 터를 다스리지 못했다. 결국 698년 대조영이 이끄는 고구려 유민들이 발해를 건국하여 고구려의 부활을 알렸다.

〈고구려 주요 왕들과 사건〉

왕명	주요 사건	대표연대
태조왕	옥저를 정복하고 동해안으로 진출	56
고국천왕	을파소의 건의로 진대법 실시	194
동천왕	위나라 관구검의 침략을 받음	246
미천왕	서안평 점령, 낙랑군 대방군 축출	313
고국원왕	백제 공격받아 평양성에서 전사	371
소수림왕	불교 공인, 태학 설립 / 율령 반포	372/373
광개토왕	백제 공격, 신라 침입 왜 격퇴	396/400
장수왕	평양 천도, 백제 한성 함락	427/475
영양왕	신집 편찬, 수나라 격파(살수대첩)	600/612
보장왕	당나라 격파(안시성), 고구려 멸망	645/668

용어설명

중원고구려비

충청북도 충주시에 있다. 5세기 장수왕 시기에 만든 것으로 추정되는 한반도 유일의 고구려 비석이다. 신라를 동이로 칭하는 등 낮춰보며 고구려의 영향권에 두려하던 사실을 전해준다. 천하의 중심임을 자부하는 고구려의 천하관이 반영되어 있다.

광개토대왕 정복활동

668년 나당연합군의 총공세와 고구려 멸망

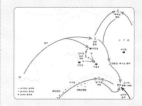

용어설명

3 백제의 성립과 발전

고구려와 백제

졸본부여의 소서노는 부여에서 내려온 추모왕과 혼인했고, 고구려 건국의 최대 공신이었다. 하지만 고구려 2대왕은 추모왕의 첫째 부인의 아들인 유리가 차지했다. 그러자 소서노는 두 아들 비류와 온조를 데리고 남쪽으로 내려왔다. 백제는 고구려와 같이 부여에서 갈라진 나라여서, 국호를 남부여라고도 했다.
초기 백제 왕릉이 있는 석촌동 백제고분군에는 고구려와 같은 형식의 돌무지무덤 4기가 있다. 양국 문화의 동질성을 볼 수 있다.

몽촌토성

서울 올림픽공원에 위치한 몽촌토성은 풍납토성과 인접하고 있다. 이곳에서 백제 초기 토기 등이 다량 출토되었다. 현재 백제 초기 움집터와 목책이 복원되어 있다.

백제 개요

백제는 부여, 고구려 문화를 가진 소서노, 온조, 비류 세력이 남쪽으로 내려와 한강유역 토착세력과 연합하여 세운 나라다. 초기에는 마한 54개국의 하나에 불과했지만, 한강유역의 교역권을 장악하고 서해안을 통해 대중 무역의 이익을 차지하면서 발전했다. 마한 소국들을 차례로 병합하고 한 군현과 맞서며 성장하였다. 유리한 해양조건을 이용해 활발한 해상교류 활동을 전개했다.

■ 백제 성장

3세기 중엽 고이왕 때 한강 유역을 완전히 장악하고, 정치 체제를 정비했다. 6좌평을 비롯한 관등제를 정비하고 관복제를 시행하는 등 지배체제를 정비하여, 중앙 집권 국가의 토대를 형성하였다.

■ 백제 전성기

4세기 중엽 근초고왕은 영산강 유역의 마한을 정복하고 남해안까지 영역을 넓혔다. 고구려의 평양성을 공격해 고국원왕을 죽였으며, 요서지역에 군대를 파견해 점령하고 진평군을 설치했다. 또한 바다 건너 동진과 외교관계를 맺고, 교류를 확대하였으며, 선진 문물을 가야 소국에 전해주며 영향력을 확대했다. 왜국과 교류를 시작하여 칠지도를 제작해 전해주었다. 근초고왕 시기에 고흥이 서기를 편찬하였으며, 삼국 가운데 가장 먼저 전성기를 맞이했다. 384년 침류왕은 동진에서 온 마라난타를 통해 불교를 수용하였다.

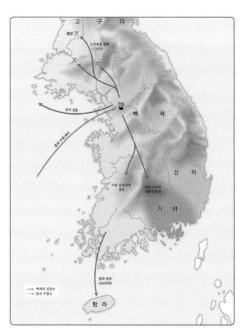

▲ 백제 전성기 지도

■ 백제 위기

396년 고구려 광개토대왕의 공격을 받아, 아신왕은 한강 이북지역을 뺏기는 등 수세에 몰렸다. 433년 비유왕은 신라 눌지왕과 혼인 동맹을 맺어 고구려를 견제했다. 472년 개로왕은 북위에 사신을 보내 고구려를 협공하려 하였으나, 도리어 475년 고구려 장수왕의 공격을 받아 목숨을 잃었고, 수도도 함락되었다. 문주왕은 서둘러 수도를 웅진으로 옮겨야 했다.

■ 백제의 부흥과 좌절

동성왕은 493년 신라 소지마립간과 2차 혼인 동맹을 맺어 고구려를 견제하였다. 무령왕은 22담로를 설치하고, 수도를 5부, 지방을 5방으로 정비하며 지방통치를 강화했다. 무령왕은 양나라(중국 남조)와 문화교류를 활발히 했다. 공주 송산리 고분군에서 도굴되지 않은 상태로 발견된 그의 무덤은 양나라의 영향을 받은 벽돌무덤이다. 성왕은 538년 도읍을 부여로 옮기고 국호를 남부여라고 하였다. 성왕은 551년 신라와 함께 고구려를 공격하여 한강 유역을 회복하였다.

하지만 553년 신라 진흥왕이 기습을 가해 한강유역을 빼앗자, 성왕은 대가야와 연합해 신라 관산성을 공격했다. 하지만 관산성 전투에서 성왕이 전사하고, 대패하였다. 120년간 유지되던 나제동맹이 파기되었다.

■ 백제 멸망

백제는 왜국에 와박사, 오경박사, 의박사, 역박사 등을 파견하여 문화를 전해주며, 일본열도에서 영향력을 확대해갔다. 무왕은 금마저(익산)에 미륵사를 창건하였는데, 그는 서동요 설화의 주인공이기도 하다. 국력을 회복한 백제 의자왕은 642년 윤충을 보내 대야성을 비롯한 40여성을 빼앗는 등, 신라를 위기에 몰아넣었다. 의자왕은 고구려와 동맹을 맺고 신라를 압박했다. 자만심에 빠진 의자왕은 성충, 흥수 등 충신의 간언을 멀리하며 사치와 안일에 빠졌다. 반면 신라는 당나라와 동맹을 맺고, 660년 백제를 공격해왔다. 계백의 결사대가 황산벌에서 신라군에 맞서 싸웠으나 패배했다. 나당연합군의 침략으로 660년 백제가 멸망했다.

■ 백제 유민의 부흥운동

사비와 웅진이 함락되고, 의자왕이 당나라로 끌려가자, 백제 전역에서 부흥운동이 일어났다. 복신과 도침은 의자왕의 아들 부여풍을 백제왕으로 추대하고, 주류성에서 백제 부흥운동을 전개했다. 흑치상지는 임존성을 거점으로 백제 부흥운동을 펼쳤다. 662년 복신이 도침을 살해하고, 흑치상지가 당나라에 투항하는 등, 백제 부흥군에 내분이 생겼다. 663년 백제부흥군을 구원하러 온 왜군과 함께 백강전투에서 나당연합군과 싸웠으나 패배하고, 풍이 복신을 죽이고 고구려로 망명하면서, 백제 부흥운동은 실패로 끝났다.

〈백제 주요 왕들과 사건〉

왕명	주요 사건	대표연대
고이왕	한강유역 장악, 16관등, 관복 정비	260
근초고왕	고구려 격파, 해외 진출, 마한 정복	371
침류왕	동진으로부터 불교 수용, 공인	384
비유왕	신라 눌지왕과 혼인동맹	433
개로왕	고구려 공격받아 한성 함락, 살해됨	475
문주왕	웅진 천도	475
동성왕	신라와 2차 결혼 동맹	493
무령왕	22담로 설치, 5방, 5부 지방통치 강화	501~523
성왕	사비 천도, 한강유역 회복, 관산성 참패	538/551
무왕	미륵사 창건	601
의자왕	신라 대야성 함락, 백제 멸망	642/660

〈백제의 수도 변천〉

구분	시기	도읍의 조건, 천도 배경	주요 유적
한성 (한강유역)	기원전 18 ~475	농사에 유리하며, 한강 교역로를 장악할 수 있는 유리한 위치, 서지문화 수용에 유리	풍납토성, 몽촌토성, 방이동 고분군, 석촌동 고분군
웅진 (공주)	475 ~538	고구려 침략 받아 한강유역 상실, 방어에 유리한 조건	송산리 고분군, 무령왕릉, 공산성
사비 (부여)	538 ~660	왕권 강화와 백제 중흥을 위한 계획 도시 건설 (나성 축조) 백강(금강)을 이용한 해상교통에 유리, 넓은 평야	능산리 고분군, 정림사지 5층탑, 부소산성, 궁남지, 관북리 유적, 나성

풍납토성

길이 3.5km, 폭 40m, 높이 9m 성벽으로 에워싼 판축토성으로, 백제 초기 왕성의 유력한 후보지다. 성 내부에서 대부라는 글자가 새겨진 토기, 우물, 려(呂)자형 건물지 등이 발견되었다.

칠지도

일본 이소노카미 신궁에 보관된 길이 74.9cm크기의 철로 만든 칼로 백제왕이 왜왕에게 하사했다는 60여자의 글자가 새겨져 있다.

무령왕릉

공주 송산리 고분군에서 1971년 7월에 발견되었다. 양나라 영향을 받은 벽돌무덤으로, 무덤 주인공을 알려주는 지석이 발견되었으며, 금제관식 등 국보 10여 점을 비롯해 약 3천 점의 유물이 출토되었다.

용어설명

신라 지배자의 호칭

초대 박혁거세 거서간
2대 남해 차차웅
3대 유리 이사금
17대 내물 마립간
22대 지증 왕
신라 지배자의 호칭은 시기별로 달라졌다.
거서간은 존귀한 자, 군장, 차차웅은 무당, 제사장, 이사금은 연장자, 마립간은 대수장 의미가 있다. 부족연맹체에서 군장이 추대되었다가, 세습적인 군장제로 바꾸고, 지배자의 권력이 커지면서 왕으로 호칭이 달라진 것이다.

김알지가 탄생한 계림

호우명 그릇

경주 노서동 고분군 호우총에서 발견된 그릇으로, '을묘년 국강상광개토지호태왕호우십'이란 글자가 새겨있다. 400년 이후 신라가 고구려와 긴밀한 관계에 있음을 보여주는 유물이다. 한때 고구려군이 신라 수도에 주둔하기도 했다.

④ 신라의 성립과 발전

신라 개요

고조선 유민들이 6촌을 이루고 살고 있던 곳에 박씨, 석씨, 김씨의 시조인 박혁거세, 석탈해, 김알지 등이 합류해 건국했다. 소백산맥 남쪽에서 육상 교통의 요지였던 경주지역을 중심으로 성장한 사로국은 진한 연맹체의 맹주가 되어 주변 소국을 제압하며 성장했다. 가야 연맹에 비해 해상교통에서 불리했으며, 가야와 왜의 침략을 받기도 했다. 삼국 가운데 가장 늦게 성장했지만, 탁월한 위기극복 능력을 발휘해 마침내 삼국통일을 이룩한다.

■ 신라의 위기와 고구려

399년 가야와 왜가 침략해오자, 내물마립간은 고구려에 구원을 요청한다. 400년 고구려 광개토대왕은 5만 군대를 보내 왜와 가야를 격퇴한다. 이후 신라는 고구려의 정치적 간섭을 받게 된다. 이때 신라는 고구려의 앞선 문화와 기술 등을 배웠다. 가야가 고구려에 의해 약화된 것을 기회로, 가야에 대한 우위를 확보하고, 백제와 동맹을 체결해 차츰 고구려의 간섭에서 벗어나고자 했다. 고구려가 수도를 평양으로 옮기고 남진정책을 펼치자, 433년 눌지마립간은 백제 비유왕과 1차 혼인동맹을 맺었다. 475년 백제 수도가 함락되자, 1만 원군을 보내기도 했다. 494년 소지마립간은 백제 동성왕과 2차 혼인동맹을 체결해 나제동맹을 강화한다. 이를 바탕으로 고구려의 간섭에서 차츰 벗어나게 되었다.

▲ 신라 전성기

■ 지증왕(500~514) 시기 체제 정비

지증왕은 나라 이름을 신라로 확정하고, 처음으로 왕이란 호칭을 사용했다. 순장을 금지시켰고, 농사짓는 데 소를 이용하도록 하였다. 또한 시장을 관리하기 위한 동시전을 설치했다. 아울러 이사부를 보내 우산국을 복속시키는 등, 지증왕 시기 신라는 국가체제를 크게 정비하고 발전할 수 있었다.

■ 법흥왕(514~540) 시기 중앙 집권체제 강화

법흥왕은 517년 병부를 설치하여 군사력을 강화했다. 531년에는 나라 일을 총괄하는 상대등 관직이 설치되었다. 520년 율령을 반포하고 관복제를 제정하였다. 527년 이차돈의 순교를 계기로 신하들의 반대를 제압하고 불교를 공인하였다. 법흥왕은 건원 연호를 처음 사용하며, 중앙 집권체제를 강화했다. 더불어 532년에는 금관가야를 멸망시키며 신라를 성장시켰다.

▲ 백제 멸망

■ 진흥왕(540~576) 시기 신라의 발전

540년에 즉위한 진흥왕은 545년 거칠부에게 국사를 편찬하게 하였고, 551년 백제와 함께 고구려를 공격해 한강상류 지역을 차지했다. 고구려와 밀약하여, 553년 백제를 공격해 한강하류 지역을 빼앗았다. 반격해온 백제 성왕을 관산성에서 전사시키고 크게 승리를 거두었다. 당항성을 통해 서해를 건너 중국과 연결하는 해상 교역로를 확

▲ 신라 통일 전쟁

보하였고, 넓은 영토를 얻게 되었다. 562년에는 대가야를 병합하였고, 568년에는 함경도 남부 일원까지 세력을 확장하였다. 영토를 크게 넓힌 진흥왕은 북한산, 창녕, 마운령, 황초령에 순수비를 세웠다. 진흥왕 시기 신라 발전의 원동력에는 청소년 조직인 화랑도가 있었고, 화랑도를 국가적인 조직으로 정비하였다.

■ 7세기 신라의 위기

6세기 말 이후 신라는 고구려와 백제의 반격을 받기 시작했다. 영토가 축소되고, 양국의 협공을 받아 위기에 처하게 되자, 진평왕은 원광스님으로 하여금 수나라에 군사를 청하는 걸사표를 쓰게 했다. 하지만 수나라가 고구려에 패하며, 신라는 위기에 처했다. 선덕여왕은 불교의 힘으로 적을 물리치기 위해 자장의 건의를 받아들여 황룡사 9층 목탑을 건립했다. 신라는 642년 백제 의지왕의 공격을 받아, 대야성을 비롯한 40여성을 빼앗긴다. 김춘추가 고구려에 동맹을 요청하나 실패했다. 두 나라의 공격을 받아 위기에 처한 신라는 648년 김춘추를 보내 당나라와 군사동맹을 체결하게 된다.

■ 삼국통일을 이룩한 신라

654년 성골출신 마지막 왕인 진덕여왕의 뒤를 이어 진골출신 처음으로 김춘추가 왕위에 올라 무열왕이 된다. 그는 660년 5만 대군을 출정시켜, 당나라 13만 군사와 함께 백제를 공격했다. 김유신이 황산벌에서 계백이 이끄는 백제 결사대를 물리치고, 당군과 함께 백제 도성을 함락하고 백제를 멸망시켰다. 무열왕의 아들 문무왕은 663년 백제 부흥운동을 제압하였고, 668년에는 대군을 출동시켜 당나라와 함께 고구려를 멸망시켜 버렸다. 하지만 당나라가 신라마저 멸망시키려고 하자, 신라는 고구려, 백제 유민 등과 합세해 당나라와 싸운다. 675년 매소성 전투에서 승리하고, 676년 기벌포 해전에서 승리하면서 당나라군을 축출하는데 성공했다. 이로서 신라는 삼국통일을 달성할 수 있었다.

〈신라 주요 왕들과 사건〉

왕명	주요 사건	대표연대
내물왕	마립간 호칭 사용, 고구려에 구원 요청	399
눌지왕	백제와 동맹을 맺음	433
지증왕	순장 금지, 우경, 동시전, 우산국 복속	512
법흥왕	불교 공인, 건원 연호, 금관가야 멸함	528/532
진흥왕	영토 확장, 순수비, 화랑도, 대가야 멸함	551/562
선덕여왕	첨성대, 황룡사 9층탑, 분황사 건립	643
무열왕	나당동맹, 백제 멸함	660
문무왕	고구려 멸함, 매소성 전투, 당군 축출	668/676
신문왕	김흠돌 반란, 녹읍 폐지 관료전 지급	689
경덕왕	불국사 건립, 녹읍 부활	757
진성여왕	원종과 애노의 난, 최치원 시무10조	889

⑤ 고대의 정치, 사회, 경제

〈삼국의 성장과 발전〉

고대국가 성립	고 구 려	백 제	신 라
왕위세습 확립	태조왕(1C후반)	고이왕(3C중엽)	내물왕(4C말)
율령 반포	소수림왕 - 373	고이왕 - 260	법흥왕 - 520
불교 승인	소수림왕 - 372	침류왕 - 384	법흥왕 - 527

〈삼국의 정치제도〉

구 분	고구려	백제	신라
관등제	10여 관등	16관등	17관등
중앙관제		6좌평, 22부	병부 등 12부
수상	대대로	상좌평	상대등
합의기구	제가 회의 → 대로 회의	남당 회의 → 정사암 회의	남당 회의 → 화백 회의
지방	5부 - 성	5방 - 군	5주 - 군 - 현
지방관	욕살, 처려근지, 가나달	방령, 군장	군주, 태수, 현령
특수지역	3경 (국내성, 평양성, 한성)	22담로	2소경(북소경, 국원소경)

■ 합의기구

- **제가 회의** - 연맹체 시기 5부족의 부족장인 가(加)들이 모여 나라의 중요한 일을 하는 회의였다. 고구려 후기에는 대대로, 막리지 등 5위 관등 이상 고관(대로)들이 모여 회의하는 대로 회의로 변했고, 대대로가 주관했다.
- **정사암 회의** - 백제 사비시기 정치를 논의하던 장소가 정사암으로, 정사암 회의에서 좌평(재상)을 선출했다. 부여군 천정대가 정사암터이다.
- **화백 회의** - 부족의 원시집회소에서 기원한 남당 회의에서 유래한 것으로, 진골 이상 귀족들이 국가 중대사를 만장일치제도로 합의하는 회의다. 대등 회의 라고도 했고, 의장은 상대등이다.

■ 신라 골품제도

혈연에 따라 사회적 제약이 가해지는 신분제도다. 신라가 중앙집권국가로 발전하는 과정에서 성립되어 6세기 초 법제화된다. 왕족인 성골과 진골, 족장출신인 6두품, 5두품, 4두품, 평민층인 3두품, 2두품, 1두품으로 구성된다. 골품은 관등 승진, 가옥, 규모, 복색 등 일상생활까지 규제했다. 진덕여왕을 끝으로 성골이 사라졌고, 3두품 이하는 구분이 사라졌다. 6두품은 득난으로 불리며, 골품제를 비판하고, 호족과 연계해 사회 개혁을 추구했다.

〈고대 교육 기관과 학문〉

고구려	경당	유학 경전 교육. 행정 실무자 육성	이문집 - 신집5권 (영양왕 600)
	태학	활쏘기와 말 타기, 글쓰기	
백제	?	5경 박사, 의박사, 역박사 등 유학과 기술학, 무예	고흥 - 서기 (근초고왕 375)
신라	화랑도	심신단련과 무예 수련	거칠부 - 국사 (진흥왕 545)
	국학	논어, 효경 등 유학 경전 + 산학	
발해	주자감	유학 경전 교육	

<표 title="고대 문자 기록">

〈고대 문자 기록〉

비석	연대	특이 사항
광개토대왕릉비	414	광개토대왕의 영토 확장, 수묘제도
중원고구려비	5세기	고구려의 남진, 천하관, 고구려 - 신라 관계
포항 냉수리비	503	신라인의 재산 소유와 상속
무령왕릉 지석	523	무령왕릉의 주인공 밝힘, 매장 풍습
울진 봉평비	524	신라 지방통치와 관련된 의사결정
영천 청제비	536	신라의 수리 관개시설 축조
단양 적성비	550년경	충성 바친 자에게 포상, 한강유역 진출
북한산 순수비	555	김정희 '금석과안록'의 고증
창녕 순수비	561	신라의 가야 정복
황초령 순수비	568	함경도 남부까지 세력 확장
마운령 순수비	568	순수비 가운데 가장 늦게 발견
임신 서기석	6세기	유학공부를 3년 안에 마칠 것을 맹세
사택지적비	654	백제 귀족의 도교적인 인생관

용어설명

북한산 순수비

진흥왕이 영토를 개척하고 순행한 사실을 기념해 세운 비로, 국보3호다. 함께 순행한 신료들의 명단, 비의 건립 배경, 보존에 관한 내용이 기술되어 있다. 1816년 김정희가 발견하여, 금석과안록에서 신라 진흥왕 순수비임과 건립 시기를 밝혔다.

■ 제천행사와 놀이

고대는 왕과 귀족 중심의 엄격한 신분사회지만, 잦은 전쟁으로 인해 집단의 결속력이 중요한 사회였다. 따라서 자신을 표현할 때 소속부명+성명+관직 방식으로 자신이 속한 부를 반드시 밝혔다. 고구려의 동맹, 신라의 가배 등 제천행사에는 상하가 어울려 함께 축제를 즐겼다. 이때 씨름, 겨루기, 활쏘기 등 무예, 석전 등의 놀이와, 음주, 춤과 노래 등을 함께 즐겼다. 고구려는 매년 3월 사냥대회를 열고, 그 수확물로 하늘에 제사를 올리고, 인재도 등용했으며, 나라의 큰일도 의논했다.

가배

신라인들이 매년 7월 16일부터 8월 보름까지 나라 안 6부의 여성들을 두 편으로 나눠, 길쌈 짜기 내기를 했는데, 진편이 이긴 편에게 술과 음식을 푸짐하게 장만해 대접하고, 노는 것이 가배다. 이날 달맞이 놀이도 했다. 가배는 추석의 기원이다. 여성의 경제활동과 길쌈이 매우 중요했음을 보여주는 풍습이다.

■ 고대의 생업과 조세

삼국시대 각국은 농업을 국가 경제의 중심으로 삼았다. 철제 농기구가 보편화되었다. 신라는 502년 우경을 시작했고, 고구려와 백제는 이보다 앞서 소를 이용한 밭갈이가 시작되었지만, 농업생산성은 높지 않았다. 따라서 수렵과 어로, 채집도 중요한 생업활동이었다. 인구가 적고 땅은 많았기 때문에, 세금은 사람 개인당 부과하는 인두세의 비중이 높았다. 풍흉에 따라 조세를 거두었지만, 비중이 낮았다. 공납으로 베, 곡물 등을 냈다. 또 15~60세까지 축성 등의 일에 노동력을 제공하고 군역에 종사할 부역의 의무가 있었다. 귀족들은 식읍, 녹읍 등을 받아 해당 지역의 조세 징수와 부역 징발의 권리를 갖기도 했다.

고구려 대안리1호분 길쌈짜기 벽화

■ 고대의 상업과 무역

대도시를 중심으로 상업 활동이 전개되어, 6세기 신라 지증왕 때 시장 감독기구인 동시전과 시장인 동시가 설치되었다. 소금을 팔러 다니는 행상도 있었다. 가야는 철, 고구려는 금, 은, 인삼, 모피, 백제는 인삼, 직물, 황칠수 등을 수출하고, 비단, 서적, 도자기 등을 수입했다. 고구려는 중국 남북조, 북방 민족과 무역을 하였고, 백제는 남조, 왜, 동남아시아 등과 활발한 해상교역을 했다. 신라는 고구려를 통해 중국과 간접 교역을 하다가, 6세기 진흥왕이 한강유역을 차지한 후, 당항성을 통해 직접 중국과 교역하였다.

통일신라와 발해

💡 주요한 기출 키워드

• 통일신라 - 외사정, 관료전과 녹읍. 국학, 상수리제도, 독서삼품과, 장보고
• 발해 - 인안·대흥 연호, 장문휴, 고구려 계승, 주자감, 5경 15부 62주

용어설명

문무왕릉과 감은사

김춘추의 아들 문무왕(661~681)은 고구려를 멸망시키고, 당군을 몰아내 삼국통일을 이룩했다. 그는 죽어서 동해의 용이 되어 나라를 지키겠다는 유언을 남겼다. 그의 유골은 경주 동쪽 감포 앞바다 대왕암에 뿌려졌다. 그의 아들 신문왕은 선왕에 감사하는 마음을 담아 682년 대왕암이 보이는 곳에 감은사를 세웠다.

대왕암

감은사 3층 석탑

국학

682년 설치된 국학은 논어, 효경, 서경, 시경, 주역, 춘추, 예기, 문선, 산학(수학) 등을 가르쳤다. 15~30세 이하 6두품 이하 자제들이 교육을 받았다.
788년 원성왕이 실시한 독서삼품과는 국학 졸업생과 재학생을 시험을 통해 관리로 등용하는 제도였다.

---

① 통일신라

통일신라 개요

삼국 가운데 가장 약소국이었던 신라는 국가 존망의 위기를 겪었지만, 마침내 백제와 고구려를 멸망시키고, 당나라마저 몰아내어 삼국통일을 이룩했다. 반쪽 통일이란 비평도 있지만, 신라의 입장에서는 생존을 위한 최선의 선택이었고, 발전의 큰 계기였다. 신라가 차지하지 못한 고구려의 옛 터에서 발해가 등장하여, 다시 남북국시대가 개막된다.

■ 신문왕의 체제 정비

당나라와 전쟁 중이던 673년 문무왕은 지방관 감찰을 위하여 외사정을 처음으로 파견했다. 681년 신문왕이 왕위에 오르자, 왕의 장인인 김흠돌이 반란을 도모했다. 신문왕은 반란을 진압하고 진골 세력을 숙청했다. 신문왕은 유학 교육을 위해 국학을 설립하였으며, 687년에는 관리들에게 관료전을 지급하고, 689년에는 녹읍을 폐지시켰다. 신하들의 권력을 약화시키고 왕권을 강화시킨 신문왕은 683년 고구려 유민의 나라 보덕국의 왕 안승을 신라 귀족으로 편입시키고, 다음해에는 보덕국을 완전히 없애버렸다. 685년 지방행정제도를 9주 5소경으로 정비하는 등, 신라의 체제를 크게 정비했다.

■ 신라의 번영

당나라와 긴장관계를 유지하던 신라는 차츰 당과 관계를 개선했다. 733년 성덕왕이 당의 요청으로 발해를 공격한 것을 계기로, 당으로부터 국경선을 인정받는다. 8세기 중엽 이후 신라는 당, 발해와 전쟁없는 평화와 경제적 풍요를 누리게 된다. 이를 바탕으로 화려한 귀족 문화가 꽃피웠으며, 거대 사찰이 건립되는 등 문화 예술에서도 큰 발전을 이루었다. 당에서 발전한 선종이 8세기 말 신라에 전파되어 기존의 교종과 함께 발전하게 되었다. 교종이 진골귀족의 후원을 받아 발전한 반면, 선종은 지방호족과 6두품의 후원을 받아 발전했다.

■ 경덕왕(742~765) 시기

722년 성덕왕은 백성들에게 정전을 지급했다. 백성들의 사유지를 법으로 인정해주며 농민에 대한 지배를 강화했다. 경덕왕은 9주를 비롯한 지방행정구역 명칭을 중국식으로 바꾸고, 국학을 태학감으로 변경하여 유교 교육을 강화하였다. 반면 751년 신라를 불국토로 만들려는 염원에서 불국사가 건립되기도 하였다. 757년 경덕왕은 중앙과 지방 관리에게 주던 녹봉을 없애고 녹읍을 부활시키고 관료전을 폐지했다.

■ 혼란의 시작 혜공왕(765~780) 시기

771년 혜공왕은 경덕왕이 이루지 못한 성덕대왕신종을 완성하여 봉덕사에 안치했다. 혜공왕 시기에는 녹읍을 부활시킨 귀족들이 강해져, 768년 대공의 난을 비롯해 잦은 반란을 일으켰다. 780년 김지정의 반란이 일어나, 반란을 제거하는 과정에서 왕이 시해되었다. 이때부터 신라 하대의 혼란이 시작된다.

■ 왕위 다툼의 갈등

김지정의 반란을 진압한 김양상과 김경신은 차례로 선덕왕과 원성왕이 된다. 원성왕은 788년 관리 채용을 위해 독서삼품과를 실시하였다. 785년 내물왕의 후손인 원성왕이 왕위에 오를 때 왕이 되지 못한 무열왕의 후손인 김주원은 명주군왕에 봉해진다. 그의 아들 김헌창은 아버지가 왕위에 오르지 못한 것을 원망하여 822년 웅주(공주)에서 봉기하여 신라 9주 가운데 4주를 장악하는 전국적인 규모의 반란을 일으켰다. 825년에는 김헌창의 아들 김범문이 반란을 일으키기도 했다. 내물왕계가 왕위를 독점하자, 무열왕계가 반발한 사건이었다. 780년 혜공왕의 죽음 이후, 935년 멸망할 때까지 155년간 20명의 왕이 교체되며 왕권이 불안정해졌다. 귀족들끼리 왕위를 놓고 다투는 가운데, 김우징은 청해진 대사 장보고의 군사력을 빌려 신무왕이 되었다. 하지만 그의 아들 문성왕이 장보고의 딸을 왕비로 받아들이려고 하자, 귀족들이 반발했다. 846년 장보고가 반란을 도모하자, 신라 정부는 자객을 보내 그를 암살했다. 청해진은 851년에 완전히 해체된다.

■ 신라 대외교류와 지방 세력의 성장

828년 당나라에서 귀국한 장보고는 흥덕왕의 허락을 받고 청해진을 세워 해적을 제거하고, 당 - 신라 - 일본으로 연결되는 해상무역로를 장악하며 활발히 무역을 하였다. 원성왕(785~798)릉과 흥덕왕(826~836)릉 앞에는 부리부리한 눈과 이국적인 얼굴과 복식을 한 서역인의 모습을 한 무인상이 서 있다. 신라는 아라비아 등 서역과도 활발하게 교류를 하고 있었다. 경제적으로 성장한 지방호족들은 반독립적인 세력으로 성장하였다. 해상무역을 통해 장보고, 왕건 등의 해상세력이 등장했고, 견훤과 같이 군사력으로 성장한 자들이 세력가로 성장했다. 호족들은 스스로를 성주, 장군이라 칭하며, 6두품, 선종세력과 결합해 신라의 변화를 주도하기 시작했다. 6두품 세력은 골품제를 비판했다. 특히 당나라 빈공과에 합격하고, 토황소격문을 지어 당나라에서 유명해진 최치원은 885년 귀국하여, 894년 시무책 10조를 올려 새로운 정치이념을 제시하기도 했다. 한편 참선을 중시하는 선종 9개 종파가 등장하여 교종 5대 종파와 더불어 신라 불교를 발전시켰다.

■ 신라의 멸망

왕권이 약화되고 녹읍이 부활하자 귀족들은 자신의 세력을 확대하기 위해 농장을 확대해갔다. 토지 제도가 문란해지고, 왕실과 귀족의 사치와 다툼으로 국가의 재정난은 가중되었다. 진성여왕은 세금 수입이 줄어들자, 관리를 보내 세금을 독촉했다. 그러자 889년 원종과 애노가 사벌주에서 봉기했고, 몰락한 농민들은 유랑하거나 초적이 되었다. 지방에 대한 정부의 통제력이 약해지자, 견훤, 양길, 기훤, 궁예 등이 세력을 확대했다. 견훤은 후백제를 세웠고, 궁예는 후고구려를 세웠지만, 신라는 이들을 막을 수가 없었다. 후삼국시대가 개막되자, 신라는 가장 약한 나라가 되고 말았다.
926년 견훤이 도성으로 쳐들어와, 경애왕을 살해하고 약탈을 했다. 신라는 왕건의 고려에게 구원을 요청해야 하는 신세가 되었다. 후백제와 고려의 전쟁에서 고려의 승리가 분명해지자, 신라 56대 경순왕은 935년에 고려에 투항하여 신라 역사를 마감하게 된다. 신라는 골품제의 한계, 왕위 다툼과 귀족들의 사치 등 내부 문제를 해결하지 못하고 멸망하고 말았다.

동모산

발해의 초기 건국지는 지린성 둔화시 동모산이다. 당시 평양은 폐허가 되었고, 신라, 당과 가까워 수도가 되기 어려웠다. 동모산은 주변에 넓은 평야가 있고, 교통이 편리했다.

고구려를 계승한 발해

727년 일본에 보낸 국서에서 무왕은 "우리는 고구려의 옛 터전을 회복하였고, 부여의 풍속을 계승하고 있다."고 하였다. 759년 일본에 보낸 국서에서 문왕은 스스로를 '고려국왕 대흠무'라고 하였고, 일본에서 발해에 보낸 국서에도 '고려국왕'이라고 했다. 일본도 발해를 고려 즉 고구려로 불렀다. 신라도 발해를 북국으로 인식하고 있었다. 발해인은 고구려 계승의식을 뚜렷하게 갖고 있었다.

일본이 발해를 고려로 부른 증거인 견고려사 목간(758년)

② 발해

발해 개요

고구려 유민 출신 대조영이 698년 발해를 건국했다. 그는 흩어졌던 유민들을 빠르게 규합해 고구려의 부활을 알렸다. 발해는 신라와 함께 남북국 시대를 만들었다. 발해는 고구려 남부 영토를 회복하지는 못했지만, 북동쪽으로 영토를 크게 넓혔고, 문화도 발전해 해동성국이라 불렸다.

■ 발해 건국

668년 고구려를 멸망시킨 당나라는 668년 평양에 안동도호부를 설치했지만, 676년 요동으로 옮겨야 했다. 당나라는 고구려 동부지역을 비롯한 대부분의 지역에서 지배력을 발휘하지 못했다. 이때 당나라 영주로 끌려가 살았던 걸걸중상이 이끄는 고구려 유민집단과 말갈인 걸사비우 집단이 당이 혼란한 틈을 타서 동쪽으로 탈출했다. 당은 고구려 부활을 막고자 군대를 보내 이들을 추격했다. 걸걸중상과 걸사비우가 죽자 걸걸중상의 아들 대조영이 남은 사람들을 인솔하고 동쪽으로 왔다. 대조영은 당군을 천문령 전투에서 크게 격파했다. 698년 대조영은 고구려 유민들을 중심으로 동모산에서 나라를 건국했다. 그가 발해 시조 고왕이다.

■ 대당 강경책을 펼친 무왕(719~737) 대무예

719년 왕위에 오른 무왕은 인안이란 연호를 사용하여, 당과 대등하다는 의식을 표방했고, 일본에 사신과 국서를 보내 교류를 시작했다. 또한 그는 빠르게 영토를 확대시켜갔다. 그러자 흑수말갈은 발해의 팽창에 두려움을 느끼고, 당나라에 사신을 보내 연합하고 발해에 적대적인 태도를 보였다. 무왕은 동생 대문예를 보내 흑수말갈을 공격하게 했다. 그런데 대문예는 흑수말갈 정벌이 당나라와 전쟁으로 이어질 것을 우려해 출정을 반대했다. 무왕이 계속 출정을 고집하자, 대문예는 당나라로 도망치고 말았다. 당나라가 대문예를 감싸자, 무왕은 732년 장문휴로 하여금 바다 건너 산둥반도 덩저우를 공격하게 하여, 등주자사를 죽이는 성과를 거둔다. 또한 육로로 요서 지역 마도산까지 쳐들어갔다. 그러자 당나라는 신라에 도움을 요청했다. 733년 신라는 군사를 동원해 발해를 치다가 실패했다. 발해는 돌궐, 일본과 연결하여, 당과 신라를 견제했다.

■ 발해를 더욱 발전시킨 문왕(737~793) 대흠무

문왕은 아버지 무왕과 다르게 당나라와 친선관계를 회복하고, 교류를 확대한다. 당나라 덩저우에 발해관이 설치되었고, 발해는 말, 모피, 인삼 등을 수출했다. 문왕은 일본에 사신을 보내 스스로 고려국왕이라고 하여 고구려 계승의식을 분명히 했다. 일본과 교류를 통해 신라를 견제하기도 하였지만, 신라와 적대관계를 해소하고 신라도를 통해 교역을 했다. 문왕은 740년 수도를 중경현덕부로 옮겼다가, 755년 상경용천부로, 785년에는 동경용원부로 옮긴다. 그의 사후 793년 다시 상경용천부로 수도를 옮긴 후, 상경용천부가 계속 수도가 된다. 대흥, 보력 이란 연호를 사용한 문왕은 중앙관제를 3성 6부제로 정비하였다.

■ 해동성국을 이룩한 선왕(818~830) 대인수

10대 선왕은 5경 15부 62주로 지방행정제도를 갖추었다. 그의 재위시기 발해는 전성기를 맞이하여, 흑수말갈 등 말갈부족 모두를 제압하였다. 요동을 비롯한 고구려의 옛 영토를 대부분 회복하고, 사방 5천리의 넓은 영토를 개척했다. 당시 발해의 경제, 문화 수준이 높아 당나라는 발해를 해동성국이라 불렀다.

■ 발해와 신라의 관계

발해가 건국된 지 2년 만에 신라에 사신을 파견해 왕래를 시작했다. 733년 신라가 당의 요청으로 발해를 공격하기도 했지만, 두 나라는 육로와 해로로 물자교역을 했다. 발해의 신라도는 동해안을 따라 신라로 가는 길이며 39개 역이 있었다. 원산부근인 탄항관문에서 교역이 이루어졌다. 신라 역시 발해로 여러 차례 사신을 파견했다. 신라 최치원은 발해를 북국으로 부르며, 노골적인 경쟁의식을 보이기도 했다. 두 나라는 대립과 경쟁뿐만 아니라 교류와 협력도 했다.

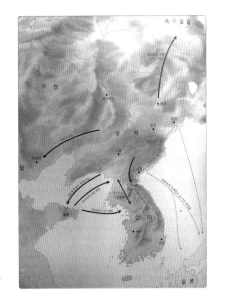

■ 발해의 멸망

넓은 영토와 안정적인 대외관계를 바탕으로 성장을 거듭하던 발해는 9세기말 급격하게 성장한 거란과 자주 전쟁을 하게 된다. 발해는 당나라와 교류하며 문화적 사치에 빠졌던 반면, 유목민인 거란은 전투에 익숙해 있었다. 926년 15대 애왕 대인선 시기에 거란의 기습공격을 받아 멸망하고 말았다. 내부 반란과 분열, 거란과의 전쟁에서 패배가 주요 원인이었다.

■ 발해 부흥 운동

발해가 멸망하자, 발해 땅에 동단국이란 거란의 괴뢰정권이 세워졌다. 하지만 928년 동단국이 요동으로 옮겨져, 발해의 옛 영역은 대부분 거란 지배권 밖에 있었다. 발해 유민들은 압록강 중류지역을 중심으로 정안국을 세워 발해 부흥운동을 전개했다. 934년 발해국 세자 대광현은 수만명의 무리를 이끌고 고려에 투항하기도 했다. 정안국은 대씨에서 열씨, 오씨로 왕위가 바뀌며 거란에 저항했으나, 985년 거란의 대규모 공격을 받아 986년경 소멸했다. 하지만 발해 부흥운동은 1116년까지 곳곳에서 전개되었다.

〈 발해 주요 왕들과 사건 〉

왕명	주요 사건	대표연대
고조(대조영)	동모산에서 발해 건국	698
무왕(대무예)	흑수말갈 공격, 당 등주 공격	732
문왕(대흠무)	상경용천부 천도, 당과 화해, 일본에 국서 보내 고려국왕 표방	756
선왕(대인수)	요동까지 최대 영토, 해동성국, 5경 15부 62주 지방통치 확립	818~830

용어설명

발해 천도 순서

698~740 동모산(구국)
740~755 중경현덕부
756~785 상경용천부
785~794 동경용원부
794~926 상경용천부

유득공의 발해고

1784년 조선의 실학자 유득공은 발해의 역사와 문화에 대한 내용을 엮어 발해고를 서술했다. 유득공은 고려가 체계적인 발해사 서술을 하지 않은 것을 비판했다. 유득공은 발해가 고구려의 후계자이며, 신라와 병립된 시기를 남북국시대로 보아야 한다고 주장했다.

발해의 특산물

신당서에 기록된 발해의 특산물에는 생물자원이 많지만, 명주, 철, 벼농사 등 농업, 수공업, 광업이 고루 발전했음을 알 수 있는 특산물도 있다. 태백산의 토끼, 남해의 다시마, 책성의 된장, 부여부의 사슴, 막힐의 돼지, 솔빈부의 말, 현주의 베, 옥주의 면, 용주의 명주, 위성의 철, 노성의 벼, 미타호의 붕어, 환도의 오얏, 낙유의 배 등이다.

용어설명

신라 민정문서

1933년 일본 도다이사 쇼소인에서 발견된 문서다. 촌락마다 호의 등급과 변동 상황, 성별, 연령별 인구 규모가 파악되어 있고, 논 밭의 면적 등이 기록되어 있다. 소와 말, 뽕나무, 잣나무 증감까지 기록되어 있다.

서원경(청주) 소속 4개 촌을 조사하여 기록한 민정문서는 신라의 8~9세기 농촌 경제 상황을 알 수 있는 귀중한 자료다. 촌락문서, 신라장적, 정창원 문서 등으로도 불린다.

발해 연호

발해왕들은 다양한 연호를 사용했다.

1	고왕	천통
2	무왕	**인안**
3	문왕	**대흥** **보력**
5	성왕	중흥
6	강왕	정력
7	정왕	영덕
8	희왕	주작
9	간왕	태시
10	선왕	건흥
11	이진	함화

함화4년명불비상

불상 명문에 발해 함화 연호가 써 있다.

〈남북국의 정치 제도와 후대 비교〉

	통일신라	발해	고려	조선	갑오경장
합의기구	화백	정당성	도병마사	의정부,비변사	의정부
집행기구	집사부〈성〉	중대, 선조성	상서성	6조	8아문
수상	상대등, 시중	대내상	문하시중	영의정	총리대신
중앙관제	14부	3성6부	2성6부	의정부, 6조	2부 8아문
장관	령	경	상서	판서	대신
지방관제	9주 5소경	5경 15부 62주	5도 양계	8도	23부
지방장관	군주, 도독	도독, 자사	안찰사, 병마사	관찰사	관찰사
감찰기구	사정부	중정대	어사대	사헌부	도찰원
국립대학	국학(태학감)	주자감	국자감	성균관	

〈통일신라 통치 체제 정비〉

중앙정치	무열왕계 왕위계승. 왕권 전제화. 왕명출납 집사부(시중) 강화, 화백회의(상대등) 세력 약화 사정부(659) 설치해 관리 감찰.
지방통치	전국을 9주 5소경으로 정비, 군현에 지방관 파견. 673년 외사정을 파견하여 지방관 비리 감찰. 상수리 제도 실시하여, 지방 세력 통제
군사강화	중앙군 9서당 편성(고구려, 백제, 말갈인 통합) 지방군 10정 편성(각주에 1정, 한산주만 2정 배치)
경제질서	관료전 지급 및 녹읍 폐지(689)로 귀족 세력 억압 민정문서 작성(촌주가 3년마다)으로 노동력 및 생산자원관리
유교질서	국학설립(682), 독서삼품과 실시(788)로 유교적 질서 강화

■ 신라 하대 통치 질서의 문란

녹읍 부활(757) → 왕권 약화 → 왕위 쟁탈전 전개 → 통치 질서의 약화 및 국가 재정 파탄 → 지방호족의 성장 → 6두품의 반 신라경향, 선종과 호족세력의 결합, 농민 반란 → 새로운 질서 열망 → 후삼국 시대 개막

〈발해 통치 체제 정비〉

중앙정치	당의 3성 6부제 수용. 명칭과 운영은 발해 독자성 반영 중정대를 두어 관리 감찰, 주자감 설치해 유학교육
지방통치	5경, 15부(절도사, 도독), 62주(자사), 군현(현승), 촌
군사강화	중앙군 10위
경제질서	각 지역별 특산물 생산, 5개 도로(영주도, 압록도(등주도), 신라도, 일본도, 거란도) 중심 교역과 왕래

〈신라의 학술〉

김대문	신라 문화의 주체적 인식, 화랑세기, 고승전, 한산기 저술
강수	외교 문서 작성, 명문장가
설총	이두를 정리, 화왕계(花王戒)를 신문왕에게 바침, 원효의 아들
최치원	당나라 유학해 빈공과 급제, 토황소격문 지음, 시무10여조 개혁안 올림, 계원필경, 사산비문 등 저술

■ 국제무역과 해외유학생

8~9세기 신라는 개방적인 경제정책을 펼친 당나라와 대규모 무역을 하게 되었으며, 당나라를 통해 만나게 된 아라비아 등 서역상인과도 무역하게 되었다. 또한 유학생, 유학승, 상인 등이 자주 왕래하게 되면서, 당나라 동해안에는 신라인의 집단 거주지인 신라방이 들어섰고, 신라 거류민의 자치행정기구인 신라소, 신라인이 세운 사찰인 신라원이 곳곳에 세워졌다. 산둥반도 문등현 적산촌에 장보고에 의해 세워진 법화원이 유명하다. 신라 상인들은 신라 물건뿐만 아니라, 당, 서역, 동남아시아 물건을 일본에 팔아 큰 이익을 남기기도 했다.

발해 역시 당나라, 일본 등과 활발한 무역거래를 하였다. 산둥반도 덩저우에는 발해사신단과 상인을 위한 발해관이 세워졌다. 발해의 모피, 인삼, 솔빈부의 말, 자기, 불상 등이 수출되었다. 일본에서는 발해 담비 가죽이 큰 인기를 끌었다. 9세기 전반 당나라에서 외국인을 상대로 빈공과를 설치하자, 발해와 신라 유학생들이 응시하여, 많은 급제자를 배출하였다. 두 나라는 빈공과 합격자의 수석을 놓고 경쟁하기도 했다.

■ 사치금지령

834년 신라 흥덕왕은 골품에 따라 의복, 수레, 사용하는 물건, 주택 등에 대한 세부적인 제한 규정을 두었다. 금지품목에는 진기한 외래품이 많았다. 골품제가 일상생활에 광범위하게 작동하고 있었지만, 신분을 뛰어넘어 사치를 부리는 자들이 많았기에 금지령이 발표된 것이다.

■ 발해 사회 모습

발해를 건국한 중심세력은 고구려유민이다. 피지배층은 영토를 확장하는 과정에서 말갈계 부족민의 비율이 높아졌다. 부족민의 생활방식을 고집하던 말갈계 사람들은 발해가 멸망한 후, 다시 부족생활로 돌아갔다. 3명이면 호랑이도 잡는 발해 남자들이지만, 여자들의 질투를 무서워하여 다른 나라와 달리 첩을 두지 못했다. 발해에는 답도라는 춤을 추며 술 마시며 노는 풍습이 있었다. 고구려의 법률, 풍속을 계승했다.

〈발해의 고구려 계승과 당 문화수용〉

구분	정혜공주(737~777)	정효공주(757~792)
신분	문왕 2째딸	문왕 4째딸
무덤 위치	지린성 둔화시 육정산 고분군 - 동모산 부근	지린성 허룽시 용두산 고분군 - 중경현덕부 부근
무덤 양식	굴식동방무덤, 모줄임천장 - 고구려식	벽돌무덤, 지하무덤 - 당나라식 평행고임천장 - 고구려식
유물	돌사자상 출토 - 고구려영향	벽화 출토 - 화풍이 당나라식
묘지명	묘지명 「대동소이, 문왕을 황상으로 표현, 보력 연호 사용	

용어설명

『입당구법순례행기』

일본의 승려 엔닌이 838년부터 847년까지 당나라를 여행한 여행기다. 엔닌은 청해진대사 장보고와 신라방 사람에게 많은 도움을 받았다. 그의 여행기에는 8~9세기 신라인들이 대륙 동해안에서 무역업, 조선업, 운송업 등에서 활발히 활동하고 있음과, 신라방, 법화원, 신라인의 풍습 등을 알려주는 다양한 정보가 담겨있다.

발해 석등

상경 용천부에 있는 높이 6.3m의 대형석등으로, 하대석에 연화문이 새겨있는 발해 대표 유물이다. 고구려 영향을 받았다.

온돌

온돌은 고구려의 고유한 난방방식이다. 발해 유적에서도 온돌이 발견되고 있어, 고구려 문화가 계승되었음을 알 수 있다.

05
고대의 경제와 문화

주요한 기출 키워드

- 가야 - 지산동 32호 출토 금동관, 철제 갑옷
- 고구려 - 강서대묘 현무도, 연가 7년명 금동여래 입상, 광개토대왕릉비, 장군총
- 백제 - 금동대향로, 무령왕릉, 정림사지 5층 석탑, 칠지도, 미륵사지 석탑
- 신라 - 불국사 석가탑, 분황사 모전석탑, 호우명 그릇, 순수비
- 발해 - 석등, 돌사자, 정효공주묘, 정혜공주묘

용어설명

김해 양동리 78호분 출토 갑옷

대성동 고분

가야 기마인물형 토기

대성동 47호 출토 청동솥과 동복

① 가야의 문화유산

철 관련	철제갑옷, 철정
북방관련	기마인물형 토기, 청동솥, 동복(야외에서 사용하는 솥)
신화관련	파사석탑, 지산동출토 토제방울
토기	가야토기가 왜의 스에키 토기에 영향 줌
왕관	지산동 32호분 출토 금동관, 고령 출토 금관

▲ 오리모양 토기

▲ 가야토기 → 스에키 토기

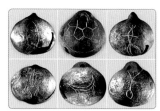

▲ 고령 출토 토제 방울

② 삼국의 무덤

■ 무덤의 중요성

무덤의 양식은 비교적 오래 지속되며, 지역마다 고유한 특징이 있으며, 다양한 부장품이 출토되고 있어, 기록이 부족한 고대사연구에 대단히 중요한 연구 자료를 제공해준다.

■ 무덤 변화

특정 무덤양식을 사용한 사람들의 이동이나 정복, 문화적 영향, 또는 경제적 이유나 편리성, 종교관, 환경 변화 등에 의해 달라진다.

- **고구려 무덤 변화** - 초기에는 돌무지무덤에서 출발해, 5세기 이후에는 한번 시신을 넣은 후, 추가 합장이 가능하며, 시신을 넣은 널방에 벽화 등을 그릴 수 있는 굴식 돌방무덤으로 바뀐다.
- **백제 무덤 변화** - 돌무지무덤과, 옹관묘, 토광묘 등 다양한 무덤이 사용되다가, 후기에 굴식돌방무덤을 사용. 6세기 남조 영향으로 벽돌무덤도 사용
- **신라 무덤 변화** - 돌무지덧널무덤을 하였다가, 차츰 고구려 영향으로 굴식돌방무덤을 받아들임. 무덤 둘레에 12지신상을 새기는 방식을 추가함.

종류	시대	무덤의 특징	대표무덤
돌무지무덤	청동기시대 ~4, 5세기	돌을 쌓아 산모양으로 만듦. 들여쌓기 방식이 활용되어, 돌을 계단식으로 쌓음.	고구려 장군총, 백제 석촌동고분
돌무지덧널 무덤	신라초기 ~5, 6세기	나무 덧널 위에 돌을 쌓은 후 흙을 덮음. 도굴이 어려운 구조, 금관 등 많은 껴묻거리 출토됨	신라 황남대총
굴식돌방 무덤	4~7세기	돌로 널길과 널방을 만들고 그 위에 흙을 덮음. 벽, 천장에 벽화를 그리기도 함. 도굴이 쉽다.	고구려 강서대묘
	7세기 이후	무덤 둘레돌에 12지신상 새김,	통일신라 김유신묘
벽돌 무덤	6세기	남조 영향을 받아 축조	백제 무령왕릉

■ 고구려 고분벽화 - (2003년 세계유산, 붉은 색 많고, 강인한 생활상이 특징)

▲ 무용총 수렵도

▲ 안악 3호분 묘주도

▲ 통구 12호분 적장참수도

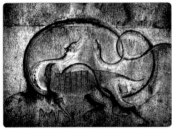
▲ 강서대묘 현무도

▲ 수산리 고분 교예도

▲ 각저총 씨름도

▲ 무용총 무용도

▲ 무용총 접객도

▲ 오회분 4호묘 천장벽화

■ 삼국시대 무덤

〈삼국시대의 무덤〉

돌무지 덧널 무덤
돌무지 / 봉토
나무덧널 — 나무널

나무로 덧널을 만들고 그 위에 돌을
쌓은 후 흙을 덮은 무덤이다.

굴식돌방 무덤
봉토
널길 — 널방

돌로 널길과 널방을 만들고 그 위에
흙을 덮은 무덤이다.

가야 금관

삼국시대 무덤

장군총 - 돌무지무덤

황남대총 - 돌무지덧널무덤

무령왕릉 - 벽돌무덤

신라 천마총 장니 천마도
- 벽화가 아님

임신서기석

신라인 2명이 유
교경전인 시경,
상서, 예기,
춘추전을 3년간
습득하기로 맹세
한 비문

백제금동대향로

부여 능산리 절터에서 출토된 높이 61.8㎝의 초대형 향로로, 연꽃, 신선, 봉황을 비롯한 각종 동물 등이 부각되어 있다. 백제인의 불교와 도교적 세계관을 보여주는 유물이다. 원숭이, 코끼리상은 백제의 활발한 국제교류를 시사한다.

고구려 연가7년명여래입상

백제 서산마애여래삼존상

발해 이불병좌상

③ 도교와 관련 유물

도교는 불로장생이나 현세구복을 추구한 종교사상으로, 고대 문화에 많은 영향을 끼쳤다. 신선사상, 천신신앙과도 관련되어 전통신앙과 구분이 어렵다. 고구려 고분벽화는 생활풍습, 장식무늬, 사신도가 주된 소재인데, 특히 후기에는 도교의 방위신인 사신(청룡, 주작, 백호, 현무)이 주된 소재로 그려진다. 강서대묘 현무도가 대표적이다. 죽은 영혼을 저승까지 안전하게 보살펴 주기를 바라는 마음이 담겨있다. 백제 산수무늬 벽돌, 사택지적비, 무령왕릉 지석, 금동대향로는 도교 사상이 반영된 유물이다. 화랑도를 풍월도라고 지칭한 것에서 보듯 신라에도 도교사상이 널리 퍼졌다. 발해 정효, 정혜공주 묘지석에도 도교적인 내용이 있다.

삼국시대는 도교뿐만 아니라, 유교, 불교, 샤마니즘이 공존했다. 백제금동대향로처럼 도교와 불교 사상이 함께 표현되기도 했다.

▲ 산수무늬 벽돌

▲ 무령왕릉 지석

▲ 사택지적비

▲ 백호도

▲ 청룡도

▲ 주작도

④ 불교와 불교 유물

고대사에서 불교의 의미

372년 공식 전래된 불교는 한국고대사에서 종교사상과 예술 분야에 있어 큰 영향을 끼쳤다. 불교는 왕권을 절대화하고, 중앙집권국가 체제 안정에 도움이 되었다. 따라서 불교는 왕, 귀족의 지원을 받아 다양한 불교 건축, 예술품을 남겼다. 삼국시대 사찰 건물은 남은 것이 없지만, 탑과 불상, 부도 등이 많이 남아 있다. 전진 → 고구려 → 신라, 동진 → 백제 → 왜 로의 불교 전파는 동아시아 교류 확대로 이어졌다.

〈삼국시대 주요 고승〉

승려명	연대	주요 업적
순도	372	전진 출신, 고구려에 불교 전파
마라난타	384	동진 출신, 백제에 불교 전파
원광	541~630	세속오계를 지어 화랑도의 정신적 기반 마련, 608년 수나라에 원군 청하는 걸사표 지음
자장	590~658	황룡사 9층 목탑 건립 주도, 호국불교 전통 확립
원효	617~686	무애가 짓고, 불교 대중화, 정토신앙 운동 전개, 종파 간 사상적 대립 융화, 십문화쟁론, 대승기신론소, 금강삼매경론 저술
의상	625~702	관음신앙 전파, 해동 화엄종 창시, 부석사 창건, 화엄일승법계도 지어 모든 존재의 상호 의존관계 설명, 화엄 사상 정리
혜초	704~787	왕오천축국전 저술, 인도에 다녀옴
도선	827~898	중국에서 풍수지리설 도입, 지방 중요성 자각시킴

발해 영광탑

〈주요 불상〉

국가	불상명	특징
고구려	금동 연가7년명 여래 입상	광배, 명문
백제	서산 용현리 마애여래삼존상	백제인의 미소
신라	경주 배동 석조여래삼존입상	삼존불 조각상
통일 신라	석굴암 본존불	균형감, 정교함
	철원 도피안사 비로자나불좌상	호족 후원 제작
발해	이불병좌상	석가불, 다보불
삼국	금동 미륵보살반가사유상 2점 - 국보78호(화려한 보관), 83호	일본 목조반가사유상과 흡사

성덕대왕 신종

〈삼국시대 주요 탑〉

국가	탑 이름	특징
가야	파사석탑	허황옥 설화 관련
백제	익산 미륵사지 석탑	목탑양식, 사리함 출토
	부여 정림사지 오층석탑	목탑 → 석탑 변화 과정
신라	황룡사 9층목탑	몽골 침입으로 소실
	분황사 모전석탑	선덕여왕, 가장 오랜 탑
통일 신라	감은사지 3층석탑	쌍둥이 탑, 신문왕 때 완공
	불국사 다보탑	층을 셀 수 없고, 계단있음
	불국사 3층석탑	무구징광다라니경 발견
	화엄사 4사자 3층석탑	기단부에 4사자 배치
	양양 진전사지 3층석탑	기단부, 탑신부에 불상
	화순 쌍봉사 철감선사탑	팔각원당형 승탑
발해	영광탑	발해 유일의 탑, 벽돌탑

첨성대

황남대총 금관

무구정광대다라니경

호류사 금당벽화

▲ 경주 배동 석조여래삼존불상

▲ 석굴암 본존불

▲ 철원 비로나자불좌상

▲ 금동미륵보살반가사유상(78호)

▲ 금동미륵보살반가사유상(83호)

▲ 일본 목조반가사유상

▲ 익산 미륵사지석탑

▲ 부여 정림사지석탑

▲ 분황사 모전석탑

▲ 감은사지 3층석탑

▲ 불국사 다보탑

▲ 불국사 3층석탑

▲ 화엄사 4사자 3층석탑

▲ 양양 진전사지 3층석탑

▲ 화순 쌍봉사철감선사탑

⑤ 고대의 과학과 기술

- **천문학의 발달** : 천문학은 농사를 비롯한 생업과 직결된 학문이므로, 왕실의 적극적 후원으로 발달했다. 고구려 고분벽화에 별자리 표현이나, 방위의식은 당시 천문학 수준이 높았음을 짐작하게 한다. 각국은 역박사를 두어 역법을 가르쳤고, 신라는 첨성대를 세워 천문현상을 철저히 관측했다.
- **금속가공 기술** : 갑옷과 무기 제조술은 전쟁의 승패를 좌우하기 때문에, 제련 기술의 발전을 가져왔다. 금속 가공 기술은 왕의 권위를 높여주는 장신구 등에 활용되어 신라 금관 등에서 꽃을 피운다.
- **인쇄술의 발달** : 불국사 3층석탑 안에서 발견된 무구정광대다리니경은 현존하는 세계에서 가장 오래된 목판 인쇄물이다.
- **난방 기술** : 옥서 - 고구려에서 발전하기 시작한 온돌(구들)이 발해는 물론 백제, 신라에도 전파되어, 주거생활에 큰 변화를 일으켰다.
- **악기 제작** : 고구려 왕산악은 진나라 칠현금을 거문고로 개량하였고, 대가야의 우륵은 가야금을 만들어 12악곡을 지었다. 고구려 고분벽화에는 30여종 이상의 악기가 그려져 있어, 고대인의 감정을 표현하는데 사용되었다.
- **기술 전파** : 백제가 불교(노리사치계, 6세기), 역학, 의학, 한자(아직기)와 유학(왕인)을 왜에 전해주었다. 고구려의 담징이 종이, 먹, 회화(호류사 금당벽화 그림)를 전해주었으며, 신라의 조선술, 축제술이 왜국에 전해져 아스카문화 성립에 기여했다.

🔍 **문제분석**

50-1 구석기 시대

01 (가) 시대의 생활 모습으로 옳은 것은? [1점]

> 공주 석장리에서 남한 최초로 [가] 시대의 유물인 찍개, 주먹토끼 등의 뗀석기가 출토되었습니다. 이번 발굴로 우리나라에서도 [가] 시대가 존재했다는 사실이 입증되었다.

공주 석장리, 남한 최초로 뗀석기 출토

① 반달 돌칼로 벼를 수확하였다.
② 주로 동굴이나 막집에서 거주하였다.
③ 거푸집을 이용하여 청동 무기를 제작하였다.
④ 빗살무늬 토기를 만들어 식량을 저장하였다.
⑤ 가락바퀴와 뼈바늘을 이용해 옷을 만들었다.

48-1 신석기 시대

02 (가) 시대의 생활 모습으로 옳은 것은? [1점]

[가] 시대, 새로운 도구를 사용하다

우리 박물관에서는 농경과 정착 생활이 시작된 [가] 시대 특별전을 마련하였습니다. 당시 사람들이 사용하였던 도구를 통해 그들의 생활 모습을 살펴보는 기회가 되길 바랍니다.

○ 기간: 2020년 ○○월 ○○일~○○일
○ 장소: △△ 박물관 기획 전시실
○ 주요 전시 유물

① 주로 동굴이나 강가의 막집에서 살았다.
② 지배층의 무덤으로 고인돌을 축조하였다.
③ 거푸집을 이용하여 세형 동검을 제작하였다.
④ 빗살무늬 토기를 만들어 식량을 저장하였다.
⑤ 쟁기, 쇠스랑 등의 철제 농기구를 사용하였다.

---

01 정답 ② 번

공주 석장리 유적은 1964년에 발견된 구석기 유적이다. 찍개, 주먹도끼 등 뗀석기는 구석기 시대의 대표유물이다. 구석기 시대는 아직 농사가 시작되지 않았다. 따라서 수렵과 채집으로 먹고 살았으며, 기술이 부족해 고정된 집을 건축하지 못하고, 동굴이나 막집에서 거주했다.

① 신석기 시대에는 반달 돌칼로 벼를 수확하였다.
② 구석기인은 주로 동굴이나 막집에서 거주하였다.
③ 청동기 시대에 거푸집을 이용하여 청동 무기를 제작했다.
④ 신석기인은 빗살무늬토기를 제작하여 식량을 저장하였다.
⑤ 신석기인은 가락바퀴와 뼈바늘을 이용해 옷을 만들었다.

✓ **구석기 시대는 이것만!**
• 구석기 시대는 뗀석기와 막집, 신석기 시대는 농사와 가락바퀴, 청동기 시대는 청동무기와 반달 돌칼, 철기 시대는 철제 농기구 등 각 시대 대표 키워드를 익혀두어야 한다.

02 정답 ④ 번

농경과 정착생활이 시작된 시대는 신석기시대이다. 신석기 시대의 가장 큰 특징은 농경과 목축의 시작이다. 문제에서 당시 사용하던 도구인 가락바퀴와 갈돌과 갈판이 제시되어 있다. 가락바퀴는 중앙에 둥근 구멍에 축이 될 막대를 꽂아 회전시키면서 실을 뽑는 도구이다. "가락바퀴를 이용해 실을 뽑아 옷을 만들었다"는 신석기 시대를 대표하는 문장이라고 할 수 있다. 갈돌과 갈판은 곡물을 먹었던 시대임을 말해준다. 문제에서 (가)가 신석기 시대임은 쉽게 찾을 수 있다.

① 동굴이나 강가의 막집 거주는 구석기 시대의 대표적인 특징이다. 신석기 시대 주거지는 움집으로, 막집과 달리 지하로 땅을 파고 기둥을 세웠다는 점에서 차이가 난다.
② 고인돌은 청동기 시대를 대표하는 유물이다. 거대한 돌무덤을 만들려면 인구가 늘고, 인구가 모여살고 계급구조도 어느 정도 형성되어야 한다. 신석기 시대는 평등사회였다.
③ 거푸집을 이용해 세형동검을 제작한 것은 초기 철기 시대이다. 거푸집을 이용해 비파형 동검을 제작한 것은 청동기 시대라는 것과 구분해야 한다.
④ 식량을 저장하는 용도로 사용된 빗살무늬 토기는 신석기 시대의 대표 토기다.
⑤ 쟁기, 쇠스랑 등 철제 농기구를 사용한 것은 철기 시대이다. 신석기 시대와 청동기 시대에는 석제 농기구를 사용했다.

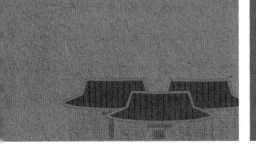

49-1 청동기 시대

03 (가) 시대의 생활 모습으로 옳은 것은? [1점]

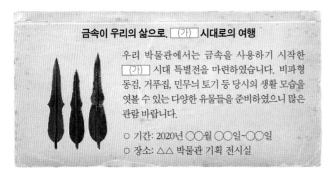

금속이 우리의 삶으로, (가) 시대로의 여행

우리 박물관에서는 금속을 사용하기 시작한 (가) 시대 특별전을 마련하였습니다. 비파형 동검, 거푸집, 민무늬 토기 등 당시의 생활 모습을 엿볼 수 있는 다양한 유물들을 준비하였으니 많은 관람 바랍니다.

○ 기간: 2020년 ○○월 ○○일~○○일
○ 장소: △△ 박물관 기획 전시실

① 주로 동굴이나 강가의 막집에서 거주하였다.
② 지배층의 무덤으로 고인돌을 축조하였다.
③ 농경과 목축을 시작하여 식량을 생산하였다.
④ 쟁기, 쇠스랑 등의 철제 농기구를 사용하였다.
⑤ 대표적인 도구로 주먹도끼, 찍개 등을 제작하였다.

45-1 청동기 시대

04 (가) 시대의 생활모습으로 옳은 것은? [1점]

부여 송국리에서는 비파형 동검, 거푸집 등 (가) 시대의 대표적인 유물이 출토되었고, 다수의 집터 등 마을 유적과 고인돌이 남아있습니다. 부여 송국리 유적이 선사 문화 체험 교육장으로 적극 활용될 수 있도록 많은 관심이 요구됩니다.

부여 송국리 유적, 교육 시설로 적극 활용 필요

① 주로 동굴이나 막집에 거주하였다.
② 철제 농기구를 제작하여 사용하였다.
③ 소를 이용한 깊이갈이가 일반화되었다.
④ 계급이 없는 평등한 공동체 생활을 하였다.
⑤ 반달 돌칼을 사용하여 곡물을 수확하였다.

---

03 정답 ② 번

사진으로 비파형 동검이 등장하고, 거푸집, 민무늬 토기 등을 이야기하고, 무엇보다 금속을 사용하기 시작한 시대라고 하였으므로, (가)는 청동기 시대이다.

① 동굴과 막집에서 거주한 시대는 구석기 시대이다.
② 고인돌을 축조한 시대는 청동기시대다.
③ 농경과 목축을 시작한 시대는 신석기 시대다.
④ 철제 농기구를 사용한 시대는 철기 시대다.
⑤ 주먹도끼, 찍개 등은 구석기 시대 유물이다.

✔ **청동기 시대는 이것만!**
· 거푸집을 이용하여 비파형 동검을 제작하였다.
· 반달 돌칼을 사용하여 곡물을 수확하였다.
· 권력을 가진 군장이 백성을 다스렸다.
· 신분의 구별과 빈부격차가 발생했다.
· 군장이 죽으면 많은 인력을 동원하여 고인돌을 만들었다.
· 목책과 환호로 외부 침입에 대비했다.

04 정답 ⑤ 번

부여 송국리 유적은 대표적인 청동기 시대 유적이다. 청동기 시대는 비파형동검, 철기시대는 세형동검임을 구분해야 한다.

① 구석기인들이 동굴과 막집에서 거주하였다.
② 철제 농기구를 제작해 사용한 것은 철기시대다.
③ 소를 이용한 깊이갈이가 시작된 것은 철기시대이지만, 일반화된 것은 고려시대다.
④ 계급이 없는 평등한 생활을 한 것은 신석기 시대이다.
⑤ 청동기 사람들은 반달 돌칼을 사용해 곡물을 수확하였다.

✔ **초기 철기시대는 이것만!**
· 쟁기, 쇠스랑 등의 철제 농기구를 사용하게 되었다.
· 우경이 시작되어 깊이갈이가 가능해졌다.
· 반량전과 명도전 등의 중국화폐가 곳곳에서 출토되었다.
· 한자가 사용되었다.
· 거푸집을 사용하여 세형동검을 만들었다.
· 널무덤과 독무덤을 만들어 사용하였다.

✏️ MEMO
....
....
....
....

50-2 고조선

05 (가) 나라에 대한 설명으로 옳은 것을 〈보기〉에서 고른 것은? [2점]

아들을 거쳐 손자 우거 때 이르러서는 …… 주변의 여러 나라들이 글을 올려 천자를 알현하고자 하였으나, 또한 가로막고 통하지 못하게 하였다. …… 좌장군이 두 군대를 합하여 맹렬히 [(가)] 을/를 공격하였다. 상 노인, 상 한음, 니계상 참, 장군 왕협 등이 서로 [항복]을 모의하였다. …… [우거]왕이 항복하려하지 않았다. 한음, 왕협, 노인이 모두 도망하여 한에 항복하였는데, 노인은 도중에 죽었다.

『사기』

〈보기〉
ㄱ. 22담로에 왕족을 파견하였다.
ㄴ. 빈민을 구제하기 위해 진대법을 시행하였다.
ㄷ. 진번과 임둔을 복속시켜 세력을 확장하였다.
ㄹ. 살인, 절도 등의 죄를 다스리는 범금 8조가 있었다.

① ㄱ, ㄴ   ② ㄱ, ㄷ   ③ ㄴ, ㄷ   ④ ㄴ, ㄹ   ⑤ ㄷ, ㄹ

43-2 부여

06 다음 자료에 해당하는 나라에 대한 설명으로 옳은 것은? [2점]

ㅇ 현도의 북쪽 천 리 쯤에 있다. 남쪽은 고구려와 동쪽은 읍루와 서쪽은 선비와 접해 있고, 북쪽에는 약수(弱水)가 있다. 면적은 사방 이천 리이며, 본래 예(濊)의 땅이다.

ㅇ 사람이 죽어 장사 지낼 때는 곽은 사용하나 관은 쓰지 않고, 사람을 죽여서 순장하는데 많을 때는 100명 가량이 된다. 왕의 장례에는 옥갑을 사용하므로 한(漢)의 조정에서는 언제나 옥갑을 미리 현도군에 갖다 두어, 왕이 죽으면 그 옥갑을 취하여 장사 지내게 하였다.

『후한서』

① 읍군, 삼로 등의 군장이 있었다.
② 혼인 풍속으로 민며느리제가 있었다.
③ 12월에 영고라는 제천 행사를 열었다.
④ 신성 구역 인 소도에서 천군이 제사를 주관하였다.
⑤ 읍락 간의 경계를 중시하는 책화라는 풍습이 있었다.

---

05 정답 ⑤ 번

한나라와 주변 나라의 중계무역을 막은 탓에, 한나라의 침략을 받게 된 나라는 위만조선이다. B.C 194년 고조선의 준왕을 몰아내고, 왕위를 찬탈한 위만은 진국과 한나라 사이에서 중계무역을 통해 이익을 얻었다. 진번과 임둔을 복속시켜 세력을 확장했다. 위만조선은 왕 아래에 상, 대부, 장군 등의 관직을 두었고, 강력한 무력을 갖춘 나라로 성장했다. 위만의 손자 우거왕 때인 B.C 109년 한 무제가 파견한 5만 7천 대군의 공격을 받아 1년 이상 대항했다. 하지만 내부 반란으로 인해 멸망하고 말았다.

ㄱ. 백제는 22담로에 왕족을 파견하였다.
ㄴ. 고구려 고국천왕은 빈민을 구제하기 위해 진대법을 시행하였다.
ㄷ. 위만조선은 진번과 임둔을 복속시켜 세력을 확장하였다.
ㄹ. 위만조선에는 살인, 절도 등의 죄를 다스리는 범금 8조가 있었다.
따라서 ⑤ ㄷ, ㄹ이 정답이다.

06 정답 ③ 번

고구려 보다 북쪽에 위치하고 있던 나라는 부여다.

① 읍군, 삼로 등은 옥저와 동예의 군장이름이다.
② 민며느리제는 옥저의 결혼풍습이다.
③ 영고는 부여의 제천행사로 12월에 열렸다.
④ 삼한에는 신성 구역 소도와, 제사를 지내는 천군이 있다.
⑤ 책화는 동예의 대표적인 풍습이다.

✓ **부여는 이것만!**
· 마가, 우가, 저가, 구가 등이 사출도를 다스렸다.
· 12월에 영고라는 제천행사가 있었다.
· 남의 물건을 훔쳤을 때에는 12배로 갚게 하였다.
· 흉년이 들면 왕에게 책임을 묻기도 했다.
· 순장 풍습이 있었다.

🎯 **필히확인**

〈초기 국가의 위치〉

42-3 옥저 동예

07 (가), (나) 나라에 대한 설명으로 옳은 것은? [3점]

(가) 나라가 작아 큰 나라의 틈바구니에서 압박을 받다가 마침내 고구려에 예속되었다. 고구려는 그 [지역 사람] 중에서 대인(大人)을 두고 사자(使者)로 삼아 함께 통치하게 하였다. 또 대가(大加)로 하여금 조세를 책임지도록 하였고, 맥포(貊布)·어염(魚鹽) 및 해산물 등을 천리나 되는 거리에서 짊어져 나르게 하였다.
『삼국지』 동이전

(나) 해마다 10월이면 하늘에 제사를 지내는데 밤낮으로 술 마시며 노래 부르고 춤추니 이를 무천(舞天)이라 한다. 또 호랑이를 신(神)으로 여겨 제사 지낸다. …… 낙랑의 단궁이 그 지역에서 산출된다. 바다에서는 반어피가 나며, 땅은 기름지고 무늬 있는 표범이 많고, 과하마가 나온다.
『삼국지』 동이전

① (가) - 혼인 풍속으로 민며느리제가 있었다.
② (가) - 읍락 간의 경계를 중시하여 책화가 있었다.
③ (나) - 여러 가(加)들이 별도로 사출도를 주관하였다.
④ (나) - 남의 물건을 훔쳤을 때에는 12배로 갚게 하였다.
⑤ (가), (나) - 제사장인 천군과 신성 지역인 소도가 존재하였다.

49-3 삼한

08 (가)에 들어갈 내용으로 옳은 것은? [1점]

신지, 읍차 등의 지배자가 있었던 나라에 대해 발표해 볼까요?

벼농사가 발달하였고, 씨뿌리기가 끝난 5월과 추수를 마친 10월에 제천 행사를 열었습니다.

(가)

① 혼인 풍습으로 민며느리제가 있었습니다.
② 대가들이 사자, 조의, 선인을 거느렸습니다.
③ 제사장인 천군과 신성 지역인 소도가 있었습니다.
④ 남의 물건을 훔쳤을 때는 12배로 갚게 하였습니다.
⑤ 단궁, 과하마, 반어피 등이 특산물로 유명하였습니다.

🔍 **문제분석**

07 정답 ① 번

(가)는 고구려에 예속된 나라인 옥저. 옥저에는 혼인풍습으로 민며느리제, 가족의 유골을 한 목곽에 안치하는 풍습이 있다. (나) 무천행사를 지내고, 반어피, 과하마가 특산물인 나라는 동예다. 동예에는 책화라는 풍습이 있다. 동예와 옥저 모두 읍군, 삼로 등의 군장이 있다.

① 민며느리제는 옥저의 결혼풍습이며, 데릴사위제는 고구려의 결혼 풍습이다.
② 책화는 동예의 대표적인 풍습이다.
③ 부여에는 사출도가 있어, 여러 가들이 별도로 다스렸다.
④ 12배로 물건을 갚는 나라는 부여다.
⑤ 삼한에는 천군과 소도가 있다.

08 정답 ③ 번

신지, 읍차 등의 지배자가 있고, 벼농사가 발달한 나라, 5월과 10월에 제천행사를 한 나라는 삼한이다.

① 민며느리제는 옥저의 혼인 풍습이다.
② 대가들이 사자, 조의, 선인을 거느린 것은 고구려다.
③ 천군과 소도가 있는 나라는 삼한이다.
④ 12배로 물건을 갚는 나라는 부여다.
⑤ 단궁, 과하마, 반어피 등은 동예의 특산물이다

✓ **삼한은 이것만!**

• 제사장인 천군과 신성 지역인 소도가 있었다.
• 신지, 읍차 등의 지배자가 있었다.
• 남녀가 몸에 문신을 새기는 풍습이 있었다.
• 철이 많이 생산되어 낙랑과 왜에 수출하였다.

🎯 **필히확인**

〈열국 시대 나라 비교〉

구분	군장	경제	제천행사	장례	결혼·풍속	특산물
부여	마가, 우가 저가, 구가	반농 반목	영고 (12월)	순장	형사취수제/우제 점복	말, 주옥 모피
고구려	고추가, 상가	약탈경제 (부경)	동맹 (10월)	후장	데릴사위제	
옥저	삼로, 읍군			골장제	민며느리제	해산물
동예		방직 기술	무천 (10월)		족외혼/책화	단궁, 과하마
삼한	신지, 견지 읍차, 부례	벼농사, 철생산	수릿날 상달제	독무덤		변한의 철

48-3 금관가야

01 (가) 나라의 문화유산으로 옳은 것은? [2점]

이곳은 김해 대성동 고분군 108호분 발굴 조사 설명회 현장입니다. 대형 덩이쇠 40매와 둥근고리큰칼, 화살촉 등 130여 점의 철기 유물이 출토되었습니다. 이번 발굴로 김수로왕이 건국하였다고 전해지는 [가] 에 대한 연구가 활발하게 이루어질 전망입니다.

①  ②   ③

④   ⑤

45-3 대가야

02 밑줄 그은 '이 나라'에 대한 설명으로 옳은 것은? [2점]

사진은 경상북도 고령을 중심으로 발전하였던 이 나라의 지산동 44호분입니다. 배치도를 보면 으뜸 돌방을 중심으로 30여 기의 순장 돌덧널을 확인할 수 있습니다. 이 고분의 발굴을 통해 이 나라에서 행해졌던 순장의 실체가 확인되었습니다.

← 지산동 44호분 발굴 현장

□ : 으뜸 돌방
□ : 순장 돌덧널

↑ 지산동 44호분 무덤 배치도

① 진흥왕 때 신라에 복속되었다.
② 나당 연합군에 의해 멸망하였다.
③ 대가들이 사자, 조의, 선인을 거느렸다.
④ 빈민을 구제하기 위해 진대법을 시행하였다.
⑤ 박, 석, 김의 3성이 교대로 왕위를 계승하였다.

---

01 정답 ③ 번

본문에서 김해 대성동 고분, 김수로왕 등이 등장한 것에서 이 나라가 가야임을 알 수 있다. 철을 낙랑, 대방, 왜 등 주변나라에게 수출한 나라답게, 가야 유물에는 철제 판갑옷이 많이 출토되고 있다.

① 산수문전으로, 산과 나무, 무늬가 새겨진 벽돌이다. 백제인이 도교에 깊은 관심을 가졌음을 보여주고 있다. 충남 부여군 규암면 외리 절터에서 출토되었고, 보물 343호다.
② 칠지도로, 백제가 제작하여, 왜국 왕에게 하사한 물건으로, 일본 나라현 덴리시 이소노카미 신궁에 보관되어 있다.
③ 철제 판갑옷으로 김해 대성동 고분에서 출토된 가야의 대표 유물이다.
④ 백제 무령왕릉에서 출토된 진묘수로, 무덤에서 악령을 내쫓을 목적으로 만들어놓은 상상의 동물이다.
⑤ 발해 3대 문왕의 2째 딸인 정혜공주의 무덤 앞에 있었던 돌사자상이다.

02 정답 ① 번

고령에서 발전한 나라는 대가야이다. 지산동 고분은 대가야의 대표적인 유적이다.

② 백제, 고구려, ③, ④ 고구려, ⑤ 신라에 대한 설명이다.

✓ 대가야는 이것만!

· 400년 고구려 군의 공격으로 금관가야가 약해지자, 후기 가야 연맹은 대가야가 주도했다.
· 562년 신라 진흥왕에 의해 정복되었다.
· 아진아시왕에 의한 건국이야기가 전해온다.
· 순장 풍습이 있었다.
◆ 대가야의 대표 유적 : 지산동 고분군, 가야 금관, 판갑옷

🎯 필히확인

〈가야의 전개〉

구분	금관가야	대가야
시조	김수로왕	아진아시왕
지역	김해	고령
위상	전기 가야연맹 맹주	후기 가야연맹 주도
쇠퇴원인	고구려군의 침공(400년)	신라의 군사적 압박
멸망	532년(신라 법흥왕)	562년(신라 진흥왕)
유적유물	대성동고분군, 파사석탑, 동복, 기마인물형 뿔잔	지산동고분군, 금동관
특징	낙랑과 왜에 철 수출, 고구려 공격 받아 큰 타격	남제와 교류, 신라와 혼인동맹

03 밑줄 그은 '대책'으로 옳은 것은? [1점]

고구려에서 찾은 사회 보장 제도

사회 보장 제도란 빈곤, 질병 등 사회적 위험으로부터 국민을 보호하기 위한 국가의 조직적 행정을 말한다. 전통 사회의 구휼정책도 그 범주에 넣을 수 있는데, 고구려에서도 유사한 사례를 찾을 수 있다. 삼국사기에 따르면 사냥을 나갔던 고국천왕이 길에서 슬피 우는 사람을 만나 그 연유를 물었더니, "가난하여 품을 팔며 어머니를 간신히 모셨는데. 올해는 흉년이 극심해 품을 팔 곳도 찾을 수 없고 곡식을 구하기도 어려워 어찌 어머니를 봉양할까 걱정되어 울고 있습니다." 라고 답하였다. 왕이 그를 불쌍히 여겨 위로하고 재상 을파소와 논의하여 <u>대책</u>을 마련하였다.

① 진대법을 실시하여 빈민을 구제하였다.
② 상평창을 설치하여 물가를 조절하였다.
③ 구황촬요를 간행하여 기근에 대비 하였다.
④ 구제도감을 설립하여 백성을 구호하였다.
⑤ 혜민국을 마련하여 병자에게 약을 지급하였다.

04 (가)~(다)를 일어난 순서대로 옳게 나열한 것은? [3점]

(가) 비유왕과 눌지왕이 동맹을 체결하였습니다.

(나) 근초고왕이 평양성을 공격하여 고국원왕을 전사시켰습니다.

(다) 광개토 대왕이 5만의 군대를 보내 신라를 지원하였다.

① (가) - (나) - (다)　　② (가) - (다) - (나)
③ (나) - (가) - (다)　　④ (나) - (다) - (가)
⑤ (다) - (나) - (가)

🔍 문제분석

03 정답 ① 번

진대법은 고국천왕 16년(194)에 빈민을 구제하기 위한 시책으로 먹을 것이 부족한 봄에 곡식을 백성에게 빌려주고, 가을 추수 후에 갚도록 한 제도이다. 우리 역사 최초의 빈민 구제 제도로 의미가 크다. 부여에서 발견된 백제 목간『좌관대식기』는 백성에게 곡식을 빌려주고 돌려받는 문서로, 백제도 진대법과 같은 제도가 있었음을 알려준다. 고려의 의창, 조선의 환곡도 이와 같은 제도이다.

① 진대법은 고구려에서 시작되어, 백제, 고려, 조선에도 이어진 빈민 구제제도다.
② 상평창은 물가 조절기관이다.
③ 구황촬요는 1554년 명종 때 간행된 기근에 대비한 구급법과 대용 식물 조제법 등이 담긴 책이다.
④ 구제도감은 긴급 구호기관이다.
⑤ 혜민국은 서민 치료 의료기관이다. ②, ④, ⑤은 고려시대 관청이며, 상평창은 조선시대까지 이어진다.

✔ **진대법 이것만!**
· 을파소의 건의로 고구려에서 실시된 진대법 우리나라 최초의 빈민 구제제도이다.

04 정답 ④ 번

(가) 비유왕과 눌지왕이 동맹을 체결한 것은 433년으로, 고구려 광개토대왕의 정복활동에 의해 백제 아신왕이 굴복하고, 신라 눌지왕이 고구려의 힘에 의해 왕위에 오른 후의 일이다.
(나) 근초고왕이 고국원왕을 전사시킨 것은 371년이다. 삼국 가운데 가장 먼저 백제가 전성기를 맞이한다.
(다) 광개토대왕이 신라를 지원한 것은 400년이다. 이때 고구려군은 가야까지 정벌했다. 이후 신라 땅에 고구려군이 주둔했고, 신라는 고구려에 조공을 바쳐야 했다.
　따라서 정답은 ④ (나) - (다) - (가) 순이다.

🎯 필히확인

〈고구려 주요 왕과 사건〉

왕명	주요 사건	대표연대
태조왕	옥저를 정복하고 동해안으로 진출	56
고국천왕	을파소의 건의로 진대법 실시	194
동천왕	위나라 관구검의 침략을 받음	246
미천왕	서안평 점령, 낙랑군 대방군 축출	313
고국원왕	백제 공격받아 평양성에서 전사	371
소수림왕	불교 공인, 태학 설립 / 율령 반포	372/373
광개토왕	백제 공격, 신라 침입 왜 격퇴	396/400
장수왕	평양 천도, 백제 한성 함락	427/475
영양왕	신집 편찬, 수나라 격파(살수대첩)	600/612
보장왕	당나라 격파(안시성), 고구려 멸망	645/668

◆ 고국천왕과 고국원왕을 잘 구분합시다. - "천원"

46-3 광개토대왕

05 다음 자료를 활용한 탐구 활동으로 가장 적절한 것은? [2점]

> 경자년에 왕이 보병과 기병 5만 명을 보내어 신라를 구원하게 하였다. [고구려군이] 남거성을 거쳐 신라성에 이르니, 그곳에 왜적이 가득하였다. 고구려군이 막 도착하니 왜적이 퇴각하였다. 그 뒤를 급히 추격하여 임나가라의 종발성에 이르니 성이 곧 항복하였다. …… 예전에는 신라 매금이 몸소 [고구려에 와서] 보고를 하며 명을 받든 적이 없었는데, …… 신라 매금이 …… 조공하였다.

① 백강 전투의 전개 과정을 살펴본다.
② 안동도호부가 설치된 경위를 찾아본다.
③ 백제가 사비로 천도한 원인을 알아본다.
④ 나당 연합군이 결성된 계기를 파악한다.
⑤ 가야 연맹의 중심지가 이동한 배경을 조사한다.

44-6 고구려와 신라 관계

06 밑줄 그은 '전투' 이후에 있었던 사실로 옳은 것은? [3점]

> "생각건대 신라가 우리의 땅을 빼앗아 군현으로 삼아서, [그곳의] 백성들이 가슴 아파하고 원망스러워하며 부모의 나라를 잊은 적이 없습니다. 원컨대 대왕께서는 저를 어리석고 못나다 생각하지마시고 저에게 군사를 주신다면 단번에 우리 땅을 반드시 되찾겠습니다."라고 온달이 왕에게 아뢰었다. …… 마침내 온달이 출전하여 신라군과 아단성 아래에서 전투를 하였는데, 날아오는 화살에 맞아 쓰러져 사망하였다.

① 관구검의 공격으로 환도성이 함락되었다.
② 연개소문이 정권을 장악하고 신라를 압박하였다.
③ 미천왕이 서안평을 공격하여 영토를 확장하였다.
④ 태조왕이 옥저를 정복하고 동해안으로 진출하였다.
⑤ 장수왕이 평양으로 천도하고 남진 정책을 본격화하였다.

05 정답 ⑤ 번

『광개토대왕릉비문』에 적힌 고구려가 신라를 구원하고 왜와 가야를 정벌한 기록이 지문으로 제시되었다. 400년에 이루어진 고구려군의 공격으로 금관가야가 쇠퇴하여 전기 가야연맹이 와해되고, 5세기 이후 대가야가 후기 가야연맹의 맹주가 된다.

① 663년 백제부흥군과 왜군이 연합해 나당 동맹군에 맞서다가 백강 전투에서 패했다.
② 668년 당나라가 고구려 땅을 통치하기 위해 설치한 것이 안동도호부다.
③ 538년 성왕이 넓은 평야가 있는 사비로 천도했다.
④ 648년 신라가 고구려와 백제에 대항하기 위해 당나라와 연합했다.
⑤ 가야 연맹의 중심지가 금관가야에서 대가야로 변한 것은 고구려군의 가야 정벌이 결정적 원인이었다.

✓ **광개토대왕은 이것만!**

· 영락이라는 연호를 사용하고, 독자적 천하관을 가졌다.
· 백제를 공격하여 아신왕의 항복을 받았다.
· 신라에 침입한 왜를 물리쳤다. 이로 인해 금관가야가 쇠퇴하고, 가야연맹의 중심지가 이동하게 되었다.
· 후연을 공격하고, 요동 땅을 차지하였다.
· 사방으로 영토를 확장하고 많은 수의 포로를 획득하였다.
· 그의 업적은 광개토대왕릉비에 적혀 있다.

06 정답 ② 번

평강공주와 바보온달 이야기로 유명한 온달 장군은 590년 처남인 영양왕이 즉위하자, 왕의 허락 하에 551년 이후 신라에게 빼앗겼던 땅을 되찾기 위해 아단성을 공격하다가 전사한다. 이후 신라는 고구려의 공격에 시달렸고, 결국 당나라와 연합해 고구려에 대항하는 길을 선택한다.

① 246년 관구검의 침략으로, 고구려 환도성이 함락되었다.
② 642년 연개소문은 영류왕을 죽이고 권력을 장악한다.
③ 311년 미천왕이 서안평을 점령했다.
④ 56년 태조왕의 옥저 정복 이후, 옥저는 고구려에 소금과 어물을 공물로 바쳤다.
⑤ 427년에 장수왕이 평양으로 천도하고, 남진을 추진한다.

✓ **고구려와 신라 관계 이것만!**

· 400년 『광개토대왕릉비문』에 고구려가 신라를 구원한 기록이 있다.
· 433년 눌지왕은 고구려의 간섭에서 벗어나고자 백제 비유왕과 동맹을 맺는다.
· 신라 진흥왕은 551년 백제와 연합해 내분에 빠진 고구려를 공격해 한강유역을 차지하고 순수비를 세웠다.

42-7 고구려 고분벽화

07 다음 특별전에 전시될 사진으로 적절하지 않은 것은? [1점]

특별전

고구려 벽화를 통해 본 고구려인의 삶

우리 학교 역사 탐구 동아리에서 고구려의 고분 벽화 사진들을 모아 특별전을 마련하였습니다. 관심있는 학생들의 많은 관람 바랍니다.

기간: 2020년 ○○월 ○○일
장소: 본관 3층 역사탐구 동아리방

①  ②  ③

④  ⑤

50-5 살수대첩

08 (가), (나) 사이의 시기에 있었던 사실로 옳은 것은? [3점]

(가) 고구려 왕 거련(巨璉)이 군사 3만 명을 이끌고 와서 왕도인 한성을 포위하였다. 왕이 성문을 닫고서 나가 싸우지 못하였다. 고구려 군사가 네 길로 나누어 협공하고, 바람을 타고 불을 놓아 성문을 불태웠다. 사람들이 매우 두려워하여 나가서 항복하려는 자들도 있었다. 왕이 어찌할 바를 몰라 수십 명의 기병을 거느리고 성문을 나가 서쪽으로 달아나니, 고구려 군사가 추격하여 왕을 해쳤다.

(나) 여러 장수가 급히 안시성을 공격하였다. …… 60일 동안 50만 명의 인력을 동원하여 밤낮으로 쉬지 않고 토산을 쌓았다. 토산의 정상은 성에서 몇 길 떨어져 있고 성 안을 내려다 볼 수 있었다. 도중에 토산이 허물어지면서 성을 덮치는 바람에 성벽의 일부가 무너졌다. …… 황제가 여러 장수에게 명하여 안시성을 공격하였으나, 3일이 지나도록 이길 수 없었다.

① 미천왕이 서안평을 점령하였다.
② 을지문덕이 살수에서 수의 군대를 물리쳤다.
③ 고국원왕이 백제의 평양성 공격으로 전사하였다.
④ 관구검이 이끄는 위의 군대가 고구려를 침략하였다.
⑤ 광개토 대왕이 군대를 보내 신라에 침입한 왜를 격퇴하였다.

07 정답 ⑤ 번

고구려 고분벽화는 한국사능력검정시험에서 12번 출제되었다. 강서대묘의 현무도가 8번이나 출제되었지만, 이 문제처럼 다른 벽화도 출제될 수 있으므로, 고구려 고분벽화를 자주 보아야 문제에 대비할 수 있다.

① 통구 12호분 적장참수도
② 씨름무덤의 씨름도로, 강인한 고구려인의 모습을 보여준다.
③ 춤무덤의 접객도
④ 수산리고분의 교예도로 고구려인의 의복과 입식생활, 서커스를 즐기는 생활풍습을 보여주는 그림이다.
⑤ 고려 말에 살았던 박익(1332~1398) 묘의 공양행렬도다. 경남 밀양에서 발견되었으며, 조선 초기에 무덤이 만들어졌지만 벽화는 고려인의 생활모습을 그렸다.

✓ **고분벽화 이것만!**

- 무덤 내부에 무덤 주인의 생활상을 벽화로 남겼다.
- 연화무늬 등이 그려진 고분벽화가 발견되었다.
- 도교의 영향을 받은 사신도 벽화가 그려지기도 했다.
- 돌로 널방을 짜고 흙으로 봉분을 만든 굴식 돌방무덤에 벽화가 주로 그려졌다.
- 2003년 세계문화유산으로 선정되었다.

08 정답 ② 번

(가)는 장수왕이 475년 백제 한성을 포위공격하고, 개로왕을 죽은 사건으로, 이때 백제는 수도를 한성에서 웅진으로 천도하게 된다. 장수왕의 남하 정책이 성공을 거둔 시기였다.
(나)는 645년 고구려와 당나라의 1차 대전으로, 안시성 전투에서 당군은 고구려군에게 패했다. 이때의 패배로 당나라는 신라와 동맹을 체결하고, 다시 고구려를 침략해오게 된다.
(가)와 (나) 사이에 고구려에서 발생한 사건은 551년 한강유역 상실, 612년 수나라 대군을 격파한 살수대첩 등이 있었다.

① 미천왕은 311년 서안평을 점령하였고, 313년에는 낙랑군, 314년에는 대방군을 축출해 영토를 넓혔다.
② 612년 을지문덕은 살수에서 수나라 대군을 대파하였다.
③ 고국원왕은 371년 백제 근초고왕이 고구려 평양성을 공격해오자, 맞서 싸우다 전사하였다.
④ 동천왕 재위시기인 246년 위나라 관구검의 공격으로 환도성이 함락되기도 했다.
⑤ 400년 광개토 대왕은 5만 원정군을 보내 신라에 침입한 왜를 격퇴하고, 가야까지 정벌했다.

32-2 백제 근초고왕

09 밑줄 그은 '왕'의 업적으로 옳은 것은? [2점]

> 고구려가 군사를 동원하여 공격해 왔다. 왕이 이를 듣고 패하(浿河) 강가에 군사를 매복시키고 그들이 오기를 기다려 급히 치니 고구려 군사가 패하였다. 그 해 겨울, 왕이 태자와 함께 정병 3만 명을 거느리고 고구려에 침입하여 평양성을 공격하였다. 고구려왕 사유가 힘을 다해 싸우다가 화살에 맞아 사망하였다.
>
> 『삼국사기』

① 익산에 미륵사를 창건하였다.
② 신라를 공격하여 대야성을 함락시켰다.
③ 동진으로부터 전래된 불교를 수용하였다.
④ 사비로 천도하고 국호를 남부여로 고쳤다.
⑤ 고흥으로 하여금 서기를 편찬하게 하였다.

09 정답 ⑤ 번

고구려왕을 죽였다는 내용으로 볼 때, 밑줄 그은 왕은 백제 근초고왕임을 알 수 있다. 근초고왕 시기(346~375) 백제는 최고 전성기를 맞이했다. 그의 재위시기 박사 고흥이 서기를 편찬하였다.

① 639년경 무왕 ② 642년 의자왕 ③ 384년 침류왕 ④ 538년 성왕

✔ **근초고왕 이것만!**
- 평양성을 공격하여 고국원왕을 전사시켰다.
- 영산강유역에 마한을 정복하고 남해안까지 영역을 넓혔다.
- 바다 건너 동진과 외교관계를 맺고, 교류를 확대하였다.
- 선진문물을 가야 소국에 전해주며 정치적 영향력을 키웠다.
- 칠지도를 제작하여 일본에 전하였다.
- 요서지역에 군대를 파견하여 점령하고 진평군을 설치했다.
- 고흥이 서기를 편찬하였다.

10 정답 ① 번

백제가 웅진에 도읍하던 63년간 역사를 묻는 문제다.
(가)는 475년, (나)는 538년의 일이다. 웅진시기 백제는 동성왕, 무령왕, 성왕이 통치하며 차츰 국력을 회복한다.

① 무령왕은 501~523년간 재위한 웅진시기를 대표하는 왕으로, 그의 무덤역시 공주 송산리 고분에서 발견되었다. ② 384년 ③ 642년 ④ 260년, ⑤ 551년.

✔ **웅진시기 대표 유적지 이것만!**
- 공산성 - 웅진시기 백제 도성
- 송산리고분군과 무령왕릉(벽돌무덤, 양나라 영향)

39-6 웅진 천도

10 (가), (나) 사이의 시기에 있었던 사실로 옳은 것은? [3점]

> (가) 왕 원년 겨울 10월에 도읍을 웅진으로 옮겼다.
> 『삼국사기』
>
> (나) 왕 16년 봄, 도읍을 사비로 옮기고 국호를 남부여라고 하였다.
> 『삼국사기』

① 무령왕이 22담로에 왕족을 파견하였다.
② 침류왕이 동진으로부터 불교를 수용하였다.
③ 의자왕이 신라를 공격하여 대야성을 함락하였다.
④ 고이왕이 좌평과 관등제의 기본 골격을 마련하였다.
⑤ 성왕이 고구려를 공격하여 한강 유역을 수복하였다.

🎯 **필히확인**

〈백제 주요 왕과 사건〉

왕명	주요 사건	대표연대
고이왕	한강유역 장악, 16관등, 관복 정비	260
근초고왕	고구려 격파, 해외 진출, 마한 정복	371
침류왕	동진으로부터 불교 수용, 공인	384
비유왕	신라 눌지왕과 혼인 동맹	433
개로왕	고구려 공격받아 한성 함락, 살해됨	475
문주왕	웅진 천도	475
동성왕	신라와 2차 결혼 동맹	493
무령왕	22담로 설치, 지방통치 강화,	501~523
성왕	사비 천도, 한강유역 회복, 관산성 참패	538/551
무왕	미륵사 창건	601
의자왕	신라 대야성 함락, 백제 멸망	642/660

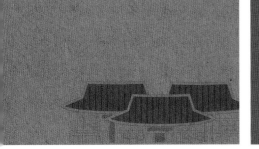

50-7 성왕

11 밑줄 그은 '이 왕'의 업적으로 옳은 것은? [2점]

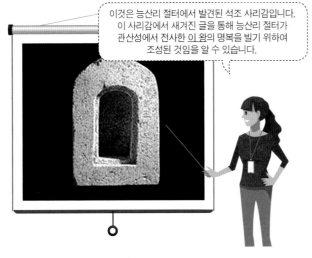

이것은 능산리 절터에서 발견된 석조 사리감입니다. 이 사리감에서 새겨진 글을 통해 능산리 절터가 관산성에서 전사한 <u>이 왕</u>의 명복을 빌기 위하여 조성된 것임을 알 수 있습니다.

① 익산에 미륵사를 창건하였다.
② 동진으로부터 불교를 수용하였다.
③ 윤충을 보내 대야성을 함락하였다.
④ 고흥에게 서기를 편찬하게 하였다.
⑤ 진흥왕과 연합하여 한강 하류 지역을 되찾았다.

44-7 백제 멸망

12 밑줄 그은 '이 왕'의 재위 시기에 있었던 사실로 옳은 것은? [2점]

소정방이 당의 내주에서 출발하니, 많은 배가 천 리에 이어져 물길을 따라 동쪽으로 내려왔다. .... 무열왕이 태자 법민을 보내 병선 100척을 거느리고 덕물도에서 소정방을 맞이하게 하였다. 소정방이 법민에게 말하기를, "나는 백제의 남쪽에 이르러 대왕의 군대와 만나서 <u>이 왕</u>의 도성을 격파하고자 한다." 라고 말하였다.

① 백제가 사비로 천도하였다.
② 백제가 대야성을 점령하였다.
③ 고구려가 낙랑군을 축출하였다.
④ 신라가 매소성에서 당군을 물리쳤다.
⑤ 신라가 안승을 보덕국왕으로 임명하였다.

🔍 문제분석

11 정답 ⑤번

부여 능산리 절터에서 발견된 석조 사리감은 567년 성왕의 아들인 위덕왕(창왕)에 의해 만들어졌다. 554년 관산성 전투에서 전사한 성왕(523~554)의 명복을 빌기 위해 조성된 것이다. 성왕은 538년 수도를 웅진에서 사비로 천도하였고, 551년 신라 진흥왕과 함께 고구려를 공격하여, 한강하류를 회복하였다. 하지만 신라의 배신으로 한강유역을 빼앗기고, 554년 관산성 전투에서 신라군의 기습으로 전사했다.

① 무왕은 639년경 익산에 미륵사를 창건했다.
② 384년 침류왕은 동진으로부터 불교를 수용하였다.
③ 의자왕은 642년 윤충을 보내 대야성을 함락하였다.
④ 근초고왕은 375년 고흥에게 서기를 편찬하게 하였다.
⑤ 551년 성왕은 신라 진흥왕과 연합하여 한강 하류 지역을 되찾았다.

12 정답 ②번

당나라 소정방, 무열왕을 통해 당과 신라 연합군이 백제를 멸망시킨 사건임을 알 수 있고, 이 왕이 의자왕임을 알 수 있다. 의자왕은 즉위한 다음해인 642년 신라를 공격해 대야성을 비롯한 40여성을 빼앗는다. 하지만 차츰 향락에 빠져 백제를 멸망하게 만든 임금이다.

① 538년 성왕
③ 313년 미천왕
④ 675년 신문왕 때의 일로 매소성 전투에서 당군 20만을 격퇴하여, 나당전쟁에서 승리한다.
⑤ 안승은 고구려 부흥군을 이끌다가 신라에 투항해 674년 신라의 꼭두각시 국가인 보덕국의 왕이 된다.

✓ 의자왕 이것만!

· 윤충을 보내 대야성을 함락시켰다. - 642년
· 고구려와 동맹을 맺고 신라에 대항하였다.
· 계백의 결사대를 보내 신라군에 맞서 싸웠다. - 660년
· 나·당 연합군에 의하여 멸망하였다. - 660년

✏️ MEMO
....
....
....
....

46-7 신라 지증왕

13 다음 정책을 추진한 왕의 재위 기간에 있었던 사실로 옳은 것은? [2점]

○ 영을 내려서 순장을 금지하였다. 이전에는 국왕이 죽으면 남녀 각각 다섯 명씩을 순장하였는데, 이때에 이르러 금지하였다.

○ 주주(州主)와 군주(郡主)에게 각각 명하여 농사를 권장케 하였고, 처음으로 소를 부려서 농사를 지었다.

『삼국사기』

① 병부와 상대등이 설치되었다.
② 이사부가 우산국을 복속시켰다.
③ 불국사 삼층 석탑이 건립되었다.
④ 화랑도가 국가적인 조직으로 개편되었다.
⑤ 지방관 감찰을 목적으로 외사정이 파견되었다.

13 정답 ② 번

고구려 중천왕은 아버지 동천왕이 248년에 죽었을 때, 순장을 금지시켰고, 502년 신라 지증왕도 순장을 금지 시켰다. 소를 부려 농사 짓기 시작한 것은 고구려가 수 백 년 빠르지만, 기록에 등장한 것은 502년 신라 지증왕 때이다. 지증왕은 이사부를 보내 우산국을 복속시켰다.

① 병부 설치 517년, 상대등 설치는 531년 법흥왕 ③ 751년 경 경덕왕 ④ 576년 경 진흥왕 ④ 673년 문무왕

✓ **지증왕 이것만!**
· 순장을 금지하고, 농사짓는 데 소를 이용하도록 하였다.
· 시장을 관리하기 위한 동시전을 설치하였다. - 509년
· 이사부를 보내 우산국을 복속하였다. - 512년

14 정답 ③ 번

풍월도, 국선도라 불린 화랑도는 신라의 청소년 수련단체이다. 화랑도는 신라가 삼국통일을 이룰 수 있게 한 힘의 원천으로 높게 평가받고 있다.

① 국학이 유학교육기관인 반면, 화랑도는 심신 수련과 무예 등을 가르쳤다.
② 경당은 고구려의 청소년 교육기관이다.
③ 화랑도는 진흥왕 때 국가적인 조직으로 정비되었다.
④ 신라의 특징적인 정치제도인 화백제도는 만장일치제로 운영되었다.
⑤ 국학은 유교 경전을 가르치기 위한 신라의 교육기관으로 박사와 조교를 두고 학생들을 가르쳤다.

✓ **화랑도 이것만!**
· 세속 5계를 화랑도의 정신적 규범으로 삼았다.
· 진흥왕 때 국가적인 조직으로 정비되었다.
· 명산대천을 돌아다니며 도의를 연마하고 무예를 수련하여, 유사시 전투에 참여하였다.
· 사다함, 관창, 김유신 등이 화랑 출신이다.
· 신라가 삼국을 통일하는데 크게 기여하였다.

34-9 화랑도

14 (가)에 대한 설명으로 옳은 것은? [2점]

(가) 에 대해 들어보았나? 백제군과의 전투에서 이들이 큰 공을 세우고 있다고 하네.

들었네. 풍월도, 국선도라고도 하지. 김유신 장군을 비롯한 국가의 중요 인물들이 (가) 출신이라고 하네.

① 국학 내에 설치되었다.
② 경당에서 책을 읽고 활쏘기를 배웠다.
③ 진흥왕 때 국가적인 조직으로 정비되었다.
④ 귀족들로 구성되어 만장일치제로 운영되었다.
⑤ 유교 경전을 가르치기 위해 박사와 조교를 두었다.

✏️ MEMO

47-4 진흥왕

15 밑줄 그은 '왕'의 재위 시기에 있었던 사실로 옳은 것은? [2점]

○ 왕이 다시 명령을 내려 좋은 가문 출신의 남자로서 덕행이 잇는 자를 뽑아 명칭을 고쳐서 화랑이라고 하였다. 처음으로 설원랑을 받들어 국선(國仙)으로 삼으니, 이것이 화랑 국선의 시초이다.
『삼국유사』

○ 왕이 이찬 이사부에게 명령하여 가라국(加羅國)을 습격하게 하였다. 이때 사다함은 나이가 15~16세였는데 종군하기를 청하였다. …… 그 나라 사람들은 뜻하지 않은 병사들의 습격에 놀라 막아내지 못하였다. 대군이 승세를 타서 마침내 그 나라를 멸망시켰다.
『삼국사기』

① 거칠부가 국사를 편찬하였다.
② 김헌창이 웅천주에서 반란을 일으켰다.
③ 이차돈의 순교를 계기로 불교가 공인되었다.
④ 최고 지배자의 호칭이 마립간이라 바뀌었다.
⑤ 자장의 건의로 황룡사9층 목탑이 건립되었다.

42-6 백제, 고구려 멸망

16 (가). (나) 사이의 시기에 있었던 사실로 옳은 것은? [3점]

(가) 김춘추가 무릎을 꿇고 아뢰기를, "…… 만약 폐하께서 당의 군사를 빌려주어 흉악한 무리를 잘라 없애지 않는다면 저희 백성은 모두 포로가 될 것이며, 산 넘고 바다 건너 행하는 조회도 다시는 바랄 수 없을 것입니다."라고 하였다. 태종이 매우 옳다고 여겨서 군사의 출동을 허락하였다.
『삼국사기』

(나) 계필하력이 먼저 군사를 이끌고 평양성 밖에 도착하였고, 이적의 군사가 뒤따라 와서 한 달이 넘도록 평양을 포위하였다. …… 남건은 성문을 닫고 항거하여 지켰다. …… 5일 뒤에 신성이 성문을 열었다. …… 남건은 스스로 칼을 들어 자신을 찔렀으나 죽지 못했다. [보장]왕과 남건 등을 붙잡았다.
『삼국사기』

① 당이 안동도호부를 요동 지역으로 옮겼다.
② 신라와 당의 연합군이 백강에서 왜군을 물리쳤다.
③ 신라가 당의 군대에 맞서 매소성에서 승리하였다.
④ 고구려 안승이 신라에 의해 보덕국왕으로 임명되었다.
⑤ 고구려가 당의 침입에 대비하여 천리장성을 완성하였다.

문제분석

15 정답 ① 번

신라는 법흥왕 시기인 532년 금관가야를 멸망시켰고, 562년 진흥왕 때에 대가야를 멸망시켰다. 첫 번째 보기에 등장하는 화랑도를 정비한 임금은 진흥왕이다. 따라서 밑줄 그은 왕은 진흥왕이다.

① 545년 진흥왕 6년에 이사부의 건의를 받아들여 거칠부 등에게 명해 국사를 편찬했다.
② 김헌창이 반란을 일으킨 것은 822년으로, 그는 신라 9주 5소경 가운데 4주 3소경을 장악하고, 국호를 장안, 연호를 경운이라고 하여 신라 왕조자체를 부정할 만큼 규모가 컸다.
③ 532년 법흥왕이 불교를 공인했다.
④ 신라 최고 지배자의 호칭은 거서간-차차웅-이사금-마립간-왕의 순서로 변한다. 이사금은 연장자, 마립간은 대수장의 의미를 지닌 것으로 이해된다. 『삼국사기』는 417년 눌지마립간부터 마립간으로 호칭을 바꾼 반면, 『삼국유사』는 356년 즉위한 내물마립간부터 호칭을 바꾼 것으로 되어 있다. 일반적으로 『삼국유사』 설을 따른다.
⑤ 643년 선덕여왕은 자장의 건의를 받아들여 황룡사탑을 건립했다.

16 정답 ② 번

(가)는 김춘추가 당태종을 만나 군사를 빌리는 나당 동맹을 체결하는 장면으로, 648년의 일이다. (나) 보장왕이 붙잡힌 것은 고구려가 멸망한 668년의 일이다. 나당 연합군이 처음 군사를 함께 움직인 것은 백제를 멸망시킨 660년이다. 668년 고구려 멸망 역시 신라와 당의 연합군의 협공으로 이루어졌다.

① 668년에 평양에 설치한 안동도호부는 676년 요동으로 옮긴다.
② 663년, ③ 675년, ④ 674년, ⑤ 천리장성 축성은 641~646년

필히확인

〈신라 주요 왕과 사건〉

왕명	주요 사건	대표연대
내물왕	마립간 호칭 사용, 고구려에 구원 요청	399
눌지왕	백제와 동맹	433
지증왕	순장금지, 우경, 동시전, 우산국 복속	512
법흥왕	불교 공인, 건원연호, 금관가야 멸망	532
진흥왕	영토 확장, 순수비, 화랑도, 대가야 멸망	551/562
선덕여왕	첨성대, 황룡사 9층탑, 분황사 건립	645
무열왕	나당동맹, 백제 멸망	660
문무왕	고구려 멸망, 매소성전투, 당군 축출	668/676
신문왕	김흠돌 반란, 녹읍 폐지 관료전 지급	689
경덕왕	불국사 건립, 녹읍 부활	757
진성여왕	원종과 애노의 난, 최치원 시무10조	889

04 통일신라와 발해

37-6 신라 삼국통일 과정

01 (가)~(라)를 일어난 순서대로 옳게 나열한 것은? [2점]

(가) 의자왕은 당과 신라 군사들이 이미 백강과 탄현을 지났다는 소식을 듣고 장군 계백을 시켜 결사대 5천 명을 거느리고 황산으로 가서 신라 군사와 싸우게 하였다.

(나) 유인원과 신라왕 김법민은 육군을 거느려 나아가고, 유인궤와 부여융은 수군과 군량을 실은 배를 거느리고 …… 백강으로 가서 육군과 합세하여 주류성으로 갔다. 백강 어귀에서 왜의 군사를 만나 ……그들의 배 4백 척을 불살랐다.

(다) 이근행이 군사 20만 명을 이끌고 매소성에 진을 쳤다. 신라군이 (이근행의 군사를) 공격하여 패주시키고, 말 3만여 필과 그 만큼의 다른 병기를 얻었다.

(라) 검모잠이 남은 백성들을 모아서 …… 당의 관리와 승려 법안 등을 죽이고 신라로 향하였다. …… 안승을 한성 안으로 맞아들여 받들어 왕으로 삼았다.

① (가) - (나) - (다) - (라)
② (가) - (나) - (라) - (다)
③ (나) - (가) - (라) - (다)
④ (나) - (다) - (가) - (라)
⑤ (다) - (라) - (나) - (가)

48-6 신문왕

02 (가) 왕의 재위 기간에 있었던 사실로 옳은 것은? [2점]

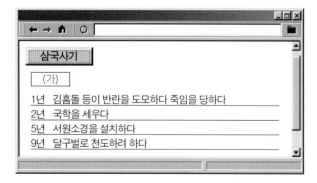

삼국사기

(가)

1년	김흠돌 등이 반란을 도모하다 죽임을 당하다
2년	국학을 세우다
5년	서원소경을 설치하다
9년	달구벌로 천도하려 하다

① 이사부를 보내 우산국을 복속하였다.
② 화랑도를 국가 조직으로 개편하였다.
③ 관료전을 지급하고 녹읍을 폐지하였다.
④ 최고 지배자의 칭호를 마립간으로 하였다.
⑤ 이차돈의 순교를 계기로 불교를 공인하였다.

---

01 정답 ② 번

삼국통일의 과정을 묻는 문제이다. 660년 당과 신라가 연합하여, 백제 수도를 함락시킨 후, 663년 백제부흥군 마저 백강전투와 주류성 전투에서 격파한다. 668년 당과 신라가 고구려마저 멸망시킨다. 하지만 당나라가 신라마저 멸망시키려고 하자 신라는 고구려, 백제 유민과 연합해 당과 대항한다. 고구려 부흥군을 이끌던 안승은 674년 신라에 투항했고, 신라는 675년 매소성 전투, 676년 기벌포 전투에서 승리하면서 당군을 몰아낸다.

(가) 660년, (나) 663년, (다) 675년, (라) 674년

✔ **삼국통일, 이것만!**
- 김춘추가 중국으로 건너가 군사동맹을 성사시켰다. - 648년
- 계백의 결사대가 황산벌에서 신라군과 싸웠다. - 660년
- 나당연합군이 백강에서 왜군을 물리쳤다. - 663년
- 나당연합군이 평양성을 공격하였다. - 668년
- 신라군이 당군에 맞서 매소성에서 승리하였다. - 675년
- 나당전쟁에서 승리하여 삼국 통일을 이룩하였다. - 676년

02 정답 ③ 번

김흠돌 반란 사건, 국학 설립, 서원소경 설치, 달구벌 천도 등은 모두 신라 신문왕의 업적이다. 신문왕은 681년부터 692년까지 재위하며, 통일의 후유증을 해소하고, 왕권을 강화시킨 임금이다. 그는 장인인 김흠돌의 반란을 진압하고, 국학을 세워 젊은 유학자를 키워 왕권을 뒷받침하고자 했다. 또한 687년 관리들에게 관료전을 지급하고, 689년에는 귀족들의 녹읍을 폐지시켜 신권을 제약하고 왕권을 강화시켰다. 하지만 달구벌 천도 계획은 귀족들의 반대로 실천하지 못했다.

① 512년 지증왕은 이사부를 보내 우산국을 복속시켰다.
② 화랑도를 국가 조직으로 개편한 것은 진흥왕(540~576)이다.
③ 관료전 지급과, 녹읍 폐지는 신문왕의 업적이다.
④ 마립간 칭호는 『삼국유사』에는 내물마립간(356~402), 『삼국사기』는 눌지마립간(417~458)부터 사용되었다고 한다.
⑤ 법흥왕 14년인 527년 이차돈의 순교로 불교가 공인된다.

✔ **신문왕, 이것만!**
- 왕의 장인인 김흠돌이 반란을 도모하였다.
- 반란을 진압하고 진골 세력을 숙청하였다. - 681년
- 유학 교육을 위해 국학을 설립하였다. - 682년
- 아버지 문무대왕을 위해 동해가에 감은사를 세움 - 682년
- 지방 행정제도를 9주 5소경으로 정비하였다. - 685년
- 관료전을 지급하고(687년) 녹읍을 폐지하였다. - 689년

03 밑줄 그은 '왕'의 재위 기간에 있었던 사실로 옳은 것을 〈보기〉에서 고른 것은? [2점]

> ○ 왕 10년 대상(大相) 대성이 불국사를 처음 창건하였다.
> ○ 왕 16년 중앙과 지방의 여러 관리들에게 매달 주던 녹봉을 없애고 다시 녹읍을 주었다.

─〈보기〉─

ㄱ. 독서삼품과를 실시하여 관리를 채용하였다.
ㄴ. 지방 행정 구역의 명칭을 중국식으로 바꾸었다.
ㄷ. 성덕 대왕 신종을 완성하여 봉덕사에 안치하였다.
ㄹ. 국학을 태학감으로 변경하여 유교 교육을 강화하였다.

① ㄱ, ㄴ   ② ㄱ, ㄷ
③ ㄴ, ㄷ   ④ ㄴ, ㄹ
⑤ ㄷ, ㄹ

04 다음 상황 이후에 전개된 사실로 옳은 것은? [2점]

> 혜공왕 말년에 반신(叛臣)들이 제멋대로 날뛰자 선덕[김양상]이 상대등으로 있으면서 임금 측근의 나쁜 무리를 제거하자고 부르짖었다. 김경신이 이에 참여하여 난을 평정한 공이 있었으므로 선덕이 왕으로 즉위하면서 김경신은 곧 상대등이 되었다 …… 이후 여러 사람의 의논이 일치하여 김경신을 세워 왕위를 계승하게 하니 국인이 모두 만세를 불렀다.

① 진골 귀족인 김춘추가 왕위에 올랐다.
② 왕의 장인인 김흠돌이 반란을 도모하였다.
③ 이차돈의 순교를 계기로 불교가 공인되었다
④ 자장의 건의로 황룡사 구층 목탑이 건립되었다.
⑤ 최치원이 국왕에게 시무 10여 조를 건의하였다.

03 정답 ④ 번

8세기 통일신라의 문화적 전성기를 구가한 경덕왕 시대를 묻는 문제이다. 경덕왕(742~765)시기에 김대성이 불국사와 석굴암을 창건했다. 경덕왕은 국학을 진흥시키고, 지방행정 구역의 명칭을 중국식으로 바꾼다. 하지만 689년 신문왕이 폐지하였던 녹읍이 귀족들의 저항에 의해 757년에 부활된다.

ㄱ. 788년 원성왕
ㄴ. 757년 경덕왕
ㄷ. 771년 혜공왕
ㄹ. 759년 경덕왕

✔ **경덕왕 시기, 이것만!**

• 신라를 불국토로 만들려는 염원에서 불국사를 건립하였다.
• 국학을 태학감으로 변경하여 유교 교육을 강화하였다.
• 9주를 비롯한 지방 행정구역 명칭을 중국식으로 바꾸었다.
• 중앙과 지방 관리에게 주던 녹봉을 없애고 녹읍을 주었다.

04 정답 ⑤ 번

757년 녹읍을 부활시킨 귀족들은 왕권을 위협한다. 경덕왕의 아들인 혜공왕(765~780) 시기에는 768년 대공의 난을 시작으로 잦은 반란이 일어났고, 김지정이 반란을 일으키자, 이를 제거하는 과정에서 혜공왕이 시해된다. 이때부터 신라 하대가 시작된다. 보기에 등장하는 김경신은 선덕왕이 죽은 후, 왕위에 올라 원성왕(785~798)이 된다.

① 654년. 이때부터 성골이 아닌 태종무열왕계 진골이 왕위에 오른다. 『삼국사기』는 이때부터 혜공왕까지를 중대라고 하였다.
② 681년 신문왕
③ 527년 법흥왕
④ 643년 선덕여왕
⑤ 894년 진성여왕

◆ 선덕(善德)여왕(632~647)과 선덕(宣德)왕(780~785)은 다름

✔ **신라 하대, 이것만!**

• 내물왕계 진골 귀족들에 의해 왕위가 계승되기 시작했다.
• 150년간 왕위교체가 잦아 무려 20명의 왕이 등장하였다.
• 지방에서 호족들이 반독립적인 세력으로 성장하였다.
• 6두품세력이 골품제를 비판하고, 새로운 정치이념을 제시했다.
• 참선을 중시하는 선종이 널리 유행하였다.

37-11 신라와 아라비아 교류

05 (가) 국가의 경제에 대한 설명으로 옳은 것은? [2점]

이 석상은 원성왕릉 앞에 세워진 무인상이다. 부리부리한 눈이나 이국적인 얼굴 윤곽과 복식은 흥덕왕릉 앞에 있는 무인상과 더불어 서역인의 모습을 하고 있다. 이는 당시 (가) 이/가 아라비아 등 서역과 활발하게 교류하였다는 주장을 뒷받침해 준다.

① 의창을 두어 빈민을 구제하였다.
② 솔빈부의 말이 특산물로 유명하였다.
③ 왜관을 설치하여 일본과 교역하였다.
④ 경시서를 통해 수도의 시전을 감독하였다.
⑤ 청해진을 중심으로 해상 무역이 전개되었다.

46-5 신라방

06 다음 자료에 나타난 시기에 볼 수 있는 모습으로 적절한 것은? [2점]

오시(午時)에 북서풍이 불었으므로 돛을 올리고 나아갔다. 미시(未時)와 신시(申時) 사이에 적산의 동쪽 언저리에 도착하여 배를 정박하였다. 북서풍이 더욱 세차게 불었다. 이곳 적산은 바위로만 이루어진 우뚝 솟은 산으로, 문등현 청녕향 적산촌이 위치하고 있다. 산에는 적산 법화원이라는 절이 있는데, 본래 장보고가 처음으로 세운 것이다.

『입당구법순례행기』

① 농상집요를 소개하는 관리
② 만권당에서 대담을 나누는 학자
③ 매소성 전투에서 당군과 싸우는 군인
④ 빈공과를 준비하는 6두품 출신 유학생
⑤ 주류성에서 백제 부흥 운동을 벌이는 귀족

문제분석

05 정답 ⑤ 번

아라비아와 교역을 활발히 한 나라는 신라와 고려지만, 고려의 왕들은 원간섭기의 6명의 충*왕과 태조를 제외하면 모두 *종이라 하였다. 원성왕(785~798)과 흥덕왕(826~836)은 통일신라의 왕이다. 828년 장보고가 청해진을 설치하고 해적을 소탕해 해상무역을 전개하던 시기가 흥덕왕 때이다.

① 고려
② 발해
③ 조선
④ 고려와 조선, 신라에서는 509년 동시전이 설치되어 시장을 감독했다.

✓ **신라와 서역 교류, 이것만!**

- 서봉총 출토 유리잔, 계림출토 금제감장보검 - 교류 유물
- 중국과 일본, 서역 상인들이 찾아와 무역을 했던 신라 최대의 교역항 울산.
- 원성왕릉과 흥덕왕릉 앞에 무인상은 신라가 아라비아 등 서역과 활발하게 교류하였다는 주장을 뒷받침해 준다.

06 정답 ④ 번

『입당구법순례행기』는 일본의 승려 엔닌이 838년부터 847년까지 당나라를 여행한 여행기이다. 엔닌은 청해진대사 장보고와 신라방 사람에게 많은 도움을 받았다. 장보고와 엔닌 문제는 3번 출제되었다. 8~9세기 신라는 외국과 해상무역을 활발히 전개하였다.

① 농상집요는 원나라 농서로, 14세기 초에 이암이 고려에 소개했다.
② 만권당은 1314년 원나라 북경에 세워졌고, 이제현이 이곳에서 활동했다.
③ 매소성 전투는 675년 신라군이 당나라군을 격퇴한 싸움이다.
④ 최치원, 최승우, 최언위 등은 6두품 출신 유학생으로 빈공과에 합격했다.
⑤ 주류성에서 백제 부흥군이 활동한 것은 660~663년이다.

✓ **신라방, 이것만!**

- 유학생, 유학승 등 많은 사람들이 당에 건너가, 신라방을 형성하여 활발히 교역하였다.
- 장보고가 적산현에 법화원을 세웠다.

MEMO

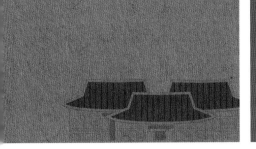

07 다음 글을 작성한 인물이 활동한 시기의 사실로 옳은 것은? [2점]

> 신은 나이 12세에 중국으로 건너갔는데, 배를 타고 떠날 즈음에 아버지께서 훈계하기를 "앞으로 10년 안에 진사에 급제하지 못하면 나의 아들이라고 말하지 마라. 가서 부지런히 공부에 힘을 기울여라." 라고 하였습니다. 신이 부친의 엄한 가르침을 가슴에 새겨 노력을 경주한 끝에 6년 만에 빈공과에 합격하였습니다. …… 이제 귀국하여 그동안 중국에서 지은 글을 모아 계원필경집 1부 20권을 비롯한 시·부·표·장 등의 28권을 소장(疏狀)과 함께 올리게 되었습니다.

① 김흠돌이 반란을 도모하였다.
② 최승로가 시무 28조를 올렸다.
③ 원광이 세속 5계를 제시하였다.
④ 원종과 애노가 사벌주에서 봉기하였다.
⑤ 김춘추가 진골 출신 최초로 왕위에 올랐다.

08 다음 검색창에 들어갈 왕의 재위 기간에 있었던 사실로 옳은 것은? [1점]

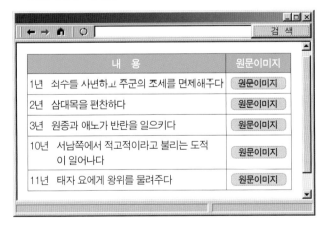

내 용	원문이미지
1년 죄수를 사면하고 주군의 조세를 면제해주다	원문이미지
2년 삼대목을 편찬하다	원문이미지
3년 원종과 애노가 반란을 일으키다	원문이미지
10년 서남쪽에서 적고적이라고 불리는 도적이 일어나다	원문이미지
11년 태자 요에게 왕위를 물려주다	원문이미지

① 왕의 장인인 김흠돌이 반란을 도모하였다.
② 강조가 정변을 일으켜 김치양을 제거하였다.
③ 거칠부가 왕명을 받들어 국사를 편찬하였다.
④ 최치원이 왕에게 시무 10여 조를 건의하였다.
⑤ 복신과 도침 등이 부여풍을 왕으로 추대하였다.

07 정답 ④ 번

최치원(857~?)은 신라 말에 활동했던 학자로, 6번 문제로 출제된 인물이다. 6두품 출신으로 당에 유학하여 빈공과에 합격하고, '토황소격문'을 써서 문장으로 유명해진 인물이다. 885년 귀국하여, 894년 시무 10여조를 진성여왕에게 올리지만, 받아들여지지 않자 관직을 버리고 산에 들어갔다. 빈공과에는 최승우, 최언위 등 신라인과, 오소도, 오광찬 등 발해인도 합격했다.

① 681년 신문왕
② 982년 고려 성종
③ 600년경 진평왕
④ 889년 진성여왕
⑤ 654년 김춘추가 즉위하여 무열왕이 된다.

✓ **최치원, 이것만!**
- 6두품 출신으로 당에 유학하여 빈공과에 합격하였다.
- 진성여왕에게 시무책 10조를 올렸다.
- 황소의 난 때 토황소격문을 지어 문장가로 이름을 떨쳤다.
- 저서로 계원필경, 제왕연대력, 법장화상전 등이 있다.
- 해인사 묘길상탑기, 성주사지 낭혜화상탑비 등을 썼다.

08 정답 ④ 번

삼대목 편찬, 원종과 애노의 반란 등을 통해 문제에서 지목하는 왕이 진성여왕(887~897) 임을 알 수 있다. 삼대목은 각간 위홍이 편찬했다. 상주에서 일어난 원종과 애노의 반란은 후삼국 시대의 개막을 알리는 신호와도 같다. 이때부터 신라는 지방에 대한 통제력을 잃었고, 각지에서 반란군이 일어나, 견훤, 양길, 궁예 등이 독자적인 세력을 이루었다. 당나라 유학생 출신 최치원은 894년 시무10여 조를 건의하지만, 시행될 수 없었다.

① 681년 신문왕은 장인 김흠돌의 반란을 제압했다.
② 1009년 강조가 정변을 일으켜, 김치양을 죽이고 목종을 폐위하는 사건이 벌어졌다. 그러자 거란이 이를 핑계로 고려를 침략했다.
③ 545년 진흥왕은 거칠부에게 국사를 편찬하게 했다.
④ 894년 최치원이 진성여왕에게 시무 10여 조를 건의했다.
⑤ 백제 멸망 후, 복신과 도침 등에 의해 왕으로 추대된 부여풍이 왜국에서 귀국하여 백제 부흥군을 이끌게 된다.

✓ **신라 쇠망기, 이것만!**
- 신라 쇠망기, 이것만!
- 원종과 애노가 사벌주에서 봉기하였다.
- 몰락한 농민들이 유랑하거나 초적이 되었다.
- 지방에 대한 정부의 통제력이 약화되었다.
- 지방호족들이 스스로 성주, 장군이라 칭하였다.

50-8 발해 건국

09 (가) 국가에 대한 설명으로 옳은 것은? [2점]

특집 다큐멘터리   (가) 남북국 시대를 열다

〈1부〉 동모산에 도읍하고 나라를 세우다
〈2부〉 당의 등주를 공격하고 요서에서 격돌하다
〈3부〉 일본에 국서를 보내어 고려 국왕이라 칭하다

① 9서당 10정의 군사 조직을 갖추었다.
② 정당성의 대내상이 국정을 총괄하였다.
③ 지방관을 감찰하기 위해 외사정을 파견하였다.
④ 위화부 등 13부를 두어 행정 업무를 분담하였다.
⑤ 마진이라는 국호와 무태라는 연호를 사용하였다.

---

09 정답 ② 번

발해는 698년 대조영이 고구려 유민을 이끌고 동모산에 도읍하여 건국한 나라다. 말갈의 여러 부족을 통합한 발해 2대 무왕은 732년 장문휴가 인솔한 수군을 보내 당의 등주를 공격하고, 육로로 요서지역 마다산을 습격하기도 했다. 3대 문왕은 일본에 국서를 보낼 때에 고려 국왕이라 칭하여, 발해가 고구려를 계승한 국가임을 밝혔다.

① 9서당 10정은 7세기말에 완성된 신라의 군사조직이다.
② 발해는 정당성의 대내상이 국정을 총괄했다.
③ 673년 문무왕은 지방관 감찰을 목적으로 외사정을 파견했다.
④ 신라 진평왕(579~632)은 위화부 등 13부를 두어 행정 업무를 분담했다.
⑤ 궁예가 건국한 후고구려는 904년 국호를 마진으로 바꾸고, 무태라는 연호를 사용하였다.

48-8 발해 고구려 계승

10 밑줄 그은 '이 국가'에 대한 설명으로 옳은 것은? [2점]

이것은 일본 나라현 헤이조큐 유적에서 출토된 목간입니다. 목간에 보이는 '고려'라는 명칭을 통해 일본은 이 국가를 고려, 즉 고구려를 계승한 것으로 인식하고 있었음을 알 수 있습니다.

고려에 보낸 사절이 귀국하였으니, 천평보자 2년(758) 10월 28일 위계를 두 단계 올린다.

① 중정대를 두어 관리를 감찰하였다.
② 건원이라는 독자적인 연호를 사용하였다.
③ 군사 조직을 9서당 10정으로 편성하였다.
④ 골품에 따라 관직 승진에 제한을 두었다.
⑤ 상수리 제도를 시행하여 지방세력을 견제하였다.

---

10 정답 ① 번

헤이조큐는 710~784년까지 일본 나라시대의 수도였다. 이곳에서 출토된 목간에 고려라는 글자는 발해를 가리키는 말이다. 758년은 발해 문왕 22년이다. 758년 문왕은 일본에 국서를 보내 스스로를 고려국왕이라고 표현했고, 일본 역시 문왕을 고려왕으로 표현한 국서를 보냈다. 고려는 곧 고구려다. 발해는 고구려를 계승한 나라임을 대내외에 과시하고 있었다. 발해 문화에는 고구려 계승성이 뚜렷하다.

① 중정대는 발해의 감찰기구다.
② 건원이라는 독자연호를 사용한 것은 신라 법흥왕이다.
③ 9서당은 신라가 신라, 고구려, 백제, 보덕국, 말갈인 등을 모아 조직한 중앙 군부대로 693년에 완성되었다. 10정은 신라 9주에 각 1정, 한산주에만 2정을 배치한 지방군대다. 687년경에 완성되었다.
④ 골품에 따라 관직 승진에 제한을 둔 것은 신라다.
⑤ 상수리제도를 시행해 지방 세력을 견제한 나라는 신라다. 고려는 기인제도를 시행했다.

✓ **발해 왕! 이것만.**

왕명	주요 사건	대표연대
고조(대조영)	동모산에서 발해 건국	698
무왕(대무예)	흑수말갈 공격, 당 등주 공격	732
문왕(대흠무)	상경용천부 천도, 당과 화해 일본에 국서보내 고려국왕 표방	756
선왕(대인수)	요동까지 최대영토, 해동성국 5경 15부 62주 지방통치 확립	818~830

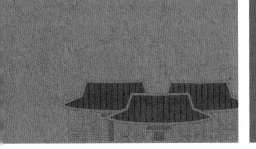

43-6 무왕과 발해 연호

11 (가)에 들어갈 내용으로 옳은 것은? [2점]

> 인안이라는 연호를 내세워 당과 대등하다는 의식을 표방한 발해의 제2대 왕에 대해 말해볼까요?

> 일본에 사신과 국서를 보내 교류를 시작했어요.

> (가)

① 낙랑군을 몰아냈어요.
② 국호를 남부여로 바꿨어요.
③ 장문휴를 보내 등주를 공격했어요.
④ 3성 6부의 중앙 관제를 정비했어요.
⑤ 5경 15부 62주의 지방 행정 제도를 확립했어요.

36-8 발해 특산물

12 밑줄 그은 '이 나라'의 경제 상황에 대한 설명으로 옳은 것은? [2점]

> <u>이 나라</u>는 영주(營州)에서 동쪽으로 2천 리 밖에 위치하며 …… 동쪽은 멀리 바다에 닿았고, 서쪽으로는 거란(契丹)이 있었다 …… 귀중히 여기는 것은 태백산의 토끼, 남해의 다시마, 책성의 된장, …… 막힐의 돼지, 솔빈의 말, 현주의 베, 옥주의 면, 용주의 명주, 위성의 철, 노성의 벼, 미타호의 붕어이다. …… 이 밖의 풍속은 고구려, 거란과 대개 같다.
>
> 『신당서』

영주(營州) : 지금의 랴오닝성 차오양

① 신라도라는 교통로를 통해 신라와 교역하였다.
② 감자, 고구마 등의 구황작물을 널리 재배하였다.
③ 해동통보를 발행하여 금속 화폐의 통용을 추진하였다.
④ 농사직설을 간행하여 우리 풍토에 맞는 농법을 정리하였다.
⑤ 삼포를 열어 일본과의 무역을 허용하고 계해약조를 체결하였다.

🔍 문제분석

11 정답 ③ 번

발해 역사에서 가장 많이 출제되는 임금은 무왕, 문왕, 선왕 3사람이다. 무왕(719~737)은 727년 일본에 국서를 보내 '고구려의 옛 땅을 회복하고 부여의 습속을 지녔다'고 선언했다. 무왕은 인안 연호를 사용하며, 당과 대등하다는 인식을 가졌고, 732년 당나라 등주를 선제공격했다.

① 313년 고구려 미천왕, ② 538년 백제 무왕(발해 무왕과 다름), ④ 발해 문왕, ⑤ 발해 선왕 때 일이다.

✓ **역대 왕들의 연호, 이것만!**

구분	왕명	연호	대표연대
고구려	광개토왕	영락	391~412
	장수왕/안원왕	연가	479?, 539?
신라	법흥왕	건원	536
발해	무왕	인안	719~737
	문왕	대흥, 보력	737, 774
고려	태조	천수	918
	광종	광덕, 준풍	949, 960
대위국	* 묘청	천개	1135~1136
조선	고종	건양	1896
대한제국	고종	광무	1897~1907
	순종	융희	1907~1910

12 정답 ① 번

『신당서』에 기록된 발해의 특산물에는 토끼, 돼지, 말, 붕어, 다시마 등 생물자원이 많다. 하지만 뽕나무를 키워 명주(실크)를 만들거나, 벼농사를 짓고, 철이 특산물로 기록된 것은 발해가 농업, 수공업, 광업 등이 고루 발전했음을 보여준다. 이러한 경제력을 바탕으로 발해는 당, 신라, 일본, 서란, 서역과도 활발한 경제교류를 하였다. 특히 말, 모피, 인삼은 수출품으로 인기가 높았다.

② 고구마는 1763년, 감자는 19세기 초에 조선에 전래되었다. ③ 해동통보는 1102년 고려 숙종, ④ 농사직설은 1429년 세종 때 만들어졌다. ⑤ 계해약조는 1443년의 일이다.

✓ **발해의 경제, 이것만!**

• 솔빈부의 말이 특산물로 유명하였다.
• 말, 모피, 인삼, 자기, 불상 등이 주요 수출품이었다.
• 신라도라는 교통로를 통해 신라와 교역하였다.
• 당나라 등주에 발해관이 설치되었다.
• 일본에 담비 가죽과 인삼, 자기 등을 수출하였다.

42-4 가야 파사석탑

01 (가) 나라에 대한 설명으로 옳은 것은? [2점]

호계사의 파사석탑(婆娑石塔)은 옛날 이 고을이 (가)이었을 때, 시조 수로왕의 왕비 허황옥이 동한(東漢) 건무 24년에 서역 아유타국에서 싣고 온 것이다 …… 탑은 사각형에 5층인데, 그 조각은 매우 기이하다. 돌에는 희미한 붉은 무늬가 있고 그 질이 매우 연하여 우리나라에서 나는 돌이 아니다.

『삼국유사』

① 철이 많이 생산되어 왜 등에 수출하였다.
② 만장일치제로 운영된 화백 회의가 있었다.
③ 빈민을 구제하기 위해 진대법을 실시하였다.
④ 지방을 통제하기 위해 22담로를 설치하였다.
⑤ 박, 석, 김의 3성이 교대로 왕위를 계승하였다.

38-6 가야의 문화유산

02 (가) 나라의 문화유산으로 옳은 것은? [2점]

(가)의 왕인 김구해가 왕비와 세 명의 아들, 즉 큰 아들인 노종, 둘째 아들인 무덕, 막내 아들인 무력을 데리고 나라의 창고에 있던 보물을 가지고 와서 항복하였다. [법흥]왕이 예로써 대접하고 상등(上等)의 벼슬을 주었으며, 본국을 식읍으로 삼게 하였다. 아들인 무력은 벼슬이 각간(角干)에 이르렀다.

『삼국사기』

①
②
③
④
⑤

01 정답 ① 번

수로왕이 시조인 나라는 김해에 위치한 금관가야이다. 파사석탑은 허황옥릉 앞에 남아있다.

① 금관가야는 철을 왜, 낙랑 등에 수출하며 경제적 부를 쌓아 전기 가야연맹의 맹주가 되었다.
② 만장일치제로 운영된 화백회의는 신라의 제도다.
③ 빈민을 구제하기 위한 진대법은 고구려에서 실시되었다.
④ 지방 통제를 위한 22담로는 백제에 있었다.
⑤ 박, 석, 김 3성이 교대로 왕위를 계승한 나라는 신라다.

✔ **가야 유물, 이것만!**
• 금관가야 유물에는 대성동 고분에서 출토된 말모양 띠고리, 오리 모양 토기, 철제 판갑옷, 청동 솥, 그리고 파사석탑 등이 있다.
• 대가야 유물에는 지산동 32호분 출토 금동관, 지산동 고분군 출토 토제방울 등이 있다.

02 정답 ⑤ 번

법흥왕이 다스리는 신라에게 532년에 항복한 나라는 금관가야다. 김구해는 금관가야의 마지막 왕이다. 그의 막내 아들 김무력은 신라에서 진흥왕의 신하가 되어, 고구려와 전쟁에 참가하고, 백제와의 관산성 전투에서 큰 공을 세운다. 김무력의 아들이 김서현이고, 손자가 김유신이다.

① 금동 연가7년명 여래입상은 경남 의령에서 출토된 고구려 불상으로 국보 110호다. 10회 출제된 기출 유물이다.
② 백제금동대향로는 부여 능산리절터에서 출토되었다. 도교적 이상향을 표현하고 있다. 국보 287호다. 15회 출제된 기출 유물이다.
③ 신라 호우총에서 출토된 호우명 그릇 밑 바닥에는 "을묘년 국강상 광개토지호태왕호우십" 글자가 새겨있다. 8회 출제된 기출 유물이다.
④ 칠지도는 4세기말 근초고왕 대에 백제에서 만들어 왜국에 보낸 것이다. 칠지도에 새긴 명문이 고대 한일관계사를 푸는 열쇠가 되고 있다. 10회 출제된 기출 유물이다.
⑤ 김해 대성동 57호분 출토 종장판갑옷이다. 6회 출제된 유물이다.

✏ MEMO

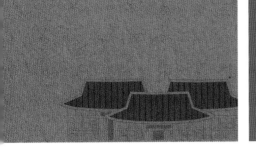

44-5 고구려의 유적 - 지안지역

03 (가) ~ (마) 문화유산에 대한 설명으로 옳은 것은? [3점]

◆ 답사 계획서 ◆

(마) 장군총
(다) 각저총
(나) 무용총 ▲ (라) 광개토대왕릉비
(가) 국내성

○ 답사 기간: 2018년 ○○월 ○○일~○○일
○ 주제: 지안 지역의 고구려 유적
○ 경로: 국내성 → 무용총 → 각저총 → 광개토 대왕릉비 → 장군총
○ 준비 사항: 답사 장소와 유적에 대한 자료 조사

① (가) - 백제의 공격으로 고국원왕이 전사한 곳이다.
② (나) - 당시 생활상을 담은 수렵도 등의 벽화가 남아 있다.
③ (다) - 돌무지덧널무덤으로 다양한 껴묻거리가 출토되었다.
④ (라) - 김정희의 금석과안록에서 비의 설립 시기가 고증되었다.
⑤ (마) - 벽돌무덤으로 중국 양나라와의 문화적 교류를 보여 준다.

38-5 삼국시대 무덤

04 (가), (나) 무덤 양식에 대한 설명으로 옳은 것은? [2점]

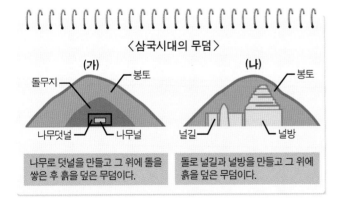

〈삼국시대의 무덤〉

(가)
돌무지 — 봉토
나무덧널 — 나무널

나무로 덧널을 만들고 그 위에 돌을 쌓은 후 흙을 덮은 무덤이다.

(나)
봉토
널길 — 널방

돌로 널길과 널방을 만들고 그 위에 흙을 덮은 무덤이다.

① (가) - 모줄임 천장 구조로 되어 있다.
② (가) - 무덤의 둘레돌에 12지 신상을 새겼다.
③ (나) - 대표적인 무덤으로 황남대총이 있다.
④ (나) - 내부의 천장과 벽에 그림을 그리기도 하였다.
⑤ (가), (나) - 중국 남조의 영향을 받아 만들어졌다.

🔍 **문제분석**

03 정답 ② 번

고구려 2번째 수도였던 지안시 지역의 대표유적을 알고 있는지를 묻는 문제이다.

(가) 국내성은 고구려의 2번째 수도로, 평지에 위치한 성이다. 371년 고국원왕이 전사한 곳은 평양이다. 427년 장수왕은 평양으로 천도했다.
(나) 무용총은 5세기 초에 만들어진 고분으로, 수렵도와 춤 그림 벽화로 유명하다.
(다) 각저총은 무용총과 같은 시기에 만들어진 굴식 돌방무덤으로, 씨름도 등 벽화가 그려져 있다.
(라) 김정희가 고증한 것은 북한산 진흥왕 순수비다. 광개토왕릉비는 19세기말 일본인에 의해 비문 내용이 알려졌다.
(마) 장군총은 계단식 돌무지무덤이며, 벽돌무덤은 백제 무령왕릉이다.

04 정답 ④ 번

(가)는 돌무지덧널 무덤으로, 전기 신라에서 많이 만들어졌고, 황남대총, 천마총이 대표적인 무덤이다.
(나)는 굴식 돌방무덤으로 고구려 후기에 만들어졌고, 백제, 신라에도 전파되었다. 천장과 벽에 벽화를 그려 넣을 수 있고, 시신을 추가해 합장할 수 있는 장점이 있다.

① 모줄임 천장구조는 (나)에서 볼 수 있다.
② 통일신라시대 (나)무덤에서 나타난다.
③ 황남대총은 (가)의 대표 무덤이다.
⑤ 남조의 영향을 받은 무덤은 백제 무령왕릉이다.

✔️ **삼국시대 무덤, 이것만!**

종류	무덤의 특징	대표무덤
돌무지 무덤	들여쌓기 방식이 활용되어, 돌을 계단식으로 쌓음.	고구려 장군총, 백제 석촌동고분
돌무지 덧널무덤	나무로 덧널을 만들고, 그 위에 돌을 쌓은 후 흙을 덮음. 도굴이 어려운 구조로 금관 등 많은 껴묻거리가 출토됨	신라 황남대총
굴식돌방 무덤	돌로 널길과 널방을 만들고 그 위에 흙을 덮음. 벽, 천장에 벽화를 그리기도 함. 도굴이 쉽다.	고구려 강서대묘
	무덤 둘레돌에 12지신상 새김.	통일신라 김유신묘
벽돌 무덤	남조 영향을 받아 축조	백제 무령왕릉

47-5 백제 금동대향로

05 다음 설명에 해당하는 문화유산으로 옳은 것은? [2점]

> 이 문화유산은 국보 제287호로 부여 능산리 절터에서 출토되었습니다. 백제 왕실의 의례에 사용한 것으로 추정되는 이 유물은 도교와 불교의 요소가 복합적으로 표현된 걸작입니다.

?

①
②
③

④
⑤

48-9 경주 신라 유산

06 (가) ~ (마) 문화유산에 대한 설명으로 옳지 않은 것은? [2점]

답사 계획서

· 주제: 신라 천년의 고도, 경주
· 일자: 2020년 △△월 △△일
· 경로: 천마총 → 첨성대 → 동궁과 월지 → 분황사지 → 불국사

(가) 천마총 (라) 분황사지
(나) 첨성대
(다) 동궁과 월지
(마) 불국사

① (가) - 내부에서 천마도가 수습되었다.
② (나) - 자장의 건의로 건립되었다.
③ (다) - 나무로 만든 14면체 주사위가 출토되었다.
④ (라) - 돌을 벽돌 모양으로 다듬어 쌓아 올린 탑이 남아있다.
⑤ (마) - 경내의 삼층 석탑에서 무구정광대다라니경이 발견되었다.

---

05 정답 ① 번

부여 능산리 절터에서 출토되었고, 도교와 불교의 요소가 결합된 걸작은 백제 금동대향로다. 능산리 절터 옆 능산리 고분군에는 백제왕의 무덤들이 있으므로, 금동대향로는 왕실 의례에 사용되었을 것으로 추정된다.

① 백제 금동대향로다.
② 김해출토 가야 기마인물형 토기다.
③ 백제 무령왕릉에서 출토된 석수다.
④ 지린성 둔화시에서 발견된 발해 정혜공주묘 출토 돌사자다.
⑤ 신라 황남대총 금관이다.

✓ 도교, 이것만!
· 도교 추구 - 불로장생과 현세 구복, 삼국~고려 성행
· 도교 관련 유물 - 백제 : 금동대향로, 산수문전, 사택지적비
　　　　　　　　　　 - 고구려 : 고분벽화 사신도(현무, 청룡, 주작, 백호)
· 도교 제사 - 소격서 주관하는 초제(하늘 제사)
· 도교 침체 - 조광조의 건의로 1518년 소격서 혁파
· 도교 영향 - 동학 등에 영향

06 정답 ② 번

경주의 여러 유적지에 대한 설명 가운데 옳지 않은 것을 고르는 문제다.

① (가) 천마총은 무덤 안에서 천마도가 그려진 말타래가 발굴되어 전마총이란 이름이 붙었다. 대릉원 황남대총 서쪽에 위치한 무덤으로, 5세기에 만들어진 적석목곽분이다.
② (나) 첨성대는 선덕여왕 (632~647) 연간에 건립되었다. 자장 (590~658) 스님이 건립을 건의한 것은 불교 건축물인 황룡사 9층탑이다.
③ (다) 월지에서 1975년 나무로 만든 14면체 주사위가 출토되었다. 동궁과 월지가 연회장으로 사용되었기 때문에, 놀이도구인 주사위가 출토되었던 것이다.
④ (라) 분황사지에는 돌을 벽돌 모양으로 다듬어 쌓아 올린 모전석탑이 남아있다. 현재는 3층이지만, 본래는 9층탑이었던 것으로 추정된다.
⑤ (마) 불국사 3층 석탑은 석가탑으로 불리며, 탑 안에서 현존하는 세계 최초의 목판인쇄물인 무구정광대다라니경이 발견되었다.

✏ MEMO

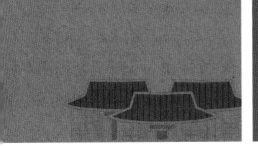

41-6 부여지역 백제유적

07 (가) ~ (마)에 대한 설명으로 옳은 것은? [2점]

◆ 답사 계획서 ◆

○ 주제 : 부여에서 만나는 백제의 발자취
○ 날짜 : 2018년 ○○월 ○○일
○ 경로 : 부소산성 → 관북리 유적 → 정림사지 → 궁남지 → 능산리 고분군

① (가) - 재상을 선출하던 천정대가 있다.
② (나) - 백제 금동 대향로가 발굴되었다.
③ (다) - 백제의 대표적인 5층 석탑이 남아 있다.
④ (라) - 귀족들의 놀이 도구인 나무 주사위가 출토되었다.
⑤ (마) - 무령왕 부부의 무덤이 발견되었다.

39-11 삼국시대 불상

08 (가)에 들어갈 문화유산으로 옳은 것은? [2점]

문화유산 카드

(가)

○ 종목 : 국보 제 84호
○ 소재지 : 충청남도 서산시
○ 소개 : 이 석불은 6세기말에서 7세기 초, 서산 일
대에서 부여로 가는 길목에 조성된 것으로 '백제
의 미소'로 널리 알려져 있다. 연꽃잎을 새긴 대좌
위의 여래상은 전체 얼굴 윤곽이 둥글고 풍만하여
백제 불상 특유의 자비로운 인상을 보여준다.

①
②
③
④
⑤

문제분석

07 정답 ③ 번

삼국시대 유적들은 각국의 수도 지역에 집중 분포하는 만큼, 지역별
로 대표 유적을 점검하는 것이 필요하다. 이와 유사한 문제가 6회 시
험에서 출제되기도 했다.

(가) 부소산성은 수도를 방어하는 성이며, 왕궁의 배후산성이다. 이
곳에 낙화암이 유명하다. 천정대는 백마강변 호암사지에 있다.
(나) 관북리 유적은 백제 왕궁지가 있던 곳이며, 백제 금동대향로는
능산리고분 옆 절터에서 발견되었다.
(다) 정림사지 5층 석탑은 목탑에서 석탑으로 변하는 과정을 보여주
는 백제를 대표하는 석탑이다. 국보 9호로 백제탑의 전형적인
양식을 보여준다.
(라) 궁남지는 634년 무왕이 건설한 별궁 연못이다. 나무 주사위는
신라의 별궁 연못인 경주 안압지에서 출토되었다.
(마) 무령왕릉은 공주 송산리고분군에 위치하고 있다. 능산리 고분군
에는 사신도가 그려진 능산리 1호분을 비롯한 백제 후기 왕릉급
무덤들이 있다.

08 정답 ① 번

백제의 미소로 알려진 '서산 마애불'을 찾는 문제다. 5개 문항의 불상
의 이름을 몰라도, 웃는 부처님의 얼굴을 한 ①번 불상을 쉽게 찾을 수
있다.

② '은진 미륵불'로 불리는 논산군 은진면 관촉사 석조 미륵보살 입상
이다. 968년에 조성된 고려 최대 석불입상이다.
③ 서울 성북구 보타사 마애보살좌상으로 2014년 보물 1828호로 지
성된 석불상으로, 고려시대에 조성되었다.
④ 파주 용미리 석불 입상으로, 천연 암벽을 조각하여 1쌍의 석불을
만든 것으로 고려시대 작품이다.
⑤ 경주 배동 석조여래 삼존입상으로, 경주 남산 기슭에 위치한다. 7
세기 통일신라시대에 조성된 것으로, 중앙의 본존과 좌우협시상
으로 구성된 삼존불이다.

✔ **고대 국가 물상, 이것만!**

국가	불상명	특징
고구려	금동 연가7년명 여래 입상	광배, 명문
백제	서산 용현리 마애여래삼존상	백제인의 미소
신라	경주 배동 석조여래 삼존입상	삼존불 조각상
통일신라	석굴암 본존불	균형감, 정교함
	철원 도피안사 비로자나불좌상	호족 후원 제작
발해	이불병좌상	석가불, 다보불
삼국	금동 미륵보살반가사유상 2점 -국보78호(화려한 보관), 83호	일본 목조반가사유상과 흡사

37-5 신라 비석

09 다음 비석을 세운 왕이 시행한 정책으로 옳은 것은? [3점]

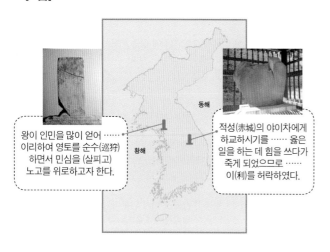

왕이 인민을 많이 얻어 …… 이리하여 영토를 순수(巡狩)하면서 민심을 (살피고) 노고를 위로하고자 한다.

적성(赤城)의 야이차에게 하교하시기를 …… 옳은 일을 하는 데 힘을 쓰다가 죽게 되었으므로 …… 이(利)를 허락하였다.

동해

황해

① 국학을 설립하여 유학을 교육하였다.
② 대가야를 정복하여 영토를 확장하였다.
③ 병부 등을 설치하여 지배 체제를 정비하였다.
④ 지방관을 감찰하기 위하여 외사정을 설치하였다.
⑤ 국호를 신라로 확정하고 왕이라는 칭호를 사용하였다.

49-6 민정문서

10 (가) 국가의 경제 상황으로 옳은 것은? [2점]

상세 정보

서원경 부근 4개 촌락의 인구 수, 토지 종류와 면적, 소와 말을 수 등을 기록한 문서로, 일본 도다이사 쇼소인에서 발견되었다. 문서의 내용을 통해 [(가)] 이/가 촌락의 경제 상황 등을 세밀하게 파악하였음을 알 수 있다.

① 은병이 화폐로 제작되었다.
② 집집마다 부경이라는 창고가 있었다.
③ 목화, 담배 등이 상품 작물로 재배되었다.
④ 울산항, 당항성이 무역항으로 번성하였다.
⑤ 현직 관리를 대상으로 직전법이 실시되었다.

---

09 정답 ② 번

북한산 순수비는 신라 진흥왕(540~576)이 영토를 확장한 것을 기념하면서, 직접 현장을 둘러보고(순수) 세운 비다. 조선 후기 김정희가 『금석과안록』을 통해 진흥왕이 세운 비석임을 고증하였다. 단양 적성비는 진흥왕이 신라가 남한강 유역으로 진출한 것을 기념하여 세운 것으로, 충성을 바친 자에게 포상을 하는 내용이 담겨 있다.

① 682년 신문왕이 국학을 설립했다. ② 562년 진흥왕 때에 대가야를 정복했다. ③ 531년 법흥왕이 병부를 설치했다. ④ 673년 문무왕은 지방관을 감찰하기 위해 외사정을 파견했다. ⑤ 503년 지증왕이 한 일이다.

✓ **신라 비석, 이것만!**

신라 비석	특이 사항
포항 냉수리비	재산 소유와 상속
울진 봉평비	지방통치와 관련된 의사결정
영천 청제비	신라의 수리 관개시설 축조
단양 적성비	충성 바친 자에게 포상, 한강유역 진출
북한산 순수비	김정희 '금석과안록'의 고증, 555년
창녕 순수비	신라의 가야 정복 561년
황초령 순수비	함경도 남부까지 세력 확장, 568년
마운령 순수비	순수비 가운데 가장 늦게 발견. 568년
임신 서기석	유학공부를 3년 안에 마칠 것을 맹세

10 정답 ④ 번

통일신라기에 촌주는 지역의 토지, 인구, 유실수, 가축 등을 파악하는 민정문서를 3년 마다 만들어, 조세, 공물, 부역 등을 거두어 국가에 바쳤다. 일본 정창원에서 발견된 신라 민정 문서는 서원경(청주) 소속의 4개 촌을 조사하여 기록한 것으로, 8~9세기경 신라의 농촌 경제 상황을 알 수 있는 귀중한 문서다. 따라서 (가)는 통일신라다.

① 은병은 1102년 고려 숙종이 화폐로 유통시켰다.
② 부경은 고구려의 창고다.
③ 목화, 담배 등이 상품 작물로 재배된 것은 조선후기 때에 시작되었다.
④ 울산항, 당항성은 통일신라시기에 무역항으로 번성했다.
⑤ 직전법은 과전법의 문제를 해결하기 위해 1466년 세조가 실시했다.

✓ **민정문서, 이것만!**

• 인구, 토지, 유실수 등을 조사하여 촌락문서를 작성하였다.
• 호적을 기준으로 남녀, 연령별로 구분하여 파악하였다.
• 가축 및 유실수 현황도 기재하였다.
• 촌주위답을 지급하였다.
• 청주 부근 4개 촌락에 대한 민정 문서가 남아 있다.

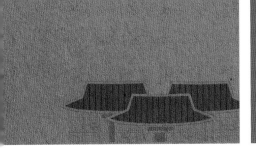

11 (가)에 들어갈 문화유산으로 옳은 것은? [3점]

삼국 시대의 탑

국보 제30호로 현재 남아 있는 신라 석탑 중에 가장 오래된 것이다. 돌을 벽돌 모양으로 다듬어 쌓았다는 점이 특징이며, 선덕여왕 3년에 건립된 것으로 추정된다.

① 　② 　③

④ 　⑤

12 (가)에 들어갈 문화유산으로 옳은 것은? [1점]

문화유산 카드

○ 종목 : 국보 제57호
○ 장소 : 전라남도 화순군 쌍봉사
○ 소개 : 철감선사 도윤의 사리를 모신 팔각 원당형의 승탑으로 뛰어난 조형미를 갖추고 있다. 신라 하대 선종의 유행과 깊은 관련이 있는 문화유산이다.

① 　② 　③

④ 　⑤

11 정답 ④ 번

국보 30호는 선덕여왕 3년인 634년에 건립된 분황사 모전석탑이다. 본래 9층탑이었으나, 현재 3층만 남아있다.
탑은 문화재 가운데 출제빈도가 높은 편이다. 특히 고대 석탑의 비중이 높다.

① 현존하는 발해 유일의 탑인 영광탑이다. 중국 지린성 창바이 조선족자치현에 위치하고 있고, 탑 아래에 무덤이 있다. 정효공주묘에도 무덤 위에 탑이 있었으나, 사라졌다.
② 부여 정림사지 5층탑
③ 제천 장락사지 칠층 모전석탑. 보물 459호로, 통일신라 말에 건립되었다.
⑤ 경주 불국사 다보탑. 국보 20호다.

12 정답 ① 번

쌍봉사 철감선사 승탑을 찾는 문제다. 승탑은 '부도'라고도 하며, 부처님의 사리나 유골을 모신 탑과 형태가 다르다. 선종의 유행과 더불어 승탑이 만들어졌다. 844년 전 흥법사 염거화상탑(국보 104호)이 가장 오래된 승탑으로, 통일신라시대 승탑은 팔각원당형을 기본으로 만들어졌다. 고려시대는 석종형 승탑도 등장한다. 승탑에는 탑비가 세워져 있어 승탑의 주인공과 생애를 알 수 있다.

① 쌍봉사 철감선사 승탑은 9회나 출제된 기출유물이다.
② 경주 불국사 다보탑
③ 발해 용천부 석등으로, 높이가 6.3m이다. 연화문이 새겨진 석등은 발해를 대표하는 유물이다.
④ 화엄사 각황전 앞 석등은 높이 6.4m로 우리나라 석등 가운데 가장 크다. 통일신라 말 건립. 국보 12호.
⑤ 월정사 8각9층 석탑은 고려 전기를 대표하는 탑이다.

✓ **고대 국가의 탑, 이것만!**

국가	탑 이름	특징
가야	파사석탑	허황옥 설화 관련
백제	익산 미륵사지 석탑	목탑양식, 사리함 출토
백제	부여 정림사지 오층석탑	목탑 → 석탑 변화 과정
신라	황룡사 9층 목탑	몽골 침입으로 소실
신라	분황사 모전 석탑	선덕여왕, 가장 오랜 탑
통일신라	감은사지 3층 석탑	쌍둥이 탑
통일신라	불국사 다보탑	층을 셀 수 없고, 계단
통일신라	불국사 3층석탑	무구정광다라니경 발견
통일신라	화엄사 4사자 3층 석탑	기단부에 4사자 배치
통일신라	양양 진전사지 3층 석탑	기단부, 탑신부에 불상
통일신라	화순 쌍봉사 철감선사탑	팔각원당형 승탑
발해	영광탑	발해 유일의 탑

47-9 원효

13 (가) ~ (마)에 들어갈 내용으로 옳은 것은? [2점]

[　(가)　]은/는 설총을 낳은 이후 속인의 옷으로 바꾸어 입고 스스로 소성거사라고 하였다. 우연히 광대들이 갖고 놀던 큰 박을 얻었는데 그 모양이 괴이하였다. 그 모양을 따라서 도구로 만들어 화엄경의 구절에서 이름으로 따와 '무애(無㝵)'라고 하고, 노래를 지어 세상에 퍼뜨렸다.

① 부석사를 창건하였다.
② 백련결사를 주도하였다.
③ 왕오천축국전을 남겼다.
④ 금강삼매경론을 저술하였다.
⑤ 신편제종교장총록을 편찬하였다.

13 정답 ④ 번

설총의 아버지로, 무애가를 지어, 세상에 퍼뜨린 인물은 원효대사다.

① 영주 부석사는 676년 의상대사가 창건한 화엄종의 근본도량이다.
② 백련결사를 주도한 것은 요세로 1216년 강진 백련사에서 결사모임을 만들었다.
③ 왕오천축국전은 혜초스님이 727년에 쓴 책으로, 1908년 프랑스 탐험가 펠리오가 중국 둔황 천불동에서 발견해 세상에 알려졌다.
④ 금강삼매경론은 7세기 중엽 원효 스님이 지은 책이다.
⑤ 신편제종교장총록은 1073년부터 17년간 고려, 송, 요, 일본 등에 유행하던 경전의 주석서인 장소(章疏)들을 널리 수집해 간행하기 위해 선행 작업으로 목록집을 편찬했다. 4,857권의 책명이 적혀있다.

✓ **신라 주요 승려, 이것만!**

- 원효(617~686) - 아미타 신앙을 전도하며 불교의 대중화에 힘썼다. 정토 신앙 운동을 전개하였다. 일심사상과 화쟁 사상을 주장하여, 다른 종파들과의 사상적 대립을 융화하려고 하였다. 십문화쟁론, 대승기신론소, 금강삼매경론 등을 저술하였다.
- 원광(541~630) - 세속오계를 귀산과 추항에게 전해 화랑도의 정신적 기반을 마련했다. 진평왕은 608년 그에게 수나라에 원군을 청하는 걸사표를 짓게 하였다.
- 자장(590~658) - 황룡사 9층 목탑의 건립을 주도하여 호국 불교의 전통을 확립하였다.
- 의상(625~702) - 현세의 고난에서 구제받고자 하는 관음 신앙을 널리 전파하였다. 해동 화엄종을 창시하고 많은 제자를 양성하였으며 부석사를 창건했다. 화엄일승법계도를 지어 화엄 사상을 정리하였다.

39-9 발해 청동 낙타유물

14 (가) 국가의 경제 상황에 대한 설명으로 옳은 것은? [2점]

대외 교류를 보여주는 청동 낙타 출토

러시아 연해주 크라스키노에 있는 염주성 터에서 청동 낙타상이 나왔다. 쌍봉낙타를 표현한 높이 1.9㎝의 이 유물은 2012년 출토된 낙타 뼈와 더불어 (가)이/가 외국과 활발히 교류했음을 보여준다. 염주성은 (가)의 62개 주 가운데 하나인 염주의 치소로 일본 등 대외 교류의 거점이었다.

① 울산항이 국제 무역항으로 번성하였다.
② 특산품으로 솔빈부의 말이 유명하였다.
③ 청해진을 설치하여 해상 무역을 전개하였다
④ 건원중보를 발행하여 화폐 유통을 추진하였다.
⑤ 시장을 관리하는 관청인 동시전을 설치하였다.

14 정답 ② 번

62개주를 가진 나라는 발해다. 2015년 염주성에서 청동 낙타상이 출토된 것을 비롯해, 여러 유적에서 소그드 은화, 경교(동방 기독교)의 십자가 등이 발견되어 발해가 당, 일본, 신라, 서역의 여러 나라와도 활발히 교류했음이 입증되고 있다.

① 울산항은 통일신라시대 국제무역항이었다.
② 솔빈부의 말은 발해 특산물로 유명하다.
③ 청해진을 설치한 것은 신라 장보고다.
④ 건원중보는 996년 고려 성종 때 만든 화폐다.
⑤ 동시전은 509년 신라 지증왕 때 설치되었다.

46-9 발해 중경 유적

15 (가) 국가에 대한 설명으로 옳지 않은 것은? [1점]

답사 계획서

ㅇ 주제: [가] 의 유적과 인물을 찾아서
ㅇ 기간: 2020년 ○○월 ○○일~○○일
ㅇ 일정및 경로
  • 1일차: 서고성 터(중경 현덕부로 추정) → 하남둔 고성 터
  • 2일차: 용두선 고분군(정효공주묘, 순목황후묘, 효의황후묘)

① 중앙군으로 9서당을 편성하였다.
② 중정대를 두어 관리를 감찰하였다.
③ 전성기에 해동성국이라고도 불렸다.
④ 인안, 대흥 등의 연호를 사용하였다.
⑤ 5경 15부 62주의 지방 행정 제도를 마련하였다.

45-7 발해의 고구려 문화 계승

16 (가) 국가에 대한 설명으로 옳은 것은? [2점]

답사 보고서

ㅇ 주제: [가] 의 유적을 찾아서
ㅇ 기간: 2020년 ○○월 ○○일~○○일
ㅇ 답사지: 러시아 연해주 콕샤로프카성 일대
  1. 콕샤로프카 평지성 내부의 온돌 유적

이 유적은 전체둘레가 1,645m에 이르는 대규모 성곽으로, 내부 건물지에서 고구려 계통의 온돌 시설과 토기 등이 발굴되었다. 이러한 유적과 유물은 해동성국이라고 불린 [가] 이/가 고구려의 문화를 계승하였음을 보여준다.
  2. 콕샤로프카 성벽

① 지방관 감찰을 위해 외사정을 파견하였다.
② 지방을 통제하기 위해 22담로를 설치하였다.
③ 5경 15부 62주의 지방 행정 제도를 갖추었다.
④ 집사부 외 13부를 두고 행정 업무를 분담하였다.
⑤ 상수리 제도를 시행하여 지방 세력을 견제하였다.

🔍 문제분석

15 정답 ① 번

정효공주묘, 중경현덕부를 통해 (가) 국가가 발해임을 알 수 있다. 순목황후는 3대 문왕의 부인이며, 효의황후는 9대 간왕의 부인이다. 중국 허룽시 용두산 고분군에서 발견된 두 황후묘에서 출토된 묘비는 발해가 황제국임을 보여주고 있다. 정효공주묘는 발해를 대표하는 유적으로, 4번 출제된 기출유적이다. 정효공주는 3대 문왕의 4째 공주다. 문왕의 2째 정혜공주의 묘는 둔화시 육정산 고분군에서 발견되었다.

① 9서당은 신라의 중앙군이다.
② 중정대는 발해의 감찰기관으로, 고려의 어사대, 조선의 사헌부와 같은 기능을 담당했다.
③ 발해 10대 선왕(818~830) 시기에 해동성국이라 불렸다
④ 인안은 2대 무왕, 대흥은 3대 문왕의 연호다.
⑤ 지방 행정제도를 5경 15부 62주로 정비한 왕은 10대 선왕이다.

✓ 발해의 5경, 이것만!

오경	특이사항
동모산(둔화시)	초기 수도, 5경 아님, 정혜공주묘
중경현덕부	745~755년 수도, 정효공주묘.
상경용천부	755년 이후 최장기간 수도. 주작대로
동경용원부	785~794년 수도, 일본과 교역 통로
서경압록부	압록강변 위치
남경남해부	신라와의 교통로에 위치

16 정답 ③ 번

고구려를 계승한 나라는 발해다. 발해는 고구려와 마찬가지로, 온돌을 사용했다.

① 외사정을 파견한 것은 673년 신라 문무왕이다.
② 22담로를 설치한 것은 백제 무령왕(501~523)이다.
③ 발해 선왕(818~830)이 정비했다.
④ 집사부는 왕의 명령을 집행하고, 중요한 기밀업무를 맡은 신라 중앙 관청이다. 집사부 책임자가 시중이다.
⑤ 상수리 제도는 신라에서 지방 향리를 수도인 경주에 볼모로 와 있게 한 제도로, 고려 기인제도의 전신이다.

✓ 발해의 고구려 계승, 이것만!

• 고구려 계통의 온돌 시설과 토기 등이 발굴되었다.
• 정혜공주묘와 정효공주묘는 고구려 계통의 모줄임 천장 구조를 계승하고 있다.
• 일본에 국서를 보내 고구려와 부여 계승을 표방하였다.

CHAPTER

02

고려시대

한국사능력검정시험

단원의 핵심

IMPORTANT
지피지기 1. 출제 경향 점검

2회부터 50회까지 49회 시험에서 2,450문제가 출제되었습니다.

이 가운데 고려 부분은 346문제가 출제되어 14.12% 비중을 차지합니다. 최근 10회 시험에서도 77문제, 15.4% 비중으로 출제되어, 출제 비중이 다소 높아졌습니다.

고려 시대에서 7~8문제 출제된다고 볼 때 가장 자주 출제되는 분야는 다음과 같이 구분해볼 수 있습니다. 1. 후삼국 시대, 2. 태조~광종~성종, 3. 대외항쟁, 4. 무신정권과 몽골 간섭기, 5. 공민왕, 6. 정치와 경제, 7. 교육과 역사서, 8. 문화유산과 불교.

고려는 조선과 비교해볼 때, 많이 낯선 나라입니다. 5개 문항 가운데 1개를 고려, 혹은 조선을 설명하는 것을 넣고, 다른 문항들과 다른 시대의 것을 찾는 문제가 자주 출제됩니다. 삼국, 조선과 다른 고려의 정치, 경제, 외교, 문화유산의 특징이 무엇인지를 확실히 점검하는 것이 필요합니다.

IMPORTANT
지피지기 2. 어떤 문제가 출제되었나?

1. 후삼국시대

최근 11회(40~50회) 동안 후삼국시대 문제는 매회 출제되고 있습니다. 40, 42, 45, 49회 궁예와 후고구려, 42, 44, 47, 50회 견훤과 후백제, 41, 46, 48회 고려의 후삼국 통일과정 문제가 출제되었습니다.

후고구려와 후백제, 고려 3국을 고루 배려해 출제하는 경향이 뚜렷하게 보입니다. 후고구려와 후백제의 특징, 후삼국통일과정에 초점을 맞추고 공부하시면 됩니다. 후삼국시대는 공부 분량에 비해 출제 비중이 높습니다.

2. 태조~광종~성종

50회 10번은 12목 설치를 한 성종의 다른 업적인 최승로의 28조를 받아들여 통치체제정비를 했다는 것을 찾는 문제였고, 13번은 노비안검법을 시행한 광종의 업적을 묻는 문제가 출제되었습니다. 47회 11번은 태조, 성종의 업적을 제시하고, 두 임금 사이에 있었던 광종시대의 사건을 묻는 문제가 출제되었습니다.

고려 태조의 훈요10조, 광종의 노비안검법과 과거제 실시, 성종의 업적과 최승로의 28조 등은 자주 출제됩니다. 1대 태조, 4대 광종, 6대 성종 3명의 임금에 대해서는 반드시 알아두셔야 합니다.

3. 대외항쟁

50회 16번은 양규가 거란군을 물리친 사건, 윤관이 9성을 축성한 사건, 박서가 몽골군을 귀주성 전투에서 막아낸 사건을 제시하고, 각 사건의 순서를 나열하는 문제였습니다.

48회 13번 문제는 고려가 여진을 정벌한 시기를 귀주대첩, 별무반 설치, 처인성 전투, 쌍성총관부 탈환 등 고려의 대외항쟁과 관련된 중요 연대 가운데 찾는 문제였습니다.

고려가 거란, 여진, 몽골과 전쟁을 벌인 것은 한국사의 큰 틀에서도 중요한 사건인 만큼, 거란과 1차(서희), 2차(강조, 양규), 3차(강감찬) 전쟁, 여진과 전쟁(윤관) 대몽항쟁(박서, 김윤후)과 삼별초(배중손, 김통정) 등을 관련인물과 더불어 시대 순서부터 확인하여 큰 틀을 잡는 것이 필요합니다.

4. 무신정권과 몽골 간섭기

48회 16번 삼별초, 49회 16번 몽골침입과 대응, 50회 15번 최충헌에 대한 문제가 출제되었고, 49회 14번은 무신정권시기 김보당의 난과, 만적의 난 사이에 있었던 최충헌의 집권에 대해 묻는 문제가 출제되었습니다.

무신정권과 몽골 간섭기는 우리 역사에서 매우 특별한 사례에 해당되므로 출제 빈도가 높습니다. 특히 무신정권시기의 저항과 몽골 간섭기의 사회상 등에 대해서 점검해야 합니다.

5. 공민왕

49회 17번은 지정 연호 사용을 중지하고, 기철 등을 처단한 임금인 공민왕에 대한 문제였습니다. 공민왕 관련 문제는 40, 44, 45회 등 최근 시험에서 자주 출제됩니다. 고려 후기를 대표하는 공민왕 시대에 대해서는 반드시 점검을 하셔야 합니다. 특히 친원파인 기철 일당 제거와 관제복구, 쌍성총관부 회복, 신돈의 개혁, 왜구와 홍건적 격퇴, 신진사대부의 등장 등 공민왕 시기에 벌어졌던 중요 사건들에 대해서 알아두셔야 합니다.

6. 정치와 경제

47회 14번을 비롯해, 3, 13, 18, 27, 29, 33, 36, 40회 등에서 묘청의 난에 대한 문제가 출제되었습니다. 이자겸의 난까지 포함해 고려가 사대와 자주 사이에서 고민하던 정치적 사건에 대한 출제 비중이 높습니다.

48회 14번은 도병마사, 44회 12번은 중서문하성과 어사대, 46회 18번에서는 구제도감 등 고려의 관청에 대한 문제가 출제되었습니다. 조선과 크게 다른 중앙관청들과, 구제도감, 상평창, 의창 등 빈민구제기관에 대해서도 점검이 필요합니다.

50회 17번 문제는 전시과 제도를 실시하고 은병이 유통된 나라의 경제상황을 묻는 문제가 출제되었습니다. 49회 13번 문제도 해동통보를 주조하고, 술과 음식을 파는 점포를 열고 백성에게 교역을 허락하여 돈의 이로움을 알게 하는 나라의 경제상황을 묻는 문제였습니다. 두 문제 모두 제시된 5개 문항 가운데 4개가 조선시대 경제상황에 대한 것이고, 1개 문항만 고려시대 경제상황을 제시하고 있습니다.

고려시대 경제 문제는 조선과 차이점을 아는 것이 중요합니다. 특히 화폐유통, 벽란도에서 외국과의 활발한 교류, 전시과 제도, 시장 통제기구인 경시서 등이 자주 출제됩니다.

단원의 핵심

7. 교육과 역사서

48회 12번은 고려시대 교육제도에 대한 문제였습니다. 관학의 정비와 사학의 융성, 관학 진흥책에 대해 알고 있는지를 묻는 문제였습니다. 고려의 과거제도와 음서제도에 대해서도 알아두어야 합니다. 6, 8, 10, 25, 38, 41회에서 출제되었습니다. 조선과 다른 인재등용제도에 대해 알아두어야 합니다.

고려시대에서 출제빈도가 높은 것이 역사서입니다. 50회 12번은 국보로 승격된 범어사본 삼국유사에 대한 질문이었습니다. 삼국사기와 삼국유사를 중심으로, 제왕운기, 동명왕편, 해동고승전 등 고려시대 편찬된 역사서에 대해 최근 10회 시험 중 5회가 출제될 만큼 출제빈도가 높습니다.

8. 문화유산과 불교

고려는 불교의 나라입니다. 사찰과 불상, 탑, 부도, 불화, 팔만대장경, 직지심체요절 등 불교 관련 문화재를 묻는 문제가 출제됩니다. 49회 12번은 고려시대 문화유산으로 적절하지 않는 것을 질문하며, 문항으로 여러 사찰, 불상, 불경을 제시하고, 그 가운데 조선시대 석탑을 찾는 문제가 출제되었습니다.

48회 15번은 대각국사 의천에 대한 문제가 출제되며, 보기 문항으로 균여, 지눌, 혜심, 일연과 관련된 문항을 제시하였습니다. 특히 대각국사 의천과 보조국사 지눌을 구분하는 문제는 출제 빈도가 높습니다. 균여, 요세, 혜심, 일연스님에 대해서도 알아두셔야 합니다.

45회 12번은 문항으로 순백자, 순청자, 철화백자, 상감청자, 청화백자 사진을 제시하며, 고려시대의 상감청자를 묻는 문제가 출제되었습니다. 고려를 대표하는 문화재인 순수청자, 상감청자도 도자기 변천과 함께 알아두셔야 합니다.

IMPORTANT

지피지기 3. 어떤 문항이 자주 출제되었나?

> 고려 단원에서 자주 출제된 문항을 익히시면, 시험에 대한 자신감을 크게 상승시킬 수 있을 것입니다. 빈출 문항에는 그 시대를 대표하는 키워드가 많이 담겨있습니다.

후삼국시대

(궁예) 국호를 마진으로 바꾸고 철원으로 도읍을 옮겼다. - 12회
(궁예) 광평성 등 각종 정치기구를 마련하였다. - 7회
(견훤) 신라의 금성을 습격하여 경애왕을 죽게 하였다. - 6회
(후백제) 후당, 오월에 사신을 파견하였다. - 10회
(견훤) 완산주에 도읍하고 후백제를 건국하였다. - 5회
(후백제) 일리천 전투에서 왕건의 고려군에게 패배하였다 - 6회

태조

경순왕 김부를 경주의 사심관으로 삼았다. - 5회
기인 제도와 사심관 제도를 실시하여 지방호족세력을 통제하였다. - 5회
정계와 계백료서를 지어 관리의 규범을 제시하였다. - 9회
민생안정을 위해 흑창이 처음 설치되었다. - 9회

광종

노비안검법을 시행하여 호족과 공신세력을 견제하고 왕권을 강화하였다. - 18회
쌍기의 건의를 받아들여 과거제도를 실시하였다. - 16회
광덕, 준풍 등의 독자적인 연호를 사용하였다. - 7회

성종

12목을 설치하고 지방관을 파견하였다. - 10회
건원중보가 발행되어 금속화폐의 통용이 추진되었으나 유통은 부진하였다. - 6회
최승로의 시무 28조를 받아들여 통치체제를 정비하였다. - 5회

고려의 대외항쟁기

광군을 창설하여 거란의 침입에 대비하였다. - 7회
개경에 나성을 쌓아 거란의 침입에 대비하였다. - 4회
압록강에서 도련포까지 천리장성을 축조해 북방민족의 침입에 대비했다. - 6회
처인성에서 김윤후가 몽골장수 살리타를 사살하였다. - 7회
진도 용장성에서 배중손이 삼별초를 지휘하여 대몽항쟁을 벌였다. - 7회
서희가 외교담판을 벌여 강동 6주를 획득하였다. - 12회
윤관이 여진을 정벌하고 동북 9성을 쌓았다. - 7회
별무반을 편성하여 동북 9성을 개척하였다. - 6회
김윤후가 처인성 전투에서 몽골군을 물리쳤다. - 5회

단원의 핵심

무신정권과 몽골 간섭기

정중부 등이 정변을 일으켜 권력을 장악하였다. - 5회
만적을 비롯한 노비들이 개경에서 신분해방을 도모하고 반란을 모의하였다. - 14회
망이·망소이가 가혹한 수탈에 저항하여 봉기하였다 - 5회
(최충헌) 교정도감을 설치하고 교정별감이 되어 국정 전반을 장악하였다. -7회
최우가 인사 행정 담당 기구인 정방을 자신의 집에 세웠다. - 4회
(삼별초) 최씨 무신정권의 군사적 기반이었다. - 6회
(충선왕) 만권당을 설치하여 원의 학자들과 교류하였다. - 11회

정치

강조가 정변을 일으켜 김치양을 제거하고 목종을 폐위하였다. - 6회
이자겸이 왕실의 외척이 되어 권력을 독점하였다가 난을 일으켰다. - 10회
묘청 등이 중심이 되어 서경 천도를 주장하였다. - 17회
도병마사가 고려 말에 도평의사사로 명칭이 바뀌었다. - 7회
삼사 - 화폐와 곡식의 출납과 회계를 담당하였다. - 9회
중추원 - 군사 기밀과 왕명의 출납을 담당하였다. - 5회
5도와 양계를 설치하여 지방 제도를 확립하였다. - 8회
국경지역인 양계에 병마사를 파견하고 주진군을 배치하였다. - 7회
물가 조절을 위해 상평창을 설치하였다. - 6회
기금을 모아 그 이자로 빈민을 구제하는 제위보를 운영하였다. - 6회

공민왕

신돈을 등용하고, 권문세족을 견제하기 위해 전민변정도감을 설치하였다. - 6회
쌍성총관부를 공격하여 철령 이북의 땅을 수복하였다. - 7회
인사행정을 담당하던 정방을 혁파하였다. - 5회
정동행성 이문소를 폐지하였다. - 5회
대표적인 친원 세력인 기철을 숙청하였다. - 5회
최무선의 건의로 화통도감을 설치하여 화약과 화포를 제작하였다. - 10회

경제 (전시과, 상업, 화폐)

개국공신에게 인품, 공로를 기준으로 역분전을 지급하였다. - 4회
(경정전시과) 현직관리에게 전지와 시지를 지급하였다. - 9회
전시과 제도를 마련하여 관리에게 토지를 지급하였다 - 9회
조준 등의 건의로 과전법이 제정되었다. - 15회
서적점, 다점 등의 관영 상점이 운영되었다. - 4회

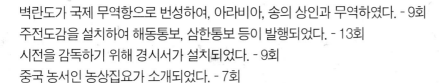

벽란도가 국제 무역항으로 번성하여, 아라비아, 송의 상인과 무역하였다. - 9회
주전도감을 설치하여 해동통보, 삼한통보 등이 발행되었다. - 13회
시전을 감독하기 위해 경시서가 설치되었다. - 9회
중국 농서인 농상집요가 소개되었다. - 7회

교육과 역사서

최충이 9재 학당을 세워 유학 교육을 실시하였다. - 5회
국자감에 전문강좌인 7재를 두어 운영하였다. - 8회
국자감을 설치하여 유학 교육 진흥에 힘썼다. - 6회
관학 진흥을 위해 양현고를 설치하여 장학 기금을 마련하였다. - 10회
일연이 불교 관련 설화를 중심으로 삼국유사를 저술하였다. - 5회
불교사를 중심으로 고대의 민간 설화 등을 수록하였다. - 7회
(삼국유사) 단군왕검의 건국이야기가 수록되어 있다. - 5회
(동명왕편) 고구려 건국 시조의 일대기를 서사시 형태로 서술하였다. - 5회
(삼국사기) 현존하는 가장 오래된 역사서이다. - 4회

문화유산과 불교

청주 흥덕사에서 현존 최고의 금속활자본인 직지심체요절이 간행되었다. - 14회
부처의 힘을 빌려 외침을 막고자 팔만대장경이 조판되었다. - 5회
(향도) 매향 활동을 하면서 각종 불교 행사를 주관하였다. - 6회
의천은 이론 연마와 수행을 함께 강조하는 교관겸수를 제창하였다. - 9회
(의천) 교종을 중심으로 선종을 통합하려 하였다. - 5회
(의천) 신편 제종교장총록을 만들었다. - 5회
지눌은 정혜쌍수와 돈오점수를 주장하며 수행을 강조했다. - 7회
지눌은 수선사 결사를 제창하여 불교 개혁운동을 전개하였다. - 12회
요세는 법화 신앙을 중심으로 백련사 결사를 주도하였다. - 10회
혜심은 심성도야를 강조하여 유불 일치설을 제창하였다. - 10회

문화유산

상감청자 운학문 매병 - 6회   부석사 무량수전 - 14회
청자 참외모양 병 (소문과형 병) - 6회   봉정사 극락전 - 6회
수덕사 대웅전 - 8회   관촉사 석조미륵보살입상 - 7회
경천사지 10층 석탑 - 6회   월정사 8각 9층 석탑 - 10회

용어설명

궁예도성

904년 철원에 건립한 궁예의 도성은 현재 비무장지대 안에 위치하고 있어, 조사가 어려운 상황이다. 철원군청에서 궁예도성 모형을 전시하고 있다.

미륵신앙

미래의 부처인 미륵이 나타나 세상을 구원한다는 신앙으로, 사회가 혼란스러워질 때마다 성행했다. 백제 미륵사 건립, 신라 화랑도의 미륵선화 설화 등 6~7세기에 유행한 후, 9세기 말엽 궁예에 의해 크게 유행했다. 17세기, 19세기 말에도 크게 유행했다.

후백제 동고산성

전주시 완산구 승암산에 위치한 동고산성은 후백제 견훤과 관련된 유적지로 알려져 있다. 숙종 때 쓰인 전주 성황사 중창기와 1980년 발견된 전주성이란 명문이 새겨진 와당이 이를 뒷받침하고 있다.

① 후삼국 시대

시대배경

사회질서 확립을 위해 탄생한 골품제는, 점차 진골만을 위한 신분제도가 되어갔다. 그러자 골품제에 반발하여 새로운 국가질서를 원하는 열망이 커졌다. 왕위다툼 속에서 중앙권력의 지방통제력이 약화되자, 백제, 고구려 부활을 외쳐 백성의 지지를 얻게 된 견훤, 궁예가 독립 국가를 세웠다. 분열된 사회를 재통일해야 한다는 열망이 통일국가 고려를 탄생시켰다.

■ 궁예의 후고구려

젊은 시절 승려생활을 했던 궁예는 891년 죽주(안성)의 도적 기훤에게 투신하였다가, 892년 북원(원주)의 도적 양길에게 투항한다. 궁예는 894년 강릉을 거쳐 철원, 임진강 서쪽 패서, 송악 일대를 차지했다. 양길마저 물리치고, 901년에는 스스로 왕이라고 일컫고 송악을 수도로 삼고, 후고구려를 세운다. 904년 철원으로 도읍을 옮기고 국호를 마진으로 바꾼다. 궁예는 왕건을 앞세워 수군으로 나주 일대를 점령하는 등, 신라 영토의 2/3를 차지했다. 또 광평성을 비롯한 여러 관서를 설치해 나라의 틀을 잡았다. 하지만 신라를 적대시하였고, 911년 태봉으로 국호를 바꾼 이후부터 스스로 미륵불의 화신임을 자처하여 폭압적인 정치를 자행했다. 918년 왕건이 그를 축출하고 고려를 건국한다.

성장	승려, 초적 출신, 양길의 휘하에서 성장
건국	강원도, 경기도 일대 점령 후, 송악에서 건국
국호	후고구려(901) → 마진(904) → 태봉(911)
수도	송악에서 철원으로 도읍을 옮김(904)
제도	904년 광평성을 비롯한 여러 관서 설치
정치	미륵불 화신 자처, 백성 현혹하고 폭압정치 자행
멸망	918년 왕건이 궁예 축출, 태봉 멸망, 고려 건국

■ 견훤의 후백제

경상도 상주출신으로 서남해안 수비에 공을 세워 비장이 되었다. 892년 5천명을 거느리게 된 그는 무진주(광주)를 습격하여 왕을 자처했다. 900년에 완산주를 도읍으로 정하고, 의자왕의 원수를 갚는다고 표방하면서 민심을 얻어 후백제왕이 된다. 견훤은 바다 건너 오월과 후당에 외교 사신을 보내며, 대외 교류에도 적극 나섰다. 견훤은 신라 땅을 공격하여, 수십여 성을 빼앗아 영토를 넓혔다. 927년 견훤은 신라의 수도 금성을 급습하여, 경애왕을 살해한다. 신라의 구원요청을 받고 도착한 고려군과 싸운 공산(대구 팔공산) 전투에서 크게 승리한다.

성장	상주 출생, 서남해안 수비에 공을 세워 비장이 됨
건국	의자왕의 원수를 갚자고 표방, 백제 민심 자극
국호	완산주를 도읍으로 정하고 후백제 건국(900)
외교	중국의 오월과 후당에 외교 사절을 보냄
신라	신라 금성을 급습, 경애왕 살해(927)
전투	공산전투(927) 승리, 고창전투(930) 패배
정변	신검이 견훤을 금산사에 유폐, 견훤 고려에 귀부
멸망	936년 일리천 전투 패배, 고려에게 멸망

■ 왕건의 고려 건국

왕건은 예성강 하구에 위치한 개성 출신으로, 그의 조상들은 당나라와 무역을 통해 성장한 해상호족이다. 896년 왕건은 궁예에 투항해 그의 부하가 되었다. 903년 함대를 이끌고 후백제의 나주를 공격해 빼앗았다. 그 공으로 913년 시중이 되었다. 918년 신하들의 추대를 받아 궁예를 내쫓고 고려를 건국하고, 연호를 천수라고 했다. 왕건은 환선길, 이흔암 등의 반란을 제압하고, 919년 개성으로 천도했다. 왕건은 궁예와 달리 신라에 친화정책을 펼쳤다. 고려는 930년 고창(안동) 전투에서 후백제군을 대파하며, 군사적 우위를 갖게 되었다.

■ 후삼국 통일전쟁

견훤은 여러 자식 가운데 넷째 금강에게 왕위를 물려주고자 했다. 그러자 장남인 신검이 아우들과 함께 935년 3월 정변을 일으켜, 견훤을 금산사에 유폐시키고, 금강을 죽여버렸다. 견훤은 후백제를 탈출해 고려에 투항했다. 왕건은 견훤을 우대하고 백제의 수도였던 양주(현재 서울) 땅을 식읍으로 준다. 그해 10월에는 신라 경순왕이 자진해서 고려에 항복해 왔다. 왕건은 경순왕 김부를 경주의 사심관으로 삼았다. 936년 고려는 대군을 동원해 일리천 전투에서 후백제군에게 승리하면서 마침내 후삼국을 통일하게 된다.

■ 왕건의 정책과 업적

왕건(918~943)은 태봉의 관제를 기반으로, 신라, 중국의 제도를 받아들여 관제를 마련했다. 왕건은 호족들의 지지를 얻기 위해 혼인정책을 실시한다. 또한 공을 세운 자에게 왕씨 성을 하사하는 사성 정책을 실시해 지지를 얻는다. 개국공신에게 인품, 공로를 기준으로 역분전을 지급하였다. 왕건은 호족을 우대하기만 한 것은 아니고, 그들을 통제할 정책도 실시했다. 첫째 사심관 제도를 통해 지방을 통제 하에 두었다. 둘째 호족의 자제를 수도에 머물게 하는 기인 제도를 실시해, 지방 세력의 반발을 통제했다. 왕건은 민심을 얻기 위해 백성에게 걷는 세율을 1/10로 크게 낮췄고, 빈민을 구제하기 위한 흑창을 설치했다. 또한 정계, 계백료서를 지어 관리의 규범을 제시하기도 했다. 왕건은 불교를 숭상해 불교를 국교로 격상시켰다. 연등회와 팔관회를 매년 개최하게 했다. 왕건은 고구려의 부활을 꿈꾸며 북진정책을 펼쳐 청천강에서 영흥만에 이르는 국경선을 확보했다. 926년에 멸망한 발해유민을 적극 포섭한 반면, 발해를 멸망시킨 거란을 적대시했다. 그는 새로운 국가 고려의 기틀을 다졌을뿐만 아니라, 자주적인 통일을 이뤄 민족 문화 발전의 토대를 마련했다.

〈견훤, 궁예, 왕건 비교〉

구분	출신	성장	쇠망과 문제점
견훤	장수	옛 백제 민심 자극, 신라 땅을 계속 뺏음	반신라정책으로 고려와 대결에서 불리, 신검의 정변
궁예	승려	미륵불을 열망하는 민심 얻음, 옛 신라영토 2/3 차지	폭압정치, 신하들의 반발
왕건	해상호족	친신라정책 - 신라인의 지지, 호족들과 혼맥, 민심 얻음	혼인정책으로 많은 자식을 남겨 후계자 문제 초래

용어설명

왕건의 선조 이야기

김관의가 지은 『편년통록』에는 왕건의 6대조인 호경부터, 강충, 보육, 진의, 작제건, 용건, 여섯 명의 이야기가 적혀있다. 왕건의 혈통이 고귀하다는 것을 과시하고 고려 건국이 예정된 것임을 말하고 있다. 이 이야기를 통해 왕건의 조상이 고구려에서 시작하여, 신라로 넘어와 해상무역을 통해 성장한 세력임을 알 수 있다.

사심관제도

중앙의 관리로 하여금 출신 지역을 관리 감독하게 하는 제도다. 사심관은 부호장 이하 향리를 임명할 있는 권한이 있다. 935년 경순왕 김부가 첫번째 사심관에 임명되었다.

훈요십조

942년 왕건이 자손을 훈계하기 위해 지은 10가지 유훈이다. 불교를 존중하고, 거란을 멀리하며, 서경을 중시하고, 연등회와 팔관회를 중시하며, 간언을 잘 받아들여 올바른 정치를 하라는 내용 등이 담겨있다.

왕건 청동상

왕규의 난

왕규는 광주(경기도)의 대호족으로, 그의 두 딸을 왕건의 15비, 16비로 들였다. 혜종이 즉위하자, 그는 손자인 광주원군을 왕위에 올리기 위해 2번이나 혜종을 시해하려고 했다. 기록에는 그가 반란을 일으킨 것으로 되어 있지만, 반대로 왕요와 왕식렴이 난을 일으킨 것으로 보는 견해도 있다. 고려 초기 왕권이 미약했음을 보여주는 사건이다.

**왕건과 장화왕후가 만난
나주 완사천**

노비안검법

호족들이 거느린 노비들의 실태를 파악해 부당하게 노비가 된 자들을 해방시키는 노비 해방법이다. 자신이 과거에 양인임을 입증하면, 노비 신분에서 해방시켜 주었다. 통일전쟁 중 포로가 되어 양인에서 노비로 전락한 사람이 모두 양인으로 해방되었다. 이 법의 시행으로 호족의 경제적, 군사적 타격이 매우 컸다.

시대배경

왕건은 통일 과정에서 호족들의 지원을 얻기 위해 혼인정책을 실시했다. 그 결과 29명의 부인과 25명의 왕자를 두게 된다. 이는 곧 그의 사후 왕위계승 문제를 낳게 되었다. 10세기 고려는 취약한 왕권을 강화하고, 제도를 정비하는 내부 문제와 더불어, 발해를 멸망시키고 동아시아 최강의 국가로 거듭난 거란과의 전쟁에 대비해야 하는 문제를 갖고 있었다.

■ 왕권이 남긴 불씨, 왕규의 난

혜종(943~945)은 왕건의 장남으로 어머니는 나주 호족 오달련의 딸인 장화왕후이다. 혜종의 외가는 세력이 약해, 강력한 호족인 왕규의 횡포에 시달려야 했다. 혜종은 암살 위험에 시달리다가, 병들어 눕게 된다. 이때 이복동생 왕요가 서경의 왕식렴세력과 결탁하고, 왕식렴이 군대를 거느리고 개경에 와서 왕규 일파를 제거한다. 왕요가 곧 즉위하여 정종(945~949)이 된다. 호족들을 제거한 정종은 자신의 세력기반인 서경으로 천도를 추진해 왕권을 강화하려고 하였다. 정종은 947년 거란의 침략에 대비해 광군사를 설치하고, 전국적인 군사조직인 광군 30만을 양성했다. 949년 왕식렴에 이어 정종이 죽자, 그의 친동생 왕소가 왕위를 계승했다.

■ 광종의 치세

여러 호족들의 지지를 받고 있던 광종(949~975)은 즉위하자 곧 반대가 많았던 서경천도를 중지한다. 그는 주현공부법을 실시하여, 주와 현 단위로 조세와 공물, 부역을 부과하여, 국가 재정의 안정을 도모했다. 그는 성상융회 사상을 가진 균여 스님을 우대하고, 왕사와 국사 제도를 설치하는 등 불교를 숭상하는 정책을 펼쳤다. 아울러 백성을 위한 구호 및 의료기관인 제위보를 963년에 설치해 빈자와 병자를 구제하기 위해 노력했다.

광종은 쌍기를 비롯한 외국인재 영입에 적극 나서는 한편, 국가재정을 확보하고 호족을 제압하기 위해 956년 노비안검법을 실시했다. 호족이 크게 반발하였지만, 광종은 이들의 반발을 제압하였고, 나아가 958년에는 쌍기의 건의를 받아들여 과거제를 실시하였다. 이러한 개혁을 통해 그는 자신에게 충성하는 친위세력을 키울 수 있었다. 아울러 960년에는 관복을 4색으로 제정해 관리의 위계질서를 확립했다. 960년 광종은 대상 준홍 등을 역모죄로 제거하는 등, 자신에게 반대하는 귀족들을 대거 숙청했다. 또한 광덕(949~951), 준풍(960~963) 연호를 사용하였으며, 황제 칭호를 사용하고, 수도 개경을 황도, 서경을 서도라고 부르게 했다. 그는 강력한 통치력을 발휘해 왕권을 강화시키고, 중앙통치질서를 확립했다. 대외적으로는 거란을 견제하기 위해 송나라와 경제적, 문화적 교류를 활발히 했다.

〈광종의 업적〉

노비안검법	국가 재정 확보, 호족 세력 약화(956)
과거제 실시	후주 출신 쌍기 건의로 수용, 인재 선발제도 개혁(958)
독자 연호	광덕(949~951), 준풍(960~963) 연호 사용
훈신 제거	대상 준홍 등을 역모죄로 제거(960)
공복 제정	백관 복색을 4등급 구분, 질서 확립(963)
제위보 설치	기금 모아 이자로 빈민 구제(963)

■ 시정전시과를 실시한 경종

경종(976~981)은 즉위 원년 11월에 역분전을 토대로 전시과 제도를 제정했다. 경종 때 실시한 전시과를 시정전시과라고 한다. 관직과 함께 인품을 반영하여 토지를 분배하였으며, 직관, 산관 각 품의 전시과를 제정하였다. 즉 현직관리 뿐만 아니라, 실제 일에 종사하지 않는 산관에게도 토지를 나눠주었다.

■ 유교정치를 정착시킨 성종

성종(981~997)은 종묘를 세우고 사직제도를 정비하는 등 중국(송)의 제도를 본격적으로 받아들여 고려의 정치제도의 틀을 만들었다. 982년 최승로가 시무 28조를 올렸고, 성종은 그의 정책을 받아들여 통치체제를 정비하였다. 중앙정치기구는 당의 제도를 기반으로 2성 6부제를 확립하였다. 또 지방제도를 정비하여 983년 처음으로 지방에 12목을 설치하고 지방관을 파견했다. 또 주부군현에 향직을 개편하여, 중소호족을 향리로 편입하여 통제하였다. 984년에는 12목사와 경학박사, 의학박사 각 1인을 보내어 지방교육을 맡아보게 했다. 또한 993년에는 12목에 상평창을 설치해 물가 조절을 맡게 하였다. 995년에는 10도제를 처음 실시하는 등 지방을 적극 통치하고자 했다. 아울러 성종은 빈민구제기구인 의창을 두어 흉년에 백성에게 곡식을 나눠주고 다시 돌려받는 제도를 실시했다. 또한 유교를 진흥시키고, 불교를 억제하는 정책을 실시하여, 연등회와 팔관회를 일시 폐지시켰다. 992년에는 국자감을 개경에 설치하여 유학과 기술학을 가르치게 했다.

■ 거란의 3차례 침략과 격퇴

성종이 송나라와 밀접한 관계를 맺자, 993년 거란이 대군을 동원해 고려를 침략해왔다. 거란은 고려를 정벌하기보다, 이후 송나라를 공격하기 위해 고려와 송의 외교 단절을 원하였다. 거란의 장수 소손녕과 만난 서희는 거란의 속내를 파악하고, 외교 담판을 벌여 거란과 고려 사이에 위치한 강동6주를 획득했다. 뒤늦게 강동6주의 전략적 가치를 알게 된 거란은 강조의 정변을 빌미로, 강조의 죄를 묻겠다며 1010년 40만 대군으로 2차 침략을 해왔다. 거란은 고려와 송의 교류를 완전히 차단하고, 강동6주를 되찾으려는 것이었다. 거란은 강조를 사로잡아 죽이고, 개경까지 함락시켰다. 하지만 보급로가 끊어지자, 서둘러 퇴각했다. 고려는 양규의 활약으로 돌아가는 적에게 막대한 피해를 입혔다. 2차 전쟁에서도 성과가 없자, 거란은 1018년 3번째 고려 침략을 감행했다. 이때 강감찬이 지휘한 고려군이 귀주전투에서 적을 크게 격파한다. 대패한 거란은 다시는 강동6주 반환을 요구하지 못했다.

고려는 1011년부터 거란 격퇴의 염원을 담아 초조대장경을 만들었으며, 개경에 나성을 쌓고, 천리장성을 축성하며 북방 민족의 침입에 대비했다. 전쟁 결과 고려, 송, 거란 사이에 세력균형이 이루어져 평화가 유지되었다.

■ 강조의 정변

경종의 아들 목종(997~1009)이 즉위하자, 목종의 생모 천추태후가 외척인 김치양과 더불어 정치를 좌우했다. 두 사람 사이에 태어난 아들을 왕위에 앉히고자 목종마저 살해하려 했다. 그러자 1009년 강조가 정변을 일으켜, 김치양을 죽이고, 목종을 폐위했다. 거란은 이를 빌미로 고려를 침략했다.

용어설명

12목

양주, 해주, 광주, 충주, 청주, 공주, 진주, 상주, 전주, 나주, 승주, 황주다. 1018년 8목으로 조정된다. 양주, 해주, 공주, 승주가 제외된다. 목은 지역의 중심지로, 정3품 목사가 파견되어 주변을 관리했다.

5도 양계

성종 때 10도로 전국을 분리했다가, 현종(1009~1031) 시기에 5도 양계제도가 서서히 정비된다. 특히 북계와 동계는 국경지대로, 병마사가 통치했다.

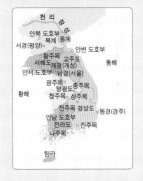

천리장성

1033년 고려가 북쪽 경계지역인 도련포에서 압록강 입구까지 1천 여리에 걸쳐 석성을 축조하여, 1044년에 완성했다. 거란의 재침과 여진족의 노략질을 막기 위한 성으로, 국경선의 의미도 있지만, 북방 방어선, 여진족과 문화적 경계선의 의미가 컸다.

③ 문벌귀족사회의 안정과 동요

음서제

왕족의 후예와 공신의 후손 및 5품 이상 고관의 자손을 대상으로, 과거에 의하지 않고 관리로 채용하는 제도다. 자손, 조카, 사위, 외손자 등 신분에 따라 음서 혜택의 범위가 달랐다. 음서제와 과거제를 모두 거친 관리도 있었다.

문벌귀족 경원이씨

이자연의 세 딸이 11대 문종의 왕후가 된 것을 시작으로 12대 순종, 13대 선종, 그리고 16대 예종과 17대 인종까지 경원이씨 가문의 10명의 딸들이 왕후가 되었다. 외척의 힘을 이용해, 경원이씨 가문에서 5명의 수상과 20명의 재상을 배출하여, 해동갑족이라 불리는 최고의 귀족가문이 되었다.

별무반의 구성

1104년 별무반을 설치하고, 산관과 아전, 상인, 천인, 승려들까지 모두 입대시켜 조직했다. 보병인 신보군, 기병인 신기군, 승병인 항마군을 중심으로, 강노군, 발화군, 석투군, 도탕군 등 17만으로 구성되었다.

시대배경

11세기 국제질서의 안정을 바탕으로 귀족문화가 꽃피우게 된다. 이 시기에 고위관리를 계속 배출하는 문벌 귀족이 등장한다. 이들은 음서를 통해 관직을 세습하고, 공음전을 세습하며 권력을 이용해 토지를 겸병해 막대한 경제적 부를 축적했다. 또한 폐쇄적인 혼맥을 통해 서로 혼인을 하거나 왕실의 외척이 된다. 해주최씨, 경주김씨, 파평윤씨, 안산김씨, 경원이씨 등 권력을 갖게 된 문벌귀족들은 점점 보수화되어 변화보다 안정을 선호한다.

■ 문종과 숙종의 통치

문종(1046~1083)은 1076년 경정전시과를 제정하여 현직 관리를 중심으로 토지를 지급하고 고려전기 토지법을 최종 완성하였다. 그의 재위 시기는 고려 문화의 황금기라 불린다. 숙종(1095~1105)은 1101년 주전도감을 설치하고, 은병(활구)를 주조하였고, 1102년에는 해동통보를 주조하는 등 화폐를 보급하고 상업을 진흥시켰다. 당시 고려는 문벌귀족사회의 전성기를 구가했다. 요, 송, 아라비아와 교역도 활발히 했다. 하지만 그의 재위기에 고려에 변화가 닥치기 시작했다.

■ 동북9성 개척과 환부

고려 북쪽에 위치하며, 부락생활을 하며 사는 여진족은 고려를 부모의 나라로 섬기며, 안정적인 관계를 유지했다. 여진 추장들은 고려에 책봉을 받았고, 말, 모피를 가져와 고려의 식량, 농기구, 포목 등과 교역을 했다. 그런데 1100년경 완옌부가 급격히 성장해, 다수의 여진부락을 통합하고, 고려 국경까지 남하하여 고려와 충돌했다. 고려군이 이들을 막기 위해 출동했다가 패배하였다. 윤관은 여진과 상대하기 위해 기병을 육성하기 위한 새로운 부대 별무반 창설을 건의했다. 이렇게 창설된 별무반 17만을 이끌고 윤관은 1107년 여진을 정벌하여, 9성을 쌓았다. 하지만 넓은 땅을 빼앗긴 여진족이 거듭 습격해 오자, 지키는 비용이 과다해졌다. 여진족이 땅을 되돌려주기를 애원하자, 고려는 1년 만에 9성을 되돌려주었다. 9성을 돌려받은 완옌부의 아골타가 1115년 금나라를 건국하고, 1125년 송나라와 함께 거란을 멸망시켰다. 1127년에는 송의 수도 개봉까지 점령했다. 한편 금나라는 1126년 고려에 사신을 보내 사대의 예를 강요했고, 이자겸은 금의 사대요구를 수용하자고 주장했다. 결국 고려와 금나라의 관계가 역전되었다.

■ 외척 이자겸의 난

8대 현종(1009~1031) 이전까지 왕실은 족내혼을 고집해왔다. 현종이 처음으로 안산김씨 김은부의 딸과 혼인하였고, 이후 왕실은 문벌귀족과 혼맥을 맺게 된다. 특히 경원이씨는 문종 이후 왕실과 중첩된 혼인을 통해 최고의 외척가문으로 등장한다. 둘째 딸을 예종(1105~1122)에게 시집보낸 이자겸은 손자인 인종(1123~1146)이 다른 가문과 혼인하지 못하도록 자신의 3녀와 4녀를 인종과 혼인하게 했다. 이자겸은 왕실의 외척이 되어 권력을 독점하였다. 인종이 이자겸의 전횡을 막으려하자 1126년 이자겸은 척준경과 함께 난을 일으켜, 인종을 자기 집에 유폐시켜 버렸다. 인종은 이자겸과 척준경을 이간시켜, 척준경으로 하여금 이자겸을 제거하게 했다. 이자겸의 난은 외척으로 인한 정치 혼란상과 문벌귀족 내부의 분열상을 보여주었다.

■ 묘청의 난

여진족이 세운 금나라에게 사대하게 된 것에 대해, 고려인의 분노가 커지자, 승려인 묘청 등이 풍수지리설을 앞세워 명당인 서경으로 천도를 주장하였다. 그는 금국 정벌과 칭제건원을 주장했다. 백수한, 정지상 등이 지지하고, 인종도 그의 말에 따라 서경을 자주 방문하고 궁궐도 건립했다. 하지만 개경 귀족들이 천도를 반대하여 서경 천도가 어려워지자, 1135년 묘청은 서경을 거점으로 군사를 일으켜 국호를 대위, 연호를 천개라고 하고, 새로운 국가를 선언했다. 그는 고려국왕이 아닌, 개경 귀족에 대해 반대한 것이다. 개경의 귀족을 대표한 김부식이 먼지 정지상, 백수한 등을 죽이고, 관군을 이끌고 토벌에 나섰다. 1년간 전투 끝에 묘청이 죽고 난이 진압된다. 묘청이 실패한 이후, 고려의 북진정책은 좌절되었다.

서경파	신진 세력	풍수지리설	북진 정책	고구려 계승	금국정벌론	진취적
개경파	문벌 귀족	유교 사상	사대 주의	신라 계승	정권안정론	보수적

■ 무신의 난

고려는 숭문 천무 정책을 통해 문반과 무반을 차별했다. 군대의 최고 직위는 강감찬, 윤관, 김부식 등 문신들이 차지했고, 무신들은 전투 기술자나 귀족의 호위병 취급을 받았다. 무신들은 정3품 이상으로 승진할 수 없었으며, 하급 군인들은 군인전도 제대로 지급받지 못해, 불만이 컸다. 1170년 대장군 이소응이 젊은 문신인 한뢰에게 뺨을 맞는 멸시를 당하자, 무신들의 분노가 폭발했다. 의종(1146~1170)이 보현원에 행차했을 때, 정중부와 이의방을 비롯한 무신들이 다수의 문신을 제거하고 권력을 장악했다. 의종은 거제도로 유배되었다. 정중부 등이 권력을 잡자, 무신들의 회의기구인 중방에서 중요한 정치적 의사결정이 이루어졌다. 그런데 이의방이 이고를 제거하고, 정중부가 이의방을 제거했다. 1179년에는 정중부도 경대승에 의해 제거되었다. 경대승은 무신정권에 참여하지 않아, 지지 세력이 적어 늘 불안해했다. 그는 신변 경호를 위한 도방을 설치해 자신을 지켰으나 1183년 병으로 일찍 죽었다. 그러자 권력은 이의민에게 돌아갔다. 이의민은 천민 출신으로, 까막눈이었고, 미신을 숭배했지만, 힘이 장사였다. 그는 13년간 권력을 장악하고, 권력을 남용하다가, 1196년 최충헌에 의해 제거되었다.

■ 무신정권기의 혼란

1173년 동북면병마사 김보당이 반란을 일으켰다. 그는 문신으로, 전왕인 의종을 받들어 무신정권 이전으로 돌아가려 했으나 실패했다. 1174년에는 서경유수 김보당이 반란을 일으켜 22개월 만에 진압되었다. 무신정권에 대해 문신들만 반발한 것은 아니었다. 1176년 늘어난 세금과 차별을 참지 못해 공주 명학소에서 망이, 망소이가 난을 일으켰다. 1193년에는 청도에서 김사미, 울산에서 효심이 농민 봉기를 일으켰다. 1198년 최충헌의 가노였던 만적을 비롯한 노비들이 "왕후장상의 씨가 따로 있느냐"며 개경에서 신분 해방을 도모하고 반란을 모의하였다.

국가 운영 경험이 없던 무신들은 뚜렷한 정치적 목적을 갖고 권력을 잡은 것이 아니었다. 무신들은 각자 사병을 육성해 권력다툼을 했고, 자신의 이권을 챙기기 위해 농민을 더욱 수탈했다. 따라서 백성들의 봉기가 잦았던 것이다.

용어설명

신채호와 묘청의 난

단재 신채호는 「조선 역사상 1천년래의 제일대사건」이라는 글을 통해 묘청을 자주파, 김부식을 사대파로 규정하고, 묘청의 난의 실패로, 조선사가 사대적, 보수적, 속박적 사상에 의해 정복되었다고 한탄했다.

고려의 무신

고려는 승과 시험은 있어도, 무과 과거가 없다. 반면 조선은 승과 시험이 없지만, 무과 과거는 있다. 고려 무신 가운데는 문벌귀족 출신도 있지만, 대개는 무예에 능하거나, 군에서 공을 세운 자가 장군이 될 수 있었다. 무신정권 권력자인 이의민은 부모가 노비였다. 무신은 고려에서 신분상승의 통로였다.

삼국 부흥 봉기

무신정권 초기 약 30년간 민란이 자주 발생했다. 이 가운데 1193년 김사미의 난이 가장 규모가 컸다. 울산에서 봉기한 효심의 난과 함께 신라부흥운동의 성격도 있었다. 1217년 최광수의 난은 고구려 부흥을, 1237년 이연년 형제의 난은 백제 부흥을 내세웠다.

용어설명

중방

2군 6위의 사령관인 상장군(정3품)과 부사령관인 대장군(종3품) 총 16명의 합의기구다. 무신들의 최고회의기구로, 1170년 무신정변 이후 위상이 크게 높아졌다. 초기에는 군사문제만 다루다가, 경찰, 형벌, 인사 등 모든 정치에 간여했다. 하지만 최충헌이 교정도감을 만든 이후부터 중방의 기능이 약화되었다.

서방

최우가 1227년에 설치한 국정 자문을 위한 문신들의 숙위기구다. 최우는 문사를 우대하고, 그들의 식견을 정치에 활용하고자 했다. 문신들은 서방에서 글을 지을 뿐만 아니라, 최우를 밤낮으로 호위하기도 했다. 『동명왕편』의 저자 이규보도 서방에서 일하였다.

다루가치(達魯花赤)

몽골이 고려의 내정을 간섭하기 위해 설치한 민정 담당자다. 1231년 몽골군이 서경을 비롯한 서북면 지역에 72명의 다루가치를 설치했다. 다음해에 개경에 파견해 내정을 간섭하자, 고려가 반발한 것이 2차 침입의 원인이 된다. 1278년에 완전히 철수한다.

④ 최씨 무신정권과 몽골의 침략

시대개요

무인 권력자들이 중방을 통해 집단 지도체제를 유지하며 취약한 권력기반을 가진 것과 달리, 1196년 권좌에 오른 최충헌은 강력한 권력을 휘두르며 4대 62년간 최씨무인정권을 만든다. 최씨무인정권을 위협한 것은 당시 세계 최강국인 몽골이었다. 1231년부터 침략해온 몽골에 맞서 고려는 40년간 항쟁했지만, 결국 몽골의 무력 앞에 굴복하고 만다.

■ 최충헌의 정치

천민 출신 이의민과 달리, 최충헌은 명문 무인 가문출신으로 학문적 소양까지 갖춘 인물이었다. 그는 1196년 왕에게 봉사 10조를 올려 정치, 사회 개혁책을 제시했다. 농민 반란을 적극 진압하여 고려사회를 다소 안정시켰다. 또한 국정을 총괄하는 교정도감을 설치하고, 자신은 교정별감이 되어 국정을 장악했다. 1219년 그가 죽자, 아들인 최이(최우)가 권력을 승계했다.

■ 최우의 정치

최우는 1225년 자신의 집에 인사행정 담당기구인 정방을 설치하였고, 교정도감과 정방을 통해 정치권력을 장악하였다. 또 국정 자문을 위한 문신들의 숙위 기구인 서방을 설치했다. 또한 경대승이 만들었던 도방을 확장해 사병을 증강했고, 이것이 차츰 삼별초로 확대되었다. 삼별초는 최씨 무신정권의 군사적 기반이었고, 정권유지에도 활용되었다. 최우는 몽골이 침략해오자, 강화도로 천도하여 몽골의 침략에 대비하였다. 최우는 1249년까지 30년간 집권했다. 아들 최항이 그의 권력을 이어받았다.

■ 무신정권의 몰락

최항은 승려 생활을 하다가 환속해, 아버지 최우의 권력을 이어받았다. 그는 점차 사치와 향락에 빠졌다. 최항이 1257년에 죽자 그의 아들 최의가 권력을 계승했다. 그는 어머니가 노비 출신으로, 대신들의 지지를 받지 못했다. 결국 1년 만에 별장 김준 등이 야별초를 이끌고 그를 살해하여, 최씨정권을 타도하고 왕권을 회복시켰다. 김준은 10년간 권세를 누렸다. 최씨정권에 비해 권력이 약했다. 원종(1260~1274)과 외교정책에서 갈등이 생겨 결국 임연 일파가 김준을 살해한다. 임연과 임유무가 1270년까지 무신정권을 유지했으나, 1270년 개경으로 환도하면서, 무신정권이 끝나게 된다.

집권자	특이 사항
이의방(1170~1174)	문신 제거, 김보당, 조위총의 난 진압
정중부(1170~1179)	중방 정치, 망이, 망소의 난 제압
경대승(1179~1183)	도방 설치 - 신변 경호 위한 숙위기관
이의민(1183~1196)	천민 출신, 김사미와 효심의 난 제압
최충헌(1196~1219)	봉사10조 제출, 교정도감 설치, 교정별감이 됨
최 우(1219~1249)	정방(인사행정), 서방(문신), 삼별초 설치, 강화 천도
최 항(1249~1257)	승려 출신, 최씨 3대 권력자
최 의(1257~1258)	어머니가 노비, 1년 만에 살해됨
김 준(1258~1268)	최씨정권 타도, 왕권 회복시킴
임 연(1268~1270)	김준 제거, 몽골에 끝까지 항전하다가 병으로 죽음
임유무(1270)	임연의 아들, 개경천도 반대하다가 살해 당함

■ 몽골의 침입

1218년 몽골군은 거란 잔당을 토멸하기 위해 고려의 강동성에 도착해 고려와 첫 만남을 갖게 된다. 몽골은 거란군을 물리쳐주었다는 이유로, 고려에 많은 요구를 하였다. 1225년 몽골사신 저고여가 귀국길에 살해당하자, 몽골은 이를 고려의 소행이라며 1231년 고려를 침략해왔다. 몽골군은 곧장 개경으로 쳐들어와 수도를 포위하며, 충주, 청주까지 공격했다. 그러자 고려는 몽고에게 화의를 청했고, 몽골군은 많은 공물을 받고, 서북면 40여 성에 72명의 몽골 감찰관인 다루가치를 둔 후 요동으로 철수를 했다.

최고 권력자 최우는 몽골과 항전을 위해 1232년 수도를 강화도로 옮겼다. 몽골은 이를 빌미로 수시로 침략하여, 개경으로 환도할 것과 고려의 항복을 요구했다. 최우는 정권을 유지하기 위해 환도에 반대하고, 장기 항쟁에 나섰다. 1232년 처인성 전투, 1253년 충주성 전투, 1254년 충주 다인철소 주민들이 몽골군을 격퇴하기도 했지만, 몽골군의 공세를 막기에는 역부족이었다. 게다가 육지에 남은 백성들에 대한 고려 정부의 지원과 대책이 거의 없었다.

■ 고려의 항복

수십 년 간 계속된 몽골군의 침략에 국토는 황폐해지고, 황룡사 9층탑을 비롯한 문화재가 소실되고, 백성들은 죽거나 포로로 잡혀가는 일이 많아졌다. 1258년 최씨무신정권이 붕괴되자, 태자인 원종은 몽골을 방문하여, 당시 몽골 칸의 지위를 놓고 다투던 쿠빌라이를 찾아가 그를 지지하고, 고려의 항복을 알렸다. 그러자 쿠빌라이는 고려의 풍속을 고치도록 강요하지 않겠다고 선언하여, 고려의 독립을 인정해주었다. 하지만 고려는 몽골의 간섭을 받아야 했다. 1270년 강화도에 남았던 무신정권이 붕괴되면서, 개경으로 환도했다. 원종의 아들인 충렬왕은 쿠빌라이 칸의 공주와 결혼하여 몽골의 부마가 된다. 이후 고려의 왕들은 몽골의 공주와 결혼해, 고려는 몽골의 부마국이 된다.

■ 삼별초의 항쟁

삼별초는 최우가 국내 치안 유지를 위해 만든 야별초에서 시작된다. 야별초를 확대하여 좌별초와 우별초, 여기에 신의군을 더해 삼별초가 조직되었다. 삼별초는 최씨무신정권의 군사적 기반으로, 정권유지에 활용되었다. 무신정권이 몰락하고 개경의 환도가 결정되자, 삼별초는 이에 반발했다. 삼별초는 강화도에서 오래 항쟁할 수 없음을 알고 배 1천척을 동원해 남쪽의 진도로 옮겨가 항쟁을 계속했다. 삼별초는 진도에 성을 쌓고 궁궐을 짓고, 정부를 구성하고 일본에 사신을 보내기도 했다. 탐라를 비롯한 섬들을 수중에 넣고 전라도와 경상도 등지

▲ 대몽항쟁지 진도 용장산성

에서 활약했다. 특히 개성으로 올라가는 막대한 곡물과 재물이 담긴 조운선을 공격해, 고려와 몽골에게 큰 타격을 주었다. 자신들의 안위를 위해 시작한 삼별초의 항쟁은 점차 몽골의 고려 지배에 대항하는 자주정신의 상징이 되었다. 1271년 몽골과 고려 연합군은 진도를 공격했다. 삼별초 지도자 배중손이 죽는 등 큰 타격을 입자, 이들은 김통정의 지휘를 받아 제주도로 근거지를 옮겼다. 1273년 몽골과 고려 연합군이 제주도를 공격해, 삼별초를 소탕했다.

용어설명

박서

1231년 9월 부터 다음해 1월까지 몽골 1만 군대를 귀주성에서 막아낸 명장이다. 박서의 분전으로, 몽골군은 서둘러 화의를 하고 철수했다.

김윤후

1232년 몽골군이 2차 침략을 해오자, 승려인 그는 처인성(용인)에서 몽골의 장수 살리타를 화살로 쏘아 죽이고, 큰 승리를 거뒀다. 1253년 몽골군의 5차 침입 때에는 충주성에서 노비문서를 불태우며 백성들의 사기를 돋우어, 적의 대군을 격퇴한 명장이었다.

강화 천도

1232년 최우는 몽골에 대항하기 위해 강화도로 천도한다. 몽골군이 수전에 약하고, 강화도가 조석 간만의 차가 크고 조류가 빨라 공격이 쉽지 않음을 고려한 것이다. 또 개경과 연결 및 조운에서 편리했기 때문이다. 최우의 강압에 의해 갑자기 천도한 탓에, 천도 이후, 궁궐과, 관아, 내성, 중성, 외성, 연안 제방 등이 새로 건설되었다. 또한 식량을 확보하기 위해 간척지 개발도 이루어져 강화도 면적이 넓어졌다.

용어설명

원 간섭기 용어 및 관직 제도 격하

이전	이후
조, 종	왕
선지 (宣旨)	왕지 (王旨)
짐(朕)	고(孤)
폐하	전하
태자	세자
3성 6부	첨의부 4부

정동행성

정동행성은 1280년 원의 2차 일본 원정을 위해 설치되었다. 원정 실패 후 폐지되었다. 1285년 재설치 되자, 군사적 기능보다, 내정 간섭을 위한 기구가 되었다. 정동행성 부속기관 가운데 이문소는 원 관련 범죄를 다스리는 기관이나, 차츰 친원세력의 권익을 옹호하는 기관이 되었다. 1356년 공민왕이 폐지시켰다.

겁령구

겁령구는 원의 공주가 고려에 들어올 때 따라온 시종이다. 고려는 이들에게 토지를 지급하기도 하고, 관직을 주기도 했다. 이들은 원 공주의 신임을 빙자해, 국정에 관여하기도 하고, 타인의 토지와 재물을 약탈하는 등 폐해가 매우 심했다. 이들 가운데 회회인 장순룡은 고려에 귀화했다.

시대개요

몽골은 압도적인 힘으로 고려의 마지막 저항 의지 마저 꺾어버렸다. 고려의 왕은 원(1271년부터 국호 변경) 황제(칸)의 사위가 되었고, 고려는 원의 제후국이 되었다. 원에게 철저히 간섭을 받아 고려 정치기구의 위상은 격하되었다. 원의 강요에 의해 2차례 일본 정벌에 나서야 했고, 일부 영토를 빼앗겼으며, 많은 물자와 사람을 빼앗겨야 했다. 고려의 정치 문화적 자주성이 심각하게 손상되었고, 변발, 몽골복식 등이 크게 유행하기도 했다. 원 간섭기 고려의 정치, 경제, 문화는 커다란 변화를 겪게 되었다.

■ 여몽연합군의 일본원정

고려를 굴복시킨 몽골은 1268년 고려를 통해 일본에 사절을 보내 조공을 촉구했지만, 일본이 거절했다. 그러자 1274년 원은 9백 척의 배에 총 4만의 군사를 거느리고 고려를 출발해 일본 큐슈 북부지역을 침략 했으나, 태풍으로 인해 큰 피해를 입어, 철군했다. 원은 1281년 고려를 거쳐가는 동로군 4만, 중국 강남에서 출발하는 강동군 10만군을 동원해 2번째로 일본을 공격했으나, 이번에도 태풍을 만나 실패했다. 이 과정에서 고려는 원정에 필요한 물자와 병력, 전함 건조를 위한 노동력과 목재 등을 수탈당했다. 삼별초 항쟁의 여파까지 겹쳐 고려의 해군력은 급격히 약화되었다. 그 결과 14세기 고려는 왜구의 침략에 시달리게 되었다.

■ 고려의 영토 상실

1258년 조휘라는 자가 화주 지방의 땅을 가지고 몽골에 투항하자, 몽골은 이곳에 쌍성총관부를 설치하여 철령 이북의 땅을 자기 영토에 포함시켰다. 쌍성총관부는 1356년 공민왕에 의해 무력으로 수복할 수 있었다. 또 몽골은 1270년 자비령 이북 땅을 직할 영토로 삼고 서경에 동녕부를 설치했다. 동녕부는 고려의 끈질긴 반환 요구에 의해, 1290년 회복할 수 있었다. 뿐만 아니라 원은 삼별초의 난을 평정한 후, 제주도에 탐라총관부를 설치하여 다루가치를 두고 다스리게 했고, 1277년 목마장을 설치했다. 고려는 1294년 탐라를 돌려받았지만, 원은 1300년 탐라총관부를 재설치해 직할령으로 삼았다.

■ 원 간섭기 고려의 변화

1274년에 왕위에 오른 충렬왕은 쿠빌라이칸의 공주와 결혼해 원나라의 부마가 되었다. 그는 원에 충성한다는 의미를 지닌 충(忠)자를 시호로 받았다. 원 간섭기에 고려 왕의 호칭과 격은 부마국체제에 맞추어 바뀌었다. 3성 6부는 첨의부와 4부로 바뀌는 등 관제도 격하되었다. 도병마사는 도평의사사로 이름이 바뀌었다. 원의 지배력이 고려 전체에 미치자 기철을 비롯한 친원세력이 득세했다. 원은 결혼도감을 설치해 공녀라는 이름하에 고려의 처녀들을 강제로 데려갔다. 그러자 딸을 일찍 결혼시키는 조혼 풍습이 생기는 등, 고려인의 생활 풍습에 변화가 생겼다. 원은 응방을 설치해 고려의 매를 징발하고, 인삼, 금, 은 등 특산물을 수탈했다. 14세기 이후 원이 고려에 대한 수탈을 줄이면서 고려의 경제도 서서히 회복되지만, 친원세력에 의해 형성된 대농장 등 왜곡된 경제구조는 개선되지 못했다. 또 고려에는 변발, 호복, 족두리, 연지 등 몽골풍이 유행했다. 반면 원에도 떡을 비롯한 음식, 복식, 기물 등 고려양(풍습)이 유행했다.

■ 공민왕의 개혁 정치

원 간섭기에 충렬왕은 동녕부를 회복하였고, 충선왕은 신진 관료를 중용하고 사림원을 설치해 개혁을 추진하기도 했지만, 개혁에 한계가 있었다. 공민왕(1351~1374)은 몽골에서 돌아와 고려의 왕이 된 후, 몽골식 변발과 호복을 버리는 등, 반원정책을 시행했다. 공녀로 원나라에 끌려갔다가 몽골 황후가 된 기황후는 당시 고려에 큰 영향을 끼쳤다. 그녀의 오빠인 기철은 친원세력의 대표자로 공민왕보다 더한 권세를 누렸다. 공민왕은 기철을 제거하고, 격하된 고려의 관제를 복구하였다. 몽골 풍속을 금지하고 원의 연호 사용을 중지했으며, 고려 내정을 간섭하던 정동행성 이문소를 폐지시켰다. 공민왕은 원의 세력 약화를 이용해 1356년 철령 이북의 쌍성총관부와 탐라총관부를 회복했다. 또 1370년에는 요동으로 이전한 동녕부를 공격했다. 또한 공민왕은 인사행정을 담당하며 왕권을 제약했던 정방을 폐지하였다. 전민변정도감을 설치하고, 신돈을 등용해 권문세족의 경제기반을 약화시키고 농민들을 위한 개혁정치를 시도했다. 또한 국자감을 성균관으로 개칭하고 유학교육을 강화했으며, 유학을 익힌 신진 인사들을 과거 제도를 통해 등용했다. 하지만 공민왕을 지지하는 세력이 미약했고, 권문세족의 반발이 큰 탓에 개혁은 실패했다. 또한 외적의 침입 또한 고려의 발목을 잡았다.

■ 홍건적과 왜구의 침입

1359년과 1361년 원나라의 반란세력인 홍건적이 고려를 침략해 개경이 일시 함락되었다. 홍건적을 몰아냈지만, 일본의 해적인 왜구는 수시로 해안가를 침략해서 막기가 어려웠다. 1376년 최영이 홍산전투에서, 1380년 이성계가 황산전투에서, 또 최무선이 화통도감을 설치해 화약과 화포를 제작해 1380년 진포해전과 1383년 관음포 해전에서 왜구를 격파하자, 비로소 왜구가 감소했다. 하지만 왜구의 침략으로 조운 통로가 막혔고, 섬과 해안가가 황폐화되어 고려의 경제적 어려움이 커졌다. 홍건적과 왜구를 격퇴하는 과정에서 이성계 등 신흥 무장 세력이 성장했다.

■ 신진사대부의 등장

1288년 원나라를 다녀온 안향은 고려에 성리학을 최초로 소개했다. 이후 지방 향리 출신으로 학문적 소양을 쌓아 과거를 통해 공민왕 시기 중앙관리로 진출한 신진사대부들은 성리학을 개혁사상으로 받아들였다. 이들은 권문세족과 대결하고, 불교의 폐단을 비판했다. 하지만 경제적 기반이 미약했고, 관직도 낮았다. 정몽주 등 온건개혁파는 현실적 개혁을 주장한 반면, 정도전 등 급진개혁파는 새 왕조 건설을 꿈꾸었다. 급진개혁파는 신흥무장세력인 이성계와 결탁하고, 정몽주 등 온건개화파를 제거했다.

■ 위화도 회군과 고려의 멸망

한족이 세운 명나라는 원나라를 북쪽으로 몰아내고, 고려에 압력을 가해왔다. 그러자 우왕과 최영은 명나라에 대항하기 위해 1388년 요동정벌을 시작했다. 그런데 원정군 사령관 이성계가 위화도에서 돌연 강대국 명과 싸워서는 안된다면서 군대를 되돌려 개경으로 돌아와 우왕과 최영을 죽이고 권력을 장악했다. 1391년 조준의 건의로 과전법을 실시하여 권문세족의 경제적 기반을 약화시켰다. 1392년 이성계는 왕위에 올라 새 나라를 세웠다.

용어설명

친원세력과 권문세족

원간섭기 지배세력인 권문세족에는 기존 문벌귀족과 무신 외에도 친원파가 포함된다. 친원파는 통역관, 매사냥하던 사람, 원나라에서 출세한 공녀, 환관의 친척 등 다양한 계층에서 배출되었다. 이들은 음서로 도평의사사를 장악하고, 원 권세가의 힘을 믿고 불법적으로 농민의 토지를 약탈해 대농장을 경영했다. 대표적인 친원세력은 원나라 기황후의 오빠인 기철이 있다.

신돈

승려인 신돈은 공민왕의 신임을 받아, 1366년 전민변정도감 판사가 되어, 불법적으로 빼앗긴 토지를 원래의 주인에게 돌려주거나, 억울하게 노비가 된 자들의 신분을 되돌려주었다. 백성들의 지지를 받았지만, 너무 급격한 개혁으로 인해 권문세족의 미움을 받아 그의 개혁정치는 실패했다.

위화도

압록강 하류에 위치한 위화도는 압록강에서 가장 큰 섬이다.

용어설명

도병마사

중서문하성의 재상들인 재신과, 중추원의 고관인 추밀이 함께 모여 국가 중대사를 회의로 결정하는 임시 기관으로, 도당이라고도 한다. 몽골간섭기에 도평의사사로 개칭하여, 상설 기관화 된다. 국방 업무 위주로 다루다가, 점차 국정 전반을 다루는 합좌기관이 되었다. 고려 귀족정치의 특징을 나타내는 기관이다.

삼사

고려의 삼사는 회계 담당기관이다. 조선의 3사는 법을 맡은 형조, 한성부, 사헌부를 지칭하거나, 관리 감찰과 간언을 하는 사헌부, 사간원, 홍문관을 지칭한다.

향리

향리는 호족에서 출발했다. 고려는 기인제도, 상수리제도를 통해 지방 세력을 견제했다. 983년 성종은 서리직(吏職)을 개혁하여, 지방에 남은 호족들을 향리화시켰다. 향리는 중앙에서 파견된 지방관의 명에 따라 지방 행정업무를 수행하게 되었다. 고려의 향리는 과거를 통해 중앙정계에 진출할 수도 있었다. 조선시대에는 향리가 중인층으로 전락했다.

① 고려의 정치 제도

고려 정치 제도의 특징

고려의 정치제도는 중국의 당, 송 제도를 받아들이면서도 고려의 실정에 맞게 조정해 운영했다. 하지만 시기별로 변화가 많았다. 무신정권이 등장하면서 중방, 교정도감, 정방 등이 권력의 핵심부서가 되었다. 몽골과 강화한 이후에는 정치 문화적 자주성이 심각하게 손상되었다. 공민왕은 반원정책을 펼쳐 구 제도를 복구시켰다.

■ 중앙 정치 조직의 정비

고려는 건국 초기 태봉의 광평성을 비롯한 관제를 답습하고, 신라, 당의 제도를 일부 수용했다. 성종이 3성 6부제를 수용하여, 2성 6부제로 정비하는 등, 중앙 통치 기구를 개편하였다.

기관	구성원	주요 임무	특징
중서 문하성	재 신	국가정책 심의 결정	중서성과 문하성 통합 당 제도 모방
	낭 사	간쟁, 봉박, 서경의 기능	
상서성	상서령	실무 행정 6부: 이, 병, 호, 형, 예, 공	
중추원	추 밀	군사 기밀 담당	송 제도 모방 (삼사는 송과 다른 회계 기관)
	승 선	왕명 출납	
삼 사	판 관	화폐·곡식의 출납과 회계 담당	
어사대	대 관	정치 잘잘못 논하고 풍속 교정, 관리 비리 감찰	
도병마사	재신+추밀	국정 최고기구, 국방 담당	고려의 독창적 기관, 고려 귀족 정치 특징
식목도감		대내적 법제·격식 담당	
대성	낭사+대관	서경권(관리 임명, 법령 개폐 시 인준)	국왕과 귀족 간 권력 조화

■ 지방 행정 조직 정비

초기에는 지방 호족의 자치권이 강하였다. 983년 성종이 12목을 설치하였고, 1018년 현종이 5도 양계를 설치하여 지방 통제력을 키워갔다. 하지만 지방관이 파견되지 못한 지역이 많았다.

정비 과정	12목에 지방관 파견 → 5도 양계에 안찰사와 병마사 파견
일반 행정	5도(안찰사), 주, 군(지사), 현(현령), 촌
군사 행정	양계(병마사) → 진(군사 요충지에 설치)
3경, 도호부	개경, 서경, 동경(뒤에 남경), 도호부(군사 방비의 중심지)
특별 행정	향, 부곡 - 농사 위주, 소 - 공납품 생산, 차별 대우 받음
주현, 속현	주현 수령이 속현을 관장함, 호장, 부호장 등 향리가 행정 담당

■ 빈민 구제 제도

고려는 자립할 능력이 없는 빈민 등을 구제하는 여러 제도를 마련했다.

흑창(918)	태조가 빈민 구제와 민생 안정 위해 설치
의창(986)	봄에 곡식 대출, 가을에 회수, 빈민 구제
구제도감	병자 치료와 빈민 구제 목적, 임시 기관
제위보(963)	기금 모아 이자로 빈민을 도와줌
혜민국(1112)	병자에게 약을 무료로 지급
동서대비원	환자 치료 및, 빈민을 수용해 돌봄

■ 노비안검법과 전민변정도감

956년 광종은 노비안검법을 통해 호족의 세력을 약화시키고, 국가의 재정을 확충했다. 하지만 982년 최승로는 노비안검법의 폐단으로 노비에서 풀려난 자들이 옛 주인을 경멸하는 풍습이 생겼다고 비판하고, 성종에게 노비환천법을 건의해 시행되었다. 귀족들의 요구가 관철된 것이다. 고려 정부는 억울하게 노비가 된 자들을 풀어주기 위해 충렬왕 등이 전민변정도감을 설치했다. 1366년 공민왕은 신돈을 전민변정도감 판사로 기용해, 권문세족이 부당하게 토지를 빼앗고 노비로 만든 자들을 양민으로 해방시켰으나, 권문세족의 거센 반발로 실패했다.

■ 고려의 군사제도

고려의 중앙군은 직업군인으로, 복무의 대가로 군인전을 지급받았고, 세습되었다. 반면 지방군은 16세 이상 60세 미만 장정으로 구성되었다. 주현군은 예비군으로 평상시에는 생업에 종사하였다.

중앙군 (직업군)	2군	응양군과 용호군, 궁성을 지키는 왕의 친위군
	6위	전투부대로 수도 경비와 국경 방어하는 주력군
지방군	주현군(5도)	자기 토지 경작하면서 지방 방위와 노역에 동원
	주진군(양계)	국경을 방어하는 상비군, 양계 주민으로 구성
중방		상장군, 대장군의 합좌기관, 무신정변 이후 권력의 중추기구

용어설명

고려 인재 등용

958년 쌍기의 건의를 수용해 실시된 과거제도에는 3과가 있었다. 문과는 문학적 재능과 정책을 시험하는 제술과와, 유교 경전의 이해 능력을 시험하는 명경과로 나뉘었다. 제술과가 명경과보다 우대되었다. 시험을 주관하는 좌주와 급제자인 문생 관계는 관직생활에도 영향을 주었다. 잡과는 의학, 천문, 법률, 지리, 음양 등 기술관을 뽑는 시험이다. 또한 승려를 대상으로, 교종선과 선종선으로 나누어 승과를 실시했다.

응양군과 용호군

국왕을 호위하는 숙위군인 응양군은 1천명, 용호군은 2천명에 불과했지만, 응양군 지휘자인 상장군이 중방회의의 의장을 맡았다. 응양군 하급장교였던 이고, 이의방이 상장군 정중부와 함께 무신정변을 주도했다.

■ 향, 소, 부곡

신라시대부터 존재한 특수한 지방하급 행정구역이다. 특히 소는 정부에서 필요한 광산물, 수공업품, 해산물 등 각종 물품을 부담했다. 이곳 사람들은 천민대접을 받았고 세금도 무거웠다. 매매 대상이 아니어서, 노비보다 지위가 높았지만 일반 군현민에 비해 차별을 받았다. 1176년 명학소에서 망이, 망소이가 가혹한 수탈에 저항하여 봉기하기도 했다. 향, 소, 부곡에는 지방관이 파견되지 않았고, 지방관이 파견된 주현을 통해 간접 통치를 받았다. 고려에 785곳이 있었으나, 조선 초기에 사라졌다.

〈시기별 대표세력 변화 - 문벌귀족, 무신, 권문세족, 신진사대부〉

	문벌 귀족	무신	권문 세족	신진 사대부
출신 배경	호족, 공신, 6두품 계열	군대, 출신 다양	문벌 귀족, 무신, 친원파	향리, 하급관리
정치 기반	과거와 음서, 폐쇄적 혼맥, 외척	군대 내 지위, 사병	음서로 도평의사사 장악	과거로 진출, 서방 참여
경제 기반	과전, 공음전의 대토지	불법적 토지겸병	불법토지침탈로 대농장 경영	중소 지주
사상 경향	보수적 유학, 불교 기반		보수적 경향, 사원과 결탁	개혁적 경향, 성리학 수용
대외 정책	점차 보수, 사대화	대몽투쟁	친원 외교 주장	친명 외교 주장 (조선 건국 주도)
대표 세력	경원이씨, 경주김씨 파평윤씨, 해주최씨	최충헌	기씨 일파, 최영	정몽주, 정도전, 조준

② 고려의 경제

고려 경제의 특징

고려는 송, 일본, 거란, 원, 여진은 물론, 동남아시아 및 아라비아 상인과도 교역을 하는 등, 개방적인 경제체제를 유지했다. 하지만 고려의 핵심 산업은 농업으로, 농민들이 내는 세금에 의해 국가가 운영되었다. 정부의 경제정책 가운데 토지 분배와 조세 수취가 가장 중요한 문제였다. 고려는 화폐를 주조해 유통시키고자 노력을 기울이기도 했다.

■ 고려 수취제도

고려 농민들은 개인 소유인 민전을 경작하거나, 국공유지나 타인의 소유지를 소작하며 살았다. 조세율은 1/10이었지만, 남의 토지를 빌릴 경우 국유지는 1/4, 개인소유지는 1/2 지대를 내야했다. 토지세 보다 부담이 큰 것은 공납으로, 가구별로 토산물을 납부해야 했으며, 16~59세 정남은 군역과 부역의 의무를 부담했다.

국가는 거둔 조세를 각 지역의 조창까지 운반한 후, 조운을 통해 개경으로 운반해 보관했다. 다만 양계는 그 지역의 국방비로 충당했다.

■ 고려의 농업정책

고려는 진전(쑥대밭), 황무지를 개간할 경우 국가에서 일정기간 소작료나 조세를 감면해주었다. 농번기에는 농민의 잡역 동원을 금지시켰고, 자연재해가 발생할 경우에는 세금을 감면하는 등 농민들의 안정적인 생활유지를 위해 노력했다. 또한 고리대 이자를 제한했고, 봄에 곡식을 빌려주었다가, 가을에 돌려받는 의창제를 실시했다. 농민들은 소를 이용해 깊이갈이를 했고, 호미로 김을 매고 퇴비를 만들어 지력을 회복시켜 농사를 지었다. 2년 3작의 윤작법이 점차 보급되었다. 고려 말에는 이암이 중국의 농서인 『농상집요』를 가져와 소개했고, 문익점은 목화씨를 가져와 목화 재배를 보급했다. 또 일부지역에 모내기법이 보급되었다.

■ 고려의 상공업

• **시장** : 고려 수도 개경의 남대가에는 시전이 형성되어, 주점, 서적점, 다점(찻집) 등의 관영 상점이 운영되었다. 경시서가 시전을 감독하고 물가를 조절했다. 생필품인 소금 등은 국가에서 전매제를 시행했다.

• **무역항** : 개경의 외항인 벽란도는 국제적 교역항으로 번성하여, 아라비아, 송나라 상인 등과 무역하였다. 팔관회 행사 기간에 맞춰 외국상인들이 와서 교역을 하며 축제를 즐기기도 했다.

• **수출과 수입** : 인삼, 종이, 먹, 나전칠기, 화문석, 청자, 금, 은 등이 수출되고, 서적, 약재, 비단, 말, 모피, 수은, 황 등이 수입되었다.

• **수공업** : 관청에 소속된 기술자로 하여금 필요한 물품을 생산하게 하였고, 특수행정구역인 소의 거주민으로 하여금 물품을 생산해 관청에 공물로 납부하게 했다. 또한 사찰에서도 기술 좋은 승려나 노비가 물품을 생산하였고, 민간에서도 베짜기 등 가내 수공업으로 물품을 생산하였다.

• **보(實)** : 공공사업을 운영하기 위해 기금을 모아 재단을 만들어 그 이자로 여러 경비를 지출하던 보가 운영되었다. 기금을 모아 그 이자로 빈민을 구제하는 제위보, 팔관회 경비를 마련하기 위한 팔관보, 학교 장학을 위한 학보, 승려 장학을 위한 광학보 등이 있었다.

용어설명

벽란도

개경 서쪽 30리(12㎞) 떨어진 예성강 연안에 위치한 항구다. 조운선, 군선, 어선은 물론, 무역선, 사신선 등 다양한 배들이 들락거린 국제무역항이었다. 이곳에는 송나라 사신을 접대하던 관사인 벽란정이 있었다. 고려시대 번성하던 벽란도는 조선 건국 후에는 그 기능을 상실했다.

문익점

문익점(1329~1398)은 성균관 대사성을 지낸 학자, 외교관이다. 그는 1363년 원나라에 사신을 다녀오면서 목화씨를 가져왔다. 그는 장인 정천익과 함께 목화재배에 성공했고, 씨를 빼는 씨아와 실을 뽑는 기계까지 만들어 전국에 보급시켰다. 그의 공적으로 일반 백성의 의복재료가 삼베에서 무명으로 크게 바뀌었다.

활구

1101년 숙종 6년에 만들어진 은화로, 고려의 지형을 본떠서 만들었다. 은 1근으로 단지모양으로 만들어 은병으로 불렸다. 포 100필 값에 해당되는 고가의 화폐로, 1408년까지 유통되었다.

■ 전시과 제도

전시과는 문무관료, 공신, 관청, 군인 등에게 직역에 대한 대가로 토지에 대한 수조권을 지급하던 종합적인 토지 제도다. 태조 왕건은 개국공신들에게 인품(인맥과 가문)과 공로를 기준으로 역분전을 지급했다. 경종은 처음으로 직관(현직), 산관(전직) 각 품의 관리에게 인품과 공복을 기준으로 전지와 시지를 18등급으로 차등 지급하는 시정전시과를 제정했다. 전시과는 양계를 제외한 전국의 토지와 시지를 지급 대상으로 삼았다. 목종은 문무 양반 및 군인의 전시과를 개정하여, 관직을 기준으로 개정했다. 문종은 양반전시과를 다시 고쳐, 현직 관리를 중심으로 토지를 지급했다.

구분	연대	특징
역분전	태조(940)	개국공신에게 인품, 공로를 기준 지급
시정전시과	경종(976)	인품과 공복 기준으로 지급(전직, 현직)
개정전시과	목종(998)	관직을 기준으로 지급(전직, 현직)
경정전시과	문종(1076)	현직 관리 중심으로 토지 지급, 향직 포함
과전법	공양왕(1391)	신진사대부 주도, 경기지역에 한정 지급

〈 전시과 제도에서 토지의 종류와 특징 〉

구분	수조권자	특징
과전	문무 관리	사망하거나 퇴직하면 반납
공음전	5품 이상 관리, 공신	세습 가능
한인전	6품 이하 관리 자제	관직에 오르지 못한 자에게 지급
군인전	중앙군인	군역의 세습에 따라 자손에게 세습
내장전	왕실	왕실의 경비 충당
사원전	사찰	사원에 지급된 면세전
공해전	관청 등	중앙과 지방 관청의 경비에 충당
구분전	하급관리, 군인의 유가족	자활능력 없는 자에 대한 보호 대책

■ 토지 제도의 변화

건국 초기에는 새로운 지배층에 대한 배려로 국가가 많은 이들에게 토지를 나눠주게 된다. 하지만 지배층의 분화와 더불어, 세습토지(공신전, 공음전 등)와 권력에 의한 토지 수탈 등으로 지배층의 토지 소유 규모가 확대된다.

- **국가가 나눠줄 토지 부족** : 후기로 갈수록 현직 관리 위주로 토지를 지급하게 되는 것은 고려와 조선이 같다. 시정전시과에서 개정전시과, 경정전시과를 거치며 지급 규모가 감소했다.
- **무신정변 이후** : 무신들의 개인 농장 확대로 전시과 제도가 약화되었다.
- **원 간섭기** : 권문세족의 토지 겸병으로 전시과 제도가 붕괴되었다. 대부분의 농민들은 소작농, 노비로 전락하는 등 고려 토지 제도가 문란해졌다.
- **과전법** : 경기지역 토지의 수조권을 재분배하고, 농민의 경작권을 보장하며, 신진사대부의 경제기반을 마련하기 위해 토지 제도를 개편한 것이다.

■ 화폐 유통

996년 성종이 최초의 화폐인 건원중보를 발행하여 금속화폐의 통용이 추진되었으나, 유통은 부진하였다. 숙종은 대각국사 의천의 건의를 받아들여 주전도감을 설치하고, 1102년 해동통보를 발행하여 화폐 통용을 추진했다. 또한 고액화폐인 활구(은병)를 주조하여 사용하였다. 고려의 금속화폐로 삼한통보, 해동중보 등도 있었다. 원 간섭기에는 지폐인 저화가 유통되기도 하였다.

용어설명

고려의 중인

고려의 중인에는 중앙관청의 말단 서리인 잡류, 궁중 실무 관리인 남반, 지방 행정실무를 담당하는 향리, 직업군인과 하급장교인 군반, 기술관, 역리, 서리 등이 있었다. 조선과 달리 향리의 우두머리인 호장, 부호장은 과거에 응시할 수 있었고, 중앙관료로 진출할 수 있었다.

◤ MEMO ◢

03 고려의 문화

주요한 기출 키워드

- 불교 - 의천, 지눌, 요세, 혜심. 팔관회, 향도
- 유학, 도교 - 국자감, 사학 12도, 무학재 등 7재, 양현고
- 역사서 - 삼국사기, 삼국유사, 동명왕편, 제왕운기
- 문화유산 - 부석사 무량수전, 수덕사 대웅전, 월정사 8각 9층석탑, 관촉사 석조 미륵보살

용어설명

향도

삼국시대부터 존재했던 신앙 결사 체로, 불상, 종, 탑, 사찰 조성, 법회, 매향 등을 위해 조직되었다. 매향은 귀한 향이자 약재인 침향을 만들기 위해 향나무, 소나무 등을 갯벌에 오래 묻어두는 것으로, 신앙활동의 의미가 컸다. 고려에는 매향활동 등 각종 불교 행사를 주관하는 공동체 조직인 향도가 많았다.

의천, 교관겸수

부처님의 말씀인 경전을 중시하는 교종의 입장에서, 깨달음을 강조한 선종을 통합하기 위해 대각국사 의천이 주장한 이론(교)연마와 실천 수행(관)을 강조한 사상이다.

지눌, 돈오점수

갑자기(돈) 깨달음(오)을 얻었다고 해도, 수행(수)을 계속해야 한다는 사상이다. 보조국사 지눌은 승려 본연의 자세로 돌아가 독경과 참선·수행을 강조했다.

각훈

1215년 승려 30여 명의 전기를 모아 해동고승전을 편찬했다

일연

불교사상을 바탕으로 우리역사를 정리한 삼국유사를 편찬했다.

1 불교의 나라

불교정책

태조왕건은 훈요 10조에서 불교를 숭상하고, 연등회와 팔관회 개최를 당부했다. 불교는 고려의 국교가 되었다. 광종은 승과 제도를 실시하여, 승려에게도 승계를 주고 승려의 지위를 보장했다. 또 국사, 왕사 제도가 실시되어, 불교 권위가 상징적으로 왕권 위에 있었다. 사원에 사원전을 지급했고, 승려에게 면역 혜택을 주었다. 왕과 귀족의 자식들이 많이 출가하여, 승려의 사회적 지위도 높았다. 개경에는 흥왕사를 비롯한 거대사찰이 즐비했다. 사찰은 거대한 생산과 소비의 주체로, 베, 모시 등의 제품을 생산하거나, 숙박업소인 원을 운영하기도 했다.

〈고려 불교와 승려〉

승려명	주요 활동
균여(10c)	화엄종 중심으로 교종 통합에 노력했고, 향가인 보현십원가를 지어 불교대중화에 기여했다.
의천(11c)	문종의 4남으로, 송나라에 유학했고, 국사에 임명되어 불교계를 이끌었다. 불교 교단 통합을 위해 천태종을 개창하였다. 이론연마와 수행을 함께 강조하는 교관겸수를 제창하고, 교종을 중심으로 선종을 통합하려 하였다. 그의 건의로 해동통보가 주조되었다. 신편제종교장총록을 짓고, 교장 편찬을 주도했다.
지눌(13c)	수선사(송광사)결사를 통한 불교계 개혁 운동을 제창하였다. 선종 중심으로 교종 통합을 했다. 그는 정(수련)을 통해 혜(깨달음)을 얻되, 지혜를 얻는 교리 공부를 함께 하는 정혜쌍수와 돈오점수를 주장하며 수행을 강조했다.
요세(13c)	법화신앙을 바탕으로 강진 백련사에서 신앙 결사 운동을 전개했다.
혜심(13c)	심성 도야를 강조한 유불일치설을 제창하였다. 성리학 수용 토대를 마련했다.

■ 대장경 간행

경, 율, 논 3장으로 구성된 불교 경전을 집대성한 것이다. 대장경 간행은 고려의 문화역량을 보여줌과 동시에, 부처님의 힘으로 외적을 물리치려는 호국활동이기도 했다.

초조대장경 (1011~)	거란 침입의 격퇴를 염원해 제작하였다. 대구 부인사에 보관하다가, 몽골 2차 침입 때 부인사와 함께 소실되었고, 일부만 남아있다.
교장 (1091)	의천의 건의로 교장도감을 설치하고, 각국의 대장경에 대한 주석서를 모아 신편제종교장총록(목록)을 만들었다.
팔만대장경 (1236~1251)	부처의 힘으로 몽골의 침입을 물리치기 위해 조판되었다. 대장도감을 설치하여 대장경을 제작하였다. 해인사 장경판전에 보관되어 있으며, 세계기록유산으로 지정되었다.

■ 고려시대 불상

철제 불상과 거대 석불이 유행했다. 하남 하사창동 철조석가여래좌상은 지방 호족의 힘으로 만든 대형 철불이다. 논산 관촉사 석조미륵보살 입상은 은진미륵으로도 불리며, 고려 불상 가운데 가장 크다. 안동 이천동 마애여래입상과 파주 용미리 마애이불입상은 자연 암석에 몸체를 조각하고, 별개의 돌로 머리를 조각해 올려놓은 대형 석불상이다. 영주 부석사 소조여래좌상은 신라 양식을 계승하였고, 소조상으로 가장 크고 오래되었다.

■ 고려 석탑과 승탑

평창 월정사 8각9층석탑과 같은 다각 다층탑이 유행하였다.
개성 경천사지 10층석탑은 몽골의 영향을 받아, 대리석으로 제작되어 조선시대 원각사지 10층석탑에 영향을 주었다. 정선 정암사 수마노탑은 2020년 6월 국보로 승격된 7층 모전석탑이다.
팔각원당형의 여주 고달사지승탑, 공 모양으로 특이하게 만들어진 충주 정토사지 홍법국사승탑도 만들어졌다.

▲ 월정사 8각9층석탑

▲ 경천사지 10층석탑

▲ 정선 수마노탑

▲ 고달사지 승탑

▲ 홍법국사 승탑

■ 고려의 사찰

불교 나라 고려에는 거대사찰이 많이 건축되었지만, 소실된 것이 많다. 13세기 초에 지어진 안동 봉정사 극락전은 현존하는 가장 오래된 목조 건축물이다. 영주 부석사 무량수전은 배흘림기둥으로 유명하며, 예산 수덕사 대웅전 역시 13세기에 건축된 건물이다. 이들 건축물은 공포를 기둥 위에만 설치한 주심포 양식인데 비해, 14세기 초에 지어진 황해도 사리원 성불사 응진전은 기둥과 기둥 사이에 공포가 설치된 다포 양식으로, 조선 시대 건축물에도 큰 영향을 주었다. 순천 송광사는 보조국가 지눌이 정혜결사(수선결사)한 곳이며, 합천 해인사는 팔만대장경을 보유한 사찰이며, 강진 백련사는 법화신앙을 바탕으로 요세가 백련결사를 한 사찰이다.

▲ 안동 봉정사 극락전

▲ 영주 부석사 무량수전

▲ 예산 수덕사 대웅전

▲ 사리원 성불사 응진전

■ 고려 불화, 불교 예술

불교 예술에는 사찰, 탑, 승탑, 불상뿐만 아니라, 부처나 보살을 그린 각종 불화, 성수를 넣는 정병을 비롯한 공예예술도 발달한다. 대형 법회에 걸개그림으로 사용된 불화는 왕실이나 귀족들의 평안과 극락왕생을 기원하는 의미로 고려 후기에 많이 제작된다. 수월관음도와 혜허스님이 그린 양류관음도가 특히 유명하다.

유교는 중국 춘추전국시대에 공자와 맹자에 의해 탄생했다. 한나라 시기 동중서에 의해 유학이 국가의 통치철학으로 채택되면서 크게 발전한다. 당시 유학은 국왕 중심의 통치 질서 확립에 도움이 되는 학문이며, 실용적 성격을 가졌다.
송나라 시기 기존 유학을 재해석하고, 인간의 심성과 우주의 원리를 탐구하는 성리학이 등장하였다. 고려말 안향에 의해 수입된 성리학은 조선에서 꽃피웠다.

만권당

1314년 충선왕이 연경에 세운 만권당은 진귀한 책을 수집하여 학문을 연구하게 하던 학술 연구기관이다. 만권당은 문화교류의 산실로, 이제현을 비롯한 고려 학자들이 원의 학자들과 교류하는 장소가 되었다.

최충

최충(984~1068) 고위 관료 출신으로, 퇴직 후, 개경에 9재학당을 세워, 인재를 키웠다. 그의 제자들을 문헌공도라 불렀다. 그는 사학 발달에 지대한 영향을 끼쳤다.

도선 스님

신라 말에 활동한 그는 중국에서 유행한 풍수지리설을 들여와 지방의 중요성을 자각시켰다. 그는 풍수지리 사상 확산에 기여했으며, 『도선비기』의 저자로 알려져 있다.

② 유교와 풍수지리, 도교

■ 유학의 발달

고려는 불교를 국교로 신앙했지만, 유교를 정치이념으로 채택했다. 태조 왕건은 6두품 출신 유학자를 중용했고, 광종은 과거제도를 실시하여 귀족들에게 유학 지식을 요구했다. 성종은 국자감을 설치하여 유학 교육 진흥에 힘썼고, 최승로의 시무 28조를 받아들였다. 무신정권기에는 문신에 대한 차별로 유학이 침체된다. 원 간섭기에는 안향이 신유학인 성리학을 처음 고려에 들여왔다. 고려 말에는 성리학으로 무장한 신진사대부가 고려의 개혁을 시도했다.

■ 최승로 시무 28조

국방, 불교, 사회, 왕실, 중국, 토착신앙 등에 대한 종합 대책을 건의했다. 불교에서 파생된 폐단을 비판하고, 정치이념을 유교에 두고 국왕 중심의 통치 질서 정비를 주장했다.

■ 교육기관

992년 설치된 국자감은 크게 유학부와 기술학부로 구분된다.

• **유학부** : 3품 이상 관리의 자제가 다니는 국자학, 5품 이상인 태학, 7품 이상인 사문학으로 구분되었다.
• **기술학부** : 8품 이하 관리의 자제가 다니는 기술학부에서는 율학, 서학, 산학 등을 가르쳤다. 여기서 제외된 천문학, 의학 등은 소관 관아에서 교육을 실시했다.
• **지방** : 성종은 향교를 세워 지방 관리와 서민의 자제를 교육하게 하였다.
• **사학** : 문종 시기 최충은 9재학당을 설립하여 유학교육을 실시해, 사학을 진흥시켰다. 9재의 인기가 높아지자, 다른 유학자들도 개경에 사학을 설립하여 사학 12도가 융성하게 되었다.
• **국학 진흥** : 예종은 국자감의 유학부 내에 전문강좌인 7재를 설치하고, 국학을 진흥시켰다. 장학재단인 양현고와 연구기관인 청연각, 보문각을 설치하기도 했다.
• **무학재** : 1109년 예종은 최충의 9재를 모방해 국학 안에 주역, 상서, 모시, 주례, 대례, 춘추를 공부하는 전문강좌와 함께 무학을 가르치는 무학재를 포함해 7재를 설치했다. 요, 금과 대립하는 상황에서 무신을 양성하고 문무를 고루 진흥시키기 위함이었다. 하지만 1133년 인종은 문신의 반발로 무학재를 폐지했다.
• **국자감의 변화** : 1275년 원 간섭기에 국자감은 국학으로 개칭하였다가, 성균감, 성균관 등으로 이름이 바뀌다가 공민왕 이후 성균관으로 이름이 고정된다. 고려 초기에는 공자의 그림 등을 국자감에 안치하고, 송나라의 영향에 따라 공자를 받드는 문묘를 만들었으나 비중이 작았다. 그런데 안향이 공자와 그 제자들의 화상과 제기 등을 가져왔고, 문묘를 재설치했다.
• **공민왕의 중흥** : 공민왕은 성균관을 유교 교육기관으로 위상을 강화시켰다.
성균관에서 이색은 정몽주, 정도전, 권근 등 신진사대부를 가르쳐 성리학 확산에 기여했다. 신진사대부들은 현실 모순을 시정하기 위한 개혁사상으로 성리학을 수용했다.

■ 풍수지리설

인간의 길흉화복이 산세, 지세, 수세와 관련이 있다는 풍수지리설은 도성, 사찰, 주택, 무덤 축조 등 일상생활에 크게 영향을 끼쳤다.

- **훈요십조** : 도선에 의해 확산된 풍수지리사상은 고려 태조왕건의 훈요십조의 2조 사원의 건립, 5조 서경 중시, 8조 차현 이남 지역에 대한 차별 조항에 직접 영향을 끼쳤다.
- **길지설과 천도논의** : 묘청의 서경천도 주장, 남경(현 서울) 건설은 풍수지리에 따른 서경 길지설, 한양 명당설에 따른 것이다.

■ 고려의 도교

고려는 다양성, 개방성의 나라였다. 팔관회는 불교, 도교, 전통신앙의 신들에게도 제사를 지냈다. 복원궁 등 도교 사원도 건립되지만, 도교는 교단으로 정비되지 못하고 민간신앙으로 전개된다.

- **초제(醮祭)** : 도교의 의례로 하늘에 제사 지내는 의식이다. 도교 최고신인 상제를 비롯해, 각종 별들에게도 제사지냈다. 고려는 초제를 국가적 행사로 봉행하였고, 소격서에서 초제를 주관했다.

■ 역사서 편찬

태조에서 목종까지 『7대 실록』이 편찬되었지만, 현재는 남아있지 않다.

- **『삼국사기』** : 1145년 왕명으로 김부식이 편찬한 이 책은 우리 고대사를 기전체 형식으로 정리하였다. 유교적 합리주의 사관과 신라 계승의식이 반영된 이 책은 세가, 지, 열전 등으로 구성된 현존하는 가장 오래된 역사서다.
- **『동명왕편』** : 1193년 이규보가 『구삼국사기』를 참고하여 고구려 건국시조의 일대기를 서사시 형태로 서술하였다. 우리 고대사를 하늘과 직결시킨 자주적 국가의식을 강조하고 있다. 고구려 계승의식이 반영되었다.
- **『삼국유사』** : 1281년 일연 스님이 쓴 이 책은 원 간섭기 국가적 위기상황에서 민족 공동의 시조를 찾아 극복하려는 노력과 자주성을 담아 단군의 건국 이야기를 수록했다. 불교사를 중심으로 민간설화를 수록했다.
- **『제왕운기』** : 1287년 원 간섭기에 이승휴가 고조선부터 충렬왕 때까지의 역사를 서사시로 정리했다. 고조선의 건국 이야기와 발해사를 기록했고, 우리 역사를 중국사와 대등하게 서술하는 자주적 사관을 반영했다.
- **『해동고승전』** : 1215년 무신집권시기 각훈이 삼국~고려시대 명망 높은 승려들의 전기를 기록했다.

책 이름	저자	연대	특징
삼국사기	김부식	1145	기전체, 유교사관, 오래됨
동명왕편	이규보	1193	고구려 서사시, 민족의식
해동고승전	각훈	1215	삼국 ~ 고려 고승들의 전기
삼국유사	일연	1281	기사본말체, 불교사관, 고조선 기록
제왕운기	이승휴	1287	민족 의식, 고조선 기록

용어설명

연등회와 팔관회

연등회는 정월 보름 또는 2월 보름에 연등을 켜고 부처님께 복을 비는 행사다. 팔관회는 불교에서 유래했지만, 토속신에게 제사를 지내는 국가적 행사이며, 국제교류의 장이기도 했다. 경비 마련을 위해 팔관보가 있었다. 매년 10월 15일 서경, 11월 15일 개경에서 술, 다과와 함께, 온갖 놀이를 즐기고 나라와 왕실의 안녕을 비는 행사로 치러졌다.

삼국사기

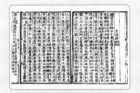

삼국유사

③ 문화와 과학

▲ 청자참외모양병

▲ 청자상감운학문매병

▲ 분청사기조화어문병

▲ 청동 은입사 포류수금문 정병

나전국당초문화형합

천산대렵도

부석사 조사당 벽화

개성 천문대

■ 고려 청자와 공예

신라 말에 당나라 도자기 기술이 유입되어, 전남 강진 등지에서 청자가 생산되기 시작했다. 고려시대에 들어와 순청자가 독자적으로 발전하다가 12세기에 세련된 비색 청자가 완성된다.

- **순청자** : 1146년경에 만들어진 청자참외모양병 등이 대표작이다.
- **상감청자** : 12세기 중엽부터는 고려 고유의 상감청자가 만들어진다. 상감기법은 반건조된 그릇 표면에 무늬를 안쪽으로 새긴 후에, 그 안에 백토, 흑토를 메우고 초벌구이를 하고, 청자유를 발라 재벌구이를 하여 무늬가 유약을 통해 투시되도록 하는 방법이다. 청자상감운학문매병이 대표작이다.
- **분청사기** : 원 간섭기에 청자가 퇴조하고 분청사기가 등장하여 조선 초까지 유행한다. 분청사기조화어문병이 대표작으로 꼽힌다.
  조선 전기에는 청화백자가, 16세기 후반에는 철화백자, 그리고 17세기에는 순백자가 발달하며 시대에 따라 제작기법과 유행이 달라진다.
- **금속공예** : 청동기 표면에 실처럼 만든 은을 채워 넣어 무늬를 장식하는 은입사 기법이 발달해, 청동은입사포류수금정병 등을 만들었다. 또한 옻칠을 한 바탕에 자개를 붙여 만든 나전칠기공예가 발달해, 불경을 보관하는 경함, 화장품갑, 문방구 등이 만들어졌다.

■ 그림, 서예, 음악, 문학

귀족문화가 발달한 고려는 삼국시대 예술의 전통을 계승하는 한편, 송, 원의 음악, 서예, 회화 등의 영향을 받아 고려만의 문화를 발전시켰다.

- **그림** : 이령의 예성강도를 비롯해 문인화, 산수화가 유행했으나, 현존하는 그림은 몽골 화풍의 영향을 받은 공민왕의 천산대렵도뿐이다. 반면 불화는 수월관음도, 혜허의 양류관음도, 부석사 조사당 벽화 등이 전한다.
- **서예** : 전기에는 구양순체, 후기에는 조맹부의 송설체가 도입되었다.
- **음악** : 아악은 송의 대성악의 영향을 받아 궁중 음악으로 발전하고, 향악은 고유음악과 당악의 영향을 받아 고유 음악으로 발전했다. 쌍화점, 만전춘 등 남녀상열지사를 노래한 속악이 궁중과 민간에서 널리 유행했다.
- **문학** : 전기에는 균여스님의 향가인『보현십원가』가 등장했고, 무인정권기에는 패관(수필)문학이 유행하여, 이인로의『파한집』, 이규보의『백운소설』, 이제현의『역옹패설』이 등장했다. 후기에는 서민의 정서를 담은『청산별곡』등의 고려가요와, 가전체 문학인 임춘의『국순전』, 이규보의『국선생전』, 신진사대부 사이에서『관동별곡』등 경기체가가 유행했다.

■ 천문학과 역법

농업국가인 고려에서 천문학은 국가적으로 중요한 학문으로, 제왕의 관심 속에 발전했다. 천문과 역법을 맡은 관청인 사천대가 있었고, 수도 개경에는 천문관측을 한 개성 첨성대가 남아있다. 고려 초기에는 신라에서도 사용하던 당나라의 선명력을 사용하다가, 원나라에서 새로운 역법인 수시력이 도입되었다. 공민왕때에는 명나라의 대통력이 채용되었다.

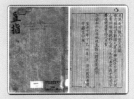

■ 의학

고려는 최고 교육기관인 국자감에서 율학, 서학, 산학 등 기술학을 교육하였다. 의학교육은 태의감에서 실시했다. 고려는 의원을 선발하는 의과를 시행했다. 국산 약재를 소개한 『향약구급방』은 1236년 편찬된 우리나라 최고 의학 서적으로, 고려의 의학발달 수준을 보여주는 책이다.

직지심체요절

■ 금속활자

세계 최초의 목판인쇄물인 『무구정광대다라니경』을 만든 신라의 인쇄술의 전통을 이어받은 고려는 세계 최고의 금속활자를 만들었다. 개경 만월대에서는 실물 금속활자가 발견되었다.

• 『직지심체요절』: 현존하는 세계 최고의 금속활자본인 『직지심체요절』이 청주 흥덕사에서 1377년에 만들어졌다. 『직지심체요절』은 현재 프랑스 국립도서관에 보관되어 있고, 유네스코 기록유산으로 등재되어 있다.

12세기에 만들어진 『상정고금예문』은 금속활자로 인쇄되었으나, 아직 실물이 발견되지 않았다.

고려에서 인쇄술이 발달한 것은 책을 읽을 독서층이 많았고, 경제력, 기술력을 고루 갖추고 있었기 때문이다.

고려 금속활자

■ 화약무기

고려 후기에는 왜구가 수시로 쳐들어와 해안가가 황폐해지고, 조운선 운항이 막혀 국가 경제가 큰 위기에 처했다. 왜구를 막는 최고의 무기는 화약무기였다. 화약 제조술은 당시에는 오직 원나라만 갖고 있었다. 최무선은 원나라 이원의 도움을 받아 화약 제조술을 익혔다.

최무선 화포

• 화통도감: 최무선의 건의로 1377년 화약 및 화기 제조를 맡은 관청인 화통도감이 설치되어, 화약과 화포를 만들었다. 최무선은 화포, 화통, 주화 등 다양한 화포를 만들었다.
• 화약의 효과: 1380년 진포해전, 1383년 관음포해전에서 화약무기로 왜구를 격파하면서, 고려에 출몰하는 왜구가 크게 감소했다.

01 고려사의 전개

 49-10 궁예와 후고구려

01 다음 대화에 나타난 인물에 대한 설명으로 옳은 것은? [2점]

 신라 왕족의 후예로 알려져 있으며, 송악을 도읍으로 나라를 세운 인물에 대해 알아보자

 광평성 등 여러정치 기구를 마련했어

 미륵불을 자칭하며 폭정을 일삼기도 했지.

① 후당, 오월에 사신을 보냈다.

② 금산사에 유폐된 후 고려에 귀부하였다.

③ 지방관을 감찰하고자 외사정을 파견하였다.

④ 청해진을 설치하여 해상 무역을 전개하였다.

⑤ 마진이라는 국호와 무태라는 연호를 사용하였다.

42-11 견훤과 후백제

02 (가) 인물에 대한 설명으로 옳은 것을 <보기>에서 고른 것은? [3점]

[가] 은/는 상주 가은현 사람이다. …… [왕의] 총애를 받던 측근들이 정권을 마음대로 휘둘러 기강이 문란해졌다. 기근까지 겹쳐 백성들이 떠돌아다니고, 여러 도적들이 봉기하였다. 이에 [가] 이/가 몰래 [왕위틀] 넘겨다보는 마음을 갖고 …… 드디어 무진주를 습격하여 스스로 왕이 되었으니, 아직 감히 공공연하게 왕을 칭하지는 못하였다. …… 서쪽으로 순행하여 완산주에 이르니 그 백성들이 환영하였다.
─『삼국사기』

── <보기> ──

ㄱ. 후당, 오월에 사신을 파견하였다.

ㄴ. 광평성을 비롯한 각종 정치 기구를 마련하였다.

ㄷ. 신라의 금성을 습격하여 경애왕을 죽게 하였다.

ㄹ. 정계와 계백료서를 지어 관리의 규범을 제시하였다.

① ㄱ, ㄴ   ② ㄱ, ㄷ   ③ ㄴ, ㄷ   ④ ㄴ, ㄹ   ⑤ ㄷ, ㄹ

---

01 정답 ⑤ 번

신라 왕족의 후예이며, 미륵불로 자칭한 인물은 궁예다. 궁예는 광평성 등 다른 나라와 차별되는 정치 조직을 갖추었고, 국호를 고려(후고구려)에서 마진, 태봉으로 바꾸었고, 무태라는 연호도 사용했다.

① 후당, 오월에 사신을 보낸 것은 후백제의 견훤이다.

② 견훤은 아들인 신검에 의해 왕위를 빼앗기고 금산사에 유폐되었다가 탈출하여 935년 고려에 귀부했다.

③ 673년 문무왕은 지방관 감찰을 위해 외사정을 파견했다.

④ 828년 장보고는 청해진을 설치해, 해상무역을 장악했다.

⑤ 궁예는 904년 국호를 마진, 911년 태봉으로 바꾼다. 904년 이후 무태, 성책, 수덕만세, 정개 등의 연호를 사용했다.

✔ **궁예와 후고구려, 이것만!**

성장	승려, 초적 출신, 양길의 휘하에서 성장
건국	강원도, 경기도 일대 점령 후, 송악에서 건국
국호	후고구려(901) → 마진(904) → 태봉(911)
수도	송악에서 철원으로 도읍을 옮김(904)
제도	904년 광평성을 비롯한 여러 관서 설치
정치	미륵불 화신 자처, 백성 현혹하고 폭압정치 자행
멸망	918년 왕건이 궁예 축출. 태봉 멸망. 고려 건국

02 정답 ② 번

왕이 된 자로 완산주를 도읍으로 삼은 인물은 견훤이다. 그는 900년 완산주 즉 전주 지역을 차지하고 후백제왕이 된다. 견훤은 궁예의 후고구려와 대립했다. 반면 바다 건너, 후당, 오월과는 외교관계를 맺었다. 927년 견훤은 신라 경주로 진격해, 경애왕을 죽였고, 이어 고려와의 전쟁에서 승리했다. 하지만 935년 아들 신검에게 왕위를 빼앗긴다.

ㄱ. 견훤은 925년 후당, 926년 오월에 사신을 파견했다.

ㄴ. 904년 궁예는 국호를 마진으로 고치고, 연호를 무태로 하며, 광평성을 비롯한 각종 정치 기구를 마련했다.

ㄷ. 927년 견훤은 신라 금성을 습격해 경애왕을 죽였다.

ㄹ. 정계와 계백료서를 지은 이는 고려 왕건이다.

따라서 ② ㄱ, ㄷ이 정답이다.

✔ **견훤과 후백제, 이것만!**

성장	상주 출생, 서남해안 수비에 공을 세워 비장이 됨
건국	의자왕의 원수를 갚자고 표방, 백제 민심 자극
국호	완산주를 도읍으로 정하고 후백제 건국(900)
외교	중국의 오월과 후당에 외교 사절을 보냄
신라	신라 금성을 급습, 경애왕 살해(927)
전투	공산전투(927년) 승리, 고창전투(930) 패배
정변	신검이 견훤을 금산사에 유폐, 견훤 고려에 귀부
멸망	936년 일리천 전투 패배, 고려에게 멸망

46-11 고려 태조 왕건

03 (가) ~ (라)를 일어난 순서대로 옳게 나열한 것은? [3점]

(가) 견훤이 크게 군사를 일으켜 고창군(古昌郡)의 병산 아래에 가서 태조와 싸웠으나 이기지 못하였다. 전사자가 8천여 명이었다.

(나) 태조는 정예 기병 5천을 거느리고 공산(公山) 아래에서 견훤을 맞아서 크게 싸웠다. 태조의 장수 김락과 신숭겸은 죽고 모든 군사가 패하였으며, 태조는 겨우 죽음을 면하였다.

(다) [태조가] 뜰에서 신라왕이 알현하는 예를 받으니 여러 신하가 하례하는 함성으로 궁궐이 진동하였다. …… 신라국을 폐하여 경주라 하고, 그 지역을 [김부에게] 식읍으로 하사하였다.

(라) 태조가 …… 일선군으로 진격하니 신검이 군사를 거느리고 막았다. 일리천을 사이에 두고 대치하였다. …… 후백제의 장군들이 고려 군사의 형세가 매우 큰 것을 보고, 갑옷과 무기를 버리고 항복하였다.

① (가) - (나) - (다) - (라)
② (가) - (나) - (라) - (다)
③ (나) - (가) - (다) - (라)
④ (나) - (가) - (라) - (다)
⑤ (다) - (가) - (나) - (라)

03 정답 ③번

고려의 통일과정을 묻는 문제다. 궁예의 부하였던 왕건은 송악 출신 해상호족으로, 나주정벌에 공을 세운 후, 918년 궁예를 몰아내고 고려를 건국한다. 왕건은 신라를 포용하고, 후백제와 대결에서 승리하여 936년 후삼국을 통일한다.

(가) 930년 견훤은 고창(안동시) 전투에서 고려군에게 크게 패한다. 이때부터 고려가 후백제를 앞서기 시작했다.

(나) 927년 견훤이 신라 수도 금성을 침공하자, 신라가 고려에 원군을 요청했다. 급히 고려군이 출동했다가, 공산(대구 팔공산) 전투에서 크게 패한다.

(다) 신라 경순왕의 고려 투항은 935년이다. 왕건은 경순왕 김부에게 경주를 식읍으로 주었는데, 이것이 고려가 지방 세력가를 견제하기 위해 실시한 사심관제도의 시작이었다.

(라) 936년 일리천(경북 구미)전투는 고려와 후백제의 최후의 결전으로, 이때 고려가 승리하며, 후삼국을 통일한다.

✔ 태조 왕건, 이것만!

성장	송악의 호족 출신, 나주 점령
건국	신하들 추대로, 궁예를 몰아내고 고려 건국(918)
신라	경순왕 김부가 투항하자, 경주의 사심관으로 삼음
외교	발해를 멸망시킨 거란을 적대시함. 만부교사건(942)
북진	서경을 북진 정책의 전진 기지로 삼음
정치	정계, 계백료서를 지어 관리의 규범을 제시
경제	개국공신에게 인품, 공로를 기준으로 역분전 지급
민생	흑창을 설치하여 민생을 안정시킴
불교	훈요 10조에서 불교 숭상을 강조
전투	공산 전투(927) 패배, 고창 전투에서 승리(930)
통일	일리천 전투에서 신검 군대 격퇴(936), 후삼국 통일

39-10 태조 왕건과 광종

04 (가), (나) 왕이 실시한 정책으로 옳은 것은? [3점]

백제의 견훤은 흉포하고 무도하며, 난을 일으키기를 좋아하여 임금을 죽이고 백성들에게 가혹하게 하였습니다. (가)께서 이를 듣고 잠을 자고 식사 할 겨를도 없이 군사들을 이끌고 가서 토벌하여 마침내 위태로운 나라를 구하였으니, 그 옛 임금을 잊지 않고 기울어지고 위태로웠던 신라를 바로잡고 도우심이 또한 이러하였습니다. …… (나)께서는 정종의 고명(顧命)을 받으셨는데 …… 쌍기가 투탁하여 온 이후로는 문사(文士)를 존숭하고 중히 여겨 은혜를 베풀고 예우함이 과도하게 후하였습니다.

① (가) - 흑창을 설치하여 민생을 안정시켰다.
② (가) - 광덕, 준풍 등의 독자적인 연호를 사용하였다.
③ (나) - 12목을 설치하고 지방관을 파견하였다.
④ (나) - 상수리 제도를 실시하여 지방 세력을 통제하였다.
⑤ (가), (나) - 현직 관리에게 전지와 시지를 지급하였다.

04 정답 ①번

고려 태조 왕건과 고려 초기 왕권을 안정시킨 광종의 정책을 묻는 질문이다.

① 태조, ② 광종, ③ 983년 성종, ④ 상수리 제도는 신라, 고려는 사심관 제도, ⑤ 1046년 경정 전시과, 문종

✔ 광종, 이것만!

노비안검법	국가 재정 확보, 호족 세력 약화(956)
과거제 실시	쌍기 건의로 수용, 인재 선발(958)
독자 연호	광덕(949~951), 준풍(960~963) 연호 사용
훈신 제거	대상 준홍 등을 모역죄로 제거(960)
공복 제정	백관 복색을 4등급 구분. 질서 확립(963)
제위보 설치	기금 모아 이자로 빈민 구제(963)

47-11 고려 초기 왕들

05 (가) 시기에 있었던 사실로 옳은 것은? [2점]

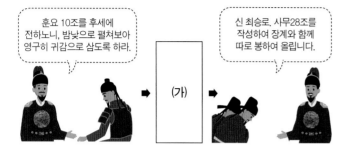

> 훈요 10조를 후세에 전하노니, 밤낮으로 펼쳐보아 영구히 귀감으로 삼도록 하라.

> 신 최승로, 사무 28조를 작성하여 장계와 함께 따로 봉하여 올립니다.

(가)

① 정방이 설치되었다.
② 별무반이 편성되었다.
③ 노비안검법이 실시되었다.
④ 독서삼품과가 시행되었다.
⑤ 정동행성 이문소가 폐지되었다.

50-10 성종

06 다음 장면에 등장하는 왕에 대한 설명으로 옳은 것은? [1점]

> 내 몸은 비록 궁궐에 있지만 마음은 언제나 백성에게 있노라. 지방 수령들의 눈과 귀를 빌어 백성의 기대에 부합하고자 한다. 이에 우서(虞書)의 12목 제도를 본받아 시행할 터이니, 주나라가 8백 년간 지속되었듯이 우리의 국운도 길이 이어질 것이다.

① 천수라는 독자적인 연호를 사용하였다.
② 관학을 진흥하고자 양현고를 설치하였다.
③ 독서삼품과를 실시하여 관리를 채용하였다.
④ 쌍성총관부를 공격하여 철령 이북을 수복하였다.
⑤ 최승로의 시무 28조를 받아들여 통치 체제를 정비하였다.

05 정답 ③ 번

훈요10조를 지은 왕은 고려 태조 왕건이다. 최승로의 시무 28조는 982년에 성종에게 올린 것이다. 두 임금 사이에는 혜종, 정종, 광종, 경종이 있었다.

① 정방은 최씨 무신정권의 인사담당 기관으로, 최우가 1225년 자기 집에 설치했다. 1388년에 폐지된다.
② 별무반은 1104년 여진족 정벌을 위해 설치했다. 기병인 신기군, 보병인 신보군, 승병인 항마군 등의 부대가 있었고, 1107년 윤관의 여진 정벌에 17만이 동원되어 9성을 쌓았다.
③ 956년 광종은 노비안검법을 실시하여, 귀족의 경제적, 무력적 기반이 된 노비들 가운데 억울하게 노비가 된 자들을 풀어주어, 귀족들의 힘을 약화시켰다.
④ 독서삼품과는 788년 처음 시행된 통일신라의 인재 등용제도였다.
⑤ 정동행성은 1280년 몽골이 일본을 침략하기 위해 설치된 기관이었으나, 일본원정이 실패로 끝난 후에도 남아, 고려의 내정에 적극 간여했다. 1356년 공민왕이 폐지했다. 정동행성 부속기관 가운데 가장 강력한 이문소는 몽골 관계 범죄를 다스렸던 기구였다.

06 정답 ⑤ 번

983년 지방에 12목을 설치한 임금은 고려 6대 성종(981~987)이다. 그는 절도사를 파견하고, 주부군현을 정비하고, 향직을 정비했으며, 984년 12목사와 경학박사, 의학박사 등을 보내 지방교육을 담당하게 했다. 또 982년 최승로의 시무 28조를 받아들여, 통치 체제를 정비했다. 성종은 물가 조절 기관인 상평창, 빈민구제기구인 의창을 설치했으며, 992년 국자감을 개경에 설치하는 등 유교를 진흥시켰다.

① 천수라는 독자적인 연호를 사용한 것은 918년 고려 태조 왕건이다.
② 예종은 1119년 국학을 진흥하고자 양현고를 설치했다.
③ 신라 원성왕은 788년 독서삼품과를 실시하여 관리를 채용했다.
④ 공민왕은 1355년 쌍성총관부를 공격하여 철령 이북을 수복했다.
⑤ 성종은 982년 최승로의 시무 28조를 받아들여 통치 체제를 정비했다.

🖊 MEMO

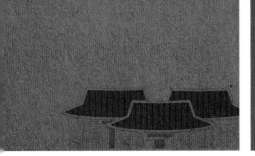

46-13 서희의 담판

07 (가) 국가에 대한 고려의 대응으로 옳은 것은? [2점]

> 소손녕이 서희에게 말하기를, "너희 나라는 신라 땅에서 일어났고, 고구려 땅은 우리 소유인데, 너희들이 침범해 왔다. 그리고 우리와 국경을 접하고 있는데도 바다를 넘어 송을 섬기기 때문에, 오늘의 출병이 있게 된 것이다.……"라고 하였다. 서희가 말하기를, "그렇지 않다. 우리나라가 바로 고구려의 옛 땅이기 때문에, 국호를 고려라하고 평양에 도읍하였다. 만일 국경 문제를 논한다면, (가)의 동경(東京)도 모조리 우리 땅에 있는데, 어찌 [우리가] 침범해 왔다고 말하는가?"라고 하였다.
>
> 『고려사』

① 별무반을 보내 동북 9성을 축조하였다.
② 개경에 나성을 쌓아 침입에 대비하였다.
③ 최영을 중심으로 요동 정벌을 추진하였다.
④ 화통도감을 설치하여 화약과 화포를 제작하였다.
⑤ 쌍성총관부를 공격하여 철령 이북의 땅을 수복하였다.

37-14 고려-거란 3차 전쟁

08 교사의 질문에 대한 학생의 답변으로 옳은 것은? [1점]

> 이 우표는 고려 현종 10년(1019)에 강감찬이 이끄는 고려군이 소배압의 10만 대군을 물리친 전투 장면이 그려져 있습니다. 이 전투에 대해 말해 볼까요?

① 개경까지 침입한 홍건적을 몰아냈어요.
② 몽골군의 침략을 처인성에서 물리쳤어요.
③ 쌍성총관부를 공격하여 철령 이북의 땅을 수복했어요.
④ 강동6주의 반환 등을 요구한 거란의 침략을 격퇴했어요.
⑤ 내륙까지 쳐들어와 약탈하던 왜구를 황산에서 무찔렀어요.

🔍 **문제분석**

07 정답 ② 번

993년 서희가 침략해온 거란의 장군 소손녕과 담판하여 강동6주를 확보한 사건은 외교 협상 역사에서 대표적인 성공사례로 평가된다. 거란은 자신들이 고구려 땅을 차지하고 있다고 주장했지만, 서희는 고려가 고구려의 후계자로, 국호와 수도를 갖고 있다고 맞섰다. 거란은 송과 대결을 앞두고 있었기 때문에, 고려가 송과 연합하지 않는 것을 조건으로 강동6주를 고려가 확보하는 것을 인정하고 퇴각했다.

① 1107년 윤관이 인솔한 별무반 17만이 여진을 공격하여, 영토를 개척하고 동북 9성을 축조하였다.
② 고려는 1009년~1029년 개경에 나성을 축조하여, 거란의 침략에 대비했다.
③ 1388년 최영을 중심으로 요동 정벌이 추진되었으나, 이성계가 위화도에서 회군하여 실패하였다.
④ 1377년 최무선의 건의로 화통도감이 설치되어 화약과 화포를 제작해 왜구 격퇴에 사용하였다.
⑤ 1356년 공민왕이 무력으로 원에게 빼앗겼던 쌍성총관부를 수복했다.

08 정답 ④ 번

강조가 목종을 죽이고, 현종을 왕위에 올린 정변의 틈을 이용해 거란이 고려를 2번째 침략했다. 권력자 강조가 적에 붙잡히고, 개경까지 함락당하기도 했지만, 고려는 반격을 가해 양규의 활약으로 거란군에게 막대한 피해를 입혔다.
2차 침략에도 성과가 없던 거란은 고려에 넘겨주었던 강동6주를 반환할 것을 요구하며 1018년 겨울 3번째 고려 침략을 감행했다. 이때 강감찬이 지휘한 고려군이 귀주에서 적을 크게 격파한다. 이후 거란은 고려를 침략하지 못했고, 고려는 송, 거란과 세력균형을 이루며 평화를 누리게 된다. 반면 고려는 거란의 침략에 대비해 개경에 나성을 쌓고, 도련포에서 압록강입구까지 천리장성을 쌓았다.

① 1359, 1361년
② 1232년 김윤후
③ 1356년
④ 1019년
⑤ 1380년 이성계

✔ **고려-거란 전쟁, 이것만!**

원인	고려의 북진정책과 친송 정책
1차 993	거란 소손녕 10만 군사 침입 → 서희의 담판, 고려 송과 외교 단절, 강동6주 획득
2차 1010	강조의 정변을 구실로 침입 → 개경 함락, 현종 나주 피난, 양규의 흥화진 전투 승리
3차 1018	강동6주 반환 요구, 소배압이 대군을 이끌고 침입 → 강감찬의 귀주대첩 승리
영향	고려·송·거란 균형 유지, 개경나성과 천리장성 축성, 거란 격퇴의 염원을 담아 초조대장경 만듦

43-13 고려의 동북 9성

09 다음 상황 이후에 전개된 사실로 옳은 것은? [3점]

> 여진이 이미 그 소굴을 잃자 보복하고자 맹세하며, 땅을 돌려 달라는 것을 빌미로 여러 추장들이 해마다 와서 다투었다. …… 또 개척한 땅이 크고 넓어서 9성 사이의 거리가 아득히 멀고, 골짜기가 험하고 깊어서 적들이 여러 차례 매복하여 오고가는 사람들을 노략질 하였다. …… 이때에 이르러 왕이 여러 신하들을 모아 의논하여 끝내 9성을 여진에게 돌려주었으며, 전쟁에 쓰이는 도구와 군량을 내지(內地)로 옮기고 그 성에서 철수하였다.
>
> 『고려사』

① 강감찬이 귀주에서 외적을 격퇴하였다.
② 강조가 정변을 일으켜 왕을 폐위하였다.
③ 이자겸이 금의 사대 요구 수용을 주장하였다.
④ 서희가 외교 담판을 벌여 강동 6주를 획득하였다.
⑤ 부여성에서 비사성에 이르는 천리장성이 축조되었다.

47-14 묘청의 서경 천도

10 다음 상황이 나타난 시기를 연표에서 옳게 고른 것은? [2점]

서경 인원역의 지세는 음양가들이 말하는 대화세(大華勢)에 해당합니다. 이곳에 궁궐을 세우고 옮겨 가시면 천하를 아우르게 되니 금나라가 예물을 가지고 와서 스스로 항복할 것입니다.

짐이 서경에 행차하여 지세를 살펴 보도록 하겠노라.

936		1018		1126		1170		1270		1359
	(가)		(나)		(다)		(라)		(마)	
후삼국 통일		거란의 3차 침입		이자겸의 난		무신 정변		개경 환도		홍건적의 침입

① (가)   ② (나)   ③ (다)   ④ (라)   ⑤ (마)

 문제분석

09 정답 ③ 번

1107년 윤관이 이끈 17만 별기군은 여진을 토벌하고 9성 축성에 성공한다. 하지만 새로 개척한 땅을 지키기가 어렵고, 여진족의 반환 요청과 노략질이 계속되자 힘들게 얻는 9성을 돌려준다. 9성을 돌려받은 여진족은 힘을 키워, 요나라를 멸망시키고 강대국으로 성장했다. 고려를 부모의 나라로 섬겼던 여진족이 이제는 고려에게 사대의 예를 강요한다. 고려는 평화를 얻기 위해 이를 수용하게 된다.

① 1018년 거란이 3차 침략을 해오자, 강감찬이 귀주에서 거란군을 격퇴했다.
② 1009년 강조가 정변을 일으켜, 목종을 폐위시키고 현종을 옹립했다. 이를 빌미로 거란이 고려를 침략해왔다.
③ 1125년 여진족의 금나라가 요나라를 멸망시킨 후, 고려에 사대관계를 요구하였다. 고려는 이 요구를 수용했다.
④ 993년 거란이 고려를 쳐들어오자, 서희가 외교담판을 통해 강동 6주를 획득하고, 거란과 국교를 맺는다.
⑤ 631~646년에 고구려는 당나라 침략에 대비해 천리장성을 축조했다.

10 정답 ③ 번

1126년 고려의 권세가 이자겸은 금나라의 사대요구를 받아들였다. 이로 인해 고려인의 자존심이 크게 훼손되었다. 이자겸이 제거된 후, 묘청 등은 풍수지리설에 의거해, 나라를 중흥하기 위해서는 지덕이 왕성한 서경으로 천도를 주장했다.

① (가) 시기는 광종, 성종 등의 노력으로 고려의 중앙집권체제가 정비된 시기다.
② (나) 시기는 문벌귀족의 전성시대로, 사회가 안정되고 귀족 문화가 발전한 시기다.
③ (다) 시기는 문벌귀족사회가 동요하던 시기로, 이자겸의 난, 묘청의 난, 무신정변이 일어난 시기다.
④ (라) 시기 100년간은 무신정권이 지배하던 시기다.
⑤ (마) 시기는 고려가 원(몽골)의 간섭을 받던 시기다.

✓ 12세기 고려의 혼란, 이것만!

이자겸 난	문벌귀족 경원 이씨 이자겸이 왕위를 넘봄 1126년 왕이 척준경을 시켜 이자겸 제거
묘청 난	김부식 등 개경파와, 묘청 등 서경파 대립 1135년 풍수지리설에 근거 서경천도 추진하다 실패하자, 묘청이 대위국 선언하며 반란
무신 정변	문신에게 차별받은 무신 정중부 등이 1170년 보현원에서 문신 제거하고 권력 쟁취
하층민의 반발	차별받은 명학소 주민이 1176년 봉기 1193년 김사미와 효심의 난, 1198년 만적의 난

50-16 고려의 대외 항쟁

11 (가)~(다)을 일어난 순서대로 옳게 나열한 것은? [3점]

(가) 양규가 이수에서 전투를 벌이다가 석령까지 추격하여 2,500여 명의 머리를 베고 사로잡혔던 남녀, 1000여 명을 되찾아 왔다.

(나) 윤관 등이 여러 군사들에게 내성(內城)의 목재와 기와를 거두어 9성을 쌓게 하고, 변경 남쪽의 백성을 옮겨 와 살게 하였다.

(다) 적군이 30일 동안 귀주성을 포위하고 온갖 방법으로 공격하였으나, 박서가 임기응변으로 대응하여 굳게 지켰다. 이에 적군이 이기지 못하고 물러났다.

① (가) - (나) - (다)
② (가) - (다) - (나)
③ (나) - (가) - (다)
④ (나) - (다) - (가)
⑤ (다) - (나) - (가)

41-13 무신정권에 대한 반발

12 다음 사건이 일어난 시기를 연표에서 옳게 고른 것은? [2점]

○ 남쪽에서 저(賊)들이 봉기하였다 가장 심한 자들은 운문을 거점으로 한 김사미와 초전을 거점으로 한 효심이었다. 이들은 유랑민을 불러 모아 주현(州縣)을 습격하여 노략질하였다.
『고려사절요』

○ 최광수가 마침내 서경에 웅거해 반란을 일으켜 고구려흥복병마사(高句麗興復兵馬使) 금오위섭상장군(金吾衛攝上將軍)이라 자칭하고 막료들을 임명하여 배치한 후 정예군을 모았다.
『고려사』

945	1009	1126	1170	1270	1388
	(가)	(나)	(다)	(라)	(마)
왕규의 난	강조의 정변	이자겸의 난	무신 정변	개경 환도	위화도 회군

① (가)　　② (나)　　③ (다)　　④ (라)　　⑤ (마)

---

11 정답 ① 번

고려가 거란, 여진, 몽골과 전쟁을 한 순서를 알고 있는지를 질문하고 있다. 고려와 거란 1차 전쟁에서 활약한 서희, 2차 전쟁에서 강조, 양규, 3차 전쟁에서 강감찬과 강민첨, 여진과 전쟁에서 윤관, 몽골과 전쟁에서 박서, 김윤후에 대해 알아두어야 한다.

(가) 양규가 활약한 것은 1010년 거란의 2차 침입 때이다. 그는 퇴각하던 거란군을 이수, 석령 등에서 크게 격파했다.
(나) 윤관이 9성을 쌓고 남쪽의 백성을 옮겨와 살게 한 것은 1107년 여진 정벌에서 승리했기 때문이다.
(다) 귀주성에서 박서 장군이 수성전을 통해 적군을 물리친 것은 1231년 1차 몽골 침입시에 벌어진 사건이다. 1019년 강감찬, 강민첨 등이 3차 침입한 거란군을 크게 대파한 귀주 대첩과 구분이 필요하다.
따라서 ① (가) - (나) - (다)가 정답이다.

12 정답 ④ 번

무신정권의 최고 권력자 중 한 명인 이의민은 경주 관노의 자식이었다. 하층민에서 최고 권력자가 된 자들이 많이 등장하자, 신분 질서가 크게 동요한다. 또한 무신들 사이에 권력다툼이 심해지면서, 하층민에 대한 수탈도 심해졌다. 그러자 농민들이 반란을 일으켰는데, 이들 가운데는 신라, 고구려, 백제 부흥을 부르짖으며 봉기한 이들도 있었다.
1193년 경주 주변인 운문(청도), 초전(울산)에서 봉기한 김사미와 효심은 신라 부흥운동을 주장했다. 1217년 최광수는 고구려 부흥운동을 주장하며 봉기하였고, 1237년 이연년 형제는 백제 부흥운동을 주장하며 봉기했다.

✔ **초기 무신 정권의 변화, 이것만!**

집권자	특이 사항
이의방(1170~74)	문신 제거, 김보당, 조위총의 난 진압
정중부(1170~79)	중방 정치, 망이, 망소이의 난 제압
경대승(1179~83)	도방 설치 - 신변 경호 위한 숙위기관
이의민(1183~96)	천민 출신, 김사미와 효심의 난 제압

✎ MEMO

36-14 최충헌

13 다음 검색창에 들어갈 인물에 대한 설명으로 옳은 것은? [2점]

한국사(데이터베이스)

시기	내역	원문이미지
명종 26년 4월	이의민을 제거하다	원문이미지
명종 26년 5월	봉사 10조를 지어 바치다	원문이미지
신종 3년 12월	도방을 설치하다	원문이미지
희종 2년 3월	진강후로 책봉되다	원문이미지

① 서경에서 난을 일으키고 국호를 대위로 하였다.

② 화약과 화포 제작을 위한 화통도감 설치를 건의하였다.

③ 삼별초를 이끌고 진도로 이동하여 대몽 항쟁을 펼쳤다.

④ 교정별감이 되어 인사, 재정 등 국정 전반을 장악하였다.

⑤ 전민변정도감의 책임자로 임명되어 권문세족을 견제하였다.

49-16 몽골침략

14 (가) 국가의 침입에 대한 고려의 대응으로 옳은 것은? [2점]

이곳 죽주산성은 송문주 장군이 (가) 의 침입을 격퇴한 장소입니다. 사신 저고여의 피살을 빌미로 (가) 이/가 쳐들어오자, 송문주 장군은 귀주성과 이곳에서 거듭 물리쳤습니다.

① 화통도감을 두어 화포를 제작하였다.

② 진관 체제를 실시하여 국방을 강화하였다.

③ 별무반을 편성하고 동북 9성을 축조하였다.

④ 삼수병으로 구성된 훈련도감을 설치하였다.

⑤ 대장도감을 설치하여 팔만대장경판을 간행하였다.

---

13 정답 ④ 번

무신정권 집권자는 이의방, 정중부 - 경대승 - 이의민 - 최충헌, 최우, 최항, 최의 - 김준 - 임연, 임유무 순으로 변해왔다. 이의민을 제거하고 권력을 장악한 인물이 최충헌이다. 최충헌은 다른 이들과 달리, 봉사10조를 지어 바치는 등, 나름 개혁을 주장했고, 4대 62년(1196~1258)의 장기 집권 기반을 다졌다. 최충헌(1196~1219)은 경대승이 설치했던 신변경호를 위한 도방을 설치했고, 1209년에는 교정도감을 설치하고 스스로 교정별감이 되어 국정 전반을 장악했다.

① 묘청은 1135년 서경에서 난을 일으키고 국호를 대위로 하고, 금정벌을 주장했다.

② 최무선은 1377년 화통도감 설치를 건의하고, 화약과 화포 제작에 나섰다.

③ 배중손은 1170년 삼별초를 이끌고 진도로 이동해 대몽 항쟁을 펼쳤다.

④ 최충헌은 1209년 교정별감이 되어 인사, 재정 등 국정 전반을 장악했다.

⑤ 신돈은 1366년 전민변정도감의 책임자가 되어, 억울하게 노비가 된 자들을 풀어주며 권문세족을 견제했다.

✓ **최충헌, 이것만!**

· 봉사 10조를 국왕에게 올렸다.

· 교정도감을 설치하여 권력을 행사하였다.

· 교정별감이 되어 국정을 장악하였다.

14 정답 ⑤ 번

송문주 장군은 1237년 몽골군이 공격해오자, 죽주산성을 굳게 지켜 몽골군을 퇴각시킨 인물이다. 그는 1231년 박서 장군과 함께 귀주성 전투에서 몽골군을 막은 경험을 가진 인물이다. 송문주 장군보다 더 알기 쉬운 것은 저고여의 피살을 빌미로 고려에 처들어온 나라를 찾는 것이다.

① 1377년 최무선은 화통도감을 두어 화포를 제작했다. 1380년 진포해전, 1383년 관음포해전에서 왜구를 격퇴할 때 화포가 큰 위력을 발휘했다.

② 1455년 세조가 북방 국경지대와 연해 지역에 여진과 왜구를 막기 위해 진관을 설치하면서 지방 수령이 지휘하는 지역방위체제인 진관체제가 만들어졌다.

③ 1104년 별무반이 만들어졌고, 1107년 윤관이 17반 별무반을 이끌고 여진을 정벌하여 동북 9성을 축조했다.

④ 1593년 사수, 포수, 살수 삼수병으로 구성된 훈련도감을 설치해, 조총수를 양성했다.

⑤ 1236년 몽골의 침입을 부처님의 원력으로 막기 위해 대장도감이 설치되어, 1251년에 팔만대장경을 완성했다.

46-15 최씨무신정권

15 (가), (나) 사이의 시기에 있었던 사실로 옳은 것은? [2점]

> (가) 최우가 왕에게 아뢰어 속히 대전(大殿)에서 내려와 서쪽 강화도로 행차할 것을 청하였으나, 왕이 망설이고 결정하지 못하였다. 최우가 녹전거(祿轉車) 100여 대를 빼앗아 집안의 재물을 강화도로 옮기니, 수도가 흉흉하였다.
>
> 『고려사절요』
>
> (나) 재추(宰樞)가 옛 수도로 다시 천도할 것을 회의하고 날짜를 정해 게시하였으나, 삼별초가 다른 마음을 품고 따르지 않으면서 함부로 부고(府庫)를 개방하였다.
>
> 『고려사』

① 인사 행정을 담당하던 정방이 폐지되었다.
② 만적이 개경에서 신분 해방을 도모하였다.
③ 묘청이 중심이 되어 서경 천도를 주장하였다.
④ 정중부 등이 정변을 일으켜 권력을 장악하였다.
⑤ 외적의 침입을 받아 황룡사 구층 목탑이 소실되었다.

38-13 삼별초

16 (가) 군사 조직에 대한 설명으로 옳은 것은? [3점]

오늘은 개경 환도 결정에 반발하여 봉기한 (가) 을/를 소개하는 시간입니다. 화면 속 자료에 대한 설명 부탁드립니다.

이 자료는 승화후 왕온을 왕으로 추대한 (가) 이/가 일본에 보낸 외교 문서를 일본 측에서 그 이전의 고려 국서와 비교하여 정리한 것입니다.

고려첩장불심조조

① 승려 출신으로 구성된 항마군이 있었다.
② 여진을 정벌하여 동북 9성 일대를 확보하였다.
③ 거란의 침입에 대비하는 과정에서 설치되었다.
④ 경대승이 신변 보호를 위해 만든 사병 조직이다.
⑤ 진도와 제주도로 근거지를 옮기면서 항쟁하였다.

---

15 정답 ⑤ 번

고려가 강화도로 천도하여, 몽골과 항전을 선언한 (가)의 상황과, 몽골에 항복하여 다시 개경으로 천도를 결정한 (나)의 상황을 통해, 고려가 강화도를 수도로 삼았던 시기의 상황을 묻고 있다. 1232년부터 1270년까지 고려가 개경을 버리고 강화도를 수도로 삼은 것은, 몽골의 침략 때문이었다.
1219년 최충헌이 죽자, 아버지의 권력을 이어받은 최우는 1249년까지 무신정권을 유지한다. 최씨 정권은 최우의 아들 최항(집권시기 1249~1257)과 손자인 최의(~1258)로 계승되나, 이후 김준(~1268)에 의해 최의가 살해된다. 무신정권은 김준을 거쳐 임연, 임유무 부자(~1270)까지 이어진다.

① 1225년 최우가 만든 인사행정 기구인 정방은 1352년 공민왕이 일시 폐지하였고, 1388년에 완전히 폐지된다.
② 1198년
③ 1135년
④ 1170년
⑤ 황룡사 9층 목탑이 불에 탄 것은 1238년 몽골의 3차 침입으로 인한 것이었다.

✓ **최우 집권기, 이것만!**
· 최우의 집에 인사 행정 담당기구인 정방을 설치했다.
· 교정도감과 정방을 통해 정치권력을 장악하였다.
· 국정 자문을 위한 문신들의 숙위 기구인 서방을 설치했다.
· 강화도로 도읍을 옮겨 몽골의 침략에 대비하였다.
· 치안 유지 및 전투 임무를 수행하는 삼별초를 조직하였다.
· 삼별초를 군사적 기반 및 정권 유지에 활용하였다.

16 정답 ⑤ 번

개경 환도에 반발해 봉기한 군사조직은 삼별초다. 삼별초는 진도에서 왕족인 왕온을 왕으로 추대하고, 일본에 외교문서를 보내 고려의 정통을 계승했음과 몽골 항쟁에 나섰음을 알렸다.

①, ② 1104년에 조직된 별무반, ③ 947년에 편성된 광군, ④ 1179년 경대승이 만든 도방은 최씨 무인정권에서도 신변경호를 담당하는 조직이었다.

✓ **삼별초, 이것만!**
· 무신정권의 군사적 기반 및 정권 유지에 활용된 조직이었다.
· 야별초를 확대하여 삼별초를 조직하였다.
· 좌우별초와 신의군으로 삼별초를 조직하였다.
· 개경 환도에 반대하여, 삼별초가 진도로 이동하였다.
· 진도 용장성에서 배중손이 삼별초의 대몽항쟁을 지휘하였다.
· 진도에서 제주도로 근거지를 옮겨 활동하였다.

45-11 공민왕의 등장

17 다음 상황 이후에 일어난 사실로 옳은 것은? [2점]

왕이 원의 제도를 따라 변발과 호복을 하고 전상(殿上)에 앉아 있었다. 이연종이 말하기를, "변발과 호복은 선왕의 제도가 아니옵니다. 원컨대 전하께서는 본받지 마소서."라고 하였다. 왕이 기뻐하며 즉시 변발을 풀고, 이연종에게 옷과 이불을 하사하였다.

① 대표적 친원 세력인 기철이 숙청되었다.
② 김윤후가 처인성에서 몽골군을 물리쳤다.
③ 정중부 등이 정변을 일으켜 권력을 장악하였다.
④ 최충이 9재 학당을 세워 유학 교육을 실시하였다.
⑤ 만적을 비롯한 노비들이 신분 해방을 도모하였다.

49-17 공민왕의 반원 자주 정책

18 밑줄 그은 '왕'에 대한 설명으로 옳은 것은? [2점]

왕이 지정(至正) 연호의 사용을 중지하고 교서를 내려 말하기를. "…… 기철 등이 군주의 위세를 빙자하여 나라의 법도를 뒤흔들었다. 자신의 기분에 따라 관리를 마음대로 임명하여 정령(政令)이 원칙 없이 바뀌었다. 남이 토지를 가지고 있으면 그것을 차지하고, 노비를 가지고 있으면 빼앗았다. …… 이제 다행히도 조종(祖宗)의 영령에 기대어 기철 등을 처단할 수 있었다."라고 하였다.

『고려사』

① 중서문하성과 상서성을 복구하였다.
② 원의 요청으로 일본 원정에 참여하였다.
③ 조준 등의 건의로 과전법을 제정하였다.
④ 이인임 일파를 축출하고 왕권을 회복하였다.
⑤ 쌍기의 건의를 받아들여 과거제를 실시하였다.

17 정답 ① 번

변발과 호복은 몽골의 복식이다. 몽골 복식을 하다가, 이를 버린 왕은 공민왕(1351~1374)이다. 공민왕의 반원정책과 개혁정책은 출제 빈도가 높다.

① 1356년 공민왕은 원나라 기씨황후의 오빠인 기철을 숙청했다.
② 1232년 승려 김윤후는 처인성에서 몽골의 장수 살리타이를 활로 쏘아 죽여, 적을 물리쳤다.
③ 1170년 정중부, 이고, 이의방 등 무신들이 정변을 일으켜, 권력을 장악했다.
④ 1055년 최충이 9재 학당을 세워 유학 교육을 실시했다.
⑤ 1198년 최충헌 집안의 노비였던 만적을 비롯한 노비들이 신분 해방을 위한 반란을 도모하다가 발각되어 실패했다.

18 정답 ① 번

지정 연호 사용 중지, 기철 처단이란 문구를 통해 밑줄 그은 왕이 공민왕임을 알 수 있다. 지정은 원나라의 연호이고, 기철은 원나라 기황후의 오빠로 대표적인 친원파 세력이다. 공민왕은 몽골 간섭기에 왜곡되었던 고려의 정치 사회제도를 그 이전으로 되돌리고자 했던 임금이다. 따라서 답은 ①번임을 쉽게 찾을 수 있다.

① 공민왕은 1356년 첨의부를 고쳐 종래의 중서문하성과 상서성을 복구하고, 6부제로 환원시키는 관제개혁을 단행했다.
② 고려는 1274년과 1281년 원의 강요로 일본 원정에 참여했다.
③ 1391년 조준 등이 건의하여 신진사대부의 경제적 기반을 마련하기 위한 과전법을 제정했다.
④ 1374년 공민왕이 시해된 후, 이인임이 정권을 장악했다. 권문세족의 수장인 이인임과 그의 일파들이 토지를 수탈하는 등 탐학을 부리자, 1388년 최영, 이성계 등이 이인임 일파를 축출하였다.
⑤ 958년 광종은 후주 출신 쌍기의 건의를 받아들여 과거제를 실시하였다.

✓ **공민왕의 반원 자주 정책, 이것만!**
• 원(몽골)의 세력 약화를 이용해 쌍성총관부를 공격하여 철령 이북의 영토를 수복하였다.
• 몽골 풍속을 금지하고, 원의 연호 사용을 중지하였다.
• 기철을 비롯한 친원 세력을 제거하였다.
• 고려 내정을 간섭하던 정동행성 이문소를 폐지하였다.
• 개경까지 쳐들어와 약탈을 일삼던 홍건적을 축출하였다.
• 격하된 고려의 관제를 복구하였다.
• 인사행정을 담당하며 왕권을 제약하던 정방을 폐지하였다.

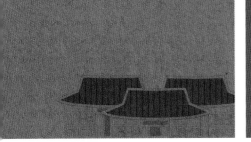

19 (가) 기구에 대한 설명으로 옳은 것은? [1점]

역사용어해설

(가)

1. 개요
토지와 노비 문제를 해결하기 위해 설치된 임시 기구로, 불법적으로 빼앗긴 토지를 원래의 주인에게 돌려주거나 억울하게 노비가 된 자들을 본래 신분으로 되돌리기 위해 만들어졌다. 1269년(원종 10)에 처음 설치되었고, 이후 폐지와 설치를 거듭하였다.

2. 관련 사료
신돈이 (가)을/를 설치할 것을 청하고 스스로 판사(判事)가 되었다. …… 권세가와 부호 중에 빼앗았던 토지와 노비를 그 주인에게 돌려주는 자가 많아, 온 나라 사람들이 기뻐하였다.

① 원 간섭기에 첨의부로 격하되었다.
② 고려 말에 도평의사사로 명칭이 바뀌었다.
③ 소속 관원이 낭사와 함께 대간으로 불렸다.
④ 공민왕 때 내정 개혁의 일환으로 운영되었다.
⑤ 최씨 무신 정권의 최고 권력 기구로 활용되었다.

20 (가), (나) 사이의 시기에 있었던 사실로 옳은 것은? [3점]

(가) 최영이 백관(百官)과 함께 철령 이북의 땅을 떼어 줄지 여부를 논의하자 관리들이 모두 반대하였다. 우왕은 홀로 최영과 비밀리에 요동을 공격할 것을 의논하였는데, 최영이 이를 권하였다.

(나) 배극렴 등이 왕위에 오르기를 권고하자 태조는 "예로부터 제왕의 흥기(興起)는 천명이 있지 않으면 불가하다. 나는 실로 부덕한 사람인데 어찌 감히 왕위를 감당하겠는가?"라며 결국 불응하였다. 신하들이 왕위에 오르기를 거듭 권하니 마침내 태조가 즉위하였다.

① 조준 등의 건의로 과전법이 제정되었다.
② 대표적 친원 세력인 기철이 숙청되었다.
③ 공주 명학소에서 망이 · 망소이가 봉기하였다.
④ 쌍성총관부를 공격하여 철령 이북의 땅을 수복하였다.
⑤ 백성의 억울함을 풀어 주기 위해 신문고가 설치되었다.

🔍 **문제분석**

19 정답 ④ 번

토지와 노비 문제를 해결하는 위한 임시기구인 전민변정도감은 수시로 폐지와 설치를 거듭한다. 처음 설치된 1269년이 중요한 것이 아니라, 1366년 신돈이 판사가 되어 적극적인 개혁을 하였을 때가 역사적 의미가 있다. 신돈은 권문세족들의 힘을 약화시키고, 백성을 위한 정치를 시도했지만, 너무 급격한 개혁으로 인해 결국 실패하고 만다. 신돈의 개혁 실패로, 공민왕의 개혁 정치는 실패하게 된다.

① 원 간섭기인 1275년 고려 최고의 행정기관인 중서문하성과 상서성을 합쳐 만든 것이 첨의부다.
② 중서문하성과 중추원의 2품 이상 고위관위인 재신과 추밀이 모여 국방 등 중대사를 논의하는 도병마사가 1279년 도평의사로 개칭된다.
③ 어사대의 관원은 문하성의 3품 이하인 낭사들과 함께 대간으로 불리며, 서경, 간쟁, 봉박 등을 담당했다. 어사대는 관리의 비리를 감찰하는 곳이다.
⑤ 1209년에 최충헌이 설치한 교정도감이다.

✔️ **공민왕의 개혁정치, 이것만!**
· 신돈을 등용하여 개혁을 단행하였다.
· 전민변정도감을 두어 권문세족의 경제 기반을 약화시키고자 하였다.
· 국자감을 성균관으로 개칭하고 유학 교육을 강화했다.
· 유학을 익힌 신진 인사들이 과거 제도를 통해 등용되었다.

20 정답 ① 번

1388년 우왕과 최영은 철령 이북을 빼앗으려는 명나라의 야욕에 대항하기 위해 이성계를 시켜 요동정벌 계획을 수립한다. 하지만 이성계가 4불가론을 내세우며 위화도에서 회군하여 최영과 우왕을 제거하고, 권력을 장악하게 된다. 1380년 왜구의 침략을 황산전투에서 대파하여, 전쟁영웅으로 떠오른 이성계는 1392년 마침내 왕으로 즉위하게 된다.
이성계 일파가 권력을 잡고, 새 왕조를 건설할 때까지 준비한 것이 무엇이었는지를 묻는 문제다. 이성계를 비롯한 신흥무장 세력과, 정도전을 비롯한 신진사대부들은 권력을 갖고 있던 권문세가의 힘을 약화시키기 위해, 1391년 토지제도를 개혁한 과전법을 실시한다. 과전법 실시는 고려의 멸망과, 새 왕조 등장을 알리는 신호탄이었다.

① 1391년 공양왕
② 1356년 공민왕
③ 1176년 무신정권시기
④ 1356년 공민왕
⑤ 1401년 조선 태종

02 고려 정치제도와 경제

46-12 성종의 유교 정치

01 다음 장면에 등장하는 왕이 추진한 정책으로 옳은 것은? [2점]

> 몇 해 전에 설치한 12목에 경학박사와 의학박사를 각 1명씩 파견하여 지방의 인재를 가르치고 깨우칠 수 있도록 하라. 아울러 지방관들은 지역의 인재를 중앙으로 천거하도록 하여 이것을 항구적인 법식으로 삼도록 하라.

① 지방 세력 통제를 위해 향리제를 정비하였다.
② 주전도감을 설치하여 해동통보를 발행하였다.
③ 쌍기의 건의를 받아들여 과거제를 실시하였다.
④ 정계와 계백료서를 지어 관리의 규범을 제시하였다.
⑤ 국자감을 성균관으로 개칭하고 유학 교육을 강화하였다.

48-14 도병마사

02 (가) 기구에 대한 설명으로 옳은 것은? [2점]

역사 용어 해설

[(가)]

1. 개요
고려의 회의 기구로 중서문하성과 중추원의 고위 관료들이 모여 주로 국방과 군사 문제를 다루었다. 대내적인 법제와 격식을 관장하는 식목도감과 함께 합의제로 운영되었다.

2. 관련 사료
판사(判事)는 시중·평장사·참지정사·정당문학·지문하성사로 임명하였으며, 사(使)는 6추밀 및 직사 3품 이상으로 임명하였다. …… 무릇 국가에 큰일이 있으면 사(使) 이상의 관료가 모여서 의논하였으므로 합좌라는 이름이 있었다.

『고려사』

① 수도의 치안과 행정을 담당하였다.
② 사헌부, 사간원과 함께 3사로 불렀다.
③ 원 간섭기에 도평의사사로 개편되었다.
④ 화폐와 곡식의 출납 회계를 담당하였다.
⑤ 관리 임명에 대한 서경권을 가지고 있었다.

---

01 정답 ① 번

12목을 설치(983년)하고, 경학박사와 의학박사를 파견해 인재를 기르게 하고, 지방관으로 하여금 인재를 중앙으로 천거하게 한 임금은 고려 6대 성종(981~997)이다. 그는 12목을 설치하여 지방관을 파견하고, 983년 향리제를 정비하여 호장, 부호장 등 향리 직제를 마련하고, 2성 6부제를 토대로 중앙통치조직을 정비하는 등, 유교적인 통치 체제를 정착시켰다. 982년 최승로가 제출한 시무 28조가 성종의 정치에 큰 영향을 끼친 것이다. 고려 성종은, 조선의 유교정치제제를 완성시킨 성종(1469~1494)과 비견할 인물이다.

② 주전도감이 설치된 것은 1097년, 해동통보를 발행한 것은 1102년이다.
③ 958년 광종
④ 936년 태조
⑤ 1367년 공민왕

✓ **고려 성종, 이것만!**
· 12목에 지방관을 파견하고, 지방 제도를 정비했다. - 983년
· 최승로의 시무 28조를 받아들여 통치 체제를 정비하였다.
· 거란의 1차 침입을 격퇴하고 영토를 확장하였다. - 993년
· 국자감을 설립하여 유학 교육을 실시하였다.
· 건원중보를 발행하였으나 유통은 부진하였다. - 996년
· 의창, 상평창을 설치하여 백성들을 구휼하였다. - 986, 993년
· 2성 6부제를 토대로 중앙 통치 조직을 정비하였다.
· 노비환천법(奴婢還賤法)이 실시되었다. - 982년
· 도병마사를 설치하여 주요 문제를 논의하였다. - 989년
· 지방 세력 통제를 위해 향리제를 정비하였다.

02 정답 ③ 번

중서문하성과 중추원의 고위관리가 국방과 군사문제를 다루는 기관으로, 합의제로 운영된 기관은 도병마사다. 조선의 비변사는 고려의 도병마사와 같은 역할을 수행했다.

① 수도의 치안과 행정을 담당한 기관은 조선의 한성부다.
② 3사는 사헌부, 사간원, 그리고 홍문관이다.
③ 도병마사는 원 간섭기인 1279년 도평의사사로 개편된다.
④ 화폐와 곡식의 출납 회계 담당은 고려의 삼사로, 조선에서 언론을 담당한 3개 기관을 말하는 3사와 구분해야 한다.
⑤ 관리 임명에 대한 서경권을 가진 기구는 대간으로, 중서문하성의 낭사와 어사대의 대간으로 구성되어 있었다. 조선에서 서경권은 사헌부와 사간원이 갖고 있었다.

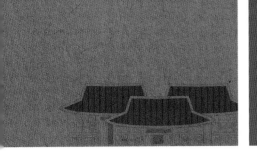

03 (가), (나) 기구에 대한 설명으로 옳은 것을 〈보기〉에서 고른 것은 [2점]

이번에 (가) 의 수장인 문하시중의 자리에 오르셨다고 들었습니다. 영전을 축하드립니다.

고맙네 자네가 (나) 에서 맡고 있는 어사대부 직책도 중요하니 열심히 하시게.

─── 〈보기〉 ───
ㄱ. (가) - 화폐 곡식의 출납과 회계를 맡았다.
ㄴ. (가) - 국정을 총괄하는 최고 중앙 관서였다.
ㄷ. (나) - 원간섭기에 도평의사사로 개편되었다.
ㄹ. (나) - 관리 임명에 대한 서경권을 행사하였다.

① ㄱ, ㄴ   ② ㄱ, ㄷ   ③ ㄴ, ㄷ   ④ ㄴ, ㄹ   ⑤ ㄷ, ㄹ

04 밑줄 그은 '폐하'에 대한 설명으로 옳은 것은? [2점]

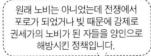

폐하께서 실시한 노비안검법에 대해 말씀해 주십시오.

원래 노비는 아니었는데 전쟁에서 포로가 되었거나 빚 때문에 강제로 권세가의 노비가 된 자들을 양인으로 해방시킨 정책입니다.

① 12목을 설치하고 지방관을 파견하였다.
② 신돈을 등용하고 전민변정도감을 두었다.
③ 민생안정을 위해 흑창을 처음 설치하였다.
④ 주전도감을 설치하여 해동통보를 발행하였다.
⑤ 광덕, 준풍 등의 독자적인 연호를 사용하였다.

---

03 정답 ④ 번

문하시중이 수장인 기구와, 어사대부가 근무하는 고려의 중앙 관청에 대한 문제다. 고려의 통치 체제는 성종 때 마련된 2성 6부제가 근간이다. (가)는 중서문하성으로, 국정을 심의, 결정했다. 그 수장이 문하시중으로, 국정을 총괄했다. (나)는 어사대로, 정치의 잘잘못을 논하고, 관리의 비리를 감찰하는 역할을 맡았다.

ㄱ. 삼사, ㄴ. 중서문하성, ㄷ. 국방과 군사 등의 군무의 중요한 일을 결정하는 곳인 도병마사, ㄹ. 관리임명에 대한 서경권을 행사한 것은 대간으로 어사대 관원이 해당된다.

✔ 고려 중앙관청, 이것만!

중서문하성	국가정책 심의 결정기관, 2품 이상 재신 + 3품 이하 낭사, 문하시중이 장관
중추원	군사 기밀 담당 추밀 + 왕명 담당 승선
어사대	정치 잘잘못 논하고, 관리 비리 감찰, 어사대 관원+낭사=대간이 서경권 행사
도병마사	재신+추밀=재추가 모여 국방 등 중요 결정
삼사	화폐 곡식의 출납과 회계를 담당
상서성	실제 정무 담당하는 이병호형예공 6부 관할

04 정답 ⑤ 번

노비안검법은 고려 광종(949~975)의 대표적인 업적이다. 광종은 956년 실시한 노비안검법을 통해 호족의 세력을 약화시키고, 국가의 재정을 확충할 수 있었다. 하지만 982년 최승로가 성종에게 노비안검법의 폐단으로 노비에서 풀려난 자들이 옛 주인을 경멸하는 풍습이 생겼다고 비판하고, 다시 노비환천법을 건의해, 다시금 양민에서 노비로 전락한 자들이 생기게 된다. 노비안검법 실시로 인해 경제적 손해를 본 귀족들의 요구가 관철된 것이다. 신분제 사회에서 하층민의 신분해방이 어려움을 보여주는 사례다.

① 982년 성종
② 1366년 공민왕
③ 918년 태조
④ 1101년 숙종
⑤ 광덕(949~951), 준풍(960~963)은 광종이 사용한 연호

✔ 고려 노비 해방, 이것만!

• 노비안검법(956) - 억울하게 노비가 된 자를 양인으로 해방
• 만적의 난(1198) - '왕후장상의 씨가 따로 있느냐'며 최충헌의 노비 만적을 중심으로 개경에서 신분 해방을 도모
• 전민변정도감(1366) - 신돈이 권문세족에게 부당하게 토지를 빼앗기고, 노비가 되었던 자들을 양민으로 해방

35-13 고려 지방통치

05 다음 제도를 운영한 국가의 지방 통치에 대한 설명으로 옳은 것은? [2점]

> 6위를 설치하였다. …… 6위에 직원(職員)과 장수를 배치하였다.
> 그 후에 응양군과 용호군 2군을 설치하였는데,
> 2군은 6위보다 지위가 높았다.

① 전국을 5경 15부 62주로 나누었다.
② 특수 행정 구역으로 향, 부곡, 소가 있었다.
③ 지방 장관으로 욕살, 처려근지 등을 두었다.
④ 상수리 제도를 실시하여 지방 세력을 견제하였다.
⑤ 수도의 위치가 치우친 것을 보완하기 위해 5소경을 설치하였다.

32-17 향, 소, 부곡

06 (가)에 들어갈 내용으로 옳은 것은? [2점]

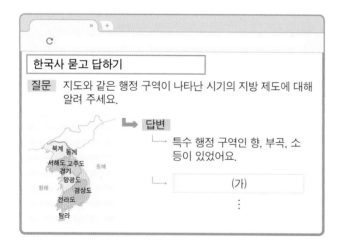

한국사 묻고 답하기

질문 지도와 같은 행정 구역이 나타난 시기의 지방 제도에 대해 알려 주세요.

➡ 답변
┗ 특수 행정 구역인 향, 부곡, 소 등이 있었어요.
┗ (가)
⋮

① 경재소를 설치하여 유향소를 통제하였어요.
② 전국의 모든 군현에 지방관을 파견하였어요.
③ 상수리 제도를 실시하여 지방 세력을 견제하였어요.
④ 5소경을 설치하여 수도의 편재성을 보완하고자 하였어요.
⑤ 국경 지대에 병마사를 파견하여 적의 침입에 대비하였어요.

문제분석

05 정답 ② 번

2군과 6위는 고려의 중앙군이다. 고려의 중앙군은 직업군인으로, 군인전을 지급받고, 직역을 세습했다. 2군은 응양군과 용호군으로 궁성을 지키는 친위부대였다. 6위는 전투부대로, 좌우위, 신호위, 흥위위가 총 3만 2천으로 주력군이며, 금오위는 경찰부대, 천우위는 의장대, 감문위는 궁문 수비를 담당했다. 2군 6위의 총병력은 4만 5천명이었다. 지방에는 5도에 주현군이, 양계에는 주진군이 주둔했다.

① 발해, ② 고려, ③ 고구려, ④ 신라, ⑤ 신라

✔ 고려 지방통치, 이것만!

- 전국에 12목을 두고 지방관을 파견했다. - 983 성종
- 전국을 5도와 양계(동계, 북계)로 나누었다. - 현종
- 외관이 파견된 주현보다 파견되지 않은 속현이 더 많았다.
- 특수 행정구역으로 향, 부곡, 소가 있었다.
- 지방세력 통제를 목적으로 사심관, 기인제도를 실시했다.
- 호장, 부호장 등 향리제도를 마련해 지방세력을 통제했다.

06 정답 ⑤ 번

향, 소, 부곡 등 특수행정 구역은 신라시대부터 조선초기까지 존속한 특수행정구역이다. 5도 양계는 고려의 지방 행정조직이다. 조선의 8도는 종2품 관찰사가 지방에 파견되어 지역을 통치하였지만, 고려의 5도는 5품 안찰사가 지방을 감찰하였을 따름이다. 도에 주, 군, 현이 설치된 것과 달리, 국경 지대에 설치된 동계와 북계는 병마사가 파견되었고, 국방 요충지에는 진이 설치되었다.

① 경재소는 중앙의 현직 관료로 하여금 연고지의 향촌 자치기구인 유향소를 통제하는 조선의 제도였다.
② 조선은 모든 군현에 지방관을 파견하였지만, 고려는 지방관이 파견되지 못한 속현이 지방관이 파견된 주현보다 많았다.
③ 신라
④ 신라
⑤ 고려

✔ 향, 부곡, 소, 이것만!

- 공주 명학소에서 망이, 망소이가 가혹한 수탈에 저항하여 봉기하였다. 특수 행정구역인 향, 소, 부곡에는 지방관이 파견되지 못했고, 지방관이 파견된 주현을 통해 간접 통치를 받았다.
- 향, 부곡의 민도 일반 군현민과 같은 조세의무를 지었다.
- 공로를 세우면 출신 부곡이 현으로 승격될 수도 있다.
- 부곡의 향리는 일반 군현의 향리에 비해 차별받았다.
- 소에서는 광산물이나 수공업품 이외에 해산물 등도 부담하였다.

07 다음 자료의 상황이 나타난 시기의 경제 모습으로 옳은 것은? [2점]

> 벽란정은 예성항 연안에 있으며, 개경에서 30리 떨어져 잇다. 사신(使臣)의 배가 연안에 닿으면 금고(金鼓)를 울리며 조서(詔書)를 맞아 인도하여 벽란정에 들어간다. 벽란정은 두 채로 되어 있는데, 서쪽의 것은 우벽란정이라 부르며 조서를 봉안하고, 동쪽의 것은 좌벽란정이라 부르며 정사·부사를 접대한다. …… 사신이 개경으로 들어가면 그들이 타고 온 배들은 예성항 내에 정박하게 되므로 뱃사람은 순서를 정해 이곳에서 배를 지킨다.

① 활구라고 불리는 은병이 유통되었다.
② 인삼, 담배가 상품 작물로 재배되었다.
③ 내상, 만상 등이 무역을 통해 부를 축적하였다.
④ 덕대가 물주에게 자금을 받아 광산을 경영하였다.
⑤ 공납의 폐단을 시정하기 위해 대동법이 시행되었다.

08 다음 자료에 나타난 시기의 경제 상황으로 옳은 것은? [3점]

> 11월에 팔관회가 열렸다. [왕이] 신봉루에 들러 모든 관료에게 큰 잔치를 베풀었다. 그리고 다음날 대회(大會)에서 또 술과 음식을 하사하고 음악을 관람하였다. …… 송의 상인과 탐라국도 특산물을 바쳤으므로 자리를 내주어 음악을 관람하게 하였는데, 이후에는 상례(常例)가 되었다.

① 집집마다 부경이라는 창고가 있었다.
② 경시서가 수도의 시전을 감독하였다.
③ 감자, 고구마 등의 구황작물이 재배되었다.
④ 모내기법 등을 소개한 농가집성이 편찬되었다.
⑤ 국경 지대에서 개시 무역과 후시 무역이 이루어졌다.

🔍 문제분석

07 정답 ① 번

예성강 연안에 위치한 벽란정이 외국 사신이 왕래하는 장소가 된 것은 고려시대다. 벽란정이 있던 벽란도는 고려의 국제교역항으로, 수도 개경의 바깥 항구였다.

① 활구는 1101년(고려 숙종 6년)에 은으로 만들어진 은화다.
② 인삼, 담배가 상품 작물로 재배된 것은 임진왜란 이후인 조선 후기다.
③ 내상, 만상이 활약한 것은 조선 후기다.
④ 덕대가 등장한 것은 1651년 설점수세가 시행되면서, 민간 광산 개발을 허용하기 시작하면서 부터다.
⑤ 특산물인 조를 현물이 아닌, 동전이나 쌀 등으로 납부하게 한 대동법은 1608년 경기도를 시작으로 1708년 황해도까지, 평안도와 함경도를 제외한 전국에서 시행되었다.

08 정답 ② 번

팔관회는 삼국시대 제천행사를 계승하는 한편, 고려의 국교인 불교, 그리고 도교 등이 두루 어우러진 고려의 국가행사이자 축제의 마당이다. 매년 10월 15일 서경, 11월 15일 개성에서 국가행사로 치러졌다. 팔관회 행사 기간 동안 송, 여진, 아라비아, 탐라 등의 사신, 상인들이 방문하여, 가져온 조공품을 바치고 상거래를 했다.
고려는 2월 연등회, 10월과 11월 팔관회 축제가 있었지만, 조선은 팔관회와 연등회를 영구히 폐지시켰다.

① 고구려
② 고려
③ 조선
④ 조선후기
⑤ 조선후기

✔ 고려 경제, 이것만!

· 주전도감을 설치하여 해동통보(1102)를 주조하고, 화폐 통용을 추진했다.
· 소를 이용한 깊이갈이가 일반화되었다.
· 벽란도에서 무역을 하는 송의 상인, 아라비아 상인
· 건원중보를 발행하였으나 유통은 부진하였다.
· 경시서가 수도의 시전을 감독하였다.
· 주점, 서적점, 다점 등의 관영 상점이 있었다.
· 밭농사에 2년 3작의 윤작법이 도입되었다.

✏ MEMO
....
....
....
....

🔍 문제분석

48-16 고려 토지 제도

09 다음 제도가 시행된 국가의 경제 상황으로 옳은 것은? [2점]

○ 경종 원년, 처음으로 직관(職官)과 산관(散官) 각 품의 전시과를 제정하였다.

○ 문종 30년, 양반 전시과를 다시 고쳤다. 제1과는 중서령, 상서령, 문하시중으로 전지 100결과 시지 50결을 주며, …… 제18과는 한인(閑人), 잡류(雜類)로 전지 17결을 주었다.

① 솔빈부의 말이 특산물로 거래되었다.
② 청해진이 국제 무역 거점으로 번성하였다.
③ 시장을 감독하는 관청인 동시전이 설치되었다.
④ 건원중보가 발행되어 금속 화폐의 통용이 추진되었다.
⑤ 설점수세제의 시행으로 민간의 광산 개발이 허용되었다.

09 정답 ④ 번

문제에서 제시된 것은 976년 시정전시과와, 1076년 경정 전시과다. 하지만 문제의 핵심은 전시과가 시행된 국가의 경제상황을 묻는 것이다. 경종, 문종, 중서령, 시지 등을 통해 이 나라가 고려라는 것을 알면 된다.

① 솔빈부의 말이 특산물로 거래된 나라는 발해다.
② 국제 무역 거점 청해진은 신라 말 장보고가 건립했다.
③ 동시전은 509년 신라 지증왕이 설치했다.
④ 건원중보는 996년 발행된 우리나라 최초의 철전으로, 비록 유통에는 실패했지만, 화폐 역사에서 큰 의미가 있다.
⑤ 설점수세제는 광산 개발을 허가하고, 세금을 받는 제도로, 1651년 조선 효종 시기에 시행되었다.

✓ **고려 토지제도, 이것만!**
· 전시과는 전지와 시지(땔감 채취용)를 차등 지급하였다.
· 지급된 토지는 세금을 거둘 수 있는 수조권만 주었다.

구분	특징
역분전(940)	개국공신에게 인품, 공로를 기준 지급
시정전시과(976)	인품과 공복 기준으로 지급 (전직,현직)
개정전시과(998)	관직을 기준으로 지급 (전직, 현직)
경정전시과(1076)	현직 관리를 중심으로 토지를 지급
과전법(1391)	신진사대부 주도. 경기지역에 한정 지급

40-13 전시과와 과전법

10 (가), (나)에 해당하는 토지 제도에 대한 설명으로 옳은 것을 <보기>에서 고른 것은? [2점]

(가) 경종 원년(976) 11월, 처음으로 직관(職官)과 산관(散官) 각 품의 전시과를 제정하였다.

(나) 공양왕 3년(1391) 5월, 도평의사사가 글을 올려 과전을 주는 법을 정하자고 요청하니 왕이 따랐다.

─ <보기> ─
ㄱ. (가) - 전지와 시지를 지급하여 수취의 권리를 행사하게 하였다.
ㄴ. (가) - 관리의 사망 시 유가족에게 수신전과 휼양전을 지급하였다.
ㄷ. (나) - 지급 대상 토지를 원칙적으로 경기 지역에 한정하였다.
ㄹ. (나) - 관리의 인품과 공복을 기준으로 하여 토지를 지급하였다.

① ㄱ, ㄴ   ② ㄱ, ㄷ   ③ ㄴ, ㄷ   ④ ㄴ, ㄹ   ⑤ ㄷ, ㄹ

10 정답 ② 번

고려의 토지제도인 전시과와 조선 토지제도의 기본이 되는 과전법에 대한 문제다.

ㄱ. 전시과는 전지와 시지를 지급해 수조권을 지급했다.
ㄴ. 수신전과 휼양전 지급은 과전법이다.
ㄷ. 과전법이다. 전시과는 양계 제외 전국의 토지였다.
ㄹ. 인품과 공복을 기준으로 한 것은 시정전시과다.

✓ **전시과 제도 하에서 토지의 종류, 이것만!**

과전	문무 관리에게 지급. 사망, 퇴직시 반납.
공음전	5품이상 관료에게 지급. 세습가능. 귀족경제기반
군인전	중앙 군인에게 군역 대가 지급. 군역 세습 가능
구분전	하급관료 및 군인 유가족 지급
기타	공해전(중앙과 지방 관청지급), 내장전(왕실 경비충당), 사원전(사찰 지급), 한인전(6품 이하 관료 자재로 관직에 오르지 못한 자에게 지급)

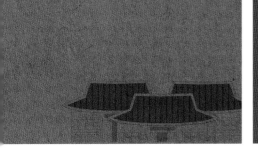

11 다음 자료에 나타난 시기의 경제 상황으로 옳은 것은? [1점]

> ○ 화폐를 주조하는 법을 제정하여, 그것에 따라 주조한 전(錢) 15,000관을 재추와 문무 양반 및 군인에게 나누어 주어 화폐 사용의 시작점으로 삼고 이름을 해동통보라고 하였다.
>
> ○ 주현에 명령하여 미곡을 내어 술과 음식을 파는 점포를 열고 백성에게 교역을 허락하여 전(錢)의 이로움을 알게 하였다.

① 모내기법이 전국적으로 확산되었다.

② 초량 왜관을 통해 일본과 무역하였다.

③ 독점적 도매 상인인 도고가 활동하였다.

④ 감자, 고구마 등의 작물이 널리 재배되었다.

⑤ 경시서의 관리들이 수도의 시전을 감독하였다.

12 (가)에 들어갈 내용으로 옳지 않은 것은? [2점]

고려 시대 민생안정을 위해 시행한 정책에 대해 이야기해 보자.

감염병 확산 등에 대처하기 위해 구제도감을 실시하였어.

(가)

① 물가 조절을 위해 상평창을 설치하였어.

② 병자에게 의약품을 제공하는 혜민국이 있었어.

③ 환자 치료와 빈민 구제를 위해 동·서 대비원을 두었어.

④ 국산 약재와 치료 방법을 정리한 향약집성방이 간행되었어.

⑤ 기금을 모아 그 이자로 빈민을 구제하는 제위보를 운영하였어.

문제분석

11 정답 ⑤ 번

고려 숙종은 주전도감을 설치한 후, 1102년 해동통보를 주조하게 했다. 자료는『고려사』<식화지>와『고려사절요』숙종 7년 12월 기사를 바탕으로 작성된 것이다.

① 모내기법이 전국적으로 확산된 것은 조선 후기다.

② 왜관은 1407년 부산포와 내이포에 처음으로 설치되었고, 1426년 염포를 추가해 3포 제도가 마련되었다가, 임진왜란 때 모두 폐쇄되었다. 1607년 다시 부산 두모포에 왜관을 설치되었다가, 1678년 초량 왜관으로 옮겨지게 되었다.

③ 독점적 도매상인인 도고가 활동한 것은 조선 후기에 일이다.

④ 감자, 고구마 등은 아메리카가 원산지로, 감자는 19세기 초 청나라에서, 고구마는 1763년 조선 통신사 조엄이 일본에서 가져왔다.

⑤ 경시서는 고려 문종(1046~1083)이 수도의 시전을 감독하기 위해 설치한 것이다.

12 정답 ④ 번

문제에서 고려시대 민생안정을 위한 정책을 거론하였고, 구제도감 설치가 등장하였으므로, 그와 다른 결의 답을 찾는 문제다. 고려의 민생안정 정책은 구제도감, 상평창, 제위보, 혜민국 설치, 동서대비원 설립 등이 있다.

① 상평창은 993년 물가 조정을 통해 민생을 안정시키려는 목적에서 설치된 것이다.

② 1112년 예종이 전염병이 퍼지는 것을 막기 위해 백성들에게 약을 무료로 나누어 주기 위해 처음 혜민국이 설치되었다. 혜민국은 조선시대에는 혜민서로 계승되었다.

③ 1049년 환자 치료와 빈민 구제를 위해 동서대비원을 둔 것은, 혜민국 설치, 구제도감 설치와 더불어 빈민을 구제하기 위한 고려의 정책이었다.

④ 향약집성방은 1433년 조선 세종 때에 간행된 것으로, 고려의 민생안정 정책과는 무관하다.

⑤ 963년에 설치된 제위보는 기금을 모아 그 이자로 빈민 구제를 위한 것으로, 고려의 민생안정 대책의 하나였다.

✔ **고려 빈민구제 제도, 이것만!**

흑창(918)	태조가 빈민구제와 민생안정 위해 설치
의창(986)	봄에 곡식 대출, 가을에 회수, 빈민 구제
구제도감	병자 치료와 빈민 구제 목적, 임시기관
제위보(963)	기금 모아 이자로 빈민을 도와줌
혜민국(1112)	병자에게 약을 무료로 지급
동서대비원(1049)	환자 치료 및 빈민을 수용해 돌봄

🔍 문제분석

48-15 의천

01 밑줄 그은 '그'에 대한 설명으로 옳은 것은? [2점]

이것은 경상북도 칠곡군 선봉사에 있는 비석입니다. 문종의 아들인 그가 국청사를 중심으로 천태종을 개창한 행적이 기록되어 있습니다.

① 보현십원가를 지어 불교 교리를 전파하였다.
② 불교 개혁을 주장하며 수선사 결사를 조직하였다.
③ 선문염송집을 편찬하고 유불 일치설을 주장하였다.
④ 불교 관련 설화를 중심으로 삼국유사를 저술하였다.
⑤ 이론 연마와 수행을 함께 강조하는 교관겸수를 제시하였다.

46-14 고려의 승려

02 (가)에 들어갈 내용으로 적절한 것은? [2점]

여기는 순천시 조계산에 자리한 송광사입니다. 해인사, 통도사와 함께 우리 나라 삼보사찰(三寶寺刹) 중 하나로, 16명의 국사를 배출하여 승보사찰(僧寶寺刹)로 불립니다. 이곳에서 ____(가)____

① 일연이 심국유사를 집필하였습니다.
② 원효가 금강삼매경론을 저술하였습니다.
③ 의천이 신편제종교장총록을 편찬하였습니다.
④ 지눌이 정혜씽수와 돈오점수를 내세웠습니다.
⑤ 요세가 법화 신앙을 바탕으로 백련 결사를 이끌었습니다.

01 정답 ⑤ 번

문종의 아들로, 국청사를 중심으로 천태종을 개창한 스님은 대각국사 의천(1055~1101)이다. 왕자로 국사에 오른 만큼, 그는 국가적 사업을 할 수 있는 인물임을 기억해야 한다.

교장 편찬을 주도하고, 천태종을 창시하여 교종 중심의 교단통합운동을 한 대각국사 의천은 교관겸수를 제시하였고, 수선사 결사를 조직하여 불교 개혁을 주장하고, 조계종을 창시하여 선종 중심의 교단통합운동을 한 보조국사 지눌(1158~1210)은 정혜쌍수를 제시했다.

① 향가인 보현십원가 11수는 균여(923~973)의 작품이다.
② 수선사 결사를 조직한 스님은 보조국사 지눌이다.
③ 유불 일치설을 주장한 스님은 혜심(1178~1234)이다.
④ 삼국유사를 저술한 스님은 일연(1206~1289)이다.
⑤ 이론 연마와 수행을 강조한 교관겸수는 의천이 제시했다.

02 정답 ④ 번

송광사는 수선사, 정혜사라고 불린 우리나라 삼보사찰의 하나이다. 무신정권기 타락한 불교계를 정화하기 위해, 보조국사 지눌이 수선사 운동을 했던 곳이 이곳이다. 지눌은 11회 문제로 출제될 만큼, 고려 불교사에서 가장 많이 출제된다. 의천은 10회, 요세 3회, 혜심 3회가 출제되었던 만큼, 고려의 주요 승려들에 대해서는 반드시 알아야 한다.

① 1281년 일연이 청도 운문사에서 삼국유사를 집필했다.
② 7세기 후반 경주 분황사
③ 1090년 경 개경 흥왕사
⑤ 13세기 초 백련사

✓ **고려의 승려, 이것만!**

승려명	주요 활동
의천	불교 교단 통합을 위해 천태종을 개창 교관겸수 강조, 교종 중심의 선종 통합 운동 그의 건의로 해동통보가 주조됨 신편제종교장총록 지음
지눌	수선사 결사를 통한 불교계 개혁 운동 제창 선종 중심으로 교종 통합 운동 수심결을 지어 돈오점수 강조
요세	백련사를 중심으로 신앙 결사 운동을 전개 법화 신앙에 중점을 둠
혜심	심성 도야를 강조한 유불 일치설을 주장 성리학 수용 토대 마련

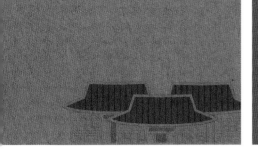

44-15 고려 불교 문화

03 (가) ~ (마)에 들어갈 내용으로 적절하지 않은 것은? [3점]

＜답사안내＞

고려 시대의 불교 문화를 찾아서

우리 박물관에서는 고려 시대의 불교 문화를 탐색하기 위한 문화유산 답사를 실시합니다. 시민 여러분들의 많은 관심과 참여 바랍니다.

○ 답사 기간: 2019년 ○○월 ~ ○○월
　※매월 마지막 주 토요일 09:00~17:00

○ 답사일정

순서	답사 장소	답사 주제
1회차	안동 봉정사	(가)
2회차	논산 관촉사	(나)
3회차	순천 송광사	(다)
4회차	합천 해인사	(라)
5회차	강진 백련사	(마)

○ 주관: □□ 박물관

---

① (가) - 팔상전을 통해 본 오층 목탑의 구조
② (나) - 석조 미륵보살 입상의 조형적 특징
③ (다) - 보조국사 지눌의 생애와 주요 활동
④ (라) - 팔만대장경의 운반과정과 보관 경위
⑤ (마) - 법화 신앙을 바탕으로 한 요세의 신앙 결사 운동

45-19 이자겸의 사대

04 밑줄 그은 '왕'의 재위 기간에 있었던 사실로 옳은 것은? [2점]

백관을 소집하여 금을 섬기는 문제에 대한 가부를 의논하 게 하니 모두 불가하다고 하였다. 유독 이자겸, 척준경만이 "금이 …… 정치를 잘하고 병력도 강성하여 날로 강대해지고 있습니다. 또 우리와 서로 국경이 맞닿아 있어 섬기지 않을 수 없는 상황입니다. 게다가 작은 나라로서 큰 나라를 섬기는 것은 선왕의 도리이니, 사신을 보내 먼저 예를 갖추어 찾아 가는 것이 옳습니다."라고 하니 왕이 이 말을 따랐다.

『고려사』

---

① 최충헌이 봉사 10조를 올렸다.
② 명학소의 망이 · 망소이가 봉기하였다.
③ 최무선의 건의로 화통도감이 설치되었다.
④ 강조가 정변을 일으켜 김치양을 제거하였다.
⑤ 묘청이 수도를 서경으로 옮길 것을 주장하였다.

---

03 정답 ① 번

안동 봉정사에는 13세기 초에 건립된 우리나라에서 가장 오래된 목조 건물인 국보 15호 극락전이 있다.

논산 관촉사에는 은진미륵으로 널리 알려진 국보 323호 석조 미륵보살 입상이 있다. 968년에 조성된 불상은 머리가 너무 커, 인체 비례가 불균형한 것이 특징이다.

순천 송광사는 보조국가 지눌이 정혜결사(수선결사)를 한 곳으로, 우리나라 3보 사찰의 하나인 승보사찰이다. 이곳에서 배출한 16명분의 국사(國師) 영전을 모신 국사전이 국보 56호로 지정되어 있다.

합천 해인사는 법보사찰로, 세계문화유산인 팔만대장경(1236년~1251년 만듦)과 장경판전을 보유한 사찰이다.

강진 백련사는 법화신앙을 바탕으로 한 요세가 백련결사 운동을 한 곳이다.

(가) 팔상전은 보은 법주사가 유명하다. 법주사 팔상전은 국보 55호로, 1605년에 지어진 우리나라 유일의 5층 목조탑이다.

04 정답 ⑤ 번

고려를 부모의 나라로 섬기던 여진족이 요나라를 멸망시키고, 강대국이 되어 고려에게 군신관계를 요구하자, 1126년 실권자 이자겸과 인종(1122~1146)이 이를 받아들인다. 이자겸과 달리, 묘청은 풍수지리설에 의거해 지덕이 왕성한 서경으로 천도해야 국운이 융성해진다고 주장했다. 그는 고려가 황제를 칭할 것과 금을 정벌하자는 주장을 내세웠다. 하지만 인종이 천도를 머뭇거리자, 묘청은 1135년 서경에서 국호를 대위, 연호를 천개라고 하며 난을 일으켰다가 실패했다. 금나라에게 사대하는 정책에 대한 반발이 서경 천도 운동의 근본 원인이었다. 묘청의 난은 8회 출제된 기출문제이다. 필히 확인해야 한다.

① 1196년 무신정권 권력자 최충헌이 봉사 10조를 올렸다.
② 1176년 명학소의 망이, 망소이가 봉기했다.
③ 1377년 최무선이 왜구 격퇴를 위해 화통도감 설치를 건의해, 화약무기를 생산하기 시작했다.
④ 1009년 강조의 정변은 1010년 거란의 2차 침략의 구실이 된다.
⑤ 이자겸의 난이 진압된 이후, 묘청은 서경천도를 주장했다.

✓ 묘청의 난, 이것만!

- 묘청이 서경천도가 어려워지자 서경에서 난을 일으켰다.
- 묘청이 칭제 건원과 금국 정벌을 주장하였다.
- 묘청의 난은 '조선 역사상 일천년래 제일 대사건' - 신채호
- 풍수지리설은 묘청의 서경 천도 운동의 이론적 근거였다.
- 묘청의 난이 실패하면서 자주적 전통 사상이 약화되었다.

45-14 삼국사기

05 교사의 질문에 대한 학생의 답변으로 옳은 것은? [2점]

> 이 글은 왕명을 받들어 역사서 편찬을 주도한 인물이 왕에게 올린 진삼국사표입니다. 이 글과 함께 올린 역사서에 대해 발표해 볼까요?

신라, 고구려, 백제가 기틀을 잡고 세 세력이 서로 대립하면서 …… 삼가, 본기 28권, 연표 3권, 지(志) 9권, 열전 10권을 찬술하였습니다. 여기에 표문(表文)을 붙여 성상께 올립니다.

『진삼국사표(進三國史表)』

① 기전체 형식으로 서술하였습니다.
② 조선 건국의 정통성을 강조하였습니다.
③ 남북국이라는 용어를 처음 사용하였습니다.
④ 단군 조선에서 고려까지의 역사를 정리하였습니다.
⑤ 불교사를 중심으로 고대의 민간 설화 등을 수록하였습니다.

50-12 삼국유사

06 (가) 역사서에 대한 설명으로 옳은 것은? [2점]

(가) 범어사본, 국보로 승격

부산 범어사가 소장한 (가) 권4~5가 보물에서 국보로 승격되었다. 이번에 국보로 승격된 범어사 소장본은 일연이 저술한 (가) 의 현존 판각본 중 가장 이른 시기의 것으로 추정된다. 특히 이미 국보로 지정된 판각본의 누락된 부분을 보완할 수 있다는 점에서 사료적 가치가 매우 높다고 문화재청 관계자는 밝혔다.

① 단군의 건국 이야기를 수록하였다.
② 사초, 시정기 등을 바탕으로 편찬되었다.
③ 왕명에 의해 고승들의 전기를 기록하였다.
④ 본기, 열전 등 기전체 형식으로 서술되었다.
⑤ 서사시 형태로 고구려 계승 의식이 반영되었다.

🔍 **문제분석**

05 정답 ① 번

김부식은 1145년 『삼국사기』를 편찬했다. 이 책은 현존하는 우리나라 최고의 역사서로, 유교적 합리주의에 입각해 쓰여졌다. 기전체 형식으로, 각 나라별 역사와, 제도, 인물 등이 본기, 지, 열전 등으로 구분해 서술되어 있다.

② 조선 건국의 정통성을 강조한 책은 1395년에 편찬된 고려국사와, 1445년에 만들어진 용비어천가 등이 있다.
③ 남북국이란 용어를 처음 사용한 인물은 유득공이다. 그는 1784년 『발해고』를 저술하였다.
④ 단군조선에서 고려까지 역사를 정리한 책은 1485년 서거정 등이 편찬한 『동국통감』이다.
⑤ 일연의 『삼국유사』이다.

06 정답 ① 번

일연 스님이 저술한 책이란 말을 통해, (가) 역사서가 삼국유사임을 알 수 있다. 삼국유사는 불교적 역사관이 반영되어 있지만, 기이편에 단군의 건국이야기를 수록하였고, 삼국사기에 없는 다양한 이야기를 담아, 사료적 가치가 높다.

① 단군의 건국이야기를 수록한 책은 삼국유사와 제왕운기 등이 있다.
② 사초, 시정기 등을 바탕으로 편찬된 책은 실록이다.
③ 왕명에 의해 고승들의 전기를 기록한 책은 1215년 각훈이 쓴 해동고승전이다.
④ 본기, 열전 등 기전체 형식으로 서술된 책은 삼국사기다.
⑤ 동명왕편은 서사시 형태로 고구려 계승 의식이 반영되어 있다.

✓ **고려시대 역사서, 이것만!**

책 이름	저자	연대	특징
삼국사기	김부식	1145	기전체, 유교사관, 오래됨
동명왕편	이규보	1193	고구려 서사시, 민족의식
해동고승전	각훈	1215	삼국~고려 고승들의 전기
삼국유사	일연	1281	불교사관, 고조선기록
제왕운기	이승휴	1287	민족의식, 고조선 기록

✏️ MEMO

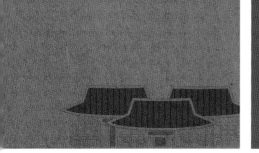

45-12 고려자기

07 밑줄 그은 '이 자기'에 해당하는 문화유산으로 옳은 것은? [1점]

이 자기는 상감 기법으로 고려시대에 제작한 문화유산입니다. 상감은 겉부분을 파낸 후에 그 자리에 백토나 흑토를 메우면서 무늬를 만들어 내는 방식으로, 이를 통해 다양한 무늬를 표현할 수 있었습니다.

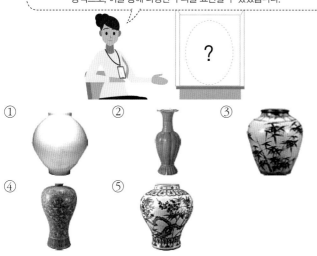

① ② ③ ④ ⑤

41-17 고려와 몽골 문화 교류

08 (가)에 들어 갈 사진으로 적절한 것은? [2점]

특별사진전

문화유산을 통해 본 고려와 몽골의 교류

우리 박물관에서는 고려와 몽골 간 교류의 역사를 보여주는 문화유산 특별 사진전을 마련하였습니다.

(가)

천산대렵도   송광사 티베트문 범지
○ 기간: 2018년 ○○월 ○○일 ~ ○○월 ○○일
○ 장소: ◇◇ 박물관

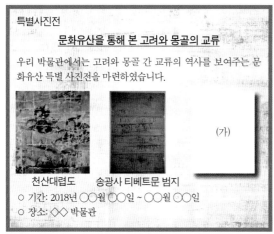

①

②

③

④

⑤

07 정답 ④ 번

상감청자에 대한 질문이다. 상감청자는 12세기 중엽에 만들어지기 시작한 고려 특유의 청자다. 반 건조된 그릇 표면에 무늬를 안쪽으로 새긴 후에, 그 안에 백토, 흑토를 메우고 초벌구이를 한다. 이후 청자 유를 발라 다시 재벌구이를 하여 무늬가 유약을 통해 투시되도록 하는 방법이 상감 기법이다.

도자기 관련 문제는 상감청자 2회, 청화백자, 분청사기, 도자기 시대 구분 문제가 각 1문제 출제되었다. 도자기를 자주 보고, 시대별 대표 도자기의 특징을 알아두어야 한다.

① 보물 1437호 백자 달 항아리로, 17세기 조선의 순백자를 대표하는 작품이다.
② 국보 94호 청자 참외 모양 병으로, 고려 비색 청자의 대표 작품이다. 고려 인종(1123~1146)의 무덤인 장릉에서 발견되어, 1146년에 제작된 것으로 본다.
③ 국보 166호 철화 백자 매죽문 항아리로, 16세기 후반 작품이다.
④ 국보 68호 청자 상감 운학문 매병은 고려 청자 매병가운데 가장 우수한 작품으로 평가받는다. 13세기 중엽에 만들어진 작품이다.
⑤ 국보 219호 청화 백자 매죽문호로, 조전 전기 작품이다. 청화백자는 명나라에서 조선으로 들어와 조선화 과정을 거치는데, 이 작품은 초기작품에 해당된다.

08 정답 ③ 번

1270년 고려가 몽골에 항복한 이후, 고려와 몽골인의 교류가 크게 늘었다. 고려에는 몽골풍이, 몽골에는 고려양이라 불리는 문화가 유행했다. 천산대렵도는 공민왕의 작품으로, 몽골 화풍의 영향이 배어 있는 그림이다.

① 8세기 중엽에 만들어진 석굴암 본존불로 신라 최고의 불상이다.
② 경주 괘릉(원성왕릉)의 무인석으로, 서역인의 모습이다. 신라가 8세기 말 아라비아와 교류한 증거로 평가된다.
③ 경천사지 10층 석탑은 고려 후기에 몽골의 석탑을 본떠 만든 것으로, 조선의 원각사지 10층 석탑에 영향을 주었다
④ 정토사 홍법국사 실상탑은 1017년에 만들어진 고려시대 대표적인 승탑이다.
⑤ 1602년 서양 선교사 마테오 리치가 명나라 수도 북경에서 그린 곤여만국전도로, 조선에서는 1708년 이 지도를 모사하였다. 조선 사람들의 세계관에 영향을 준 지도다.

✏️ MEMO
....
....
....
....

39-17 고려 문화유산

09 (가)에 들어갈 문화유산으로 옳지 않은 것은? [1점]

○○ 시대의 문화유산

건축

(가)

만월대

불상

안동 이천동 마래여래입상   하남 하사창동 철조 석가여래좌상

① 봉정사 극락전

② 법주사 팔상전

③ 수덕사 대웅전

④ 성불사 응진전

⑤ 부석사 무량수전

50-14 고려 불상

10 다음 사진전에 전시될 사진으로 적절하지 않은 것은? [2점]

불상으로 보는 불교 문화 사진전

제△△전시실

이 실에서는 ○○ 시대 불상의 사진을 전시합니다. ○○ 시대에는 대형 철불이 유행하였으며, 논산 관촉사 석조 미륵보살 입상처럼 거대한 불상이 조성되기도 하였습니다.

① ② ③

④ ⑤

---

09 정답 ② 번

고려시대 건축 문화재에 대한 문제다. 만월대는 개경에 남아있는 고려 궁궐터이고, 안동 이천동 마애여래입상은 11세기 경 제작된 불상으로 보물 115호이다. 하남 하사창동 철조 석가여래좌상은 10세기에 만들어진 불상으로, 폐사지인 천왕사지에서 발견되었으며, 보물 332호이다.

① 봉정사 극락전은 13세기 초에 만들어진 현존하는 가장 오래된 목조건축물로. 주심포 양식으로 지어졌다. 국보 15호이다.
② 법주사 팔상전은 1605년에 지어진 우리나라 유일의 5층 목조탑으로 국보 55호이다.
③ 수덕사 대웅전은 13세기경에 만들어진 건축물로 주심포 양식으로 부석사 무량수전과 닮았다. 국보 49호이다.
④ 황해도 사리원 성불사 응진전은 1327년에 건립된 다포 양식의 건축물이다.
⑤ 영주 부석사 무량수전은 주심포 양식의 배흘림기둥으로 유명한 국보 18호 건축물로 13세기에 건립되었다.

고려시대 건축물인 부석사 무량수전 13회, 봉정사 극락전은 11회, 수덕사 대웅전은 8회, 성불사 응진전 3회 문항으로 출제된 바 있다. 조선시대 건축물인 법주사 팔상전은 17회 문항으로 출제되었다. 고려와 조선의 건축물을 함께 놓고 시대가 다른 것을 찾는 문제가 출제되므로, 주요 건축물의 특징을 확인하는 것이 필요하다.

10 정답 ② 번

불상으로 보는 불교문화 사진전에 등장하는 머리가 큰 불상은 논산 관촉사 석조 미륵보살 입상이다. 이 불상처럼 거대한 불상이 조성된 시대는 고려시대다. 고려시대에는 대형 철불도 유행한다.

① 광주 춘궁리 철불이다. 신라시대는 석불과 금동불이 다수였으나, 고려시대에는 철불이 유행한다.
② 751년 불국사가 창건된 시기에 같이 조성된 석굴암 본존불이다.
③ 안동 이천동 마애여래 입상으로, 11세기에 만들어졌다. 부처님 몸통이 새겨진 암벽 위에 부처님의 머리 부분만 따로 제작해 위에 얹은 불상이다.
④ 영주 부석사 소조 아미타여래 좌상으로, 국보 45호다. 신라 양식을 계승한 고려 초기 작품이다.
⑤ 하남 교산동 마애약사여래좌상으로, 고려 초기인 977년에 제작되었다. 보물 981호로 지정되었다.

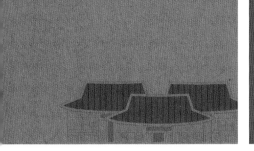

11 (가)에 들어갈 내용으로 옳은 것을 〈보기〉에서 고른 것은? [2점]

〈주제: ○○ 시대 과학 기술의 발달〉
□□ 모둠발표

현존하는 가장 오래된 금속 활자본인 직지심체요절이 간행됐어요.

사천대에서 천체와 기상을 관찰했어요.

(가)

───〈보기〉───
ㄱ. 기기도설을 참고하여 거중기를 제작했어요.
ㄴ. 화통도감을 설치하여 화약과 화포를 제작했어요.
ㄷ. 우리의 약재를 소개한 향약구급방을 편찬했어요.
ㄹ. 농업 기술 혁신 빙안을 제시한 임원경제지가 저술됐어요.

① ㄱ, ㄴ   ② ㄱ, ㄷ   ③ ㄴ, ㄷ   ④ ㄴ, ㄹ   ⑤ ㄷ, ㄹ

12 다음 가상 대화가 이루어진 시기에 볼 수 있는 모습으로 적절한 것은? [1점]

문익점이 중국에서 목화씨를 들여온 공로로 이번에 왕의 부름을 받아 벼슬을 받게 되었다네.

그가 준 목화씨를 장인인 정천익이 심어 재배에 성공했다는군.

① 녹읍 폐지를 명하는 국왕
② 농상집요를 소개하는 관리
③ 당백전을 주조하는 관청 소속 장인
④ 공가를 받고 관청에 물품을 납부하는 공인
⑤ 고추, 담배 등을 상품 작물로 재배하는 농민

🔍 **문제분석**

11 정답 ③ 번

고려시대 과학기술 발달에 대한 문제다. 직지심체요절은 청주 흥덕사에서 1377년에 만들어졌다. 사천대는 고려시대에 천문과 역법을 맡은 관청이다. 고려수도 개경에는 천문관측을 한 개성 첨성대가 남아있다.

ㄱ. 『기기도설』은 정약용이 1794~1796년 수원화성을 건설할 때 사용한 거중기를 만들 때에 참고한 서적으로, 서양 선교사가 중국에서 펴낸 책이다.
ㄴ. 1377년 화통도감을 설치하여 화약과 화포를 만든 것은 고려의 대표적인 과학기술 업적이다. 이때 만든 화약으로 1380년 진포해전, 1383년 관음포해전에서 왜구를 격파하면서, 고려에 출몰하는 왜구가 크게 감소했다.
ㄷ. 『향약구급방』은 1236년 편찬된 우리나라 최고 의학 서적으로, 고려의 의학발달 수준을 보여주는 책이다.
ㄹ. 『임원경제지』는 1827년 서유구가 저술한 농촌경제 정책서이자, 농업백과사전이다.

✓ **고려시대 과학기술, 이것만!**

· 최무선의 건의로 화통도감이 설치, 화약과 화포를 제작했다.
· 청주 흥덕사에서 금속 활자본인 직지심체요절을 간행
· 국산 약재를 소개한 향약구급방이 편찬되었다.
· 원나라에서 새로운 역법으로 수시력이 도입되었다.
· 사천대(서운관)에서 천문 관측과 역법 계산을 했다.

12 정답 ② 번

문익점이 목화씨를 들여온 시기는 1363년 공민왕 시기이다. 2010년 부여 능산리 절터에서 문익점보다 800년 앞서 백제 면직물이 발견되었지만, 우리나라 의생활에 큰 변화가 생긴 것은 문익점이 몽골에서 목화씨를 가져온 이후다. 조선후기에는 목화가 상품작물로 재배되기도 했다.

① 신라 신문왕은 687년 관리에게 관료전을 지급하고, 귀속의 경세 기반인 녹읍을 689년에 폐지했다.
② 1349년 이암이 중국 원(몽골)나라 농서인 『농상집요』를 고려에 소개했다.
③ 당백전은 1866년 흥선대원군이 경복궁 중건 비용을 마련하기 위해 만든 화폐.
④ 1608년 대동법이 시행되면서, 관청에 공가를 받고 물건을 납품하는 어용상인인 공인이 등장했다.
⑤ 고추와 담배는 아메리카 원산인 작물로 17세기 이후 조선에 소개되었다. 이후 상품작물로 널리 재배되었다.

CHAPTER

03

조선시대

한국사능력검정시험

단원의 핵심

지피지기 1. 출제 경향 점검

> 2회부터 50회까지 49회 시험에서 총 2,450문제가 출제되었습니다.
>
> 이 가운데 조선 부분은 613문제가 출제되어 25.02%의 비중을 차지합니다. 최근 10회 시험에서는 114문제, 22.8% 비중으로 출제되어, 출제 비중에 다소 낮아졌습니다.
>
> 조선은 출제범위가 워낙 넓습니다. 조선 시대에서 11~12문제가 출제된다고 볼 때 가장 자주 출제된 문제를 다음과 같이 선정해볼 수 있겠습니다.

지피지기 2. 어떤 문제가 출제되었나?

1. 조선 초기

49회 15번은 주자소를 설치하고 계미자를 주조하게 한 태종의 업적, 48회 19번은 조선의 개국공신 정도전, 48회 20번은 이순지를 비롯한 세종 시기의 과학기술의 발전에 대한 질문이었습니다.

조선 초기에 대한 문제는 정도전의 활동과 태종의 업적, 세종의 한글창제를 비롯한 과학기술의 발전, 6조 직계제, 세종과 성종 시기에 출간된 출판물 등이 출제됩니다. 태조, 정도전, 태종, 세종, 세조, 성종 등 조선 초기 주요 인물의 업적을 구분해야 합니다.

2. 사림 세력의 등장과 5대 사화

49회 19번은 기묘사화, 48회 21번은 4대 사화 순서, 47회 21번은 무오사화와 기묘사화 사이에 있었던 연산군 폐위, 46회 23번은 조광조의 위훈삭제와 기묘사화, 45회 21번은 무오사화, 29번은 양재역 벽서사건(정미사화)에 대한 문제였습니다.

조선 지배층의 흐름을 바꾼 사림의 등장과 이에 따른 갈등이 심화된 연산군과 중종, 명종에 이르는 16세기 초반 일련의 사건에 대한 출제 비중이 높습니다. 최근 10회 시험에서도 7회 출제되었습니다. 5대 사화는 반드시 알아두어야 합니다.

3. 조선의 통치제도

50회 21번은 관찰사, 49회 18번은 사헌부, 46회 20번은 홍문관, 43회 24번은 훈련도감, 42회 21번은 수령과 향리에 대한 문제였습니다.

홍문관, 사헌부, 훈련도감, 비변사, 승정원의 업무와 특징, 지방제도, 수령과 향리에 대한 문제가 자주 출제됩니다. 고려와 다른 점, 개항 이후 달라진 제도에 대해서도 공부해두어야 합니다.

4. 대외관계

49회 21번은 임진왜란 당시 수군 활약을, 25번은 병자호란 이후 나선정벌, 48회 22번은 병자호란, 46회 28번은 병자호란, 45회 24번은 임진왜란에 대한 문제였습니다.

조선의 대외관계에서 두 번의 전쟁인 임진왜란과 병자호란의 출제 비중이 가장 높고, 조선통신사와 백두산정계비, 4군 6진 개척과 쓰시마정벌 등이 출제됩니다.

5. 유학과 교육

50회 26번은 성균관, 47회 20번은 향교, 46회 30번은 서원에 대한 문제였습니다.

조선의 지배층은 유교를 공부한 학자들이며, 그들은 유교적 이념에 의해 정치를 하였고, 유교의 이념을 전파하는 향약, 유향소, 서원을 통해 지방을 통치했습니다. 조선에서 유교와 교육의 문제는 대단히 중요하며, 이 분야의 출제 비중도 높습니다. 향약과 유향소의 구분, 서원과 향교 및 성균관의 공통점과 차이점, 양명학 등을 아는 것이 필요합니다.

6. 붕당

49회 24번은 송시열이 유배당하고 사사된 기사환국에 대한 문제였고, 44회 28번은 남인 붕당에 대한 문제, 43회 26번은 효종 사후 인조의 계비 자의대비의 복상 기간을 두고 벌어진 예송논쟁에 대한 문제가 출제되었습니다.

조선 정치사에서 붕당간의 다툼은 대단히 중요한 문제입니다. 붕당의 계기와 붕당정치, 서인과 남인 사이에 치열한 권력 다툼을 보여준 예송논쟁, 숙종이 서인과 남인의 대립을 이용해 정치한 3차례(경신, 기사, 갑술) 환국정치에 대한 출제 확률은 2/3가 넘습니다.

7. 대동법

49회 23번은 공납의 폐단을 해결할 목적으로 시행된 대동법, 46회 25번은 김육이 확대 실시한 대동법, 42회 26번은 이원익 대감의 건의로 경기도에서 실시된 대동법에 대해 질문하고 있습니다. 대동법 시행은 조선 최대의 개혁으로 꼽힙니다. 대동법을 시행한 광해군 시기 질문까지 포함하면 출제 확률이 43%(21/49)에 달합니다. 단일 주제에 대한 출제 빈도로는 최상이라고 할 수 있습니다.

대동법 실시로 인한 조선 후기 사회, 경제 상황의 변화까지 고려한다면, 대동법을 빼고는 조선 후기 역사를 이야기할 수 없습니다. 대동법은 반드시 알아야만 할 주제입니다.

8. 실학

50회 24번은 실학의 선구자로 일컫는 박세당, 50회 20번은 김정희의 활동에 대한 문제였습니다. 49회 26번은 정약용, 47회 26번은 이익에 대한 문제였습니다. 실학자에 대한 출제 빈도는 거의 매회 1문제가 출제될 정도로 매우 높습니다.

실학자가 살았던 시대상황에 대한 문제도 자주 출제됩니다. 김정희, 유수원, 유형원, 정약전, 최한기, 박세당 등 개별 실학자들에 대한 이해도 필요합니다. 특히 정약용, 홍대용, 이익, 박지원, 박제가 등은 자주 출제되므로, 반드시 알아두셔야 합니다.

단원의 핵심

9. 영조와 정조

48회 26번과 47회 24번은 초계문신제 시행, 규장각 설치, 신해통공을 실시한 정조에 대한 문제였습니다. 47회 23번은 영조의 균역법 실시, 46회 26번은 영조의 탕평비 건립에 대한 문제였습니다.

영조는 균역법 실시와 청계천 준설, 탕평책 실시, 정조는 규장각 설치와 초계문신제, 수원 화성, 신해통공과 관련된 문제가 주로 출제됩니다. 19세기 세도정치기와 비교해보면, 18세기 영·정조 시기의 비중이 매우 높습니다.

10. 조선 후기 사회·경제 상황

50회 28번은 도고의 폐단이 나타나던 시기, 49회 22번은 책문후시에서 상거래가 활발하던 시기, 48회 24번은 전황이 나타난 시기, 47회 25번은 양반 사이에 신향과 구향의 다툼이 발생하던 시기의 시대상황에 대한 문제였습니다.

조선 후기 사회 경제상황을 묻는 문제는 거의 매회 1문제가 출제될 정도로 출제 비중이 대단히 높습니다. 조선 후기 사회 경제상황과 조선 전기 또는 고려시대를 비교해가면서 차이점을 공부해두면 쉽게 답을 찾을 수가 있을 것입니다.

11. 민란 - 임꺽정의 난, 홍경래의 난, 임술농민봉기

49회 28번과 46회 29번, 41회 29번은 홍경래의 난, 48회 23번과 42회 30번은 임술 농민봉기, 41회 22번은 임꺽정의 활동시기에 대한 문제였습니다.

임꺽정의 활동시기와 당시 사회상, 홍경래 난의 원인, 임술 농민봉기 당시 농민들의 요구와 정부의 대책에 대해서 자주 출제됩니다. 민중의 저항에 대한 출제 확률은 55%(27/49회)이지만, 위로부터 역사가 아닌 아래로부터 역사라는 측면에서 조선시대 백성들의 봉기는 역사적 의미가 크므로, 계속해서 높은 출제 비중을 가질 것이라고 생각됩니다.

12. 기타

토지제도(과전법 - 공법 - 직전법 - 관수관급제 - 영정법), 신분(중인, 서얼, 노비해방), 천주교, 궁궐, 화가(정선, 김홍도 등), 문화재(궁궐, 사찰, 도자기) 등도 자주 출제됩니다.

! IMPORTANT

지피지기 3. 어떤 문항이 자주 출제되었나?

조선 단원에서 자주 출제된 문항을 익히면, 시험에 대한 자신감을 크게 상승시킬 수 있을 것입니다. 빈출 문항에는 그 시대를 대표하는 키워드가 많이 담겨있습니다.

조선 초기

(태종) 세계 지도인 혼일강리역대국도지도가 제작되었다. - 6회
(태종, 세조) 왕권 강화를 위해 6조 직계제를 시행하였다. - 9회
(세종) 4군 6진을 설치하여 북방 영토를 개척하였다. - 8회
(세종) 국산 약재와 치료 방법을 정리한 향약집성방이 간행되었다. - 7회
(세종) 우리 풍토에 맞는 농법을 소개한 농사직설을 편찬하였다. - 7회
(세종) 한양을 기준으로 한 역법서인 칠정산 내편이 제작되었다. - 9회
(성종) 조선의 기본 법전인 경국대전을 반포하여 국가 통치 규범을 마련하였다. - 12회
(성종, 서거정) 고조선부터 고려까지의 역사를 정리한 동국통감을 편찬하였다. - 7회

사림세력과 5대 사화

김종직의 조의제문이 빌미가 되어 무오사화가 일어났다. - 13회
현량과를 통해 신진 사림이 대거 중용되었다. - 10회
(갑자사화) 폐비 윤씨 사사 사건의 전말이 알려져 관련자들이 화를 입었다. - 8회
(기묘사화) 위훈 삭제를 주장한 조광조 일파가 축출되었다. - 10회
외척 세력인 대윤과 소윤의 대립으로 을사사화가 발생하였다. - 16회

조선의 통치제도

(사헌부, 사간원) - 5품 이하 관리의 임명 과정에서 서경권을 행사하였다. - 10회
(한성부) 수도의 행정과 치안을 담당하였다. - 6회
(승정원) 왕명 출납을 맡은 왕의 비서 기관이었다. - 6회
(비변사) 임진왜란을 거치면서 국정 총괄 기구로 부상하였다. - 7회
포수, 사수, 살수의 삼수병으로 편제된 훈련도감이 신설되었다. - 10회

대외관계

이종무가 왜구의 근거지인 쓰시마섬을 정벌하였다. - 10회
(1443) 계해약조가 체결되어 세견선의 입항이 허가되었다. - 12회
(광해군) 기유약조를 체결하여 일본과의 무역을 재개하였다. - 12회
광해군이 중립 외교를 실시하였다. - 10회
(광해군) 명의 요청으로 강홍립의 부대가 파견되어 사르후 전투에 참전하였다. - 7회
(인조) 공신 책봉에 불만을 품고 이괄이 반란을 일으켜 도성을 점령하였다. - 10회
(효종) 청의 요청으로 나선 정벌을 위해 조총부대를 파견하였다. - 16회
(숙종) 청과의 국경선을 정하여 백두산 정계비를 세웠다. - 10회

단원의 핵심

성리학과 교육

(향교) 전국의 부·목·군·현에 하나씩 설립되었다. - 6회
(향교) 중앙에서 파견된 교수나 훈도가 지도하였다. - 11회
최초의 서원인 백운동 서원이 건립되었다. - 6회
정부는 경재소를 설치하여 유향소를 통제하였다. - 5회
(이황) 성학십도를 지어 군주의 도를 도식으로 설명하였다. - 8회
정제두가 양명학을 연구하여 강화학파를 형성하였다. - 14회
(서원) 흥선대원군에 의해 47개소를 제외하고 철폐되었다. - 8회

붕당

이조전랑 임명을 둘러싸고 사림이 동인과 서인으로 나뉘었다. - 8회
정여립 모반 사건을 계기로 기축옥사가 발생하였다. - 15회
자의 대비의 복상 문제로 예송이 전개되었다. - 8회

대동법

경기도에서 처음 시행되었다. - 6회
관청에 물품을 조달하는 공인이 등장하는 배경이 되었다. - 15회

실학

(홍대용) 의산문답에서 중국 중심의 세계관을 비판하였다. - 6회
(유득공) 남북국이라는 용어를 처음 사용하였다. - 9회
(박제가) 북학의에서 재물을 우물에 비유하여 절약보다 소비를 권장하였다. - 6회
(김정희) 금석과안록에서 북한산비가 진흥왕 순수비임을 고증하였다. - 11회
(정약용) 기기도설을 참고하여 거중기를 설계하였다. - 8회
(박지원) 양반전을 지어 양반의 무능과 허례를 풍자하였다. - 12회
(유수원) 우서에서 사농공상의 직업적 평등과 전문화를 주장하였다. - 8회

영조

역대 문물을 정리한 동국문헌비고를 편찬하였다. - 11회
붕당의 폐해를 경계하기 위한 탕평비가 건립되었다. -16회
속대전을 편찬하여 법전 체제를 정비하였다. -11회
(정상기) 최초로 100리 척을 활용한 동국지도를 제작하였다. - 8회
군역의 부담을 줄여주기 위해 균역법을 시행하였다. - 15회

부족한 재정의 보충을 위해 선무군관포를 징수하였다. - 7회
재정 부족 문제를 해결하기 위해 지주에게 결작을 징수하였다. - 9회

정조

서얼 출신의 학자들을 규장각 검서관에 등용하였다. - 19회
국왕의 친위 부대인 장용영이 설치되었다. - 15회
초계문신제를 실시하여 문신들을 재교육하였다. - 8회
신해통공을 통해 육의전을 제외한 시전 상인의 금난전권을 폐지하였다. - 6회

조선 후기 사회·경제 상황

감자, 고구마 등의 구황 작물을 널리 재배하였다. - 9회
물주에게 자금을 받아 광산을 전문적으로 경영하는 덕대가 출현하였다. - 15회
국경지대(중강, 왜관, 책문)에서 개시무역과 후시무역이 이루어졌다. - 17회
담배와 면화, 인삼 등이 상품 작물로 재배되었다. - 18회
모내기법의 확대로 벼와 보리의 이모작이 전국적으로 확산되었다. - 13회
보부상이 장시를 돌아다니며 상업 활동을 하였다. - 6회
송상, 만상이 대청 무역으로 부를 축적하였다. - 7회
시사(詩社)를 조직하여 문학 활동을 전개하는 중인 - 8회

민란

홍경래 등의 봉기로 정주성이 점령되었다. - 8회
(임술봉기) 사건의 수습을 위해 박규수가 안핵사로 파견되었다. - 8회
(임술봉기) 박규수의 건의로 삼정의 문란을 해결하고자 삼정이정청을 설치하였다. - 16회

토지제도 등

풍흉에 따라 9등급으로 나누어 전세를 차등 부과하였다. - 6회
(영정법) 풍흉에 관계없이 1결당 4~6두 정도를 부과하였다. - 6회
직전법을 실시하여 현직 관리에게만 수조권을 지급하였다. - 11회
(실록) 사초, 사정기 등을 바탕으로 실록청에서 편찬하였다. - 7회
(광해군, 허준) 전통한의학을 정리한 동의보감이 간행되었다. - 6회

주요한 기출 키워드

- 조선 초기 - 한양천도, 6조 직계제, 경국대전
- 통치 체제 - 사헌부, 대간제도, 홍문관, 승정원, 비변사
  훈련도감, 성균관, 향교, 서원
- 사화 - 무오사화, 조의제문, 갑자사화, 기묘사화,
  조광조, 현량과, 을사사화
- 대외관계 - 4군 6진 개척, 3포 개항과 계해약조,
  기유약조, 이괄의 난, 북벌, 나선정벌, 백두산정계비
- 당쟁 - 기해예송, 갑인예송, 경신환국, 기사환국,
  갑술환국
- 영조, 정조 - 탕평비, 균역법, 초계문신제, 장용영,
  수원화성 축조
- 세도정치 - 신유박해, 홍경래의 난, 삼정문란, 임술
  농민봉기

01 조선의 정치

용어설명

한양 천도 이유

고려 권문세족의 터전인 개경을 벗어나고 싶은 태조의 의지가 있었다. 개경이 풍수지리와 음양도참설에서 지기가 쇠해 불길하다고 평가된 반면, 한양은 명당으로 인정되어 천도하게 된다. 하지만 1399년 개경으로, 1405년 한양으로 천도를 반복했다.

정도전(1342~1398)

개국 공신 정도전은 고려 말 부패한 불교를 비판한 『불씨잡변』을 저술하여 성리학을 통치이념으로 확립했다. 1397년 요동 정벌을 추진하며 명과 대립했다. 그는 재상 중심 정치를 강조한 법전인 『조선경국전』과 『경세문감』을 편찬했다. 현명한 재상을 선출해 통치하는 것이 혈통으로 계승된 왕의 통치보다 낫다는 그의 재상론을 국왕중심통치론을 추구한 이방원이 반대했다.

① 조선 건국과 체제 정비 : 태조 ~ 태종

시대배경

권문세족, 불교, 외세 침입, 농민 수탈로 대표되는 고려 말의 혼란 상황을 극복하고 조선이 출범했다. 조선은 강력한 중앙집권적 양반 관료 체제를 구축하고, 양인의 생활 안정, 평화로운 국제관계를 유지하고자 했다. 성리학적 통치 질서를 구축하는 과정에서, 왕권과 신권의 조화와 갈등의 해소는 조선의 정치적 과제로 부각되었다.

■ 조선의 건국 과정

1388년 이성계는 위화도에서 회군하여 최영과 우왕을 제거하였다. 이성계와 신진사대부들은 고려 귀족의 경제적 기반을 몰락시키기 위해 1391년 과전법 실시를 포함한 전제 개혁을 단행한다. 고려를 유지하고 점진적 개혁을 주장하던 온건파 사대부인 이색, 정몽주 등은 역성혁명을 주장하는 급진파 사대부인 정도전, 권근과 갈라섰다. 1392년 이성계의 아들 이방원은 정몽주를 살해한다. 사실상 모든 권력을 쥔 이성계는 신료들의 추대를 받아, 고려 공양왕의 선위 형식을 빌려 개경에서 1392년 7월 왕위에 오른다.

■ 태조 이성계의 한양 천도

태조는 국호를 조선으로 바꾸고, 1394년 수도를 한양으로 옮겼다. 풍수지리상의 명당인 한양에 먼저 종묘와 사직을 짓고, 그 다음 경복궁을 건설하고, 경복궁 앞쪽에 관청가인 6조 거리를 조성했다. 백악, 낙산, 목멱산, 인왕산을 연결하는 성곽을 쌓았다. 이때 한양도성의 기본 계획은 조선의 건국공신 정도전이 세웠다.

■ 조선의 3대 정책

고려 말 불교의 폐단, 잦은 전쟁, 빈부 격차와 농민의 몰락을 경험한 조선은 고려와 다른 유교국가, 평화국가, 농민을 위한 나라를 만들고자 했다.

- **숭유억불정책** - 조선은 유교를 숭상하고 불교를 억제한다.
- **사대교린정책** - 큰나라인 명나라에 사대하고, 이웃인 일본과 야인 등과는 평화롭게 교류하여, 전쟁 없이 평화로운 나라를 만든다.
- **중농억상(무본억말)정책** - 국가의 근본산업인 농업을 중시하고, 말업에 해당되는 상업을 억제하여, 사치를 줄이고 농민 생활의 안정을 도모한다.

■ 태조 시기(1392~1398) 정치

정도전의『조선경국전』, 조준의『경제육전』이 편찬되어, 태조 시기에 법치주의 기반을 마련되었다. 태조는 재상과 합의하여 국정을 운영하는 의정부 서사제를 시행했다. 그런데 명나라가 외교상의 용어 등을 트집 잡아 조선을 위협했다. 명과 관계가 악화되자, 정도전이『진법』을 마련해 군사 훈련을 했고, 요동 정벌을 추진했다. 차기 왕위 계승문제에 불만을 가진 태조의 5남 이방원이 1398년 1차 왕자의 난을 일으켜, 정도전과 8남 방석 등을 죽이자, 태조는 왕위에서 스스로 물러났다.

■ 1차, 2차 왕자의 난 - 태종의 등장

태조의 5남 이방원은 조선 개국을 위해 정몽주를 제거하는 등, 공을 세웠다. 그런데 정도전이 왕자들의 사병을 혁파하고, 태조의 둘째 부인의 자식인 8남 이방석을 다음 왕위에 올리려고 하자 1차 왕자의 난을 일으켰다. 1400년 이방원의 권력 장악에 불만을 가진 4남 이방간이 2차 왕자의 난을 일으키자, 이방원이 무력으로 제압했다. 실권이 없던 정종의 양위로 이방원이 오르게 된다.

■ 태종의 정치

• **한양 재천도** : 1405년 수도를 개경에서 한양(한성부)으로 재천도하였다. 태종은 창덕궁을 건립하고 그곳에 주로 머물렀다. 이로 인해 법궁인 경복궁과 이궁인 창덕궁 양궐 체제가 성립되었다.

• **활자 주조** : 1403년 주자소를 설치하고, 계미자를 주조하여 책을 간행했다.

• **지도 제작** : 1402년 세계지도인「혼일강리역대국도지도」가 김사형, 이무, 이회 등에 의해 제작되었다. 현전하는 동양 최고의 세계지도로, 당시 세계에서 가장 뛰어난 지도를 만든 조선의 문화능력을 보여주었다.

• **신문고 설치** : 백성의 억울함을 풀어주고자 궁궐 앞에 신문고를 설치·운영했다. 신문고는 연산군 때 폐지되었다가, 영조 때 부활된다.

■ 왕권 강화를 위한 태종의 정책

태종은 강력한 왕권을 바탕으로 국왕 중심의 통치 체제를 정비했다.

• **육조직계제 실시** : 태조 시기에는 행정 실무를 맡은 6조에서 보고를 하면, 의정부에서 재상들이 이를 검토하여 국왕에게 건의하고, 왕의 재가를 얻어 6조에게 명령하는 의정부 서사제가 실시되었다. 하지만 태종은 6조에서 직접 국왕에게 보고하고, 왕이 직접 6조에 명령하는 6조 직계제를 실시했다. 왕권을 견제하는 신하들의 회의기구인 의정부의 권한을 약화시켰다.

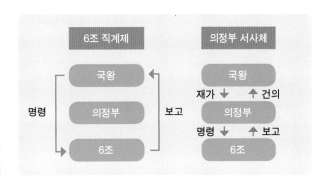

• **사간원 독립** : 고려시대 기관으로 남아있던 문하부를 혁파하고, 문하부 낭사를 분리하여 사간원(간쟁, 논박 담당 기관)으로 독립시켰다. 사간원으로 하여금 대신들을 견제하게 하였다.

• **사병 혁파** : 태종은 종친과 대신들이 갖고 있던 사병을 없애 군사 지휘권을 장악했다. 이로 인해 왕의 권력은 더욱 강해졌다.

경연

경연은 유교 성현의 가르침인 경전과 역사서를 교재로 삼아 왕과 신하들이 학문과 정책을 토론하는 시간이다. 경연은 오전 조강, 낮의 주강, 오후 석강, 불시에 열리는 소대 등 하루에도 여러 번 실시했다. 의정부 3정승과 승지, 홍문관(초기 - 집현전)관리가 참석했다.
세자도 서연을 통해 세자시강원 관리와 함께 경전을 공부했다.

조선 초 여진족

조선 초 만주와 한반도 북부에는 부족생활을 하는 사람들이 많았다. 조선 초기에는 이들을 여진, 야인으로 부르기도 했다. 조선은 이들을 무력토벌하거나, 교역, 관직 수여, 귀순종용 등 회유책을 써서 변방의 안정을 꾀하고자 했다.

■ 국가 재정 확충과 국방 강화

• **호패법 시행** : 호구를 파악하기 위해 16세 이상 남자에게 호패(신분증)를 발급했다. 인구수, 직업, 계급을 파악해 군역, 요역의 기준을 세우고, 백성의 이동과 호적편성상의 누락, 허위를 방지해 국가통치력을 높였다.

• **양전 사업 시행** : 세금을 걷을 수 있는 토지를 조사하는 양전 사업을 실시하였고, 또한 사원의 토지와 노비를 몰수해 국가 재정을 확충했다.

• **군사력 강화** : 태종은 최무선의 아들 최해산을 등용해, 화차 등 화약무기를 개발하게 했다. 또 귀선을 제작해 국방력을 강화했다.

• **일본 관계** : 1407년 왜관을 설치하여 일본과 교역하게 했다. 1418년 왕위에서 물러나, 상왕이 된 태종은 여전히 군사권을 장악했다. 1419년 이종무로 하여금 왜구의 근거지인 쓰시마를 정벌하게 한 것은 태종의 명령이었다.

② 유교 국가 조선을 만들다 : 세종 ~ 성종

시대배경

정치적 안정을 이룬 태종의 뒤를 이어 왕위에 오른 세종은 조선을 유교국가로 정착시키고자 했다. 세종은 왕권과 신권의 조화를 이뤄가며, 신하들과 함께 조선의 문화적 전성기를 일궈냈다. 또한『훈민정음』을 창제하여, 민족문화를 크게 발전시켰다. 세조, 성종은 문물제도를 정비하였고, 성종은『경국대전』을 반포하여 조선의 통치조직을 완비했다.

■ 세종의 유교정치

• **집현전 설치** : 그는 학문 연구와 정책을 연구하는 집현전을 궁궐 안에 설치했다. 세종은 집현전을 통해 인재를 육성하고 편찬사업을 추진했다.

• **의정부 서사제 실시** : 세종은 의정부 서사제를 부활해 재상의 합의를 중시하였고, 왕권과 신권의 조화를 추구하는 왕도정치 실현을 위해 노력했다.

• **경연 활성화** : 유교 정치의 이상을 구현하기 위해 경연을 활성화했다.

• **유교 서적 발간** : 1431년 충신, 효자, 열녀의 행적을 정리한『삼강행실도』를 편찬해 유교 문화를 보급하고, 모범적인 유교 정치 구현에 힘썼다.

• **공법(전분 6등법, 연분 9등법) 시행** : 1444년 풍흉과 토지의 비옥도에 따라 조세를 차등 부과하여, 공정한 조세제도를 마련했다.

■ 북방 영토 개척과 일본과 교역
조선 초기 명나라와 불편했던 관계가 태종 이후 안정되었다. 세종은 이를 계기로 명나라의 양해 하에 북방 여진족을 토벌하고 영토를 확장시켰다. 또한 내부의 혼란을 정리한 일본 무로마치 막부와 평화로운 관계를 유지했다.

• **북방 영토 개척** : 1443년 최윤덕은 압록강 건너 지안시, 환런시 일대 여진족을 정벌하고, 압록강 남쪽에 여언, 자성, 무창, 우예 4군을 설치한다. 1434~1449년에는 김종서 등을 보내 두만강 일대에 6진을 개척했다. 세종은 사민(백성을 옮김) 정책과 토관(지방민을 지방관으로 임명)제도를 통해 민심을 수습하고 영토 개척을 추진했다.

- **3포 개항과 계해약조** : 1426년 세종은 부산포, 제포, 염포를 개항하여 일본과의 교역을 허가했다. 또한 1443년 일본에 대한 제한된 무역을 허가하는 계해약조를 체결했다. 왜구의 노략질을 방지하고, 교역을 통한 안정적 대외관계를 지속할 수 있게 되었다.

■ 문종과 단종

1450년 세종의 뒤를 이어 장남인 문종이 즉위했으나, 2년 만에 죽었다.

1452년 12세의 어린 나이에 문종의 아들 단종이 왕위에 올랐다. 그러자 김종서, 황보인 등 재상들이 실권을 장악하고 국정을 운영했다.

- **계유정난 발생** : 1453년 재상들의 국정 운영에 불만을 가진 세종의 차남 수양대군은 정변을 일으켜, 김종서, 황보인, 세종의 삼남인 안평대군을 제거하고, 영의정에 올라 정권을 장악했다.
- **세조 즉위와 반발** : 1453년 김종서의 부하인 함길도 도절제사 이징옥이 반란을 일으키려다 살해당했다. 1455년 수양대군이 단종에게 양위를 받아, 왕위에 오르자, 1456년 성삼문, 박팽년 등 집현전 학사 출신들이 세조의 왕위 찬탈에 반대하여 단종의 복위를 도모하다 발각되어 사육신을 비롯한 70여명이 목숨을 잃었다.

■ 세조의 정치

세조는 재상들이 정치를 좌우하는 것에 반감을 가졌던 만큼, 정치 참여가 제한되었던 종친들을 적극 등용하는 등 왕권 강화정책을 실시하였다.

- **6조 직계제 실시** : 세조는 옛 제도를 복구시켜, 모든 서무를 행정실무관청인 6조에서 직접 왕에게 보고하게 하여, 왕권을 강화시켰다.
- **집현전과 경연 폐지** : 단종 복위에 앞장섰던 사육신 가운데 다수가 집현전 출신이었기에, 세조는 집현전을 폐쇄시키고, 소장된 서적은 예문관으로 옮겼다. 또한 경연을 중단시켜, 신하들의 발언권을 축소시켰다.
- **직전법 실시** : 1466년 전직 관료에 대한 토지 지급을 중단하고, 관료의 미망인 및 자녀 등 유가족에게 지급하던 수신전, 휼양전을 폐지하며, 현직관리에게만 과전의 수조권을 지급하는 직전법을 시행하여, 과전의 부족을 해소했다.
- **이시애의 난 제압** : 1467년 세조의 함길도 지역차별에 불만을 품은 함길도 토착호족인 이시애가 반란을 일으켰다. 남이 등이 이를 제압했다. 이를 계기로 유향소가 폐지되었고, 조선의 북방 통제력이 약화되었다.
- **경국대전 편찬 착수** : 세조는 법전 편찬에 착수해, 호전, 형전 등 일부를 간행했다. 『경국대전』은 1485년 성종 때에 반포된다.
- **군사조직 정비** : 중앙에 5위, 지방에 진관 제제를 처음으로 실시했다.
- **불교 진흥** : 원각사지 10층석탑을 건립하고 『월인석보』 등 불경을 간행하는 등 조선의 왕들 가운데 유독 불교를 진흥시켰다.

■ 일찍 죽은 예종

세조가 죽은 이후 한명회, 신숙주 등 훈구대신이 권력을 장악하였다. 유자광의 고변을 계기로 세조가 총애했던 남이가 처형당하였고, 종친들이 권력에서 배제되기 시작했다. 19세에 왕위에 오른 예종마저 14개월 만에 죽고, 세조의 손자 성종이 12살의 나이에 왕이 되자 훈구대신들의 전횡이 더욱 심해졌다.

용어설명

안평대군

세종의 삼남으로, 조정의 실력자로 등장해, 형인 수양대군과 대립했다. 안견은 그의 꿈을 표현한 『몽유도원도』를 그렸다.

사육신

성삼문, 박팽년, 하위지, 이개, 유성원, 유응부 6인으로, 조선 중기이후 충절을 상징하는 인물로 꼽혔다.

남이(1441~1468)

"사나이 스무 살에 나라를 평정하지 못하면 후세에 누가 대장부라 할 것인가"라는 호쾌한 시를 쓴 그는 태종의 외증손자다. 16세에 무과에 합격하고, 이시애의 난을 진압했다. 건주여진을 토벌해 적장 이만주를 죽인 공적 등으로, 병조판서가 된다. 유자광의 모함으로 죽었다.

김종직(1431~1492)

정몽주 · 길재 · 김숙자로 이어져 내려온 사림파의 계승자로, 사림파의 영수로 불린다. 사림파로 처음 중앙정계에 진출했다. 그가 쓴 『조의제문』이 무오사화의 빌미가 된다. 김굉필, 정여창, 김일손 등 제자를 키웠다.

조선의 불교

유교 나라 조선에서도 불교를 숭상한 왕들이 있었다. 태조는 무학대사를 스승으로 삼았고, 신덕왕후 무덤을 조성하면서 도성 안에 흥천사를 세웠다. 세종, 세조는 불경을 간행했다. 명종과 생모인 문정왕후는 1552년 도첩제와 승과를 부활해, 서산대사, 사명당 등을 배출하기도 했다. 17세기 이후 법주사, 금산사 등이 중수되는 등 대중 종교로 불교가 널리 숭상되었다.

■ 성종의 정치

- **홍문관 설치** : 성종은 유교적 법치제도를 확립한 임금이다. 집현전의 기능을 계승한 왕의 자문 기구로 경연을 주관하는 홍문관을 설치했다.
- **사림 등용** : 성종은 훈구대신을 견제하기 위해, 김종직 등 사림을 등용했다. 사림은 이조전랑과 홍문관, 사헌부, 사간원 3사의 언관을 차지해, 권력독점과 부정 방지를 내세워 훈구대신들을 견제했다.
- **관수관급제 실시** : 관청에서 조세를 거두어 수조권자인 관리에게 지급하는 관수관급제 실시로 국가의 토지 지배권이 강화되었다.
- **과부 재가금지법 시행** : 1477년 과부의 재혼을 금지시켜, 남녀차별을 확대했다. 남성중심 가족제도, 유교식 제사문화를 정착시키는 계기가 되었다.

〈성종 시기 출판물〉

해동제국기	1471년 신숙주가 일본에 사신으로 다녀와 쓴 보고서다.
국조오례의	1474년 신숙주 등이 국가의례를 정리한 책이다.
동문선	1478년 서거정이 우리나라 역대시문을 모아 편찬했다.
팔도지리지	1478년 양성지가 전국의 지리 정보를 정리한 책이다.
동국여지승람	1481년 각 도의 지리, 풍속 등을 수록해 편찬되었다.
경국대전	1485년 법령을 정비하여 경국대전을 완성했다.
동국통감	1485년 서거정이 고조선~고려의 역사를 편년체로 서술하였다.
금양잡록	1492년 강희맹이 자신의 경험을 바탕으로 쓴 농서다.
악학궤범	1493년 성현이 음악 이론을 집대성해 편찬했다.

MEMO

3 통치 체제의 정비

조선 통치조직의 특징

조선은 왕권과 신권의 조화, 유교 정치 실현을 추구했다. 이를 『경국대전』을 통해 법제화했다. 무과제도를 실시하고 문반과 무반 양반으로 관리를 구성하였지만, 정치 조직은 문반 중심이었다. 조선 초기에는 잡과 합격 관리에 대한 차별이 적었으나, 점차 잡과 합격자는 중인 취급을 받게 되었고, 지방 향리는 신분상승에 제한이 가해진 중인으로 전락하였다.

〈 중앙 정치 조직 〉

의정부	최고 관부, 재상들의 합의로 국정 총괄		조선정치 기본 구조
6 조	이조(인사), 호조(재정), 예조(교육, 외교) 병조(군사), 형조(사법), 공조(건설, 수공업)		
사헌부	백관 규찰, 간쟁	대간제도 (서경권 - 관원자격심사)	3사, 왕권 견제 기능, 청요직
사간원	간쟁 담당		
홍문관	학문 연구, 서적 관리, 국왕 자문, 경연 담당		
승정원	왕명 출납(비서 기관)		국왕 직속 기관, 왕권 강화 기능
의금부	국왕 직속 사법기구, 반역죄, 강상죄 처결		
춘추관	역사 편찬, 실록 보관 및 관리		
예문관	외교 문서 작성		
성균관	최고 교육기관		
한성부	수도의 행정과 치안 담당		

■ 지방 행정 조직
• 8도 : 조선은 전국을 8도로 나누고, 관찰사를 파견해, 수령을 감찰했다.
• 수령 : 지역의 중요성과 크기에 따라 도 아래 부, 목, 군, 현이 설치되었다. 그리고 모든 군현에 수령이 파견되었다. 임기는 1800일(5년)이었다. 관찰사와 마찬가지로 관할지역에 행정권, 사법권, 군사권을 행사했다.
• 6방 : 이, 호, 예, 병, 형, 공방 6방은 수령의 행정 실무를 보좌하였고, 지방의 향리들이 대대로 직역을 세습하였다.

구분	고려	조선
도	5두 양계, 5~6품 안찰사 파견, 6개월 임기, 행정기구 못 갖춤	8도, 종2품 관찰사 파견, 지역 상주, 임기 1년, 행정기구 갖춤
수령	주현에 파견, 파견되지 않는 속현의 숫자가 더 많음	모든 부, 목, 군, 현에 파견.
향리	호족의 후예로 지방 실질 지배, 신분 상승이 가능한 중류층, 세습 가능한 외역전 지급 받음	수령의 행정보좌, 중인으로 신분 상승 제한, 무보수 명예직 → 비정상적 수입이 필요

■ 유향소와 경재소
• 유향소 : 지방 사족으로 구성된 향촌 자치 기구로 수령 보좌, 백성 교화와 풍속 교정, 여론 수렴, 향리 규찰을 위하여 좌수, 별감 등 임원을 두었다. 이시애의 난으로 폐지되었다가, 1488년 성종이 향청으로 부활시켰다.
• 경재소 : 수도에 설치되었다. 해당 지방 출신 고관을 책임자로 임명해, 유향소 감시, 통제, 정부와 유향소간 연락 기능을 담당했다.

용어설명

청요직

사헌부, 사간원, 홍문관 3사 소속 관원은 청요직이라 하여 선망의 대상이 되었다. 학문과 덕망이 높은 사람이 주로 임명되었다. 서얼이 청요직 진출을 요구하는 상소를 집단으로 올리기도 했다.

비변사

16세기 초 외적의 침입에 대비하기 위한 임시 회의체로 처음 설치되었다가, 1555년 을묘왜변 이후 상설화되고, 임진왜란을 거치며, 조직과 기능이 확대되어 군사문제 뿐만 아니라, 국정을 총괄하는 기구로 부상했다. 조선 후기에는 세도가문이 비변사를 통해 권력을 독점했다. 1865년 흥선대원군에 의해 비변사가 폐지되었다.

양반과 향리 기록

양반들은 유향소의 『향안』(지방 사족의 명단)에 이름을 올려야 사회적 대우를 받았다. 반면 향리들은 『단안』 명부에 등재되어 있어야 했다. 그래야 직역을 세습할 수 있었다. 향리들에 대한 기록은 1777년 이진흥이 쓴 향리 역사서 『연조귀감』, 1848년 이명구의 『연조귀감 속편』 등이 있다.

관리는 국가의 일(국역)을 담당하므로 면제되었고, 학생은 유학진흥을 위해 면제되었다. 과거를 준비하는 양반들도 면제되었고, 향리, 노비도 면제되었으므로, 사실상 양민들만 군역을 부담했다.

장용영

조선 후기 5군영을 신하들이 장악하자, 정조는 1785년 국왕친위부대로 장용위를 설치하고, 1793년 장용영으로 발전시켰다. 내영은 도성, 외영은 수원화성에 주둔했다. 왕권강화를 위해 설치된 장용영은 순조가 즉위한 후, 1802년 혁파되었다.

상피제

조선은 지방관을 임명할 때 엄격하게 상피제를 적용하여, 출신지 등 연고가 있는 곳에는 부임할 수 없게 해, 부정을 방지했다.

조선의 법전

법전 명	연대
조선경국전	1394
경제육전	1397
경국대전	1485
속대전	1746
대전통편	1785
대전회통	1865

■ 군사제도
• **양인개병제** : 16세 이상 60세 사이 모든 양인 남자가 군역 대상자였다.
• **군역 형태** : 실제 군사로 복무하는 정군과, 정군의 비용을 부담하는 보인(봉족)으로 구성되었으며, 보인은 매년 포 2필을 부담했다.

〈군사조직〉

전기	중앙군 (5위)		의흥위, 용양위, 호분위, 충좌위, 충무위로 구성, 궁궐과 수도를 방위
	지방군 (영진군)		국방 요지에 영과 진을 설치하고 복무, 육군은 병마절도사, 수군은 수군절도사가 지휘
	잡색군		서리, 신량역천, 노비 등으로 구성된 예비군
후기	중앙군 (5군영)	선조	훈련도감 - 사수, 살수, 포수로 구성, 직업군인
		인조	어영청 - 북벌, 총융청 - 북한산성, 수어청 - 남한산성
		숙종	금위영 - 왕궁수비, 국왕 호위
	지방군 (속오군)		양인과 공사천인으로 조직, 평시에 생업에 종사, 농한기에 군사 훈련받아 유사시에 향토방위를 담당하는 예비군

• **방어체제의 변화** : 1455년 세조가 군사 요충지에 진관을 설치하면서 수령이 지휘하는 지역방어체제인 진관체제가 만들어졌으나, 대규모 침입에 취약했다. 16세기에 도 단위 방어체제인 제승방략체제를 만들어, 중앙에서 지휘관을 파견하고 유사시 군사를 한곳에 집결하게 했다. 임진왜란 중 속오법에 따라 군대를 편제하는 속오군체제로 정비하였다.
• **봉수제** : 군사적인 위급 상황을 연락하기 위해 전국에 봉수대를 설치하고, 그 정보를 중앙에 전하게 했다.
• **역참제** : 공문서를 신속하게 전달하기 위해 설치하였고, 각 역참에서는 마패를 소지한 공무 여행자에게 역마를 제공했다. 봉수와 역참은 국방과 행정 운영의 효율성 증대를 위해 실시된 제도들이다.

■ 관리등용제도
법제상 양인 이상이면 누구나 과거에 응시하여 관리가 될 수 있었다. 하지만 현실적으로 피지배층의 과거 응시는 거의 어려웠다.

• **과거 종류** : 문과, 무과, 잡과(고려는 승과가 있고, 무과가 없었다)
• **문과** : 3년마다 보는 식년시의 경우 생원시와 진사시로 구분되는 소과는 초시와 복시 2회에 합격해야 했다. 대과 역시 초시, 복시, 전시를 통과한 33명의 급제자를 뽑았다. 나라의 경사 등 특별한 경우에 치루는 별시(증광시, 알성시 등)는 선발 절차를 보다 간소화하기도 했다.
• **무과** : 문과와 마찬가지로 초시, 복시, 전시를 통과한 28명을 선발했다.
• **잡과** : 해당 기관에서 주관하여, 초시, 복시를 치루거나, 간단한 취재로 실무자를 뽑았다. 조선에서도 천거, 음서가 있었지만, 그 범위가 매우 좁았다.

■ 교육제도
• **초등교육** : 초보적 유학 교육을 실시하는 사립 교육기관인 서당이 있었다.
• **중등교육** : 지방 군현에 설치된 향교가 유학교육을 담당했고, 한성부에는 4부 학당을 두었다.
• **고등교육** : 성균관은 초시에 합격한 진사, 생원에게 원칙적으로 입학 자격이 주어졌다. 성균관 안에는 공자를 모신 문묘가 설치되어 있어, 유생들은 공자에 대한 제사를 지냈다. 향교와 성균관은 교육과 제례공간이 하나였다. 서원은 성현 제사와 교육을 담당한 사립 교육기관이다.

④ 사림의 성장과 사화와 당쟁 발생

용어설명

시대배경

성종 시기 김종직을 비롯한 사림세력이 정계에 진출하기 시작하면서, 기존의 훈구세력과 대립한다. 사림들은 대간에 진출해 원로대신들을 비판했다. 훈구파와 사림파간의 대립은 많은 선비들의 죽음을 초래한 사화로 비화되었다. 사화로 타격을 입었음에도 결국 사림이 권력을 장악했다. 사림은 다시 동인과 서인이 갈라져, 이후 치열한 분당과 당쟁을 초래하였다.

〈훈구파와 사림파〉

훈구파	사림파
1. 대지주층으로 관학파의 학풍을 계승, 문물제도 정비에 기여했다.	1. 소격서를 폐지하고 현량과를 실시하며, 소학 교육을 장려했다.
2. 사화를 통해 반대세력을 제거하고 정치적으로 성장했다.	2. 조광조 등이 반정 공신의 위훈을 삭제하고자 했다.
3. 주례를 국가의 통치이념으로 중요하게 여겼다.	3. 도덕과 의를 바탕으로 왕도 정치를 강조했다.
4. 중앙집권 강화를 추구했고, 타 사상에 관대했다.	4. 향촌 자치를 내세웠고, 성리학 이외 다른 사상을 배격했다.
5. 의정부와 6조를 장악했다.	5. 이조전랑과 언관에 진출했다.
6. 개국공신, 정난공신 등	6. 정몽주 - 길재 - 김종직의 후예

■ 연산군(1494~1506)의 정치

연산군은 신하들을 제압하고, 전제 왕권을 강화하려 했다. 그러자 언관직을 장악한 사림세력이 반발했고, 연산군은 이들을 견제하려 했다.

- **무오사화** : 김일손이 스승인 김종직이 쓴『조의제문』을 사초에 실었는데, 훈구파 이극돈이 연산군에게 이 글이 세조의 왕위 찬탈을 비방한 글이라고 모함했다. 김종직이 부관참시되고, 김일손 등 사림이 정계에서 물러났다.

- **갑자사화** : 성종은 두번째 왕후이자 연산군의 생모인 윤씨를 1479년 폐비하고, 3년 후에는 사약을 내려 죽게 했다. 이 사실을 몰랐던 연산군이 뒤늦게 생모 죽음과 관련된 사건을 알게 되면서, 이 사건에 연루된 훈구대신들을 제거하였다. 이때 사간원이 폐지되는 등 언론 탄압이 있었다.

■ 중종(1506~1544)의 정치

연산군의 폭압정치에 반발해, 신하들이 그를 몰아내고 중종을 왕위에 옹립하는 반정이 일어났다. 반정공신의 힘이 커지자, 중종은 사림파 조광조를 능용해 공신들의 전횡을 견제하고자 했다.

- **삼포왜란** : 1510년 삼포왜란이 일어나자, 국방문제를 다룰 임시기구인 비변사가 처음 설치되었고, 1512년에는 임신약조를 체결하여 일본과 교역을 제한했다.

- **조광조(1482~1519)의 개혁정치** : 유교적 이상 정치를 현실에 구현하고자, 급진적 개혁을 시도했다. 어진 인재를 등용하자는 뜻으로 천거제도인 현량과 시행을 건의해, 사림파를 대거 등용하게 했다. 그는 유향소 폐지, 향약 시행, 소격서 폐지,『소학』보급, 수미법 실시 등 급진적 개혁을 추진했다. 반정공신들이 견제하자, 조광조는 개혁의 걸림돌이 된 반정공신의 위훈을 삭제해 그들을 약화시키려고 했다. 공신들이 반격하고, 조광조가 왕이 되려한다는 소문이 퍼져, 중종이 그를 불신하게 되었다. 기묘사화에서 제거되었다.

사화의 3대 원인

무오, 기묘사화는 훈구파의 사림파 제거 목적, 갑자사화는 연산군의 개인적 보복, 을사, 정미사화는 외척인 대윤(인종의 외척 윤임)과 소윤(명종의 외척 윤원형)간의 대립이 원인이었다.

조의제문

항우에게 죽은 초나라 의제의 죽음을 슬퍼하는 글로, 김종직이 세조의 왕위찬탈을 빗대어 비난한 글이다.

삼포왜란

1407년 부산포와 내이포, 1426년 염포를 개방하고 왜관을 설치해, 일본과 제한적 무역을 했다. 3포에 거주하는 왜인이 늘자, 중종은 왜인에 대한 통제를 강화했다. 그러자 왜인들은 대마도주의 군사적 지원을 받아 부산포와 내이포를 침략했다. 난이 제압되고, 일본과 한때 통교가 중단되었다.

수미법

지역 특산물을 바치는 공납은 부과량이 일정하지 않고, 수송과 저장이 어렵고, 방납(대리 납부)의 폐단 등이 있어 농민 부담이 컸다. 쌀로 공납을 거두는 수미법을 조광조, 이이 등이 주장했으나 실시되지 못했다.

용어설명

문정왕후(1501~1565)

명종 재위시기 20년간 최고의 권력을 누려 여왕이란 말을 들었던 그녀는 유교국가 조선에서 어떤 왕도 해내지 못한 불교 진흥을 이루어냈다. 승과를 실시해 서산대사, 사명당이 발탁되기도 했다. 그녀는 봉은사를 크게 짓기도 했다. 그녀가 죽자 불교는 다시 탄압받는다. 그녀의 무덤이 태릉이다.

조선의 3대 도적

성호 이익은 조선의 3대 도적으로 1500년 경 연산군시기에 활동한 홍길동, 1560년대 명종시기에 활동한 임꺽정, 1690년대 숙종시기에 활동한 장길산을 거론했다.

이조전랑

이조의 정5품 정랑과 6품 좌랑을 지칭한다. 품계는 낮지만, 삼사의 관리를 임명하고, 자신의 후임을 추천할 수 있어, 권한이 매우 큰 요직이었다.
1575년 이조전랑 임명이 붕당의 원인을 제공했다.

붕당의 확대요인

관직이 부족해 경쟁이 심해졌고, 학연과 서원이 매개가 되어 붕당이 난립하게 되었다. 당쟁 격화로 대립은 더욱 심화되었다.

■ 을사사화

중종과 장경왕후의 아들 인종(1544~1545)이 9개월 만에 후사 없이 죽자, 중종의 계비 문정왕후의 아들 명종이 즉위했다. 그러자 인종의 외척인 대윤(윤임 등)과 명종의 외척인 소윤(윤원형 등)이 대립하여, 을사사화가 발생해 대윤세력이 제거되었고, 이언적 등 일부 사림도 제거되었다.

■ 양재역 벽서 사건(정미사화)

을사사화 발생 2년 후, 경기 양재역에서 문정왕후를 비난하는 내용의 익명의 벽서가 발견되자, 문정왕후는 윤임 등 대윤의 잔여세력을 제거했다.

사화	연대	주요 사항
무오	1498	김일손이 사초에 김종직의 조의제문을 실은 것이 발단
갑자	1504	임사홍이 폐비 윤씨 사건을 연산군에게 밀고한 것이 원인
기묘	1519	반정공신 위훈 삭제에 반발해 발생, 조광조 등 사림 제거
을사	1545	외척인 대윤과 소윤의 대립으로 발생, 윤임 등 대윤 제거
정미	1547	양재역 벽서사건, 대윤 잔여세력 제거, 윤원형 권력 장악

■ 명종(1545~1567)의 정치

• **문정왕후의 전횡** : 명종의 생모 문정왕후가 수렴청정, 섭정을 통해 1565년 죽을 때까지 왕을 능가하는 막강한 권력을 휘둘렀다. 그러자 친동생 윤원형과 그의 첩 정난정 등도 부정부패를 저질러 농민생활이 크게 악화되었다. 문정왕후는 보우스님을 중용하고, 1551년 선종과 교종 양종을 부활시키고, 1552년 도첩제와 승과를 부활하는 등 불교 진흥을 위해 노력했다.

• **임꺽정의 난** : 고향을 떠난 유민들이 증가하고 임꺽정 등 도적이 빈번히 출몰하였다. 1559년부터 1562년까지 3년간 황해도와 경기도 일대에서 활동한 임꺽정은 조선사회에 큰 영향을 끼쳤다.

• **을묘왜변** : 삼포왜란 이후 교역축소에 왜인들이 불만을 갖고 1555년 전라도를 습격했다. 이를 계기로 국방문제를 다루는 비변사가 상설화 되었다.

• **구황촬요 간행** : 1554년 기근에 대비하기 위한 구급법, 대용식물 조제법 등 흉년에 대비하는 내용을 담은 구황촬요를 간행해 보급하였다.

• **직전법 폐지(1556)** : 현직관리에게 수조권을 지급하던 것을 폐지하고, 녹봉으로 베, 곡식 등을 현물로 지급했다.

■ 선조(1567~1608)와 붕당의 탄생

향촌사회에서 성장한 사림파는 훈구파의 탄압을 이겨내고, 16세기 말 중앙 정계를 장악했다. 사림파 안에서 훈구 정치를 어떻게 극복할 것인가에 대한 선배와 후배 세대의 입장 차이가 커져갔다. 또한 과거 합격자 대비 관직이 부족해, 이들 간에 경쟁과 갈등이 심화되었다. 결국 1575년 이조전랑 임명을 둘러싸고, 동인(김효원 지지)과 서인(심의겸 지지)으로 붕당이 갈라졌다.

• **서인** : 기성사림으로, 주로 이이와 성혼의 제자로 구성되었다.

• **동인** : 신진사림으로, 이황, 조식, 서경덕의 제자들로 구성되었다. 1591년 동인은 남인(이황 제자)과 북인(조식 제자)으로 분당되었다.

• **기축옥사(1589)** : 정여립이 대동계를 구성해 세력을 키워 도성을 공격하고, 도참사상을 앞세워 조선을 뒤엎으려 한다는 고발이 접수되었다. 정여립의 모반사건으로 동인 1천여 명이 처벌되었다. 이후 서인이 정국을 주도하게 되었으나, 이 사건으로 붕당간의 대립이 격화되었다.

⑤ 임진왜란과 병자호란

용어설명

〈강경책과 회유책을 병행한 조선 전기 일본과의 관계〉

주요 사건	연대	관련 사항
왜관설치	1407	왜관설치, 국교 체결(일본 무로마치 막부)
대마도정벌	1419	이종무가 왜구 근거지 대마도 정벌
계해약조	1433	삼포개항, 무역 허용, 세견선 규제
해동제국기	1471	신숙주가 일본에 다녀와 편찬
삼포왜란	1510	삼포에서 왜인이 난을 일으킴, 비변사 처음 등장
임신약조	1512	일본과 교역량을 대폭 줄임, 왜인의 불만이 커짐
을묘왜변	1555	을묘왜변 계기로 비변사 상설화

■ 임진왜란

- **일본의 침략** : 센코쿠시대(15세기 중엽~16세기 말)의 혼란을 통일한 도요토미 히데요시는 조선과 명을 정벌할 계획을 수립했다. 1592년 명을 공격할 수 있도록 길을 빌려달라는 명분(정명가도)을 앞세워 조선을 침략했다.
- **조선의 대비** : 200년간 큰 전쟁이 없어 군역제도가 문란해지는 등 국방력이 약화된 상태에서 전쟁을 치러, 전쟁 초반 위기를 맞았다.

〈전쟁 진행(1592~1598) 상황〉

1592. 4. 14	전쟁 발발, 동래성, 부산진성 함락
1592. 4. 28	신립, 탄금대 전투에서 패전 → 선조 의주로 피난
1592. 7. 8	이순신 한산도 대첩, 조선의 역전 발전(제해권 장악)
1593. 1. 6	조명연합군 평양성 탈환
1593. 2.	권율 행주대첩(왜군이 남쪽으로 퇴각, 도성 수복)
1597. 1.	정전협정 결렬, 정유재란 발발
1597. 9. 16	이순신 명량해전 승리(왜군의 북진 계획을 좌절시킴)
1598. 11. 19	이순신 노량해전, 전쟁 종결

■ 조선의 대응과 종전

왜군이 가진 조총의 위력 탓에, 전쟁 초기 거듭된 패전으로 선조는 의주로 도망갔다. 선조는 광해군으로 하여금 분조를 이끌게 했다. 백성들은 의병을 일으켜, 왜군에 대항하였다. 이순신의 활약과, 명군의 참전으로 전세가 역전되었다. 1593년부터 지속된 정전협상이 결렬되자, 1597년 왜군이 재침을 해왔다. 도요토미가 죽자, 왜군이 전면 철수하여 전쟁이 마무리된다.

■ 임진왜란과 조선의 변화

- **신분질서 동요** : 국가 재정 부족을 해결하기 위해 납속책을 시행하고 공명첩을 발행하여 신분 질서가 크게 동요되었다.
- **훈련도감 설치** : 1593년 사수, 살수, 포수(조총병)로 구성된 훈련도감을 설치했다. 훈련도감은 5군영의 핵심부대로, 급료를 받는 상비군이 주축이었다. 훈련도감 양성을 위해 1결당 2.2말씩 삼수미세를 거두었다.
- **비변사 강화** : 임진왜란 이후 조직과 기능이 확대되어, 국정최고회의기구가 되어 의정부와 6조 기능을 약화시켰다.

용어설명

신립의 탄금대전투

신립은 기병을 앞세워 북방 야인을 거듭 격파한 조선 최고의 장수였다. 일본군을 막기 위해 그는 북쪽의 군대를 데려오지 못하고, 충청도에서 모은 병사를 이끌고 훈련 없이 전투에 나가야 했다. 결국 탄금대에서 배수진을 치고 항전할 수밖에 없었고, 패전했다. 제승방략체제의 문제점이 패전의 근본원인이었다.

납속과 공명첩

납속은 세금 외에 돈과 곡식을 바친 사람에게 특혜를 주는 것이다. 공명첩은 수취자의 이름을 기재하지 않고 관직을 제수하거나, 면역, 면천 등을 허가한 문서다. 임진왜란 중 전공을 세우거나 납속한 자에게 공명첩을 발급해주었다. 상민층은 납속과 공명첩을 이용하여 신분상승을 꾀하게 되었다.

조선통신사 파견

일본 막부가 국제적으로 권위를 인정받기 위해 막부의 쇼군이 즉위할 때 조선에 통신사 파견을 요청했다. 1636년부터 1811년까지 9차례 파견되었다. 통신사는 일본과 문화교류의 역할을 하였다.

용어설명

모문룡 사건

1621년 후금이 요동을 공격하자, 명나라 장수 모문룡이 후금의 배후에서 싸우겠다는 명분으로 평안도 철산 앞바다 가도에 머물렀다. 모문룡의 존재가 후금이 정묘호란을 일으킨 주요 원인이었다. 1629년까지 조선을 괴롭히고, 조선에 막대한 부담을 준 모문룡은 부정부패로 참수 당했다.

친명배금

명나라와 친하게 지내고, 후금은 배척하는 것으로, 광해군을 몰아낸 서인들의 기본 외교정책이다.

남한산성

경기도 광주군에 있는 남한산성은 광주목의 소재지였다. 5군영의 하나인 수어청이 이곳에 주둔했다. 또한 왕이 거처할 행궁이 성안에 건설되어 있다. 병자호란 이후에도 강화도, 북한산성과 함께 비상시 왕이 피난할 장소로 중요하게 관리되었다.

소현세자

인조의 장남으로, 청나라에서 예수회 선교사 아담 샬과도 교류하고, 귀국할 때 천리경, 천주교 서적 등을 가져왔다. 인조의 미움을 받아, 죽었다.

• **사대주의 강화** : 명군의 파병을 계기로, 명에 대한 사대주의가 심화되었다.
• **일본과 국교 재개** : 1609년 기유약조로 일본과 제한된 무역을 허가하고, 부산포에 왜관을 설치했다. 조선 전기보다 교역 규모를 크게 제한했다.

■ 광해군(1608~1623)의 중립외교
광해군은 즉위 후, 전후 복구사업에 힘썼다. 그가 즉위하자 북인이 남인과 서인을 누르고 정국을 주도하였다.

• **대동법 시행** : 1609년 공납의 폐단을 해결하고자 경기 지역에 한하여 시범적으로 시행하였다.
• **동의보감 간행** : 1610년 허준이 전통 한의학을 정리해 완성하였다.
• **계축옥사** : 선조는 임진왜란에서 공을 세운 광해군 대신, 뒤늦게 얻은 영창대군을 후계자로 삼으려고 했고, 이는 광해군을 지지한 대북파와, 영창대군을 지지한 소북파 사이에 갈등을 만들었다. 1613년 대북파는 영창대군을 왕으로 옹립하려 했다는 구실로 소북파를 축출했다. 다음해에는 영창대군을 죽였고, 1618년에는 계모인 인목대비를 폐비시키고 경운궁에 유폐시켰다.
• **대외중립 외교** : 강홍립이 이끄는 부대가 명의 요청으로 후금과 전쟁에 파병되었다. 1619년 조선군은 출병하였지만, 쉽게 후금에 항복했다. 광해군은 명과 후금 사이에서 중립외교를 추진했다.
• **광해군 폐위** : 서인은 광해군의 폐모살제(인목대비를 유폐하고 영창대군을 죽임)와 명에 대한 의리를 저버린 것을 명분으로, 1623년 인조반정을 일으켜 그를 제주도로 유배시켰다. 북인이 몰락하고, 서인이 집권하였다.

■ 인조(1623~1649)와 호란
서인 정권은 광해군과 달리, 망해가는 명에 충성하고, 성장하는 후금을 적으로 삼는 친명배금 정책을 고수했다. 그러자 후금과 전쟁 위협이 커졌다.

• **이괄의 난(1624)** : 인조반정에서 큰 공을 세운 이괄은 공신책봉에 불만을 품고, 평안도에서 반란을 일으켜 한때 도성을 점령했다. 궁궐이 불타고 왕이 피난을 했다. 이괄의 난으로 조선의 국방력은 더욱 약화되었다.
• **정묘호란(1627)** : 후금군이 조선을 침략하자, 인조는 강화도로 피신하였고, 용골산성에서 정봉수와 이립이 의병을 이끌고 활약했다. 후금은 조선과 형제 관계를 맺고 물러갔다.
• **병자호란(1636)** : 정묘호란 이후에도 여전히 후금에 적대적이었다. 후금은 국호를 청으로 바꾼 뒤, 조선에 군신관계를 요구했다. 조선은 의리와 명분을 내세워 이를 거절하여 병자호란을 초래했다. 청군이 공격해오자 세자는 강화도로, 인조는 남한산성으로 도망쳤다. 임경업이 평안도 백마산성에서, 김준용이 전라도 군을 이끌고 광교산에서 항전했지만 적군을 막지 못했다.
• **척화파와 주화파** : 김상헌 등 척화파는 대의명분에 따라 끝까지 항전하고 화친을 배격하자고 주장했다. 반면 최명길 등 주화파는 청과 교섭하여, 화친을 주장했다. 전쟁 전에는 척화파가 우세하였지만, 결국 주화파의 의견을 받아들일 수밖에 없었다.
• **삼전도의 굴욕** : 45일간 남한산성에서 고립되었던 인조는 결국 성 밖으로 나와, 삼전도에서 굴욕적인 항복의식을 하고서, 청과 군신관계를 체결한다. 세자를 모시고 강화로 피신했던 김상용은 강화도에서 순절하였다.

■ 병자호란 이후
청군은 소현세자와 봉림대군, 수십만의 백성을 청으로 끌고 갔다. 8년 만에 소현세자가 귀국했지만, 석연치 않게 죽임을 당했다. 봉림대군은 1649년 효종이 되자, 청에 복수하고자 북벌을 추진했다. 하지만 청나라가 1644년 명나라를 멸망시키고, 전성기를 맞이하면서 북벌 실행은 사실상 어려웠다.

⑥ 조선 후기 통치 체제의 재정비와 정국 변화

■ 효종(1649~1659)의 정치
- **북벌 운동 추진** : 청에 당한 복수를 씻고자, 이완을 어영대장으로 삼아, 어영청을 중심으로 북벌을 추진했다.
- **나선 정벌** : 러시아정벌을 위해 청이 조선에 지원군을 요청하자, 1654년과 1658년 변급, 신류가 지휘하는 조총부대를 파견해, 러시아군과 교전했다.
- **하멜 표류** : 네덜란드 상인인 하멜 일행이 제주도에 표류하여 도착했다. 이들을 훈련도감에 소속시켜 신식 무기를 제작하게 했다.
- **대동법 시행** : 김육의 건의에 따라 충청도와 전라도로 대동법을 확대 시행했다.
- **농가집성 간행** : 1655년 신속이 모내기법 등 농업과 농촌에 필요한 것을 망라한 농촌생활 백과사전인 『농가집성』을 간행해 보급했다.

■ 현종(1659~1674) 시기 예송 논쟁
- **예송논쟁** : 효종과 효종비 사망 후, 인조의 계비인 자의대비가 상복을 어떤 예에 따라 입어야 하는지를 논하면서, 왕과 사대부의 예를 동일하게 적용해야 한다는 서인과, 왕과 일반 사대부의 예를 다르게 적용해야 한다는 남인 간에 치열한 정치적 논쟁이 벌어졌다.

구분	기해 예송(1659)	갑인 예송(1674)
계기	효종 사망	효종비 사망
서인 주장	효종은 왕이지만, 적장자가 아니다. 1년복 입어야 한다.	효종비는 왕비지만, 맏며느리가 아니다. 9개월복 입어야 한다.
남인 주장	효종은 적장자가 아니지만 왕이다. 3년복 입어야 한다.	효종비는 맏며느리가 아니지만 왕비다. 1년복 입어야 한다.
결과	1년복 채택, 왕권보다 신권 중시한 서인 승리(주자가례 근거)	1년복 채택, 왕권을 중시한 남인 승리(국조오례의 근거)

■ 숙종(1674~1720)의 환국 정치
숙종 즉위 당시 갑인예송에서 승리한 남인의 권력이 막강했다. 숙종은 정국을 주도하는 붕당을 수시로 교체하는 환국을 통해, 왕권을 강화시켰다. 3번의 환국 결과, 남인은 크게 힘을 잃고 서인이 노론과 소론으로 나뉘어져 이후 정치를 주도하게 되었다.

구분	원인	결과
경신환국 (1680)	남인의 영수 허적이 궐내 장막을 마음대로 가져간 것을 서인이 비판	허적, 윤휴 등 남인이 축출되고 서인이 집권(노론과 소론 분당)
기사환국 (1689)	장희빈의 아들(훗날 경종)을 원자로 책봉하는 것을 서인이 반대	인현왕후 폐위, 장희빈 왕비로 책봉, 남인이 집권 노론의 영수 송시열이 사사됨
갑술환국 (1694)	서인이 인현왕후 복위 운동 전개, 남인이 반대	인현왕후 복위, 왕비 장씨 희빈으로 강등, 서인(소론, 노론) 집권

- **화폐 유통** : 1678년 상평통보를 주조하여, 전국적으로 유통시켰다.
- **대동법 전국 시행** : 1678년 경상도, 1704년 황해도에도 대동법이 실시되어 100년 만에 전국적으로 대동법이 시행되었다.
- **백두산 정계비** : 1712년 박권을 보내 청나라와 국경을 확정하는 백두산 정계비를 세웠다.

상평통보

탕평

임금의 정치가 한쪽을 편들지 않고, 사심이 없으며, 당을 이루지도 않는 상태가 탕평이다. 영조, 정조는 붕당의 대립을 막기 위해 두루 인재를 등용하는 탕평 정책을 펼쳤다.

완론탕평, 준론탕평

영조는 붕당 인물 가운데 온건한 사람을 등용해 타협책을 이끌어 내는 완론탕평을 실행했다.
정조는 사안의 시시비비를 분명히 가르는 논쟁을 통해 정치를 펼치는 준론탕평을 실행했다.

시파와 벽파

사도세자는 영조가 42세에 얻은 늦둥이로, 총명했으나 많은 기행으로 영조의 미움을 사서, 영조에게 죽임을 당했다.
사도세자를 적극 배척한 당파가 노론 벽파이고, 그에게 동조하고 그의 아들 정조에게 적극 협력하는 당파가 노론 시파다.
사도세자의 추승(칭호를 올려주는 것)을 둘러싸고 정조 시기에도 두 파의 갈등이 계속되었다. 정조는 자신과 대립각을 세운 노론 벽파와도 협력해 정치를 했다.

■ 영조(1724~1776)의 탕평 정치

소론이 지지한 경종(1720~1724)이 죽자, 노론이 후원한 영조가 왕위에 올랐다.

- **무신란** : 1728년 정권에서 배제된 소론과 남인 과격파가 연합해 무력으로 정권탈취를 기도해, 이인좌 등이 청주성, 정희량이 거창을 점령하며 영조와 노론세력을 제거하고자 했으나, 관군에 의해 진압되었다.
- **완론 탕평** : 온건파 중심의 탕평파를 육성하여 이들을 중심으로 정국을 운영하였고, 1742년 붕당정치의 폐해를 경계하고자 탕평비를 세웠다.
- **붕당 약화 정책** : 당파간의 경쟁이 심한 이조전랑의 권한(후임자 추천권과 3사 추천권)을 폐지시켰다. 또한 재야에서 정치에 간여한 산림(山林)의 존재를 인정하지 않고, 붕당의 근거지 서원을 대폭 정리했다.
- **균역법 시행** : 1751년 농민의 군포 부담을 1인당 2필에서 1필로 대폭 줄이는 균역법을 시행했다. 세액 부족분은 지주에게 토지 1결당 쌀 2두의 결작미를 거둬 보충하고, 일부 상류층에게 1년에 1필 선무군관포를 부과했다. 어세, 염세, 선세를 균역청에서 관할해 군사비에 충당했다.
- **농민 생활 안정책** : 신문고를 부활시켜 백성의 여론을 정치에 반영하고자 했다. 또 가혹한 형벌을 폐지하고, 사형수의 3심제를 강화했으며, 노비 종모법을 실시해 노비의 증가를 억제하고 양민을 확보하고자 했다.
- **편찬 사업** : 1746년 『속대전』을 편찬하여 통치 체제를 정비했다. 1770년 역대문물을 정리한 『동국문헌비고』를 편찬하였으며, 정상기가 100리 척을 사용한 「동국지도」를 제작했다.
- **청계천 준천공사** : 1750년 청계천 주변 물난리 예방을 위해 준천공사를 실시했다. 도성민의 생활안정에 크게 기여했다.
- **임오화변** : 1762년 사도세자가 뒤주에 갇혀 죽었다. 세자의 죽음을 계기로 시파와 벽파의 갈등이 생겨났다.

■ 정조(1776~1800)의 개혁정치

- **준론 탕평** : 영조 시기 소외된 시파, 남인, 소론을 대거 등용해 붕당간의 세력 균형을 유지하고, 준론 탕평파를 중심으로 정국을 추도했다.
- **규장각 설립** : 학술과 정책 연구기관으로 규장각을 설립하여, 자신의 정책을 뒷받침하는 기구로 삼았다. 1779년 서얼출신 이덕무, 유득공, 박제가, 서이수를 규장각 검서관에 임용했다. 이덕무 등이 훈련교범인 『무예도보통지』 등을 편찬했다.
- **초계문신제 실시** : 규장각에서 젊고 유능한 신진관리나 하급관리를 재교육시켜 자신의 친위 세력으로 육성했다.
- **장용영 조직** : 국왕 친위 부대인 장용영을 조직해, 왕권을 보호했다.
- **수원 화성 축조** : 부친인 사도세자의 묘를 수원으로 옮기고, 1796년 화성을 축조했다. 화성은 정조의 개혁정치의 산물로, 실학사상이 반영되어 건설되었다. 수원 화성을 건립하면서 만석거 등 수리시설도 건설하여, 수원일대에 인구가 모여 살 수 있는 기반을 만들었다.
- **대전통편 편찬** : 1785년 『대전통편』을 편찬하여 문물제도를 정비했다.
- **문체 반정** : 박지원의 『열하일기』 등 신체문이 유행하자, 1792년 문체 반정을 통해 순수한 고문체로 되돌아가자며 이를 바로잡고자 했다. 18세기 문예운동을 위축시키는 결과를 초래했다.
- **신해통공 실시** : 1791년 육의전을 제외한 시전상인의 금난전권을 폐지시켜, 영세 상인층의 보다 자유로운 상업 활동을 가능하게 했다.

■ **순조(1800~1834)와 천주교**

1800년 정조가 갑자기 죽자 12살의 순조가 즉위하였고, 영조의 계비인 정순왕후의 수렴청정이 시작되었다. 노론 벽파 계열인 정순왕후는 정조의 개혁정책을 되돌렸고, 노론 벽파가 정국을 주도하게 된다.

• **공노비 해방** : 1801년 중앙관서 공노비를 해방하고, 노비 문서를 불태웠다.
노비에게 노동력을 제공받는 것보다 양인으로 풀어주고 세금을 받는 것이 국가재정에 도움이 되었기에, 6만 6천명의 노비를 양인으로 해방시켰다.

• **신유박해** : 천주교에 관대한 정조와 달리, 정순왕후와 노론 벽파는 천주교를 배척하여, 1801년 이승훈 등 다수의 천주교 신자를 처형했다. 이때 정약전, 정약용 형제도 유배형에 처해졌다.

• **황사영 백서 사건** : 신유박해가 일어나자 황사영이 청나라 북경에 있는 구베아 주교에게 편지를 보내, 정부의 천주교 탄압상황을 알리고, 신앙의 자유를 얻기 위해 외국 군대의 출병을 요청했다. 그러자 조선에서는 조선을 위협하는 종교로 천주교를 탄압하게 되었다.

〈주요 천주교 박해 사건〉

사건	연대	주요 내용
신해박해	1791	조상의 신주를 불태우고 제사를 지내지 않은 윤지충을 처형
신유박해	1801	이승훈 등 천주교 신자들을 대거 처형, 정약용, 정약전 유배
황사영백서	1801	신유박해 사실을 베이징주교에게 알리며, 군대를 보내달라고 요청하다 발각
병인박해	1866	대원군이 프랑스에 실망해 천주교도 8천명 학살, 병인양요의 원인이 됨

■ 세도정치

• **경화사족의 등장** : 18세기 이후 고위 관직자의 대부분이 도성에서 세력기반을 가진 명문가에서 배출되었다. 이들은 상호 인척 관계를 형성하고, 권력과 부를 장악하게 되었다. 경화사족에서 안동김씨, 풍양조씨 등 세도 가문이 등장했다.

• **세도정치의 등장** : 붕당이 약해진 상황에서 노론의 소수 가문이 왕실과 혼인을 통해 외척이 되어 권력을 장악하게 되었다. 순조의 외척 안동김씨 김조순이 세도정치를 시작해 약 60년간 지속되었다. 이들은 비변사의 고위 관직과 5군영의 주요 보직을 장악해 권력 기반으로 삼았다.

• **홍경래의 난** : 세도정치로 정치 기강이 문란해져 농민생활이 어려워진 상황에서, 1811년 12월 홍경래는 서북인의 차별에 대한 반발로, 우군칙 등과 함께 다복동에서 봉기하여 가산, 정주를 비롯한 청천강 이북 지역을 점령했다. 몰락양반, 영세농민, 광산 노동자 등이 참여하여 5개월간 지속되었다.

• **개혁의 좌절** : 순조의 건강이 악화되자, 효명세자가 1827년부터 대리청정을 하면서 안동김씨를 배제하고, 장인인 조만영을 비롯한 풍양조씨를 중용하며 호적법 정비 등을 실시하였으나, 1830년 21세에 갑자기 사망했다.

■ 헌종(1835~1849)과 풍양조씨의 세도

1834년 순조가 죽자, 효명세자(익종)의 아들인 헌종이 8세에 즉위했다. 순조의 비 순원왕후 김씨가 수렴청정을 했다.

• **풍양조씨의 세도** : 순원왕후의 외척인 안동김씨와 헌종의 어머니인 신정왕후 조씨의 외척인 풍양조씨가 세력을 다투다가, 점차 풍양조씨가 권력을 쥐었다. 하지만 1846년 조만영이 죽자, 다시 안동김씨가 권력을 장악했다.

정순왕후

1759년 15세로 51세 연상인 66세의 영조와 혼인해 왕비가 되었다. 경주김씨로, 사도세자 죽음에도 간여한 노론 벽파였다. 수렴청정을 시작하자, 시파 인물을 대대적으로 숙청하고, 천주교를 탄압해 남인을 축출하고, 장용영을 혁파했다. 1803년 12월 그녀의 수렴청정이 그치자, 시파인 김조순이 권력을 잡았다. 그녀의 친정인물을 비롯한 벽파가 도태되었다.

천주교 전파

1783년 이승훈이 청나라에 직접 가서 세례를 받고 최초의 신도가 되었다. 이후, 서북지역 민중과 정약종, 정약전, 정약용 형제 등 남인들에게 학문 또는 신앙으로 전파되었다.

이양선 출몰

17세기 이후 일본 나가사키로 가던 네덜란드 상선이 표류해 조선에 출몰했지만, 19세기에는 조선과 교역, 측량 등을 목적으로 해안가에 서양 배들이 자주 출몰했다.

하멜이 탔던 네덜란드선박 스페르베르호

용어설명

수렴청정

발을 치고 함께 정치를 듣는다는 의미로, 왕이 즉위하였을 때, 왕실의 어른인 대비가 국정 운영에 참여하는 제도다. 조선 시대에 7회의 수렴청정이 있었다.

추존왕

조선에는 죽어서 왕이 된 9명이 있다. 태조의 4대조인 목조, 익조, 탁조, 환조와, 덕종(성종의 아버지) 원종(인조의 아버지), 진종(영조의 장자), 정조의 양아버지), 장종(사도세자), 익종(효명세자)이다. 아들이 왕이 된 이후, 왕이 되지 못한 아버지를 왕으로 추존한 것이다. 흥선대원군은 고종이 추존하지 않아 왕이 못 되었다.

박규수

『열하일기』의 저자 박지원의 손자인 그는 삼정이정청 설치를 건의했다. 평안도 관찰사로 재임 중이던 1866년 대동강에 올라온 미국상선 제너럴서먼호를 화공으로 침몰시켰다. 청을 두 번 방문하고 개화사상을 발전시킨 박규수는 김옥균, 박영효, 서광범 등 급진 개화파의 스승이 되었다.

• **헌종의 이른 죽음** : 1841년 15세가 된 헌종이 친정을 하였으나 아직 어렸고, 세도가문의 세력이 막강하여 제대로 정치를 하지 못했다. 헌종은 23세의 젊은 나이에 자식이 없이 죽었다. 이로 인해 세도정치가 더욱 강화되었다.

• **민심의 동요** : 1832년 영국 배 애머스트호가 출몰해 조선에 통상을 요구하기 시작한 이후로, 이양선 출몰이 잦아져 민심이 동요했다.

■ 철종(1849~1863)과 세도정치

헌종이 자식이 없이 승하하자, 안동김씨 세도가들이 다음 왕위 후계자를 종친 가운데 찾았다. 14살에 가족과 함께 강화에 유배되어 농부로 살던 이원범 즉 철종을 모셔다가 왕위에 앉혔다. 19세에 왕이 되었지만 실권이 없는 왕이었다. 3년간 대왕대비인 순조의 비인 순원왕후가 수렴첨정을 실시했고, 대왕대비의 근친 김문근의 딸이 왕비로 간택되는 등, 철종 재위시기에 안동김씨의 세도정치가 더욱 강화되었다.

• **삼정의 문란** : 세도가들은 돈을 받고 관직을 파는 매관매직 등의 비리를 일삼았다. 관직을 구입하여 지방관이 된 자들은 재직 시 더 많은 돈을 모아 더 높은 벼슬을 구입하고자 했으므로 비리를 저질러야만 했다. 탐관오리들의 횡포가 심해졌는데, 이들은 백성들에게 과도한 조세(전정), 군포(군정), 환곡미(환곡)의 과다 징수를 통해 재물을 모았다. 반면 백성들의 생활은 대단히 어려워졌다.

• **임술 농민봉기** : 1862년 2월 진주목사 백낙신의 탐학과 삼정의 문란에 항거하여, 진주의 백성들이 봉기를 일으켰다. 몰락 양반 유계춘이 주도한 농민봉기는 지방관과 향리의 착취가 원인이 되어 발생한 것으로, 경상도 개령, 거창, 전라도 장흥, 금구 등 전국으로 농민봉기가 확산되었다.

• **삼정이정청 설치** : 정부에서는 농민봉기를 수습하고자 박규수를 안핵사로 파견했다. 박규수는 삼정 문란이 농민봉기의 원인임을 파악하고, 환곡 등의 폐해를 바로잡기 위한 임시기구인 삼정이정청 설치를 건의했다. 삼정이정청이 설치되었지만, 세도정치의 폐해를 극복하기 어려웠다.

• **정감록 유포** : 국가의 기강이 문란해지고, 농민 생활이 어려워지는 상황에서, 이양선이 출몰하고, 서양 종교인 천주교가 전파되어 유교 질서가 흔들리는 등 사회 불안요소가 커졌다. 그러자 왕조 교체를 예언하는 『정감록』, 『도참』 등이 유포되었다.

◀ MEMO ▶

02 조선의 경제와 사회

주요한 기출 키워드

- 농업 - 농사직설, 과전법, 직전법, 균역법, 영정법, 대동법, 이모작
- 상업 - 상평통보, 시전, 공인, 금난전권, 신해통공, 송상, 객주와 여각, 후시 무역, 보부상
- 광업 - 설점수세제, 덕대
- 신분 - 유향소, 향약, 시사(詩社), 공명첩, 통청운동

1 농업과 토지제도

시대배경

조선은 인구의 절대다수인 농민의 생활이 안정되어야 올바른 통치가 가능하다고 여기고, 농업에 국가적인 관심을 기울였다. 농업의 토대 위에 토지, 수취, 신분, 통치 제도가 만들어졌다. 농업을 위해 억압받던 상업과 수공업, 광업은 조선 후기 들어 인구 증가와 함께 급격히 발전했다.

■ 조선초기 권농 정책

- **농경지 확대 정책** : 개간을 장려하여, 저습지나 황무지를 개간할 때에는 일정기간 면세 혜택을 주었다. 또 각종 수리 시설을 확충해 가뭄의 피해를 줄이기 위한 노력을 기울였다.
- **조선 전기 농업 기술** : 조, 보리, 콩의 2년 3모작이 확대되었고, 남부 지방에서 모내기가 확산되었지만 직파법, 농종법이 일반적이었다. 시비법이 발달되어 휴경지가 소멸되었다. 고려 말에 전래된 목화의 재배가 확대되었다.

■ 조선 후기 농업 발전

- **농업기술의 발전** : 논농사에서는 직파법보다 이앙법 즉 모내기가 일반화되었고, 밭농사에서도 농종법에서 견종법으로 바뀌었다.
- **농민의 성장** : 농기구가 개량되고, 이앙법과 견종법 보급으로 노동력이 절감되고, 생산량이 늘어나, 넓은 토지를 경작하는 광작이 가능해졌다.
- **상품 작물의 등장** : 쌀이 상품화가 되어 밭을 논으로 바꾸는 경우가 늘었고, 고추, 담배, 채소, 목화 등 상품 작물 재배가 확대되었다.
- **지대 납부 방식** : 지주의 간섭도가 높은 타조법(징율제)에서 소작인에게 유리한 도조법(징액제)으로 변화되기 시작했다.

■ 농서 간행

농업을 중시한 조선에서는 초기부터 다양한 농서가 저술되었다. 후기에는 중농주의 실학자들이 『색경』, 『삼림경제』, 『임원경제지』등을 저술했다.

용어설명

직파법과 이앙법

직파법은 볍씨를 직접 논에 뿌리는 것이다. 이앙법은 모판에 싹을 틔운 모를 논에 심는 농작법이다. 잡초 손질이 쉬워, 노동력을 절감시킬 수 있다. 하지만 모내기철 가뭄이 들 경우 1년 농사를 망칠 수가 있다. 『농가집성』에서 이앙법의 생산성이 높다는 것이 판명되고, 수리시설이 확대되면서, 조선후기에 널리 보급되었다.

외래 작물 도입

17세기 임진왜란을 계기로 일본에서 담배, 고추, 호박이 전해졌다. 1763년 통신사 조엄이 일본에서 고구마를 가져왔고, 감자는 1824년 경 청에서 전해졌다.

농종법과 견종법

농종법은 밭두둑인 이랑에 씨를 심는 방법이다. 17세기에는 수확이 많은 견종법이 발전했다. 특히 겨울작물인 보리, 밀 등은 견종법에 따라 고랑에 심어야 얼지 않고 습기를 보전해 잘 자란다. 콩, 옥수수 등 여름작물은 농종법을 사용한다.

공신전

국가에 공을 세운 사람에게 주는 토지다. 조선에서는 개국, 회군, 원종, 좌명, 정난 공신 등 19차례 공신 책봉과 공신전 지급이 있었다. 상속이 되는 공신전은 전세, 대동세는 면제되었으나, 삼수미세와 균역법 이후 부과된 결작은 납세하였다. 공신전 확대는 국가 재정 곤란을 초래했다.

수조권

토지에 대한 세금인 조(租)를 거둘 수 있는 권리다. 관수관급제 실시가 늦어진 것은 교통과 화폐경제의 미발달로 인해, 조세로 거둔 곡식을 중앙으로 옮기고, 다시 분배하는 비용이 컸기 때문이다. 따라서 관서나 관료가 직접 세금을 받아 재원으로 활용하도록 수조권을 분배한 것이다. 다만 관료의 횡포와 비리가 개입될 소지가 큰 문제점이 있었다.

책 명	연대	저자	특징
농상집요	1273		화북 지방 농업을 집대성한 중국의 농서인 농상집요를 이암이 1349년 고려에 소개했다.
농사직설	1429	정초 변효문	우리나라 기후 풍토에 맞는 농법을 기록한 책으로, 경험 많은 농부의 농사기술 모음. 남부지방에서 행해지는 이앙법 소개
금양잡록	1483	강희맹	강희맹 자신의 생생한 경험을 담아 저술
구황촬요	1554		기근에 대비하기 위해 구급법, 대용식물 조제법 등 흉년에 대비하는 내용을 담음
농가집성	1655	신속	이앙법 등 벼농사 중심 농법을 소개
색경	1676	박세당	담배, 수박 등의 상품 작물 재배법을 소개
산림경제	18C초	홍만선	인삼, 고추 상품작물과 원예 기술 등을 소개한 농촌 생활 백과사전
임원경제지	1827	서유구	농업 기술혁신 방안을 제시한 실학자의 농촌경제 정책서이자 백과사전

• **과전법 시행** : 과전법은 조선 초기 기본적인 토지법이다. 고려 말 소수의 권력자들이 부정한 방법으로 대농장을 소유한 반면, 다수의 농민들은 토지를 상실해 생활이 어려웠다. 권문세족의 대토지 소유로 인한 토지 제도의 모순을 해결하고, 국가의 재정기반 확충과 조선 건국에 참여한 신진 사대부의 경제적 기반을 확보하기 위해 1391년에 시행했다.

• **과전법의 특징** : 경기지역 토지의 수조권(소유권 아님)을 재분배하고, 농민의 경작권을 보장하며, 전지만 지급하고 시지는 지급하지 않았다. 구세력의 반발을 고려해 전직관리에게도 토지를 지급했다. 또한 전지의 매매와 박탈을 금지해 농민이 안정적으로 농사를 짓게 하였다.

• **과전의 반납** : 수조권을 받은 사람이 죽거나, 반역을 하면 국가에 반환하는 것이 원칙이다. 다만 죽은 관료 가족이 생계유지를 할 수 있도록, 토지 일부를 수신전(부인), 휼양전(자녀)으로 세습이 가능하게 했다.

• **과전법의 문제** : 토지 세습으로 인해, 새로 관직에 나간 관리에게 줄 토지가 부족하게 되었다.

〈고려 전시과와 과전법의 차이〉

구분	전시과	과전법
수조권	죽거나 반역 시 반납	전시과에 비해 지급량 축소
지급지역	전국(양계 제외) 토지	경기 지역
지급대상	전지와 시지(땔감채취)	전지 뿐, 시지는 없음
차이점	외역전(향리), 공음전, 군인전	없음
공통점	유족에 대한 배려 - 구분전	수신전, 휼양전

• **직전법의 실시** : 과전법은 시행 75년 만에 관리들에게 지급할 과전이 부족해졌다. 새로 관리가 되는 신진 관료에게 전액이 분급되지 못하는 상황이 생기자, 신진 관료의 불만이 커졌다. 그러자 세조는 과전 부족을 해결하고자, 현직 관리에게만 수조권을 지급하는 법을 시행하였다. 과전법에 비해 분급량을 축소하고, 수신전, 휼양전을 몰수해, 현직 관리에게 고루 분배했다.

구분	과전법(1391)	직전법(1466, 세조)
배경	신진사대부 경제기반 마련	과전부족, 세조의 왕위찬탈
대상	전·현직 관리	현직 관리
분급	경기지역 토지에 대한 수조권	과전법에 비해 분급량 축소
세습	수신전, 휼양전은 세습 가능	수신전, 휼양전 폐지
결과	세습 토지로 과전 부족 초래	관리가 수조권 남용해 과도하게 수취, 토지의 사적 소유 증가

- **관수관급제(1470)와 직전법(1556) 폐지** : 직전법이 시행되자, 관료들은 퇴직 후에 대한 불안으로, 토지 수조권을 이용해, 자신의 재산을 축적하여 미래에 대비했다. 농민의 부담이 커지자, 이를 해소하기 위해 도입된 것이 관수관급제다. 토지에 대한 세금을 관원 개인이 아닌, 관청에서 조세를 거둬, 관리에게 지급했다. 토지에 대한 관리의 지배력이 약화되고, 국가의 토지, 농민에 대한 지배력이 강화되었다. 결국 1556년 관리에게 수조권 지급을 폐지하고, 녹봉으로 베, 곡식 등 현물을 지급하며 직전법을 폐지했다.

용어설명

녹봉

직역의 복무 대가로 국가로부터 받는 녹봉은 등급에 따라 지급액이 달랐다. 한때 조선 세수의 절반에 해당할 만큼 비중이 컸다. 녹봉은 갑오개혁 때 폐지되고, 월급이 화폐로 지급되었다.

MEMO

용어설명

환곡

춘궁기에 굶주린 백성에게 식량을 빌려주고 가을에 받는 환곡은 고구려 진대법, 고려의 의창과 같은 빈민 구제제도였다. 공납, 군역과 더불어 환곡은 삼정이라 불린다. 지방관의 부정이 개입되어, 농민들은 환곡 이자 갚는 것이 큰 부담이 되었다.

삼정의 비리

군정의 경우 어린아이에게 군포를 징수하는 황구첨정, 죽은 사람에게 징수하는 백골징포, 이웃에게 대납시키는 족징 등의 비리가 있었다. **전세**의 경우 정해진 액수보다 많이 징수하는 도결, 가짜 장부를 만들어 없는 토지에도 징수하는 백지징세가 있었다. **환곡**의 경우 6개월 이자율이 20%가 기준이었으나, 이를 50% 넘게 부과하는 장리가 있었다.

운하 굴착

고려와 조선에서는 조운선의 해난 사고가 빈번해지자, 태안반도를 가로지르는 굴포 운하를 착공했으나, 성공하지 못했다.

조운선 모형

② 조선의 수취(세금 징수)제도

수취제도 개요

조선의 세금은 토지에 부과하는 조세, 호적에 등재된 정남에게 부과하는 군역과 요역, 집집마다 부과하는 공납으로 크게 나뉜다. 수취를 위해 토지 장부인 양안 작성과 호적 관리가 이루어졌다. 양반들은 다양한 방법으로 면세와 면역의 혜택을 받았고, 왕실 소유 토지와 관청 소유지도 면세지였다. 따라서 세금을 내야 하는 농민의 부담이 컸다. 기득권자에게 유리한 수취제도는, 전란과 기근으로 농촌이 피폐해지자 변화하게 되었다.

- **양안(量案)** : 토지를 측량하여 기록한 대장으로, 필지별로 측량하여 방향, 등급, 모양, 크기, 경작여부, 소유자 명부를 작성하여, 조세 부과의 근거자료로 활용되었다. 양안은 20년 마다 토지 조사사업을 실시해 새로 작성하는 것이 원칙이었다. 임진왜란으로 양안이 소실되어 재작성에 어려움을 겪기도 했다.
- **전세 제도** : 토지세는 1/10을 기준으로 삼았다. 1444년 세종은 공법(연분 9등법과 전분 6등법)을 마련하여 풍흉과 토지의 비옥도에 따라 조세를 1결당 4~20두까지 차등 부과했다. 하지만 풍흉과 토지 비옥도를 지방 관리의 재량으로 결정함에 따라, 관리의 부정이 커지는 단점이 있었다.
- **공납제도** : 공납은 각 지방에서 나는 토산물을 현물 그대로 중앙에 바치는 것이다. 공납의 양은 군현 단위로 세액이 부과되었는데, 해당 지역에서 생산되지 않거나 생산량이 적은 물건이 배정되기도 했다. 군현에서 가호마다 공물을 배정하여 납부 기준이 명확하지 않았다. 따라서 관리들과 아전의 부정과 농간이 개입될 소지가 많았다.
- **군역의 부담** : 국가가 국가 운영에 필요한 물품과 인력을 충당하기 위해 백성들에게 의무적으로 역을 부과하였다. 국역에서 가장 큰 것은 군역이다. 군역은 군에 복무하는 정군과, 정군을 돕는 보인으로 구분된다. 보인은 포 2필을 납부해야 했다.
- **모병제로 전환** : 15세기 말 음성적으로 타인에게 대가를 내고 대신 군복무하게 하는 대립제와 나라에 포를 내고 군복무를 이행하지 않는 방군수포제가 일반화되자, 16세기 중종은 대립제를 양성화하여, 1년에 군포 2필을 내면 군역을 면제해 주는 군적수포제를 실시하고, 모병제를 실시했다. 17세기 인징, 족징, 황구첨정, 백골징수 등 지방관과 향리의 농간으로 군역 제도가 크게 문란해졌다.
- **조운 제도** : 고려, 조선에서는 각 지방에서 거둔 조세와 공납을 배를 이용해 수로로 운송하기 위한 조운제도를 시행했다. 각 군현에서 거둔 세곡은 강가와 바닷가에 위치한 조창에 운반했다가, 조운선에 의해 경창으로 운송했다. 강원도는 한강을, 경상도는 낙동강과 남한강을 통해 경창으로 운송했다. 평안도와 함경도, 제주도에서 거둔 세금은 그 지역에서 사용하게 했다. 곡물 운송비용이 과다한 탓에, 지방관아의 비용은 지역에서 조달하게 했다.
  조선 초기에는 국가가 운영하는 조운선이 세곡 운송을 전담했으나, 해상에서 조운선이 침몰하는 등 사고가 잦자, 후기에는 민간에게 위탁했다. 경강상인들은 조운선을 만들어 조세 운반으로 큰 이익을 얻어 성장하기도 했다.

■ 영정법 실시

양란 이후 농지가 황폐화되어 농민 생활이 어려워지자, 전세 부담을 크게 낮춰 풍흉에 관계없이 매년 일정액인 1결당 4~6두로 고정하는 영정법을 1635년에 시행했다. 명목상 세금은 줄었지만 수수료, 운송료 등 부가세가 붙어 농민 부담은 줄지 않았다.

■ 대동법 시행

17세기 농촌 경제가 피폐되면서 공납의 부담을 견디지 못한 도망 농민이 증가하자, 정부는 공물을 쌀 또는 돈으로 납부하는 대동법을 시행하였다.

- **납부기준** : 가호가 아닌 토지 결수를 기준으로, 쌀, 베, 동전으로 징수했다.
- **정액제 실시** : 공납이 전세처럼 토지에 대한 세금으로 전환되어 1결당 12두로 정했다. 따라서 농민의 부담이 크게 줄고 지주의 부담이 늘었다.
- **공인의 등장** : 국가가 필요한 특산물은 공인이 대신 납부하게 되었다.
- **선혜청 주관** : 대동법은 처음에는 선혜법이란 이름으로 실시되었다. 선혜청은 대동법의 운영을 주관했다. 선혜청에서 대동미와 대동전을 받아서, 공인에게 물건 값을 주고 물건을 납품받아 왕실과 관청에 공급했다.

〈 대동법 전국 확대 - 경기도를 시작으로 100년에 걸쳐 전국에 실시되었다. 〉

시기	지역	시기	지역
1608년(광해군)	경기도	1662년(현종)	전라도(산군)
1623년(인조)	강원도	1666년(현종)	함경도
1651년(효종)	충청도	1678년(숙종)	경상도
1658년(현종)	전라도(해읍)	1708년(숙종)	황해도

- **대동법의 효과** : 세금을 화폐로 납부하게 됨에 따라, 화폐 유통이 증가했다. 각 관청에 물건을 납부하는 어용상인인 공인이 성장하고, 선대제 민영 수공업이 발달했다. 화폐가 유통되면서 상업이 성장하게 되었고, 특히 술집을 비롯한 유흥산업이 발전하는 등 도시 문화 발전에도 큰 영향을 끼쳤다.
- **대동법의 한계** : 정기적으로 납부하는 상공은 대동법으로 납부되었지만, 별공, 진상은 여전히 존속해, 공납의 문제가 완전히 사라지지는 못했다.

■ 균역법 실시

1년 2필의 군포 부담이 농민 경제를 크게 위협했다. 영조는 백성들의 군포 부담을 덜어주기 위해 1750년 균역법을 시행해, 군포 2필 부담을 1필로 줄여 주었다. 부족해진 국가 재정을 메우기 위해, 지주에게 1결당 미곡 2두를 부담하게 하는 결작을 징수하고, 선무군관에게 군포 1필을 징수하며, 어염세, 선박세를 국가재정에 귀속시켰다.

■ 수취체제 개편 요약

	공납 - 대동법(1608)	전세 - 영정법(1635)	군역 - 균역법(1750)
배경	방납의 폐단 심화 도망농민 증가	양난 이후 농지 황폐화	군포 부과 가중 군역 이탈 농민 증가
내용	1결당 쌀 12두 징수, 쌀, 베, 동전으로 납부 가능	풍흉에 무관 1결당 쌀 4~6두 징수	1년 1필로 군포 감소, 부족한 재정은 결작, 선무군관포 등으로 보충
결과	공인 출현 상품화폐 경제 발달	각종 부과세 부과 농민부담 지속	결작미를 소작농에게 전가

용어설명

김육(1580~1658)

1651년 대동법을 충청도에서 실시하는데 성공하고, 전라도에 확대 실시를 건의해, 대동법 정착에 큰 공을 세웠다. 그는 또 1653년 청으로부터 시헌력 도입을 건의해 실행했다.

선혜청

1608년 대동미와 대동포, 대동전을 받기 위해 설립된 관청으로, 지방에 8개 지청을 두었다. 상평청, 진율청, 군역청을 산하에 두어, 호조보다 더 큰 재정 기관이 되었다. 1894년 갑오개혁 때 대동법 폐지와 함께 혁파되었다.

군포 1필

옷감은 곡물과 함께 화폐로 사용되었는데, 세금 납부용 1포는 5승포, 길이 35척으로, 삼베, 또는 면포를 사용했다. 면포 1필 가격은 쌀 4~5두 정도이나, 매년 가격 변동이 있었다.

선무군관

지방 세력가나 부유한 평민 가운데 군역을 지지 않은 사람을 군관에 포함시켜 군포를 부과했다. 이들을 선무군관이라 했다. 이들에게는 무예 시험을 볼 특전을 주었다.

혜 - 선혜청 발행

---

③ 화폐 유통과 상공업

화폐 유통 변화

조선은 농업을 중시하고, 상공업을 말업으로 천하게 여겨, 국제교역이 부진하고, 화폐 유통이 극도로 부진했다. 조선 초기 조선통보와 지폐인 저화가 만들어졌으나 곧 폐지되었다. 하지만 조선 후기 인구가 증가하고, 조세 금납화와 상업의 성장으로 화폐가 널리 유통된다.

- **명나라 은전의 유입** : 임진왜란에 참전한 명나라 군대가 식량 등을 조달하기 위해 은전을 시장에서 거래하면서, 조선에서도 은이 유통되었다. 명군 철수 후, 은이 부족해지자, 구리로 주조한 동전이 화폐로 자리 잡게 된다.
- **상평통보 유통** : 1633년 상평청을 설치하고 상평통보를 주조하여 유통하고자 했으나, 널리 유통되지 못하여 중지되었다. 이후에도 화폐 유통을 위한 노력이 계속되었다. 1678년 숙종 시기에 상평통보가 주조되어 조선의 법화로 채택되어 전국적으로 유통이 확대되었다.
- **화폐 유통의 확대** : 대동법 시행으로 세금과 소작료를 동전으로 납부하게 됨에 따라, 화폐 유통량이 크게 늘었다. 화폐 주조가 이익이 되자, 상평창 외에 호조, 균역청, 선혜청, 훈련도감 등 여러 관청과 군영에서도 상평통보를 주조해, 널리 보급시켰다.
- **전황 현상** : 화폐 유통에 따른 부작용도 있었다. 지주와 상인들이 재산축적과 고리대용으로 다량의 동전을 비축하면서, 시중에 동전이 부족해지는 전황 문제가 발생했다.
- **신용 화폐** : 상업이 성장하며, 환, 어음 등의 신용 화폐가 점차 보급되었다.

〈시대별 유통된 화폐 변화〉

건원중보	996 (성종)	최초의 금속화폐, 당 건원중보 본 떠 만듦
활구(은병)	1101 (숙종)	우리나라 모양을 본떠 은 1근으로 주조
해동통보	1102 (숙종)	주전도감 설치 해동중보, 삼한통보도 발행
저화	14c 원 간섭기	고려말~조선초 유통, 조선에서도 발행
조선통보	1423 (세종)	동전으로 주조, 유통 부진
상평통보	1678 (숙종)	조선의 법화, 조선말까지 대규모 유통
당백전	1866 (대원군)	경복궁 공사비 마련을 위해 발행
백동화	1892 (고종)	전환국에서 발행. 통화가치가 계속 하락
제일은행권	1905(대한제국)	화폐정리로 일본 제일은행권이 국내 유통

■ 조선 후기 경제 변화

- **화폐 유통의 효과** : 화폐가 유통되자, 소액의 물건 값을 지불하기가 편리해졌다. 주막, 술집, 도박장 등 유흥산업이 발전하면서 소비문화가 크게 발전했다. 농민들도 화폐를 얻기 위해 담배, 면화 등 상품작물을 재배하여 장시에 내다 팔면서, 장시가 크게 성장했다. 상업이 발전하자 도시의 인구도 크게 증가하였다.
- **빈부의 확대와 신분질서 동요** : 고리대 등으로 빈부 격차가 확대되어, 거지가 늘어나는 문제도 발생했다. 부자로 성장한 자들은 공명첩 등을 구입하여 신분이 상승되었다. 조선 후기에는 신분질서의 변동이 빨라졌다.
- **임금 노동자 등장** : 포구 등에서 물건을 하역하는 노동을 제공하고 임금을 받는 노동자 등이 증가하였다. 몰락 농민들은 임노동자가 되거나 상공업에 종사하기도 하였다.

- **조선 상업의 변화** : 고려 말 사치와 빈부 격차를 비판하고 건국된 조선에서는 농민 생활 안정을 위해 농업을 중시했다. 반면, 상업을 말업으로 천시하고, 시장을 열지 못하게 하는 등 억상정책을 펼쳤다. 또한 조선의 최대 교역상대국인 명나라의 쇄국, 해금 정책으로 조선의 무역량도 크게 줄었다. 하지만 조선 후기에는 화폐경제가 발달하면서, 상업도 크게 성장했다.

■ 시장과 상인의 성장

- **시전과 경시서** : 조선은 도성 안에 시전을 설치하고, 경시서를 두어 상행위를 감독했다. 시전은 점포세와 상세를 부담하며, 경시서의 통제를 받았다.
  시전 상인은 왕실과 관청에 물품을 공급하는 대신, 금난전권을 부여받았다. 정조는 1791년 육의전을 제외한 시전 상인들의 금난전권을 폐지하는 신해통공을 실시해, 시장의 발달을 촉진했다.
- **공인의 성장** : 공인은 대동법 실시 이후, 관청에서 필요한 물품을 사서 납부하는 특권을 가진 어용상인이다. 관청에서 주는 공가와 물건을 산 가격 차이의 이윤에만 만족하지 않고 유통과 제작 과정에 참여해 크게 성장했다.
- **난전의 등장** : 조선 후기 인구가 증가하고, 화폐 경제가 발달함에 따라, 시전 외에 난전이 등장하여, 늘어난 수요를 충당했다. 신해통공으로 난전들은 도성 안에서 자유로운 상행위를 할 수 있었다. 종루의 시전 외에 칠패와 이현 등 도성 주변에 난전 시장이 크게 성장했다.
- **지방 장시** : 15세기 후반부터 장시가 등장하여 5일장으로 발전했고, 16세기 무렵 전국적으로 확대되었다. 18세기에는 장시가 1천여 개로 확대되어, 모든 농민들이 시장에서 교역할 수 있게 되었고, 광주 송파장, 원산장 등 15개 큰 장시가 들어서 상업중심지로 발전했다. 장시의 증가와 함께 보부상(봇짐과 등짐장수)이 전국 장시를 돌며 하나의 유통망으로 연계하였다.

〈사상(국가에 납품의무를 짊어지는 않는 비특권 상인)의 성장〉

경강상인 (한성부)	한강을 중심으로, 미곡, 소금, 어물 운송과 판매를 장악했다. 선박 건조 등 생산 분야에도 진출했다.
송상(개성)	주요 상업지역에 지점인 송방을 설치해 근거지로 삼아 전국적으로 활동하며, 만상과 내상 사이에 중계 무역을 했다. 인삼을 재배해 판매하였다. 사개치부법(송도부기)이라는 독자적인 회계법을 창안했다.
만상(의주)	송상과 더불어 대청무역을 통해 성장했다.
내상(동래)	왜관을 통한 대일무역으로 부를 축적했다.
유상(평양)	평양을 근거지로 삼아 국제교역 등에 종사했다.

- **도고 상인** : 도고는 상품을 매점매석해 가격 상승과 매매 조작을 노리는 상행위의 한 형태로, 조선 후기에는 독점적 도매상인인 도고 상인이 활동했다. 경강, 송파, 누원 등 상업 요충지, 개성, 동래, 의주 등 지방 상인의 거점지 등에 시장이 활성화되면서 사상이 도고를 했다. 또한 여각, 객주, 선주인 등도 매점한 상품을 도고했다. 도고 상인과 함께 중간 상인인 중도아가 등장해, 이들이 이현, 칠패 등 난전 등에 물건을 되팔기도 했다.
- **객주와 여각** : 조선 전기에는 세곡과 소작료 운송 기지였던 포구가 조선 후기에는 상업중심지로 성장했다. 경강, 강경, 원산 등에 물건의 매매 중개, 위탁, 수송, 금융업, 숙박업을 하는 객주와 여각이 등장했다. 이들 가운데 일부는 상업 자본을 축적하여 상회사를 설립했다.

■ 대외 교역

- **조선 전기** : 명나라 사신이 왕래할 때 공무역과 사무역을 허용했다. 여진과는 국경 지역에 설치한 무역소를 통해 교역하고, 일본과는 왜관을 중심으로 무역을 했다. 16세기 이후에는 명나라의 비단과 원사, 일본의 은, 구리, 조선의 면포가 교역되면서, 조선은 중계 무역의 이익을 얻기 시작했다.

용어설명

금난전권

난전을 금지하는 권리다. 국가에 의무를 짊어지는 대가로 관에서 허가받은 시전상인이 사상(私商)인 난전과 경쟁에서 유리한 위치를 차지하기 위해, 자신들이 거래하는 물건을 난전이 도성 안과 도성 십리 이내에서 판매하지 못하도록 정부와 결탁해 얻어낸 권리다.

육의전

시전 가운데 큰 6개 시전으로, 1개 전은 같은 물종을 취급하는 상인 단체다. 선전(수입 비단), 면포전(목면), 면주전(국산 명주), 지전(종이), 저포전(모시) 외 시대에 따라 어물전 또는 포전(삼베) 등이 포함되었다.

객주와 여각의 차이

객주과 여각은 같은 의미로 사용하기도 하지만, 여각이 보다 큰 규모의 상인으로 본다. 일반적으로 객주는 내륙, 서울, 여객은 연안 포구에 있고, 영업자본도 객주보다 많고, 창고 등 시설을 갖춰 대량의 물건을 보관했다. 객주, 여각은 상인들에게 숙박비도 받고, 특정화물도 보관하며 돈도 빌려주며 성장했다.

사신이 국경 출입시 국경 인근 도시 상인들이 역관, 지방 관리와 결탁해 상업 활동을 했다. 중강개시, 회령개시, 경원개시는 1년에 2회 정기적인 교역이 있었다. 이를 계기로 후시가 나타났다. 책문후시는 청과 교역 관문인 책문 부근에서 이루어졌다. 일본과도 부산의 왜관에서 개시 외에 후시가 열렸다. 처음 후시는 불법 교역이었다. 횟수와 무역량이 개시보다 커지자, 정부도 후시에 과세하고 합법화했다.

김홍도의 대장간도

김홍도의 길쌈도

- **조선 후기** : 17세기 인구가 늘면서 해외상품에 대한 수요가 늘자, 청과 국경 지대를 중심으로 공식 허용된 개시무역과, 비공식 무역인 후시무역이 이루어졌다. 만상은 책문후시에서, 내상은 왜관후시를 통해 청, 일본과 무역에 참여하고, 송상은 만상, 내상을 중계하며 국제 무역을 주도하였다. 사신단을 통한 공무역의 비중이 높은 만큼, 역관이 무역에서 큰 역할을 했다.
- **조선 후기 교류 물품** : 청나라에서 인삼 수요가 급증했다. 조선은 홍삼을 제조해 팔았고, 말린 해삼, 담배, 종이, 무명 등을 수출했다. 반면 중국의 실크, 약재, 문방구와, 일본의 은, 구리, 황, 후추 등이 수입되었다.

■ 조선 전기 수공업

조선은 국가에 필요한 전문적인 제품을 생산하는 기술자를 공장안에 등록시켜 수공업 생산을 담당하게 하였다. 조선 전기에는 관영 수공업 중심으로 발전하였으며, 시장을 상대로 제품을 생산해 파는 민영 수공업은 침체되어 있었다. 농가에서 의류를 비롯한 생활필수품을 만드는 가내 수공업이 활발했다. 특히 목화 재배가 확대 보급되면서 무명 생산이 늘었다.

■ 조선 후기 수공업

16세기 관청 수공업이 부역제의 해이와 상업 발달로 차츰 쇠퇴하였다. 조선 후기 화폐 경제가 발달하면서, 수공업자들은 장인세를 납부하는 대신 자유롭게 생산 활동에 종사하면서 민영 수공업이 발달하게 되었다. 결국 18세기 말에는 장인 등록제인 공장안이 폐지되고 말았다.

- **선대제 수공업** : 대동법 시행 이후, 상업 자본의 지배를 받는 선대제 수공업이 성행했다. 공인 또는 상인이 자본과 원재료를 제공하고, 생산자가 물건을 만들고, 상인이 되파는 형태다. 가내 수공업과 달리 분업화가 가능해 생산성이 향상되었다.
- **점촌의 등장** : 18세기 후반에는 수공업자들이 상업 자본으로 독립해 점촌을 형성하여, 철점, 유기점, 사기점 등이 등장했다.

■ 광업의 성장

조선 초기에는 개인의 광산 개발을 금지하는 등, 광산 개발을 억제했다. 조선 후기에는 청과 무역으로 은의 수요가 급증하면서, 은광 개발이 성행했다.

- **설점수세제** : 1651년 세금을 받고 민간의 광산 개발을 허용하는 설점수세제가 실시되자, 광산 개발이 활기를 띠었다. 정부는 광산 개발로 농업에 지장을 주는 것을 고려해 높은 세금을 부과했다. 그러자 금광, 은광을 몰래 개발하여 이익을 얻는 잠채가 성행하게 되었다.
- **덕대의 등장** : 상인이 물주가 되어 전문 광산 경영자인 덕대를 고용해 대규모 광산을 개발하기도 했다. 덕대는 노동자를 고용 관리했으며, 생산 과정 일부는 하청을 주기도 했다.
- **다양한 광산의 개발** : 금광, 은광 뿐만 아니라, 놋그릇과 무기, 동전 주조의 원료가 되는 철광, 동광, 유황 광산 개발도 이루어졌다.

④ 신분 질서의 동요

조선 사회 질서의 변화

모든 백성을 양인과 천인으로 구분하는 양천제가 조선의 법으로 정해진 신분제도였다. 하지만 현실적으로 조선은 4가지 신분으로 구분된 반상제가 일반화되었다. 양인이 양반, 중인, 상민으로 구분된 것이다. 천인은 국역의 의무가 없지만 천역을 담당했다. 권력을 가진 양반층은 재산을 늘리고자 상민을 억압하고 노비를 다수 확보하고자 했다. 따라서 신분간의 차별이 커졌다. 이로 인해 조세와 국역을 담당할 상민이 줄자, 국가 재정이 위기에 처했다. 조선 후기 신분 차별에 항의한 봉기, 신분 해방의 욕망, 국가 재정 위기 타개를 위한 편법의 등장과 맞물려, 신분 질서가 크게 동요하였다.

■ 조선의 4대 신분
- **양반** : 15세기에는 문반과 무반 관리를 의미했지만, 16세기 이후 관료와 그 가족과 가문으로 확대되었다. 경제적으로 지주층, 정치적으로 관료층이며, 각종 국역에서 면제받았다. 과거, 음서, 천거를 통해 관직으로 진출하였고, 과전, 녹봉, 자기 소유 토지와 노비 등을 통해 경제적으로 우월했다.
- **중인** : 잡과에 합격한 기술관(역관, 의관, 음양관, 율관, 산관 등)이 협의의 중인이고, 여기에 향리, 서리, 서얼을 포함해 차츰 하나의 신분이 되었다. 대부분 직역을 세습했다. 전문 기술과 행정 실무를 담당했다.
- **상민** : 농업, 수공업, 상업 등 생업에 종사하는 일반 백성들이다.
- **천민** : 대부분 노비로, 이들은 매매, 상속, 증여의 대상이었다. 백정, 광대, 무당, 창기 등도 천민이었다.

■ 유교적 사회 질서의 확립
- **유향소** : 사림들은 자치 기구인 유향소를 두어 수령 보좌, 향리 규찰, 주민의 풍속 교화 등을 통해 유교적 사회 질서를 확립하고자 했다.
- **향약** : 중종 때 조광조가 처음 시행한 후, 이황의 예안 향약, 이이의 해주 향약 등에 의해 널리 전국으로 보급이 확대되었다. 풍속 교화와 향촌 자치의 기능을 가진 향약은 지방의 사족이 주로 직임에 임명되었다. 지방 사림은 향약을 통해 농민 지배를 강화했다.
- **서원과 향촌 질서** : 서원은 사설 교육기관이며, 유교의 성현에게 제사를 지낸 곳으로, 1542년 풍기군수 주세붕이 세운 백운동서원이 최초다. 1550년 이황의 건의로 백운동서원에 임금이 소수서원이란 간판을 하사했다. 이후 국가의 보조를 받는 서원이 전국으로 확산되었다. 서원은 향촌 사림을 결집, 강화하는 역할을 하였고, 서원에서 형성된 학연이 관직 진출에 영향을 주었으며, 붕당의 본거지가 되기도 했다. 양반의 세력기반이 된 서원과 향약이 농민을 수탈하는 부작용을 초래하기도 했다.
- **사우(祠宇)** : 선조 혹은 선현의 신주나 영정을 모셔놓고 제향을 행하는 장소다. 사우는 소상을 본받고, 선현 제사를 통해 향촌민의 교화에 목적이 있었다. 점차 서원과 구분이 모호해져갔다.
- **가부장제의 확립** : 고려시대는 부계와 모계 양계계승적 성격이 강했으나, 성리학 도입에 따라 조선시대에 부계 중심의 가부장적 가족 제도가 정착된다. 남성이 제사를 독점하면서, 장남 중심의 상속이 일반화되었고, 양자 입적도 일반화된다.

■ 신분제의 변동
- **노비 확대** : 양반들은 자신들의 부를 늘리기 위해 노비를 늘리려 했고, 양인을 채무노비로 만들고, 부모 가운데 한명이라도 노비면 자식도 노비로 만들었다. 조선 중기에는 노비가 늘고 양인이 크게 감소했다.
- **양반층의 분화** : 사화, 붕당, 환국 등을 거치며 특정 붕당이 정권을 독점하면서 다수 양반이 몰락했다. 권력을 장악한 권반, 몰락한 잔반, 향촌에서 위세를 가진 향반으로 양반이 분화되었다.

용어설명

신량역천

양인 신분이면서 천역에 종사하는 수군, 조례, 나장, 일수, 봉수군, 역졸, 조졸 등을 칠반천역이라 한다.

역관

조선은 외교를 수행하기 위해 한어, 몽골어, 왜어, 여진어 4개 언어 통역관을 사역원에서 양성했다. 역관은 사신을 수행하면서 대외무역에 관여해 부자가 된 이들이 많았다.

혼인제도의 변화

조선 초기에는 남자가 결혼 후, 처가에서 한동안 거주하였으나, 후기에는 여자가 남자의 집으로 오는 친영례가 일반화되며, 같은 성씨가 모여 사는 집성촌이 발달했다.

향약 4대 덕목

덕업상권 - 좋은 일은 서로 권한다.
과실상규 - 잘못은 서로 규제한다.
예속상교 - 예의 바른 풍속으로
　　　　　교제한다.
환난상휼 - 어려운 일은 서로
　　　　　돕는다.

청금록

서원, 향교에 출입하는 양반들의 명부로, 여기에 등재되어야만 양반으로 인정되었다.
≒ 향안(유향소 명부)
≠ 단안(향리 명부)

- **서얼의 통청 운동** : 서얼은 성리학적 명분론, 가족윤리에 의해 차별받았다. 서얼에 대한 차별은 임란 이후 완화된다. 정조는 서얼을 규장각 검서관으로 등용했다. 서얼은 청요직 진출을 요구하는 상소를 집단으로 올리기도 했다. 1851년 신해허통이 이루어져 서얼의 청요직 진출이 허용되었다.
- **기술관의 소청 운동** : 철종 시기에 관직 진출 제한을 없애달라는 대규모 집단 상소(소청)를 올렸으나, 지배층의 반대로 실패했다.
- **조선 후기 상민의 신분 상승** : 정부는 임란 이후 국가 재정 수입의 감소를 만회하고자 공명첩과 납속을 통해 돈을 받고 신분을 상승시켜주는 길을 열었다. 농업 및 상공업 발달에 따라 등장한 부농층은 족보 구입과 위조, 납속과 공명첩을 구입하여 양반으로 신분을 상승했다. 양반이 크게 늘고, 상민이 감소하자, 일반 상민의 조세 부담률이 높아졌다. 그러자 상민의 신분 상승 욕망이 더욱 높아져, 양반 중심 신분 질서가 크게 동요되었다.
- **노비의 신분 상승** : 17세기 사회가 혼란하자, 도망 노비가 증가했다. 이들은 화전민, 도시 노동자가 되거나, 군공과 납속 등을 통해 신분 상승을 꾀했다. 조선은 1731년 노비의 소생은 어머니의 신분을 따르도록 한 노비종모법을 시행하여 양인을 확보하고자 했다. 1801년 정부는 공노비 6만 6천명을 해방하고 상민의 수를 늘려 국가 재정을 보완하고자 했다. 1894년 갑오개혁으로 신분제가 폐지되어 노비제도는 법제상으로 사라졌다.

■ 향촌 질서의 변화

- **향촌 질서의 동요** : 신분제 동요와 양반층의 분화, 부농층의 등장으로 사족 양반의 향촌 지배력이 약화된다. 양반은 문중 중심 서원과 사우, 족보 제작 등을 통해 지위를 유지하려 노력한 반면, 부농층에서 새롭게 양반이 된 신향은 관권과 결탁하여, 향임직에 진출하는 등 향권에 도전한다. 영조, 정조시기에 기존 양반인 구향과 신향의 갈등인 향전이 전국으로 확산된다.
- **관권의 강화** : 조선 후기 수령이 향청을 장악하고, 향약 운영을 장악한다. 향회는 세금 부과 시 자문기구로 전락하고, 향리의 역할이 커졌다. 그 결과 세도정치시기 수령과 향리의 농민 수탈이 강화되었다.
- **사회 변혁의 움직임** : 신분제 동요로 인한 지배층과 피지배층 간의 갈등이 심화된 가운데, 탐관오리의 횡포와 삼정의 문란, 환경 악화로 인한 농업 생산성 저하, 콜레라 등 질병의 유행, 서양 이양선의 출몰 등으로 인해 19세기에 사회적 위기감이 고조되었다.
- **사회적 혼란의 가중** : 19세기에는 도참사상이 퍼졌는데, 특히 왕조 교체를 예언하는 『정감록』이 인기였다. 또한 미륵신앙 등 말세를 구원할 구원자의 등장을 주장한 종교 신앙이 확산되었다. 서학(천주교)의 확산과, 그에 대항한 동학의 교세도 빠르게 성장했다. 이런 상황에서 1862년 임술농민봉기가 전국적으로 확산되었다.

03 조선의 문화

주요한 기출 키워드

- 과학 - 혼일강리역대국도지도, 동국지도, 칠정산 내편, 이순지, 동의보감, 계미자, 갑인자, 훈민정음
- 유학 - 이황, 성학십도, 이이, 성학집요, 주기론, 박세당, 사변록, 정제두
- 실학 - 유득공, 남북국, 박제가, 우물론, 박지원, 열하일기, 양반전, 정약용, 목민심서, 거중기
- 홍대용, 의산문답, 김정희, 금석과안록, 유수원
- 문화재 - 법주사 팔상전, 원각사지 10층석탑, 몽유도원도

① 과학 기술의 발달

시대 배경

조선은 건국 초기 대대적인 문화 사업을 펼쳐 고려시대의 문화를 계승·정리하고, 국가에 필요한 농업, 천문, 군사, 지리, 의학 등 과학 분야에 대한 연구를 진행하였다. 15세기에 다방면으로 과학 기술이 발달하였지만, 16세기 성리학이 정착되면서 기술자에 대한 처우가 낮아져 기술이 침체된다. 조선 후기 실학이 보급되면서 다시 과학 분야에 관심이 커졌다.

■ 지리학의 발전

- **혼일강리역대국도지도** : 1402년 이회, 이무, 김사형 등이 왕명으로 제작한 지도로, 아시아, 유럽, 아프리카 대륙과 주요 도시가 표시된 지도다. 아라비아, 중국 지도의 영향과 조선의 지리정보가 결합된 동양 최고의 세계지도로 현재 일본에 남아있다. 당시 조선의 세계관을 보여준다.
- **팔도지리지** : 전국의 지리 정보를 정리하여, 1478년 양성지가 편찬했다.
- **동국여지승람** : 1481년 각 도의 지리, 인물, 풍속 등을 기록하여 통치에 활용하고자 했다.
- **동국지도** : 정상기가 최초로 100리척을 사용, 제작하여 지도의 과학화를 꾀하였다. (18세기, 영조)
- **대동여지도** : 산줄기, 물줄기, 도로 등을 표시하고, 거리를 알 수 있도록 10리 마다 눈금을 표시한 지도다. 김정호가 완성하였다. (1861년 철종)

■ 천문학의 발전

- **천상열차분야지도** : 고구려의 천문도를 바탕으로 돌에 새긴 천문도로 조선 초기에 제작되었다.
- **천문기기의 제작** : 세종 때 장영실, 이천 등의 활약으로 천체 관측을 위한 혼천의, 시간 측정을 위한 해시계인 앙부일구, 강우량을 측정하는 측우기가 제작되었다.
- **역법서** : 이순지, 김담 등이 수시력(원)과 회회력(아라비아)를 참고하여, 한양을 기준으로 천체 운동을 계산한 역법서인 칠정산 내편을 편찬하였다.
- **우주론의 발전** : 18세기 홍대용은 지전설, 무한우주론을 수용하고, 성리학적 세계관을 비판하고, 중국 중심주의에서 벗어날 것을 역설했다.

■ 의학의 발전

- **향약집성방(1433)** : 우리 풍토에 맞는 약재 등을 정리해 편찬되었다.
- **의방유취(1445)** : 병증을 분류하여 임상적 처방을 집성해 편찬되었다.
- **동의보감(1610)** : 허준이 전통 한의학을 정리해 동의보감을 완성하였다.
- **마과회통(1798)** : 정약용이 홍역에 관한 치료법을 정리해 저술하였다.
- **동의수세보원(1894)** : 이제마가 동의수세보원을 편찬해 사상 의학을 확립했다.

용어설명

혼일강리역대국도지도

천상열차분야지도

혼천의

앙부일구

정약용은 기기도설을 참고해 거중기를 설계했다. 수원화성을 건설할 때 이용되었다.

거중기

훈민정음

갑인자

신기전

비격진천뢰

홍이포

■ 인쇄술과 제지술

- **활자 간행** : 태종은 인쇄를 담당하는 기관인 주자소를 설치, 계미자(1403)를 만들었고, 세종은 갑인자(1434)를 만들어 활자를 개량했다.
- **종이 생산** : 1415년 국가에서 사용하는 종이를 만드는 관청인 조지서를 설치하여, 종이를 전문적으로 생산했다.

■ 훈민정음 창제

백성들도 쉽게 배울 수 있는 문자의 필요성이 대두되자, 세종은 집현전 학자들과 더불어 정음청을 설치하고, 새 문자를 연구하여 1443년 독창적인 문자인 훈민정음을 창제하고, 1446년 반포하였다.

세종은 왕조의 정통성을 강조하는 내용의 용비어천가와, 유교 윤리서인 삼강행실도 등을 편찬하여, 백성들에게 널리 알렸다. 훈민정음 창제는 민족 문화 발전에 결정적인 토대를 마련한 것으로 평가된다.

1750년 신경준은 우리말을 연구하여『훈민정음운해』를 간행하였다.

1824년 유희는 우리말 음운 연구서인『언문지』를 저술하였다.

- **한글소설의 성행** : 조선 후기에는 여성들이 한글소설을 읽는 소설 향유층에 포함되면서『춘향전』,『홍길동전』등 한글소설이 유행했다. 거리에는 소설을 읽어주는 전기수가 등장하였고, 사람들에게 빌려주기 위해 만든 필사본인 세책과 목판을 이용해 대량으로 찍은 방각본이 출현했다. 사람들에게 책을 빌려주는 세책방이 도시에 등장하였다.

■ 무기 제작

- **신기전** : 세종은 신무기인 신기전(1448)과 화차 등의 무기를 제작해 국방력을 강화했다.
- **비격진천뢰** : 임진왜란 직전에 이장손이 폭탄의 일종인 비격진천뢰를 만들었다. 행주대첩에서 사용되어 적에게 큰 타격을 주었다.
- **판옥선** : 왜구에 대항하기 위해 만든 맹선을 개량한 판옥선은 임진왜란 당시 조선 수군의 주력 전선이었다. 돌격선인 거북선으로 개량되기도 했다.
- **홍이포** : 정두원은 1630년 천리경, 자명종, 홍이포를 들여왔다. 벨데브레(박연)는 훈련도감에서 홍이포 제작과 포술훈련에 기여했다.
- **조총** : 임진왜란에서 왜군의 조총에 당한 조선은 1593년 조총을 쏘는 포수와, 사수(활), 살수(창, 칼)로 구성된 훈련도감을 창설했다. 1654년과 1658년 청의 요청으로 시작된 나선정벌에는 조선의 조총수가 출전했다.

〈세종 시기의 과학기술〉

과학 기술의 발달	관련인물
훈민정음 창제	세종, 집현전 학자
한양 기준으로 천체운동을 계산한 칠정산 내편 편찬	이순지, 김담
갑인자를 주조하여 인쇄술을 크게 향상	이천
신기전, 화차 등의 신무기를 제작하여 국방력 강화	
우리 풍토에 맞는 농법을 기록한 농사직설 간행	정초, 변효문
국산 약재와 치료 방법을 정리한 향약집성방 간행	노중례
천체의 운행을 측정하는 혼천의 제작	장영실, 이천
시간을 측정하기 위한 해시계인 앙부일구 제작	장영실
강우량을 측정하기 위한 측우기 제작	장영실

② 학문과 종교

학문과 종교

조선은 성리학의 이상을 현실에 실행하기 위한 나라로 건립되었다. 조선 초기에는 불교, 도교 등도 신봉되었지만, 16세기 사림파의 등장과 성리학의 이해가 깊어지며, 성리학은 교조주의로 흐른다. 18세기 천주교가 전래되었지만, 유교질서를 해치자 탄압을 받게 된다. 유교의 약한 종교성 때문에, 불교와 민간신앙은 여전히 민중들을 중심으로 신봉되었다.

■ 성리학의 나라 조선
송나라 주희에 의해 집대성된 성리학은 고려말 안향이 원으로부터 들여왔다. 인간의 심성과 우주의 원리를 탐구하는 성리학은 조선 초기에 통치 규범으로 확립된다. 16세기 초 조광조는 성리학에 바탕을 둔 도학정치를 주장하였고, 16세기 말 이황과 이이는 성리학의 이기론을 발전시켰다.

〈이황과 이이〉

구분	이황(1501~1570)	이이(1536~1584)
제자	동인 → 남인	서인 → 노론
이론	주리론 - 근본적, 이상주의	주기론 - 현실적, 개혁적
저서	성학십도, 주자서절요	성학집요, 동호문답, 격몽요결
향약	예안향약 보급	해주향약 보급
기타	동방 5현에 꼽혀 문묘 배향	공납 부담 줄이는 수미법 주장

- **호락논쟁** : 인간과 동물의 본성이 같은가 다른가 하는 논쟁이 조선후기에 노론 내부에서 벌어졌다. 인물성동론을 주장한 낙론(서울지역)은 북학파의 사상으로 계승되어 청나라의 문물을 받아들이고자 했고, 인물성이론을 주장한 호론(충청지역)은 위정척사운동으로 계승되며 소중화의식을 발전시켰다.
- **성리학의 절대화** : 조선 후기 의례를 중시하는 예학이 발달하고, 송시열을 비롯한 서인 주도로 성리학적 질서의 절대화가 이뤄진다. 소론인 윤휴는 독서기, 박세당은 사변록을 통해 유교 경전의 재해석을 시도했지만, 노론에 의해 사문난적으로 몰린다.
- **양명학의 배척** : 명나라 왕수인이 창시한 양명학은 주자학의 교조화를 비판하며 지행합일의 실천성을 강조하였고, 일반 민을 도덕 실천의 주체로 파악했다. 이황은 양명학이 정통 주자학에서 벗어났다고 비판하였다. 이후 양명학은 조선에서 이단시되었다. 정제두는 강화도에 은거하며 양명학을 연구해 강화학파를 이루었다. 정제두는 북학파 실학자에 영향을 끼쳤다.

■ 실학의 등장
성리학이 조선 후기 사회모순에 해결책을 제시하지 못하자, 청나라를 방문했던 학자들을 중심으로, 농업, 상업, 기술 등 실생활과 관련된 학문을 연구하여 개혁적인 주장을 구상하면서 대두되었다.

■ 실학의 전개
유형원, 이익, 정약용 등은 농촌 사회 안정을 위해 토지 개혁을 중심으로, 중농주의 개혁론을 펼쳤다. 반면 유수원, 홍대용, 박지원, 박제가 등은 상공업 진흥과 기술 혁신을 바탕으로, 이용후생을 추구하는 중상주의 개혁론을 펼쳤다. 안정복, 한치윤 등은 우리 역사를 연구하였고, 이수광, 이익, 이덕무, 서유구, 이규경 등은 백과사전류를 저술하였고, 신경준, 유희는 한글 연구를 하는 등 국학을 발전시켰다.

유수원(1694~1755)

우서에서 사농공상의 직업적 평등과 전문화를 주장했다.

홍대용(1731~1783)

1776년 『의산문답』을 저술하여, 지전설을 주장하고 중국 중심 세계관을 비판했다. 천체의 운행과 위치를 측정하는 혼천의를 제작하기도 했다.

박지원(1737~1805)

1780년 청에 다녀온 후에 『열하일기』를 저술했다. 그는 이 책에서 수레와 선박의 사용, 화폐 등 상공업 중심의 개혁론을 주장했다. 『양반전』, 『호질』, 『허생전』 등 소설을 통해 양반사회의 비생산성을 지적하고, 상업의 중요성을 강조했다.

박제가(1750~1805)

서얼로 규장각 검서관이 되었다. 북학의에서 '우물론'을 주장하며, 절약보다 적절한 소비를 강조했다. 청의 선진 문물 수용이 급선무라고 주장했다.

정약전(1758~1816)

정약용의 형, 1801년 신유박해 때 흑산도로 유배당하여, 그곳에서 우리나라 최초의 수산학 관계 서적인 『자산어보』를 저술했다.

〈실학자들의 토지개혁론〉

구분	대표저서	토지제도	역할
유형원	반계수록	균전제 - 신분에 따른 토지 차등 분배, 자영농 육성	실학선구
이익	성호사설 곽우록	한전제 - 일정규모 토지를 영업전으로 정하고 매매 금지	성호학파 설립
박지원	열하일기 양반전	한전제 - 토지 소유 상한 제한, 그 이상 매점 금지	북학파
정약용	목민심서 흠흠신서 경세유표	려전제 - 토지국유화, 마을 주민들이 공동생산, 수확 정전제 - 현실 대안, 고대토지제도 부활	실학 집대성

〈상공업 중심의 개혁론〉

구분	대표저서	주장과 활동
유수원	우서	사농공상 직업적 평등화와 전문화 이용후생학파의 선구자
홍대용	의산문답 담헌서	지전설, 무한우주론 근거로 중국 중심 세계관 탈피, 혼천의 제작
박지원	열하일기 연암집	양반의 위선과 무능 비판, 열하일기 집필, 수레와 선박, 화폐 필요성 주장
박제가	북학의	절약보다 소비 권장, 청 문물 수용 강조, 수레, 배 이용, 규장각 검서관

■ 국학의 발전

〈역사학 분야의 저술〉

저자	책 명	내용
안정복	동사강목	단군조선에서 고려까지 우리 역사의 독자적 정통론을 체계화
이긍익	연려실기술	실증적, 객관적 서술로 조선의 정치와 문화 정리
한치윤	해동역사	고조선부터 고려 말까지 역사를 체계적으로 정리
이종휘	동사	고구려 등 고대사 연구 시야를 만주로 확대
유득공	발해고	남북국 시대론을 제시하고, 발해사를 정리

〈다방면에 걸친 실학자의 저서〉

저자	책 명	내용
정약용	아방강역고	우리나라의 역사 지리를 정리
정약전	자산어보	흑산도 연해의 수산 생물을 정리한 어류학서
이중환	택리지	각 지역 자연환경, 풍속, 인심을 서술, 인문지리서
이수광	지봉유설	우리나라 최초의 백과사전, 천주실의 소개
이덕무	청장관전서	일본, 중국 등 외국 정보까지 담은 계몽적 서적
서유구	임원경제지	농업기술 혁신 방안 제시를 비롯한 최대 백과사전
이규경	오주연문장 전산고	조선과 청나라의 여러 책을 정리하여 편찬한 백과사전, 서양 기술 습득 강조
홍봉한	동국문헌비고	영조의 명에 따라 국가적 사업으로 우리나라 역대 문물을 정리

■ 불교의 변화

- **불교의 위축** : 조선 건국의 주역 정도전은 불씨잡변을 통해 불교의 폐단을 지적했다. 조선은 숭유억불 정책에 의해, 고려 말 거대 사원의 토지를 국가에 귀속시켰다. 고려는 승과를 통해 왕실과 귀족의 자제가 승려가 되었지만, 조선에서는 승과가 폐지되었다. 태종은 도첩제를 실시하여 승려 출가를 제한하였다. 세종은 1424년 오교양종을 선종과 교종 양종으로 통폐합하고, 36개 사찰로 정리했다.
- **간경도감의 설치** : 왕실을 비롯한 많은 이들이 여전히 불교를 신앙하고 있었고, 특히 세조는 불교를 깊이 믿었다. 도성 안에 흥천사, 원각사 등이 위치하고 있었다. 세종은 1447년 한글로 된『석보상절』을 금속활자로 간행했다. 세조는 불교경전을 훈민정음으로 번역하는 간경도감을 설치해, 1459년『월인석보』등을 편찬했다.
- **보우, 서산대사, 사명당** : 태조 이성계는 무학대사를 스승으로 섬겼다. 명종 때 문정왕후와 친밀했던 보우는 도첩제와 승과를 부활시켰다. 승과를 통해 서산대사와 사명당이 등용되어, 각각 선, 교 양종의 판사가 되었다. 이들은 임진왜란에서 의병을 일으켜, 조선을 구하는데 앞장섰다. 사명당(유정대사)은 포로쇄환을 위해 일본에 파견되어 큰 성과를 거두기도 했다.
- **사찰의 중수** : 불교는 왕실 안녕을 비는 원찰(흥천사, 신륵사, 용주사 등)과 구복 등 신앙 활동, 민간신앙과의 결합 등을 통해 생존해갔다. 임진왜란으로 불탔던 사찰의 건축물이 17세기 이후 중수되는 등, 여전히 불교는 폭넓게 신봉되었다.

■ 도교

고려의 팔관회 등은 도교적 성격이 강했지만, 조선에서 도교는 크게 위축된다. 초기에는 하늘과 별에 제사를 지내는 도교식 제천행사인 초제를 시행하였고, 이를 주관하는 관청인 소격서가 설치 운영되었다. 강화도 참성단에서 하늘에 제사를 지내는 등 자주적 성격을 보이기도 했다. 하지만 중종 때 조광조의 건의로 소격서가 폐지되었다.

■ 풍수지리설과 민간신앙

풍수지리설과 도참사상은 한양 천도에 크게 반영되었다. 풍수지리설은 양반 사대부의 묘지, 집터 선정에도 적용되었다. 조선 후기 산의 이용권을 놓고 벌어진 산송 논쟁은 명당 터를 차지하기 위한 가문 간의 대립으로 풍수지리설의 영향을 받은 것이다. 종교적 기능이 약한 유교를 대신해, 무속신앙, 산신신앙 등이 백성들 사이에 널리 신봉되었다.

■ 동학의 등장

서학이라 불린 천주교가 19세기 서북지방으로 중심으로 널리 퍼진 가운데, 1860년 경주에서 최제우가 동학을 창도했다. 모든 사람이 한울님을 섬길 수 있는 고귀한 존재라는 시천주와 사람이 곧 한울님이라는 인내천 사상을 핵심교리로 내세운 동학은 계급과 성별이 평등한 새로운 세상을 갈망하는 백성들의 큰 지지를 받았다. 1863년 정부는 기존질서를 위협하는 동학 교주 최제우와 제자들을 체포했다. 최제우는 다음 해에 처형되었으나, 2대 교주 최시형의 노력으로 동학의 교세는 더욱 커졌다.

③ 건축과 예술

종묘

수원 화성

법주사 팔상전

김제 금산사 미륵전

구례 화엄사 각황전

원각사지 10층석탑

건축과 예술

조선은 건국 된 후, 2년 만에 수도를 개경에서 한양으로 천도한다. 유교적 이념을 바탕으로 정궁인 경복궁과 좌우에 종묘와 사직단이 먼저 건설된다. 사찰 건립은 침체된 반면, 서원 등 유교 건축물이 증가한다. 조선시대에는 사대부의 정서에 맞는 소박하고도 고상한 예술이 발전한다.

■ 조선의 5대 궁궐
- **경복궁** : 1394년 천도 직후, 완성된 경복궁은 왕이 공식적 의식을 행하는 정전인 근정전, 정치를 하는 편전인 사정전, 왕의 침전인 강녕전, 연회장소인 경회루, 정문인 광화문을 비롯한 다양한 건각으로 구성되어 있다. 임진왜란 때 불에 탄 후 방치되다가 1868년 대원군 주도로 중건된다.
- **창덕궁** : 태종이 건설한 창덕궁은 조선 전기에는 경복궁의 이궁으로 존재했지만, 임진왜란 이후 정궁으로 사용되었고, 1997년 세계문화유산에 선정되었다. 정전인 인정전, 침전인 대조전, 규장각이 있던 주합루, 집무공간인 희정당, 사대부 저택인 연경당 등이 남아있다.
- **창경궁** : 창덕궁의 이궁으로, 일제에 의해 동물원, 식물원이 들어섰다.
- **경희궁** : 광해군이 창건했고, 서궐로 불렸다.
- **경운궁** : 임진왜란 때 선조가 머물던 정릉동행궁이었다. 1897년 고종이 러시아공사관에서 옮겨와 1907년까지 머물며 대한제국을 선포했다.

■ 유교 건축
- **종묘** : 국왕이 역대 임금들에 대한 제사를 지내는 장소로, 역대 국왕과 왕비의 신주가 모셔져 있다. 종묘제례악과 함께 세계유산에 선정되었다.
- **사직단** : 토지신과 곡식신에게 풍요를 기원하는 제사공간이다.
- **문묘** : 공자와 성인의 위패를 모시고 제사를 지낸 곳으로, 최고 교육기관인 성균관에 설치되어 있다.
- **선농단** : 신농씨와 후직씨에게 풍년을 기원하는 의례를 행하고, 왕이 친경하는 곳이다.
- **서원** : 서원은 가람배치 양식과 주택 양식을 결합하여 지었다. 영주 소수서원(백운동서원), 안동 도산서원, 경주 옥산서원 등이 유명하다.

■ 축성 공사
- **한양 도성** : 북악산, 낙산, 남산, 인왕산을 연결하여, 수도를 방어하기 위해 축성되었다. 책임공사제, 지역별 분담 공사로 건설되었다.
- **수원 화성** : 정조 개혁 정치의 산물로, 축성방법에 실학사상이 반영되어 거중기가 축성에 이용되었다. 군사적 방어 기능이 강화되었다.

■ 불교 건축
- **사원 건축** : 해인사 장경판전은 팔만대장경 보관을 위해 15세기에 건립된 건물로, 유네스코 세계유산에 등재되었다. 법주사 팔상전은 1624년 건립된 조선 유일의 5층 목탑 건물이다. 김제 금산사 미륵전(1635, 3층), 공주 마곡사 대웅보전(1651), 구례 화엄사 각황전(1702) 등도 지어졌다.
- **원각사지 10층석탑** : 고려의 개경 경천사지 10층석탑을 계승한 다각다층탑으로 대리석으로 제작되었고, 1467년 세조시기에 세워졌다.

■ 회화
- **안견** : 1447년 복사꽃이 만발한 이상세계를 구현한 **몽유도원도**를 남겼다. 이 작품은 안평대군의 꿈을 그린 것으로 알려져 있다.
- **강희안(1417~1464)** : 선비의 내면 세계를 표현한 **고사관수도**를 그렸다.
- **신사임당(16세기)** : 소박하고 섬세하게 표현한 **초충도**를 그렸다.
- **정선(1676~1759)** : 조선 고유의 자연과 풍속에 맞춘 새로운 화법인 진경산수화를 개척했다. **금강전도, 인왕제색도** 등을 그렸다.
- **강세황(1713~1791)** : 원근법, 음영법 등을 반영한 **영통동구도**를 그렸다.
- **김홍도(1745~?)** : 조선을 대표하는 화가로, **무동, 서당, 씨름** 등 풍속, 산수, 신선 등 다양한 그림을 그렸다.
- **김득신(1754~1822)** : 그가 그린 **파적도**는 해학성이 높은 그림이다.
- **신윤복(1758~1814)** : **단오풍정, 뱃놀이, 월하정인** 등 양반과 부녀자의 생활 풍속도를 감각적으로 그렸다.
- **김정희(1786~1856)** : 역대 명필을 연구하여 독창적인 글씨체인 추사체를 완성한 문인으로, **세한도**로 유명하다. 그가 제주도에서 유배생활을 할 때 자신의 지조를 나타낸 그림이다.

■ 도자기의 변화
도자기는 **고려전기 순수청자, 고려후기 상감청자, 조선전기 분청사기, 조선후기 청화백자** 순으로 달라진다.

- **분청사기** : 고려 말에 청자로부터 변모, 발전하여 15~16세기 약 2백년간 제작되었다. 분청사기는 회청색, 또는 회황색을 띤다. 청자에서 백자로 변해가는 과정에 있는 실용적 도자기다.
- **청화백자** : 하얀색 도자기에 회회청 안료로 청색 그림을 그린 도자기인 청화백자는 15세기부터 등장하지만, 후기에 유행한다. 정부의 도자기는 관요에서 생산해 공급한 반면, 서민들은 여전히 옹기를 많이 사용했다.

■ 음악의 발전
- **우리 음악의 정립** : 세종 때 박연은 소리의 장단과 높낮이를 표현할 수 있는 악보인 정간보를 창안했다. 성종 때 성현은 음악 이론을 집대성한 『악학궤범』을 편찬했다.
- **판소리** : 판소리는 북을 치는 고수와 소리를 내는 소리꾼이 함께 공연하는 민속연희다. 흥보가, 춘향가 등 판소리는 18세기에 형성되기 시작해, 19세기에 크게 발전한다.

■ 조선 후기 서민 문화의 발달
- **시회의 발달** : 서당의 증가로 한문을 익힌 서민들이 많아졌고, 신분상승 욕구로 인해 중인을 비롯해 평민, 노비들까지 기존의 사대부들의 전유물이었던 한시를 짓는 시회를 결성해 문예활동을 했다. 인왕산을 무대로 한 송석원시사가 봄과 가을에 주최하는 시와 글짓기 대회인 백전은 참가자가 수백 명이넘을 만큼 성행했다.
- **소설의 유행** : 홍길동전, 춘향전, 심청전 등 한글소설이 널리 읽혔고, 박지원은 양반전, 허생전, 호질 등 한문소설을 통해 양반사회의 허구성을 비판했다.
- **탈춤과 가면극** : 서민의 감정을 표현하는 탈춤과 판소리 등이 조선 후기에 유행했다. 장시나 포구 등에서 탈놀이, 산대놀이 등이 공연되기도 했다.

안견의 몽유도원도

정선의 인왕제색도

김홍도의 무동

신윤복의 월하정인

분청사기

청화백자

47-18 조선의 건국 과정

01 (가)~(다)를 일어난 순서대로 옳게 나열한 것은? [2점]

조선의 건국 과정

(가) 이성계가 위화도에서 회군하여 정권을 장악하였다.

(나) 한양을 도읍으로 정하고 경복궁을 건설하였다.

(다) 조준 등의 건의로 과전법을 제정하여 토지제도를 개혁하였다.

① (가) - (나) - (다) 　　② (가) - (다) - (나)

③ (나) - (가) - (다) 　　④ (나) - (다) - (가)

⑤ (다) - (나) - (가)

01 정답 ② 번

(가)는 1388년 위화도 회군은 이성계가 정권을 장악한 계기가 된 사건이다.

(나)는 1394년 10월로, 조선이 건국된 지 2년 후에 비로소 개경에서 한양으로 천도하게 되었다.

(다)는 1391년으로, 과전법 실시는 고려의 멸망과, 새 왕조 등장을 알리는 신호탄이었다. 1391에서 실시한 과전법은 대농장을 경영하고 있던 고려 귀족세력을 경제적으로 몰락시키고, 신진사대부의 경제적 기반을 만들기 위해 실시되었다. 과전법은 다른 토지제도와 함께 10회 출제된 기출문제이다.

따라서 ② (가) - (다) - (나) 정답이다.

02 정답 ⑤ 번

문제에서 불교를 비판하는 글이 등장하는데, 출처가 『삼봉집』으로 되어 있다. 삼봉은 정도전의 호이며, 이 글은 정도전이 쓴 「불씨잡변」으로, 유학자의 입장에서 불교를 비판한 글이다. 정도전은 조선의 설계자라는 평을 들을 만큼, 조선의 통치제도와 문물 정비에 크게 기여한 인물이었다.

① 계유정난은 1453년 수양대군이 김종서와 황보인 등을 제거하고, 정권을 장악한 사건이다.

② 신숙주가 1471년에 편찬한 해동제국기는 조선 전기에 일본에 대한 정책을 수립할 때에 크게 기여했다.

③ 기축봉사는 우암 송시열이 1649년에 효종에게 올린 것으로, 명나라에 대한 존주대의를 앞세우고, 청에게 복수하자는 주장을 담은 글이다.

④ 성학집도는 퇴계 이황(1501~1570)이 1568년 선조에게 바친 글이다. 율곡 이이(1536~1584)의 성학집요와 구분해야 한다.

⑤ 조선경국전은 정도전이 1394년에 태조에게 바친 것으로, 조선의 건국이념, 정치, 경제, 사회, 문화에 대한 기본 방향을 설정한 법전이다. 경국대전 등 조선 법전 편찬의 기초가 된 책이다.

48-19 정도전

02 다음 글을 쓴 인물에 대한 설명으로 옳은 것은? [2점]

선유(先儒)가 불씨(佛氏)의 지옥설을 논박하여 말하기를, "……불법(佛法)이 중국에 들어오기 전에도 죽었다가 다시 살아난 사람들이 있었는데, 어째서 한 사람도 지옥에 들어가 소위 시왕(十王)*이란 것을 본 자가 없단 말인가? 그 지옥이란 없기도 하거니와 믿을 수 없음이 명백하다."라고 하였다.

『삼봉집』

*시왕(十王) : 저승에서 죽은 사람을 재판하는 열 명의 대왕

① 계유정난을 계기로 정계에서 축출되었다.

② 일본에 다녀와서 해동제국기를 편찬하였다.

③ 기축봉사를 올려 명에 대한 의리를 내세웠다.

④ 군주의 도를 도식으로 설명한 성학십도를 지었다.

⑤ 조선경국전을 저술하여 통치 제도 정비에 기여하였다.

MEMO

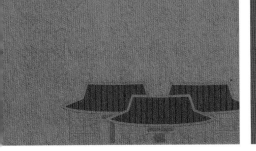

37-24 태종의 정치

03 다음 왕에 대한 설명으로 옳은 것은? [2점]

〈조사보고서〉

국왕 중심의 통치 체제를 정비한 ○○

1. 즉위 과정
   왕자의 난을 통해 개국 공신인 정도전 등을 몰아내고 왕위에 오름
2. 정책
   - 사원의 토지와 노비를 몰수함
   - 신문고를 설치하고 호패법을 시행함

① 어영청을 중심으로 북벌을 추진하였다.
② 경국대전을 완성하여 법령을 정비하였다.
③ 청과의 국경을 정하는 백두산정계비를 세웠다.
④ 초계문신을 선발하여 학문 연구에 힘쓰도록 하였다.
⑤ 의정부의 권한을 약화시키고 6조 직계제를 실시하였다.

41-19 태종의 업적

04 밑줄 그은 '이 왕'의 업적으로 옳은 것은? [2점]

이 책은 동래선생교정북사상절(東萊先生校正北史詳節)의 일부로 이 왕 때 주자소에서 제작한 계미자를 이용하여 간행되었습니다. 또한 이 왕 때에는 세계 지도인 혼일강리역대국도지도가 제작되기도 하였습니다.

① 전통 한의학을 정리한 동의보감을 간행하였다.
② 문하부 낭사를 분리하여 사간원으로 독립시켰다.
③ 경국대전을 반포하여 국가 통치 규범을 마련하였다.
④ 붕당 정치의 폐해를 극복하고자 탕평비를 건립하였다.
⑤ 한양을 기준으로 한 역법서인 칠정산 내편을 편찬하였다.

🔍 문제분석

03 정답 ⑤ 번

조선의 3대 태종(1400~1418) 이방원은 정도전을 제거하고, 왕자의 난에서 승리하여 왕이 된 인물이다. 그는 재상 중심의 정치를 주장한 정도전과 달리, 강력한 왕권을 바탕으로 정치를 주도했다. 그는 신하들의 회의기구인 의정부의 권한을 약화시키고 행정실무를 담당하는 6조의 업무를 직접 보고받는 등, 조선의 통치 체제를 정비했다. 태종 관련 문제는 5회 출제되었다.

① 어영청은 인조2년인 1624년에 설치되었지만, 어영청을 중심으로 북벌을 준비한 것은 효종(1649~1659)이다.
② 1485년 성종 때에 조선의 기본법전인 경국대전이 완성되어 반포된다.
③ 숙종 시기에는 조선인이 인삼 등을 채취하기 위해 압록강을 건너 자주 월강을 했다. 이로 인해 국경 분쟁이 심해졌고, 1714년 백두산정계비를 세워 청과 국경을 정하였다.
④ 1781년 정조는 초계문신제를 실시하여 인재를 양성했다.
⑤ 1414년 태종은 의정부의 권한을 약화시키고 6조 직계제를 실시했다. 6조 직계제는 세조 시기에도 다시 실시된다.

04 정답 ② 번

주자소를 설치하고, 계미자를 주조하여 책을 간행한 임금은 태종(1400~1418)이다. 1402년 세계 지도인 혼일강리역대국도지도가 김사형, 이무, 이회 등에 의해 제작되기도 했다.

① 1610년 허준이 동의보감을 간행했다.
② 1401년 태종은 문하부낭사를 분리해 사간원을 만들었다.
③ 1485년 성종은 경국대전을 반포했다.
④ 1742년 영조는 붕당정치를 극복하고자 탕평비를 세웠다.
⑤ 1444년 한양을 기준으로 한 역법서인 칠정산 내편이 편찬되었다.

✓ **태종, 이것만!**

- 6조 직계제를 처음 실시하여 왕권을 강화
- 주자소를 설치하여 계미자 주조
- 1402년 세계 지도인 혼일강리역대국도지도 간행
- 사병을 없애 군사 지휘권을 장악
- 호구파악 위해 16세 이상 남자에게 호패 발급 -호패법 시행
- 문하부 낭사를 분리하여 사간원으로 독립시킴
- 백성의 억울함을 풀어주고자 궁궐 앞에 신문고를 설치
- 1407년 왜관을 설치하여 일본과 교역
- 사원의 토지, 노비 몰수하고 양전사업 시행해 국가재정 확충

46-19 4군 개척

05 밑줄 그은 '이 왕'의 제위 기간에 있었던 사실로 옳은 것은? [2점]

그림은 <u>이 왕</u>의 명을 받은 최윤덕 장군 부대가 올라산성에서 여진족을 정벌하는 장면입니다. 그 결과 조선은 압록강 유역을 개척하고 여연·자성·무창·우예 등 4군을 설치하였습니다.

이만주 정벌도

① 어영청을 중심으로 북벌이 추진되었다.
② 국왕의 친위 부대인 장용영이 설치되었다.
③ 강홍립 부대가 사르후 전투에 참전하였다.
④ 에도 막부의 요청에 따라 통신사가 파견되었다.
⑤ 제한된 범위의 무역을 허용한 계해약조가 체결되었다.

46-21 세조와 사육신

06 밑줄 그은 '왕'에 대한 설명으로 옳은 것은? [3점]

성삼문이 아버지 성승 및 박팽년 등과 함께 상왕의 복위를 모의하여 중국 사신에게 잔치를 베푸는 날에 거사하기로 기약하였다. …… 일이 발각되어 체포되자, 왕이 친히 국문하면서 꾸짖기를 "그대 둘은 어찌하여 나를 배반하였는가?"하니 성삼문이 소리치며 말하기를 "상왕을 복위시키려 했을 뿐이오. …… 하늘에 두 개의 해가 없듯이 백성에게도 두 임금이 있을 수 없기 때문이오."라고 하였다.

① 유자광의 고변을 계기로 남이를 처형하였다.
② 변급, 신류 등을 파견하여 나선 정벌을 단행하였다.
③ 함길도 토착 세력이 일으킨 이시애의 난을 진압하였다.
④ 인목 대비 유폐와 영창대군 사사를 명분으로 폐위되었다.
⑤ 유능한 인재를 양성하기 위해 초계문신제를 시행하였다.

05 정답 ⑤ 번

1443년 최윤덕이 여진족 정벌을 한 것은 세종의 명을 받은 것이다. 이때 조선군은 압록강 건너 지안시, 환런시 일대의 여진족을 정벌하고, 압록강 유역의 여연, 자성, 무창, 우예 4군을 설치했다. 세종은 1434~1449년에는 두만강일대 6진을 개척하여, 조선의 국경을 안정시켰다.
세종 관련 문제는 북방개척, 농업, 과학 분야 등 다양한 분야에서 출제되고 있다.

① 효종(1649~1659)은 어영청을 중심으로 북벌을 추진했다.
② 1785년 정조는 친위부대 장용영을 설치해, 한양도성에 내영, 수원화성에 외영을 두었다.
③ 1619년 광해군 시기. 조선군은 명의 요구로 출병하였다가 패배한다. 명군도 이때 후금에게 패배하고, 후금은 청을 세워 강국으로 성장한다.
④ 조선과 일본의 사신 왕래는 1403년부터 있었지만, 통신사 명칭이 정식 부여된 것은 1636년부터. 이후 1811년까지 9회 파견되었다.
⑤ 1433년 일본과 제한된 범위의 무역을 허용한 계해약조가 체결되었다.

✓ **세종의 대외관계, 이것만!**
• 여진족을 몰아내고 4군 6진을 개척하여 북방 영토를 개척
• 이종무를 파견하여 왜구의 근거지인 대마도를 정벌(1419)
• 삼포를 열어 일본과 무역을 허락하고 계해약조를 체결
• 사민정책과 토관제도를 통해 민심 수습하고 영토개척 추진

06 정답 ③ 번

세조(1455~1468)는 1453년 계유정난을 단행하여, 김종서, 황보인 등을 죽이고 정권을 장악했다. 1455년 조카인 단종에게 양위를 받아 왕위에 올랐다. 1456년 그의 왕위 찬탈에 반대한 사육신이 단종복위 운동을 하자, 이들을 죽였다.

① 1468년 예종은 이시애의 난을 진압했던 남이를 유자광의 고변을 듣고 처형했다.
② 효종은 청나라의 요구에 의해 1654년 변급, 1658년 신류 등을 파견해 나선정벌을 단행했다.
③ 1467년 세조는 함길도 출신에 대한 차별에 불만을 품고 반란을 일으킨 이시애의 난을 진압하였다.
④ 인목 대비 유폐는 1618년, 영창대군 사사는 1614년이며, 이를 명분으로 1623년 폐위된 왕은 광해군(1608~1623)이다.
⑤ 1781년 정조는 초계문신제를 시행해 문신들을 재교육시켜, 유능한 인재를 양성하고자 했다.

07 밑줄 그의 '이 왕'이 재위 시기에 있었던 사실로 옳은 것은? [3점]

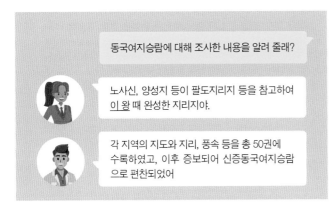

동국여지승람에 대해 조사한 내용을 알려 줄래?

노사신, 양성지 등이 팔도지리지 등을 참고하여 이 왕 때 완성한 지리지야.

각 지역의 지도와 지리, 풍속 등을 총 50권에 수록하였고, 이후 증보되어 신증동국여지승람으로 편찬되었어

① 전통 한의학을 정리한 동의보감이 완성되었다.
② 역대 문물을 정리한 동국문헌비고가 편찬되었다.
③ 음악 이론 등을 집대성한 악학궤범이 간행되었다.
④ 세계 지도인 혼일강리역대국도지도가 만들어졌다.
⑤ 한양을 기준으로 한 역법서인 칠정산 내편이 제작되었다.

08 (가) 기구에 대한 설명으로 옳은 것은? [2점]

이것은 악장가사에 실린 상대별곡(霜臺別曲)으로 '상대'는 관리를 감찰하고 풍속을 바로잡는 임무를 맡은 □(가)□ 을/를 의미합니다. □(가)□ 의 대사헌을 역임한 권근은 이 기사에서 관원들이 일을 끝내고 연회를 즐기는 장면 등을 흥미롭게 묘사하였습니다.

① 은대(銀臺)라고도 불렀다.
② 집현전의 학문 연구 기능을 계승하였다.
③ 서얼 출신 학자들이 검서관에 등용되었다.
④ 임진왜란을 거치면서 국정 최고 기구로 성장하였다.
⑤ 5품 이하의 관리 임명 과정에서 서경권을 행사하였다.

---

07 정답 ③ 번

성종 시기에는 다양한 출판물이 간행되었다. 1478년 노사신, 양성지 등이 팔도지리를 완성하자, 이를 토대로 1481년 각도의 지리, 풍속을 정리한 동국여지승람이 편찬되었다. 1485년에는 조선의 기본법전인 경국대전이 완성되었고, 같은 해 서거정이 고조선에서 고려까지 역사를 정리한 동국통감을 완성했다. 1493년 음악이론을 집대성한 성현의 악학궤범도 성종 시기에 간행되었다.

① 허준의 동의보감은 1610년 광해군 시기에 완성된다.
② 1770년 영조시기에 역대 문물을 정리한 동국문헌비고가 편찬된다.
③ 음악이론을 집대성한 성현의 악학궤범은 1493년 성종 시기에 간행되었다.
④ 세계지도인 혼일강리역대국도지도는 무슬림의 지리학적 지식이 반영되어 있다. 1402년 태종 시기에 만들어졌다.
⑤ 1444년 세종 시기에 한양을 기준으로 천체운동을 계산한 역법서인 칠정산 내편이 편찬되었다.

08 정답 ⑤ 번

사헌부는 감찰 업무를 담당하는 관청으로, 헌부, 백부, 감찰사 등의 별칭을 가졌다. 사헌부는 관원의 기강을 감찰하는 사법기능을 담당하였고, 인사와 법률 개편에 대한 서경권, 왕의 부당한 처사에 거부권인 봉박을 행사할 수 있었다.

① 은대는 승정원이다. 왕을 가장 가까이에서 모시는 비서실과 같은 곳이 승정원이다. 승정원에는 도승지를 비롯한 6승지와 주서 등이 근무했다.
② 집현전의 학문 연구 기능을 계승한 것은 홍문관으로, 홍문관 수장은 대제학이다.
③ 정조는 1776년 왕실도서관이면서 학술과 정책을 연구하는 규장각을 만들고, 초계문신들을 교육시켰으며, 유득공을 비롯한 서얼 출신 학자들을 검서관으로 기용했다.
④ 1510년 삼포왜란을 계기로 군사 업무를 논의하는 회의체로 만들어진 비변사는 임진왜란 이후 국정전반에 대해 결정하고 논의하는 국정최고 기구가 되었다.
⑤ 서경권은 대간이 가지고 있던 권한으로, 5품 이하 관원에 대해 국왕이 임명해도 대간이 이에 동의해야 비로소 관직에 나갈 수 있었다. 사헌부와 사간원의 대간이 행사했다.

✔ 조선의 3사, 이것만!

구분	설립	업무
홍문관	1478	왕의 국정 자문, 서적관리, 경연 담당
사간원	1401	정치의 잘못을 따져 지적하는 간쟁 담당
사헌부	1392	백관 규찰, 관원 자격심사(서경), 간쟁

문제분석

49-19 조광조 위훈삭제

09 밑줄 그은 '이 사건'에 대한 설명으로 옳은 것은? [2점]

이것은 능주 목사 민여로가 건립한 정암 선생 적려유허비입니다. 정암 선생은 소격서 폐지, 현량과 실시 등을 추진하다가 이 사건으로 능주에 유배되었습니다.

① 김종직의 조의제문이 빌미가 되었다.
② 서인이 정권을 장악하는 계기가 되었다.
③ 윤인 일파가 제거되는 결과를 가져왔다.
④ 상왕의 복위를 목적으로 성삼문 등이 일으켰다.
⑤ 위훈 삭제에 대한 훈구 세력의 반발이 원인이었다.

48-21 4대 사화

10 (가)~(라) 사건을 순서대로 옳게 나열한 것은? [3점]

(가) 갑자년 봄에, 임금은 어머니가 비명에 죽은 것을 분하게 여겨 그 당시 논의에 참여하고 명을 수행한 신하를 모두 대역죄로 추죄(追罪)하여 팔촌까지 연좌시켰다.

(나) 정문형, 한치례 등이 의논하기를, "지금 김종직의 조의제문을 보니, 차마 읽을 수도 볼 수도 없습니다. …… 마땅히 대역의 죄를 논단하고 부관참시하여 그 죄를 분명히 밝혀 신하들과 백성들의 분을 씻는 것이 사리에 맞는 일이옵니다.'라고 하였다.

(다) 정유년 이후부터 조정 신하들 사이에는 대윤이니 소윤이니 하는 말들이 있었다. …… 자전(慈殿)*은 밀지를 윤원형에게 내렸다. 이에 이기, 임백령 등이 고변하여 큰 화를 만들어냈다.

(라) 언문으로 쓴 밀지에 이르기를, "조광조가 현량과를 설치하고자 청한 것도 처음에는 인재를 얻기 위해서라고 생각했더니 …… 경들은 먼저 그를 없앤 뒤에 보고하라."라고 하였다.

*자전(慈殿) : 임금의 어머니

① (가) - (나) - (다) - (라)
② (가) - (나) - (라) - (다)
③ (나) - (가) - (라) - (다)
④ (나) - (다) - (가) - (라)
⑤ (다) - (라) - (나) - (가)

09 정답 ⑤ 번

소격서 폐지, 현량과 실시 등의 추진한 인물은 정암 조광조(1482 ~1520)다. 그는 김종직-김굉필의 학통을 이어받은 사림파로, 성리학적 도학 정치 이념을 구현하고자 했다. 훈구파를 견제하려는 중종의 신임을 받아 강력한 개혁정책을 펼쳤다. 하지만 중종반정 공신에 대한 위훈을 삭제하려다가, 훈구공신들의 반발을 사서 1519년 기묘사화로 인해 몰락하고 말았다.

① 1498년 무오사화는 김종직의 조의제문이 빌미가 되었다.
② 서인이 정권을 장악한 것은 1624년 북인의 지지를 받은 광해군을 몰아낸 인조반정이 계기가 되었다.
③ 1545년 을묘사화는 외척인 윤원형과 문정왕후가 역시 외척인 윤임 일파를 제거한 사건이다.
④ 1453년 계유정난로 김종서, 황보인 등을 제거하고 수양대군이 권력을 장악하였다. 1455년 수양대군이 단종을 상왕으로 몰아내고 왕위에 올랐다. 그러자 1456년 성삼문 등이 단종 복위운동을 일으켰으나 실패했다. 이때 죽은 이들을 사육신이라 부른다.
⑤ 1518년 기묘사화는 위훈 삭제 등을 통해 훈구파를 약화시키려는 조광조 등 사림파에 대한 훈구파의 반발로 일어났다. 이때 조광조를 비롯한 사림파들이 대거 제거되었다.

10 정답 ③ 번

선비들이 정쟁으로 해를 입게 된 것을 사화라고 한다. (가)는 갑자사화, (나)는 무오사화, (다)는 을사사화, (라)는 기묘사화로, 이들의 순서를 맞추는 문제다. 을사사화 뒤를 이은 정미사화를 포함해 5대 사화에 대해 정리가 반드시 필요하다.

사화	연대	주요 사항
무오	1498	김일손이 사초에 김종직의 조의제문 실은 것이 발단. 훈구파가 사림파 제거
갑자	1504	임사홍이 폐비 윤씨 사건을 연산군에게 밀고한 것이 원인, 관련자들이 화를 당함
기묘	1519	반정 공신의 위훈 삭제, 공신호 삭탈에 반발하여 발생, 조광조 등 신진사류 제거
을사	1545	외척인 대윤과 소윤의 대립으로 발생, 윤임 등 대윤 세력 제거
정미	1547	양재역 벽서사건, 대윤 잔여세력 제거. 윤원형이 조정 장악

(나) 무오사화 (가) 갑자사화 (라) 기묘사화, (다) 을사사화 즉, 무갑기을 순서로 사화가 일어났으므로, ③번이 답이다.

11 밑줄 그은 '임금'이 재위했던 시기의 사실로 옳은 것은?
[3점]

> 자네. 양재역에 벽서가 붙었다는 소문 들었나? 대비께서 권력을 잡고 간신이 설치니 나라가 망한다는 내용이라고 하네.

> 임금의 상심이 크시겠군. 대비마마와 이기, 윤원형 등이 가만있지 않을테니, 이로 인해 조정에 큰 변고가 생길까 두렵네.

① 신유박해로 천주교인들이 처형되었다.
② 사림이 동인과 서인으로 나뉘게 되었다.
③ 홍경래 등이 봉기하여 정주성을 점령하였다.
④ 외척 간의 대립으로 을사사화가 발생하였다.
⑤ 자의 대비의 복상 문제로 예송이 전개되었다.

12 밑줄 그은 '왕'의 재위 기간에 있었던 사실로 옳은 것은?
[2점]

> 포도대장 김순고가 왕에게 아뢰기를, "풍문으로 늘으니 황해도의 흉악한 도적 임꺽정의 일당인 서임이란 자가 이름을 엄가이로 바꾸고 숭례문 밖에 와서 산다고 하므로, 가만히 엿보다가 잡아서 범한 짓에 대하여 심문하였습니다. 그가 말하기를, '…… 대장장이 이춘동의 집에 모여서 새 봉산 군수 이흠례를 죽이기로 의논하였다. ……'고 하였습니다. …… 속히 달려가서 봉산 군수 이흠례, 금교 찰방 강여와 함께 몰래 잡게 하는 것이 어떻겠습니까?"라고 하였다.

① 청의 요청으로 조총 부대를 파견하였다.
② 4군 6진을 설치하여 북방 영토를 개척하였다.
③ 외척 사이의 권력 다툼으로 을사사화가 발생하였다.
④ 남인이 축출되고 노론과 소론이 정국을 주도하였다.
⑤ 이조전랑 임명을 둘러싸고 사림이 동인과 서인으로 나뉘었다.

11 정답 ④ 번

양재역 벽서사건은 정미사화라 불린다. 1545년 윤원형 일파인 소윤이 정적인 윤임 등의 대윤 세력을 숙청한 을사사화의 여파로, 잔존 대윤세력을 숙청한 사건이다. 중종(1506~1544)이 죽은 후 왕위에 오른 인종(1544~1545)의 외척인 윤임 일파와, 12세에 왕위에 오른 명종(1545~1467)의 외척인 윤원형 일파 사이에 대립으로 을사사화가 1545년에 발생했다.
2년 후 다시 윤임 일파를 제거하기 위한 양재역 벽서사건이 발생하여, 이언적을 비롯한 많은 사림들이 화를 입었다.
1565년 소윤 일파가 몰락하고 선조(1567~1608)가 즉위한 후에, 양재역 벽사사건이 거짓 고발사건으로 판명되어, 피해자에 대한 복권이 이루어졌다.

① 1801년 신유박해로 천주교인이 처형되고, 정약용 등이 유배되었다.
② 1575년 사림이 동인과 서인으로 분당되었다.
③ 1811년 홍경래가 서북지방민의 차별에 항의하여 봉기하여, 정주성을 점령했다.
④ 1545년 외척 간 대립으로 을사사화가 발생하였고, 2년 후에는 양재역 벽서 사건이 발생해, 윤임 일파가 제거된다.
⑤ 1659년, 기해예송 (서인 승리), 1674년 갑인예송 (남인 승리)은 인조의 비인 자의대비의 복상 문제로 일어났다.

12 정답 ③ 번

명종(1545~1567)이 12살의 어린나이에 즉위하자, 생모인 문정왕후(1501~1565)가 수렴청정을 통해 권력을 쥐었다. 문정왕후는 승려 보우의 건의를 받아들여, 1551년 선종과 교종 양종을 부활하고, 1552년 도첩제와 승과를 부활하는 등, 불교 진흥을 위해 노력했다. 하지만 친동생인 윤원형, 그의 첩인 정난정과 함께 부정부패를 저질러, 농민생활이 크게 악화되었다. 고향을 떠난 유민들이 증가했고, 도적이 된 자들도 많았는데, 이 중 황해도와 경기도일대에서 활동한 임꺽정이 대표적인 인물이다. 그는 1559년부터 1562년까지 3년 간 활동하며 조선사회에 큰 영향을 끼쳤다.

① 1654년, 1658년 청의 요청으로 조선은 소총 부대를 파견해 러시아군과 싸우기 위해 나선정벌에 나섰다.
② 1443~1449년까지 4군과 6진을 설치해 북방영토를 개척했다.
③ 1545년 외척간 권력 다툼으로 을사사화가 발생했다.
④ 1694년 갑술환국으로 남인이 축출되고 노론과 서론이 정국을 주도하게 되었다.
⑤ 1575년 이조전랑 임명 문제로, 동인과 서인 붕당이 생겼다.

39-21 이이의 격몽요결

13 (가) 인물이 활동한 시기에 있었던 사실로 옳은 것은? [3점]

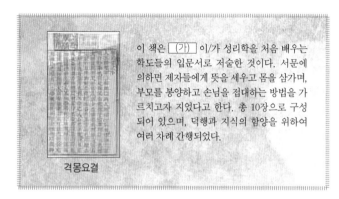

이 책은 [(가)] 이/가 성리학을 처음 배우는 학도들의 입문서로 저술한 것이다. 서문에 의하면 제자들에게 뜻을 세우고 몸을 삼가며, 부모를 봉양하고 손님을 접대하는 방법을 가르치고자 지었다고 한다. 총 10장으로 구성되어 있으며, 덕행과 지식의 함양을 위하여 여러 차례 간행되었다.

격몽요결

① 광해군이 중립 외교를 추진하였다.
② 사림이 동인과 서인으로 분화되었다.
③ 경기도에 한해서 대동법이 실시되었다.
④ 폐비 윤씨 사사 사건을 빌미로 사화가 발생하였다.
⑤ 자의 대비의 복상 문제를 둘러싸고 예송이 전개 되었다.

41-23 선조와 임진왜란

14 밑줄 그은 '국문 교서'가 발표된 이후의 사실로 옳은 것은? [2점]

이것은 의주로 파천된 국왕이 내린 국문 교서입니다. 어쩔 수 없이 왜군에게 잡혀가 협조한 백성의 죄는 묻지 않으며, 왜군을 잡아오거나 포로가 된 우리 백성을 많이 데리고 나오는 사람에게 벼슬을 내린다는 내용이 적혀 있습니다.

① 이순신이 명량에서 왜의 수군을 대파하였다
② 신립이 탄금대에서 배수의 진을 치고 항전하였다.
③ 이종무가 왜구의 근거지인 쓰시마섬을 정벌하였다.
④ 계해약조가 체결되어 세견선의 입항이 허가되었다.
⑤ 조선 정부의 통제에 반발하여 3포 왜란이 일어났다.

13 정답 ② 번

『격몽요결』은 이이(1536~1584)가 1577년 학문을 시작하는 이들을 가르치기 위해 편찬한 성리학 입문서다. 이이는 수미법 등 개혁안을 담은 『동호문답』, 제왕의 학문 내용을 정리해 선조(1567~1608)에게 바친 『성학집요』 등을 저술했다. 그는 붕당정치를 비판했지만, 그의 제자들은 이후 서인 당파를 이루었다.

① 광해군(1608~1623)은 중립 외교를 추진했다.
② 1575년 선조 시기에 붕당이 이루어졌다.
③ 1608년 광해군은 대동법을 처음 실시했다.
④ 1504년 연산군이 일으킨 사화가 갑자사화이다.
⑤ 1659년 기해예송, 1674년 갑인예송이 발생했다.

✔ **조선 유학의 거두, 이황(1501~1570)과 이이, 이것만!**

구분	이황	이이
제자	남인	서인
저서	성학십도(군주의 도를 도식으로 설명), 주자서절요	성학집요, 동호문답, 격몽요결
향약	예안향약 보급	해주향약 보급
기타	광해군 때 동방 5현에 꼽혀 문묘 배향	공납 부담 줄이는 수미법 주장

14 정답 ① 번

1592년 4월 14일 임진왜란이 발발하고, 보름 만에 일본군이 한성부까지 쳐들어오자, 선조는 백성들을 버리고 평양으로 피신했다가, 의주까지 피신했고, 6월 22일에는 명나라로 망명하기 위해 사신을 명에 보내기도 했다. 선조의 배신에 실망하고, 양반들에게 핍박받던 농민과 노비들이 일본에 협력하는 사례가 늘어났다. 그러자 선조는 이들을 회유하고자, 교서를 내린 것이다.

① 1597년 9월 이순신이 명량해전에서 승리했다.
② 1592년 4월 28일 신립이 탄금대에서 일본군에게 패했다.
③ 1419년 이종무가 쓰시마섬을 정벌했다.
④ 1443년 계해약조 체결로 세견선 입항이 허가되었다.
⑤ 1510년 조선정부의 통제에 반발해 3포 왜란이 발생했다.

🖊 MEMO
....
....
....
....

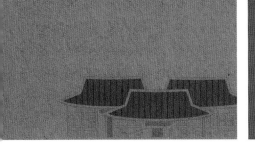

49-21 임진왜란 전황

15 (가)~(다) 학생이 발표한 내용을 일어난 순서대로 옳게 나열한 것은? [2점]

⟨주제: 임진왜란 때 수군의 활약⟩

옥포에서 26척의 적선을 격파하는 전과를 올렸어.

견내량에 머물던 왜군을 한산도 앞바다로 유인하여 학익진 전술을 펼쳐 물리쳤어.

100여 척의 배로 명량에서 대승을 거두었어.

(가)   (나)   (다)

① (가) - (나) - (다)
② (가) - (다) - (나)
③ (나) - (가) - (다)
④ (나) - (다) - (가)
⑤ (다) - (가) - (나)

---

15 정답 ① 번

(가)는 옥포해전으로, 1592년 5월 7일 이순신이 처음 왜군을 상대로 거둔 승리다.

(나)는 한산도대첩으로, 1592년 7월 8일에 이순신이 지휘한 조선 수군이 왜군함대를 격파한 승리다. 조선군이 이 승리를 계기로 제해권을 장악했고, 일본수군은 제해권을 잃음에 따라 육군에게 보급을 제대로 할 수 없게 되었다. 한산도해전의 승리로, 조선군의 반격이 시작되었다.

(다)는 명량해전으로, 1597년 9월 일본 수군이 남해에서 서해로 진입하려는 것을 막아 정유재란에서 조선군이 승리할 수 있는 계기를 마련했다.

따라서 ① (가) - (나) - (다)의 순서가 정답이다.

✔ **임진왜란 진행과정, 이것만!**

1592. 4. 14	전쟁 발발, 동래성, 부산진성 함락
1592. 4. 28	신립, 탄금대 전투에서 패전 → 선조 몽진
1592. 7. 8	이순신 한산도 대첩, 조선의 역전
1593. 1. 6	조명연합군 평양성 탈환
1593. 2.	권율 행주대첩
1597. 1.	정전협정 결렬, 정유재란 발발
1597. 9. 16	이순신 명량해전 승리
1598. 11. 19	이순신 노량해전, 전쟁 종결

43-24 훈련도감

16 밑줄 그은 '이 부대'에 대한 설명으로 옳은 것은? [2점]

외군의 조총 부대에 맞서 조직된 이 부대에서 군사를 모집하는군

삼수병으로 구성된 이 부대에 나는 포수로 지원해야겠네.

군사모집공고

우리 나라를 침략한 왜군에 맞서 싸울 용감한 군인을 모집합니다.

모집 인원: ○○○ 명
지원 분야: 포수, 사수, 살수
지원 자격: 무예에 뛰어난 자
체력 측정: 큰돌 들어올리기,
　　　　　담장 뛰어넘기 등

① 최씨 무신 정권의 군사적 기반이었다.
② 급료를 받는 상비군이 주축을 이루었다.
③ 국경 지역인 북계와 동계에 배치되었다.
④ 이종무의 지휘 아래 대마도 정벌에 참여하였다.
⑤ 국왕의 친위 부대로 수원 화성에 외영을 두었다.

---

16 정답 ② 번

임진왜란은 조선역사를 전기와 후기로 크게 구분하게 만든 큰 사건이다. 조선의 군사조직 역시 임진왜란을 계기로 변하게 되었다. 일본의 조총의 위력에 크게 당한 조선에서는 조총을 다룰 군대의 필요성을 갖게 되어, 1593년 8월 훈련도감을 창설했다. 훈련도감의 군병은 포수(조총), 사수(활), 살수(칼, 창) 삼수병으로 편성되었고, 급료를 받는 직업군인이었다. 훈련도감 문제는 7회 출제되어, 빈도가 높은 편이다.

① 최씨 무신정권의 군사적 기반은 도방과 삼별초다. 도방은 1179년 경대승이 처음 설치하였고, 1219년 최우가 좌별초, 우별초, 신의군으로 삼별초를 조직했다. ② 훈련도감은 급료를 받는 상비군으로, 도성 방위를 맡게 되면서, 훈련도감 군인 가족들이 한성부에 살게 되었다. ③ 고려시대 주진군, ④ 1419년 쓰시마 정벌에는 수군, 육군이 출동했다. ⑤ 1793년 정조가 창설한 장용영이다.

✔ **훈련도감, 이것만!**

- 포수, 살수, 사수의 삼수병으로 구성된 훈련도감이 설치되었다.
- 급료를 받는 상비군이 주축을 이루었다.
- 임진왜란을 계기로 처음 설치되었다.
- 훈련도감 양성을 위해 1결당 2.2말씩 삼수미세를 거두었다.

30-23 광해군과 조선통신사

17 (가)에 대한 설명으로 옳은 것은? [1점]

임진왜란 이후에도 막부의 요청으로 조선이 파견한 사절단인 (가) 관련 기록물을 한국과 일본의 관련 단체들이 유네스코 세계 기록 유산으로 등재 신청할 계획입니다.

(가) 관련 기록물, 세계 기록 유산 등재 신청 추진

① 민영익, 홍영식, 서광범 등이 참여하였다.
② 하정사, 성절사, 천추사 등으로도 불리었다.
③ 조선의 문물을 일본에 전파하는 역할을 하였다.
④ 해국도지, 영환지략을 들여와 국내에 소개하였다.
⑤ 기기국에서 무기 제조 기술을 습득하고 돌아왔다.

50-23 인조

18 밑줄 그은 '왕'이 추진한 정책으로 옳은 것은? [2점]

역 사 신 문

○○○○년 ○○월 ○○일

호패법 재실시 발표

금일, 왕이 호패법을 다시 시행하라고 명령하였다. 이는 문란해진 군적을 정비하고 이괄의 난 이후 심상치 않은 백성들의 동태를 점검하기 위한 것으로 보인다. 호패법은 반정(反正) 직후부터 논의되어 왔으나, 새로 군역에 편입될 백성들의 반발을 우려하여 지금까지 시행이 미루어져 왔다.

① 공신에게 공로와 인품에 따라 역분전을 지급하였다.
② 삼정의 문란을 해결하고자 삼정이정청을 설치하였다.
③ 시전 상인의 특권을 축소하는 신해통공을 단행하였다.
④ 전세를 1결당 4~6두로 고정하는 영정법을 제정하였다.
⑤ 1년에 2필씩 걷던 군포를 1필로 줄이는 균역법을 시행하였다.

문제분석

17 정답 ③ 번

조선과 일본의 사신 왕래는 1403년 시작되었다. 임진왜란 이후 회답겸쇄환사 이름으로 파견되다가, 통신사 명칭이 정식 부여된 것은 1636년부터다. 이후 1811년까지 9회 파견되었다. 일본은 조선통신사를 극진히 대접했고, 조선은 통신사를 통해 일본의 사정을 파악하고 평화를 유지하고자 했다. 통신사 파견으로 조선의 문물이 일본에 전파되었다. 조선통신사 관련 기록물은 2017년 세계기록유산에 등재되었다.

① 1882년 조미수호통상조약이 체결된 후, 1883년 조선 정부가 미국에 보낸 보빙사 일행에 민영익 등이 참여했다.
② 명에게 보내는 정기 사신단은 하정사 등으로 불리었다.
③ 조선통신사는 조선 문물을 일본에 전파하는 역할을 했다.
④ 개화론자이며 역관인 오경석이 해국도지, 영환지략을 들여와 1853~1859년경 조선에 개화사상을 형성하게 했다.
⑤ 1881년 청에 파견된 영선사에 유학생, 기술자가 포함되어 있어, 청의 기기국에서 무기 제조기술을 배웠다.

✔ **조선 통신사, 이것만!**
· 17세기 초부터 19세기 초까지 10여 차례 파견되었다.
· 일본 막부가 권위를 국제적으로 인정받기 위해 파견 요청
· 조선의 선진 문화를 일본에 전파하는 역할을 하였다.
· 교린 정책의 일환으로 파견되어, 문화교류 역할을 하였다.

18 정답 ④ 번

호패법이 반정 직후부터 논의되어 왔다는 내용을 통해서 밑줄친 왕이 반정을 통해 왕이 된 임금임을 알 수 있다. 조선에서 반정으로 왕이 된 것은 1506년 중종과 1623년 인조뿐이다. 그런데 1624년 이괄의 난 이후 심상치 않은 백성의 동태를 점검하기 위해 호패법을 재실시했다는 것을 통해 인조임을 알 수 있다. 인조시기의 개혁으로 1635년 전세를 1결당 4~6두로 고정하는 영정법이 있다. 호패법은 1413년에 처음 시행되었고, 여러차례 중단되었다가 재실시를 반복했다. 1626년 인조 4년에도 호패법이 재실시 되었다.

① 고려 태조는 940년 공신에게 공로와 인품에 따라 역분전을 지급했다.
② 1862년 임술 농민봉기에서 안핵사로 파견된 박규수의 건의로, 삼정의 문란을 해결하기 위해 삼정이정청이 설치된다.
③ 정조는 1791년 시전 상인의 특권을 축소하는 신해통공을 단행했다.
④ 인조는 1635년 전세를 1결당 4~6두로 고정하는 영정법을 제정했다.
⑤ 영조는 1750년 1년에 2필씩 걷던 군포를 1필로 줄이는 균역법을 시행했다.

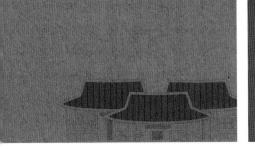

48-25 병자호란

19 (가) 전쟁 이후에 있었던 사실로 옳은 것은? [2점]

이것은 [(가)]의 결과 심양에 볼모로 잡혀간 봉림 대군이 쓴 한글 편지입니다. 편지에는 척화론을 내세우다 끌려와 함께 있던 김상헌에 대한 염려가 담겨 있습니다.

① 국경 지역에 4군 6진이 개척되었다.
② 나선 정벌에 조총 부대가 동원되었다.
③ 강홍립 부대가 사르후 전투에 참전하였다.
④ 정봉수와 이립이 용골산성에서 항전하였다.
⑤ 제한된 무역을 허용한 기유약조가 체결되었다.

40-26 비변사

20 (가)에 대한 설명으로 옳은 것을 〈보기〉에서 고른 것은? [2점]

변방의 일은 병조가 주관하는 것입니다. …… 그런데 근래 변방 일을 위해 [(가)] 을/를 설치했고, 변방에 관계되는 모든 일을 실제로 다 장악하고 있습니다. …… 혹 병조 관서가 참여하는 경우가 있기는 하지만 도리어 지엽적인 입장이 되어버렸고, 참판 이하의 당상관은 전혀 일의 내용을 모르고 있습니다. …… 청컨대 혁파하소서.

─〈보기〉─
ㄱ. 왕명 출납을 맡은 왕의 비서 기관이었다.
ㄴ. 임진왜란 이후 조직과 기능이 확대되었다.
ㄷ. 조광조를 비롯한 사림의 건의로 혁파되었다.
ㄹ. 세도 정치 시기에 외척의 세력 기반이 되었다.

① ㄱ, ㄴ ② ㄱ, ㄷ ③ ㄴ, ㄷ ④ ㄴ, ㄹ ⑤ ㄷ, ㄹ

문제분석

19 정답 ② 번

심양에 볼모로 잡혀간 봉림대군이 쓴 편지, 척화론자 김상헌 등을 통해 (가)전쟁은 1636년 병자호란임을 알 수 있다.

① 국경에 4군 6진을 개척한 것은 15세기 세종 시기다.
② 1649년 봉림대군이 왕위에 올라 효종이 된다. 효종은 북벌을 추진했지만, 청나라에 압박에 의해 1654년, 1658년 2회에 걸쳐 나선 정벌에 조총 부대를 보내게 되었다.
③ 1619년 명나라의 강요에 의해 강홍립이 이끈 조선군이 후금군과 싸우기 위해 사르후 전투에 참전했으나 패전하고 항복했다.
④ 정봉수와 이립은 1627년 정묘호란 때 용골산성에서 후금군과 항전했다.
⑤ 1609년 광해군은 일본과 기유약조를 체결하고 국교를 재개하고 부산에 왜관을 설치해 제한된 무역을 허용했다.

✓ 병자호란, 이것만!
• 청에 당한 치욕을 갚자는 북벌론이 전개되었다.
• 인조는 청이 쳐들어오자, 남한산성으로 피신하여 항전했다.
• 청이 조선에 군신 관계를 요구하였다.
• 김상용이 강화도에서 순절하였다.
• 삼전도에서 굴욕을 당하였다.

20 정답 ④ 번

비변사는 국방대책을 마련하는 협의기구로 1510년 임시 설치되었고, 1555년 처음 청사가 마련되고 관원이 임명되었다. 임진왜란 이후부터 국방을 비롯한 국정 전반을 총괄하는 기구가 되어 의정부의 기능을 약화시켰다. 19세기 세도정치시기에는 비변사가 외척의 세력 기반으로도 활용되었다. 1865년 대원군에 의해 폐지되었다. 비변사 문제는 6회 출제되었다.

ㄱ. 왕의 비서기관은 승정원이다.
ㄴ. 비변사는 임진왜란 이후에 조직과 기능이 확대된다.
ㄷ. 조광조가 혁파한 것은 도교핵사인 초제를 주관하는 수격서다.
ㄹ. 비변사는 세도정치 시기 외척의 세력 기반이었다.

✓ 비변사, 이것만!
• 세도정치 시기에 외척 세력의 권력 기반이 되었다.
• 임진왜란 이후 조직과 기능이 확대, 국정 총괄 기구로 부상
• 흥선대원군 집권기에 왕권 강화책의 일환으로 혁파되었다.
• 명종 대에 을묘왜변을 계기로 상설 기구가 되었다.
• 16세기에 여진족과 왜구 침입에 대비한 임시기구로 설치
• 군사에 관한 사항을 합의하여 처리하였다.

42-24 효종 업적

21 밑줄 그은 '이 왕'의 재위 기간에 있었던 사실로 옳은 것은? [2점]

> 제시된 자료는 <u>이 왕</u>이 세자 시절 쓴 칠언시입니다. 척화를 주장했던 신하들과 함께 청에 볼모로 잡혀갔다 돌아온 후에 지은 것으로 보입니다.

세상의 뜬 이름 모두 다 헛되니
물가에서 뛰어난 흥취를
한 잔 술에 묻히노라.
높은 수레 발이 묶여
참으로 부끄러운데
샘물 소리 도도하니
나의 한도 끝이 없노라.

① 나선정벌에 조총부대가 동원되었다.
② 왕권 강화를 위해 장용영이 설치되었다.
③ 청과의 경계를 정한 백두산정계비가 건립되었다.
④ 역대 문물을 정리한 동국문헌비고가 편찬되었다.
⑤ 전통 한의학을 집대성한 동의보감이 완성되었다.

30-25 예송 논쟁

22 (가), (나)를 주장한 붕당에 대한 설명으로 옳은 것을 〈보기〉에서 고른 것은? [2점]

(가) 돌아가신 효종 대왕을 장자의 예로 대우하여 대왕대비의 복상(服喪) 기간을 3년으로 정하는 것이 마땅합니다.
(나) 아닙니다. 효종 대왕은 장자가 아니므로 1년으로 해야 합니다.

―〈보기〉―
ㄱ. (가) - 인현왕후의 복위를 주장하였다.
ㄴ. (가) - 주로 이황의 학통을 계승하였다.
ㄷ. (나) - 노론과 소론으로 갈라졌다.
ㄹ. (나) - 광해군의 중립 외교를 지지하였다.

① ㄱ, ㄴ ② ㄱ, ㄷ ③ ㄴ, ㄷ ④ ㄴ, ㄹ ⑤ ㄷ, ㄹ

---

21 정답 ① 번

척화를 주장한 신하들과 함께 볼모로 잡혀갔다 돌아와서 왕이 된 인물은 효종(1649~1659)이다. 효종은 병자호란의 수모를 갚기 위해 청나라에 대한 북벌을 준비한다. 하지만 청이 1644년 명나라를 멸망시키고 강해지자, 북벌은 실천되지 못한다. 도리어 만주 북부에 러시아가 침략해오자, 청은 조선에게 출병을 요구한다. 조선은 1654년, 1658년 조총부대를 나선정벌에 출전시켜 전공을 세운다.

① 1654년, 1658년 2회에 걸친 나선정벌에 조선의 조총부대가 동원된다.
② 1793년 정조는 장용영을 설치해, 친위부대로 육성했다.
③ 1712년 청과 경계를 정한 백두산정계비가 건립되었다.
④ 1770년 영조는 국가적 사업으로 우리나라 역대 문물을 정리한 동국문헌비고를 편찬하게 했다.
⑤ 1610년 광해군의 어의인 허준이 동의보감을 펴내 전통의학을 집대성했다.

22 정답 ③ 번

효종은 인조(1623~1649)의 차남으로 왕이 되었다. 효종이 죽고 상례를 할 때에, 효종을 왕위를 계승한 적장자로 봐야 한다는 남인측 입장과, 차남으로 보고 예를 행해야 한다는 서인측 입장이 달랐다. 1659년 효종의 죽음과, 1674년 효종의 비인 인선왕후가 죽었을 때 인조의 계비인 자의대비가 상복을 입는 기간을 놓고 논쟁이 커졌는데, 이를 기해예송, 갑인예송이라고 한다. 남인은 왕과 사대부의 예가 달라야 한다는 왕권중심적 입장이고, 서인은 왕과 사대부가 동일한 예가 적용되어야 한다는 입장이다. 논쟁에서 승리한 측이 권력을 장악했다. 예송논쟁은 왕실의 정통성, 왕권-신권과 관련된 당쟁사의 중요 사건이다.

(가)는 남인의 주장이며, (나)는 서인의 주장이다.

ㄱ. 1694년 숙종이 갑술환국으로 인현왕후 복위를 주장한 서인측이 집권하고, 장희빈을 지지한 남인측은 몰락했다.
ㄴ. 남인은 이황의 제자가 많다.
ㄷ. 서인은 1683년 노론(송시열 등)과 소론(윤증 등)으로 갈라진다.
ㄹ. 북인이 광해군의 중립외교를 지지하였다.
  따라서 정답은 ③ ㄴ, ㄷ이다.

✓ **예송논쟁(자의대비 복상 기간 논쟁), 이것만!**

구분	계기	서인	남인	결과
기해예송 1659	효종 죽음	1년	3년	서인승리-효종을 차남의 예로 대우
갑인예송 1674	효종비 죽음	9개월	1년	남인승리-효종을 적장자의 예로 대우

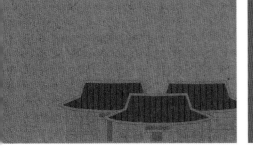

49-24 기사 환국

23 (가) 시기에 있었던 사실로 옳은 것은? [3점]

> 이항 등이 "지금 왕자의 명호를 원자(元子)로 정하는 것은 간사한 마을을 품을 자가 아니라면 다른 말이 없어야 마땅합니다. 송시열은 방자하게도 상소를 올려 민심을 어지럽혔으니, 멀리 유배 보내소서."라고 상소하였다.

↓

(가)

> 임금이 "기사년 송시열의 상소는 한때의 실수였을 뿐 그가 어찌 다른 뜻을 가졌겠는가. 이제 그동안 잘못된 일이 다 해결되었으니 특별히 그의 관직을 회복하고 제사를 지내게 하라."라고 하교하였다.

① 자의 대비의 복상 문제로 예송이 전개되었다.
② 공신 책봉에 불만을 품고 이괄이 반란을 일으켰다.
③ 정여립 모반 사건으로 인해 기축옥사가 발생하였다.
④ 붕당의 폐해를 경계하기 위해 탕평비가 건립되었다.
⑤ 남인이 권력을 장악하고 희빈 장씨가 왕비로 책봉되었다.

23-26 백두산 정계비

24 다음 건의로 시행된 사실로 옳은 것은? [2점]

> 이곳은 우리나라와 청나라의 경계(境界) 지대인데, 수백 년 동안 비어 있었습니다. 수십 년 전부터 북쪽 변경 고을 사람들이 이곳에 가서 살고 있었는데, 그 수가 십여만 명이나 됩니다. …… 전에 분수령정계비 아래 토문강 이남의 구역은 우리나라 경계(境界)로 확정되었으니 …… 관리를 특별히 두고 그들의 생명과 재산을 보호하게 하여 조정에서 백성을 보살펴 주는 뜻을 보여 주는 것이 어떻겠습니까?

① 효종이 북벌 정책을 추진하였다.
② 광해군이 중립 외교 정책을 실시하였다.
③ 세종이 백성을 국경 지역으로 이주시켰다.
④ 고종이 이범윤을 간도 관리사로 임명하였다.
⑤ 숙종이 백두산 일대의 방비를 철저히 하도록 명하였다.

 문제분석

23 정답 ⑤ 번

윤휴, 허목 등 남인은 1674년 2차 예송논쟁에서 승리해 정권을 잡았으나, 숙종(1674~1720)의 견제를 받는다. 이때 김석주가 남인의 전횡과 남인과 삼복(복창군 등)의 역모를 고발해, 1680년 경신환국이 발생해 남인이 몰락한다. 숙종은 1689년 기사환국을 일으켜 송시열을 유배보내는 등 서인을 몰락시키고, 남인을 재등용한다. 1694년에는 갑술환국으로 남인을 쫓아내고 다시 서인의 노론과 소론을 중용했다.

① 자의 대비로 복상문제로 전개된 1659년 기해예송과 1674년 갑인예송은 현종 시기에 있었다.
② 1623년 인조반정에서 공을 제대로 인정받지 못한 이괄이 다음해에 반란을 일으킨 것이 이괄의 난이다.
③ 1589년 정여립이 대동계를 조직해 조선을 뒤엎으려 한다는 고발로 야기된 기축옥사로 인해 그가 속한 당파인 동인 1천명이 처벌받았고, 서인이 권력을 장악하게 된다.
④ 영조는 붕당 폐해를 경계하고자 탕평비를 건립했다.
⑤ 1689년 기사환국으로 희빈 장씨가 왕비로 책봉된다. 5년 후인 갑술환국에서 왕비 장씨는 희빈으로 강등된다.

✔ **숙종시기 환국(경기갑), 이것만!**

구분	원인	결과
경신환국 1680	서인이 남인 허적의 전횡과, 허견과 복창군 등의 역모 고발. 숙종 남인 견제	남인 몰락, 서인은 노론(강경파), 소론(온건파)로 분당
기사환국 1689	장희빈의 아들을 원자(경종)로 책봉하는 것에 서인이 반대, 숙종 서인 혐오	서인 몰락, 남인 집권, 인현왕후 폐출, 장희빈이 정비가 됨
갑술환국 1694	숙종이 인현왕후 폐출 후회, 서인의 인현왕후 복위운동, 반대한 남인 축출	인현왕후 복위, 서인 집권, 남인 완전 몰락, 장희빈 강등

24 정답 ④ 번

1712년 조선은 청과 국경을 확정하고, 백두산 정계비를 세웠다. 양국간 국경은 서쪽은 압록강, 동쪽은 토문강을 경계로 하였는데, 토문강 해석을 놓고 해석의 여지가 남아, 간도영유권 문제로 확대되어, 지금도 논쟁이 되고 있다.

① 효종(1623~1649)은 백두산 정계비를 세울 당시 왕인 숙종의 할아버지다.
② 광해군(1608~1623)은 중립외교를 실시했다.
③ 세종(1418~1650)은 4군 6진을 개척, 백성을 이주시켰다.
④ 1902년 조선은 간도를 함경도의 행정구역에 편입시켰다.
⑤ 1700년 무렵 조선인이 두만강 건너 인삼을 캐거나 사냥하는 일이 많아, 양국 간 국경분쟁이 자주 생겼다.

46-26 영조시기 이인좌의 난

25 (가) 왕의 재위 기간에 있었던 사실로 옳은 것은? [3점]

이 책은 이승원이 무신난(戊申亂)의 전개 과정을 기록한 일기로 경상도 거창에서 반란군을 이끌던 정희량 세력의 활동 내용 등이 기록되어 있다. 무신난은 이인좌, 정희량 등이 세제(世弟)였던 ___(가)___ 의 즉위 과정에 의혹을 제기하며 일으킨 반란이다.

통정공 무신일기

① 허적과 윤휴 등 남인들이 대거 축출되었다.
② 박규수의 건의로 삼정이정청이 설치되었다.
③ 자의 대비의 복상 문제로 예송이 전개되었다.
④ 붕당의 폐해를 경계하기 위한 탕평비가 건립되었다.
⑤ 왕조의 통치 규범을 재정비한 대전통편이 편찬되었다.

48-26 초계문신제

26 (가) 왕이 재위 기간에 있었던 사실로 옳지 않은 것은? [2점]

이 책은 초계문신제로 선발된 학자들의 명단을 정리한 인명록입니다. ___(가)___ 때부터 시행된 초계문신제는 인재 양성과 문풍진작을 위한 문신 재교육 과정으로 37세 이하의 문신 중 학문에 재능이 뛰어난 이들을 선발하여 운영합니다.

① 경기도에 한해서 대동법이 실시되었다.
② 국왕의 친위부대인 장용영이 설치되었다.
③ 서얼 출신의 학자들이 규정각 검서관에 기용되었다.
④ 통치 체제를 정비하기 위해 대전통편이 편찬되었다.
⑤ 육의전을 제외한 시전 상인의 금난전권이 폐지되었다.

25 정답 ④ 번

1728년 이인좌 등이 일으킨 무신란은 '이인좌의 난'으로 잘 알려져 있다. 경종(1720~1724)을 지지하던 소론 세력이 영조(1724~1776) 즉위 후 권력에서 배제되자, 소론 주도로 일부 남인 세력이 참여하여, 영조의 즉위 과정을 문제 삼아 정권을 탈취하고자 일으킨 사건이 무신난이다. 세제였던 (가)는 경종의 이복동생인 영조이다. 영조 관련 13문제가 출제되었다.

① 허적과 윤휴 등 남인들이 대거 축출된 것은 1680년 경신환국이다.
② 1862년 임술농민봉기가 발생하자, 안핵사로 박규수가 파견되어 사태를 파악하고, 농민봉기의 원인이 지방관의 수탈과 삼정의 문란임을 지적하고, 삼정이정청 설치를 주장했다.
③ 자의대비 복상문제로 1659년 기해예송(서인 승리), 1674년 갑인예송(남인 승리) 2차례 예송이 전개되었다.
④ 1742년 영조가 탕평비를 건립했다.
⑤ 1785년 통치규범을 재정비한 대전통편이 편찬되었다.

✓ **영조의 정치, 이것만!**
· 탕평비를 건립하여 붕당의 폐해를 경계했다. - 1742년
· 속대전을 편찬하여 법전 체제를 정비하였다. - 1746년
· 균역법을 시행해 백성의 군역부담을 줄였다. - 1750년
· 역대 문물을 정리한 동국문헌비고를 편찬하였다. -1770년
· 정상기가 100리 척을 사용한 동국지도가 제작했다.
· 청계천 주변의 물난리 예방위해 준천공사 실시 -1760년
· 사도세자의 죽음을 계기로 시파와 벽파의 갈등 생김 -1762년
· 부족한 세액을 보충하기 위해 결작을 부과하였다.

26 정답 ① 번

초계문신제는 1781년 정조가 처음 시행한 것이다. 정조는 초계문신제를 통해 젊고 유능한 관리를 육성하려고 했고, 정약용 등이 선발되어 성장했다. 정조 재위 기간에 규장각 설치, 친위부대 장용영 설치, 상업 진흥을 위한 금난전권 폐지, 통치 체제 정비를 위한 대전통편 편찬 등이 이루어졌다.

① 경기도에 한하여 대동법이 실시된 해는 광해군이 즉위한 1608년이다.
② 1793년 정조는 친위 부대 장용영을 설치하고, 수원화성 방어 등을 맡겼다.
③ 1779년 정조는 규장각 검서관으로 서얼 출신 이덕무, 유득공, 박제가, 서이수를 임명했다.
④ 대전통편은 1784년에 편찬되었다. 1865년에 편찬된 조선 최후의 법전인 대전회통과 구분하여야 한다.
⑤ 1791년 정조는 육의전을 제외한 시전 상인의 금난전권을 폐지시키는 신해통공을 실시해, 상업 발달을 촉진시켰다.

27 밑줄 그은 '이 왕'의 업적으로 옳은 것은? [2점]

이곳 만석거(萬石渠)는 이 왕이 수원 화성을 건립하면서 축조한 수리 시설 중 하나입니다. 수갑(水閘) 및 수도(水道)를 만든 기술의 혁신성, 백성들의 식량 생산에 이바지 한 점, 풍경의 아름다움 등 역사 문화적 가치를 인정받아 2017년 세계 관개 시설물 유산으로 등재되었습니다.

① 집현전을 계승한 홍문관을 설치하였다.
② 군역의 부담을 줄이고자 균역법을 제정하였다.
③ 초계문신제를 실시하여 문신들을 재교육하였다.
④ 붕당의 폐해를 경계하기 위해 탕평비를 건립하였다.
⑤ 삼정의 문란을 해결하기 위해 삼정이정청을 설치하였다.

28 밑줄 그은 '주상'의 재위 기간에 있었던 사실로 옳은 것은? [2점]

주상께서 각 궁방과 중앙 관서의 공노비를 해방시켜 모두 양민으로 삼도록 허락하셨다고 하네.

노비안을 모아 돈화문 밖에서 불태우라고 하셨더군

① 신유박해로 다수의 천주교도가 처형되었다.
② 박규수의 건의로 삼정이정청이 설치되었다.
③ 명의 요청으로 강홍립의 부대가 파견되었다.
④ 붕당의 폐해를 경계하기 위한 탕평비가 건립되었다.
⑤ 통치 체제를 정비하기 위해 대전회통이 편찬되었다.

🔍 문제분석

27 정답 ③ 번

수원화성을 건립한 임금은 정조다. 정조는 조선 후기 문화를 꽃피운 임금이다. 1791년 신해통공을 실시하고, 1796년 수원화성을 축성하는 등 정조는 정치, 경제, 문화, 국방, 제도 등 다방면에 업적을 남겼다. 정조 관련 문제는 17문제가 출제되었다. 그가 살았던 조선 후기 경제, 사회상황 문제까지 포함하면, 정조와 관련된 문제는 출제빈도가 대단히 높다.

① 1478년 성종은 집현전을 계승한 홍문관을 설치했다.
② 1750년 영조가 균역법을 제정했다.
③ 1781년 정조는 초계문신제를 시행해 문신들을 재교육시켜, 유능한 인재를 양성하고자 했다.
④ 1742년 영조가 탕평비를 건립했다.
⑤ 1862년 임술 농민봉기가 일어나자, 안핵사 박규수가 진주에 파견되어, 삼정의 문란이 농민봉기의 원인임을 알고, 삼정의 문란을 해결할 삼정이정청 설치를 건의, 설치되었다.

✓ **정조의 주요 업적, 이것만!**
· 국왕 친위 부대인 장용영을 조직
· 유능한 인재를 양성하기 위해 초계문신제를 시행
· 육의전 제외한 시전상인의 금난전권을 폐지한 신해통공 실시
· 학술연구기관인 규장각을 설치, 왕권 뒷받침 기구로 만듦
· 서얼(유득공, 이덕무) 등을 규장각 검서관에 기용
· 훈련교범인 무예도보통지를 편찬 - 1790년
· 대전통편을 편찬하여 문물 제도를 정비 - 1785년
· 수원화성은 정조 개혁정치의 산물로, 실학사상이 반영됨.

28 정답 ① 번

공노비를 해방한 것은 1801년 순조(1800~1834)다. 공노비 해방은 조선 후기 신분 해방운동이 광범위하게 일어난 결과다. 노비에게 노동력을 제공받는 것보다 양인으로 풀어주고 세금을 받는 것이 국가 재정에 도움이 되었기에 일부 공노비를 제외한 6만 6천명의 노비를 양인으로 해방시켰다.

① 1801년 신유박해로 이승훈, 정약종 등 다수의 천주교도가 처형당하고, 정약전, 정약용 등은 유배에 처해졌다.
② 1862년 진주민란이 일어나자, 안핵사로 파견된 박규수가 민란의 원인이 환곡 등 삼정의 문란 때문임을 고하고, 삼정이정청 설치를 건의하여, 설치되었다.
③ 1619년 광해군은 명의 요청으로 강홍립의 부대를 파견해 후금과 싸우게 했으나, 패하였다.
④ 1742년 영조는 탕평비를 세워 붕당의 폐해를 경계했다.
⑤ 1785년 정조 때 편찬된 대전통편 이후, 법령을 추가하여 1865년 흥선대원군의 명으로 편찬된 조선 최후의 법전이 대전회통이다.

50-22 천주교 박해

29 (가)~(다)를 일어난 순서대로 옳게 나열한 것은? [3점]

> (가) 한영규가 아뢰기를, "서양의 간특한 설이 윤리와 강상을 없애고 어지럽히니 어찌 진산의 권상연, 윤지충 같은 자가 또 있겠습니까? 제사를 폐하고 위패를 불태웠으며, 조문을 거절하고 그 부모의 시신을 내버렸으니 그 죄가 매우 큽니다."라고 하였다.
>
> (나) 사헌부에서 아뢰기를 "아! 통분스럽습니다. 이가환, 이승훈, 정약용의 죄가 무거우니 이를 어찌 다 처벌할 수 있겠습니까? 사학(邪學)이란 것은 반드시 나라에 흉악한 화를 가져오고야 말 것입니다."라고 하였다.
>
> (다) 의금부에서, "죄인 남종삼은 명백한 근거도 없이, 러시아에 변란이 있을 것이고 프랑스와 조약을 맺을 계책이 있다면서 사람들을 현혹하였습니다. 감히 나라를 팔아먹고자 몰래 외적을 끌어들이려 하였으니, 그 죄는 만 번을 죽여도 모자랍니다. 죄인이 자백하였습니다."라고 아뢰었다.

① (가) - (나) - (다)
② (가) - (다) - (나)
③ (나) - (가) - (다)
④ (나) - (다) - (가)
⑤ (다) - (나) - (가)

48-28 홍경래의 난

30 (가) 사건에 대한 설명으로 옳은 것은? [2점]

> 이것은 평안도 지역에 대한 차별 등에 반발하여 일어난 [(가)] 을/를 진압하기 위해 관군이 정주성을 에워싸고 있는 상황을 그린 그림입니다. 이후 관군은 땅굴을 파고 성벽을 폭파하는 전술로 봉기군을 진압하였습니다.

정주성공격도

① 홍경래, 우군칙 등이 주도하였다.
② 홍선 대원군이 다시 집권하는 결과를 가져왔다.
③ 정부가 청군의 출병을 요청하는 계기가 되었다.
④ 사건 수습을 위해 박규수가 안핵사로 파견되었다.
⑤ 폐정 개혁안 실천을 위해 집강소 설치를 요구하였다.

---

29 정답 ① 번

(가) 윤리와 강상을 없애고 어지럽힌 권상연, 윤지충을 비판한 한영규의 상소는 1791년 진산사건을 비난한 것이다. 천주교도인 권상연과 윤지충이 부모의 제사를 거부하고 위패를 불태운 사건은 조선의 성리학자들에게 큰 충격을 주었고, 최초의 박해인 신해박해를 초래했다.

(나) 이가환, 이승훈, 정약용이 서학을 믿었다는 이유로 사헌부에서 탄핵을 당한 것은 1801년 신유박해다. 이때 정약전, 정약종, 정약용 3형제 등 남인들이 대거 탄압을 받았다.

(다) 남종삼이 러시아와 변란이 있을 것에 대비해 프랑스와 조약을 맺으려다가 실패한 것을 계기로 탄압을 받게 된 사건은 1866년 병인박해다. 흥선대원군은 이때 프랑스에 배신감을 갖게 되어, 프랑스 선교사 9명을 비롯해 약 6천명의 천주교도를 탄압했다. 이 사건이 병인양요의 원인이 되었다.

따라서 ① (가) 신해박해 - (나) 신유박해 - (다) 병인박해 순으로 사건이 일어났다.

30 정답 ① 번

문제에서 평안도 지역에 대한 차별에 반대해 일어난 사건, 정주성 등이 등장하므로, (가)는 1811년 12월에 발생한 홍경래의 난임을 알 수 있다. 홍경래는 서북인의 차별에 대한 반발로, 우군칙 등과 함께 다복동에서 봉기하여 가산, 정주를 비롯한 청천강 이북 지역을 점령했다. 몰락양반, 영세농민, 광산 노동자 등이 참여하여 5개월간 지속되었다.

① 홍경래의 난은 홍경래, 우군칙 등이 주도했다.
② 흥선대원군이 재집권한 것은 1882년 임오군란 때이다. 하지만 흥선대원군은 민씨 세력이 요청한 청군에 의해 곧 권좌에서 내려오게 된다.
③ 정부가 청군의 출병을 요청한 사건은 1882년 임오군란과, 1894년 동학농민운동으로, 홍경래의 난과 무관하다.
④ 1862년 임술 농민봉기가 발생하자, 사태를 수습하기 위해 박규수가 안핵사로 파견된다. 그는 농민봉기의 원인이 삼정의 문란 때문임을 알고 삼정이정청 설치를 건의했다.
⑤ 폐정 개혁안 실천을 위해 집강소 설치를 요구한 것은 1894년 동학농민운동이다.

✓ **조선 후기 주요 반란, 이것만!**

주모자	연대	사건 내용
이 괄	1624	공신책봉 불만, 도성 점령, 인조 피난
이인좌	1728	소론세력의 영조 즉위에 대한 반발
홍경래	1811	서북지역민 차별에 불만, 정주성 점령 몰락 양반, 영세농민, 광산 노동자 참가
유계춘 등 진주 농민	1862	임술농민 봉기, 진주성점령 백낙신의 탐학 발단, 삼정이정청 설치

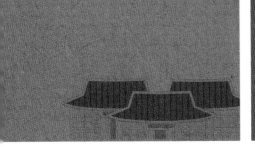

31 줄 그은 '이 시기'에 볼 수 있었던 사실로 옳지 않은 것은? [2점]

이 불상은 고창 선운사 동불암지 마애여래좌상입니다. 이 불상 안에 있는 비기(碑記)가 세상에 나오는 날 나라가 망한다는 이야기가 있었습니다. 이러한 예언 사상은 안동 김씨 등 왕실의 외척을 비롯한 소수의 특정 가문이 비변사를 중심으로 권력을 독점한 시기에 널리 퍼졌습니다.

① 을사사화가 발생하였다.
② 홍경래가 난을 일으켰다.
③ 삼정이정청이 설치되었다.
④ 최제우가 동학을 창시하였다.
⑤ 이양선이 나타나 통상을 요구하였다.

32 다음 사건에 대한 설명으로 옳은 것은? [1점]

사건 일지

2월 7일   수곡 도회(都會) 주모자 유계춘을 병영에 감금

2월 13일 집안 제사 참석을 요청한 유계춘을 임시 석방

2월 14일 덕천 장시 등에서 농민 시위 전개

2월 18일 목차 홍병원이 사족(士族) 이명윤에게 농민 시위 무마를 부탁하며 정해진 액수 이상으로 세금을 징수하지 않겠다 문서 전달

2월 19일 우병사 백낙신이 시위를 해산하려 하자 성난 농민들이 그를 포위하여 감금

⋮

① 남접과 북접이 연합하여 전개되었다.
② 정부와 약조를 맺고 집강소를 설치하였다.
③ 상황 수습을 위해 박규수가 안핵사로 파견되었다.
④ 지역 차별에 반발한 홍경래가 주도하여 봉기하였다.
⑤ 함경도와 황해도에 방곡령이 선포되는 결과를 가져왔다.

31 정답 ① 번

그림으로 제시된 고창 선운사 동불암지 마애여래좌상은 고려시대 작품으로, 보물 1200호다. 조선 후기 세도정치가 극성하던 시기에, 백성들이 세상이 바뀌기를 희망하는 염원이 이 불상과 관련되어 여러 설화들을 만들어 내었다. 안동김씨를 비롯한 왕실 외척과 소수 특정 가문이 비변사를 중심으로 권력을 독점하던 시기는 19세기 세도정치 시기다.

① 을사사화는 1545년 명종 즉위와 동시에 대윤(윤임)과 소윤(윤원형) 외척간 대립으로 발생했다.
② 홍경래난은 1812년 세도정치 시기 서북지역에 대한 지역차별이 원인이 되어 발생했다.
③ 삼정이정청은 1862년 임술 농민봉기가 발생하자 안핵사로 파견된 박규수가 삼정의 문란과 지방관의 수탈이 농민봉기의 원인임을 지적하고, 삼정이정청 설치를 건의하여 설치되었다.
④ 최제우는 1860년 동학을 창시하고 새로운 세상인 개벽이 도래할 것을 천명했다.
⑤ 이양선은 서양의 배로, 18세기 중반부터 나타나, 19세기 중엽 이후 크게 늘었다. 1832년 영국 배인 애머스트호가 조선에 통상을 요구하기도 했다.

32 정답 ③ 번

유계춘, 백낙신, 농민 시위, 세금 징수 불만 등은 모두 1862년 진주 농민봉기, 임술 농민봉기를 설명하는 말 등이다. 백성들이 환곡의 폐단을 시정해줄 것을 요구하고 일어난 진주 농민봉기는 몰락양반인 유계춘이 중심이 되어 진주성을 함락하였고, 전국적인 농민봉기의 불씨가 되었다. 특히 경상우도 병마절도사 백낙신의 탐학이 농민봉기를 키웠다.

① 1894년 9월 동학 제2차 봉기에서 남접과 북접이 연합하여 일본군에 대항하기로 했다.
② 1894년 6월 동도대장 전봉준과 전라도관찰사 김학진 사이에 관민협력과 화합을 위해 각군에 집강을 두기로 약조하면서, 집강소가 설치되었다. 집강소는 전라도 53주읍 관아에 실시되어, 동학교도가 집강이 되어 행정과 치안을 담당했다.
③ 1862년 박규수는 진주 농민봉기 수습을 위해 안핵사로 파견되어, 농민봉기의 원인이 삼정 문란임을 파악하고, 삼정이정청 설치를 건의했다.
④ 1811년 지역차별에 항의해 홍경래의 난이 일어났다.
⑤ 1883년 7월 조일통상장정에 조선은 1개월 전 예고를 전제로 지방관이 곡물의 수출을 금지할 수 있다고 약조했다. 1889년과 1890년 함경도, 황해도에서 방곡령이 선포된 것은 일본으로 지나친 곡물 수출 때문이었다. 일본은 방곡령 선포에 항의했고, 조선은 일본의 압력으로 방곡령을 해제했다.

02 조선의 경제와 사회

39-25 농사직설

01 밑줄 그은 '왕'이 실시한 정책으로 옳은 것은? [2점]

이번에 정초와 변효문이 새로운 농서를 편찬했다는군.

우리 풍토에 맞는 농법을 보급하기 위한 서적을 편찬하라는 왕의 명을 받들었다고 하네.

① 결작을 징수하여 재정 부족 문제에 대처하였다.
② 연분 9등법을 시행하여 수취 체제를 정비하였다.
③ 기유약조를 체결하여 일본과의 무역을 재개하였다.
④ 설점수세제를 시행하여 민간의 광산 개발을 허용하였다.
⑤ 직전법을 실시하여 현직 관리에게만 수조권을 지급하였다.

25-16 조운제도

02 지도를 통해 알 수 있는 제도에 대한 설명으로 옳은 것은? [2점]

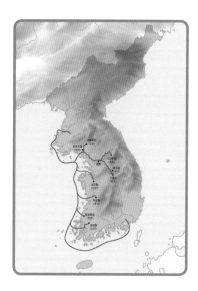

① 현물로 거둔 조세를 운반하기 위한 목적이었다.
② 공문서를 신속하게 전달하기 위하여 설치하였다.
③ 군사적으로 위급한 상황을 알리기 위해 마련되었다.
④ 마패를 소지한 공무 여행자에게 역마를 제공하였다.
⑤ 춘궁기에 곡식을 빌려주고 추수 후에 갚도록 하였다.

01 정답 ② 번

정초와 변효문이 편찬한 새로운 농서는 1429년에 간행된 『농사직설』이다. 이 책은 우리나라 풍토에 맞는 씨앗 저장법, 토질 개량법, 모내기법 등 농민의 실제 경험을 수록한 책이다.

① 1750년, 영조는 균역법을 시행하면서, 군포 2필 부담을 1필로 줄였다. 줄어든 재정은 결작 징수 등으로 대처했다.
② 세종은 1444년 토지 비옥도와 풍년과 흉년 등급에 따라, 세금을 거두는 전분 6등법, 연분 9등법을 실시했다
③ 1609년 광해군은 임진왜란 이후 단절된 일본과 무역을 재개했다.
④ 1651년 효종은 민간 광산 개발을 허용했다.
⑤ 1466년 세조는 과전법의 토지 부족을 해결하기 위해 현직 관리에게만 수조권을 지급하는 직전법을 실시했다.

✓ 농서, 이것만!

책 명	연대	특징
농상집요	1349	중국의 농서를 이암이 고려에 소개
농사직설	1429	정초, 변효문이 편찬, 우리나라 기후 풍토에 맞는 농서, 남부지방에서 행해지는 이앙법(모내기법) 소개, 조선전기 대표적 농서로 영농지침서 역할
금양잡록	1483	강희맹이 저술, 자신의 경험 바탕
농가집성	1655	신속, 농촌생활백과, 벼농사 중심 농법소개

02 정답 ① 번

조운제도는 고려, 조선에서 각 지방에서 거둔 조세를 배를 이용해 수도로 운송하기 위한 제도다. 각 군현에서 거둔 조세는 강가와 바닷가에 위치한 조창에 운반했다가, 조운선에 의해 경창으로 운송했다. 강원도는 한강을, 경상도는 낙동강과 남한강을 통해 경창으로 운송했다.
고려의 경우 북계와 동계에서 거둔 세금을 국방비로 사용하였듯이, 조선에서도 평안도와 함경도, 제주도에서 거둔 세금은 지역에서 사용하고 조운으로 옮기지 않았다. 조선 초기에는 국가에서 조운선을 전담했으나, 해상에서 조운선이 침몰하는 등 사고가 잦자, 차츰 민간에 맡겼다. 경강상인들은 조운선을 만들어 조세 운반으로 큰 이익을 얻어 성장하기도 했다.

① 조운제도의 목적은 조세를 운반하는 것이다.
② 역참은 공문서를 빠르게 전달하기 위해 설치되었다.
③ 군사적 위급 상황을 알리기 위해 봉수제가 마련되었다.
④ 역참에서는 마패 소지자에게 말을 제공하였다.
⑤ 농민에게 곡식을 빌려주고 되돌려 받는 것은 환곡제다.

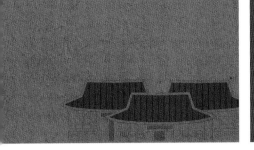

03 (가), (나) 사이의 시기에 있었던 사실로 옳은 것은? [3점]

> (가) 도평의사사가 글을 올려 과전을 주는 법을 정하자고 요청하니 왕이 따랐다. …… 경기는 사방의 근원이니 마땅히 과전을 설치하여 사대부를 우대하였다. 무릇 경성에 살며 왕실을 보위하는 자는 현직 여부에 상관없이 직위에 따라 과전을 받게 하였다.
>
> (나) 한명회 등이 아뢰기를, "직전(職田)의 세(稅)는 관(官)에서 거두어 관에서 주면 이런 폐단이 없을 것입니다."라고 하였다. [대왕대비가] 전지하기를, "직전의 세는 소재지의 지방관으로 하여금 감독하여 거두어 주도록 하라."라고 하였다.

① 백성에게 정전을 지급하였다.
② 양전 사업을 실시하여 지계를 발급하였다.
③ 관등에 따라 관리에게 전지와 시지를 차등 지급하였다.
④ 개국 공신에게 인품, 공로를 기준으로 역분전을 지급하였다.
⑤ 수신전, 휼양전 등의 명목으로 세습되는 토지를 폐지하였다.

04 (가)에 대한 설명으로 옳은 것은? [2점]

> [(가)]의 실시
> ○ 배경
> • 재정 수입 감소, 농민 생활 피폐
> • 전분 6등, 연분 9등의 복잡한 징수 절차로 인한 수취의 어려움
> ○ 결과
> • 안정적인 국가 재정의 확보
> • 부가세 증가로 인해 농민의 실질적 부담 감소 효과는 미흡

① 과전 지급 대상을 현직 관리로 제한하였다.
② 선혜법이라는 이름으로 경기도에서 처음 실시하였다.
③ 부족한 재정을 충당하기 위해 선무군관포를 수취하였다.
④ 공인을 통해 각 관청에 필요한 물품을 공급하도록 하였다.
⑤ 풍흉에 관계없이 대부분 농지에서 1결당 4~6두의 전세를 거두었다.

🔍 문제분석

03 정답 ⑤ 번

(가) 경기도에 과전을 설치하여, 왕실을 보위하는 자는 현직 여부에 상관없이 직위에 따라 과전을 받게 하는 법은 1391년에 제정된 과전법이다.
(나) 직전의 세를 관에서 직접 거두어서, 관에서 직접 주는 제도는 1470년에 시행된 관수관급제이다.

두 법 사이에 있었던 토지제도는 1466년 세조가 실시한 직전법으로, 수조권을 현직관리에게만 지급하고, 수신전, 휼양전, 군전 등을 폐지했다.

① 백성에게 정전을 지급한 최초의 사례는 722년 신라 성덕왕 때의 일이다.
② 1898년 대한제국은 양전 사업을 실시하여, 근대적 소유문건인 지계를 1901년에 발급했다.
③ 관등에 따라 관리에게 전지와 시지를 차등 지급한 것은 고려 전시과 제도이다.
④ 개국공신에게 인품, 공로를 기준으로 역분전을 지급한 것은 940년 고려 태조이다.
⑤ 1466년 세조는 수신전, 휼양전 등의 명목으로 세습되는 토지를 폐지해, 과전법의 문제점을 해소했다.

✓ 조선 토지제도, 이것만!
• 과전법(1391) - 신진 사대부 경제기반 마련, 수신전, 휼양전 등 세습가능, 경기지역에 한해 전현직 관리에게 수조권 지급
• 직전법(1466) - 현직 관리에게만 수조권 지급, 신진관리에게 지급 토지 부족으로, 수신전, 휼양전 등 세습 토지 폐지
• 관수관급제(1470) - 관청에서 조세를 거둬, 관리에게 지급
• 직전법폐지(1556) - 관리에게 수조권 지급 폐지, 녹봉으로 베, 곡식 등 현물 지급
• 영정법(1635) - 토지 1결당 전세를 4~6두로 고정

04 정답 ⑤ 번

양란 이후 조선은 농경지가 황폐화되고, 세금제도도 문란해졌다. 따라서 정부는 농지 개간을 적극 권장하고, 농민의 부담을 덜어주고자 했다. 풍흉에 관계없이 토지 1결당 전세를 4~6두로 고정시키는 영정법을 1635년에 실시했다. 하지만 명목상 세금은 줄었지만, 수수료, 운송비 등 부가세로 인해 농민 부담은 줄지 않았다.

① 과전 지급 대상을 현직 관리로 제한한 것은 직전법이다.
② 선혜법이 곧 대동법으로 1608년 경기도부터 실시되었다.
③ 균역법으로 인한 세액 부족을 보충하기 위해 부유한 양인을 선무군관으로 임명하고 선무군관포 1필을 거두었다.
④ 공인은 대동법 시행 이후 등장했다.
⑤ 영정법은 전세를 1결당 4~6두로 고정하여 거두었다.

49-23 대동법

05 밑줄 그은 '이 법'에 대한 설명으로 옳은 것은? [1점]

이 법은 공납의 폐단을 해결할 목적으로 경기도와 강원도 지역에서 실시되고 있습니다. 고통받는 백성을 위해 충청도와 전라도에도 이 법을 확대 시행해야 합니다.

그렇다면 충청도에 먼저 시행하시오.

① 양반에게도 군포를 부과하였다.
② 1결당 쌀 4~6두로 납부액을 고정하였다.
③ 비옥도에 따라 토지를 6등급으로 나누었다.
④ 일부 상류층에게 선무군관포를 징수하였다.
⑤ 특산물 대신 쌀, 베, 동전 등으로 납부하게 하였다.

26-31 대동법

06 밑줄 그은 '이 제도'에 대한 설명으로 옳은 것을 〈보기〉에서 고른 것은? [1점]

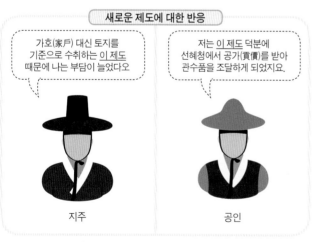

새로운 제도에 대한 반응

가호(家戶) 대신 토지를 기준으로 수취하는 이 제도 때문에 나는 부담이 늘었다오

저는 이 제도 덕분에 선혜청에서 공가(貢價)를 받아 관수품을 조달하게 되었지요.

지주

공인

〈보기〉

ㄱ. 방납의 폐단을 바로잡기 위해 실시하였다.
ㄴ. 풍흉에 관계없이 1결당 4~6두 정도를 부과하였다.
ㄷ. 지역에 따라 쌀, 면포, 삼베, 동전 등으로 징수하였다.
ㄹ. 부족한 재정을 충당하기 위해 선무군관포를 수취하였다.

① ㄱ, ㄴ ② ㄱ, ㄷ ③ ㄴ, ㄷ ④ ㄴ, ㄹ ⑤ ㄷ, ㄹ

🔍 문제분석

05 정답 ⑤ 번

공납의 폐단을 해결할 목적으로 실시된 법은 대동법이다. 문제에서 왕에게 충청도, 전라도 등에 확대 시행을 건의한 실제 인물은 김육으로 1651년 효종에게 청하여 충청도에 확대 실시를 이뤄내었다. 대동법은 조선 후기 경제, 사회, 생활을 바꾼 매우 중요한 법령이므로, 출제 빈도가 아주 높다.

① 1871년 시행된 호포법은 양반에게도 군포를 부과했다.
② 1결당 4~6두로 납부액을 고정한 법은 1635년에 실시된 영정법이다.
③ 비옥도에 따라 6등급으로 토지를 나눈 전분6등법은 1444년 공법으로, 풍흉에 따라 9등급으로 나눈 연분9등법과 함께 시행되었다.
④ 1750년 균역법을 시행하면서, 군포 2필 부담을 1필로 줄였다. 줄어든 재정은 결작을 거두고, 일부 부유한 평민을 선무군관에 임명하고 군포 1필을 받아 보충했다.
⑤ 특산물 대신 쌀, 베, 동전 등으로 거둔 것이 대동법이다.

06 정답 ② 번

대동법이 시행되면서, 지주층의 부담은 늘었지만, 선혜청에 공가를 받아 관수품을 조달하는 어용상인인 공인이 등장하게 되었다. 공인이 시장에서 물품을 구매했으므로, 상품 수요가 증가했다. 세금을 쌀, 베, 돈으로 내게 됨에 따라, 농민들도 토산물을 시장에 내다 팔아 돈을 마련했다. 대동법 시행으로 상품 화폐 경제가 발전하게 되었다.

ㄱ. 방납은 농민이 토산물을 왕에게 바치는 것인데 납부 기준이 명확하지 않아, 지방관과 아전의 농간이 개입될 소지가 컸다. 대동법은 공납 대신, 토지 결수에 따라 1결당 12두 정액제로 세금을 내도록하여 폐단을 줄였다. 하지만 상시 납부하는 상공만 폐지하고, 별공과 진상은 여전히 존속해, 방납의 폐단이 완전히 없어지지 못했다.
ㄴ. 조선 초기 연분 9등법의 복잡함을 없애고 부담을 줄이기 위해 1635년에 도입된 법이 영정법으로, 풍흉에 관계없이 1결당 4~6두 정도를 부과하였다.
ㄷ. 세금을 쌀, 면포, 삼베, 동전 등으로 징수한 대동법 시행으로 인해, 상거래가 촉진되었다.
ㄹ. 선무군관포는 1750년 균역법 시행으로 인한 세수 부족을 메우기 위해 선무군관에게 포 1필을 징수한 것이다.

✓ **대동법, 이것만!**
• 공인이 등장하여 상품 화폐 경제가 발달하는 계기가 되었다.
• 방납의 폐단을 바로잡기 위해 실시하였다.
• 공납의 부과 기준을 가호 단위에서 토지 결수로 바꾸었다.
• 지역에 따라 현물대신 쌀, 면포, 삼베, 동전으로 징수하였다.
• 선혜법이란 이름으로 경기도에서 처음 실시하였다.

07 밑줄 그은 '대책'의 내용으로 옳은 것을 〈보기〉에서 고른 것은? [2점]

임금께서 군포를 기존의 절반인 1필로 줄이는 법을 시행했다더군.

그렇다면 세입이 감소할텐데 이를 보충하기 위해 마련된 대책이 무엇인지 궁금하네.

─〈보기〉─

ㄱ. 양전 사업을 실시하여 지계를 발급하였다.
ㄴ. 어염세. 선박세를 국가재정으로 귀속시켰다.
ㄷ. 선무군관에게 1년에 1필의 군포를 징수하였다.
ㄹ. 수신전. 휼양전 동의 명목으로 세습되는 토지를 폐지하였다.

① ㄱ, ㄴ　　② ㄱ, ㄷ　　③ ㄴ, ㄷ　　④ ㄴ, ㄹ　　⑤ ㄷ, ㄹ

08 밑줄 그은 '대책'으로 옳은 것은? [2점]

양역의 폐단을 개선하기 위해 논의한 호포와 결포는 여러 문제점이 있다고 하니, 그렇다면 군포를 1필로 줄이는 법을 시행하는 것으로 하라. 경들은 1필로 줄였을 때 생기는 세입 감소분을 채울 수 있는 대책을 강구하라.

분부를 받들겠습니다.

① 수신전과 휼양전을 폐지하였다.
② 토지 1결당 미곡 12두를 부과하였다.
③ 양전 사업을 시행하여 지계를 발급하였다.
④ 풍흉에 따라 9등급으로 전세를 부과하였다.
⑤ 어장세, 염세 등을 국가 재정으로 귀속하였다.

🔍 문제분석

07 정답 ③ 번

조선 전기 5군영은 국민 개병제에 따른 의무병으로 채워졌다. 하지만 임진왜란을 거치면서 등장한 훈련도감은 급료를 받는 직업군인이었고, 금위영 등에도 급료를 받는 군인이 늘어났다. 그러자 군역을 부과하는 것보다, 군포를 징수하여 군영 경비를 마련하는 경우가 확대되었다. 군포 부담이 커져 양인의 생활이 어려워지자, 1750년 영조는 균역법을 시행해, 1년 2필이던 군포를 1년 1필로 낮추었다. 줄어든 세입을 보충하기 위해 지주에게 1결당 미곡 2두를 거두는 결작과, 일부 부유한 평민을 선무군관에 임명하고 군포 1필을 받았다. 또한 어장세, 선박세 등 잡세 수입을 늘려 국가 재정을 보충했다.

ㄱ. 1898년 대한제국 광무개혁으로 양전 사업을 실시해, 지계를 발급했다.
ㄴ, ㄷ. 균역법 시행으로 인한 세수 부족 대책이다.
ㄹ. 1466년 직전법에서 관리에게 지급할 토지 부족을 해결하고자, 수신전, 휼양전 등 세습 토지를 폐지했다.
따라서 정답은 ③ ㄴ, ㄷ 이다.

08 정답 ⑤ 번

1750년 영조는 군포를 2필에서 1필로 줄이는 균역법을 시행했다. 줄어든 재정은 지주에게 1결당 미곡 2두를 부담하게 하는 결작을 거두고, 일부 부유한 평민을 선무군관에 임명하고 군포 1필을 받아 보충했다. 또한 어장세, 선박세 등 잡세 수입을 늘려 국가 재정을 보충했다.

① 수신전과 휼양전은 세습이 가능한 토지로 1391년 과전법이 시행된 후, 토지가 부족해진 원인이 되었다. 세조는 1466년 직전법을 실시하여, 수신전, 휼양전을 폐지했다.
② 토지 1결당 12두를 부과한 것은 대동법이다.
③ 1898년 대한제국은 양지아문을 설치해 양전 사업을 실시하고, 1901년 지계아문에서 지계를 발급했다.
④ 1444년 세종은 연분 9등법으로 풍흉에 따라 전세를 부과했다.
⑤ 균역법의 부완 대책으로, 어장세, 염세, 선박세 등 잡세를 국가 재정으로 귀속해 보충했다.

✔ 균역법, 이것만!

· 백성들의 군역 부담을 줄여주기 위해 균역법을 시행하였다.
· 재정 부족을 해결하고자 1년에 1결당 쌀2두 결작미 거두었다.
· 선무군관에게 1년에 1필의 군포를 징수하였다.
· 군포를 2필에서 1필로 줄였다.
· 어염세, 선박세를 균역청에서 관할 징수해 군사비로 충당하였다.
· 지주가 군포 부담의 일부를 떠안게 되었다.

`38-19 시전상인`

09 (가) 상인에 대한 설명으로 옳은 것은? [1점]

이곳은 조선 시대의 상점 터가 확인된 종로 피맛골 발굴 현장입니다. 조선 정부는 이 일대에 행랑을 지어 상가를 조성하고 [(가)]에게 빌려주었습니다. [(가)] 중에는 육의전 상인이 대표적이었습니다.

① 혜상공국을 통해 보호받았다.
② 금난전권이라는 특권을 부여받았다.
③ 전국에 송방이라는 지점을 설치하였다.
④ 책문 후시를 통해 대청 무역을 주도하였다.
⑤ 포구에서 중개·금융·숙박업 등에 주력하였다.

`28-29 전국 상인`

10 (가)~(마) 상인에 대한 설명으로 옳지 않은 것은? [2점]

● 활동근거지

(가) 만상
(나) 유상
(다) 송상
(라) 경강상인
(마) 내상

① (가) - 책문 후시를 통해 대외 무역에 종사하였다.
② (나) - 신해통공 이후에도 금난전권을 행사하였다.
③ (다) - 사개치부법이라는 독자적인 회계법을 창안하였다.
④ (라) - 한강을 중심으로 선박을 이용하여 운송업에 종사하였다.
⑤ (마) - 왜관을 중심으로 대일 무역을 전개하였다.

09 정답 ② 번

육의전 상인을 포함해 종로 일대에서 상업행위를 한 사람들은 시전상인이다. 이들은 어용상인으로, 국가에 필요한 물지를 납품하는 대신, 특정 상품에 대한 독점 판매권을 부여받았다. 이 가운데 규모가 큰 선전, 면포전, 면주전, 지전, 저포전, 포전, 내외어물전 등을 육의전이라 부른다. 시전상인은 허가받지 않은 상인들인 난전의 행위를 금지할 수 있는 금난전권의 특권을 부여받았다. 하지만 1791년 육의전을 제외한 시전의 금난전권을 폐지하는 신해통공으로 인해, 특권이 줄어들면서 칠패, 이현 등지에서 활동하는 사상들과 치열한 경쟁을 해야 했다.

① 1883년 설치된 혜상공국은 개항 후 외국 상인에게 상권을 위협받은 보부상단을 보호하기 위해 설치한 기관이다.
② 시전상인의 대표적 특권이 금난전권이다.
③ 개성에 본거지를 둔 송상의 거점이 송방이다.
④ 책문은 압록강과 청나라 봉황성 사이에 위치한 곳으로, 1660년부터 청나라와 조선 사신이 왕래하는 기회를 이용해, 청나라 상인들과 조선의 만상(의주상인) 등이 거래하던 곳이다. 책문후시에서 대청 무역을 주도한 상인은 만상이다.
⑤ 객주는 다른 상인의 물건을 위탁받아 팔아주거나, 매매를 주선하는 상인이며, 여각은 포구에서 여관업과 금융업, 중개업을 하던 상인들이다.

10 정답 ② 번

조선에는 시전상인 외에도 전국 각지에서 다양한 사상들이 활동했다. 사상의 활동은 도성과 그 주변인 칠패, 이현, 송파, 누원 등에서 활발했지만, 개성지역의 송상, 동래(부산)의 내상, 의주의 만상, 평양의 유상, 그리고 한강변의 경강상인(경상) 등이 있었다.

① 의주의 만상은 청나라와 무역을 통해 성장했다.
② 유상은 평양의 별칭인 유경(柳京)에서 비롯된 이름으로, 서울, 개성 다음가는 상업도시인 평양에서 성장해 청과의 무역과 전국을 상대로 하는 상업 활동을 했다. 육의전은 신해통공 이후에도 금난전권을 행사하였다.
③ 개경의 송상은 인삼을 재배하고 판매하며, 대외무역에도 종사하여 부를 축적했다. 사개치부법은 송상만의 독특한 회계법이다.
④ 경강상인은 조운 업무를 국가를 대신해 담당하면서, 크게 성장했다. 특히 곡물을 매점매석해 이익을 남기기도 했다.
⑤ 1609년 기유약조에 따라, 조선 후기에는 일본상인이 부산포 왜관에만 머물 수 있었다. 동래(부산)의 내상은 일본과 교역을 독점하면서 성장하였다.

36-30 정조 시대 도성 풍경

11 다음 자료가 작성된 시기에 볼 수 있는 모습으로 적절하지 않은 것은? [2점]

> 이현과 종루 그리고 칠패,
> 이는 도성(한양)의 3대 시장이라네.
> 온갖 수공업자가 다 모여 있고 사람들은 분주한데,
> 수많은 화물이 값을 다투며 수레가 줄을 이었네.
> 봉성의 털모자, 연경의 비단실,
> 함경도의 마포, 한산의 모시,
> 쌀, 콩, 기장, 조, 피, 보리 ……
> 어떤 사람은 소에 실은 나무를 사려고 고삐를 끌기도 하고,
> 어떤 사람은 말 이빨을 보고 나이를 알려고 허리에 채찍을 꽂고 있으며,
> 어떤 사람은 눈을 껌뻑이며 말 중개인을 부르기도 하네.
>
> 「성시전도시」

① 이앙법으로 벼농사를 짓는 농민
② 상평통보로 토지를 매매하는 양반
③ 공명첩을 통해 면역의 혜택을 받은 상민
④ 한강을 무대로 운송업에 종사하는 경강상인
⑤ 직전법에 의해 토지의 수조권을 지급받는 관리

11 정답 ⑤ 번

성시전도시(城市全圖詩)는 도성의 모습을 그린 성시전도 그림을 소재로, 1792년 정조의 명을 받은 규장각 문신들이 지은 시다. 박제가, 유득공, 이덕무, 서유구 등이 지은 시에는 18세기 말 도성 풍경이 생생히 묘사되어 있다.

① 이앙법 즉 모내기법은 고려시대부터 시행되었지만, 모를 기를 때 가뭄이 들면 한해 농사를 망치는 단점이 있다. 조선 초기에도 직접 볍씨를 뿌리는 직파법이 권장되었다. 하지만 봄철에 풀을 뽑는 노동력을 절감하고, 이모작을 가능하게 하는 이점이 있어, 농사기술이 발달한 조선 후기에 성행했다.
② 상평통보는 1678년에 발행되어, 대동법 시행과 더불어 널리 유통되었다.
③ 임진왜란 이후 농지가 파괴되고 백성들이 유랑하면서 정부의 재정 수입이 크게 줄어들자, 정부는 재물을 받고 형식상의 관직을 부여한 공명첩을 팔았다. 이를 구입한 상민들은 신분이 양반이 되어, 각종 부역에서 면제될 수 있었다.
④ 경강상인은 조선 후기에 조세곡을 운반하는 운송업으로 크게 성장했다.
⑤ 1466년 세조가 과전법의 문제를 해결하기 위해 현직관리에게만 수조권을 지급하는 직전법을 실시했다.

47-25 조선 후기 양반사회

12 다음 상황이 나타난 시기에 볼 수 있는 모습으로 적절한 것을 〈보기〉에서 고른 것은? [3점]

> 경상도 영덕의 오래되고 유력한 가문은 모두 남인이고, 이른바 신향(新鄕)은 서인이라고 자칭하는 자들입니다. 요즘 서인이 향교를 장악하면서 구향(舊鄕)과 마찰을 빚고 있던 중, 주자의 초상화가 비에 젖자 신향은 자신들이 비난을 받을까봐 책임을 전가시킬 계획을 꾸몄습니다. 그래서 주자의 초상화와 함께 송시열의 초상화도 숨기고 남인이 훔쳐갔다는 말을 퍼뜨렸습니다.

〈보기〉
ㄱ. 염포의 왜관에서 교역하는 상인
ㄴ. 시사(詩社)에서 문예 활동을 하는 역관
ㄷ. 시전의 상행위를 감독하는 경시서의 관리
ㄹ. 장시에서 상평통보로 물건값을 치르는 농민

① ㄱ, ㄴ ② ㄱ, ㄷ ③ ㄴ, ㄷ ④ ㄴ, ㄹ ⑤ ㄷ, ㄹ

12 정답 ④ 번

제시된 예문은 『영조실록』 23년(1747년) 6월 15일 기록으로, 영조가 영남 어사 한광조를 불러 영덕의 옥사 문제가 향전(향촌사회에서 향권을 둘러싸고 전개된 사족간의 다툼)에서 비롯되었는가를 묻자, 대답한 내용이다. 17세기에 활동했던 송시열(1607~1689)의 초상화가 등장한 것으로도 알 수 있듯이, 신향과 구향의 다툼은 조선 후기에 벌어졌다.

ㄱ. 염포(울산) 왜관은 1418년 태종이 일본과 무역을 위해 설치한 것이다. 하지만 1510년 삼포왜란이 발발한 이후, 염포왜관은 다시 설치되지 않았다.
ㄴ. 시사에서 중인인 역관이 활동한 시기는 조선 후기로, 중인들은 시사를 조직해 위항 문학 활동을 하였다.
ㄷ. 시전의 상행위를 감시하는 경시서는 고려시대와 조선 초기에 존재했다. 1466년 평시서로 개칭되었다. 평시서는 1894년 갑오개혁 때 폐지된다.
ㄹ. 상평통보는 1633년 처음 주조되었으나, 유통이 잘 안되다가, 1678년 숙종 때 다시 주조되어 전국적으로 유통된다.
따라서 ④ ㄴ, ㄹ 이 정답이다.

46-24 홍대용 시기 조선 사회

13 밑줄 그은 '시기'에 볼 수 있는 모습으로 적절한 것은? [2점]

한글로 쓰인 을병연행록에 대해 말씀해 주세요.

연행사 일행으로 홍대용이 연경에 갔던 시기에 보고 들은 내용을 기록한 것입니다.

① 제중원에서 치료받는 환자
② 도병마사에서 회의하는 관리
③ 곤여만국전도를 열람하는 학자
④ 당백전을 주조하는 관청 소속 장인
⑤ 벽란도에서 교역하는 아라비아 상인

13 정답 ③ 번

『을병연행록』은 1765년 을유년부터 1766년 병술년까지 청나라를 다녀온 홍대용이 쓴 책이다.
18세기를 비롯한 조선 후기 사회, 경제 상황을 묻는 문제는 30문제 넘게 출제되었다. 18세기 후반 실학이 발전하고, 상업이 발달해가던 시대상황을 보기에서 찾으면 된다.

① 제중원은 1885년에 설립된 최초의 서양식 병원이다. 미국 의료선교사 알렌이 이곳에서 진료를 시작했다.
② 도병마사는 고려시대 국방회의기구로 중추원의 추밀과 중서문하성의 재신이 참석하였다.
③ 곤여만국전도는 1602년 서양 선교사 마테오 리치가 명나라 수도 북경에서 그린 지도로, 조선에서는 1708년 이 지도를 모사하였다. 조선 사람들의 세계관에 영향을 주었다.
④ 당백전은 1866년 흥선대원군이 경복궁 중건 비용을 마련하기 위해 만든 화폐다.
⑤ 벽란도에서 아라비아 상인과 교역하던 나라는 고려다.

14 정답 ④ 번

자료에 등장하는 도고의 폐단이 심해진 시기는 조선 후기다. 도고는 물건을 중간에서 독점하는 상업행태, 또는 상인, 상인조직을 말한다. 1466년 경시서에서 이름을 바꾼 평시서는 시장을 관리하는 기구인 만큼, 물가를 관리했어야 했다.
조선 후기는 상업이 성장하고, 서민문화가 발달하였으며, 신분 질서가 크게 변화하였다.

① 서얼이 청요직 통청운동을 한 것은 조선 후기로, 1851년 신해허통으로 서얼의 관직 진출 제약이 크게 완화되었다.
② 조선 후기에는 한글 소설이 유행했다.
③ 영조는 서명응, 채제공, 서호수, 신경준 등에게 명하여, 동국문헌비고를 편찬하게 하여 1770년에 간행했다.
④ 세종은 1426년 일본과 교역을 위해 부산포, 염포, 제포를 개항했다. 하지만 1510년 삼포왜란과 1512년 임신약조 체결로 염포 왜관은 폐쇄되었다.
⑤ 장시에서 판소리가 행해진 것은, 시장이 발달한 조선 후기의 일이다.

50-28 조선 후기 경제

14 다음 자료의 상황이 나타난 시기에 볼 수 있는 모습으로 적절하지 않은 것은? [2점]

김상철이 말하기를, "도성 백성들의 생계는 점포를 벌여 놓고 사고파는 데 달려 있습니다. 그런데 근래 기강이 엄하지 않아서 어물과 약재 등 온갖 물건의 이익을 중간에서 독점하는 도고(都庫)의 폐단이 한둘이 아닙니다. 대조(大朝)께서 여러 차례 엄하게 다스렸으나, 점차 해이해져 많은 물건의 가격이 폭등한 것은 오로지 이 때문이라고 합니다. 평시서(平市署) 등에서 적발하여 강하게 다스렸다면 어찌 이런 일이 있었겠습니까?"라고 하였다.

① 청요직 통청을 요구하는 서얼
② 한글 소설을 읽고 있는 부녀자
③ 동국문헌비고를 열람하는 관리
④ 염포의 왜관에서 교역하는 상인
⑤ 장시에서 판소리를 구경하는 농민

✔ 조선 후기 경제 상황, 이것만!

- 고추, 인삼, 담배, 면화 등 상품 작물이 재배되었다.
- 국경 지역에서 개시, 후시 무역이 이루어졌다.
- 모내기법 확산으로 벼와 보리 2모작이 성행했다.
- 민간의 광산 개발이 활발해지고, 전문 광산업자 덕대가 출현했다.
- 감자, 고구마 등 구황작물이 재배되었다.
- 지대의 액수를 정해서 납부하는 도조법이 확산되었다.
- 송상, 만상 등이 대청 무역으로 부를 축적하였다.

44-27 일본 은화

15 밑줄 그은 '이 나라에 대한 조선의 정책으로 옳은 것은? [1점]

이것은 <u>이 나라</u>가 조선의 인삼을 수입하기 위해 1710년에 발행한 은화이다. 당시 조선의 인삼은 불로장생의 명약으로 알려져 인기가 많았다. 주로 부산의 초량 왜관에서 이루어진 인삼 교역을 통해 많은 양의 은이 조선으로 유입되었고, 이렇게 확보한 은으로 조선 상인들은 청에서 비단 등을 사들였다.

① 광군을 조직하여 침입에 대비하였다.
② 학문 교류를 위해 만권당을 설립하였다.
③ 하정사, 성절사, 천추사 등을 파견하였다.
④ 기유약조를 체결하여 무역을 재개하였다.
⑤ 사절 왕래를 위해 한성에 북평관을 개설하였다.

32-25 설점수세제

16 다음 자료의 상황이 나타난 시기의 경제 모습으로 옳은 것을 〈보기〉에서 고른 것은? [3점]

금점 5곳 가운데 두 곳의 금맥은 이미 다되어 거의 철폐하기에 이르렀고, 세 곳의 금맥은 넉넉하고 많습니다. …… 총 인원은 일정하지 않아 세금을 걷는 수 역시 그에 따라 늘었다 줄었다 하는데, 가장 왕성하게 점을 설치하였을 때는 하루아침에 받는 세금이 수천여 냥이나 되며, 그 중 7백 냥은 화성부에 상납하고 50여 냥은 점 안의 소임 등의 급료 값으로 제하고, 1천 냥은 차인(差人)이 차지합니다.

— 〈보기〉
ㄱ. 해동통보가 주조되어 유통되었다.
ㄴ. 담배와 면화 등이 상품 작물로 재배되었다.
ㄷ. 시전을 감독하기 위해 경시서가 설치되었다.
ㄹ. 송상이 청과 일본 사이의 중계 무역으로 부를 축적하였다.

① ㄱ, ㄴ   ② ㄱ, ㄷ   ③ ㄴ, ㄷ   ④ ㄴ, ㄹ   ⑤ ㄷ, ㄹ

문제분석

15 정답 ④ 번

부산 초량 왜관에서 교역한 나라는 일본이다. 16세기 중엽 이후, 일본은 은광을 개발하여 한때 세계 2위의 은 생산국이 되었다. 일본은 은을 주고, 조선의 인삼, 면포 등을 구입했다. 조선은 일본에서 받은 은으로 청에서 실크를 구입해 다시 일본에 팔기도 했다.

① 947년 고려가 거란의 침입에 대비해 광군을 조직했다.
② 1314년 충선왕이 원의 수도 연경에 만권당을 설립했다.
③ 조선이 명에 보낸 정기 사신단이다.
④ 기유약조는 조선과 일본이 1609년 체결했다.
⑤ 조선 초기 여진 사절단을 대접하기 위해 세운 것이 북평관이다.

✓ **조선시대 한일관계, 이것만!**

주요 사건	연대	관련 사항
왜관설치	1407	왜관설치, 국교 체결
대마도정벌	1418	이종무가 왜구 근거지 대마도 정벌
계해약조	1433	삼포개항, 무역 허용, 세견선 규제
해동제국기	1471	신숙주가 일본에 다녀와 편찬
삼포왜란	1510	삼포에서 왜인이 난을 일으킴.
을묘왜변	1555	을묘왜변 계기로 비변사 설치
임진왜란	1592~1597	일본의 침략, 의주피난, 공명첩 발행 한산대첩, 행주대첩, 훈련도감 설치
기유약조	1609	일본과 국교, 제한된 무역 재개, 부산포 왜관 설치,
조선통신사	1636~1811	일본 막부가 권위 인정받기 위해 파견요청, 문화 교류의 역할

16 정답 ④ 번

조선시대 광산은 정부가 독점해 관리했다. 하지만 몰래 채굴하는 잠채가 늘어나자, 1651년 정부 감독 하에 광물을 채굴하고 세금을 내도록 하는 설점수세제를 시행하였다. 그러자 광산 소유자로부터 채굴권과 운영권을 얻어 광산을 경영하는 덕대가 등장했다. 덕대는 광산주에게 임대료를 지급하고, 국가에 세금을 바치고 남은 수익을 토대로 자본가로 성장했다. 개발 이익이 높은 금광과 더불어, 중국과 교역에 필요한 은을 채굴하기 위한 은광이 활발히 개발되었다.

ㄱ. 해동통보는 1102년 고려 숙종 때 주조된 화폐다.
ㄴ. 담배와 면화는 조선 후기에 상품 작물로 인기가 높았다.
ㄷ. 시전을 감독하기 위해 11세기 중엽 고려 문종 때 등장한 경시서는 조선까지 지속되어 1466년 평시서로 개칭된다.
ㄹ. 조선 후기 송상은 인삼 교역을 주도하면서, 의주의 만상, 동래의 래상을 연결하며, 청과 일본 사이의 중계 무역을 장악했다.

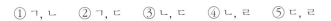

46-30 서원

17 다음 검색창에 들어갈 교육 기관에 대한 설명으로 옳은 것은? [1점]

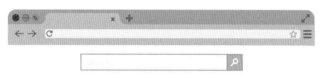

검색결과

풍기 군수 주세붕이 안향을 제사하기 위해 사당을 세운 것이 시초이다. 동아시아에 전파되었던 성리학이 지역화되고 변형되는 독특한 과정을 통합적으로 보여준다는 점 등을 인정받아, 9곳이 2019년에 유네스코 세계유산으로 등재되었다.

관련 이미지

① 전국의 부·목·군현에 하나씩 설립되었다.
② 입학 자격은 생원, 진사를 원칙으로 하였다.
③ 중앙에서 교관인 교수나 훈도가 파견되었다.
④ 유학을 비롯하여 율학, 서학, 산학을 교육하였다.
⑤ 국왕으로부터 편액과 함께 서적 등을 받기도 하였다.

50-26 성균관

18 (가) 교육 기관에 대한 설명으로 옳은 것은? [2점]

그림으로 보는 조선 국왕의 일생

이 그림은 효명세자가 (가) 에 입학하는 의식을 그린 『왕세자입학도첩』 중 「입학도」이다. 효명세자는 이날 궁을 나와 (가) 에 도착하여 먼저 대성전의 공자 신위에 술을 올린 후, 명륜당에 가서 스승에게 교육을 받았다.

① 전문 강좌인 7재가 운영되었다.
② 전국의 부·목·군·현에 하나씩 설립되었다.
③ 중앙에서 교관인 교수나 훈도가 파견되었다.
④ 생원시나 진사시의 합격자에게 입학 자격이 부여되었다.
⑤ 한어(漢語), 왜어(倭語), 여진어 등 외국어 교육을 담당하였다.

---

17 정답 ⑤ 번

1543년 주세붕에 의해 처음 세워졌고, 유네스코 세계문화유산이 된 곳은 서원이다. 서원은 제사와 교육, 여론형성, 향촌 자치기구 등 다양한 기능을 했다. 하지만 서원이 늘어나면서, 당쟁의 근거지, 백성 수탈 등의 폐해가 커지자, 1871년 흥선대원군은 전국에 47개소 서원만 남기고 모두 철폐했다.

① 전국에 설립된 교육기관은 향교다. 서원이 사립학교라면, 향교는 공립학교다.
② 성균관은 원칙적으로 생원, 진사만이 입학할 수 있었다.
③ 교수(종 6품), 훈도(종 9품)가 파견된 교육기관은 향교다.
④ 유학과 율학, 서학, 산학을 가르친 교육기관은 고려시대 국자감이다.
⑤ 주세붕의 백운동서원은 1550년 명종으로부터 소수서원이란 편액을 받아 최초의 사액서원이 되었다.

✔ **서원, 이것만!**

· 유교 윤리 보급, 지방 사림의 정치적 구심적 역할을 하였다.
· 선현에 대한 제사와 양반 자제의 교육을 담당하였다.
· 주세붕에 의해 처음 세워졌다.
· 흥선대원군에 의해 47개소를 제외하고 철폐되었다.
· 국왕으로부터 현판과 함께 노비 등을 받기도 하였다.
· 사원의 가람 배치 양식과 주택 양식을 결합하여 지었다.
· 조직에 가입된 회원 명단은 그대로 청금록에 기재되었다.

18 정답 ④ 번

효명세자의 왕세자입학도첩 중 입학도는 효명세자가 궁을 나와 (가)에서 치러진 의례를 그렸다. (가)는 대성전, 명륜당이 있는 성균관이다. 성균관은 공자를 비롯한 유교성현에게 제사지내는 대성전과, 강학 공간인 대성전, 학생들의 숙소인 동재와 서재, 식당인 진사식당 등으로 이루어져 있다. 조선의 왕세자는 성균관에서 배우지 않고, 동궁에서 세자시강원의 학자들에게 서연을 통해 학업을 배웠다. 하지만 학문을 존중하는 의미에서 성균관에 입학하는 의례를 치러야 했다.

① 고려 예종은 1109년 국자감에 전문 강좌인 7재를 설치 운영했다.
② 전국 부, 목, 군, 현에 하나씩 설립된 교육기관은 조선의 향교다. 도성 안에는 4부 학당을 설립했다. 향교와 4부 학당은 중등교육기관에 해당된다.
③ 중앙에서 교관인 교수나 훈도가 파견된 곳은 향교다.
④ 오늘날 대학에 해당되는 성균관은 원칙적으로 생원시와 진사시 합격자에 한해서 입학 자격이 부여되었다.
⑤ 한어, 왜어, 여진어, 몽골어 등 외국어 교육을 담당한 곳은 사역원이다.

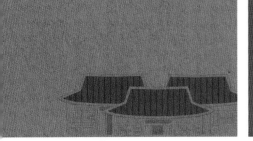

19 (가)에 대한 설명으로 옳은 것을 〈보기〉에서 고른 것은? [2점]

> 하나, 나이가 많고 덕망과 학술을 지닌 1인을 여러 사람들이 도약정(都約正)으로 추대하고, 학문과 덕행을 지닌 2인을 부약정으로 삼는다. [(가)]의 구성원 중에서 교대로 직월(直月)과 사화(司貨)를 맡는다. ……
> 하나, 세 가지 장부를 두어 [(가)]에 가입하기를 원하는 자들, 덕업(德業)이 볼 만한 자들, 과실(過失)이 있는 자들을 각각의 장부에 기록한다. 이를 직월이 맡았다가 매번 모임이 있을 때 약정에게 알려서 각각 그 순위를 매긴다.
>
> 『율곡전서』

〈보기〉
ㄱ. 흥선 대원군에 의해 철폐되었다.
ㄴ. 지방사족이 주요직임을 맡았다.
ㄷ. 대성전을 세워 선현에 제사를 지냈다.
ㄹ. 풍속 교화와 향촌 자치의 역할을 하였다.

① ㄱ, ㄴ   ② ㄱ, ㄷ   ③ ㄴ, ㄷ   ④ ㄴ, ㄹ   ⑤ ㄷ, ㄹ

20 (가)에 대한 설명으로 옳은 것은? [2점]

> ○ 사헌부 대사헌 허응 등이 시무 7조를 올렸다. "……주·부·군·현에 각각 수령이 있는데, 향원(鄕愿) 가운데 일 삼기를 좋아하는 무리들이 [(가)] 을/를 설치하고, 아무 때나 무리지어 모여서 수령을 헐뜯고 사람을 올리고 내치고, 백성들을 꾑박하는 것이 교활한 향리보다 심합니다. 원하건대, 모두 혁거(革去)하여 오랜 폐단을 없애소서."
>
> 『태종실록』
>
> ○ 헌납 김대가 아뢰기를, "백성을 괴롭힘은 향리보다 더한 자가 없는데, 수령도 반드시 다 어질 수는 없습니다. 그래서 백성이 편안하게 살 수 없는데, 비록 경재소가 있더라도 귀와 눈이 미치지 못하는 곳은 규명해 낼 수가 없습니다. …… [(가)]의 법은 매우 훌륭했습니다만 중간에 폐지하여 이러한 큰 폐단이 생겼으니, 다시 세우는 것이 어떻겠습니까?"라고 하였다.
>
> 『성종실록』

① 좌수와 별감을 선발하여 운영되었다.
② 대성전을 세워 선현에 제사를 지냈다.
③ 옥당이라고 불리며 경연을 담당하였다.
④ 농민들로 구성된 공동 노동의 작업 공동체였다.
⑤ 매향(埋香) 활동 등 각종 불교 행사를 주관하였다.

🔍 **문제분석**

19 정답 ④ 번

향약은 조광조가 1517년 처음 시행한 후, 이황, 이이 등에 의해 전국적으로 확산되었다. 향약은 덕업상권, 과실상규, 예속상교, 환난상휼 4대 덕목을 바탕으로 규약을 정하고, 이를 바탕으로 향촌민의 풍속을 교화하고, 향촌 자치의 기능까지 담당했다. 향약 운영을 담당한 간부인 약정, 직월은 사림 중에 임명했다. 향약은 서원과 마찬가지로 지방 사림의 지위를 강화시켰지만, 이들이 농민을 수탈하는 배경이 되는 부작용도 있었다.

ㄱ. 흥선 대원군은 47개 서원을 빼고, 철폐하였다.
ㄴ. 향약의 주요직임은 지방사족이 맡았다.
ㄷ. 성균관에는 제사공간인 대성전이 있다.
ㄹ. 풍속 교화와 향촌 자치의 역할을 한 것은 향약이다.

따라서 ④ ㄴ, ㄹ이 정답이다.

✔ **향약, 이것만!**
• 풍속 교화와 향촌 자치의 기능이 있었다.
• 지방의 사족이 주로 직임에 임명되었다.
• 지방 사림들의 농민 지배 강화에 기여하였다.
• 4대 덕목을 바탕으로 규약을 제정하였다.
• 중종 때 조광조가 처음 시행한 후, 전국으로 확대되었다.
• 조광조, 이이, 이황 등에 의해 널리 보급되었다.
• 지방 유력자가 농민을 수탈하는 부작용을 초래하기도 했다.

20 정답 ① 번

유향소는 지방 양반들이 지역의 풍기를 단속하고 향리의 악폐를 막는 민간 자치 기구이자, 수령을 보좌하는 자문기관이다. 고려의 사심관에서 유래된 유향소는 지방 수령과 대립하는 경우가 많아지자, 정부는 유향소를 감독하는 경재소를 강화하고, 유향소가 수령의 비행 여부를 논할 수 없게 했다. 유향소는 향임, 향정, 좌수, 별감 등의 간부를 두었고, 향회, 향규, 향안을 두고 운영되었다. 태종, 세조 때 잠시 혁파되었다가, 성종 때 부활되어 수령을 보좌하는 역할을 했다.

① 좌수, 별감은 유향소의 임원이다.
② 성균관에는 제사 공간인 대성전과, 강학 공간인 명륜당이 있다.
③ 왕의 학술자문기관인 홍문관은 옥당으로 불렸다.
④ 두레는 통솔자인 행수, 보좌격인 도감, 작업 진행을 지휘하는 수총각 등을 갖춘 자발적인 농민 조직이다. 모내기, 김매기 등을 함께 작업을 했고, 농악 등 연희도 함께 했다.
⑤ 매향 활동 등 각종 불교행사를 주관한 것은 고려시대 촌락조직인 향도다.

42-21 수령과 향리

21 (가), (나)에 대한 설명으로 옳은 것은? [2점]

나는 8도의 부·목·군·현에 파견되는 [(가)] 입니다. 경국대전에 의하면 임기는 1,800일이고, 원칙적으로 상피제의 적용을 받고 있습니다.

나는 지방 관아에서 행정 실무를 담당하는 [(나)] 입니다. 고려 때와는 달리 요즘은 외역전도 지급받지 못하고 직무를 수행하고 있습니다. 우리들의 수장을 호장이리고도 부릅니다.

① (가) - 단안(壇案)이라는 명부에 등재되었다.
② (가) - 지방의 행정 사법 군사권을 행사하였다.
③ (나) - 감사, 도백으로도 불렸다.
④ (나) - 장례원(掌隷院)을 통해 국가의 관리를 받았다.
⑤ (가), (나) - 잡과를 통해 선발되었다.

45-22 중인

22 (가) 신분에 대한 설명으로 옳은 것은? [1점]

변승업은 사역원 소속의 일본어 역관으로 큰 부자가 된 인물이야.

허생전에 나오는 변 부자는 조선 시대 역관 변승업의 할아버지를 모델로 하고 있다고 해.

변승업과 같은 역관들이 속한 신분을 [(가)] (이)라고 하는데, 여기에는 의관, 천문관, 율관 등도 포함되어 있었어.

① 소속 관청에 신공(身貢)을 바쳤다.
② 매매, 상속, 증여의 대상이 되었다.
③ 원칙적으로 과거에 응시할 수 없었다.
④ 장례원(掌隷院)을 통해 국가의 관리를 받았다.
⑤ 조선 후기 시사(詩社)를 조직해 위항 문학 활동을 하였다.

---

21 정답 ② 번

(가)는 복장만으로도 수령임을 알 수가 있다. 부, 목, 군, 현에 파견되는 종2품 부윤부터 대도호부사, 목사, 도호부사, 군수, 현령, 종 6품 현감 모두를 수령이라고 한다. (나)는 지방관아에서 행정 실무를 담당하는 향리다. 향리는 조선시대 중인 계층에 해당된다. 조선시대 향리는 과거 응시 자격이 대폭 제한되었고, 녹봉도 없고, 외역전도 지급받지 못했으며, 유향소로부터 철저한 규찰을 받았다.

① 단안은 향리들의 명부다.
② 수령은 지방의 행정, 사법은 물론 군사권도 행사했다. 수령이 막강한 권한을 가졌기 때문에, 임기를 제한했다. 또 출신지에 부임하지 못하게 하는 상피제를 적용하였고, 관찰사와 암행어사로 하여금 이들을 감독하게 했다.
③ 감사, 도백으로 불린 사람들은 전국 8도의 관찰사다.
④ 장례원을 통해 관리를 받은 자들은 노비들이다.
⑤ 잡과는 역관, 의관, 율관, 산관 등을 뽑는 시험이다.

✓ **수령, 향리, 이것만!**

· 국왕의 대리인으로 전국의 모든 군현에 파견되었다.
· 국왕의 대리인으로 행정·사법·군사권을 행사하였다.
· 수령을 보좌하며 지방 행정의 실무를 담당하였다.
· 토착 세력으로 단안이라는 명부에 등재되었다.
· 호장, 기관, 장교, 통인 등으로 분류되었다.
· 군역을 부담하지 않지만, 유사시에는 잡색군에 편제되었다.
· 연조귀감은 1777년 이진흥이 쓴 향리역사서다.

22 정답 ⑤ 번

역관 변승업과 같은 이들을 중인이라고 한다. 중인은 잡과에 합격한 기술관인 역관, 의관, 율관, 산관 등을 의미하기도 하고, 넓은 의미로 녹사, 서리 등의 중앙관청에서 행정실무를 담당하는 경아전과 지방의 향리, 서얼을 포함하기도 한다. 양반에게 차별받은 이들은 1851년에는 관직 진출 제한을 없애달라는 소청 운동을 전개하기도 했다. 중인은 3회 출제되었지만, 최근 40회와 45회 출제되어, 점차 출제비중이 높아지고 있다.

① 공노비는 소속 관청에 신공을 바쳤다.
② 노비는 매매, 상속, 증여의 대상이었다.
③ 과거는 원칙적으로 천민이 아니면 응시할 수 있었다.
④ 공노비는 장례원을 통해 국가의 관리를 받았다.
⑤ 조선 후기 한성부를 중심으로 기술직 중인과, 경아전, 평민에 의해 이루어진 문학이 위항문학이다. 이들은 시를 짓는 시회를 조직해, 『소대풍요』, 『풍요속선』, 『풍요삼선』 등의 시집을 출간하며, 자신들의 정서와 생활 감정을 표현했다.

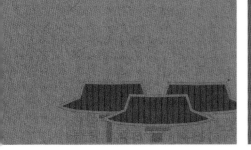

35-31 서얼

23 (가)에 대한 설명으로 옳은 것을 〈보기〉에서 고른 것은? [1점]

> 지난 을축년 영중추부사 이원익이 정승으로 있을 때에, ……
> (가)의 관직 진출을 허용하도록 정하였습니다. 양첩 소생은
> 손자 대에 가서 허용하고, 천첩 소생은 증손 대에 가서 허용하며,
> 과거에 급제한 뒤에는 요직은 허용하되 청직은 허용하지 않는 것
> 으로 임금님의 재가를 받았습니다. …… 지금부터는 전교하신 대
> 로 재능에 따라 의망(擬望)* 하는 것이 어떻겠습니까?
> ※ 의망: 관직 후보자를 추천하는 것

〈보기〉
ㄱ. 화척, 양수척 등으로 불렸다.
ㄴ. 수차례 통청 운동을 전개하였다.
ㄷ. 규장각 검서관에 등용되기도 하였다.
ㄹ. 차별 철폐를 위해 조선 형평사를 조직하였다.
---

① ㄱ, ㄴ　　② ㄱ, ㄷ　　③ ㄴ, ㄷ　　④ ㄴ, ㄹ　　⑤ ㄷ, ㄹ

34-30 백정

24 (가)에 대한 설명으로 옳은 것은? [1점]

> (가)
> 고려시대의 재인(才人)과 화척(禾尺)을 조선 초기에 하나로 합쳐서 부
> 른 이름이다. 고려시대의 재인과 화척은 유랑생활을 하던 존재로 천인
> 취급을 받았다. 세종 때에는 천하게 여겨지던 재인이나 화척 대신 고
> 려시대 일반 백성을 일컬었던 (가) 이라는 이름을 붙였다.

① 매매, 상속, 증여의 대상이 되었다.
② 장례원을 통해 국가의 관리를 받았다.
③ 사신을 수행하면서 통역을 담당하였다.
④ 일제 강점기에 형평 운동을 전개하였다.
⑤ 청요직 진출을 요구하는 상소를 집단으로 올렸다.

🔍 **문제분석**

23 정답 ③ 번

천첩 소생이란 용어를 통해 (가)가 서얼임을 알 수 있다. 서얼은 양반의 자손 가운데 양인 첩의 자손인 서와, 천인 첩의 자손인 얼을 합친 말로, 중인과 같은 대우를 받았다. 제사나 재산 상속에서 차별을 받았고, 관직 진출에 차별을 받았다. 임진왜란 이후, 정부가 납속책을 실시하고 공명첩을 발행하자, 서얼들이 이를 이용해 관직에 진출하는 경우가 많아졌다. 이들은 서얼통청운동을 전개하여, 홍문관 등 청직(청요직) 진출을 요구하기도 했다. 정조는 1777년 서얼허통절목을 발표하고, 유득공, 이덕무, 박제가 등을 규장각 검서관에 등용하기도 했다. 1851년 신해허통으로, 서얼의 청직 진출이 가능해졌다. 서얼은 다른 천민과 구별, 신분해방을 위한 통청운동, 차별의 내용 등 7문제가 출제되었다.

ㄱ, ㄹ. 백정, ㄴ, ㄷ. 서얼에 대한 설명이다.

✔ **서얼, 이것만!**
• 서얼이 통청 운동을 전개하였다.
• 정조 때 규장각 검서관에 등용되기도 했다.
• 성리학적 명분론, 가족윤리에 의해 차별받았다.
• 청요직 진출을 요구하는 상소를 집단으로 올렸다.
• 임진왜란 이후 차별이 완화되기 시작하였다.
• 1858년 유림단체 달서정사가 펴낸 『규사』는 서얼의 역사책이다.

24 정답 ④ 번

고려시대에 재인, 화척으로 불리던 사람들은 조선시대 백정이라고 불렸다. 조선의 백정은 천민 가운데 가장 천한 대접을 받았다. 고려시대 화척은 짐승을 잡는 자, 재인은 기예를 가진 자, 거란족이나 여진족 귀화한 자들이다. 배척당한 이들은 자신들만의 마을에서 가축 도살, 가죽신 만들기, 유기그릇 제조 등의 일을 하며 살았다. 1894년 갑오개혁으로 신분 제도가 폐지되었지만, 이들에 대한 사회적 차별은 여전했다. 백정 문제는 형평 운동과 관련해 6문제가 출제되었다.

①, ② 노비에 대한 설명이며, 백정은 호적에도 등록되지 않았으므로, 매매되거나 증여 대상도 되지 못했다.
③ 통역을 담당한 것은 중인인 역관이다.
④ 1923년 진주에서 백정들이 조선 형평사를 조직하고, 사회적 차별을 철폐하는 형평운동을 전개했다.
⑤ 서얼은 청요직 진출을 요구하는 서얼통청운동을 했다.

✔ **백정, 이것만!**
• 차별 철폐를 위한 조선 형평사를 조직하고 형평운동을 전개했다.
• 고려시대에는 화척이라 불렸다.
• 본래 백정은 고려에서는 직역이 없는 양인 농민의 호칭이다.

30-19 조선 초기 화가 안견

01 (가)에 들어갈 그림으로 옳은 것은? [1점]

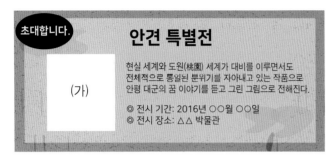

초대합니다.

안견 특별전

현실 세계와 도원(桃園) 세계가 대비를 이루면서도 전체적으로 통일된 분위기를 자아내고 있는 작품으로 안평 대군의 꿈 이야기를 듣고 그린 그림으로 전해진다.

◎ 전시 기간: 2016년 ○○월 ○○일
◎ 전시 장소: △△ 박물관

① 　② 　③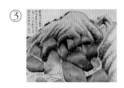

④ 　⑤

40-22 겸재 정선

02 (가)에 들어갈 그림으로 옳은 것은? [1점]

특별전시

겸재 특별전

우리 미술관에서는 우리나라 산천의 아름다움을 사실적으로 그려낸 겸재의 그림을 만날 수 있는 특별전을 마련했습니다.

(가)

◎ 전시 기간: 2016년 ○○월 ○○일　◎ 전시 장소: △△ 미술관

① 　②

③ 　④

⑤

🔍 **문제분석**

01 정답 ⑤ 번

안견(?~?)은 조선 초기를 대표하는 화가다. 그의 대표작인 몽유도원도는 1447년에 안평대군의 꿈 이야기를 듣고 그린 그림으로, 이상세계인 복사꽃이 만발한 아름다운 세계를 위에서 내려다보듯이 그린 그림이다. 현재 일본 덴리대학이 소장하고 있다.

조선 회화와 화가 문제는 23문제가 출제되었다. 6문제는 그림을 통해 본 사회상을 묻는 문제이고, 17문제는 화가와 작품을 묻는 문제다. 안견은 4회 출제되었고, 그의 대표작인 몽유도원도는 6회 문항으로 등장했다. 김홍도, 신윤복, 정선, 김정희, 안견, 강세황, 김득신의 그림이 주로 출제된다.

① 정선(1676~1759)의 금강전도로, 진경산수화의 대표작이다.
② 문인화가 강희안(1417~1464)의 고사관수도로, 조선 전기를 대표하는 그림의 하나다.
③ 김홍도의 스승인 문인화가 강세황(1713~1791)의 영통동구도로, 음영법, 원근법 등 서양화 기법을 반영한 작품이다. 그가 송도(개성)지방을 여행하며 그린 송도기행첩 중 한 점이다.
④ 여항문인이자 화가인 전기(1825~1854)의 매화초옥도이다.
⑤ 안견의 몽유도원도이다.

02 정답 ① 번

겸재 정선(1676~1759)은 조선 고유의 자연과 풍속에 맞춘 새로운 화법인 진경산수화를 개척한 화가다. 겸재 정선, 단원 김홍도, 추사 김정희, 혜원 신윤복 등은 그의 호와 이름을 함께 알아야 한다.

보기에 등장하는 그림은 보물 873호인 육상묘도와, 국보 217호인 금강전도다. 육상묘도는 서울 궁정동에 있는 숙빈묘(영조의 어머니)와, 백악산을 그린 그림이다. 정선의 또 다른 대표작인 국보 216호 인왕제색도는 그가 도성 안에 살면서 직접 인왕산을 보고 그린 것이다.

정선은 4회 출제되었고, 그의 작품인 인왕제색도 8회, 금강전도 7회를 비롯해, 유연견남산, 도산서원 그림도 출제되었다.

① 정선, 인왕제색도
② 강세황, 영통동구도
③ 안견, 몽유도원도
④ 김정희(1786~1856), 세한도
⑤ 강희안, 고사관수도

✏️ MEMO

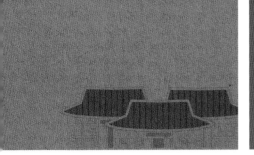

03 다음 특별전에 전시될 그림으로 가장 적절한 것은? [1점]

기획전시

단원 특별전

우리 미술관에서는 풍속화, 산수화, 기록화, 초상화 등 다양한 분야에서
뛰어난 작품을 남긴 단원의 예술 세계를 만날 수 있는 특별전을 마련하였습니다.

옥순봉도　　　　자화상

◎ 전시 기간: 2019년 ○○월 ○○일 ~ ○○월 ○○일　　◎ 전시 장소: △△ 미술관

① 　② 　③

④ 　⑤

04 (가)에 해당하는 작품으로 옳은 것은? [2점]

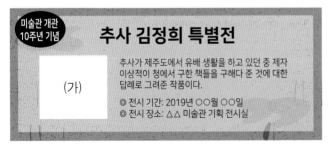

미술관 개관
10주년 기념

추사 김정희 특별전

(가)

추사가 제주도에서 유배 생활을 하고 있던 중 제자
이상적이 청에서 구한 책들을 구해다 준 것에 대한
답례로 그려준 작품이다.

◎ 전시 기간: 2019년 ○○월 ○○일
◎ 전시 장소: △△ 미술관 기획 전시실

① 　② 　③

④ 　⑤

🔍 문제분석

03 정답 ③ 번

단원 김홍도(1745~?)는 조선을 대표하는 화가로, 그의 작품은 풍속화, 기록화, 산수화, 신선도 등 다양하다. 특히 그의 풍속화에 나타난 사람들의 모습은 18세기 말 영·정조 시대의 사회상을 보여주는 그림으로도 가치가 높다.
김홍도는 5회 출제되었는데, 그의 그림을 통해 본 사회상이 3회 출제되었다. 그의 무동, 대장간, 씨름, 군선도 등 11개 그림이 24회 문항으로 출제되었다. 가장 빈번히 출제되는 화가이므로, 관심을 갖고 그의 그림을 보아야 한다.

① 김득신(1754~1822)의 '파적도' 또는 '야묘도추'라 불리는 그림으로, 해학성이 높은 그림이다.
② 신사임당(1504~1551)의 초충도로, 16세기 작품이다.
③ 김홍도의 벼타작으로, 일하는 소작농과 놀고 있는 양반 지주의 모습을 대비시키고 있다.
④ 정선의 인왕제색도
⑤ 김정희의 세한도

04 정답 ⑤ 번

추사 김정희(1786~1856)는 추사체로 유명한 문인, 실학자이고, 세한도로 유명한 화가이며, 북한산 진흥왕 순수비를 밝혀낸 금석학의 대가이기도 하다. 세한도는 그가 제주도에서 유배생활을 할 때 자신의 지조를 나타낸 그림으로, 국보 180호로 지정된 걸작이다. 진경산수화의 화풍을 계승하였다.
김정희는 4회 출제되었고, 그의 세한도는 문항에 8회 등장했다. 그의 작품 중에서 난초를 그린 불이선란도도 출제되었다.

① 신사임당, 초충도
② 김홍도, 총석정도
③ 강세황, 영통동구도
④ 정선, 인왕제색도
⑤ 김정희, 세한도

✓ 추사 김정희, 이것만!

• 조선 후기의 대표적 문인화인 세한도를 그렸다.
• 금석과안록에서 북한산비가 진흥왕 순수비임을 고증하였다.
• 굳센 기운과 다양한 조형성을 가진 추사체를 완성했다.
• 옹방강, 완원 등의 청나라 학자들과 교유하였다.

✏ MEMO

....

....

....

....

50-18 선농단

05 (가)~(마)에 대한 탐구 활동으로 적절하지 않은 것은? [3점]

답사계획서

○ 주제: 조선왕의 자취를 찾아 길을 걷다
○ 기간: 2020년 ○○월 ○○일~○○일
○ 답사 지역 및 일정

[1일차] (가) 경복궁 → (나) 종묘 ➡ [2일차] (다) 남한산성 → (라) 수원 화성

➡ [3일차] (마) 영릉 → 신륵사

① (가)-조선 건국 이후 한양으로 천도한 과정을 조사한다.
② (나)-국왕이 신농, 후직에게 풍년을 기원하던 의례를 검색한다.
③ (다)-인조가 피신하여 청과 항전을 벌인 과정을 살펴본다.
④ (라)-장용영 외영의 창설 배경을 알아본다.
⑤ (마)-훈민정음을 창제한 목적을 파악한다.

48-18 경복궁

06 (가)에 대한 설명으로 옳지 않은 것은? [2점]

조선의 법궁, ____(가)____

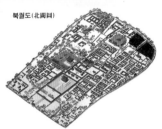

북궐도(北闕圖)

○ 종목: 사적 제117호
○ 소개
 이곳은 '군자가 만년토록 큰 복을 누린다.'라는 뜻을 지닌 궁궐입니다. 궁궐 안에는 국왕의 정무 공간과 왕실의 생활 공간 등이 조성되어 있습니다.
○ 주요 관람 코스: 광화문 → 근정전 → 사정전 → 강녕전과 교태전 → 향원정 → 건청궁 → 경회루

① 고종이 아관파천 이후 환궁한 곳이다.
② 태조 때 한양으로 천도하면서 창건되었다.
③ 조선 물산 공진회 개최 장소로도 이용되었다.
④ 명성 황후가 일본 낭인들에 의해 시해된 장소이다.
⑤ 일제에 의해 궁궐 안에 조선 총독부 건물이 세워졌다.

05 정답 ② 번

경복궁은 조선의 법궁이고, 종묘는 조선의 역대 왕들의 신주를 모신 제사공간이며, 남한산성은 비상시 왕이 피신할 수 있는 성이며, 수원화성은 정조가 새로운 도시와 함께 축성한 도시이며, 영릉은 세종의 무덤이다. 신륵사는 영릉의 원찰로, 세종의 명복을 빌기 위해 지정되어, 성종 때 대규모로 중창되었다.

① (가) 경복궁은 1394년 조선 건국 2년 후에 개경에서 한양으로 천도하면서 만들어진 궁궐이다.
② (나) 국왕이 신농, 후직에게 풍년을 기원하던 의례는 종묘가 아니라, 선농단에서 행해졌다. 선농단은 서울 동대문구 제기동에 위치하고 있다. 농업을 중시한 조선에서는 왕이 선농단에서 제사를 올린 후, 선농단 동남쪽에 마련된 밭에서 친히 밭을 가는 친경의례를 행했다.
③ 1636년 12월 병자호란이 발발하자, 인조는 남한산성으로 피신하여 청군에 항전을 했으나, 다음해 1월 삼전도로 나와 청 황제에게 굴욕적인 항복의식을 거행하고 만다.
④ 정조는 1796년 수원화성을 준공하고, 왕의 근위대인 장용영 외영을 수원화성에서 설치한다.
⑤ 영릉에 묻힌 세종은 1443년 훈민정음을 창제한다.

06 정답 ① 번

조선의 법궁 경복궁에 대한 설명이다. 경복궁은 1395년에 완성되어 사용되었다가, 1592년 임진왜란 때에 불타, 조선 후기에는 거의 사용하지 않았다. 1867년 흥선대원군이 중건을 하면서 다시 법궁의 위상을 되찾았다.

① 고종이 아관파천 이후 1897년 2월 20일 환궁한 곳은 경운궁으로 지금의 덕수궁이다. 고종이 1896년 2월 11일 아관파천을 단행한 것은 1895년 을미사변이 일어나는 등, 경복궁이 사실상 일본인의 손아귀에 있었기 때문이었다.
② 경복궁은 1394년 태조가 한양으로 천도하면서 창건되기 시작해, 1395년에 완공되었다.
③ 1915년 9월 일본은 조선 물산 공진회를 경복궁에서 개최했다. 이 과정에서 많은 전각이 사라지며, 경복궁이 크게 훼손되었다.
④ 1895년 10월 8일 을미사변 때 명성황후가 시해된 장소는 경복궁 내 건청궁이었다.
⑤ 일제는 1918년 근정전 앞 흥화문 등을 헐고, 그 자리에 조선총독부 건물을 착공하여, 1926년에 완성했다. 조선총독부 건물은 1995년~1996년에 철거되었다.

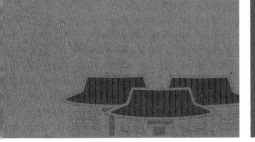

07 (가) 문화유산에 대한 설명으로 옳은 것은? [1점]

유네스코 세계유산, ⎡ (가) ⎤

○ 종목: 사적 제125호
○ 소개
  태조 이성계가 왕실의 정통성을 확립하고 효를 실천하기 위해 한양으로 천도하면서 가장 먼저 짓기 시작한 공간이다. 건축물들은 임진왜란 때 소실되어 1608년에 중건되었다. 정전은 국보 제227호, 영녕전은 보물 제821호로 지정되었다. 1995년 유네스코 세계유산에 등재되었다.

○ 안내도
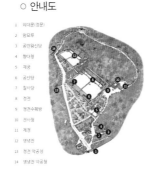

1 외대문(정문)
2 망묘루
3 공민왕신당
4 향대청
5 재궁
6 궁신단
7 칠사당
8 전전
9 정전수복방
10 전사청
11 제정
12 영녕전
13 영녕전 악공청
14 영녕전 악공청

○ 주요 관람 코스: 향대청 → 재궁 → 전사청 → 정전 → 영녕전

① 역대 국왕과 왕비의 신주가 모셔져 있다.
② 공자와 여러 성현들의 위패를 모셔 놓았다.
③ 신농씨와 후직씨에게 풍년을 기원하는 곳이다.
④ 토지와 곡식의 신에게 제사를 지내는 공간이다.
⑤ 일제에 의해 경내에 조선 총독부 청사가 세워졌다.

08 (가)에 들어갈 문화유산으로 옳은 것은? [2점]

국보 제55호인 ⎡(가)⎤ 은 현존하는 유일의 조선 시대 목탑으로 임진왜란 때 불타 없어졌는데, 인조 때 다시 조성된 것입니다.

①  ②  ③

마곡사 대웅보전   금산사 미륵전   화엄사 각황전

④  ⑤

무량사 극락전   법주사 팔상전

07 정답 ① 번

종묘는 태조가 한양으로 천도한 1394년 가장 먼저 짓기 시작한 건물이다. 조선시대 왕권의 정통성이 역대 선왕을 계승하였다는 것에서 비롯된 만큼, 선왕들의 신주를 모시고, 제사지내는 종묘 의례가 모든 의례 가운데 가장 중요했다.
종묘 정전은 역대 왕과 왕비의 신주를 모신 곳이며, 영녕전은 정식 왕이 되지 못하고 추존된 분 등을 모셨다. 전사청은 제사 음식을 준비하는 곳이며, 재궁은 왕이 제사를 준비하는 곳이다. 향대청은 종묘에 사용하는 제기를 보관하고, 제향에 참여하는 헌관들이 대기하는 곳이다. 종묘는 조선을 대표하는 문화재로, 세계문화유산에 등재되었다.

① 종묘에는 역대 국왕과 왕비의 신주가 정전에 49위, 영녕전에 32위가 모셔져 있다.
② 문묘에 대한 설명이다. 조선시대에는 종묘, 사직 제사 다음으로 문묘 제사를 중요시했다.
③ 신농씨와 후직씨에게 풍년을 기원하는 곳은 선농단이다.
④ 토지신과 곡식의 신에게 제사지낸 곳은 사직단이다.
⑤ 1926년 일제에 의해 경복궁 경내에 조선총독부 청사가 들어섰다.

✓ **종묘, 이것만!**
• 종묘는 국왕이 역대 임금들에 대한 제사를 지내는 장소였다.
• 역대 국왕과 왕비의 신주가 모셔져 있다.
• 정궁인 경복궁 좌우에 종묘와 사직을 배치하였다.
• 세계적으로 보기 드문 건축 양식을 지닌 의례 공간이다.

08 정답 ⑤ 번

국보 55호 법주사 팔상전은 유일의 조선시대 5층 목탑이다. 임진왜란 때에 불탄 후, 1605년에 다시 조성되었다. 건물 안에 석가모니의 일상을 8폭의 그림으로 그린 팔상도를 간직하고 있어 팔상전이라 한다. 법주사는 국보 5호 쌍사자석등, 국보 64호 법주사 석련지를 비롯한 많은 문화재를 가진 사찰이다. 법주사 팔상전은 문제로 3회, 문항으로 17회 출제될 만큼, 조선시대 불교 건축물 가운데 가장 출제빈도가 높다.

① 공주 마곡사 대웅보전은 1651년에 중건된 2층 건물로, 보물 801호로 지정되어 있다.
② 김제 금산사 미륵전은 1635년에 만들어진 3층 건물로 국보 62호다. 금산사는 후백제 견훤이 935년 아들 신검에 의해 유폐된 곳이기도 하다.
③ 구례 화엄사 각황전은 1702년에 건립되었으며, 국보 67호다.
④ 부여 무량사 극락전은 조선 중기에 건립되었고, 보물 356호다.
⑤ 법주사 팔상전은 조선 유일의 5층 목탑이다.

32-26 조선의 지도

09 다음 설명에 해당하는 지도로 옳은 것은? [2점]

현재 남아 있는 동양 최고(最古)의 세계 지도로 1402년 김사형, 이무가 발의하고 이회가 실무를 맡아 제작하였다. 원의 세계 지도를 참고하였지만, 한반도와 일본 부분이 지나치게 소략해 한반도 지도와 일본 지도를 보강하여 제작하였다. 이 지도에는 아시아·유럽·아프리카 대륙과 주요 도시가 표시되어 있다.

①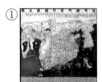
혼일강리역대국도지도

②
지구전도

③
천하도

④
여지전도

⑤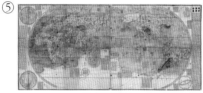
곤여만국전도

49-27 청화백자

10 (가)에 들어갈 문화유산으로 옳은 것은? [1점]

문화유산소개하기

(가)

국보 제258호인 이 자기는 회회청 또는 토청 등의 코발트 안료를 사용하여 만들어진 것입니다. 이러한 종류의 자기는 조선 전기부터 생산되었고, 후기에 널리 보급되었습니다.

①

②

③

④

⑤

09 정답 ① 번

동양 최고의 세계지도는 혼일강리역대국도지도이다. 이 지도는 현재 일본 류코쿠 대학에 소장되어 있다. 아라비아 지도의 영향을 받은 성교광피도와, 혼일강리도 등 중국에서 제작된 지도와 조선의 지리정보가 결합해 그린 지도다.

① 혼일강리역대국도지도에 유럽, 아프리카 등이 그려있다.
② 지구전도는 1800년 청나라 장정부가 제작한 지구전후도를 1834년 최한기가 간행했다. 판각은 김정호가 담당했다. 지구전후도 가운데 구대륙을 그린 지구전도다. 아메리카 부분은 지구후도다.
③ 천하도는 조선 중기 이후 유행한 지도다. 상상적 세계관이 반영된 원형 지도 가운데 중국과 조선이 있다. 주변은 고대 중국의 세계관이 반영된 지명을 적어 넣었다. 조선의 소중화 관념이 반영된 지도다.
④ 여지전도는 19세기 초에 제작된 지도로, 아메리카를 제외한 구대륙을 그린 지도로, 외국 정보를 토대로 조선 후기에 자료를 수집해 편집한 지도다.
⑤ 1602년 서양 선교사 마테오 리치가 명나라 수도 북경에서 곤여만국전도를 제작했다. 1708년 조선에서 이 지도를 모사하였다. 조선 사람들의 세계관에 영향을 준 지도다.

✓ 혼일강리역대국도지도, 이것만!
• 현존하는 동양 최고(最古)의 세계 지도로 일본에 남아있다.
• 1402년 이회, 이무, 김사형 등이 왕명으로 제작하였다.
• 지도 서남쪽에 아프리카, 동쪽의 한반도 밑에 일본을 그렸다.

10 정답 ④ 번

10~11세기 순청자를 시작으로 12세기 중엽 이후 상감청자, 14세기 원 간섭기에 청자가 쇠퇴하고 분청사기가 등장해, 조선 전기까지 유행했다. 16세기 후반에는 철화백자, 17세기에는 순백자, 18~19세기에는 청화백자가 유행했다. 청화백자는 코발트 안료를 사용해 만들어진 것으로, 조선 전기부터 생산되었지만, 후기에 널리 보급된다.

① 보물 1456호 분청사기박지태극문편병으로 15세기 작품이다.
② 국보 92호 청동은입사포류수금문정병으로 은입사기법으로 제작된 금속공예품이다.
③ 국보 68호 청자상감운학문매병은 13세기 작품이다.
④ 국보 258호 백자청화죽문 각병으로, 18세기 전반기 작품으로, 대표적인 청화 백자병으로 손꼽힌다.
⑤ 국보 94호 청자참외모양병으로, 고려 비색청자(순수청자)의 대표작으로 12세기 작품이다.

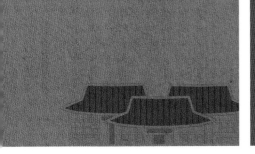

11 다음 자료의 상황이 나타난 시기에 볼 수 있는 모습으로 적절하지 않은 것은? [2점]

> 전기수(傳奇叟)가 동대문 밖에 살고 있었다. 한글로 된 소설을 잘 읽었는데, 「숙향전」, 「소대성전」, 「심청전」, 「설인귀전」 같은 것들이었다. ······ 전기수의 책을 읽는 솜씨가 뛰어나서 주위에 많은 사람들이 모였다. 그가 읽다가 아주 긴요하여 꼭 들어야 할 대목에 이르러 갑자기 읽기를 그치면 사람들은 그 다음 대목을 듣고 싶어서 앞 다투어 돈을 던져 주었다. 이것이 이른바 요전법(邀錢法)다.
>
> 『추재집』
>
> ※ 전기수(傳奇叟): 이야기 책을 전문적으로 읽어 주던 사람

① 벽란도에서 무역을 하는 송의 상인
② 관청에 필요한 물품을 납부하는 공인
③ 담배 등의 상품 작물을 재배하는 농민
④ 물주의 자금으로 광산을 경영하는 덕대
⑤ 여러 장시를 돌며 물품을 판매하는 보부상

12 교사의 질문에 대한 학생의 답변으로 가장 적절한 것은? [2점]

> 이 그림은 김홍도가 중인들의 시사(詩社) 광경을 그린 '송석원시사야연도'입니다. 당시 중인들은 시사를 조직해 활발한 문예 활동을 전개하기도 하였습니다. 이 그림이 그려진 시기의 문화에 대해 발표해 볼까요?

① 성현 등이 악학궤범을 편찬하였습니다.
② 정철이 관동별곡, 사미인곡 등의 작품을 지었습니다.
③ 노래와 사설로 줄거리를 풀어 가는 판소리가 발달하였습니다.
④ 서거정이 역대 문학 작품을 선별하여 동문선을 편찬하였습니다.
⑤ 청주 흥덕사에서 금속 활자본인 직지심체요절을 간행하였습니다.

11 정답 ① 번

전기수는 조선 후기에 활동하던 이야기꾼으로, 소설을 읽어 주고 일정한 돈을 받는 사람이다. 전기수의 등장은 상품 경제의 발달, 오락 문화 발달의 결과라고 할 수 있다. 전기수는 소설의 상업화, 소설 향유층의 저변을 확대시켜 소설 발달에 크게 기여했다.

조선 후기에는 춘향전, 홍길동전을 비롯한 한글소설과 사설시조가 유행했다. 여성들도 한글소설을 읽는 등 소설 향유층이 늘면서, 사람들에게 빌려주기 위해 만든 필사본인 세책과 목판을 이용해 대량으로 찍은 방각본이 출현했다. 세책을 빌려주는 세책방이 도성의 중심지와 시장 주변에 많이 생겨나기도 했다.

① 벽란도는 송 상인이 드나들던 고려의 대외 무역항이다.
② 1608년 대동법 시행 이후 공인이 등장했다.
③ 임란 이후 담배가 전래되면서, 상품작물로 재배되었다.
④ 1651년 설점수세제가 시행되면서, 광산 전문경영인인 덕대가 운영하는 광산이 늘었다.
⑤ 조선 후기 상품경제가 발달하면서, 5일장이 활성화되었다. 5일장에 물건을 파는 보부상들이 시장을 연결하며 하나의 유통망을 형성했다.

12 정답 ③ 번

조선 후기에 상공업이 발달하고, 서민들의 경제적 지위가 향상되면서, 신분상승 운동이 펼쳐졌다. 한글소설의 보급과 사설시조의 유행으로 자신의 감정을 적극 표현하게 되었다. 서당의 증가로 한문을 익힌 서민들이 많아졌고, 신분상승 욕구로 인해 중인을 비롯해 평민, 노비들까지 기존의 사대부들의 전유물이었던 한시를 짓는 시회를 결성해 문예활동을 했다. 특히 인왕산을 무대로 한 송석원시사가 봄과 가을에 주최하는 시와 글짓기 대회인 백전은 참가자가 수백 명이 넘을 만큼 성행했다. 18세기 말 김홍도는 송석원시사 모임 풍경을 그림으로 남기기도 했다. 조선 전기와 달라진 중인과 서민들의 모습이라고 할 수 있다.

① 1493년 성종 연간에 악학궤범이 편찬되었다.
② 정철(1536~1593)은 선조 재위시기에 서인의 영수로 활약하던 정치인이자, 관동별곡 등을 지은 문인이다.
③ 판소리는 북을 치는 고수와 소리를 내는 소리꾼이 함께 공연하는 민속연희다. 흥보가, 춘향가 등 판소리는 18세기에 형성되기 시작해, 19세기에 크게 발전한다.
④ 동문선은 1478년 서거정이 우리나라 시문들 가운데 뛰어난 것을 모은 시문선집이다.
⑤ 직지심체요절은 1377년에 간행된 현존하는 세계 최고의 금속활자본이다.

50-25 박세당

13 (가)에 들어갈 내용으로 옳은 것은? [2점]

색경을 편찬한 인물에 대해 이야기해 보자

노론에 의해 사문난적으로 몰려 당시 학계에서 배척당했어

(가)

① 청으로부터 시헌력 도입을 건의했어.
② 기기도설을 참고하여 거중기를 설계했어.
③ 무오사화의 발단이 된 조의제문을 작성했어.
④ 천체의 운행과 위치를 측정하는 혼천의를 제작했어.
⑤ 유학 경전을 주자와 달리 해석한 사변록을 저술했어.

47-26 이익

14 (가) 인물에 대한 설명으로 옳은 것은? [2점]

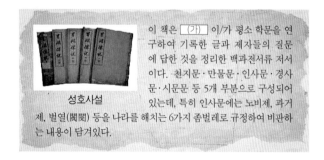

이 책은 [(가)] 이/가 평소 학문을 연구하여 기록한 글과 제자들의 질문에 답한 것을 정리한 백과전서류 저서이다. 천지문·만물문·인사문·경사문·시문문 등 5개 부분으로 구성되어 있는데, 특히 인사문에는 노비제, 과거제, 벌열(閥閱) 등을 나라를 해치는 6가지 좀벌레로 규정하여 비판하는 내용이 담겨있다.

성호사설

① 북경에 다녀온 후 연행록을 남겼다.
② 양명학을 연구하여 강화학파를 형성하였다.
③ 북한산비가 진흥왕 순수비임을 고증하였다.
④ 토지 매매를 제한하는 한전론을 제시하였다.
⑤ 북학의를 저술하여 절약보다 소비를 권장하였다.

🔍 문제분석

13 정답 ⑤ 번

노론에 의해 사문난적으로 몰려 학계에서 배척당한 인물은 윤휴와 박세당이 있다. 이 가운데 농서인 색경을 편찬한 인물은 박세당(1629~1703)이다. 그는 주자의 해석과 달리 경전을 해석한 『사변록』을 저술했다.

① 김육은 1653년 청으로부터 시헌력 도입을 건의했다.
② 기기도설을 참고해 정약용은 1789년 거중기를 설계했다.
③ 1498년 무오사화의 발단이 된 조의제문을 작성한 인물은 사림의 영수였던 김종직이다.
④ 장영실은 1433년 천체 운행과 위치를 측정하는 혼천의를 제작했다.
⑤ 박세당은 유학 경전을 주자와 달리 해석한 사변록을 저술했다.

14 정답 ④ 번

성호사설의 저자 이익(1681~1763)은 농업 중심 개혁론을 주장한 실학자다. 그는 안정복, 이중환, 정약용 등에게 영향을 끼쳤다. 그는 농사에 힘쓰지 않는 6종류의 사람들을 비판했다. 그는 한 가구가 생활에 필요한 규모의 토지만큼은 세습이 가능한 영업전으로 정하고, 법으로 매매를 금지하자는 한전론을 주장했다.

① 연행록을 남긴 사람은 수백 명에 달한다. 유명한 인물로 홍대용, 박제가, 박지원 등이 있다.
② 정제두는 강화학파를 형성했다.
③ 김정희는 금석과안록을 써서 북한산비가 진흥왕 순수비임을 고증했다.
④ 토지 매매를 제한한 한전론은 이익의 주장이다.
⑤ 북학의는 박제가의 저서로, 그는 절약보다 소비를 권장하였다.

✓ **실학자의 토지개혁, 이것만!**

구분	대표저서	토지제도	역할
유형원	반계수록	균전제-신분에 따른 토지차 등 분배, 자영농육성	실학선구
이 익	성호사설 곽우록	한전제-일정규모 토지를 영업전 정하고 매매금지	성호학파 설립
박지원	열하일기 양반전	한전제-토지 소유 상한제한, 그 이상 매점 금지	북학파
정약용	목민심서 흠흠신서 경세유표	려전제-토지국유화, 마을 주민들이 공동생산과 수확, 정전제-현실 대안, 고대 토지제도 부활	실학 집대성

15 다음 글을 쓴 인물에 대한 설명으로 옳은 것은? [1점]

> 중국의 재산이 풍족할 뿐더러 한 곳에 지체되지 않고 골고루 유통함은
> 모두 수레를 쓴 이익일 것이다. …… 평안도 사람들은 감과 귤을 분간
> 하지 못하며, 바닷가 사람들은 멸치를 거름으로 밭에 내건만 서울에서
> 는 한 웅큼에 한 푼씩 하니 이렇게 귀함은 무슨 까닭인가. …… 사방이
> 겨우 몇천 리 밖에 안 되는 나라에 백성의 살림살이가 이다지 가난함
> 은 한마디로 표현한다면 수레가 국내에 다니지 못한 까닭이라 하겠다.
> 『열하일기』

① 양반전에서 양반의 위선과 무능을 풍자하였다.
② 북학의에서 절약보다 적절한 소비를 강조하였다.
③ 곽우록에서 토지 매매를 제한하는 한전론을 제시하였다.
④ 우서에서 사농공상의 직업적 평등과 전문화를 주장하였다.
⑤ 색경에서 담배, 수박 등의 상품작물 재배법을 소개하였다.

16 다음 글을 쓴 인물에 대한 설명으로 옳은 것은? [3점]

> 중국은 서양에 대해서 경도의 차이가 1백 80도에 이르는데, 중국 사
> 람은 중국을 정계(正界)로 삼고 서양을 '도계(倒界)'로 삼으며, 서양
> 사람은 서양을 정계로 삼고 중국을 도계로 삼는다. 그러나 실제에 있
> 어서는 하늘을 이고 땅을 밟는 사람은 지역에 따라 모두 그러하니, 횡
> (橫)이나 도(倒)할 것 없이 다 정계다.
> 『의산문답』

① 지전설과 무한우주론을 주장하였다.
② 남북국이라는 용어를 처음 사용하였다.
③ 북한산비가 진흥왕 순수비임을 고증하였다.
④ 서얼 출신으로 규장각 검서관에 등용되었다.
⑤ 여전론을 통해 마을 단위 토지 분배와 공동 경작을 주장하였다.

문제분석

15 정답 ① 번

『열하일기』는 1780년 사신단의 일원으로 청나라에 다녀온 연암 박지원(1737~1805)의 여행기다. 그는 이 책에서 수레와 선박의 사용, 화폐 등 상공업 중심의 개혁론을 주장했다. 그의 책은 큰 인기를 얻어, 많은 사람들에게 영향을 끼쳤다. 그는 양반전, 호질, 허생전 등 소설을 통해 양반사회의 비생산성과 상업의 중요성을 강조했다. 박제가, 박지원, 홍대용, 유득공, 이덕무 등 북학파는 상업적 농업을 장려하고 서양과학기술을 배우는 등 이용후생에 힘쓰자는 주장을 펼쳤다.

① 박지원은 양반전에서 양반의 위선과 무능을 풍자했다.
② 박제가(1750~1805)는 북학의에서 '우물론'을 주장하며, 절약보다 적절한 소비를 강조했다.
③ 성호학파를 이룬 이익(1681~1763)은 곽우록에서 토지매매를 제한하는 한전론을 제시했다.
④ 이용후생학파의 선구자 유수원(1694~1755)은 우서에서 사농공상의 직업적 평등과 전문화를 주장했다.
⑤ 박세당 (1629~1703)은 색경에서 곡물재배 외에 담배, 수박 등의 상품 작물 재배법, 목축, 양잠 기술을 소개했다.

16 정답 ① 번

홍대용(1731~1783)은 상업을 중시하고, 문벌제도 철폐를 주장했다. 그는 『의산문답』에서 지구가 회전한다는 지전설과 무한우주론을 주장하여 중국중심 세계관을 비판했다. 또 전통적인 화이관에서 벗어날 것을 주장했다. 그는 천체의 운행과 위치를 측정하는 혼천의를 제작하기도 했다.

① 홍대용은 의산문답에서 지전설과 무한우주론을 주장했다.
② 유득공은 발해고에서 남북국 용어를 처음 사용했다.
③ 김정희는 금석과안록을 지어 북한산비가 진흥왕 순수비임을 고증하는 등 금석학 발전에 기여했다.
④ 유득공, 박제가, 이덕무, 서이수 4인은 서얼 출신으로 규장각 검서관에 등용된다.
⑤ 정약용은 여전론을 통해 마을 단위 토지분배와 공동 경작을 주장했다.

✓ **북학파, 실학자, 이것만!**

구분	대표저서	주장과 활동
유수원	우 서	사농공상 직업적 평등화와 전문화 이용후생학파의 선구자
홍대용	의산문답 담헌서	지전설, 무한우주론 근거로 중국 중심 세계관 탈피, 혼천의 제작
박지원	열하일기 연암집	양반의 위선과 무능 비판, 열하일기 집필, 수레와 선박, 화폐 필요성 주장
박제가	북학의	절약보다 소비 권장, 청 문물 수용 강조, 수레, 배 이용 강조, 규장각 검서관
유득공	발해고	발해역사 저술, 남북국 용어 처음 사용, 규장각 검서관

26-32 정약전 자산어보

17 다음 책의 저자에 대한 설명으로 옳은 것은? [3점]

이달의 책

○ 내용: 흑산도 근해의 수산 생물의 종류와 명칭, 분포, 형태, 습성 등을 기록하였다.

○ 구성: 제1권 인류(鱗類)
제2권 무인류(無鱗類) 및 개류(介類)
제3권 잡류(雜類)

① 조선인 최초로 세례를 받았다.
② 신유박해에 연루되어 유배되었다.
③ 북경에 다녀온 뒤 연행록을 남겼다.
④ 100리 척을 사용한 지도를 제작하였다.
⑤ 청으로부터 시헌력 도입을 건의하였다.

49-26 정약용

18 다음 주장을 펼친 인물에 대한 설명으로 옳은 것은? [3점]

수원화성 건설을 위해 설계한 거중기에 대해 설명해 주십시오.

공사에 참여한 백성의 어려움을 덜어주고자 기기도설에 실린 도르래의 원리를 활용하였습니다. 당시 왕은 거중기의 사용으로 4만 냥의 비용을 절약했다고 말씀하셨습니다.

① 북학의에서 절약보다 소비를 권장하였다.
② 의산문답에서 중국 중심의 세계관을 비판하였다.
③ 우서에서 사농공상의 직업적 평등을 주장하였다.
④ 마과회통에서 홍역에 대한 의학 지식을 정리하였다.
⑤ 금석과안록에서 북한산비가 진흥왕 순수비임을 고증하였다.

---

17 정답 ② 번

자산어보는 우리나라 최초의 수산학 관계 서적으로, 이 책의 저자는 정약전(1758~1816)으로, 정약종과 정약용의 형이다. 정약종은 1795년 처남인 이승훈과 함께 청나라 주문모 신부를 맞이하고, 한국 최초의 조선천주교 회장을 지낸 천주교도다. 1801년 신유박해 사건에서 정약종, 이승훈, 주문모 등은 처형당하고, 정약전은 흑산도로, 정약용은 강진으로 유배된다. 정약전은 흑산도에서 자산어보를 썼다.

① 1783년 청나라에 직접 가서 세례를 받은 사람은 이승훈이다.
② 정약전은 이승훈 등과 함께 신유박해에 연루되었다.
③ 연행록을 남긴 사람은 수백 명에 달한다. 유명한 인물로 홍대용, 박제가, 박지원 등이 있다.
④ 정상기(1678~1752)는 1740년 최초로 100리 척을 사용하여 정확하고 과학적인 동국지도를 제작했다.
⑤ 시헌력은 1644년 김육(1580~1658)이 도입을 건의해, 1653년부터 사용되었다. 시헌력은 서양 선교사 아담 샬 등이 만든 역법으로, 1910년까지 사용되었다.

18 정답 ④ 번

수원화성 건설에 참여하고, 거중기를 설계한 인물은 다산 정약용이다. 정약용은 목민심서, 흠흠신서, 경제유표 등을 저술한 것으로 유명하다. 또한 홍역에 관한 의학서인 마과회통도 저술했다.

① 박제가는 북학의에서 절약보다 소비를 권장했다.
② 홍대용은 의산문답에서 중국 중심 세계관을 비판했다.
③ 유수원은 우서에서 사농공상의 직업적 평등을 주장하고, 부국안민을 위한 방안을 제시했다.
④ 마과회통은 정약용이 쓴 홍역에 대한 의학서이다.
⑤ 김정희는 금석과안록에서 북한산비가 진흥왕 순수비임을 고증했다. 추사체로 유명한 그는 세한도 등 그림도 잘 그렸고, 금석학의 권위자이기도 했다.

✓ **정약용, 이것만!**

· 기기도설을 참고하여 거중기를 제작해 화성 축조에 기여
· 전론에서 마을 단위 토지 분배와 공동 경작을 제안
· 지방 행정의 개혁안을 담은 목민심서를 저술
· 경세유표를 저술하여 국가 제도의 개혁 방향을 제시
· 농민 생활을 안정시키기 위해 여전론을 제시
· 신유박해에 연루되어 이승훈, 정약용 등이 처벌됨
· 홍역에 관한 의서인 마과회통을 지어 종두법을 소개
· 우리나라의 역사 지리를 정리한 아방강역고를 저술
· 한강에 놓았던 배다리를 설계

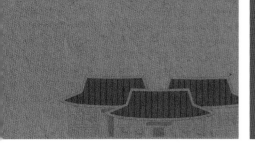

40-19 세종시기 과학

19 (가)에 들어갈 내용으로 옳은 것은? [2점]

C × +

한국사 묻고 답하기

질문 세종 대에는 실용적인 학문이 발전하고 여러분야에 걸쳐 과학 기술의 진전이 이루어졌습니다. 그 구체적인 사례로 무엇이 있을까요?

┗ **답변**
  ┗ 시간을 측정하기 위해 해시계인 앙부일구가 만들어졌어요.
  ┗ 한양을 기준으로 한 역법서인 칠정산이 편찬되었어요.
  ┗   (가)
       ⋮

① 개량된 금속 활자인 갑인자가 주조되었어요.

② 폭탄의 일종인 비격진천뢰가 만들어졌어요.

③ 기기도설을 참고하여 거중기가 설계되었어요.

④ 100리 척을 사용한 동국지도가 제작되었어요.

⑤ 사상 의학을 정립한 동의수세보원이 편찬되었어요.

48-20 15세기 과학자

20 교사의 질문에 대한 학생의 답변으로 옳은 것은? [1점]

이 우표 속 인물은 15세기 조선의 과학 기술 발전에 기여하였습니다. 이 인물의 활동에 대해 말해볼까요?

한국 과학 기술인 기념우표에 선정된 인물 탐구

ᴑ 생몰: ?~1465년
ᴑ 주요활동
  - 세종 때 문과 급제
  - 갑인자 제작에 참여
  - 천문의상을 교정·제작
ᴑ 저서: 제가역상집,
      교식추보법 등

① 종두법을 소개하였습니다.

② 거중기를 설계하였습니다.

③ 동의보감을 완성하였습니다.

④ 칠정산 외편을 편찬하였습니다.

⑤ 대동여지도를 제작하였습니다.

---

19 정답 ① 번

세종(1418~1450)은 다양한 업적을 이룬 임금이다. 정치, 경제 분야 외에도 과학기술 분야에서도 탁월한 업적이 그의 시대에 많이 이루어졌다. 개량된 금속활자인 갑인자(태종은 계미자) 주조, 역법서인 칠정산 내편 편찬, 혼천의, 신기전, 화차, 측우기, 앙부일구, 자격루, 천상열차분야지도 제작, 향약집성방, 농사직설, 삼강행실도 출간, 악보인 정간보 창안 등이 그의 시대에 이루어졌다. 과학사의 비중이 점점 중요해지고 있으므로, 과학 분야에 대한 점검이 필요하다.

① 1434년 갑인자 주조가 주조되었다. 계미자는 1403년 태종이 주자소 설치하고 주조되었다.
② 1592년 임진왜란 직전, 이장손이 비격진천뢰를 제작했다.
③ 정약용이 거중기를 설계해 수원화성 축성에 사용하였다.
④ 1740년에 정상기가 동국지도를 제작했다.
⑤ 동의수세보원은 1894년 이제마가 편찬했다.

---

20 정답 ④ 번

갑인자 제작에 참여하고, 천문의상을 교정하며, 제가역상집과 교식추보법을 제작한 15세기 조선 과학 기술 발전에 기여한 인물은 이순지(?~1465)이다. 이순지는 김담과 함께 칠정산 외편 편찬을 했다. 1444년에는 한양을 기준으로 천체운동을 계산한 역법서인 칠정산 내편을 편찬했다.

① 지석영(1855~1935)은 영국인 제너의 종두법을 일본을 통해 입수하고, 이를 통해 국내에서 시험한 후, 1885년 우두신설을 저술하여, 종두법을 소개하였다.
② 정약용은 1789년 서양의 기계공학 지식을 담은 기기도설의 삽화를 토대로 거중기를 설계하였다. 거중기는 1794년 수원화성 건설에 사용되었다.
③ 허준은 1610년 동의보감을 완성했다.
④ 이순지가 김담과 함께 칠정산 외편을 편찬했다.
⑤ 1861년 김정호가 대동여지도를 제작했다.

✓ **세종 시기 과학, 이것만!**
· 한양을 기준으로 천체운동을 계산한 칠정산 내편 편찬
· 갑인자를 주조하여 인쇄술을 크게 향상
· 신기전, 화차 등의 신무기를 제작하여 국방력 강화
· 우리 풍토에 맞는 농법을 기록한 농사직설 간행
· 국산 약재와 치료 방법을 정리한 향약집성방을 간행
· 천체의 운행을 측정하는 혼천의 제작
· 시간을 측정하기 위한 해시계인 앙부일구 제작
· 강우량을 측정하기 위한 측우기 제작

35-29 조선 후기 과학

21 다음 글이 작성된 당시의 문화에 대한 설명으로 옳은 것은? [3점]

관상대 위에 진열된 여러 기구들은 천문을 관측하는 혼천의와 비슷해 보였다. 뜰 한복판에 놓인 것들 중에는 나의 벗 징철조의 집에서 본 물건과 유사한 것도 있었다. …… 언젠가 홍대용과 함께 정철조의 집에 찾아 갔는데, 두 사람은 서로 황도와 적도, 남극과 북극을 화제로 대화를 나누었다. 더러 머리를 흔들기도 하고 혹 고개를 끄덕이기도 하였으나, 주장이 모두 심오하여 이해하기 어려웠기에 나는 잠이 들어 듣지 못하였다.

① 안견이 몽유도원도를 그렸다.

② 김시습이 금오신화를 저술하였다.

③ 성현 등이 악학궤범을 편찬하였다.

④ 한글 소설과 사설시조가 유행하였다.

⑤ 서예에서 조맹부의 송설체가 도입되었다.

21 정답 ④ 번

이 글은 18세기 말에 살았던 홍대용과 정철조의 대화다. 홍대용은 혼천의를 제작하고, 지전설을 주장하는 과학지였디. 두 사람이 황도, 적도, 남극, 북극 등을 언급한 것은 서양 과학기술이 전파되어, 세상을 보는 관점이 크게 변했음을 보여준다. 조선 전기와 달리, 후기에는 서양과학 기술의 전파, 실학의 발달에 의해, 과학기술이 한층 발전했다.

① 안견은 조선 초기인 1447년에 몽유도원도를 그렸다.
② 김시습(1435~1493)은 성종 시기에 주로 활동했다.
③ 악학궤범은 1493년 성종 시기에 성현 등이 편찬했다.
④ 조선 후기 서민문화의 발달로 한글 소설 등이 유행했다.
⑤ 원과의 교류로 조맹부의 송설체가 고려에 도입되었다.

✔ **조선 후기 과학, 이것만!**

• 최초로 100리 척을 사용하여 정상기가 동국지도 제작
• 정약용이 홍역에 관한 치료법을 정리한 마과회통 저술
• 정약용이 기기도설을 참고하여 거중기를 제작
• 홍대용이 지전설, 무한우주론 수용, 중국 중심주의 탈피
• 허준이 전통 한의학을 정리한 동의보감 간행

37-29 정제두와 양명학

22 (가) 인물에 대한 설명으로 옳은 것은? [2점]

이 책은 (가)의 글을 모아 펴낸 문집이다. 그는 학변(學辨), 존언(存言) 등의 글에서 심(心)과 이(理)를 구별하는 주자의 견해를 비판하였다. 또한 지(知)와 행(行)을 둘로 구분하는 것은 물욕에 가려진 것이라고 하면서 양지(良知)의 본체에서 보면 지와 행은 하나라고 주장하였다. 그의 학문은 스승인 박세채, 윤증과의 교류를 통해 심화되었다.

① 계유정난을 계기로 정계에서 축출되었다.

② 일본에 다녀와서 해동제국기를 편찬하였다.

③ 서얼 출신으로 규장각 검서관에 임용되었다.

④ 양명학을 연구하여 강화 학파 형성의 기초를 마련하였다.

⑤ 성학집요를 저술하여 군주가 수양해야 할 덕목을 제시하였다.

22 정답 ④ 번

주자의 견해를 비판하고, 지행합일과 양지에 치중하라는 주장은 양명학이다. 명나라 왕수인(1472~1528)이 창시한 양명학은 조선에서 이단시된 학문이다. 소론인 박세채, 윤증의 제자인 하곡 정제두(1649~1736)는 1709년 강화도에 은거하여, 양명학을 체계적으로 연구하여 강화학파를 이루었다. 정제두는 북학파 실학자들에게 영향을 끼쳤다. 이후 200년간 이어진 양명학 연구는 정인보, 박은식 등에게 전해진다.

① 1453년 수양대군은 김종서, 황보인 등을 제거하고 권력을 장악한다.
② 신숙주가 1443년 일본을 방문하고 쓴 책이 해동제국기로, 1471년에 간행된다.
③ 서얼출신 규장각 검서관은 박제가, 유득공, 이덕무, 서이수 등이다.
④ 정제두는 강화학파를 형성했다.
⑤ 이이(1536~1584)는 성학집요를 저술하였다.

✔ **양명학, 이것만!**

• 정제두가 양명학을 연구하여 강화학파를 이루었다.
• 주자학의 교조화를 비판하며 지행합일의 실천성을 강조했다.
• 성혼의 사상을 계승한 소론 계열의 일부 학자가 받아들였다.
• 이황에게 정통 주자학을 벗어난다는 비판을 받았다.
• 일반 민을 도덕 실천의 주체로 인정하였다.

23 (가) 종교에 대한 설명으로 옳은 것은? [1점]

책으로 보는 역사

18세기 말부터 19세기 중엽까지 [(가)] 을/를 사교로 몰아 탄압한 여러 기록을 모은 책이다. 이승훈·정약용 등이 교리를 토의하다 적발된 사건, 전라도 진산의 윤지충·권상연이 조상에 대한 제사를 폐지하여 처형당한 사건 등이 수록되어 있다.

벽위편

① 단군 숭배 사상을 전파하였다.
② 하늘에 제사 지내는 초제를 거행하였다.
③ 동경대전과 용담유사를 경전으로 삼았다.
④ 청을 다녀온 사신들에 의하여 서학으로 소개되었다.
⑤ 유·불·선을 바탕으로 민간 신앙의 요소까지 포함하였다.

24 (가) 종교에 대한 설명으로 옳은 것은? [1점]

최제우, 경주에서 체포

경상도 일대를 중심으로 교세를 확장하고 있던 [(가)] 의 교주 최제우가 23명의 제자들과 함께 경주에서 체포되었다. 체포후 대구의 감영으로 이송되어 현재 문초가 진행되고 있으며, 혹세무민의 죄가 적용되어 효수에 처해질 것으로 보인다.

① 배재 학당을 세워 신학문보급에 기여하였다.
② 마음속에 한울님을 모시는 시천주를 강조하였다.
③ 일제의 통제에 맞서 사찰령 폐지 운동을 펼쳤다.
④ 간척 사업을 추진하고 새생활 운동을 전개하였다.
⑤ 제사와 신주를 모시는 문제로 정부의 탄압을 받았다.

문제분석

23 정답 ④ 번

18세기말부터 19세기 중엽까지 사교로 몰려 탄압을 받은 종교는 천주교다. 천주교가 조선에 처음 알려진 것은 1637년 청나라에 끌려갔던 소현세자부터다. 하지만 본격적으로 알려진 것은 청나라 수도 베이징에 있는 천주당을 방문하고 돌아온 사신들에 의해 서학으로 소개되면서 부터다.
1784년 이승훈이 베이징에 가서 서양신부에게 영세를 받고 돌아온 이후, 조선에서도 천주교 신자가 생겼다. 1791년 천주교 신자인 윤지충이 유교에서 중요하게 생각하는 신주를 소각하는 사건을 계기로 신해박해가 일어났고, 천주교에 비교적 관대했던 정조가 죽은 후인 1801년 신유박해가 발생하며 천주교가 탄압된다. 그럼에도 천주교는 꾸준히 조선에 전파되기 시작했다.

① 1909년 나철이 창시한 대종교는 단군을 숭배했다.
② 초제는 도교의 제천행사이다.
③ 동학은 1860년 최제우가 창시한 종교로, 동경대전, 용담유사가 주된 경전이다.
④ 천주교는 청을 다녀온 사신에 의해 서학으로 소개되었다.
⑤ 동학은 유, 불, 선, 민간신앙을 통합한 교리를 갖고 있다.

24 정답 ② 번

동학은 서학인 천주교와 달리, 조선에서 자생한 종교다. 1860년 최제우가 창시한 동학은 유, 불, 선의 요소를 수용하고, 주문과 부적 등 민간 신앙 요소가 결합된 종교다. 동학의 핵심교리는 모든 사람이 한울님을 섬길 수 있는 고귀한 존재라는 시천주와, 사람이 곧 한울님이라는 인내천 사상이다. 양반과 상민의 차별이 없고, 남녀가 평등한 새로운 세상인 개벽이 도래할 것을 천명한 동학은 새로운 세상을 갈망하는 백성들의 큰 지지를 받았다.
조선의 기존질서를 부정하는 동학을 위험하다고 여긴 흥선대원군은 1864년 교주인 최제우를 처형한다. 하지만 동학은 2대 교주 최시형이 교리서인 동경대전과 용담유사를 펴내고, 포접제를 비롯한 교단 조직을 정비하여 세력을 더욱 넓힌다. 동학 교리와 포접제는 1894년 동학농민운동의 이념과 조직 기반이 된다.

① 1885년 개신교 선교사인 아펜젤러가 배재학당을 세운다.
② 동학은 마음속에 한울님을 모시는 시천주를 강조했다.
③ 1911년 일제의 사찰령에 맞서 한용운이 조선불교유신회 설립을 주도하고, 사찰령 폐지운동을 전개한다.
④ 1916년 박중빈의 원불교는 새생활 운동을 전개했다.
⑤ 1791년 신해박해는 천주교도 윤지충이 제사를 거부하고 신주를 소각한 것이 계기가 되어 발생했다.

CHAPTER

04

근대국가로의 전환

한국사능력검정시험

단원의 핵심

IMPORTANT
지피지기 1. 출제 경향 점검

2회부터 50회까지 49회 시험에서 2,450문제가 출제되었습니다.
이 가운데 근대 부분은 344문제가 출제되어 14.04% 비중을 차지합니다. 최근 10회 시험에서는 74문제, 14.8% 비중으로 출제되어 나소 높아졌습니다. 근대에서는 7~8 문제가 매년 출제됩니다. 분야별 출제 문제를 다음과 같이 선정해볼 수 있겠습니다.

IMPORTANT
지피지기 2. 어떤 문제가 출제되었나?

흥선대원군의 정책과 서양세력의 도발

50회 29번은 서원철폐와 척화비 건립, 48회 28번은 호포제 실시와 서원철폐, 사창제를 실시한 흥선대원군에 대해 묻는 문제가 출제되었습니다. 49회 29번은 신미양요, 47회 29번은 병인양요에 대한 문제가 출제되었습니다.
흥선대원군의 정책 15회, 서양 세력의 도발 문제가 18회 출제되었습니다. 흥선대원군 집권 시기 주요 정책과, 병인양요, 제너럴셔먼호 사건, 오페르트 도굴사건, 신미양요에 대해 알아두시면 됩니다.

외국과의 조약

50회 34번은 을사늑약 체결의 결과, 48회 29번은 조·일 수호조규(강화도조약)에 대한 질문이었습니다. 외국과 조약 체결과 관련된 문제는 35회 출제되어, 출제 비중이 큽니다.
조·일 수호조규와 부록 및 무역 규칙, 조·미 수호통상조약, 조·청 상민수륙무역장정, 을사늑약(2차 한·일 협약)의 출제 비중이 높고, 한·일 신협약(정미 7조약), 한·일 의정서, 1차 한·일 협약이 출제되었습니다. 이 외에도 제물포조약, 조·일 통상장정, 시모노세키조약과 포츠머스 강화조약에 대해서 알아두는 것이 필요합니다.

개혁의 진통

50회 30번과, 49회 31번은 갑신정변과 그 결과로 톈진조약과 한성조약이 체결된 것에 대한 문제였습니다.
수신사 파견에서 을미개혁까지 근대적 개혁에 많은 진통이 있었습니다. 임오군란, 조선책략과 영남만인소, 갑신정변, 갑오개혁에 대한 출제 비중이 높습니다. 근대사의 중심에 해당하는 부분이므로, 사건의 순서와 특징을 확실히 알아두면 합니다.

동학농민운동

50회 33번은 공주 우금치 전적을 소개하며 동학농민운동에 대해, 49회 33번은 동학농민운동의 지도자 전봉준에 대해, 47회 34번은 동학농민운동의 전개과정에 대해 묻는 문제였습니다.

동학농민운동은 단일 주제로는 출제 확률이 53%(26/49)로 가장 높습니다. 최근 10회 시험에서도 6회 출제되었습니다. 동학농민운동에 대해서는 원인부터 전개과정과 결과까지 알아두어야 합니다.

대한제국

49회 37번은 구본신참을 원칙으로 상공학교를 세우고 양전 사업을 실시해 지계를 발급한 대한제국의 광무개혁에 대해, 45회 37번은 대한국 국제, 48회 35번은 헤이그 밀사사건에 대한 문제였습니다.

대한제국 정치사 문제는 25회 출제되었는데, 대한제국의 수립과정, 광무개혁의 내용, 대한국 국제, 양전사업, 헤이그 밀사 파견 등이 주로 출제되므로, 이를 중심으로 내용을 정리하시면 됩니다.

애국계몽단체와 국권 수호운동

50회 37번은 일본의 황무지 개간권 요구를 저지한 보안회, 49회 35번은 의회 설립을 주장한 독립협회, 48회 32번은 광문사, 국채보상기성회, 대한매일신보가 주도한 국채보상운동, 45회 33번 신민회에 대한 문제였습니다.

독립협회는 활동 범위가 넓어 15회 출제되었고, 교육과 산업뿐 아니라 해외 독립기지를 건설하는 등 활동범위가 큰 신민회, 일본의 황무지 개간권 요구를 저지시킨 보안회와 농광회사, 고종 퇴위 반대운동에 앞장섰던 대한자강회 등도 출제됩니다.

무장 투쟁 활동

50회 35번은 안중근의 하얼빈 의거를 지원했던 최재형, 46회 38번은 대한민국 참모중장 안중근에 대한 문제가 출제되었습니다. 43회 37번은 을미의병, 42회 32번은 평민의병장에서 대한 독립군 사령관으로 활약한 홍범도 장군, 40회 36번은 13도 창의군에 대한 문제였습니다.

을미, 을사, 정미의병, 안중근 의거 등 국권을 수호하기 위한 무장 투쟁 활동은 17회 출제되어 중요성에 비해 출세빈도가 높지 않았습니다. 하지만 최근 11회 시험에서 5회 출제되는 등 출제비중이 점차 높아지고 있습니다.

서구 열강과 일본의 조선 침탈

50회 31번은 일본인 재정고문 메가타가 주도한 화폐 정리 사업, 47회 32번은 영국의 거문도 점령 문제가 출제되었습니다.

화폐 정리 사업은 6회, 거문도 점령 사건은 5회가 출제된 바 있습니다. 이외에도 청과 일본의 조선 무역, 서구 열강의 철도부설권, 광산채굴권 등 이권 침탈 관련 문제가 출제됩니다. 또한 조선이 일본에게 외교권, 군사권, 사법권을 어떻게 빼앗겼는지를 꼭 확인하시기 바랍니다.

단원의 핵심

근대 문물의 도입과 사회 변화 ●

50회 32번은 최초의 전등이 가설된 이후 경인선 개통, 49회 39번은 우리나라 최초의 근대학교인 원산학사, 49회 36번은 전차 개통 이후 근대문물에 대한 문제였습니다. 47회 37번은 을사늑약의 부당성을 주장한 대한매일신보에 대한 문제였습니다.

개항 이후 신식학교, 서양식 건축물, 신문, 극장, 전기, 철도, 우편 등 새로운 문물의 도입 문제는 1회 시험에 1문제 정도 출제되고 있습니다. 특히 신문은 한성순보, 대한매일신보, 독립신문의 출제 빈도가 높습니다. 영국인 베델과 양기탁이 발행한 대한매일신보는 국채보상운동, 을사늑약 반대와 관련해 주목해야 합니다.

IMPORTANT

지피지기 3. 어떤 문항이 자주 출제되었나?

근대 단원에서 자주 출제된 문항을 익히면, 시험에 대한 자신감을 크게 상승시킬 수 있을 것입니다. 빈출 문항에는 그 시대를 대표하는 키워드가 많이 담겨있습니다.

대원군의 정책 ●

양반에게도 군포를 징수하는 호포제를 실시하였다. - 5회
환곡의 폐단을 시정하고자 사창제를 실시하였다. - 5회
흥선대원군은 종로와 전국 각지에 척화비를 건립하였다. - 9회

서양세력의 도발 ●

(병인양요) 양헌수 부대가 정족산성에서 프랑스군을 물리쳤다. - 6회
(병인양요) 외규장각 도서가 약탈당하는 피해를 입었다. - 9회
평양 관민이 대동강에 침입한 미국 상선 제너럴셔먼호를 불태웠다. - 11회
(신미양요) 어재연 부대가 광성보에서 항전하였다. - 12회
오페르트가 남연군 묘 도굴을 시도하였다. - 14회

외국과의 조약

일본 군함 운요호가 강화도에 접근하여 무력 시위를 하였다. - 7회
(조·일 수호조규) 부산과 원산, 인천에 개항장이 설치되는 결과를 가져왔다. - 10회
(을미사변 후) 일본 공사관 경비병의 주둔을 인정한 제물포 조약이 체결되었다. - 6회
(조·미 통상조약) 거중 조정 조항을 포함한 조약이 체결되었다. - 5회
(조·미 통상조약) 외국에 대한 최혜국 대우를 처음으로 규정하였다. - 10회
갑신정변은 한성 조약이 체결되는 결과를 가져왔다. - 6회
(조·불 수호조약) 천주교 포교를 허용하는 조항이 들어있다. - 6회
(을사늑약) 조약 체결에 반대하여 민영환이 자결로써 항거하였다. - 6회
(1차 한일 협약) 스티븐스와 메가타가 고문으로 부임하는 계기가 되었다. - 8회

개혁의 진통

김기수가 수신사로 일본에 파견되었다. - 7회
청에 영선사로 김윤식을 파견하여, 근대 무기제조기술을 도입하고자 했다. - 8회
개화 정책을 담당하는 통리기무아문을 신설하였다. - 13개
신식 군대인 별기군을 창설하였다. - 10회
조선책략 유포에 반발하여 이만손 등이 영남 만인소를 올렸다. - 5회
2차 수신사 김홍집이 일본에서 가져온 조선책략이 국내에 유포되었다. - 7회
(1차 갑오개혁) 공사 노비법을 혁파하고 과거제를 폐지하였다. - 8회
(1차 갑오개혁) 군국기무처를 설치하여 근대적 개혁을 추진하였다. - 5회
(2차 갑오개혁) 홍범 14조를 반포하여 개혁의 기본 방향을 제시하였다. - 8회
(2차 갑오개혁) 교육의 기본 방향을 제시한 교육입국 조서를 계기로 설립되었다. - 9회
(2차 갑오개혁) 교원 양성을 위해 한성 사범학교가 설립되었다 - 5회
(2차 갑오개혁) 지방 행정 구역을 8도에서 23부로 개편하였다. - 5회
(을미개혁) 건양이라는 독자적인 연호와 태양력을 사용하였다. - 7회

동학 농민운동

백산에 집결하여 4개 강령을 발표하였다. - 5회
자치 기구인 집강소를 설치하여 폐정 개혁안을 실천하였다. - 10회
(1894년 9월 2차 봉기) 남접과 북접이 연합하여 조직적으로 전개하였다. - 6회
우금치에서 관군과 일본군에 맞서 싸웠다. - 6회

단원의 핵심

대한제국

개혁의 기본 방향을 제시한 홍범 14조를 반포하였다. - 9회
(광무개혁) 구본신참에 입각하여 개혁을 추진하였다. - 5회
양전 사업을 실시하고 지계를 발급하였다. - 11회
고종이 러시아 공사관으로 거처를 옮겼다. - 5회
대한국 국제가 반포되었다. - 7회
황제의 군사권을 강화하기 위하여 원수부를 설치하였다. - 11회
헤이그에서 열린 만국 평화 회의에 특사로 파견되었다. - 11회

애국계몽단체와 국권 수호 운동

(대한자강회) 고종 강제 퇴위 반대 운동을 주도하였다. - 15회
독립협회가 만민 공동회를 개최하여 민권 신장을 추구하였다. - 5회
(독립협회) 관민공동회를 개최하여 헌의 6조를 결의하였다. - 6회
(독립협회) 중추원 개편을 통해 의회 설립을 추진하였다. - 7회
(독립협회) 러시아의 절영도 조차 요구를 저지시켰다. - 8회
황국 중앙 총상회를 조직하여 상권 수호 운동을 전개하였다. - 7회
(보안회) 일본의 황무지 개간권 요구를 저지하였다. - 13회
(국채보상운동) 대구에서 시작되어 전국적으로 확산되었다. - 6회
김광제, 서상돈 등의 발의로 국채보상운동이 본격화되었다. - 7회
(신민회) 대성학교와 오산학교를 설립하여 인재를 양성하였다. - 18회
(신민회) 민족 교육을 위해 북간도에 서전서숙, 명동학교를 건립하였다. - 12회

신문

박문국을 설치하고 한성순보를 발행하였다. - 8회
최초로 상업 광고가 실린 한성주보가 발행되었다. - 7회
(천도교) 만세보를 발간하여 민중 계몽에 힘썼다. - 8회
(천도교) 천도교의 기관지로서, 국한문 혼용체로 발간되었다. - 6회
(천주교) 경향신문을 발행하여 민중 계몽을 위해 노력하였다. - 5회
(대한매일신보) 국채보상운동을 적극적으로 후원하고 확산시키는데 기여하였다. - 22회
(황성신문) 장지연의 시일야방성대곡이라는 논설을 실었다. - 5회

무장 투쟁 활동

(을미의병) 단발령 시행에 반발하여 의병을 일으켰다. - 7회
(정미의병) 해산 군인들의 합류로 전투력이 향상되었다. - 6회
13도 창의군을 결성하고 서울 진공 작전을 펼쳤다. - 17회
국제법상 교전 단체로 승인해 줄 것을 요구하였다. - 6회
(이재명) 명동성당 앞에서 이완용을 습격하여 중상을 입혔다. - 3회
안중근이 하얼빈역에서 이토 히로부미를 사살하였다. - 9회

열강의 조선 침탈

영국이 러시아를 견제하기 위해 거문도를 불법 점령하였다. - 22회
함경도 관찰사 조병식이 방곡령을 선포하였다. - 6회
미국이 운산 금광 채굴권을 차지하였다. - 6회
러시아가 저탄소 설치를 위해 절영도 조차를 시도하였다. - 5회
일본군이 경복궁을 점령하고 내정 개혁을 요구하였다. - 5회
(일본) 동양척식주식회사를 설립하여 토지를 약탈하였다. - 4회
(일본) 메가타의 주도로 화폐 정리 사업이 실시되었다. - 5회
일본이 러·일 전쟁 중에 독도를 불법으로 편입하였다. - 5회

근대 문물의 도입과 사회변화

(유길준) 서유견문을 저술하여 서양 근대 문명을 소개하였다. - 6회
(개신교, 아펜젤러) 배재학당을 세워 신학문 보급에 기여하였다. - 8회
서양식 근대 교육기관인 육영공원이 설립되었다. - 7회
최초의 서양식 극장인 원각사에서 신극 은세계를 공연하였다. - 9회

🔆 주요한 기출 키워드

- 흥선대원군 - 호포제, 사창제, 척화비, 병인박해, 제너럴셔먼호, 정족산성, 양헌수, 광성보, 어재연
- 외국과 조약 - 운요호사건, 개항장, 조·일 수호조규, 최혜국 대우
- 개화 추진 - 수신사, 영선사, 통리기무아문, 별기군, 영남만인소
- 개화 진통 - 제물포조약, 톈진조약, 거문도 점령

용어설명

삼군부

조선 초기 군무를 총괄하던 관청이었다. 비변사와 달리 의정부관리가 삼군부직을 겸임하지 못했다. 대원군은 세도가들이 병권을 장악하지 못하게, 군무 전담기관인 삼군부를 부활시켰다.

당백전

상평통보에 비해 액면가는 100배였으나, 실질가치가 5~6배에 그쳐 물가가 크게 올라, 백성의 불만이 컸다.

병인양요

신미양요

① 흥선대원군의 집권과 외세의 침략

시대배경

세도정치의 폐해가 극심하던 시기에 등장한 이하응은 왕의 아버지인 대원군 신분으로 섭정 정치를 한다. 그는 왕의 권위를 회복하고 세도정치의 폐해를 극복하고자 과감한 정책을 추진하였지만, 지나친 쇄국정책은 조선의 근대화에 방해가 되었다.

■ 흥선대원군의 내치

- **세도정치 폐해 극복** : 비변사를 혁파하고 의정부 기능을 회복하였고, 삼군부를 부활시켜 군국기무를 전담하게 했다. 1871년 붕당의 본거지인 서원을 47개소만 남기고 정리하였으며, 만동묘를 철폐했다.
- **법전 편찬** : 『대전회통』을 편찬해 통치 체제를 정비했다.
- **경복궁 중건** : 왕실의 위엄을 회복하려는 목적에서 경복궁 중건을 단행했다. 비용 충당을 위해 원납전을 강제 징수하고, 당백전 발행을 남발했다.
- **군정 개혁** : 1871년 호포법을 제정해 양반에게도 군포를 징수하여, 민생 안정을 도모하고, 조세 부담을 공평히 하려고 했다.
- **전정(田政) 개혁** : 양전 사업을 실시해 은결을 색출하고, 지방관과 양반토호의 토지 겸병을 금지시켰다.
- **환곡 개혁** : 마을 자치적으로 곡식을 저장해두고 대여해주는 사창제를 실시하여 환곡의 폐단을 시정하였다.

■ 외세의 침략

- **병인박해** : 대원군은 프랑스 세력을 이용해 러시아 남하를 견제하고자 천주교에 관대하였다. 하지만 천주교도의 느린 대응과 유학자들의 천주교에 대한 반발로 인해 대원군은 천주교에 대한 정책을 바꿔 탄압한다. 1866년 1월 9명의 신부를 비롯해 약 8천명을 처형했다.
- **제너럴셔먼호 사건** : 1866년 7월 미국 상선 제너럴셔먼호가 대동강을 거슬러 올라와 통상을 요구하며 행패를 부리자, 평안감사 박규수의 지휘 하에 평양관민이 화공으로 침몰시켰다.
- **병인양요** : 병인박해를 빌미로 프랑스가 통상을 요구했다. 프랑스 극동 사령관 로즈제독이 한강을 거슬러 올라 양화진까지 지형을 살핀 후, 강화도를 침략해, 강화읍을 점령했다. 한성근 부대는 김포 문수산성에서, 양헌수 부대는 정족산성에서 프랑스군을 격퇴했다. 프랑스군은 40일 만에 철수했으나, 외규장각에 보관된 금, 은, 왕실의궤 등 각종 문화유산을 약탈했다.
- **오페르트 도굴사건** : 1868년 독일 상인 오페르트는 조선에 통상을 요구하였으나, 거절당했다. 그는 충남 덕산에 위치한 흥선대원군의 부친 남연군의 묘를 도굴하려다 실패했다. 그러자 조선인의 서양인에 대한 반감이 커졌다.

- **신미양요** : 1871년 미국이 제너럴셔먼호 사건을 구실로 통상을 요구하며 미국 아시아 함대 사령관 로 저스 제독이 강화도를 침략해, 초지진과 덕진진을 점령했다. 광성보에서 어재연 부대가 결사 항전했으나, 패전했다. 하지만 조선이 강경한 쇄국정책을 지속하자, 미국은 협상도 못하고 철수했다. 이후 조선은 전국 각지에 척화비를 세우고 쇄국 정책을 강화했다.

② 개항과 각국과 조약 체결

시대배경

흥선대원군의 강력한 쇄국정책의 한계가 드러나고, 1873년 고종의 친정이 시작된 상황에서 일본이 운요호 사건을 일으켜 조선의 강제개항을 끌어냈다. 조선은 준비 안 된 개항으로 혼선을 겪어야 했고, 일본과 맺은 불평등조약은 이후 서양각국과 맺은 조약에도 영향을 끼쳤다.

■ 흥선대원군의 하야와 고종의 친정
- **고종의 친정** : 1873년 최익현은 흥선대원군의 실정을 비판하는 상소를 올려 고종의 친정을 이끌어냈다. 그러자 민씨왕후 일족인 여흥민씨가 집권했다.
- **통상개화론 대두** : 박규수, 오경석, 유홍기 등 개화파는 통상개혁론을 주장하고, 열강의 군사적 침략을 피하기 위해 개항이 불가함을 주장했다.
- **일본의 개항 요구** : 1875년 일본은 해로 탐사 명분으로 군함 운요호를 파견해, 강화도 일대에서 군사도발을 일으키고, 초지진을 공격하고 영종도를 약탈했다. 일본은 운요호 사건을 빌미로 조선에 개항을 요구했다.

■ 조·일 수호조규(강화도 조약) 체결
- **조·일 수호조규 체결** : 1876년 2월 조선은 일본과 조약을 체결하고 개항했다. 최초의 근대적 조약으로, 일본인의 개항장 거주 허용, 치외법권 규정, 해안 측량권, 부산, 원산, 인천 3개항의 개항 조건이 달린 불평등 조약이다.
- **조·일 수호조규 부록과 무역규칙** : 1876년 8월 조·일 수호조규의 후속조치로 체결된다. 부록에서 개항장에서 10리 이내로 일본인 거류지 설정, 개항장 내 일본 화폐 사용, 일본 외교관의 여행 자유가 허용되었다. 무역규칙에서 일본상품 무관세, 무항세, 양곡 무제한 유출이 허용되었다.

■ 각국과 조약 체결
- **조선책략의 영향** : 1880년 2차 수신사로 일본에 다녀온 김홍집은 러시아를 막는 '친중국, 결일본, 연미방'의 방책을 담은 중국인 황준헌의 『조선책략』을 국내에 소개했다. 이 책이 유포되자, 미국과 외교를 맺어야 할 필요성이 대두되었다. 이만손 등이 영남유생 1만 명의 이름이 적힌 상소인 '만인소'를 올려 조선책략을 비판하고, 김홍집 처벌을 요구했다.
- **청의 알선** : 조·일 수호조규 체결 이후, 조선에서 일본의 영향력이 커지자, 청은 조선에서 세력균형을 위해 조선에 미국과 수교를 알선했다.
- **조·미 수호통상조약 체결** : 1882년 5월 미국과 맺은 조약으로, 치외법권과 최혜국 대우를 인정한 불평등 조약이었다. 반면 조선에 유리한 조항으로 관세 인정과, 미국이 조선 안보 보장을 위해 국제 분쟁 시 개입한다는 거중 조정 조항이 포함되었다.
- **보빙사 파견** : 1883년 민영익을 전권대사로 삼아 미국에 보빙사를 파견했다.
- **조·청 상민수륙무역 장정** : 1882년 임오군란을 계기로 조선에 내정을 간섭하게 된 청이 조선에 경제침투를 강화할 목적으로 체결했다. 조선이 청의 속방임을 명시하고, 청 상인의 내지 통상권을 허용했다.

용어설명

최익현(1833~1906)

고종의 친정을 이끌어낸 그는 1876년 왜양일체론을 주장하며 개항에 반대했다. 을사의병을 일으켰다가, 쓰시마 섬에 끌려가 순국했다.

서양 각국과 통상조약

통상조약	연도
조·영수호	1883
조·독수호	1883
조·이수호	1884
조·러수호	1884
조·프수호	1886
조·오수호	1892

*이 - 이탈리아,
오 - 오스트리아헝가리제국

치외법권

외국인이 자신이 체류한 국가의 국내법 적용을 면제받고 자기 국가의 주권을 행사할 수 권리로 재판권과 행정권 적용 면제, 통신과 이동의 자유를 누리게 된다.

최혜국 대우

통상, 항해 조약 등에서 한 나라가 외국에 부여하는 가장 유리한 대우를, 조약 상대국에게 자동으로 부여하는 것이다.

내지 통상권 인정

청상인에게 양화진과 서울에서 점포를 개설할 권리를 보장해주자, 뒤이어 일본 상인도 내지에서 통상을 하게 되었다. 조선의 객주, 보부상 등이 큰 타격을 받았다.

• **조·일 통상장정** : 일본과 무역규칙을 개정해 1883년 체결된다. 일본 상품에 대한 관세가 부과되고, 무제한 곡물 유출을 막는 방곡령 시행 규정이 추가되었으나, 일본에 대한 최혜국 대우가 인정되어, 일본 상인의 내륙 진출이 이루어졌다.

③ 개화정책의 추진과 위정척사 운동

■ 개화파의 형성

• **개화사상의 시작** : 박지원, 박제가 등 북학파의 실학사상을 계승하여, 1860년 대에 박규수, 유대치(의관), 오경석(역관) 등을 중심으로 문호개방과 서양 문물 도입을 주장하는 통상개국론이 등장했다.

• **개화세력 형성** : 박규수 등의 지도하에 김옥균, 박영효, 박정양, 김윤식, 김홍집, 유길준, 어윤중 등 개화세력이 형성되었다.

• **온건파와 급진파** : 임오군란 이후 청을 대처하는 방식과 개화속도에 따라 두 파로 분화된다.

	온건 개화파	급진 개화파
모델	청나라 양무운동	일본 메이지 유신
입장	점진적 개혁 추진 전통적 유교 사상을 고수하며, 서양의 과학기술을 수용하는 동도서기 주장 민씨 정권에 참여 친청 사대 정책	급진적 개혁 주장 서양의 과학기술뿐만 아니라, 사상과 제도까지 수용 천주교 허용 민씨 정권 비판 청의 간섭을 배제
인물	김홍집, 김윤식, 어윤중, 박정양	김옥균, 박영효, 홍영식, 서광범

■ 정부의 개화정책 추진

• **관제 개편** : 1880년 개화정책의 추진 총괄기구로 통리기무아문과 그 밑에 실무기구인 외교, 군사, 통상, 재정 등을 맡은 12사를 설치하였다.

• **군제 개편** : 5군영을 무위영과 장어영 2영 체제로 개편하고, 1881년 신식군대인 별기군을 설치하여 일본인 교관을 초빙했다.

〈 해외시찰단 파견 〉

구분	연도	대표	주요 사항
수신사 (일본)	1876	김기수	조·일 수호조규 후속 조치, 일동기유 보고서
	1880	김홍집	귀국 때 『조선책략』 가져옴
	1882	박영효	3차 수신사. 임오군란 사과를 위해 파견
	1881	박정양	조사시찰단. 조선책략 유포로 비밀리에 파견 근대 시설 및 문물을 시찰하고 돌아와 보고서인 「문견사건」 제출
영선사 (청)	1881	김윤식	근대기술 배우기 위해 유학생, 기술자 38명을 파견. 기기국에서 무기제조기술 습득, 기기창 설립(1883)의 계기 마련 임오군란 발생으로 1년 만에 귀국
보빙사 (미국)	1883	민영익	신문물 시찰, 서양국가에 최초 파견 사절단, 유길준은 미국에 남아 유학

▲ 1차 수신사 일행

▲ 보빙사

용어설명

지부복궐척화의소

1876년 최익현이 궁성 앞에 도끼를 메고 나아가 수교를 하시려거든 이 도끼로 신의 목숨을 쳐달라고 한 강경한 상소다.

조선책략

주일청국 참사관인 황준헌이 쓴 책으로, 『사의조선책략』이 정식명칭이다. 이 책은 조선이 개방정책과 서구문물을 수용하는 계기를 마련하는데 큰 영향을 끼쳤다.

김홍집(1842~1896)

1880년 2차 수신사로 일본에 다녀온 그는 『조선책략』을 조선에 소개했다. 1894년 1차 갑오개혁에서 군국기무처의 총재를 지냈고, 2차 갑오개혁, 을미개혁을 주도했다. 1896년 2월 아관파천 때 을미사변과 단발령에 분노한 백성들에게 뭇매를 맞아 죽었다.

■ 위정척사운동의 전개

• **위정척사 사상의 형성** : 인성물성동이(同異)논쟁 중 인물성이론을 계승한 성리학적 화이론이 형성된다. 정학(正學)인 성리학을 지키고, 다른 모든 종교나 사상(邪學)을 배척한다는 주장이 위정척사사상이다.

• **통상 반대 운동** : 1860년대 서양 열강이 통상을 요구하고 병인양요, 신미양요를 일으키자, 이항로, 기정진 등이 척화 주전론을 주장하며 흥선대원군의 척화정책을 적극 지지했다.

• **개항 반대 운동** : 1876년 일본과 조·일 수호조규 체결에 반대해 개항 반대 운동을 펼쳤다. 최익현은 지부복궐척화의소를 올려 왜양일체론을 주장하며, 개항이 절대 불가하다고 주장했다. 유인석은 제자들과 개항 반대 상소를 올렸다.

• **개화 반대 운동** : 1880년대 이만손, 홍재학 등이 개화 반대 운동을 펼쳤다.

■ 영남 만인소

정부가 개화 정책을 추진하고, 1880년 김홍집이 가져온 『조선책략』이 유포되자, 이에 반발하여 이만손 등이 영남의 유생 만여 명의 이름을 올린 「영남만인소」를 올렸다.

김홍집	『조선책략』을 유포한 김홍집 처벌 요구
청	우리가 신하로서 2백 년 넘게 섬기는 나라. 더 친할 것이 없다.
일본	우리에게 매여 있던 나라. 3포 왜란, 임진왜란 숙원이 남았는데, 그들이 우리가 허술한 것을 알고 공격해오면 어떻게 막겠는가?
미국	우리가 본래 모르던 나라. 타인의 권유로 불렀다가, 우리의 허점을 보고 요구를 강요하면 어떻게 대응할 것인가?
러시아	우리와 혐의가 없던 나라. 이간질하는 말을 믿고 틈이 생기면 우리의 위엄이 손상된다. 이를 구실로 침략해올까 두렵다.

• **항일의병 운동** : 위정척사운동은 항일의병운동, 무장 독립 운동으로 계승된다. 1890년대 일본의 국권 침탈이 노골화되고, 1895년 을미사변과 단발령을 포함한 을미개혁이 시행되자, 유인석, 이소응 등이 중심이 되어 항일의병 운동을 시작하였다.

• **위정척사운동의 계승** : 1905년 을사늑약 체결에 반대한 최익현, 그의 제자로 1912년 고종의 밀지를 받아 독립의군부를 조직한 임병찬, 1923년 통의부에서 탈퇴하여 의군부를 조직한 전덕원 등 복벽과 등으로 계승된다.

• **위정척사운동의 한계** : 외세의 정치, 경제 침략에 저항하는 반침략, 반외세 운동이지만, 봉건적 지배체제를 고수하여 근대사회 전환에 장애가 되었다.

용어설명

별기군

일본군을 모델로 삼아, 양반 80명을 모아 창설한 신식무기를 사용하는 군대였다. 일본공사의 추천으로 임명된 일본인 교관이 훈련시켜 왜별기라 불리기도 했다. 구식군인에 비해 급료, 옷 등 대우가 좋아, 구식군인의 박탈감을 일으켰다.

청 - 프 전쟁

베트남 북부 통킹을 프랑스가 차지하기 위해, 베트남에 대한 종주권을 내세운 청과 1884년 8월~1885년 5월까지 싸운 전쟁. 1885년 6월 톈진조약으로 청은 프랑스의 베트남 지배권을 인정했다.

지조법

토지와 관련해 세금을 매기는 세금법

갑신정변 주역 급진개화파 - 박영효(맨왼쪽), 서광범, 서재필, 김옥균

④ 개화의 진통

■ 임오군란(1882)

• **배경** : 1881년 양반자제로 구성된 신식군대인 별기군이 창설되었다. 별기군은 민씨 정권 사병으로 이용되며 좋은 대우를 받았다. 반면 구식군인은 13개월분 녹봉미를 지급받지 못했다. 겨우 받은 1달치 녹봉미도 모래가 반이 섞였다. 일본의 경제적 침탈로 인한 곡물 유출로 쌀값이 폭등하고 서민 생활이 악화된 상황에서 차별대우를 받은 구식군인의 불만이 폭발했다.

• **구식군인의 봉기** : 1882년 구식군인들이 봉기를 일으켜, 선혜청과 정부 고관의 집을 습격하고, 일본인 별기군 교관을 죽이고 일본 공사관을 포위해 불을 질렀다. 군인들이 궁궐을 습격하자, 민씨왕후는 충주로 피신을 갔다. 대원군은 임오군란 수습을 위해 재집권하여, 통리기무아문과 별기군, 무위영, 장어영을 폐지하고, 기존 5군영 군제로 복귀시키며 개혁을 중단했다.

• **청나라의 개입으로 인한 실패** : 민씨 일파가 청에 원병을 청했고, 청나라는 군대를 파견해 임오군란을 진압한다. 청은 흥선대원군에게 군란의 책임을 물어 청으로 압송하여, 1885년까지 톈진에 억류했다.

• **청나라의 간섭 심화** : 민씨 일파가 재집권하게 되었지만, 청에 대한 의존이 크게 심해졌다. 청 군대가 조선에 상주하였으며, 마젠창, 묄렌도르프 등 고문을 파견해 조선의 내정과 외교를 간섭했다. 1882년 청 상인에게 내지 통상권을 허용한 조·청 상민 수륙무역장정이 체결되었다.

• **제물포 조약의 체결** : 1882년 일본에 대한 배상금 지불과 일본 공사관의 경비병 주둔을 인정하는 제물포 조약이 체결되었다.

■ 3일 천하 갑신정변

• **배경** : 임오군란 이후, 청의 내정 간섭이 심해지고, 개화 정책이 후퇴하면서, 개화당의 입지가 위축되었다. 1884년 청 - 프 전쟁으로 청은 조선에 주둔한 군대의 절반을 베트남 전선으로 이동시키자, 이를 틈탄 급진개화파들은 일본공사로 부터 군사적, 재정적 지원을 약속받고, 정변을 모의했다.

▲ 갑신정변 전개

• **정변의 발생** : 1884년 10월 김옥균, 박영효, 서광범, 홍영식 등 급진개혁파는 우정총국 개국 축하연을 기회로 수구 사대당 요인을 살해하고 정변을 일으켜 개화당 정부를 수립했다. 민씨 일파의 요청에 의해 청군이 개입하며 창덕궁으로 진입하였다. 개화당정부를 지지한 일본군이 철수하며, 정변은 3일 만에 실패로 끝났다.

• **정변의 의의** : 개혁정강 14개조를 발표하는 등 근대 국민국가 수립을 목표로 한 최초의 위로부터 개혁운동, 근대화 운동이었다. 하지만 개화당의 준비부족과 민중의 지지 기반 미약, 청의 개입과 일본의 배신으로 실패했다.

• **개혁정강 14개조 내용** : 청에 대한 사대관계 폐지, 문벌 폐지, 인민평등권, 연좌제 폐지 등 봉건적 신분제도 철폐, 국가 재정을 호조로 일원화, 혜상공국 폐지, 내각 중심 정치 실현, 지조법 개혁 등을 담고 있다.

• **갑신정변의 결과** : 친청 보수 세력이 장기 집권하게 되면서, 개화 세력이 도태되며, 조선의 개혁은 더욱 후퇴하게 되었다. 청의 간섭이 커졌다.

■ 갑신정변 정세 변화

- **급진개화파의 몰락** : 갑신정변 직후 조선 정부는 이 사건을 역모로 규정하고, 주모자를 대역죄인으로 공표했다. 홍영식 등은 처형당하였고, 김옥균, 박영효, 서광범, 서재필 등은 일본으로 망명했다.
- **한성조약 체결(1884)** : 조선이 일본의 억지 요구에 의해 일본 공사관 신축 비용을 부담하고 배상금을 지불하게 되었다.
- **텐진조약 체결(1885)** : 청·일 군대가 함께 조선에서 철군하고, 파병할 경우 상호통보를 약속했다. 이 조약은 1894년 청일전쟁의 원인이 된다.
- **청 - 일의 대립 심화** : 조선에서 청의 내정 간섭이 심화되고, 청 상인의 조선에 대한 경제침투가 가속화되자, 조선에서 일본의 경제력 우위가 약화된다.
- **혜상공국(1883) 설치** : 청과 일본의 경제침투가 가속화되자, 정부는 보부상을 보호할 목적으로 보상과 부상을 통괄 관리하고 외국상인의 침투를 막기 위해 혜상공국을 설치했다.

■ 러시아의 등장

- **조선의 러시아 접근** : 외교 고문 묄렌도르프가 러시아와의 수교를 권유하여, 1885년 조·러 수호 통상 조약을 체결했다. 조선은 1885년과 1886년 러시아와 비밀 협약을 했다. 러시아 군사 교관의 파견과 열강 보증에 의한 조선 중립화 등을 협의하며 청의 내정 간섭을 벗어나고자 했으나 실패했다.
- **거문도 사건** : 러시아가 조선에 밀착하자, 러시아의 남하를 막으려는 구실로 영국이 1885년부터 1887년까지 거문도를 불법 점령했다. 청나라의 중재로 영국군이 철수하였으나, 이를 계기로 청의 조선에 대한 간섭이 강화되었다.

▲ 조선을 둘러싼 열강의 각축

- **조선중립화** : 독일 부영사 부들러는 조선을 영세 중립국으로 하는 조선의 중립화론을 제창했고, 유길준 역시 한반도 중립화 방안을 제기했다.

〈청, 일본, 러시아의 조선 각축〉

1876~1882	일본 침투, 조선개항 주도, 통리기무아문 설치
1882~1884	청이 임오군란, 갑신정변 제압, 청은 조선을 속방 취급
1885~1894	청·일 백중세. 양국 군대 철수
1894~1896	청·일 양국 출병, 청일전쟁에서 승리한 일본 우세, 을미사변
1896~1897	삼국간섭, 러시아 우세, 아관파천

☀️ **주요한 기출 키워드**

- 동학 농민운동 - 집강소, 폐정개혁안, 우금치 전투, 교정청 설치
- 갑오개혁 - 공사 노비법 혁파, 과거제 폐지, 홍범14조
- 을미개혁 - 삼국간섭, 을미사변, 건양 연호, 아관파천, 을미의병
- 독립협회 - 만민공동회, 헌의 6조, 황국협회,
- 대한제국 - 광무 연호, 구본신참, 대한국 국제 반포, 양전사업과 지계 발급
- 국권 피탈 - 고문통치, 제1차 한·일 협약, 통감부, 을사늑약, 헤이그 특사
- 국권 수호 - 13도 창의군, 대한자강회, 국채보상운동, 보안회, 신민회, 안중근

용어설명

사발통문

주동자를 알 수 없도록 참가자 이름을 빙 둘러가며 적고, 여러 사람에게 알린 문서다.

동학혁명 백산 창의비

황룡촌 전투

동학농민군이 장태를 이용해 승리했다.

동학 농민군 4대강령

1. 함부로 생명을 죽이지 않는다.
2. 충효하며, 세상을 구하고 백성을 편안히 한다.
3. 왜놈을 몰아내고 나라 정치를 바로잡자
4. 서울로 처들어가 권귀를 모두 제거한다.

시대배경

제국주의 열강의 정치, 경제, 사회적 침탈에도 불구하고, 조선 정부의 대응은 안일했다. 민중들의 삶은 더욱 어려워졌다. 동학농민운동은 백성들의 자발적인 구국운동이었다. 청과 일본의 간섭으로 개혁의 길은 왜곡되었지만, 그럼에도 불구하고 근대국가 수립을 위한 노력은 계속되었다.

1 동학농민운동

■ 동학의 교조 신원운동

교조 최제우가 1864년 혹세무민의 죄명으로 처형되었으나, 2대 교주 최시형이 포접제를 실시하며 교세를 삼남 일대로 크게 넓혔다. 동학교도들은 1892년 삼례 집회에서 교조 신원과 포교의 자유를 요구하고, 1893년에는 서울에서 교조 신원을 위한 복합 상소를 올렸다. 보은 집회에서는 척왜양창의(斥倭洋倡義) 주장을 펼쳐 종교 운동에서 정치사회 운동으로 발전했다. 교조 신원운동은 동학농민전쟁의 선행운동이었다.

■ 제1차 동학 농민 봉기(1894.3)

- **배경** : 민씨 정권의 부패, 일본과 청 상인의 경제적 침투, 당오전 남발로 인한 물가 상승 등으로 서민 경제가 어려워졌다. 고부 군수 조병갑이 만석보를 쌓게 하고 수세를 강제로 징수하는 탐학이 농민의 분노를 일으켰다.
- **고부 농민봉기(1894.1)** : 전봉준 등이 사발통문을 돌려 봉기를 모의했다. 그의 지휘 하에 관아를 습격하고, 만석보를 파괴했다. 후임 군수 박원명의 시정 약속을 받고 자진 해산하였다.
- **제1차 봉기(1894.3)** : 고부 농민봉기 수습을 위해 파견된 안핵사 이용태가 농민들에게 보복했다. 그러자 전봉준, 손화중, 김개남 등 동학 지도자들이 농민군을 조직해 무장 봉기를 일으켰다. 고부군 백산에서 4대 강령과 보국안민과 제폭구민(除暴救民)의 격문을 발표하고 본격적인 투쟁을 시작했다.
- **황토현 전투(1894.4.7)** : 동학 농민군은 황토현 전투에서 전라도 감영군을 격퇴했다.
- **황룡촌 전투(1894.4.23)** : 동학 농민군은 남하하여 장성 황룡촌 전투에서 장태 등을 사용하여 관군을 격파하였다.
- **전주성 점령(1894.4.27)** : 동학 농민군은 전라도 주요지역을 점령하고 전주성을 점령했다. 그러자 민씨 정권은 청에 원병을 요청했다.
- **청군과 일본군의 출병 (1894.5.5~5.6)** : 청군이 아산만에 상륙하자, 일본군은 톈진조약을 구실로 삼아 다음날 인천에 군대를 상륙시켰다.
- **전주화약 (1894.5.8)** : 동학 농민군은 청과 일본의 군사개입을 차단하기 위해, 정부와 폐정개혁안 시행을 조건으로 전주화약을 맺고 자진해산했다.

- **집강소 설치와 폐정 개혁안 시행** : 폐정개혁안을 시행하기 위해 전라도 각 군현에 농민 자치기구인 집강소를 53곳에 설치했다. 폐정개혁 12개 조에는 노비 문서를 소각하고 백정의 평량갓을 없애며, 토지의 평등한 분배, 무명 잡세의 폐지, 과부의 재가 허용, 탐관오리와 횡포한 양반, 왜와 통하는 자를 엄징하는 등 반봉건, 반외세 성격을 담고 있다.
- **교정청 설치(1894.6.11)** : 정부는 내정 개혁을 추진하기 위해 교정청을 설치했다.

■ 일제의 침략
- **경복궁 무력 점령(1894.6.21)** : 전주화약 이후 조선정부는 청군과 일본군의 철수를 요청했다. 일본군은 철군을 거부하고, 경복궁을 무력 점령했다. 친일 내각을 앞세워 내정 개혁을 간섭했다.
- **청·일 전쟁 개시(1894.6.23)** : 일본군은 아산만에 정박한 청나라 함대를 기습 공격하여 청·일 전쟁을 일으켰다. 일본군은 청군을 거듭 격파하였고, 고종은 경복궁에서 일본군의 감시를 받게 되었다.

■ 제 2차 동학 농민봉기(1894.9)
- **동학 농민군 재봉기** : 동학 농민군은 일본군을 축출하고, 친일 관리를 처단하는 '보국안민(輔國安民)'을 기치로 내걸었다. 전봉준이 지휘하는 동학의 남접은 물론, 동학 교주 최시형의 지시로, 손병희가 지휘하는 북접까지 동학교단 전체가 참여하여 논산에 집결했다.
- **우금치 전투의 패배(1894.11)** : 남북접이 연합한 동학 농민군은 북상하여, 공주 우금치에서 일본군과 관군을 상대로 격전했다. 1주일간 50여회 전투에서 개틀링 기관총 등 신식무기를 앞세운 일본군에게 대패하였다.
- **전봉준 체포(1894.12.2)** : 동학 농민군 지도자 전봉준이 전라도 순창에서 체포되었고, 김개남, 손화중 등 동학 농민군 지도자들도 체포되어 처형되며 봉기가 좌절되고 말았다.

■ 동학 농민 운동의 의미와 한계
신분제 폐지를 비롯한 정치, 사회 개혁을 요구한 반봉건 투쟁으로 갑오개혁에 영향을 주었다. 동학 농민 운동은 일본 침략과 내정 간섭에 저항하는 반침략 투쟁 운동이었다. 동학 농민군 잔여 세력은 의병에 참가했다. 2차 동학 농민봉기는 의병의 성격이 강한 반일 무력항쟁이었다. 하지만 근대 국가 건설을 위한 정치 개혁안 제시에는 미흡했고, 일본군의 무장을 넘어설 역량이 부족했다.

〈 동학농민운동 전개과정 (1894년) 〉

사건	일 자	주요 내용
고부 농민 봉기	1월	고부군수 탐학, 고부관아 습격
백산 봉기	3월	4대 강령, 제폭구민, 보국안민 격문
황토현 전투	4.7일	관군에 승리
황룡촌 전투	4.23일	장태 등 신무기 이용 관군에 승리
전주성 점령	4.27일	전주성 점령하자, 정부가 청에 원군 요청
청군, 일본군 출병	5.5~6일	텐진조약에 따라 일본군도 출병
전주화약	5.8일	외세 개입차단, 폐정개혁안, 집강소 설치
경복궁 점령당함	6.21일	친일 내각 수립, 청일 전쟁 개시(6.23)
남북접 논산 집결	9월	농민 재봉기, 동학교단 전부 참여
우금치 전투	11월	북상 중 일본군과 관군에 대패
전봉준 체포	12.2일	지도부 체포로 동학 농민운동 좌절

용어설명

1차 동학 농민 봉기

청일전쟁

청나라에게 대승을 거둔 일본은 1895년 3월 시모노세키 조약을 체결해, 막대한 배상금과, 랴오둥반도 등을 할양받는다. 전쟁 승리로, 일본은 조선에서 정치, 경제적 우위를 확보한다.

남접과 북접

동학은 교주아래에 수십 개의 포가 있고, 포의 대접주 아래 수십 명의 접주가 있는 포접제라는 조직망을 갖추고 있다. 남접은 전라도지역 급진파, 북접은 충청도지역 온건파가 이끌었다.

개틀링 기관총

한 번에 엄청난 총알을 발사할 수 있는 신식무기로, 우금치 전투에서 동학 농민군이 대량 학살당한 원인이 되었다.

집강소

동학교단에서 접의 수령인 접주를 집강이라고 한데서 유래했다. 집강소는 관아에 설치되어, 동학교도가 고을의 집강이 되어 지방 치안질서를 유지했고, 임원을 두어 행정사무를 맡았다. 전주에 집강소 본부인 대도소를 두었다.

용어설명

홍범14조

2차 갑오개혁 직후인 1894년 12월 발표된 우리나라 최초의 근대적 정책백서이자, 최초의 헌법적 성격을 가진 문서다. 청에 의존하지 않고 자주독립의 기초를 세우며, 왕실규범을 제정하며, 의정부와 각 아문의 직무 권한을 명확히 하며, 인재 등용의 길을 넓히자는 내용 등이 담겼다.

교육입국조서

1895년 2월 교육에 관한 조칙으로, 국가의 부강은 국민의 교육에 있다고 천명하였다. 이를 실천하기 위해 한성사범학교와 소학교 등이 설립된다.

7부

내부, 외부, 탁지부, 군부, 법부, 학부, 농공상부로, 8아문 가운데 공무와 농상아문을 농공상부로 통합했다.

② 갑오개혁과 을미개혁

■ 제1차 갑오개혁(1894.6.25~12.17)

• **군국기무처 설치(1894.6.25)** : 동학농민군이 제시한 폐정개혁안 등으로 인해 개혁의 필요성을 갖게 된 조선 정부는 교정청을 설치(6.11)하고 자주적 개혁을 시작한다. 그러나 일본이 경복궁을 무력 점령(6.21)한 후, 군국기무처를 설치하면서 교정청 역할을 대신했다.

• **정치 구조의 변화** : 일본은 흥선대원군을 섭정으로 하는 제1차 김홍집 친일 내각을 탄생시켰다. 1차 갑오개혁의 핵심기구인 군국기무처는 정치, 군사에 관한 모든 사무를 맡아, 왕권을 약화시켰다.

• **갑오개혁에서 발표된 개혁안** : 갑신정변 개혁 정강, 동학 농민군의 폐정 개혁안이 일부 반영되었다.

정치	청의 연호를 폐지하고 개국 기원을 사용 - 청과 사대관계 청산 궁내부와 의정부를 분리해 왕실의 간섭을 배제 과거제도를 폐지하고 능력 위주 인사 제도 마련 6조를 8아문으로 개편, 총리대신이 국정 총괄 경무청 신설로 경찰제도 실시
경제	탁지아문으로 국가 재정 일원화(왕실 재정 통합) 은본위 화폐제도 실시 조세 금납제 실시 도량형 통일
사회	반상의 신분제 철폐하고, 공사 노비법을 혁파 인신매매 금지, 과부 재가 허용, 조혼 금지, 연좌율과 고문 금지 등 봉건적 악습 타파

■ 2차 갑오개혁(1894.12.17~1895.7.6)

• **실시 배경** : 일본이 청일 전쟁에서 승기를 잡자, 조선을 보호국으로 삼기 위해 적극적으로 개혁을 간섭하기 시작했다. 일본은 흥선대원군을 퇴진시키고, 군국기무처를 폐지시켰다. 2차 김홍집, 박영효 연립 내각을 내세웠다.

• **개혁 추진** : 1894년 12월 17일 고종은 종묘에 나가 자주독립을 천명한 독립 서고문과 개혁의 방향을 제시한 홍범14조를 반포했다.

〈개혁 내용〉

정치	의정부를 내각으로, 8아문을 7부로 개편 지방을 8도에서 23부로 개편(부, 목, 군, 현을 군으로 통일) 지방관의 사법권과 군사권 폐지, 재판소를 설치해 사법권 독립
경제	탁지부 산하 관세사, 징세사 설치, 육의전, 상리국 폐지
군사	훈련대와 시위대 설치
사회	교육입국 조서 반포해 근대식 교육제도 마련 한성사범학교관제, 소학교 관제, 외국어 학교 관제 마련

• **개혁 중단** : 박영효가 반역 음모 사건에 연루되어 일본으로 망명하고, 온건개화파와 친러파의 연립내각인 제3차 김홍집 내각이 성립되어 중단되었다.

■ 을미사변(1895.8.20)
• 배경 : 청일 전쟁에 승리한 일본은 청과 시모노세키조약을 체결(4.23)하여 랴오둥 반도를 할양받았다. 하지만 러시아, 프랑스, 독일 3국이 일본을 압박하여 랴오둥 반도를 청에게 되돌려준 삼국간섭(5월 5일)이 발생하였다. 그러자 조선 정부는 러시아의 힘을 빌려 일본의 간섭과 지배를 벗어나고자 했다. 친러 내각인 제3차 김홍집 내각이 등장하자 일본이 불안해했다.
• 을미사변 : 일본은 조선 내 영향력이 약화되자, 이를 만회하기 위해 친러 내각 수립에 결정적 역할을 한 민씨왕후를 살해하고자, 일본 낭인을 동원해 경복궁 내 건청궁 옥호루에서 민씨왕후를 시해했다.
• 친일내각 수립 : 을미사변 이후 친러 내각이 붕괴되고 친일 관료 중심의 제4차 김홍집 내각이 수립된다.

■ 을미개혁(1895.8.20~1896.2.11)
• 특징 : 친일적인 성격이 가장 강한 개혁으로 3차 갑오개혁이라고도 한다.

〈개혁 내용〉

정치	건양 연호 사용
사회	음력 폐지하고 태양력 사용 종두법 시행, 소학교 설립, 우편 사무 재개 단발령 시행 (1895.11.15일 공포, 1896년부터 시행)
군사	친위대 (중앙), 진위대 (지방) 설치

• 을미개혁 반발 : 을미사변과 단발령 시행에 반발하여, 전국적으로 을미의병이 봉기하였다.
• 아관파천(1896.2.11) : 을미사변 이후 경복궁에서 사실상 감금되었던 고종이 러시아 공사 웨베르의 지원을 받아 러시아 공사관으로 거처를 옮기는 아관파천을 단행하여 1년간 머물게 된다. 이에 따라 김홍집 내각이 붕괴되고 단발령을 비롯한 을미개혁이 중단되었다.
• 갑오, 을미개혁의 의의와 한계 : 갑신정변과 동학 농민운동에서 제기된 개혁 요구가 일부 반영되고, 신분제 철폐 등 전 분야에 걸쳐 근대적 개혁이 실시되었다. 반면 토지개혁, 상공업 진흥, 국방력 강화 등 자주근대국가 수립에 필요한 개혁에 소홀했다. 근대화를 이루는 계기가 되기도 하지만, 일제가 조선을 침략하는 발판이 되었다.

〈1차, 2차 갑오개혁, 을미개혁 비교〉

1차 갑오개혁	2차 갑오개혁	을미개혁
1894.6.25~1894.12.17	1894.12.17~1895.7.6	1895.8.20~1896.2.11
개국 연호 사용		건양 연호 사용
6조를 8아문으로 개편	8아문을 7부로 개편	태양력 채택
궁내부와 의정부 분리	내각제 도입	단발령 시행
과거제 폐지	훈련대와 시위대 설치	친위대, 진위대 설치
신분제 폐지	8도를 23부로 개편	종두법 시행
재정 일원화	재판소 설치(사법분리)	우편사무 재개

용어설명

러시아의 부상

삼국간섭의 대가로 러시아는 만주 동청 철도 부설권을 따내고, 1898년 여순, 대련의 조차권을 얻는다. 만주에 대한 러시아의 권한이 강해지자, 일본과 대립도 커졌다.

건청궁

경복궁 후원에 있는 궁궐로, 1873년 고종이 흥선대원군을 벗어나 친정을 선언하면서 지어졌다. 1887년 미국 에디슨전기회사가 발전기를 설치해 처음 전깃불이 켜진 곳은 건청궁 내 고종의 침전인 장안당이었다. 옥호루는 왕비의 거처인 곤녕합의 남쪽 누각이다.

태양력 사용

1895년까지 모든 날자는 음력을 사용하였으나, 1895년 11월 16일 다음날을 양력 1896년 1월 1일로 삼으면서, 이때부터 모든 날자는 양력을 사용하게 된다.

종두법

소에 감염된 천연두 균을 이용하는 천연두 치료법으로, 1796년 영국인 제너가 발견했다. 지석영이 1879년 제너의 방법을 조선에서 실시했고, 을미개혁에서 전국에 보급되었다.

용어설명

서재필(1864~1951)

갑신정변의 주역으로, 정변 실패 후 미국으로 망명해 의사면허를 취득했다. 1895년 말 귀국 후, 중추원 고문에 임명되었고, 독립협회를 설립했다.
1898년 5월 조선정부와 갈등으로 미국으로 돌아갔다. 3.1운동 이후 사재를 팔아 독립운동을 후원했다.

독립문

청 사신을 맞이하던 영은문이 헐린 자리에 국민성금으로 건립되었다. 청 사신 영접장소인 모화관은 독립관으로 개조되었다.

대한제국 중추원

1894년 국왕의 자문기관으로 설립되었다.
국민대표자를 정치에 참여시켜 달라는 독립협회와 만민공동회 요구로 황제/정부가 지목한 의원과 민선의원으로 구성되었다. 입법 기능이 일부 부여되었지만, 독립협회와 만민공동회가 해산된 후, 황제의 형식적 자문기관으로 전락했다.

③ 독립협회 활동과 대한제국

■ 아관파천 이후 열강의 이권 침탈

고종이 일본의 위협을 피해 외국공사관이 몰려 있는 정동지역에 위치한 러시아 공사관에 1년간 거처함에 따라, 조선에서 러시아를 비롯한 서양세력의 영향력이 커졌다. 이 시기 조선에서 열강들의 이권 침탈이 가속화된다. 이에 따라 국권을 수호하기 위한 민간의 움직임이 벌어졌고, 대표적인 단체가 독립협회다.

■ 독립협회

- **독립신문 창간(1896.4)** : 갑신정변 실패로 미국에 망명했던 서재필이 귀국하여 독립신문을 창간하여, 자주 국권과 자유 민권사상을 전파했다.
- **독립협회 창립(1896.7)** : 서재필, 이상재, 남궁억, 김가진 등 개화 지식인과 관료들이 창립했다. 신지식층, 관료, 학생, 교사, 노동자, 여성 등 다양한 계층이 참여하여, 사회단체에서 대중 정치 단체로 발전했다.

〈독립협회 활동〉

자주 국권 운동	고종의 환궁 요구, 독립문 건립(1897.11), 만민공동회 개최(1898.3) 등을 통해 러시아 이권 침탈을 저지(러시아 군사교관과 재정고문 철수, 한·러 은행 폐쇄, 절영도 조차 요구 저지)하였다.
자유 민권 운동	강연회, 토론회 등을 통해 민중에게 근대적 지식을 전파하고, 남녀 차별제도를 본격적으로 비판하고 폐지를 주장했다. 법률과 재판에 의한 신체 자유와 재산권 보호 운동 전개 언론, 출판, 집회, 결사 자유 주장 국민 참정권 운동으로 민의를 국정에 반영하는 근대적 개혁을 추진하였다.
자강 개혁 운동	관민 공동회 개최(1898.10) - 박정양 내각 관료가 참여했다. 헌의6조 결의 : 고종이 이를 재가하고, 보완하는 조칙 5조를 발표해 개혁을 실행할 것을 표명했다. 의회 설립 운동 : 독립협회 제안을 정부가 받아들여 중추원 관제 개편을 추진했고, 중추원 개편을 통한 의회 설립이 추진되었다.

- **헌의6조 내용** : 1. 외국인에게 의존하지 말고 관민이 협력하여 전제 황권을 공고히 할 것. 2. 외국과 이권에 관한 계약과 조약은 각 대신과 중추원 의장이 공동 날인하여 시행할 것. 3. 국가 재정은 탁지부에서 주관하고, 예산과 결산을 국민에게 공포할 것 4. 중대 범죄를 공판하되, 피고의 인권을 존중할 것. 5. 칙임관을 임명할 때 정부에 그 뜻을 물어 중의에 따를 것. 6. 정해진 규정을 실천할 것.
- **친러 보수파의 반격** : 독립협회가 전제황권을 지지했음에도 불구하고, 보수파들은 의회설립과 입헌군주제 실시 주장을 왕정을 폐지하고 대통령이 다스리는 공화정을 추진하는 것이라고 모함했다.
- **독립협회 해산(1898.12)** : 독립협회가 만민공동회를 개최하자, 정부는 홍종우 등이 만든 황국협회를 동원해 만민공동회를 습격하고, 군대를 동원해 만민공동회를 강제해산시켰다. 황제권에 집착한 고종은 이상재 등 독립협회 간부를 체포하고, 독립협회 해산명령을 내렸다.
- **독립협회의 의의** : 우리나라 최초 민주주의 정치 운동이자, 자주적 근대화 운동으로 애국 계몽운동에 영향을 주었다.

■ 대한제국의 수립(1897.10.12)

- **고종의 환궁** : 독립협회, 을미의병 등 고종의 환궁을 요구하는 여론이 높아지자, 고종은 1897년 2월 20일 아관파천 1년 만에 경운궁으로 돌아왔다.
- **대한제국 선포** : 환궁 이후, 관리들은 황제가 없으면 독립도 없다고 주장하며, 칭제건원을 건의했다. 러 - 일 세력 균형 상황에서 조선의 자긍심을 높이자는 여론이 거세지자 고종은 새로 환구단을 건립하고, 환구단에서 황제 즉위식을 거행했다. 연호를 광무, 국호를 조선에서 대한제국으로 변경했다.

▲ 20세기 초 환구단

■ 광무개혁 추진

- **특징** : 대한제국 선포와 함께 고종은 자주적인 개혁을 추진하고자 했다. '구본신참'을 개혁의 원칙으로 표방하였고, 복고주의적 성격을 띠고있다.

〈개혁의 내용〉

정치	대한국 국제 반포(1899) - 황제가 군대통수권, 입법권, 행정권 등 모든 권한을 가진 전제군주임을 강조 황실 재정 강화 - 내장원을 설치해 광산, 철도, 수리, 백동화 주조 수입을 황실 재정으로 귀속시킴
군대	원수부(1899.6)를 설치해 황제가 군대 통솔 시위대 재설치, 친위대(서울), 진위대(지방)를 증강
경제	재정확보를 위해 양지아문(1898)과 지계아문(1901)을 설치 양전사업을 실시하여 근대적 토지소유증명서인 지계를 발급 식산흥업 정책을 추진하여 근대적 공장과 시설 설립을 지원 근대 시설 도입 - 전화, 전차, 철도 부설(경인선, 경부선, 경원선, 경의선) 등 교통 통신시설 확충
사회	상공학교를 비롯한 관립학교를 세우고, 근대 산업 기술 습득을 위해 외국에 유학생 파견

- **광무개혁의 의의와 한계** : 자주적 입장에서 근대화를 지향한 개혁이지만, 열강의 간섭을 배제하지도 못한 채 황제권 강화에 초점을 둔 시대에 뒤처진 개혁이었다.

■ 대한제국의 활동

- **독립협회 탄압** : 강력한 황제권을 바탕으로 한 개혁을 지향한 대한제국은 입헌 군주제를 지향한 독립협회를 탄압해 강제 해산시켰다.
- **한·청 통상 조약(1899.9)** : 청과 대등한 관계에서 근대 조약을 체결했다.
- **간도관리사 이범윤 파견(1903)** : 교민을 보호하고, 간도를 함경도 행정구역으로 편입시켰다.
- **대한제국 칙령 41호(1900)** : 울릉도, 독도를 관할 영토로 명시하였다.
- **국외 중립 선언 (1904.1.21)** : 대한제국은 전시 국외중립을 선언하여, 영국, 프랑스, 중국 등이 조선의 중립선언을 승인했다.
- **러·일 전쟁(1904.2.8)과 대한제국** : 전쟁이 발발하자, 일본은 이를 무시하고 조선에 군대를 진입시켰고, 대한제국의 개혁은 대부분 중단되었다.

이준(1859~1907)

그는 1904년 일본의 황무지 개발을 저지한 보안회에 참여했다. 1905년 헌정연구회를 창설, 1907년 항일비밀결사 단체인 신민회 조직에도 참여했다.
헤이그 특사단의 부사가 되어 헤이그에 도착했으나 만국평화회의에 참여하지 못하게 되자, 격분하여 그곳에서 순국하였다.

민영환(1861~1905)

1896년 러시아 황제 대관식에 참여하기 위해 세계를 일주하였고, 1897년 영국여왕 즉위식에도 참여해, 서구의 근대화 모습을 체험했다. 그는 내부대신 등을 역임했다. 을사늑약이 체결되자 국민에게 각성을 요망하는 유서 등을 남기고 자결했다.

나철(1863~1916)

1907년 자신회를 이끌고 을사오적 암살 활동을 주도한 나철은 1909년 단군교(대종교)를 창시했다. 1910년 대종교로 이름을 바꾼 후, 교세를 급격히 확장했다. 만주에서 활동한 독립운동가의 다수가 대종교도일 정도로 독립운동에 큰 영향을 끼쳤다.

④ 일제 침략과 국권 피탈

■ 러·일 전쟁(1904.2.8)

- **발단** : 조선에서 러시아의 영향력이 강해지자, 1902년 일본은 제1차 영·일 동맹을 체결하여 러시아를 견제한다. 1903년 러시아가 압록강 지역 삼림 채벌권 보호를 구실로 압록강 하구 용암포를 점령해 군사기지를 건설하며 조차권을 요구하자, 일본, 영국, 미국이 반대하여 실패한다. 용암포 사건으로 러시아와 일본의 대립이 격화된다.
- **러·일 전쟁 개시와 일본의 조선 침략** : 1904년 2월 일본은 러시아를 선제 공격하고, 군대를 보내 서울을 강제 점령하고, 강제로 조약을 체결한다.

■ 일제의 강압에 의한 조약 체결

- **한·일 의정서(1904.2)** : 대한제국이 대외중립을 선언(1904.1.21)했음에도 불구하고, 일본은 무력을 앞세워 조약 체결을 강요했다. 한·일 의정서 4조에 따라 일본은 전쟁 수행에 필요한 대한제국 내 군사기지 사용권을 얻었다.
- **제1차 한·일 협약(1904.8)** : 일본은 러·일 전쟁에서 전세가 유리해지자, 한국에 고문을 추천하는 내용의 조약을 체결한다. 이때 일본인 메가타(재정)와 미국인 스티븐스(외교)가 고문으로 파견된다. 이때부터 고문통치가 시작되어 일본의 내정 간섭이 확대된다.

■ 열강의 일본의 한국 지배권 승인

- **가쓰라·태프트 밀약(1905.7)** : 1905년 5월 일본은 쓰시마해전에서 러시아에 결정적인 승리를 거두게 된다. 이후 일본은 미국과 밀약을 체결해, 한국에 대한 일본의 우월권을 인정받고, 대신 필리핀에 대한 미국의 권리를 인정하는 조약을 체결한다.
- **제2차 영·일 동맹(1905.8)** : 영국은 일본의 한국 지배권을 인정하였다.
- **포츠머스 강화조약(1905.9)** : 러·일 전쟁에서 승리한 일본은 포츠머스 강화조약을 통해 한국에 대한 일본의 지배권을 러시아로부터 인정받는다.

■ 제2차 한·일 협약 (을사늑약, 1905.11)과 저항

- **강제 조약 체결** : 러일전쟁에서 승리한 일본은 고종과 대신들을 위협해 을사늑약 체결을 강요한다. 이완용, 이지용, 이근택, 박제순, 권중현 등 을사오적을 앞세워 조약을 체결하여, 외교권을 빼앗고, 통감부를 설치하여 대한제국을 보호국으로 만들었다. 초대 통감에 이토 히로부미가 부임하였다.

■ 을사늑약 체결에 대한 저항

- **자결** : 민영환, 조병세 등이 자결로서 항거하였다.
- **논설 발표** : 장지연은 황성신문에 '시일야방성대곡' 논설을 발표하였다.
- **을사오적암살단 활동** : 나철과 오기호는 을사오적을 암살하기 위해 자신회(自新會)를 조직해 활동했다.
- **고종의 대응** : 황제의 서명 없는 대신들에 의한 조약이 무효임을 선언하고, 조·미 수호 통상조약의 거중 조정 조항을 근거로 미국에 지원을 요청했다.
- **헤이그 특사사건(1907)** : 을사늑약의 부당성을 알리고 도움을 받기 위해 이상설, 이준, 이위종을 네덜란드 헤이그에서 열리는 만국평화회의에 특사로 파견했다. 하지만 일본과 영국의 방해로 회의에 참석하지 못했다.

■ 고종의 강제 퇴위와 순종 즉위(1907.7)
일제는 헤이그 특사 파견을 문제 삼아, 고종을 강제 퇴위시키고, 순종을 즉위시켰다. 일제는 고종을 경운 궁에 머물게 하고, 순종을 창덕궁으로 이어하게 했다.

■ 한·일 신 협약(정미7조약, 1907.7)과 군대해산
순종을 즉위시킨 후 곧장 일본의 강요로 조약이 체결되었다. 일본인 통감이 사실상 대한제국의 법령 제정 과 행정, 인사 임명권을 갖게 되었다. 각 부처에 일본인 차관을 임명하여, 대한제국의 실질적인 행정권을 모두 장악하는 차관통치가 시작되었다.

〈한·일 신 협약 내용〉

1조	한국 정부는 시정 개선에 관하여 통감의 지도를 받을 것
2조	한국 정부의 법령 제정 및 중요한 행정상의 처분은 미리 통감의 승인을 거칠 것
3조	한국의 사법사무와 보통행정사무는 구별할 것
4조	한국의 고등 관리 임명은 통감의 동의에 의해 집행할 것
5조	한국 정부는 통감이 추천하는 일본인을 한국의 관리로 임명할 것
6조	한국 정부는 통감의 동의 없이 외국인을 초빙하지 않을 것
7조	제 1차 한·일 협약에 의한 일본인 재정고문은 폐지할 것

· 군대 해산(1907.8) : 한·일 신협약 부수 각서에 의해 대한제국 군대를 강제 해산시켰다.
· 기유각서(1909.7) : 대한제국의 사법권과 감옥 관리 자격을 박탈하여, 사법권을 빼앗아갔다.
· 경찰권 위탁 각서(1910.6) : 일본은 대한제국의 경찰권을 박탈했다.

■ 일제의 국권 강탈(1910.8.29)
· 한·일 병합 조약 : 일제는 일진회 등 친일 단체를 선동해, 합방 청원서 등을 발표하게 하는 등, 분위기를 조성하는 한편, 각종 조약을 통해 대한제국의 실질적 통치권을 모두 앗아갔다. 내 각총리대신 이완용과 한국통감인 데라우치가 한국 병합 조약 을 체결하여 대한제국 국권을 빼앗아갔다.
일본 측 한일병합조서 자료에는 일왕의 이름 서명이 확인되지 만, 대한제국 순종의 서명이 없어, 원천적으로 무효다.

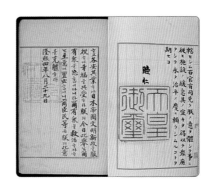

〈일본이 대한제국 국권 침탈을 위해 강제 체결한 조약〉

조약 명	일시	주요 사항
한·일 의정서	1904.2	일본이 군사상 필요시 자유 사용
1차 한·일 협약	1904.8	일본 추천 고문 파견
2차 한·일 협약	1905.11	통감 부임, 외교권 박탈(을사늑약)
한·일 신 협약	1907.7	군대해산, 일본인 차관 부임
기유각서	1909.7	사법권, 감옥 관리권 박탈
한·일 병합 조약	1910.8	경술국치, 조선총독부 설치

용어설명

헤이그 만국평화회의

1899년, 1907년 2차례의 헤이그 만국평화회의는 다국적 조약을 체결한 최초의 모임이다. 주요 열강들이 모여 국제 분쟁의 평화적 해결, 선전포고 등에 대한 협약 등 전쟁억지와 관련된 협약을 체결했다.

경운궁(덕수궁)

1593~1615년 선조와 광해군 시기에 왕이 머물렀던 궁이었다. 1897~1907년까지 대한제국의 황궁이 되었다. 고종의 퇴위 후, 고종의 궁호를 '덕수'라고 하였기 때문에 이때부터 덕수궁이라 부르게 되었다.

서대문형무소

기유각서 체결 전인 1907년 조선 통감부는 의병 탄압을 위해 서울에 형무소를 건설하였다. 1908년 10월 21일 13도 창의군 군사장 허위가 경성감옥 1호 교수형으로 사망했다. 해방 후에는 서대문형무소, 서울구치소로 명칭을 바꾸었다. 1995년 서대문형무소 역사관으로 재개관했다.

단발령에 반발한 이유

『효경』에 등장하는 "身體髮膚 受之父母 不敢毀傷 孝之始也"(사람의 신체와 터럭과 살갗은 부모에게 물려받은 것이니 감히 손상시키지 않는 것이 효의 시작이다)라는 유교 덕목과 단발령이 배치된 탓에, 조선의 선비들은 목이 잘리더라도 머리를 내놓을 수 없다고 강하게 반발했다.

유인석(1842~1915)

이항로의 제자로 위정척사 사상을 계승했다. 1876년 개항반대 상소를 올렸던 그는 을미의병을 일으켜 충주성을 점령했으나, 일본군의 반격을 받았다. 그는 의병과 함께 서간도로 망명했다.
1910년 연해주에서 이범윤, 이상설 등과 13도 의군을 창설했다. 그의 제자들도 무장투쟁 독립운동을 전개했다.

신돌석(1878~1908)

평민출신으로 18세의 나이로 영덕에서 처음 을미의병을 일으켰다. 1905년 의병을 일으켜, 울진, 평해, 원주 등 강원도와 경북 일대에서 크게 활약해 태백산 호랑이로 불렸다. 양반들도 무시 못 할 세력을 형성했으나, 현상금을 노린 자들에게 살해당했다.

⑤ 국권 수호 운동

1) 항일 의병 운동 활동

■ 을미의병(1895)
• **원인** : 1895년 민씨 왕후를 일본인 낭인이 살해한 을미사변이 발생하고, 을미개혁의 일환으로 단발령이 시행되자, 이에 반발해 의병이 일어났다.
• **주도세력** : 유인석, 이소응 등 위정척사 사상을 가진 보수적인 유생들이 주도했다.
• **친일내각에 대한 반발** : 을미개혁을 주도한 김홍집 내각이 친일내각이므로, 단발령도 일본인이 조종한다고 여겨 항일투쟁운동으로 확산되었다. 친일 관리 처단, 지방 관청과 일본군 공격으로 이어졌다.
• **특징** : 동학농민군의 잔여 세력이 가담하였고, 유인석의 의병부대는 일시적으로 충주성을 점령하였다.
• **해산** : 아관파천 직후 고종의 단발령 철회 및 의병 해산 권고 조칙 발표에 따라 해산되었다.

■ 을사의병(1905)
• **원인** : 1905년 제2차 한·일 협약(을사늑약) 체결에 반발하여 발생했다.
• **주도세력** : 민종식, 최익현 등 양반 유생뿐만 아니라, 신돌석 등 평민 의병장도 활약했다.
• **활동** : 민종식 부대가 홍성을 점령하였고, 최익현 부대는 태인에서 거병하여 순창에서 진위대와 대치했다. 신돌석 부대는 평해와 울진에서 활약했다.
• **해산** : 일본군에 의해 최익현 등이 붙잡혀 대마도로 유배되었고, 민종식 부대도 일본군에게 와해되었다. 일부 의병들은 정미의병으로 다시 활동한다.

■ 정미의병(1907)
• **원인** : 고종의 강제 퇴위와 대한제국 군대 해산에 반발해 발생했다.
• **특징** : 해산 군인의 가담으로 의병의 전투력이 크게 강화되어, 의병 전쟁으로 발전했다. 유생, 군인, 농민, 노동자, 승려, 화척 등 다양한 계층이 참여했다. 유생 의병장 비율이 낮아지고, 평민 출신 의병장이 대거 등장하였다.
• **13도 창의군 활동** : 전국 각지에서 일어난 의병들이 연합해 12월에 경기도 양주에서 총대장 이인영, 군사장 허위를 선출하고 13도 창의군을 결성하여 서울 진격작전을 전개하였다. 13도 창의군은 각국 영사관에 국제법상의 교전 단체로 승인해 줄 것을 요구하였다. 허위는 선발대를 이끌고 동대문 밖까지 진격했지만, 기관총 등으로 무장한 일본군에게 참패를 당했다.

■ 의병 활동의 쇠퇴
• **남한 대토벌 작전(1909)** : 정미의병은 실패하였지만, 각지에서 의병 항쟁이 지속되었다. 일제는 남한 대토벌 작전을 펼쳐, 대대적인 의병 토벌에 나섰다. 이에 따라 국내에서 의병 전쟁이 위축되었다.
• **의병부대 재편성** : 간도 연해주 등으로 이동해 독립군으로 활동하게 되었다.
• **항일의병 활동의 한계** : 조직력과 무기의 열세를 극복하지 못하였고, 일부 양반 출신 의병장이 평민 의병장을 무시하는 등 봉건적 신분 의식을 극복하지 못했다.

2) 항일의거 활동

일제 침략의 부당함과 우리 민족의 독립의지를 국제 사회에 천명하기 위해 국내외에서 항일의거 활동이 벌어졌다.

- **장인환과 전명운 의거(1908.3)** : 조선 외교고문 스티븐스가 을사늑약을 찬양하자, 장인환과 전명운 의사가 샌프란시스코에서 그를 저격했다.
- **안중근 의거(1909.10)** : 만주 하얼빈에서 한국 침략의 원흉인 이토 히로부미를 사살했다.
- **이재명 의거(1909.12)** : 명동성당 앞에서 매국노 이완용을 칼로 찔러 중상을 입혔다.

3) 평등사회로의 이행과 애국 계몽 운동

근대화 과정에서 신분제 폐지와 평등 사회로의 이행이 진행되었다.

갑신정변(1884)	인민 평등권 제정과 능력에 따른 인재 등용을 주장
동학농민운동(1894)	노비 문서 소각과 과부 재가 허용 등 불평등한 신분제와 폐습 철폐를 요구
갑오개혁(1894)	노비제 폐지 등 신분제도를 법적으로 폐지
독립협회(1898)	신체의 자유, 재산권 보장, 언론, 출판, 집회, 결사의 자유, 국민 참정권 실현 등 민권 의식을 확산
여권 통문 발표 (1898)	서울 북촌 양반 부인들이 『황성신문』과 『독립신문』에 우리나라 최초의 여성 인권선언문인 여권 통문을 발표

■ 애국 계몽운동 단체의 활동
- **헌정 연구회** : 1905년 이준, 양한묵 등이 국민 정치의식과 민족 독립정신 고취 목적으로 계몽단체인 헌정연구회를 조직했다. 의회 설립을 통한 군주제 수립을 목표로 활동하였으나, 을사늑약 후 정치운동이 제약받았다.
- **대한 자강회** : 헌정 연구회를 계승해, 1906년 윤효정, 장지연, 윤치호 등이 설립했다. 교육 진흥과 식산 흥업 등 실력양성론을 펼쳤고, 월보를 발행해 민중 계몽운동에 힘썼다. 1907년 고종 강제 퇴위 반대 운동을 벌이다가 통감부에 의해 강제 해산되었다.

■ 신민회(1907~1911)
안창호, 양기탁, 이시영, 이동휘, 이승훈 등이 비밀 결사 단체로 조직하였다. 국권을 회복하고, 공화정체의 근대 국가 건설을 지향하며, 실력양성과 무장 투쟁을 함께 준비하였다.

- **계몽활동** : 계몽강연과 학회 활동으로 애국주의와 민권 사상을 보급하고, 구습 타파와 신사상을 계몽하고, 실력 양성을 호소했다. 태극서관을 설립하여 계몽 서적을 보급하였다.
- **언론 활동** : 기관지로 『대한매일신보』를 활용했고, 잡지 『소년』을 창간했다.
- **학교 건립** : 정주에 이승훈이 오산학교, 평양에 안창호가 대성학교를 설립하여 민족 교육을 실시했다.
- **민족 산업 육성** : 이승훈이 평양에 태극 서관, 자기회사를 설립했다.
- **독립군 기지 건설** : 남만주 삼원보 지역에 집단 이주하여 신흥강습소를 설립하고 독립군을 양성했다.
- **해체** : 일제가 조작한 105인 사건으로 신민회가 와해되었다.
- **애국계몽운동의 한계 극복** : 민족의식을 고취하고, 실력 양성에 주력했지만, 무장 투쟁에 소홀했다. 신민회 활동을 통해 극복된다.

용어설명

안중근(1879~1910)

그는 1908년 연해주에서 대한의군 참모중장으로 활동하며 일본군과 격전을 벌였다. 1909년에는 동의단지회를 결성하고 구국투쟁을 맹세했다. 그는 대한의군 참모중장 자격으로 조국의 독립과 동양평화를 위해 이토 히로부미를 저격했다. 1910년 려순감옥에서 순국했다.

태극서관

1905년 이승훈, 안태국 등이 평양에서 서적과 유인물 출판과 공급을 목적으로 설립한 서점이다. 신민회 산하 기관으로, 연락 장소와 집회 장소로 활용되었다.

신민회 참여인사

안창호, 양기탁, 전덕기, 이동휘, 이동녕, 이갑, 유동열 등 7인이 창건 위원이었고, 노백린, 이승훈, 안태국, 이시영, 이회영, 이상재, 윤치호, 이강, 조성환, 김구, 신채호, 박은식 등이 참여했다.

☀️ **주요한 기출 키워드**

- 경제 침탈 - 조·청 상민 수륙 무역장정, 절영도, 화폐 정리, 방곡령
- 근대문물 수용 - 기기창, 박문국, 전환국, 광혜원, 전차
- 신문 - 한성순보, 한성주보, 독립신문, 대한매일신보, 만세보
- 근대교육 - 원산학사, 육영공원, 대성학교, 오산학교, 서유견문, 유길준
- 문화 - 국문연구소, 주시경, 독사신론, 원각사

용어설명

개항 후 무역품

조선의 주요 수출품은 초기에는 쇠가죽, 콩류, 쌀 순서였으나, 차츰 쌀, 콩, 쇠가죽 순서로 변했다. 수입품은 영국산 면제품이 절반이 넘었다.

절영도

부산광역시 영도구를 이루는 섬으로, 전략적 요충지다. 1889년 러시아가 함대의 연료 보급을 위한 석탄 저장 시설을 절영도에 설치할 수 있도록 요구했지만, 조선 정부가 거절했다. 러시아가 1897년 재차 요구하자, 독립협회 등 국내에서 거센 반대 여론이 일어났다. 1904년 러·일 전쟁 당시 일본은 이곳에 군대를 주둔시키고 기지를 설치하기도 했다.

운산금광

평북 운산군에 위치한 동양 최대의 금광이다. 1895년 고종은 미국인에게 채굴권을 주고 생산량에 관계없이 매년 1만 2천 달러(2만 5천원)를 받았다. 반면 미국은 매년 300만 달러 이상의 금을 생산했고, 세금도 면제받았다. 대한제국 최대 이권을 헐값에 내준 것이다.

시대배경

조선은 농업국가로 외국과 거래가 많지 않았다. 조선 후기 상업이 성장하였으나, 청과 일본을 상대로 제한된 무역만을 했다. 따라서 개항 이후 밀려들어온 서양의 새로운 상품과 신문물은 개항장과 서울을 중심으로 조선을 크게 변화시켰다. 이 과정에서 다양한 충돌과 진통이 생겼다.

① 열강의 경제 침탈과 경제적 구국운동

■ 일본과 청의 경제 침투

- **일본의 경제 침투** : 조·일 수호조규 부록 체결로 일본 상인은 개항장 10리 이내에서 거류지 무역을 하였고, 조선의 객주, 여각, 보부상이 일본상인과 내륙 시장을 연결했다. 조·일 무역 규칙 체결로 일본 상인은 무관세, 무항세 혜택과 양곡을 무제한 구입할 수 있었다. 일본 상인들은 영국산 면제품을 구입해 조선에 파는 중계 무역으로 이익을 얻고, 곡물을 대량 수입해갔다. 따라서 조선에서 쌀값이 폭등하고, 농촌의 면직물 산업이 타격을 입었다.
- **청나라의 경제 침투** : 조·청 상민 수륙 무역 장정 체결(1882) 이후 청 상인이 조선의 내륙에 본격 진출하였고, 최혜국 대우 규정에 따라 타국 상인들도 내륙에 진출하였다. 청상인도 영국산 면제품을 구입해 조선에 되파는 중계 무역 등으로 이익을 얻고, 양화진과 도성 안에 상점을 내고 물건을 팔았다.
- **청·일 상인의 경쟁** : 청 상인과 일본 상인 간에 경쟁이 심화되는 가운데, 점점 청나라로부터 수입액이 일본과 비슷해졌다. 하지만 청·일 전쟁 승리를 계기로 일본 상인이 조선 내에서 무역을 독점하였고, 점차 자국산 면제품을 판매하였다.

■ 서구 열강의 이권 침탈

- **서구 열강의 이권 침탈** : 아관파천 이후 서구 열강은 최혜국 대우 조항을 이용, 조선의 이권을 침탈했다.
- **러시아** : 고종이 러시아 공사관에 머문 1년 동안 조선의 다양한 이권을 침탈해갔다. 아관파천 후 러시아는 압록강, 두만강, 울릉도 일대 삼림 채벌권을 획득했다. 경원과 종성광산 채굴권, 부산 절영도, 인천 월미도 저탄소 설치권을 침탈했다. 독립협회에 의해 절영도 저탄소 설치권은 좌절되었다.
- **미국** : 미국은 선교사 등을 앞세워 고종에 접근하여, 1895년 평북 운산금광의 채굴권을 차지했다. 경인철도 부설권, 서울 전차 부설권도 얻었다. 경인철도 부설권은 자금 부족으로 일본에 매각했다.
- **영국** : 평남 은산금광 채굴권을 얻었다.
- **프랑스** : 평북 창성금광 채굴권, 경의철도 부설권을 획득하였다. 경의철도 부설권은 일본에 매각했다.

- **일본** : 충청도 직산금광 등 각지의 광산을 탈취하고, 경부철도 부설권, 각종 어업권을 얻었고, 경인철도(미국), 경의철도(프랑스) 부설권을 구입했다.
- **조선 정부의 잘못된 대응** : 경제적 이권의 가치를 판단할 안목이 부족했고, 열강의 위협을 받아 각국에 최혜국 대우를 해준 탓에 수많은 이권을 빼앗겼다. 정부의 무능에 대한 반발로 독립협회를 비롯한 사회단체들이 이권수호 운동, 경제적 구국운동에 나서게 된다.

■ 일본의 경제 침탈

- **토지 약탈** : 일본은 1904년 한·일 의정서 체결 후, 철도 부지와 군용지 확보를 구실로 토지를 강탈하였고, 황무지 개간권을 요구하다 좌절되었다.
  하지만 1908년 동양척식주식회사를 설립해, 한국 농민의 토지를 침탈하고 일본인의 농업 이민을 후원했다.
- **일본의 차관 강요** : 일본은 시설 투자 명목으로 경제 이권을 담보로 대한제국에 막대한 차관 도입을 강요했다. 대한제국은 재정악화로 일본에 빌린 차관을 갚지 못했고, 대한제국 재정은 일본에 예속되었다.
- **화폐 정리 사업 실시** : 제1차 한·일 협약 체결로 파견된 일본인 재정 고문 메가타의 주도로, 전환국을 폐지하고 1905년 7월부터 1909년 11월까지 기존 화폐인 백동화 등 조선 화폐를 일본의 제일 은행권으로 교환하게 하였다.
- **화폐 정리 사업의 결과** : 조선의 화폐 가치가 크게 하락하고, 통화량이 줄어 국내 상공업자가 몰락했다. 일본 제일은행이 한국의 중앙은행 역할을 하게 되었고, 한국인이 설립한 은행이 몰락했다. 조선 경제가 일본에 예속되었다.

■ 경제적 구국 운동

- **방곡령 사건(1889)** : 일본 상인들에 의해 지나치게 많은 곡물이 유출되면서, 조선의 곡물 가격이 폭등했다. 1883년 체결된 조·일 통상장정 조항에 따라 1889년 함경도관찰사 조병식이 방곡령을 선포해 일본 수출을 금지했다. 1890년에는 황해도에서도 방곡령을 선포했다. 일본은 통보가 늦었다는 이유로 조선 정부를 압박해 방곡령을 철회하고 배상금을 받았다.
- **상권 수호 운동** : 민족기업을 육성하기 위해 개항장 객주 등이 동업자를 모아 1883년부터 상회사인 대동상회, 장통상회 등을 설립했다. 1896년 관료들이 중심이 되어 최초 민간은행인 조선은행을 설립하였다. 이후 한성은행 등이 설립되었으나, 화폐 정리 사업으로 타격받았다.
  시전상인들은 1898년 황국 중앙 총상회를 조직하여, 외국상인의 불법적 상업행위를 규탄하고, 독립협회와 연대하여 외국상인의 퇴거를 요구하였다.
- **이권 수호 운동** : 독립협회는 1898년 만민 공동회를 열어 열강의 이권 침탈 저지에 나섰다. 러시아의 절영도 조차 요구 저지, 한·러 은행 폐쇄, 프랑스와 독일의 광산 채굴권 요구를 저지시켰다.

■ 황무지 개간권 요구 반대 운동

1904년 6월 일본이 대한제국 영토의 1/4에 해당되는 황무지 개간권을 요구했다. 일본의 토지침탈을 저지하기 위해 중추원 부의장 이도재가 주도하여 농광회사를 설립했다. 송수만, 원세성 등은 보안회를 설립하고 일본의 황무지 개간권 요구를 저지하였다.

- **국채보상운동** : 일제의 차관 강요로 대한제국의 채무액이 증가하고, 경제 예속이 심화되자, 국민의 성금으로 국채를 보상해 경제적 자주권 회복을 통한 국권 회복운동을 전개했다. 1907년 대구에서 광문사의 서상돈, 김광제 등이 시작했다. 서울에서는 국채보상기성회가 설립되었고, 『대한매일신보』 등이 후원하여 전국적으로 확산되었다. 금주, 금연을 통한 차관 갚기 운동이 전개되었으나, 일제 통감부의 방해와 탄압으로 목표를 달성하지 못했다.

알렌(1858~1932)

알렌은 1884년 조선에 들어와 미국 공사관 소속 의사이자, 선교사로 활동했다. 갑신정변 당시 권력자 민영익을 치료해준 것을 계기로 왕실의사 겸 고종의 정치고문이 된다. 1885년 광혜원 운영을 담당했다. 고종과 친분을 이용 미국에 운산금광채굴권, 경인선 철도부설권 등을 넘기는 등 개인 이권을 챙기기도 했다

제중원

1901년 전차와 전기 가설 모습

석조전

1900년 착공해, 1910년에 완성된 서양식 건물이다. 1946년 3월 한국의 신탁통치와 임시정부 수립 문제 해결을 위해 미·소 공동위원회가 이곳에서 열렸다.

② 근대문물의 수용과 신문 발간

■ 근대시설의 등장

- **기기창(1883)** : 1881년 청나라에 영선사 파견을 계기로, 최초의 근대식 무기 제조 공장인 기기창이 설립되었다.
- **박문국(1883)** : 인쇄, 출판, 사무를 담당하기 위해 박문국이 설치되어 최초의 신문인 『한성순보』를 발간했다.
- **전환국(1883)** : 근대적 조폐기관인 전환국이 설치되었다. 당오전(1885), 백동화(1892) 등을 주조·유통시켰다.
- **우정총국(1884)** : 고종의 명령으로 우정총국이 개설되었으나, 갑신정변으로 우편 업무가 중단되었나. 1895년 을미개혁 때 우편 사무가 재개되었으며, 1900년 만국우편연합에 가입하여 외국과 우편물을 교환하게 되었다.
- **근대 건축물** : 1884년 인천에 최초의 서구식 주택인 세창양행 사택이 건립되었다. 1897년 독립협회가 건립한 독립문은 프랑스 개선문을 모방했고, 명동성당(1898)은 고딕양식, 석조전(1910)은 신고전주의 양식으로 지어졌다.
- **광혜원(1985)** : 알렌의 건의로 최초의 서양식 병원인 광혜원이 설립되었다. 이후 제중원으로 개칭되었다.
- **광제원(1900)** : 정부 내부 직할 국립병원으로 지석영이 종두법을 보급했다.

■ 교통과 전기, 통신 시설 도입

- **철도** : 경인선(1899)은 미국이 착공하고, 일본이 완공한 최초의 철도다. 경부선(1905), 경의선(1906)은 러·일 전쟁 중 일본군이 물자 수송을 위해 부설하여 제국주의 침략의 수단으로 이용되었다.
- **전차** : 한성 전기 회사가 설립(1898)되었고, 1899년 서대문~청량리 구간이 개통되었다. 황실에서 출자하였고, 미국인 콜브란이 경영했다.
- **전신** : 1884년 일본이 나가사키와 부산을 연결하는 전신을 가설하였고, 1885년 청이 한성과 의주, 인천을 연결하는 전신선을 개설했다. 1886년 조선전보총국이 설치되어, 1888년 서울과 부산을 연결하는 전신을 개설했다.
- **전기** : 1887년 경복궁에 전등이 처음 가설되었다.
- **전화** : 1896년 경운궁에 처음 설치되었고, 전화, 철도 등을 관장하는 관서인 통신사도 이때 설립되었다.

〈근대문물 요약〉

기기창	1883	무기 제조, 최초의 근대식 공장
박문국	1883	인쇄, 출판, 최초의 신문 『한성순보』 발간
전환국	1883	화폐 발행, 당오전, 백동화(1992) 주조해 유통
우정총국	1884	근대적 우편제도 실시
전신	1885	한성전보총국 설치, 전신 개통으로 파발 사라짐
광혜원	1885	최초의 서양식 병원, 제중원으로 개칭, 알렌 활동
전기	1887	경복궁에 최초 전등 가설
전화	1896	경운궁에 처음 설치
전차	1899	한성전기회사(1898) 설립 후, 서대문~청량리 구간 개통
철도	1899	경인선 개통, 경부선(1905), 경의선(1906)
서양건물		세창양행사택(1884), 독립문(1897), 석조전(1910)

■ 신문 발간

조선에서는 승정원에서 매일 아침 발행하는 조보가 국가의 주요 정보를 제공하는 신문 역할을 했다. 개항 이후 새로운 정보를 소개하고, 대중을 계도하고, 상업광고를 홍보할 수단이 필요해지자, 다양한 신문이 발행되었다.

『한성순보』 (1883~1884)	박문국에서 발행한 최초의 근대적 신문이다. 정부정책을 알리는 관보적 성격을 가졌고, 순한문체였다. 갑신정변 당시 박문국 파괴로 발행이 중단되었다.
『한성주보』 (1886~1888)	『한성순보』를 계승하였고, 국한문 혼용체로 발행되었다. 최초의 상업광고가 게재되었다.
『독립신문』 (1896~1899)	최초의 민간신문으로, 영문판과 한글판으로 발행되었다. 독립협회에서 발간했고, 근대적 민권 의식을 고취시켰다. 최초의 한글신문이자, 영자 신문이었지만, 독립협회 해산과 함께 폐간되었다.
『황성신문』 (1898~1910)	국한문혼용체를 사용하였고, 유림층이 주 독자층이었다. 을사늑약 직후 장지연의 시일야방성대곡을 게재했다.
『제국신문』 (1898~1910)	이종일이 한글로 간행했다. 서민과 부녀가 주된 독자로, 한글과 신교육을 강조했다.
『대한매일신보』 (1904~1910)	영국인 베델과 양기탁이 창간했으며, 국채보상운동을 후원했다. 항일 의식을 고취시키는 논설이 게재되었다.
『만세보』 (1906~1907)	천도교 기관지로 민중 계몽과 민족의식을 고취시켰다. 이인직의 『혈의 누』를 게재했다.
『경향신문』 (1906~1910)	천주교 기관지로 애국 계몽에 기여했다. 순한글로 발행되었다.
『해조신문』 (1908.2~5)	해외에서 순한글로 발행된 최초의 신문으로, 러시아 연해주에서 발행되었다.

▲ 『한성순보』

▲ 『한성수보』

▲ 『독립신문 한글판』

▲ 『황성신문』

▲ 『대한매일신보』

▲ 『해조신문』

헐버트(1863~1949)

1886년 길모어와 함께 육영공원에서 영어교사로 학생을 가르쳤다. 1889년 세계지리 교과서인 『사민필지』를 한글로 발행했고, 1905년 고종의 특사로 미국에 갔다. 그는 헤이그 만국 평화회의에 특사 파견을 건의하고 도움을 주었다. 이후에도 그는 한국 독립운동을 지원하였다. 1949년 한국에 왔다가, 병사하여 양화진 외국인 묘지에 묻혔다.

지석영(1855~1935)

1차, 2차 수신사로 일본에 다녀왔던 그는 종두법을 조선에 보급하는 데 공헌을 한 인물이다. 동래부관찰사를 역임했고, 1899년 경성의학교 교장으로 활동했다. 국문연구소위원이 되어 한글 보급과 발전에도 큰 공을 세웠다.

③ 근대 교육과 국학, 문예, 종교, 국외 활동

1) 근대 교육

유교 경전 중심의 조선의 교육은 서구 문물의 도입과 함께 큰 위기를 맞게 되었다. 외국어 교육, 기술 교육은 물론 서구 문물에 대한 이해를 높일 수 있는 서양식 교육의 필요성이 커지게 되었다.

■ 교육정책
- **갑오개혁** : 학부아문을 두어 새로운 학제를 마련했다. 교육의 기본 방향을 제시한 교육입국조서가 반포(1895. 2)되었다. 또한 교원 양성을 위한 한성사범학교 관제, 외국어 학교 관제 법령이 제정되었다.
- **을미개혁** : 소학교령이 제정되고, 공립 소학교가 설립되어, 8~15세 학생을 교육했다.
- **사립학교령(1908)** : 통감부는 사립학교 설립을 불허하는 사립학교령을 제정하여, 민족 교육을 억압했다.

〈근대 교육기관의 설립〉

학교명	연대	특징
원산학사	1883	덕원부 관민이 합심해 설립한 최초의 근대식 학교로, 근대 학문과 무예를 가르쳤다.
동문학	1883	최초의 관립 외국어 학교로, 통역관을 양성했다.
배재학당	1885	선교사 아펜젤러가 설립했다.
육영공원	1886	최초 근대식 관립학교로 미국인교사 헐버트, 길모어를 초빙해 양반자제에게 신지식과 외국어 교육을 했다.
이화학당	1886	최초 여성교육기관으로, 스크랜튼 부인이 설립했다.
한성사범학교	1895	갑오개혁 때 설립된 최초의 교원 양성 학교로, 국어, 한문, 역사, 지리, 수학, 물리, 화학 등을 가르쳤다.
오산학교	1907	이승훈(신민회)이 정주에 설립한 민족주의 학교다.
대성학교	1908	안창호(신민회)가 평양에 설립한 민족주의 학교다.

2) 국학 연구

- **국한문체 보급** : 유길준의 『서유견문』이 간행되고 국한문혼용체의 문장이 널리 보급되었다.
- **한글 보급** : 『독립신문』, 『제국신문』, 『대한매일신보』 등 한글 신문이 발행되어 한글 사용자가 크게 늘었다.
- **한글 연구** : 주시경은 한글이란 말을 처음 사용하고, 한글 연구를 체계화 시켰다. 1907년 그는 지석영과 함께 최초의 한글 연구단체인 학부 산하의 국문연구소에서 활동하며, 이윤재, 최현배 등의 후진을 양성했다. 1910년에는 국어문법을 저술하여, '한글맞춤법 통일안'의 기본 틀을 세웠다.
- **역사 연구** : 신채호는 한국 고대 역사서인 『독사신론』을 저술(1908)하여 민족주의 사학의 기초를 마련하였다. 『이순신전』, 『을지문덕전』 등을 지어 애국심을 고취했다. 최남선과 박은식은 조선 광문회(1910)를 조직되어 민족 고전을 정리하고 간행하였다. 『미국 독립사』, 『이태리 건국 삼걸전』, 『월남 망국사』 등이 번역 소개되어 애국심을 고취하였다.

3) 문학과 예술 활동

한문으로 시문을 짓던 시대에서, 한글로 다양한 정보를 소개하는 실용적인 문장이 필요해진 시대가 되면서, 문학에 새로운 변화가 생겼다. 서구의 다양한 예술에 영향을 받아 새로운 예술 활동이 생겨났다.

- **신소설** : 신식교육과 자주독립, 계급 타파 등 계몽적 성격을 주제로 삼은 신소설이 등장하였다. 이인직은 『혈의 누』, 『귀의 성』 등을 지어 신소설을 개척했다. 이해조는 『자유종』을 지어 여권 신장과 신교육, 미신 타파 등 새로운 근대 의식을 고취했다. 안국선은 풍자 소설인 『금수회의록』을 지어 국권 수호와 자주 의식을 고취했다.
- **신체시** : 최남선은 "해에게서 소년에게"라는 신체시를 잡지 『소년』 창간호에 발표하였다.
- **번역물** : 1895년 『천로역정』을 시작으로 『이솝 우화』, 『걸리버여행기』 등이 번역 출간되어 서구 사상과 문물이 소개되었다.
- **판소리** : 신재효는 판소리를 여섯 마당으로 체계를 세우고, 춘향전 등을 창극화했다.
- **음악** : 애국가, 권학가, 학도가 등 우리말 가사에 서양식 악곡을 붙인 계몽적인 노래인 창가가 유행하였고, 찬송가 등 서양 음악도 소개되었다.
- **연극** : 1908년 최초의 서양식 극장인 원각사가 설립되어, 이인직의 신소설인 '은세계', '치악산' 등의 신극을 공연했다.

4) 종교계의 변화

- **유교** : 박은식은 1909년 '유교 구신론'을 발표하여, 유교 개혁과 실천적 유교를 강조하였다. 박은식, 정인보 등은 양명학을 연구하였다.
- **불교** : 한용운은 1910년 '조선 불교 유신론'을 저술하여 불교의 쇄신과 자주성을 강조했다.
- **천도교** : 손병희는 1905년 동학을 천도교로 개칭하고, 『만세보』를 발행하여 민중 계몽 활동을 펼쳤다.
- **대종교** : 나철, 오기호는 1909년 단군 신앙을 바탕으로 대종교를 창시하였다. 국권 피탈 이후 교단을 만주로 옮겨 무장 독립 투쟁을 전개하였다.
- **천주교** : 고아원, 양로원 등을 통한 선교와 사회사업 활동을 하였고, 『경향신문』을 발행하여, 애국 계몽 운동을 전개하였다.
- **개신교** : 의료 및 교육 분야 활동을 통해 선교활동을 펼쳤다.

5) 국외 활동

- **만주지역** : 대한제국은 1903년 이범윤을 간도관리사로 파견하여 한인을 관리했다. 지리적으로 인접한 만주일대는 독립운동기지 건설에 최적이어서, 신민회 주도로 삼원보(서간도), 한흥동(밀산부) 등의 독립운동기지가 건설되었다. 한인 사회가 형성되자, 이상설, 이동녕은 민족교육을 위해 1906년 북간도에 민족학교인 서전서숙을 설립하였고, 1908년 김약연은 명동학교를 설립했다.
- **연해주 지역** : 19세기 말부터 한인들이 거주한 연해주 일대에는 신민회 주도로 독립기지인 신한촌이 건설되었다.
- **미주 지역** : 1903년 하와이 농업 이민을 시작으로, 미국, 멕시코, 쿠바 등에 한인사회가 형성되었다.

용어설명

원각사(圓覺寺)

파고다 공원 터에 있던 사찰로 10층 석탑으로 유명하다.

20c 초 원각사지

원각사(圓覺社)

신문로에 위치했던 신극 운동의 요람으로, 1908년에 창설되었다.

최재형(1860~1920)

연해주 지역에서 활동한 독립운동가다. 러·일 전쟁에서 큰돈을 번 그는 1911년 자치조직인 권업회를 설립하고, 『권업신문』을 발간했다. 블라디보스토크에서 수립된 1914년 대한광복군 정부와, 1919년 대한국민회의 임시정부를 재정적으로 지원했고, 독립군에게 체코제와 러시아제 무기를 공급했다. 동포의 권익 보호와 독립운동에 앞장섰던 그는 1920년 4월 우수리스크에서 일본군의 습격을 받아 순국했다.

43-31 서원철폐

01 (가) 인물이 추진한 정책으로 옳은 것은? [2점]

> 나라 안의 서원과 사묘(祠廟)를 모두 철폐하고 남긴 것은 48개소에 불과하였다. …… 만동묘는 철폐한 후 그 황묘위판(皇廟位版)은 북원*의 대보단으로 옮겨 봉안하였다. …… 서원을 창설 할 때에는 매우 좋은 뜻으로 시작하였지만 오랜 세월이 흐르는 동안 날로 폐단이 심하였다. …… 그러므로 서원 철폐령을 내린 것을 어찌 막을 수 있겠는가? 그 일이 (가)으로부터 나온 것이라고 해서 모두 비방할 일은 아니다.
> ※ 북원 : 창덕궁 금원
>
> 『매천야록』

① 나선 정벌을 위해 조총 부대를 파견하였다.
② 청과의 경계를 정한 백두산정계비를 세웠다.
③ 신유박해로 수많은 천주교인들을 처형하였다.
④ 대전통편을 편찬하여 통치 체제를 정비하였다.
⑤ 환곡의 폐단을 시정하고자 사창제를 실시하였다.

01 정답 ⑤ 번

1543년 주세붕이 처음 세운 서원은 제사와 교육, 여론형성, 향촌 자치기구 등 다양한 기능을 했다. 하지만 서원이 늘어나면서, 당쟁의 근거지, 백성 수탈 등의 폐해가 커지자, 1871년 흥선대원군은 전국에 47개소 서원만 남기고 모두 훼철했다.

① 1654년과 1658년 2회에 걸쳐 청의 요청으로 러시아군대를 막기 위해 출병했다. ② 1712년 청과 백두산정계를 세웠다. ③ 1801년 신유박해로, 주문모 신부, 이승훈, 정약종 등이 처형당했다. ④ 1785년 정조 때 편찬된 법전은 대전통편이다. ⑤ 1862년 임술농민봉기의 원인이었던 환곡 폐단을 막기 위해, 흥선대원군이 1866년 마을 단위로 공동 운영하는 사창제를 실시해 농민 부담을 줄여주었다.

✔ **조선의 법전, 이것만! (특히 대전통편, 대전회통 구분, 순서)**

법전 명	연대	주요 사항
조선경국전	1394 태조	정도전, 조선 법 윤곽
경제육전	1397 태조	조준, 유교적 통치규범 성문화
경국대전	1485 성종	조선의 기본 법전
속대전	1476 영조	법전 체계 재정비
대전통편	1785 정조	왕조 통치규범 재정비
대전회통	1865 고종	흥선대원군, 최후 법전

02 정답 ① 번

(가)는 1863년 고종의 즉위로, 흥선대원군이 실질적인 권력을 갖고 등장한 것을 보여준다. (나) 1873년 최익현의 상소와 그로 인해 흥선대원군이 실각하게 된 것을 보여준다.
10년간 흥선대원군은 최고 권력자로 조선의 모든 정치를 주관했다. 그는 경복궁 중건, 대전회통 편찬, 사창제 실시, 호포제 추진, 비변사 혁파와 의정부 기능 회복, 삼군부 부활 등 세도정치시기 왜곡된 정치를 바로잡고자 했다.

① 1866년 흥선대원군은 사창제를 실시하였다. ② 1746년 영조는 속대전을 편찬했다. ③ 1785년 정조가 장용위를 국왕 호위부대로 창설하였고, 1788년 장용영으로 명칭을 변경했다. ④ 1443년 세종시기에 대마도주와 세견선 등 무역에 관한 계해약조를 맺었다. ⑤ 1712년 숙종시기에 백두산정계비를 건립하고 청과 국경을 정하였다.

47-30 흥선대원군

02 (가), (나) 사이의 시기에 있었던 사실로 옳은 것은? [1점]

> (가) 왕이 창덕궁 인정전에서 즉위하였다. 그때 나이가 12살이었기 때문에 [신정]익황후가 수렴청정을 하였다. 친아버지인 홍선군을 높여 대원군으로 삼아 모든 정사에 참여하게 하고 신하의 예와는 달리 대우하였다.
> 『대한계년사』
>
> (나) 최익현이 상소를 올려 대원군의 잘못을 탄핵하기를, "만약 그 자리가 아닌데도 국정에 관여하는 자는 단지 그 지위와 자리의 녹을 중요하게 여기기 때문입니다." 라고 하였다. 왕이 너그러운 비답을 내려 특별히 그를 호조 참판에 발탁하고 총애하였다. …… 대원군이 분노하여 양주 직곡으로 물러나자 권력은 모두 민씨의 손아귀에 들어갔다.
> 『대한계년사』

① 사창제가 실시되었다.
② 속대전이 편찬되었다.
③ 장용영이 설치되었다.
④ 계해약조가 체결되었다.
⑤ 백두산 정계비가 건립되었다.

✔ **흥선대원군의 내치, 이것만!**

• 경복궁 중건을 위해 원납전을 거두고, 당백전을 발행하였다.
• 붕당의 본거지인 서원을 정리하고, 만동묘를 철폐하였다.
• 사창제를 실시하여 환곡의 폐단을 시정하였다.
• 군포 징수 체제를 개혁하여 민생 안전을 도모하였다.
• 양반에게도 군포를 부과하는 호포제 실시해 국가재정 확충하였다.
• 대전회통을 편찬해 통치 체제를 정비하였다.
• 의정부 기능을 회복시키고 비변사를 혁파하였다.

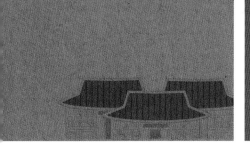

03 (가), (나) 사이의 시기에 있었던 사실로 옳은 것은? [2점]

(가) 지난달 조선에서 국왕의 명령에 의해, 선교 중이던 프랑스인 주교 2명과 선교사 9명 조선인 사제 7명과 무수히 많은 남녀노소 천주교도들이 학살되었습니다. …… 며칠 내로 우리 군대가 조선을 정복하기 위해 출발할 것입니다. …… 이제 우리는 중국 정부의 조선 왕국에 대한 어떤 영향력도 인정하지 않을 것임을 선언합니다.
「베이징 주재 프랑스 대리공사 벨로네의 서한」

(나) 이때에 이르러서는 돌을 캐어 종로에 비석을 세웠다. 그 비면에 글을 써서 이르기를, "서양 오랑캐가 침범하는데 싸우지 않으면 즉 화친하는 것이요. 화친을 주장함은 나라를 팔아먹는 짓이다."라고 하였다.
『대한계년사』

① 오페르트가 남연군 묘 도굴을 시도하였다.
② 일본 군함 운요호가 영종도를 공격하였다.
③ 영국군이 러시아를 견제하기 위해 거문도를 점령하였다.
④ 조선이 프랑스와 조약을 체결하고 천주교 포교를 허용하였다.
⑤ 조선책략 유포에 반발하여 이만손 등이 영남 만인소를 올렸다.

04 (가)에 대한 설명으로 옳은 것을 〈보기〉에서 고른 것은? [2점]

◇◇ 신문

제 ○○호	○○○○년 ○○월 ○○일

서울시, 양헌수 장군 문집과 일기 등 유형문화재 지정

서울시는 ⌐(가)⌐ 때 정족산성 전투를 지휘한 양헌수 장군의 문집인 하거집과 일기 등을 서울시 유형문화재로 지정하였다. ⌐(가)⌐은/는 로즈 제독의 함대가 강화도를 침략한 사건으로, 양헌수 장군은 정족산성에서 이를 물리치는 데 크게 기여하였다.

하거집
양헌수가 관직 생활을 하면서 남긴 글을 모은 책

─〈보기〉─
ㄱ. 러시아의 절영도 조차 요구를 저지시켰다.
ㄴ. 외규장각 도서가 약탈당하는 피해를 입었다.
ㄷ. 어재연 부대가 광성보에서 결사 항전하였다.
ㄹ. 조선 정부의 프랑스 선교사 처형이 구실이 되어 일어났다.

① ㄱ, ㄴ   ② ㄱ, ㄷ   ③ ㄴ, ㄷ   ④ ㄴ, ㄹ   ⑤ ㄷ, ㄹ

🔍 문제분석

03 정답 ① 번

(가)는 1866년 천주교도를 탄압한 병인박해를 전해들은 베이징 주재 프랑스 공사의 편지다. (나)는 1871년 신미양요에서 미국군이 철수하자, 흥선대원군의 명으로 종로를 비롯한 전국 각지에 척화비를 세운 일이다.

① 독일 상인 오페르트 일당은 1868년 충남 예산군 덕산면에 위치한 흥선대원군의 아버지인 남연군의 묘소를 도굴하려다가 실패했다.
② 1875년 일본 군함 운요호가 영종도를 공격한 운요호 사건은 1876년 조선의 개항을 초래했다.
③ 1885년부터 1887년까지 영국군은 거문도를 점령해 러시아의 남하를 견제하고자 했다.
④ 1886년 조불수호통상조약에서 조선은 조선 내에서 천주교 포교를 허용했다.
⑤ 1881년 조선책략 유포에 반발해 이남손 등이 영남 만인소를 올려, 개화정책에 반대하였다.

04 정답 ④ 번

1866년 정족산성 전투에서 양헌수 장군이 물리친 적은 로즈제독이 이끄는 프랑스군이다. 1866년 병인박해로 9명의 프랑스 선교사와 8천여 명의 신자들이 희생당했다. 프랑스는 이를 핑계로 조선을 개항시키고자 병인양요를 일으켜, 강화읍을 점령하여 외규장각 의궤와 금, 은 등을 약탈하였다. 하지만 문수산성 전투, 정족산성 전투에서 조선군의 강력한 저항을 받자, 퇴각했다.

병인양요에서 정족산성의 양헌수 장군과 1871년 신미양요에서 미군과 광성보에 싸운 어재연 장군과 구별해야 한다.

ㄱ. 1898년 독립협회와 만민공동회가 저지시켰다.
ㄴ. 병인양요 당시 프랑스군은 강화읍을 점령하고, 외규장각에 보관 중인 왕실전용 의궤 등을 약탈했다.
ㄷ. 1871년 신미양요에서 어재연 부대가 미군과 광성보 전투에서 전멸 당했다.
ㄹ. 1866년 병인박해를 핑계로 프랑스가 병인양요를 일으켰다.

✓ **병인양요, 이것만!**
• 양헌수 부대가 정족산성에서 프랑스군을 물리쳤다.
• 프랑스군이 외규장각 도서를 약탈했다.
• 조선 정부의 프랑스 선교사 처형이 구실이 되어 일어났다.
• 프랑스 로즈 제독 함대가 양화진을 침입하였다.

기출 문제

46-31 오페르트 도굴사건

05 다음 서신이 교환된 이후에 전개된 사실로 옳은 것은?

> **대원군 귀하**
> 남의 무덤을 파는 것은 예의가 없는 행동이지만 무력을 동원하여 백성을 도탄에 빠뜨리는 것보다 낫기 때문에 하는 수 없이 그렇게 하였소. …… 귀국의 인위가 귀하의 처리에 달려있으니 좋은 대책을 강구하는 것이 어떻겠소.
>
> **영종첨사회답**
> 너희들이 이번 덕산묘소에서 저지른 변고야말로 어찌 인간의 도리 상 차마 할 수 있는 일이겠는가 …… 따라서 우리나라 신하와 백성은 있는 힘을 다하여 너희와는 같은 하늘을 이고 살 수 없다는 것을 맹세한다.

① 어재연 부대가 광성보에서 항전하였다.
② 외규장각의 의궤가 국외로 약탈되었다.
③ 평양관민이 제너럴셔면호를 불태웠다.
④ 로즈 제독의 함대가 양화진을 침입하였다.
⑤ 양헌수 부대가 정족산성에서 프랑스군을 격퇴하였다.

35-33 신미양요

06 밑줄 그은 '이 사건'에 대한 설명으로 옳은 것은? [2점]

이 사건은 로저스제독이 이끄는 미국 함대가 강화도를 침입하면서 시작되었습니다.

이 사건 당시 조선군은 미군에 맞서 죽음을 무릅쓰고, 용감히 싸웠지만, 사진 속 '수자 기'를 빼앗기고 말았습니다.

① 운요호 사건이 원인이 되었다.
② 병인박해가 일어나는 계기가 되었다.
③ 텐진 조약이 체결되는 배경이 되었다.
④ 어재연 부대가 광성보에서 항전하였다.
⑤ 외규장각 도서가 약탈되는 피해를 입었다.

문제분석

05 정답 ① 번

1868년 5월 독일상인 오페르트 일당은 배 2척을 이끌고 충남 덕산군(예산군 덕산면) 구만포에 상륙하여, 흥선대원군의 아버지인 남연군의 묘소를 도굴하려다가 실패했다.

덕산묘소는 남연군의 묘소를 가리키며, 영종첨사는 종3품으로, 경기도 영종진에 배치된 수군첨절제사다. 오페르트가 도굴에 실패하고 돌아가는 길에, 영종도에 들러 프랑스 제독의 명의로, 조선과 교섭하자는 내용의 글을 흥선대원군에게 전해달라고 했다. 영종첨사는 이를 거부하고 글을 되돌려 준다. 이 사건으로 서양인에 대한 조선인의 분노가 커져, 대원군의 쇄국양이정책이 강화되었다.

① 1871년 신미양요가 발생하여, 미군이 공격해오자, 어재연은 광성보에서 항전했다.
② 1866년 프랑스는 병인양요를 일으켜, 외규장각 의궤를 약탈했다.
③ 1866년 평양관민은 미국상선 제너럴셔면호를 불태웠다.
④ 1866년 프랑스 로즈제독 함대가 양화진을 침입했다.
⑤ 1866년 양헌수 부대는 정족산성에서 프랑스군을 격퇴했다.

06 정답 ④ 번

미국이 조선을 침략한 것은 1871년 신미양요이다. 미국은 1866년 미국상선 제너럴 셔면호가 대동강을 거슬러 올라가 평양에 와서 통상을 요구하고, 노략질을 하며 행패를 부렸다. 그러자 평양의 관민이 제너럴 셔면호를 불태웠다.

이 사건을 알게 된 미국은 로저스 제독이 이끄는 함대를 보내 강화도를 침략하여, 조선에 통상을 요구했다. 미군은 초지진, 덕진진, 광성진 등을 점령하였으나, 조선이 군사적 위협에도 통상을 거부하자 철군하였다.

① 1876년 강화도 조약은 운요호 사건이 원인이 되어 체결되었다.
② 대원군은 프랑스를 이용해 러시아를 견제하려고 하였으나, 프랑스 선교사가 약속을 어긴 것에 대한 분노했고, 성리학자들의 천주교에 대한 반감 등이 더하여 병인박해를 하였다.
③ 1884년 갑신정변을 계기로 1885년 청과 일본 두 나라가 조선에서 동시에 군대를 철수하고, 파병한다는 것을 내용으로 하는 텐진 조약을 체결했다.
④ 1871년, 신미양요에서 어재연 부대가 광성보에서 항전하였다.
⑤ 1866년, 병인양요에서는 외규장각 도서가 약탈되었다.

✔ **신미양요, 이것만!**
· 어재연 부대가 광성보에서 항전하였다.
· 흥선대원군이 전국 각지에 척화비를 건립하였다.
· 미국 로저스 제독이 초지진을 점령하였다.

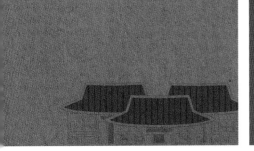

48-29 조일수호조규(강화도조약)

07 밑줄 그은 '조약'에 대한 설명으로 옳은 것은? [2점]

발신 : 의정부
수신 : 각 도 관찰사, 수원·광주·개성·강화의 유수, 동래부사

제목 : 조약 체결 알림

1. 관련
   가. 영종진 불법 침입 보고(강화부, 을해년)
   나. 교섭 결과 보고(신헌, 병자년)
2. 일본국과의 조약 체결에 대해 알립니다. 해당 관아에서는 연해 각 읍에 통지하여, 앞으로 일본국의 표식을 게양 또는 부착한 선박이 항해 또는 정박 시 불필요한 충동을 방지하기 바랍니다.

붙임 : 조약 등본 등사본1부. 끝.

① 천주교 포교의 허용 근거가 되었다.
② 거중 조정에 대한 내용을 포함하였다.
③ 재정 고문을 두도록 하는 조항을 담고 있다.
④ 조약 체결에 반대하여 민영환이 자결하였다.
⑤ 부산 외 2곳에 개항장이 설치되는 결과를 가져왔다.

44-34 조청상민수륙무역장정

08 다음 조약이 맺어진 배경으로 가장 적절한 것은? [2점]

제1조 중국 상무위원은 개항한 조선의 항구에 주재하면서 본국의 상인을 돌본다. …… 중대한 사건을 맞아 조선 관원과 임의로 결정하기가 어려울 경우 북양 대신에게 청하여 조선 국왕에게 공문서를 보내 처리하게 한다.

제2조 중국 상인이 조선 항구에서 개별적으로 고소를 제기할 일이 있을 경우 중국 상무위원에게 넘겨 심의 판결한다. 이밖에 재산 문제에 관한 범죄 사건에 조선 인민이 원고가 되고 중국 인민이 피고일 때에도 중국 상무위원이 체포하여 심의 판결한다.

① 영국이 거문도를 불법 점령하였다.
② 청일 전쟁에서 일본이 승리하였다.
③ 구식 군인들이 임오군란을 일으켰다.
④ 시전 상인들이 철시 투쟁을 전개하였다.
⑤ 운요호가 강화도에 접근하여 무력 시위를 벌였다.

---

07 정답 ⑤ 번

조약 체결을 알리는 관청이 의정부인 것을 통해, 1894년 갑오개혁 이전에 체결된 조약임을 알 수 있다. 또한 영종진에 불법 침입을 했고, 일본과 병자년에 교섭이 체결되었음을 통해, 1876년 조일수호조규(강화도조약)임을 알 수 있다. 조선은 부산과 원산, 인천을 순차적으로 개항하게 되었다. 조선이 맺은 최초의 근대식조약으로, 불평등조약이었다.

① 천주교 포교가 허용된 것은 1886년 조불수호통상조약이다. 조선에 천주교 포교는 프랑스 외방선교회가 전담했기 때문에, 통상조약에서 포교 자유 내용이 포함된 것이다.
② 거중 조정에 대한 내용은 1882년 조미수호통상조약에 포함되어 있다.
③ 재정고문을 두도록 하는 조항은 1904년 제1차 한일협약에 담겨 있다. 이후 외교고문 스티븐슨과 재정고문 메가타가 부임하여 대한제국의 내정을 간섭하게 되었다.
④ 민영환이 반대한 조약은 1905년에 체결된 을사늑약이다.
⑤ 부산, 원산, 인천이 개항장이 된 것은 1876년 조일수호조규에 따른 것이다.

✓ **강화도조약, 이것만!**
· 부산, 원산, 인천이 개항되는 계기
· 조선이 맺은 최초의 근대적 조약으로 치외법권을 인정
· 무력시위인 운요호 사건의 결과로 체결
· 양곡의 수출을 허용하고 관세를 설정하지 않음(무역규칙)

08 정답 ③ 번

이 조약은 1882년 9월에 체결된 조청상민수륙무역장정이다. 1882년 6월 구식군인들이 임오군란을 일으켜, 민씨정권이 실각하고 흥선대원군이 권력을 쥐게 되었다. 그러자 민씨일가는 청에 출병을 요구해 권력을 되찾고자 했다. 청군은 조선에 진군해 흥선대원군을 붙잡아 데려갔고, 조약을 체결한다. 청상인은 양화진과 한성에 점포를 개설할 수 있게 되었고, 개항장 밖 내륙통상권을 인정받게 되었다. 그 결과 시전상인, 개항장 객주 등 조선 상인이 큰 타격을 입었다.

① 1885년부터 1887년까지 영국은 러시아의 남하를 막는다는 이유로 거문도를 불법 점령했다.
② 1894년 청일전쟁에서 일본이 승리했다.
③ 1882년 구식군인이 차별대우에 항의해, 임오군란을 일으켰다. 하지만 민씨정권이 청군을 불러들여 진압되었다.
④ 조청상민수륙무역장정 체결 후, 청상인이 도성에 진출하여 장사를 하자, 시전상인들은 크게 타격을 받았다. 시전상인들은 1890년 철시투쟁을 벌였으나, 성과를 얻지 못했다.
⑤ 1875년 일본은 운요호를 강화도에 접근시켜 무력시위를 벌여, 운요호 사건을 일으켰다. 이를 계기로 일본은 조선에 개항을 요구했고, 조선은 조일수호조규를 체결했다.

47-31 조선책략, 만인소

09 다음 가상 대화 이후 전개된 사실로 옳은 것을 〈보기〉에서 고른 것은? [2점]

> **김홍집** : 현재 조선에 가장 시급한 외교 사안은 무엇이라고 생각하십니까?
>
> **황준헌** : 러시아를 막는 것입니다. 이를 위해서는 중국을 가까이 하고, 일본과 관계를 공고히 하며, 미국과 연계하여 자강을 도모해야합니다.

〈보기〉

ㄱ. 운요호 사건이 일어났다.
ㄴ. 전국에 척화비가 건립되었다.
ㄷ. 이만손 등이 영남 만인소를 올렸다.
ㄹ. 조미 수호 통상 조약이 체결되었다.

① ㄱ, ㄴ ② ㄱ, ㄷ ③ ㄴ, ㄷ ④ ㄴ, ㄹ ⑤ ㄷ, ㄹ

41-32 조미수호통상조약

10 다음 조약에 대한 설명으로 옳은 것은? [3점]

> 제1관 사후 대조선국 군주와 대미국 대통령과 이울러 그 인민은 각각 모두 영원히 화평하고 우호를 다진다. 만약 타국이 어떤 불공평하게 하고 경시하는 일이 있으면 통지를 거쳐 반드시 서로 도와주며 중간에서 잘 조정해 두터운 우의와 관심을 보여준다.
>
> 제14관 현재 양국이 의논해 정한 이후 대조선국 군주가 어떤 혜택·은전의 이익을 타국 혹은 그 나라 상인에게 베풀면 …… 미국과 그 상인이 종래 점유하지 않고 이 조약에 없는 것 또한 미국 관민이 일체 균점하도록 승인한다.

① 양곡의 무제한 유출 조항을 포함하고 있다.
② 외국 상인의 내지 통상권을 최초로 규정하였다.
③ 청의 알선으로 서양 국가와 맺은 최초의 조약이다.
④ 스티븐스가 외교 고문으로 부임하는 계기가 되었다.
⑤ 부산, 원산, 인천에 개항장이 설치되는 결과를 가져왔다.

---

09 정답 ⑤번

1880년 2차 수신사로 일본에 간 김홍집이 주일청국 참사관인 황준헌과 만나 대화를 나누는 장면이다. 김홍집은 황준헌의『사의조선책략』을 가져왔고, 이를 계기로 조선 정부는 러시아를 막기 위해 미국과 새로운 외교관계를 수립해야 할 필요성을 갖게 되었다. 1882년 청나라의 주선으로 조미수호통상조약을 체결했다. 하지만 이만손을 비롯한 영남 유생 1만 명이 서명한 상소문을 올려, 조선책략을 비판하고, 김홍집 처벌을 요구했다.『조선책략』은 조선이 개방정책과 서구문물을 수용하는 계기를 마련하는데 큰 영향을 끼쳤다.

ㄱ. 운요호 사건은 1875년에 발생하여, 일본과 조일수호조규(강화도조약)를 체결하는 발단이 되었다.
ㄴ. 1871년 신미양요 이후, 흥선대원군이 쇄국정책의 의지를 굳게 표명하기 위해 전국 곳곳에 척화비를 세웠다.
ㄷ. 1881년 이만손 등이 영남 만인소를 올렸다.
ㄹ. 1882년 5월 미국과 조미수호통상조약을 체결했다. 거중조정 조항, 관세부과 조항 등 조선에 유리한 내용도 있지만, 치외법권, 최혜국 조항 등 미국에게 유리한 불평등조약이다.
따라서 ⑤ ㄷ, ㄹ이 정답이다.

✓ **조선책략, 만인소, 이것만!**
• 조선책략 유포에 반발해 이만손 등이 영남 만인소를 올림
• 2차 수신사 김홍집이 일본에서 황준헌의 조선책략을 들여옴
• 조선책략에서 조선이 연합해야 할 나라로 미국이 지목됨
• 만인소 올린 유생들은 모르는 나라 미국과 통상수교 반대

10 정답 ③번

조선과 미국이 맺은 조미수호통상조약은 1882년 5월에 체결된다. 거중조정 조항, 수출입 상품에 대한 관세 부과 내용은 조선에 유리한 조항이지만, 치외법권, 최혜국 조항 등 미국에게 유리한 불평등한 조약이다. 조약 체결 후 조선 주재 미국 공사가 파견되자, 조선에서도 1883년 민영익을 전권대사로 하는 보빙사를 미국에 파견했다.

① 1876년 8월 조일수호조규 무역규칙에 양곡 무제한 유출 조항이 포함되어 있다. ② 1882년 9월 조청상민수륙무역장정에서 조선은 외국 상인의 내지 통상권을 최초로 인정하였다. ③ 1882년 5월 조선은 청의 알선으로 서양 국가와 최초로 조미수호통상조약을 맺게 되었다. ④ 1904년 8월 1차 한일협약으로 친일 미국인 스티븐스가 부임했다. ⑤ 1876년 2월, 조일수호조규(강화도 조약)의 결과 부산, 원산, 인천 3곳에 개항장이 설치되었다.

✓ **조미수호통상조약, 이것만!**
• 최혜국 대우를 처음으로 규정하였다.
• 외국에 대한 조선의 관세권을 최초로 명시하였다.
• 거중 조정에 대한 내용을 포함하였다.
• 조선책략의 영향으로 체결되었다.
• 조약체결 이후 사절단으로 보빙사가 파견되었다.
• 청의 알선으로 서양 국가와 맺은 최초의 조약이다.

11 (가). (나) 사절단에 대한 설명으로 옳은 것은? [2점]

나는 [가] (으)로서 학생과 기술자를 인솔하여 청으로 가서 전기, 화학 등 선진 과학 기술을 배우게 하고, 우리 나라와 미국과의 조약 체결에 관한 일을 이홍장과 협의하였습니다.

나는 미국 공사의 부임에 대한 답례와 양국의 친선을 위해 파견된 [나] 의 전권대신으로 홍영식, 서광범 등과 미국 대통령 아서를 접견하고 국서와 신임장을 제출하였습니다.

① (가) - 귀국할 때 조선책략을 가지고 들어왔다.
② (가) - 무기 제조 공장인 기기창 설립의 계기를 마련하였다.
③ (다) - 보고 들은 내용을 해동제국로 남겼다.
④ (나) - 해국도지. 영환지략을 들여와 국내에 소개하였다.
⑤ (가), (나) - 암행어사 형태로 비밀리에 파견되었다.

12 다음 자료에 나타난 사건에 대한 설명으로 옳은 것은? [3점]

> 난군(亂軍)이 궐을 침범하였다는 소식을 들었다. 이때에 나라재정이 고 갈되어 각 영이 군인에게 지급할 봉급을 몇 개월 동안 지급하지 못하였다. 영에 소속된 군인이 어느 날 밤에 부대를 조직하고 갑자기 궐내로 진입하여 멋대로 난리를 일으켰다. 중전의 국상(國喪)이 공포되자 선생은 가평 관아로 달려가 망곡례를 행하였다. 얼마 후 국상이 와전되어 사실이 아님을 알고, 군중과는 달리 상복을 입지 않고 집 밖으로 나가지 않았다.
> 『성재집』

① 통감부의 방해와 탄압으로 실패하였다.
② 통리기무아문이 설치되는 배경이 되었다.
③ 홍범 14조를 개혁의 기본 방향으로 제시하였다.
④ 일본 공사관에 경비병이 주둔하는 계기가 되었다.
⑤ 김기수가 수신사로 일본에 파견되는 결과를 가져왔다.

11 정답 ② 번

개항이후 조선이 외국에 보낸 사절단은 일본에 간 수신사, 청나라에 간 영선사, 미국에 간 보빙사가 있다. (가)는 영선사, (나)는 보빙사다.

① 1880년 수신사로 일본에 파견된 김홍집은 귀국 시 조선책략을 가져왔다. ② 1881년 김윤식을 비롯한 영선사 일행이 텐진의 기기국에서 습득한 무기 제조술이 기기창 설립의 계기가 되었다. ③ 1443년 일본에 사신으로 다녀온 신숙주는 1471년 해동제국기를 간행했다. ④ 1853~1859년 연행사로 청을 다녀온 역관 오경석은 해국도지와 영환지략을 들여와 박규수, 유대치 등에게 전파하고, 이들이 다시 김옥균 등 개화파 젊은이들을 가르쳤다. ⑤ 영선사와 보빙사는 공개적으로 파견되었고, 암행어사처럼 비밀리에 파견되지 않았다.

✔ 수신사, 영선사, 보빙사, 이것만!

구분	연도	대표	주요 활동
수신사 (일본)	1876	김기수	강화도조약 후속조치, 일동기유 보고서 제출
	1880	김홍집	귀국 때 조선책략 가져옴
	1881	박정양	비밀리에 파견, 선진문물 견학(조사시찰단)
영선사 (청)	1881	김윤식	근대기술 배우기 위해 파견, 기기국에서 무기제조기술 습득, 기기창 설립의 계기마련
보빙사 (미국)	1883	민영익	미국 대통령 만남, 신문물 시찰 서양 국가에 최초로 파견된 사절단

12 정답 ④ 번

1882년 구식군인들이 차별대우에 항의하여 일으킨 임오군란이다.

① 통감부는 1905년 을사늑약(제2차 한일협약) 이후인 1906년 2월에 설치되었다. ② 1880년 12월 개화정책을 총괄하는 기구로 통리기무아문과 그 아래에 12사를 설립했다. 5군영을 무위영과 장어영 2군영으로 통합하고, 별기군을 창설했다. ③ 1895 1월, 2차 갑오개혁에서 홍범 14조가 개혁의 기본 방향으로 제시되었다. ④ 구식군인들이 일본인 별기군 교관을 죽이고 일본 공사관을 포위해 불을 지른 것을 계기로, 1882년 제물포조약이 체결되어 일본공사관 경비병 주둔이 허락된다. ⑤ 1876년 조일수호조규가 체결된 후, 김기수가 1차 수신사로 일본에 파견되었다.

✔ 임오군란, 이것만!

· 구식군대에 대한 차별대우가 발단이 되었다.
· 제물포조약이 체결되어, 일본공사관에 경비병이 주둔하였다.
· 구식군대가 선혜청과 일본공사관을 습격하였다.
· 흥선대원군이 청에 납치되고, 청의 내정간섭이 본격화 되었다.

50-30 갑신정변

13 (가) 사건에 대한 설명으로 옳은 것은? [2점]

이것은 우정총국이 업무를 시작하면서 발행한 국내 최초의 우표입니다. 당시 화폐 단위가 '문(文)'이어서 문위 우표라는 이름이 붙여졌습니다. 하지만 김옥균 등이 주도한 [(가)] (으)로 우정총국이 폐쇄되면서 이 우표는 더 이상 발행되지 못했습니다.

① 건양이라는 연호를 제정하였다.
② 단발령 시행에 반발하여 일어났다.
③ 개혁 추진 기구로 교정청을 설치하였다.
④ 구본신참에 입각하여 개혁을 추진하였다.
⑤ 청·일 간 톈진 조약 체결의 계기가 되었다.

43-34 개화-연대기

14 (가)~(라)를 일어난 순서대로 옳게 나열한 것은? [3점]

(가) 의정부에서 아뢰기를, "아문을 설치하는 일에 대해서 이미 연석에서 하교하셨으니 …… 신들이 충분히 상의한 다음 설치하기에 합당한 것을 절목으로 써서 드립니다."라고 하니 [왕이] 알았다고 답하였다. [절목] 1. 아문의 호칭은 통리기무아문으로 한다.

(나) 대원군에게 군국사무를 처리하라는 명이 내려지자 대원군은 궐내에서 거처하며 …… 5군영의 군사 제도를 복구하라는 명령을 내려 군량을 지급하도록 하였다. 그리고 난병들은 물러가라는 명을 내리고 대사면령을 내렸다.

(다) 민영익이 우영사로서 우정국 낙성연에 참가하였다가 흉도 여러 명이 휘두른 칼에 맞아 당상 위로 돌아와 쓰러졌다. …… 왕이 경우궁으로 거처를 옮기자 각 비빈과 동궁도 황급히 따라갔다.

(라) 김윤식이 영국 총영사 아스톤에게 거문도를 점거한 지 3개월이 경과하였을 뿐 아니라 우리나라 조야의 여론이 비등하고 있으므로 속히 섬을 점거하고 있는 군대를 철수시킬 것을 요청하였다.

① (가) - (나) - (다) - (라)
② (가) - (나) - (라) - (다)
③ (나) - (가) - (다) - (라)
④ (나) - (가) - (라) - (다)
⑤ (다) - (나) - (가) - (라)

---

13 정답 ⑤ 번

김옥균 등 급진개화파는 1884년 12월 우정총국 개국 축하연을 계기로 정변을 일으켜, 민씨 정권을 타도하고, 봉건적 신분세도 절폐, 문벌폐지, 국가 재정의 호조 일원화 등 정강정책을 발표하고 개혁을 진행하고자 했다. 청군의 개입으로 3일 만에 실패하고 말았다. 갑신정변 이후 조선은 1885년 일본과 한성조약을 체결하고 배상금을 지불했다. 또 청국과 일본은 조선에서 동시에 군대를 철수하고, 1국이 조선에 출병하면 다른 나라도 출병한다는 내용을 담은 톈진조약을 체결했다.

① 건양 연호는 1895년 시행된 을미개혁에서 제정되었다.
② 을미개혁에서 단발령이 시행되자, 을미 의병이 일어났다.
③ 1894년 6월 6일 조선정부는 동학농민의 요구를 받아들여 교정청을 설치해 개혁을 실시하고자 했다. 하지만 6월 21일 일본군이 경복궁을 점령한 이후 교정청은 폐지된다.
④ 구본신참에 입각해 추진된 개혁은 1897년부터 시행된 대한제국의 광무개혁이다.
⑤ 갑신정변 이후 청·일 간에 톈진조약이 체결된다.

✓ 갑신정변, 이것만!
• 김옥균 등 급진개화파가 민씨정권을 타도하고 정변을 일으켰다.
• 국가 재정을 호조로 일원화하고자 하였다.
• 문벌폐지, 인민평등권, 연좌제폐지 등 봉건적 신분제도가 철폐되었다.
• 일본과 한성조약(1884)체결, 배상금을 지불하였다.
• 일본, 청국이 톈진조약(1885)을 체결하고 철군하였다.

14 정답 ① 번

(가) 통리기무아문은 1880년 12월 개화정책을 총괄하는 기구로 출범했다. 12사를 두어 외교, 통상, 재정, 군사 등의 업무를 맡았고, 5군영을 무위영과 장어영으로 통합하고, 신식군대인 별기군을 신설했다. (나) 1882년 임오군란 수습을 위해 권력을 쥐게 된 흥선대원군은 통리기무아문과 별기군, 무위영, 장어영 등을 폐지하고, 기존 5군영 군제로 복귀시켰다. (다) 1884년 갑신정변이다. 청나라군의 공격을 염려해, 개화당은 왕을 방어하기 쉬운 경우궁으로 거처를 옮기게 했던 것이다. 다시 왕이 창덕궁으로 돌아가고 민씨왕후와 밀통한 청군의 공격으로 3일 만에 정변이 실패한다. (라) 1884년 조러수호통상조약이 체결되자, 러시아의 남진을 경계한 영국이 1885년 거문도를 불법 점령했다. 1887년 러시아가 조선을 침략하지 않겠다는 약속을 받고 물러났다.

✓ 청과 일본, 러시아의 조선 각축, 이것만!
• 1876~1882 일본 침투, 조선개항 주도, 통리기무아문 설치
• 1882~1884 청 우세, 임오군란, 갑신정변 제압, 속방 취급
• 1885~1894 청·일 백중세, 양국 군대 철수
• 1894~1896 일본 우세, 청일전쟁 승리, 을미사변
• 1896~1897 러시아 우세, 아관파천
• 1898~1904 러·일 백중세, 대한제국
• 1905~1910 일본 우세, 러일전쟁 승리, 조선 강제병합

문제분석

27-32 주변 열강의 각축

15 (가)~(라) 국가에 대한 설명으로 옳은 것을 〈보기〉에서 고른 것은? [2점]

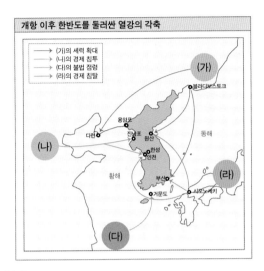

개항 이후 한반도를 둘러싼 열강의 각축

— 〈보기〉 —
ㄱ. (가) - 조선이 최초로 최혜국 대우를 보장한 국가이다.
ㄴ. (나) - 톈진 조약의 체결로 인해 조선에서 군대를 철수하였다.
ㄷ. (다) - 천주교 선교 문제로 인해 조선과의 조약 체결이 지연되었다.
ㄹ. (라) - 조선과 방곡령 관련 조항이 포함된 통상 장정을 체결하였다.

① ㄱ, ㄴ ② ㄱ, ㄷ ③ ㄴ, ㄷ ④ ㄴ, ㄹ ⑤ ㄷ, ㄹ

47-32 영국의 거문도 점령

16 다음 답사가 이루어진 지역을 지도에서 옳게 찾은 것은? [1점]

역사의 현장을 찾아서

우리 문화원에서는 현장 답사를 통해 우리 지역의 역사를 알아보는 시간을 마련하였습니다.

답사지	소개
영국군 묘지	러시아 경제를 구실로 무단 점령한 영국군의 묘지, 한 무덤의 비문에는 "1886년 3월 알바트로스호의 수병 2명이 폭발 사고로 죽다."라고 기록되어 있음
임병찬 순지비	고종의 밀지를 받아 독립 의군부를 조직한 독립운동가 임병찬이 유배되어 순국한 것을 기리기 위해 세운 비

① (가) ② (나) ③ (다) ④ (라) ⑤ (마)

---

15 정답 ④ 번

러시아, 청, 영국, 일본 4개국이 개항 이후 조선에 어떤 이권을 노리고 접근했는지를 이해하는지를 묻는 문제다.

ㄱ. (가)는 러시아다. 조선이 최초로 최혜국 대우를 보장한 국가는 러시아가 아니라, 1882년 미국이다.
ㄴ. (나)는 청국으로, 갑신정변이 끝난 후인 1885년 4월 일본과 톈진 조약을 체결하여, 조선에서 동시 철병했다.
ㄷ. (다)는 거문도를 점령했던 영국이다. 천주교 선교 문제로 조선과 조약 체결이 지연된 국가는 프랑스다.
ㄹ. (라)는 일본으로, 1876년 2월 조일수호조규를 체결한 후, 그해 8월 후속조치로 양곡의 무제한 유출을 포함한 무역규칙(통상장정)을 체결했다.
따라서 답은 ④ ㄴ, ㄹ

16 정답 ③ 번

강화도, 진도, 거문도, 거제도, 울릉도 등은 우리 역사상 중요한 사건이 벌어진 곳이다.

(가) 강화도에는 세계유산인 고인돌이 있다. 고려시대 임시수도였던 당시 궁지와 고려왕릉, 팔만대장경을 제작한 선원사 터가 있다. 조선시대 외규장각과 정족산사고, 양명학을 연구한 정제두의 묘가 있으며, 병인양요, 신미양요 당시 외국군과 맞선 정족산성, 광성보 등이 있는 역사의 고장이다.
(나) 진도는 1270년 삼별초가 대몽항쟁을 벌인 기지로, 용장산성 유적이 있다.
(다) 거문도는 1885년부터 1887년까지 영국이 러시아의 남하를 막는다는 이유로 불법점령한 곳이다. 또한 1912년 독립의군부를 조직하였고, 1914년 일본에 국권반환요구서를 보낸 임병찬이 일제에 붙잡혀 유배되었다가, 1916년 병사한 곳이다.
(라) 거제도는 1953년 포로수용소가 있던 곳이다.
(마)는 울릉도는 우산국이 있던 곳이다. 512년 이사부가 우산국을 정벌해 신라에 병합된다. 1896년 러시아가 울릉도 산림 벌채권을 획득하기도 했다.
따라서 정답은 ③ (다)이다.

✎ MEMO

04. 근대국가로의 전환 247

🔍 문제분석

43-36 동학농민운동

01 (가) 시기에 있었던 사실로 옳은 것은? [2점]

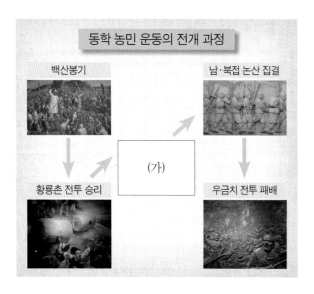

동학 농민 운동의 전개 과정

백산봉기 → 남·북접 논산 집결

(가)

황룡촌 전투 승리 → 우금치 전투 패배

① 정부와 농민군 사이에 전주화약이 체결되었다.
② 교조 신원을 요구하는 삼례 집회가 개최되었다.
③ 농민군이 황토현 전투에서 관군에게 승리하였다.
④ 사태 수습을 위해 이용태가 안핵사로 파견되었다.
⑤ 전봉준이 농민들을 이끌고 고부 관아를 습격하였다.

49-33 전봉준

02 (가) 인물에 대한 설명으로 옳은 것은? [2점]

선 고 서

고부 군수 조병갑이 부임하여 학정을 행하니 [가] 은/는 그 무리를 이끌고 고부 관아의 창고를 털어 곡식을 농민에게 나누어 주었다. …… 무장에서 일어나 장성에 이르러 관군을 격파하고, 밤낮없이 행군하여 전주성에 들어가니 전라 감사는 이미 도망하였다. …… 위에 기록한 사실은 피고와 공모자 손화중 등이 자백한 공초, 압수한 증거에 근거한 것이니 이에 피고 [가] 을/를 사형에 처한다.

① 단발령 시행에 반발하여 의병을 일으켰다.
② 우금치에서 일본군 및 관군에 맞서 싸웠다.
③ 동학의 2대 교주로 교조 신원 운동을 주도하였다.
④ 명동 성당 앞에서 이완용을 습격하여 중상을 입혔다.
⑤ 13도 창의군을 지휘하여 서울 진공 작전을 전개하였다.

01 정답 ① 번

1. 1894년 1월 전봉준이 사발통문으로 동지를 규합해 탐관오리인 고부군수 조병갑을 몰아낸 고부농민봉기를 일으켰다.
2. 이를 수습하러 내려온 안핵사 이용태가 농민들을 탄압하자, 3월에 백산에 모여 1차 동학농민봉기를 한다.
3. 4월 7일 황토현 전투, 23일 황룡촌 전투에서 승리한 동학농민군은 4월 27일 전주성을 점령한다.
4. 민씨정권이 청군에 원병을 요청하자,5월 5일 청군, 5월 6일 일본군이 조선에 상륙했다. 외세의 출현에 동학농민군은 서둘러 5월 8일 전주화약을 체결하고, 농민자치기구인 집강소를 설치 운영한다.
5. 6월 21일 일본군이 경복궁을 점령하고, 6월 23일 청일전쟁을 일으키자, 9월 동학농민군은 외세를 척결하기 위한 2차 봉기를 한다. 동학의 남접과 북접이 모두 논산에 집결한다.
6. 동학농민군은 11월 우금치 전투에서 관군과 일본군에 패배하고, 12월에는 지도자 전봉준이 체포된다.

① 1894년 5월 8일
② 1892년 10월 1차, 11월 2차
③ 1894년 4월 7일
④ 1894년 2월
⑤ 1894년 1월

02 정답 ② 번

고부군수 조병갑의 학정에 견디지 못한 농민들을 이끌고 봉기를 일으켰고, 전주성을 함락하였으며 손화중 등과 함께 동학농민군을 이끌었던 (가)는 전봉준이다.

① 1895년 11월 을미개혁으로 단발령이 시행되자, 이에 반발하여 유인석, 이소응 등이 을미의병을 일으켰다.
② 1894년 11월 우금치에서 일본군 및 관군과 맞서 동학농민군을 지휘한 사람이 전봉준이다.
③ 1863년 동학의 2대 교주가 된 이는 최시형으로, 1893년 교조 신원 운동을 주도하였고, 동학을 크게 발전시켰다.
④ 1909년 이재명 의사가 명동 성당 앞에서 이완용을 습격하여 중상을 입혔다.
⑤ 1907년 고종이 강제 퇴위 당하자, 전국에서 의병이 발생했다. 이때 이인영, 허위 등이 13도 창의군을 결성하고, 서울 진공 작전을 전개하였으나, 일본군에게 패배했다.

✓ 동학농민운동, 전개상황, 이것만!
· 척왜양창, 보국안민, 제폭구민을 기치로 내걸었다.
· 집강소를 중심으로 폐정 개혁안을 실천하였다.
· 황토현에서 관군을 물리치고, 전주성을 점령하였다.
· 과부 재가 허용, 토지의 균등 분배를 추진하였다.
· 노비문서를 불태우고, 백정의 평량갓을 없앴다.
· 반봉건, 반외세를 주장하였다.
· 남접과 북접이 연합하여 조직적으로 전개되었다.

03 밑줄 그은 '개혁'의 내용으로 옳지 않은 것은? [3점]

얼마 전에 정부가 교정청을 폐지하고 군국기무처를 설치하여 대대적인 개혁을 단행했다는군.

은본위제 채택을 포함한 여러 안건을 처리했다고 들었네.

① 과거제를 폐지하였다.
② 연좌제를 금지하였다.
③ 공사 노비법을 혁파하였다.
④ 과부의 재가를 허용하였다.
⑤ 건양이라는 연호를 채택하였다.

04 밑줄 그은 '의병'에 대한 설명으로 옳은 것은? [1점]

이곳은 의암 유인석의 위패가 모셔져 있는 충청북도 제천의 자양영당입니다. 이곳에서 유인석은 국모의 원수를 갚고 전통을 보존한다는 복수보형(復讐保形)을 기치로 8도의 유림을 모아 의병을 일으키려는 비밀 회의를 열었습니다.

① 단발령의 시행에 반발하여 봉기하였다.
② 민종식이 이끈 부대가 홍주성을 점령하였다.
③ 국제법상 교전 단체로 승인해 줄 것을 요구하였다.
④ 의병 부대가 연합하여 서울 진공 작전을 전개하였다.
⑤ 조선 총독부에 국권 반환 요구서를 제출하고자 하였다.

🔍 문제분석

03 정답 ⑤ 번

조선정부가 동학농민들의 요구를 받아들여 1894년 6월 6일 교정청을 설치해 개혁을 실시하고자 했다. 6월 21일 일본군이 경복궁을 점령하면서, 상황이 달라졌다. 일본은 흥선대원군을 섭정에 앉히고, 김홍집 내각을 구성한 뒤 조선 정부에 개혁을 강요했다. 조선정부는 교정청을 폐지시키고, 군국기무처를 설치해 갑오개혁을 단행했다. 일본의 강요로 시작되었지만, 갑신정변 14개조와 동학농민군의 폐정개혁 12개조를 반영해 자주적으로 추진된 개혁이었다.

①, ②, ③, ④ 과거제 폐지, 연좌제 금지, 공사 노비법 혁파, 과부 재가 허용은 모두 1차 갑오개혁의 개혁 내용이다.
⑤ 건양은 조선 최초의 연호로, 1895년 을미사변 이후 단행된 을미개혁에서 처음 사용하게 되었다.

✓ 2차 갑오개혁, 이것만!

· 개혁의 방향을 제시한 홍범 14조를 반포하였다.
· 교육입국조서를 반포하고 한성사범학교 관제를 마련하였다.
· 지방 행정구역을 8도에서 23부로 개편하였다.

04 정답 ① 번

국모의 원수를 갚는다는 내용이 담긴 것으로 볼 때, 을미사변 이후에 일어난 을미의병임을 알 수 있다. 을미의병은 유인석, 이소응 등 위정척사운동 사상을 가진 유생들이 주도하고, 농민들이 참여였다.

① 1895년 을미개혁에서 단발령 시행은 '신체발부수지부모불감훼상'이라는 유교적 덕목에 어긋나는 것이다. 단발령 시행에 반발한 유학자들을 중심으로 을미의병이 일어났다.
② 1905년 을사의병인 민종식이 이끈 부대는 홍주성을 점령하는 전과를 올렸다. 최익현은 전라도에서 의병을 일으켰다.
③, ④ 1907년 정미의병은 정미7조약으로 해산된 군인들이 합류하여 조직적인 의병전쟁으로 발전했다. 13도 창의군을 결성한 의병들은 국제법상 교전 단체로 승인해줄 것을 각국 공사관에 통보하고, 1908년 서울신숭작선을 선개했다.
⑤ 1912년 고종의 밀지를 받아 임병찬이 조직한 비밀결사조직인 독립의군부가 국권반환요구서 제출을 시도했다.

✓ 을미의병, 이것만!

· 을미사변과 단발령의 시행에 반발하여 봉기하였다.
· 고종의 해산 권고 조칙에 따라 해산되었다.
· 유생 출신 유인석이 이끄는 의병이 충주성을 점령하였다.
· 유인석, 이소응 등 유생들이 주도하였다.
· 러시아 공사관에 있는 고종의 환궁을 요구하였다.

49-34 삼국간섭과 을미개혁

05 다음 대화에 나타난 상황 이후의 사실로 옳은 것은? [2점]

> 며칠 전 러시아, 프랑스, 독일의 압력으로 일본이 청에 랴오둥반도를 반환했다는 소식 들었는가?

> 들었네. 우리도 이 기회에 러시아를 이용하여 일본의 간섭에서 벗어날 방도를 찾아야 할 것이네.

① 조청 상민 수륙 무역 장정을 체결하였다.
② 건양이라는 독자적인 연호를 사용하였다.
③ 행정 기구를 6조에서 8아문으로 개편하였다.
④ 군국기무처를 설치하여 근대적 개혁을 추진하였다.
⑤ 영국이 러시아를 견제하기 위해 거문도를 점령하였다.

47-35 을미사변에서 아관파천까지

06 (가)~(다)를 일어난 순서대로 옳게 나열한 것은? [3점]

> (가) 왕이 경복궁을 나오니 이범진, 이윤용 등이 러시아 공사관으로 옮기게 하였다. 김홍집 등이 군중에게 잡혀 살해되자 유길준, 장박 등은 도주하였다.
>
> (나) 오늘 대군주 폐하께서 내리신 조칙에서 "짐이 신민(臣民)에 앞서 머리카락을 자르니, 너희들은 짐의 뜻을 잘 본받아 만국과 나란히 서는 대업(大業)을 이루라."라고 하셨다.
>
> (다) 광화문을 통해 들어온 일본 병사들은 건청궁으로 침입하였다. …… 일본 장교는 흉악한 일본 자객들이 왕후를 수색하는 것을 도왔다. 자객들은 여러 방을 샅샅이 뒤졌고 마침내 왕후를 찾아내어 시해하였다.

① (가) - (나) - (다)   ② (가) - (다) - (나)
③ (나) - (가) - (다)   ④ (나) - (다) - (가)
⑤ (다) - (나) - (가)

🔍 문제분석

05 정답 ② 번

1895년 4월 청일 전쟁에서 승리한 일본이 시모노세키 조약으로 청나라로부터 랴오둥 반도를 할양받았지만, 조약 체결 6일 후 러시아가 독일, 프랑스를 끌어들여 삼국간섭을 통해 랴오둥 반도를 반환하게 했다. 이에 조선에서 민씨왕후 등이 러시아의 힘을 빌리려 하자, 일본은 1895년 10월 을미사변을 일으켜 민씨왕후를 제거했다. 을미사변 직후부터 약 4개월간 1896년 2월 아관파천 직전까지 시도된 개혁이 을미개혁이다. 을미개혁에서 건양 연호를 사용했다.

① 1882년 임오군란에 개입한 청나라는 조청 상민 수륙 무역 장정을 체결해, 조선에 대한 경제적 침투를 강화했다.
② 1895년 을미개혁에서 양력을 채용하고, 1896년 1월 1일부터 1897년 8월 16일까지 건양 연호를 사용했다.
③ 1894년 7월 군국기무처 주도하에 1차 갑오개혁이 추진되었다. 개국 연호 사용, 중앙관제를 의정부와 궁내부로 구별하고, 행정 기구를 6조에서 8아문으로 개편했다. 은본위 화폐제도 실시, 도량형 통일 등의 경제적 개혁도 이뤄졌다.
④ 군국기무처는 1차 갑오개혁을 추진하던 최고 정책결정기관으로, 1894년 6월부터 12월까지 존속했다.
⑤ 1884년 조-러 수호조약이 체결되자, 1885년부터 1887년까지 영국이 거문도를 점령하며, 러시아의 남하를 견제하고자 했다.

06 정답 ⑤ 번

(가)는 고종이 일본의 감시와 통제를 피해 러시아 공사관으로 망명한 아관파천은 1896년 2월의 일이다.
(나) 고종의 단발 시행은 을미개혁의 일환으로, 1895년 11월의 일이다. 단발령은 엄청난 충격을 주어, 민씨왕후 시해와 더불어 을미의병이 일어나는 계기가 되었다. 일본에 의해 성립된 친일성격의 4차 김홍집 내각은 건양이라는 연호를 사용하고, 중앙에 친위대, 지방에 진위대를 설치하며, 단발령 시행, 태양력 채택 등의 을미개혁을 단행했다. 하지만 아관파천으로 을미개혁은 중단된다.
(다) 일본 병사들과 자객들이 친러정책을 펼친 민왕후를 시해한 을미사변으로, 1895년 8월 20일의 일이다.

따라서 사건 순서는 ⑤ (다) - (나) - (가) 가 정답이다.

✔ **아관파천, 이것만!**

• 고종이 러시아 공사관으로 기처를 옮겼다.
• 러시아가 절영도 조차를 요구하였다.
• 아관파천 후 러시아가 울릉도의 삼림 채벌권을 획득했다.
• 열강들의 조선에서의 이권침탈이 가속화되었다.

41-35 대한제국 출범

07 다음 상황 이후에 전개된 사실로 옳은 것을 〈보기〉에서 고른 것은? [2점]

(환구단에서) 천지에 고하는 제사를 지냈다. 왕태자가 배참(陪參)하였다. 예를 마치고 의정부 의정(議政) 심순택이 백관을 거느리고 무릎을 꿇고 아뢰기를, "제례를 마치었으므로 황제의 자리에 오르소서."라고 하였다. 왕이 부축을 받으며 단에 올라 금으로 장식한 의자에 앉았다. 심순택이 나아가 12장문(章文)의 곤면(袞冕)을 입혀 드리고 옥새를 올렸다. 왕이 두 번 세 번 사양하다가 친히 옥새를 받고 황제의 자리에 올랐다.

『고종실록』

─〈보기〉─
ㄱ. 관립 실업 학교인 상공학교가 개교되었다.
ㄴ. 군 통수권 장악을 위한 원수부가 설치되었다.
ㄷ. 근대식 무기 제조공장인 기기창이 설립 되었다.
ㄹ. 서양식 근대 교육 기관인 육영 공원이 세워졌다.

① ㄱ, ㄴ ② ㄱ, ㄷ ③ ㄴ, ㄷ ④ ㄴ, ㄹ ⑤ ㄷ, ㄹ

45-37 대한국국제

08 (가), (나) 사이의 시기에 볼 수 있는 모습으로 가장 적절한 것은? [3점]

(가) 천지에 고하는 제사를 지냈다. 왕태자가 배참하였다. 예를 마친 뒤 의정부 의정 심순택이 백관을 거느린 채 무릎을 꿇고 아뢰기를, "제례를 마쳤으므로 황제의 자리에 오르소서."라고 하였다. …… 임금이 두 번 세 번 사양하다가 옥새를 받고 황제의 자리에 올랐다.

『고종실록』

(나) 이제 본소(本所)에서 대한국 국제(國制)를 잘 상의하고 확정하여 보고 하라는 조칙을 받들어서, 감히 여러 사람들의 의견을 수집하고 공법(公法)을 참조하여 국제 1편을 정함으로써, 본국의 정치는 어떤 정치이고 본국의 군권은 어떤 군권인가를 밝히려 합니다.

『고종실록』

① 영화 아리랑을 관람하는 교사
② 관민 공동회에서 연설하는 백정
③ 육영 공원에서 영어를 배우는 학생
④ 경부선 기차를 타고 부산으로 가는 기자
⑤ 근우회가 주최한 강연회에 참석하는 노동자

🔍 문제분석

07 정답 ① 번

1896년 2월 아관파천 이후, 을미의병을 포함해 고종의 환궁을 요구하는 여론이 많아졌다. 러·일 세력 균형에서 조선의 자긍심을 높이자는 여론에 힘입어 1897년 2월 고종은 경운궁으로 환궁하고, 연호를 광무로 고친 후, 환구단을 쌓고 10월에 황제 즉위식을 하고 대한제국을 선포했다.

1899년 6월 고종은 군 통수권 장악을 위해 원수부를 설치했고, 8월에는 '대한국 국제'를 제정해 황제가 군대 통수권, 입법권, 행정권 등 모든 권한을 가진 전제군주를 표방했다.

대한제국은 광무개혁을 통해 조세수입을 늘리고 근대적인 토지 소유권 확립을 위해 1898년 양지아문을 설치해 양전 사업을 하고, 1901년 지계아문을 설치해 근대적 토지소유 문건인 지계를 발급했다. 또한 상공학교를 비롯한 관립학교를 세우고 외국에 유학생도 파견했다.

ㄱ. ㄴ. 대한제국 설립 이후의 일이다.
ㄷ. 기기창은 1883년에 설립되었다.
ㄹ. 육영공원은 1886년 미국인 교사들을 초빙해 양반자제들에게 외국어와 서양지식을 가르쳤다.

08 정답 ② 번

1897년 10월 고종이 황제로 즉위하여 대한제국을 출범시켰다. 대한제국의 헌법인 대한국 국제가 제정된 것은 1899년 6월이다. 두 시기 사이의 모습을 찾는 문제다.

① 아리랑은 1926년 단성사에서 상영되었다.
② 관민 공동회에서 백정출신 박성춘의 연설은 1898년 10월에 있었다.
③ 1886년부터 1894년까지 초빙된 헐버트를 비롯한 미국인 교사 3명이 육영공원에서 양반자제들에게 신지식과 외국어를 가르쳤다.
④ 경부선은 1905년 1월에 개통되었다.
⑤ 신간회의 자매단체로 1927년에 설립된 근우회는 여성 계몽활동, 여성 노동자 권익 옹호에 힘썼다.

✔ 광무개혁, 이것만!

· 양전 사업을 실시하여 지계를 발급하였다.
· 황제의 군사권을 강화하기 위하여 원수부를 설치하였다.
· 구본신참을 개혁의 원칙으로 표방하였다.
· 대한국 국제를 제정하였다.
· 유학생을 파견하여 근대 산업 기술을 배워 오게 하였다.
· 시위대와 진위대 군수를 대폭 증가, 무관학교를 설립하였다.

49-35 독립협회

09 밑줄 그은 '협회'에 대한 설명으로 옳은 것은? [2점]

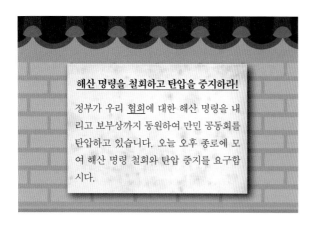

> **해산 명령을 철회하고 탄압을 중지하라!**
>
> 정부가 우리 협회에 대한 해산 명령을 내리고 보부상까지 동원하여 만민 공동회를 탄압하고 있습니다. 오늘 오후 종로에 모여 해산 명령 철회와 탄압 중지를 요구합시다.

① 대성 학교와 오산 학교를 설립하였다.
② 고종 강제 퇴위 반대 운동을 주도하였다.
③ 일본의 황무지 개간권 요구를 저지하였다.
④ 중추원 개편을 통해 의회 설립을 추진하였다.
⑤ 일본에 진 빚을 갚자는 국채 보상 운동을 전개하였다.

37-34 러일전쟁과 강요된 한일의정서

10 밑줄 그은 '전쟁 기간에 있었던 사실로 옳은 것을 〈보기〉에서 고른 것은? [3점]

> 자네 소식 들었나? 일본이 전쟁을 일으키고 나서 한성을 장악하고 한·일 의정서 체결을 강요하였다네.

> 나도 들었네. 결국, 우리나라의 국외 중립 선언을 일본이 무시하였군.

── 〈보기〉 ──
ㄱ. 러시아가 절영도 조차를 요구하였다.
ㄴ. 일본이 독도를 불법적으로 편입하였다.
ㄷ. 고종이 러시아공사관으로 거처를 옮겼다.
ㄹ. 메가타가 대한제국의 재정 고문으로 부임하였다.

① ㄱ, ㄴ   ② ㄱ, ㄷ   ③ ㄴ, ㄷ   ④ ㄴ, ㄹ   ⑤ ㄷ, ㄹ

🔍 문제분석

09 정답 ④ 번

보부상 단체(황국협회)의 만민공동회 탄압, 협회의 해산 명령 등은 1888년 12월 독립협회 해산을 가리키고 있다. 1896년 7월에 창립된 독립협회는 입헌군주제에 입각한 의회 설립운동을 전개하고, 만민공동회에서 헌의 6조를 채택했다. 수구세력은 독립협회가 왕정을 폐지하고 공화정을 시행하려 한다고 모함했다. 고종이 보부상 단체인 황국협회와 군대를 동원해 만민공동회를 습격하고 독립 협회를 강제 해산시켰다.

① 대성학교와 오산학교를 설립한 것은 신민회다.
② 1907년 고종 강제 퇴위 반대 운동을 주도한 것은 대한자강회로, 이 사건으로 일제의 탄압을 받아 해산되었다.
③ 일본의 황무지 개간권 요구를 저지한 것은 보안회다.
④ 1898년 독립협회는 중추원 개편을 통해 의회 설립을 추진하다가, 고종의 반대로 해산되었다.
⑤ 1907년 국채 보상운동은 대구 광문사 사장 김광제와 부사장 서상돈이 앞장섰고, 이어 대한매일신보 등 언론기관이 적극 협력했으나, 통감부의 방해로 실패했다.

✓ **독립협회, 이것만!**
• 중추원 개편을 통한 의회 설립을 추진하였다.
• 러시아의 절영도 조차 요구를 저지시켰다.
• 만민공동회를 열어 민권 신장을 추구하였다.
• 관민공동회를 개최하여 헌의 6조를 결의하였다.
• 남녀 차별 제도를 본격적으로 비판하고 폐지를 주장했다.
• 황국협회를 중심으로 독립협회 탄압에 앞장섰다.
• 민중 계몽을 위해 토론회와 강연회를 개최하였다.

10 정답 ④ 번

일본이 대한제국에게 한일의정서 체결을 강요한 것은 1904년 2월부터 다음해 9월까지 계속된 러일전쟁 기간 중이었다. 1904년 2월 일본은 대한제국이 대외중립을 선언했음에도 불구하고, 한일의정서를 강요해 대한제국 영토를 자유롭게 이용했다. 1904년 8월에는 제1차 한일협약을 강요해 외교와 재정 등 각 분야에 일본이 추천하는 고문을 두어 대한제국의 내정에 간섭했다. 러일전쟁에서 승리한 후인 1905년 11월에는 을사늑약으로 외교권을 빼앗고, 통감부를 설치하여 대한제국을 보호국으로 만들었다.

ㄱ. 1897년 러시아가 자국 선박의 연료 공급을 위해 절영도 저탄소 조차를 시도했으나, 1898년 3월 독립협회와 만민공동회가 이를 저지시켰다.
ㄴ. 1905년 2월 독도를 불법적으로 일본 영토에 편입시켰다.
ㄷ. 1896년 2월 아관파천이다.
ㄹ. 1904년 8월 1차 한일협약 후 외교고문 스티븐스, 재정고문 메가타가 부임하게 된다.

50-34 을사늑약

11 다음 사건이 전개된 결과로 옳은 것은? [2점]

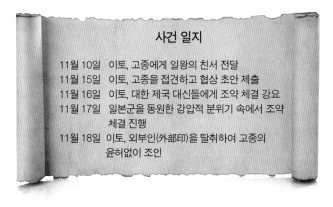

사건 일지

11월 10일   이토, 고종에게 일왕의 친서 전달
11월 15일   이토, 고종을 접견하고 협상 초안 제출
11월 16일   이토, 대한 제국 대신들에게 조약 체결 강요
11월 17일   일본군을 동원한 강압적 분위기 속에서 조약 체결 진행
11월 18일   이토, 외부인(外部印)을 탈취하여 고종의 윤허없이 조인

① 대한국 국제가 반포되었다.
② 별기군 교관으로 일본인이 임명되었다.
③ 외교권이 박탈되고 통감부가 설치되었다.
④ 고종이 러시아 공사관으로 거처를 옮겼다.
⑤ 제물포에서 러시아 함대가 일본 해군에게 격침되었다.

42-32 근대 인물

12 (가)~(마)에 들어갈 내용으로 적절한 것은? [2점]

한국사 시민 강좌

인물로 보는 우리 역사

우리 학회에서는 격동의 시대를 살았던 인물들의 삶을 살펴보는 자리를 마련하였습니다. 많은 관심과 참여 바랍니다.

강좌 순서	인 물	주 제
제1강	최익현	(가)
제2강	김옥균	(나)
제3강	전봉준	(다)
제4강	김홍집	(라)
제5강	홍범도	(마)

• 일시: 2019년 ○○월 ○○일 ~ ○○월 ○○일 14시
• 장소: ◇◇ 대학교 대강당
• 주관: □□ 학회

① (가) - 반침략 기치를 들고 우금치 전투에 참여하다
② (나) - 군국기무처의 총재로 개혁을 주도하다
③ (다) - 입헌 군주제를 꿈꾸며 갑신정변을 일으키다
④ (라) - 을사늑약에 반대하여 항일 의병을 이끌다
⑤ (마) - 평민 의병장에서 대한독립군 사령관으로 활약하다

11 정답 ③ 번

일본이 이토 히로부미를 보내 조선을 강압하여, 고종의 윤허 없이 조약을 강제로 체결한 것은 1905년 을사늑약이다. 이를 계기로 대한제국의 외교권이 박탈된다. 1906년에는 통감부가 설치되어, 조선의 내정까지 일본이 장악했다.

① 대한제국의 정치체제와 군권 등의 국제를 제정하여 내외에 밝히기 위해 대한국 국제를 1899년에 반포했다.
② 조선 최초의 신식군대인 별기군은 일본의 도움을 받아 만들어졌다. 따라서 1881년 별기군교관으로 일본인이 임명된다.
③ 1905년 을사늑약으로 인해 외교권이 박탈되고 통감부가 설치되었다.
④ 1895년 을미사변으로 민비가 시해되자, 1896년 2월 고종은 러시아 공사관으로 거처를 옮겨 일본의 간섭에서 벗어나고자 했다.
⑤ 제물포에서 러시아 함대가 일본 해군에 격침된 것은 1904년 러일전쟁이 발발하면서 벌어진 일이다.

✓ **일제가 강요한 조약, 이것만!**

조약 명	일시	주요 사항
한일의정서	1904.2	일본이 군사상 필요시 자유 사용
1차한일협약	1904.8	일본추천 고문 파견
2차한일협약	1905.11	통감 부임, 외교권박탈(을사늑약)
한일신협약	1907.7	군대 해산, 일본인 차관 부임
기유각서	1909.7	사법권, 감옥 관리권 박탈
한일병합조약	1910.8	경술국치, 조선총독부 설치

12 정답 ⑤ 번

(가) 최익현(1833~1906)은 1873년 흥선대원군 실정을 비판하는 상소를 올려 고종의 친정을 이끌어낸 인물이다. 그는 1876년 왜양일체론을 주장하며 개항에 반대했다. 또 을사늑약 체결에 반대해 태안에서 의병을 일으켰다가, 쓰시마 섬에 끌려가 순국했다.
(나) 김옥균(1851~1894)은 1884년 갑신정변을 일으킨 주역이다.
(다) 전봉준(1855~1895)는 동학농민혁명군을 지휘했다.
(라) 1880년 2차 수신사로 일본에 다녀온 김홍집(1842~1896)은 조선책략을 조선에 소개했다. 또 1894년 1차 갑오개혁에서 군국기무처의 총재를 지냈다. 1895년 을미개혁에서 단발령을 실시했다.
(마) 홍범도(1868~1943)는 포수출신으로, 1907년 정미의병에 참여한 평민 의병장이다. 그는 만주로 건너가, 1919년 대한독립군을 창설하고, 1920년 6월 봉오동전투에서 일본군을 격파했다. 1937년 스탈린의 한인강제이주정책에 의해 카자흐스탄으로 강제 이주되어, 그곳에서 죽었다.

45-32 군대해산

13 다음 자료에 나타난 사건 이후의 사실로 옳은 것은? [2점]

> 해산 결의 이틀 전 오전에 군부 대신과 하세가와 대장이 통감부에 모여 현재 한국 군대를 해산하기로 결정한 결과로, 같은 날 오후 9시 40분에 총리와 법부 대신이 황제에게 아뢴 후에 조칙을 반포하였더라.
>
> - 대한매일신보 -

① 민영환, 조병세 등이 자결로써 항거하였다.
② 13도 창의군이 서울 진공 작전을 전개하였다.
③ 메가타가 주도한 화폐 정리 사업이 시작되었다.
④ 고종이 헤이그 만국 평화 회의에 특사를 파견하였다.
⑤ 구식 군대가 난을 일으켜 일본 공사관을 습격하였다.

40-36 13도 창의군

14 (가)에 대한 설명으로 옳은 것은? [1점]

일제의 침략에 맞서 싸운 의병장 왕산 허위(1854~1908)

경상북도 구미에서 출생하였다. 성균관 박사, 평리원 재판장 등을 역임하였다. 한·일신협약 체결과 군대 해산에 반발하여 결성된 [(가)] 에서 군사장을 맡았다. [(가)] 은/는 각지의 유생 의병장이 중심이 되어 결성한 의병 부대로 총 병력이 1만 여명에 이르렀으며, 총대장에는 대한관동창의대장 이인영을 추대하였다. 군사장 허위는 경기도 양평에서 일본 헌병에게 체포되어 서대문 감옥에서 순국하였다.

① 봉오동 전투에서 일본군을 격퇴하였다.
② 독립 공채를 발행하여 자금을 마련하였다.
③ 고종의 해산 권고 조칙에 따라 해산하였다.
④ 양주에 집결하여 서울 진공 작전을 전개하였다.
⑤ 조선 총독부에 국권 반환 요구서를 제출하려 하였다.

🔍 **문제분석**

13 정답 ② 번

통감부에서 한국 군대 해산을 결정한 것은, 1907년 7월 한일신협약 (정미 7조약)에 의한 것이다.

① 민영환과 조병세 등이 자결로 항의한 것은 1905년 1월 2차 한일협약, 즉 을사늑약 체결이다.
② 한일신협약으로 대한제국 군대가 해산되자, 군인들은 의병활동에 참여했다. 1907년 정미의병은 1895년 을미의병, 1905년 을사의병과 달리 규모가 커지자, 연합하여 13도 창의군을 결성했다.
③ 1904년 제1차 한일협약에 따라 재정고문 메가타가 부임하여 1905년 7월부터 1909년 11월까지 조선의 화폐를 일본 제일은행 화폐로 바꾸게 했다. 그 결과 국내 상공업자와 민간 은행이 큰 타격을 받았다.
④ 헤이그 특사 사건이 1907년 7월 고종폐위와, 한일신협약 체결의 빌미가 되었다.
⑤ 1882년 임오군란에서 구식군인이 일본공사관을 습격했다.

14 정답 ④ 번

1907년 헤이그 특사사건을 빌미로 고종을 강제 퇴위시킨 일본은 한일신협약(정미7조약)을 체결해 대한제국 군대마저 강제 해산시킨다. 해산된 군인들은 정미년(1907)에 일어난 의병부대에 합류한다. 정미의병은 1895년 을미의병, 1905년 을사의병과 달리 군인이 참여하자 규모가 커졌다. 전국 각지에서 일어난 의병들이 연합해 12월에 경기도 양주에서 13도 창의군을 결성하고, 1908년 1월 서울 진격작전을 추진했다. 총대장 이인영은 부친의 사망을 이유로 지휘권을 군사장인 허위에게 맡긴다. 허위는 선발대를 이끌고 동대문 밖까지 진격했지만, 기관총 등으로 무장한 일본군에게 참패를 당한다.

① 1920년, 홍범도가 지휘한 대한독립군 등이 봉오동 전투에서 일본군을 격퇴했다.
② 대한민국 임시정부가 독립 공채를 발행했다.
③ 을미의병(1895~1896)은 아관파천 이후 고종의 환궁을 요구했다. 고종의 해산 권고 조칙이 전해지자, 해산했다.
④ 1908년 1월 13도 창의군이 서울 진공 작전을 전개했다.
⑤ 1912년 최익현의 제자 임병찬이 조직한 독립의군부가 국권 반환 요구서를 제출하려 하였다.

✓ **정미의병, 이것만!**
· 13도 창의군을 결성하여 서울 진공 작전을 전개하였다.
· 해산된 군인의 참여로 전투력이 향상되었다.
· 국제법상의 교전 단체로 승인해 줄 것을 요구하였다.
· 일제의 남한 대토벌 작전으로 인해 만주로 이동하였다.

41-34 이준, 헤이그 특사

15 다음 인물에 대한 설명으로 옳은 것은? [1점]

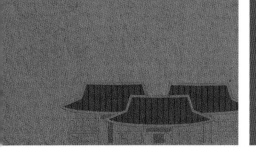

국권 침탈에 저항한 구국 운동의 지도자
이준(1859년 ~ 1907년)

1896년에 한성 재판소 검사보로 임명되었다. 을사늑약 폐기를 주장하는 상소 운동을 펼쳤고, 안창호 등과 함께 비밀 결사인 신민회를 조직하여 구국운동을 전개하였다. 정부에서는 그의 공훈을 기리어 1962년에 건국훈장 대한민국장을 추서하였다.

이준

① 고종의 밀지를 받아 독립 의군부를 조직하였다.
② 영국인 베델과 함께 대한매일신보를 발간하였다.
③ 평양에서 조선 물산 장려회 발기인 대회를 개최하였다.
④ 북간도에 서전서숙을 설립하여 민족 교육을 실시하였다.
⑤ 네덜란드 헤이그에서 열린 만국 평화 회의에 특사로 파견되었다.

48-36 신민회

16 밑줄 그은 '이 단체'에 대한 설명으로 옳은 것은? [2점]

이 신문 광고를 낸 태극 서관에 대해 말씀해 주세요.

태극 서관은 신지식 보급과 민족의식 고취를 위해 운영되었습니다. 또한 대성 학교와 오산 학교를 세운 이 단체의 산하 기관 역할을 하기도 하였습니다.

① 일제가 조작한 105인 사건으로 와해되었다.
② 파리 강화 회의에 독립 청원서를 제출하였다.
③ 만민 공동회를 열어 민권 신장을 추구하였다.
④ 독립운동 자금 마련을 위해 독립 공채를 발행하였다.
⑤ 어린이 등의 잡지를 발간하여 소년 운동을 주도하였다.

🔍 문제분석

15 정답 ⑤ 번

이준은 신민회를 조직하며 구국운동을 전개했지만, 그의 가장 대표적인 행적은 1907년 고종의 명으로 네덜란드 헤이그에 특사로 파견된 일이다. 헤이그 특사 파견은 일본에 의한 고종의 강제퇴위와 한일신협약 체결의 빌미가 된다.

이준은 1904년 일본의 황무지 개발을 저지한 보안회에 참여했다. 보안회가 해체된 후, 1905년 헌정연구회 창설에 참여했고, 1907년 항일비밀결사 단체인 신민회 조직에도 참여한 인물이다.

① 임병찬(1851~1916)이 1912년 고종의 밀지를 받아 독립의군부를 조직했다.
② 양기탁(1871~1938)이 1904년 2월에 대한매일신보를 창간했다.
③ 조만식(1883~1950)이 1920년 8월 평양에서 조선물산 장려회를 조직했다.
④ 서전서숙은 헤이그 밀사였던 이상설(1870~1917)이 이동녕(1869~1940) 등과 함께 설립했다.
⑤ 이준은 이상설, 이위종 등과 헤이그 특사로 파견되었다.

16 정답 ① 번

안창호의 대성학교, 이승훈의 오산학교 등을 세운 단체는 신민회다. 신민회는 1907년 4월에 결성되어, 1911년 105인 사건으로 와해되었다. 신민회는 항일독립운동단체로, 민중계몽과 국권회복, 실력양성을 목표로 설립되었다. 출판물 보급과 사업 연락을 위해 태극서관을 두고 합법적 운동을 했고, 1911년 만주 유하현 삼원보에 신한민촌을 건설해 단체 이주를 시작하고 신흥무관학교를 설립, 독립군 양성에 토대를 만들었다.

① 1911년 일제는 105인 사건을 조작해 신민회를 와해시켰다.
② 신한청년단은 1919년 2월 파리강화회의에 독립청원서를 제출하기 위해 김규식을 파리로 파견했다. 4월에 대한민국 임시정부를 만들어, 김규식을 임시정부 외무총장에 임명했다. 5월 김규식은 독립청원서를 파리강화회의에 제출했다.
③ 1898년 독립협회가 만민공동회를 개최했다.
④ 대한민국 임시정부는 1919년 독립공채를 발행했다.
⑤ 천도교 소년회는 1921년 어린이 잡지를 발간했다.

✔ 신민회, 이것만!

· 대성학교와 오산학교를 세워 민족 교육을 실시하였다.
· 남만주 삼원보에 독립운동 기지를 건설하였다.
· 국권 회복과 공화정체의 근대국가 수립을 목표로 하였다.
· 태극 서관을 설립하여 계몽 서적을 보급하였다.
· 신민회는 실력양성과 무장 투쟁을 함께 준비하였다.

48-28 흥선대원군의 호포제 실시와 서원철폐

01 (가) 인물에 대한 설명으로 옳은 것은? [2점]

○ 왕이 말하기를, "요즘 각 고을 백성의 생활 형편이 매우 좋지 않다고 한다. 작년부터 (가) 이/가 분부를 내려 양반 호(戶)는 노비의 이름으로 포(布)를 내게 하였고, 일반 백성들은 신포(身布)를 내게 하였다. …… 의정부에서는 각 도에 알려 이를 만년의 법식으로 삼는 것이 좋겠다."라고 하였다.

○ 왕이 말하기를, "요즘에 서원마다 사무를 자손들이 주관하고 붕당을 각기 주장하니, 이로 인해 폐해가 백성들에게 미치는 경우가 많다고 한다. …… 서원을 훼철(毀撤)* 하고 신주를 땅에 묻어 버리는 등의 절차를 (가) 의 분부대로 거행하도록 해당 관청에서 팔도(八道)와 사도(四都)에 알리라."라고 하였다.

* 훼철(毀撤): 헐어서 치워 버림

『승정원 일기』

① 통리기무아문과 12사를 설치하였다.
② 양전 사업을 실시하여 지계를 발급하였다.
③ 나선 정벌을 위해 조총 부대를 파견하였다.
④ 교육의 기본 방향을 제시한 교육 입국 조서를 반포하였다.
⑤ 환곡의 폐단을 시정하기 위해 사창제를 전국적으로 시행하였다.

40-32 청나라의 경제 침투

02 다음 상황이 나타난 배경에 대한 탐구 활동으로 가장 적절한 것은? [2점]

요즘은 공주, 전주 등에도 장이 열리면 청 상인들이 물건을 팔러 온다고 하네.

그렇다네. 청 상인들에게 상권을 빼앗긴 조선 상인들이 많다더군.

① 동양척식주식회사가 설립된 과정을 정리한다.
② 회사 설립을 신고제로 변경한 목적을 살펴본다.
③ 고종이 러시아 공사관으로 피신한 이유를 찾아본다.
④ 임오군란의 결과로 체결된 협정의 내용을 조사한다.
⑤ 구(舊) 백동화가 제일 은행권으로 교환된 시기를 검색한다.

01 정답 ⑤ 번

양반 호도 포를 내게 하는 제도를 시행하게 하였고, 서원을 훼철시키도록 명령한 인물로, 왕이 아닌 사람은 흥선대원군이다. '대원위분부'는 왕명 이상의 위엄이 있었다. 1871년 흥선대원군은 전국에 47개소 서원만 남기고 모든 서원을 훼철했다. 또 1871년에는 호포제를 실시해, 양반에게도 호를 부담하게 했고, 1867년에는 환곡의 폐단을 시정하기 위한 사창제를 전국적으로 시행했다.

① 통리기무아문과 12사는 1880년 개화정책 추진을 위해 설치되었다.
② 대한제국에서 양전사업을 실시하여 지계를 발급했다.
③ 북벌을 준비하던 효종이 청의 요청으로, 1654년과 1658년 러시아군과 싸우기 위해 조총 부대를 파견했다.
④ 1895년 2월 2차 갑오개혁으로 교육입국 조서가 반포되어 한성사범학교, 소학교, 외국어 학교 관제가 마련되었다.
⑤ 흥선대원군은 1867년 환곡의 폐단을 시정하기 위해 사창제를 실시했다.

02 정답 ④ 번

조선 농민을 괴롭히는 3가지 문제는 토지세금(전정), 환곡, 군역이었다. 개항 이후에는 외국상인에 의해 경제적 폐해가 더해져, 조선인의 삶이 더욱 어려워졌다.
1882년 임오군란 진압을 청에 요청한 민씨정권은 청나라와 1882년 8월 조청상민수륙무역장정을 체결하고, 청상인의 내륙통상권과 연안무역권까지 인정해주었다. 시전상인과 객주, 보부상 모두가 큰 타격을 받게 되자, 1883년 정부는 보부상을 보호할 목적으로 혜상공국을 설치했다.
조청상민수륙무역장정은 개항 이후 조선 경제를 크게 파탄시킨 매우 중요한 조약이다.

① 동양척식주식회사는 1908년 일본이 대한제국 소유 미개간지 등을 약탈하기 위해 만든 침략의 도구였다.
② 1910년 일제는 회사 설립 시 조선총독의 허가를 받도록 하는 회사령을 발표해, 조선인의 경제활동을 억압했다. 하지만 1920년대 일본 자본의 원활한 진출을 위해 회사령을 철폐하고 신고제로 바꾼 것이다.
③ 1895년 을미사변이 일어나 일본인에 의해 왕비가 살해되자, 고종은 일본으로부터 자신의 안전을 도모하고자 러시아 공사관으로 피신했다.
④ 조청상민수륙무역장정은 임오군란의 결과로 체결되었다.
⑤ 1905년 일본인 재정고문 메가타가 주도한 화폐 정리사업으로 상평통보, 백동화를 일본 제일은행권으로 교환하도록 하자, 국내 상공업자와 민간은행이 큰 타격을 받았다.

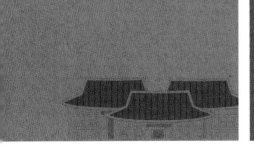

03 (가) ~ (라)에 들어갈 내용으로 적절한 것을 <보기>에서 고른 것은?

<수행평가보고서>

열강의 이권 침탈

이름 ○○○

○ 배경 : 청, 일 전쟁 및 아관 파천 이후 열강의 경제적 침탈이 더욱 심해졌다.
○ 주요사례

국가	이권 침탈 내용
러시아	(가)
미국	(나)
영국	(다)
일본	(라)

─── <보기> ───
ㄱ. (가) - 한성과 의주를 연결하는 전신 가설권
ㄴ. (나) - 운산 금광 채굴권
ㄷ. (다) - 두만강 유역과 울릉도 삼림 채벌권
ㄹ. (라) - 경부선 철도 부설권

① ㄱ, ㄴ   ② ㄱ, ㄷ   ③ ㄴ, ㄷ   ④ ㄴ, ㄹ   ⑤ ㄷ, ㄹ

04 다음 자료를 활용한 탐구 활동으로 가장 적절한 것은? [1점]

○ 신(臣) 등이 들은 말에 의하면 일선에 외부(外部)에서 신림과 원야(原野)와 진황지(陳荒地)를 50년 기한으로 일본인에게 빌려주는 일을 정부에 청의(請議)하여 도하(都下)의 인심이 매우 술렁거리고 있습니다.
『해학유서』

○ 종로에서 송수만, 심상진 씨 등이 각 부(府)·부(部)·원(院)·청(廳)과 각 대관가(大官家)에 알리노라. 지금 산림과 하천 및 못, 원야, 황무지를 일본이 청구하니, 국가의 존망과 인민의 생사가 경각에 달려 있노라.
『황성신문』

① 105인 사건의 영향을 조사한다.
② 보안회의 활동 내용을 파악한다.
③ 독립문이 건립된 과정을 살펴본다.
④ 조선 형평사의 설립 목적을 검색한다.
⑤ 황국 중앙 총상회의 활동을 파악한다.

03 정답 ④ 번

아관파천 이후 정부는 친러내각을 구성하였다. 러시아의 내정 간섭과 더불어, 일본을 포함한 열강들은 저마다 최혜국 대우 조항을 내세워 조선에서 각종 이권을 빼앗아갔다.

러시아는 두만강 일대와 울릉도 삼림채벌권, 부산 절영도와 인천 월미도 저탄소 설치권 등을 차지했다. 하지만 절영도 저탄소 설치권은 독립협회에 의해 좌절되었다.
미국은 경인철도부설권, 운산 금광 채굴권, 한성전기회사 설립과 전차 부설권을 얻어갔다.
영국은 평남 은산금광 채굴권을 얻기는 했으나, 다른 나라에 비해서 얻어간 이권이 적었다. 영국은 러시아의 남하를 저지하는 것에 관심을 두고, 러시아에 맞서는 일본의 조선 지배를 지지했다.
일본은 경부철도부설권을 얻고, 미국으로부터 경인철도부설권을, 프랑스로부터 경의철도부설권을 구입했고, 각종 어업권 등 많은 이권을 빼앗아갔다.

(가) 한성과 의주 연결 전신가설은 청나라가 1885년에 개통했다. (나) 운산 금광채굴권은 미국, (다) 삼림 채벌권은 러시아, (라) 경부선 철도부설권은 일본이 가져갔다.

04 정답 ② 번

진황지를 50년 기한으로 일본인에게 빌려주는 일로 인심이 매우 술렁인다는 해학유서의 말과, 일본인의 황무지 청구권 요구가 국가 존망과 인민 생사와 관련된 일임을 알리는 송수만과 심상진의 말을 전한 황성신문 기사를 통해, 두 자료가 1904년 6월 일본이 대한제국 영토의 1/4에 해당되는 황무지 개간권 요구를 반대한 보안회 활동과 관련이 있음을 알 수 있다. 송수만, 원세성 등은 보안회를 설립하고, 일본의 요구를 좌절시키는데 성공했다.

① 105인 사건은 1911년 일제가 신민회를 와해시키기 위해 조작한 사건이다.
② 보안회는 1904년 일본의 황무지 개간권 요구를 저지시켰다.
③ 1897년 11월 독립협회는 중국 사신을 맞이하던 영은문 사리에 독립문을 세워, 조선의 자주독립의지를 내세웠다.
④ 1923년 진주에서는 조선 형평사가 설립되어 백정의 차별 철폐를 위한 형평운동을 전개하였다.
⑤ 1898년 10월 시전상인들의 단체인 황국 중앙 총상회가 설립되어 외국상인의 침투에 대항하고자 했다.

✎ MEMO
....
....
....
....

50-31 화폐 정리 사업

05 다음 상황이 전개된 배경으로 옳은 것은? [2점]

백동화를 제일 은행권으로
바꾸려고 교환소에 갔더니,
터무니없이 낮게
평가해 바꿔 주더군.

백동화는 곧 사용할 수
없을 테니 손해를 보더라도
교환할 수 밖에
없지 않겠나.

① 금속류 회수령이 공포되었다.
② 국채 보상 운동이 전개되었다.
③ 산미 증식 계획이 실시되었다.
④ 조선 물산 장려회가 조직되었다.
⑤ 재정 고문으로 메가타가 임명되었다.

37-32 개항기 여러 신문

06 (가) ~ (마)에 대한 설명으로 옳은 것은? [2점]

한국사 과제 안내문

○ 개항 이후 발행된 다음 신문 중 하나를 선택하여 보고서를 제출하시오.

- 한성순보 ·························· (가)
- 독립신문 ·························· (나)
- 황성신문 ·························· (다)
- 제국신문 ·························· (라)
- 대한매일신보 ·························· (마)

○ 조사방법: 문헌 조사, 인터넷 검색 등
○ 제출기간: 2017년 ○○월 ○○일 ~ ○○월 ○○일
○ 분량: A4용지 2장 이상

① (가) - 정부에서 발행하는 순 한문 신문이었다.
② (다) - 국채 보상 운동을 적극적으로 후원하였다.
③ (다) - 외국인이 읽을 수 있도록 영문으로도 발행되었다.
④ (라) - 국권피탈 후 총독부의 기관지로 전락하였다.
⑤ (마) - 최초로 상업 광고가 게재되었다.

---

05 정답 ⑤ 번

두 사람의 대화에서 등장한 백동화는 1892년 전환국에서 발행하여 1904년까지 널리 유통된 화폐였다. 백동화가 일본 제일은행권으로 교환이 이루어진 것은, 1905년 화폐 정리 사업이 이루어졌기 때문이다. 1904년 8월 제 1차 한일협약 체결로, 재정고문으로 대한제국에 오게 된 일본인 메가타가 화폐 정리 사업을 주도했다. 그 결과 대한제국 경제는 일본에 완전히 종속되었다.

① 1941년 10월 일제가 태평양전쟁에 필요한 무기 제조 등에 사용하기 위해 금속류 회수령을 공포했다.
② 1907년 대구에서 광문사 사장 김광제 등이 국채보상운동을 시작했다. 서울에서도 국채보상운동이 전개되어, 대한매일신보 등이 후원했으나, 일제의 방해로 좌절되었다.
③ 일제는 1920년대 산미 증식계획을 실시해, 일본의 부족한 식량을 조선에서 수탈하여 메꾸었다.
④ 1920년 평양에서 조만식 등이 조선물산 장려회를 조직하였고, 1923년에 서울에서도 조선물산 장려회가 조직된다.
⑤ 1904년 1차 한일협약으로 재정고문에 메가타가 임명되어, 대한제국에 오게 된다.

06 정답 ① 번

개항 이후 신문이 발행된다. 조선 정부는 국민 계몽과 개화 정책 추진을 위해 신문의 필요성을 갖게 되어, 1883년 박문국을 설치하고, 최초 신문인 한성순보를 발행한다. '열흘 순(旬)' 답게 10일마다 발행되는 순한문으로 된 관보 형식이었다. 1886년에는 최초의 상업광고가 게재된 한성주보가 간행되었고, 1896년에는 최초의 민간신문인 독립신문이 영문판과 한글판 2종류로 발행되었다. 1898년에는 국한문 혼용체를 사용한 황성신문이 발행되었는데, 장지연의 시일야방성대곡을 게재하였다. 제국신문은 이종일이 한글로 간행한 신문이다. 1904년에는 대한매일신보가 창간되었다.

① 정부 발행 순한문 신문은 한성순보이다.
② 국채보상운동을 적극적으로 후원한 신문은 1904년 영국인 베델과 양기탁이 창간한 대한매일신보다.
③ 영문으로 발행된 신문은 독립신문이다.
④ 국권피탈 후, 대한매일신보가 총독부 기관지로 전락된다.
⑤ 최초 상업광고가 게재된 신문은 한성주보다.

🖊 MEMO

07 다음 퀴즈의 정답으로 옳은 것은? [1점]

덕원부의 관민이 힘을 합쳐 설립한
우리나라 최초의 근대 학교로,
외국어 교육 등을 실시한
이 교육 기관은 무엇일까요?

?

① 동문학
② 명동 학교
③ 원산 학사
④ 서전서숙
⑤ 배재 학당

08 밑줄 그은 ㉠ 사건 이후 사실로 옳은 것은? [3점]

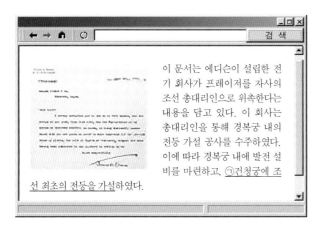

검색

이 문서는 에디슨이 설립한 전기 회사가 프레이저를 자사의 조선 총대리인으로 위촉한다는 내용을 담고 있다. 이 회사는 총대리인을 통해 경복궁 내의 전등 가설 공사를 수주하였다. 이에 따라 경복궁 내에 발전 설비를 마련하고, ㉠건청궁에 조선 최초의 전등을 가설하였다.

① 알렌의 건의로 광혜원이 세워졌다.
② 박문국에서 한성순보가 발행되었다.
③ 무기 제조 공장인 기기창이 설립되었다.
④ 정부가 외국어 교육 기관인 동문학을 세웠다.
⑤ 노량진에서 제물포를 잇는 경인선이 개통되었다.

문제분석

07 정답 ③ 번

1883년 덕원부의 관민이 설립한 최초의 근대식 학교로, 외국어 교육 등을 실시한 학교는 원산학사이다.

① 동문학은 1883년에 건립된 최초의 관립 외국어 학교다.
② 명동학교는 1908년 김약연이 북간도에 설립한 학교. 1906년 건립되었다가, 1년 만에 폐지된 서전서숙의 민족교육정신을 계승해, 화룡현 명동촌에 설립되었고, 1925년 폐교될 때까지 수많은 독립 운동가를 배출했다.
③ 원산학사는 1883년 민관이 설립한 최초의 근대식 학교다.
④ 서전서숙은 1906년 이상설 등이 북간도 용정촌에 건립한 학교로, 만주에 설립된 최초의 신학문 민족교육기관이다.
⑤ 배재학당은 1885년 선교사 아펜젤러가 설립했다.

✓ 근대식 교육, 이것만!

학교명	연대	특징
원산학사	1883	민관이 설립한 최초의 근대식 학교
동문학	1883	최초의 관립 외국어 학교
배재학당	1885	선교사 아펜젤러가 설립
육영공원	1886	최초 근대식 관립학교, 서양인교사
이화학당	1886	최초 여성교육기관, 스크랜튼 설립
한성사범학교	1895	갑오개혁 때 설립, 최초 교원 양성
오산학교	1907	이승훈이 정주에 설립. 신민회
대성학교	1908	안창호가 평양에 설립, 신민회

08 정답 ⑤ 번

조선이 개항한 이후, 서양의 근대 문물이 도입된다. 1882년 조미수호통상조약이 체결된 이후, 미국의 자본도 조선에 투자를 시작한다. 미국의 에디슨 전기회사는 1887년 경복궁 내 건청궁에 조선 최초의 전등을 가설했다. 이후 다양한 근대문물이 도입된다. 1898년 한성전기회사가 설립되고, 1899년 5월 서대문에서 청량리까지 전차기 개통된다. 9월에는 경인선이 개통된다.

① 1885년 알렌은 최초의 서양식 병원 광혜원을 설립했다.
② 1883년 박문국에서 한성순보를 발행했다.
③ 1883년 청국의 도움을 받아 무기를 제조하는 기기창이 설립된다.
④ 1883년 조선 정부가 외국어 교육기관인 동문학을 세웠다.
⑤ 1899년 9월 노량진에서 제물포를 잇는 경인선이 개통된다. 1900년 7월에는 경성역까지 전구간이 개통된다.

35-39 근대문물 원각사

09 (가)에 들어갈 내용으로 옳은 것은? [1점]

조사보고서

주제: 개항 이후 들어온 근대 문물

1. 한국 최초의 서양식 극장 ○○○
   • 위치: 서울특별시 종로구
   • 운영 시기: 1908~1909년
   • 특징
     - 개장 초기 판소리를
       공연하기도 함.
     - ┌─── (가) ───┐
     - 극장 건물은 1914년 화재로 소실됨.

① 알렌의 건의로 만들어졌다.
② 나운규의 아리랑이 개봉되었다.
③ 신간회 창립 대회가 개최되었다.
④ 고종의 황제 즉위식이 거행되었다.
⑤ 은세계, 치악산 등의 신극이 공연되었다.

38-34 주시경

10 다음 인물에 대한 설명으로 옳은 것은? [2점]

한글을 사랑한 ○○○

○ 호: 한힌샘, 백천(白泉)
○ 생몰: 1876년~1914년
○ 주요활동
  • 독립신문 교보원 활동
  • 국문동식회 조직
  • 국어문법, 말을 소리 저술
○ 서훈: 1980년 건국 훈장 대통령상

① 잡지 한글을 간행하였다.
② 한글 맞춤법 통일안을 제정하였다.
③ 가갸날을 제정하고 기념식을 거행하였다.
④ 국문 연구소에서 한글 연구를 체계화하였다.
⑤ 조선어 학회 사건으로 구속되어 옥고를 치렀다.

문제분석

09 정답 ⑤ 번

우리나라 최초의 서양식 극장은 원각사다. 1908년 원각사에서 이인직의 은세계, 치악산 등의 신소설을 각색한 창극이 이곳에서 공연되었다.
원각사에서 공연된 은세계, 치악산과, 단성사에서 상영된 나운규의 아리랑 영화를 구분할 필요가 있다.

① 알렌의 건의로 만들어진 것은 최초의 서양식 병원인 광혜원으로, 1885년 1월에 설립되었고, 3월에 제중원으로 개칭되었다.
② 나운규의 아리랑은 1926년 극장 단성사에서 상영되었다.
③ 민족주의진영과 사회주의진영이 연대한 신간회가 1927년 서울 YMCA에서 창립되었다.
④ 1897년 10월 고종황제 즉위식은 원구단에서 거행되었다.
⑤ 1908년 원각사에서 은세계, 치악산이 공연되었다.

10 정답 ④ 번

주시경(1876~1914)은 한글이란 말을 처음 사용한 인물로, 한글 연구를 체계화 시킨 인물이다. 1907년 그는 지석영과 함께 최초의 한글 연구단체인 학부 산하의 국문연구소에서 활동하며, 이윤재, 최현배 등의 후진을 양성했다. 1910년에는 국어문법을 저술하여, '한글맞춤법 통일안'의 기본 틀을 세웠다. 혼란한 시대에도 불구하고, 주시경을 비롯한 분들의 국학 연구와 문예활동이 지속되면서, 우리문화를 보존할 수 있었다.

① 1921년 창립된 조선어연구회에서 1927년에 발간하기 시작한 잡지 이름이 한글이다. 1931년 조선어연구회가 조선어학회로 개칭되고, 1949년 한글학회로 이름이 바뀌어도 잡지명만큼은 계속 한글로 발행되고 있다.
② 1933년 조선어 연구회에서 한글 맞춤법 통일안을 발표했다.
③ 1926년 9월 29일 조선어연구회에서 훈민정음 반포 480주년을 기념하는 가갸날을 제정했다. 한글날의 시초다.
④ 주시경은 1907년부터 국문연구소에서 한글 연구를 체계화했다.
⑤ 일제는 1942년 조선어 학회를 독립운동단체로 간주해, 이극로, 이윤재, 최현배, 이희승 등 33명을 검거하고, 조선어학회를 강제 해산시켰다.

✏ MEMO

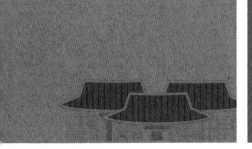

49-32 정동의 문화재

11 (가)~(마)에서 있었던 사실로 옳은 것은?[3점]

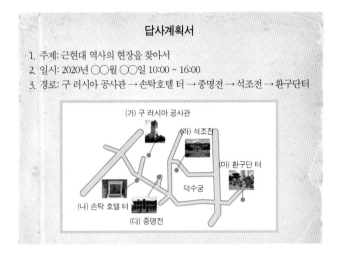

답사계획서

1. 주제: 근현대 역사의 현장을 찾아서
2. 일시: 2020년 ○○월 ○○일 10:00 ~ 16:00
3. 경로: 구 러시아 공사관 → 손탁호텔 터 → 중명전 → 석조전 → 환구단터

① (가) - 임오군란 때 구식 군인들의 습격이 있었다.
② (나) - 제1차 미소 공동 위원회가 개최되었다.
③ (다) - 은세계, 치악산 등의 신극이 공연되었다.
④ (라) - 일본 낭인들이 명성 황후를 시해하였다.
⑤ (마) - 대한 제국 황제 즉위식이 거행되었다.

44-35 경운궁

12 (가)에 들어갈 내용으로 옳지 않은 것은? [1점]

서울의 궁궐 탐방 다섯 번째 이야기

한국 근현대사의 현장. ○○궁을 찾아서

1. 주요 건물: 중화전, 석조전, 중명전, 정관헌, 함녕전, 대한문 외
2. 소개: [(가)   ]

① 고종이 아관 파천 이후 환궁한 곳입니다.
② 두 차례의 미소 공동 위원회가 개최되었습니다.
③ 일제의 강압 속에 을사늑약이 체결된 현장입니다.
④ 명성 황후가 일본 낭인들에 의해 시해된 장소입니다.
⑤ 궁궐 안에 남아있는 가장 오래된 서양식 건물이 있습니다.

---

11 정답 ⑤ 번

정동지역은 19세기말~20세기 전반기까지 중요 사건이 잇달아 발생한 공간이다. 19세기말 서양인들이 도성 안에서 가장 많이 정착한 곳이다. 남대문, 서소문, 서대문 3문과 가까워 교통이 편리한 정동지역에 미국, 영국, 러시아, 프랑스 등의 공사관이 자리했다. 또 감리교와 장로교 교회가 들어섰으며, 육영공원, 배재학당 등 근대식 교육기관도 자리했다. 고종이 아관파천 후, 경운궁(덕수궁)으로 환궁한 것은 서양세력의 도움을 받을 수 있는 지리적 위치 때문이었다.

① (가) 러시아 공사관은 1896년 고종이 아관파천을 하여, 1년간 머문 곳이다. 1882년 임오군란 때 구식 군인들이 습격한 곳은 일본 공사관이다.
② (나) 손탁호텔은 1902년 서울에 세워진 최초의 서양식 호텔이다. 독일인 앙투아네트 손탁이 운영했다. 당시 서울에서 가장 유명한 사교공간이었다. 1946년 3월 1차 미소 공동위원회는 덕수궁 석조전에서 개최되었다.
③ (다) 중명전은 1904년 이후 고종의 직무실로 사용된 곳으로, 1905년 을사늑약이 이곳에서 체결되었다. 1908년 은세계, 치악산 등의 신극이 공연된 곳은 원각사이다.
④ (라) 석조전은 1910년에 완공된 고종황제의 직무실 겸 숙소로, 서양식 건물이다. 1895년 일본 낭인들이 명성황후를 시해한 곳은 경복궁내 건청궁 옥호루다.
⑤ (마) 1897년 환구단 터에서 대한제국 황제 즉위식이 거행되었다.

12 정답 ④ 번

한국 근현대사의 현장인 경운궁은 1897년 2월 고종이 러시아공사관에서 환궁한 곳이다. 이때부터 경운궁은 10년간 대한제국의 황궁이 된다. 1907년 고종이 일제에 의해 강제 퇴위되고 순종이 창덕궁으로 거처를 옮기자, 경운궁은 고종의 거처가 되면서, 고종의 장수를 빈다는 의미에서 이름이 덕수궁으로 바뀐다.
조선의 궁궐 문제는 10문제가 출제되었다. 경복궁, 창덕궁, 경운궁(덕수궁), 창경궁, 경희궁에 5대 궁궐의 역사와 주요 전각에 대해 알아 두어야 한다.

① 1897년 고종이 경운궁으로 환궁했다.
② 석조전은 1900년 착공해, 1910년에 완성된 서양식 건물이다. 1946년 3월 한국의 신탁통치와 임시정부 수립을 위한 문제 등의 해결을 위해 이곳에서 미소 공동 위원회가 열렸다.
③ 중명전은 1905년 을사늑약이 체결된 곳이다.
④ 명성황후가 1895년 8월 일본 낭인들에 의해 시해된 장소는 경복궁내 건청궁 옥호루다.
⑤ 1900년 고종이 다과를 들거나 외교사절단을 맞아 연회를 여는 목적으로 지은 정관헌은 궁궐 안에 남아있는 서양식 건축물 중 가장 오래되었다.

CHAPTER

05

일제 식민지 지배와
독립운동

한국사능력검정시험

단원의 핵심

IMPORTANT

지피지기 1. 출제 경향 점검

2회부터 50회까지 49회 시험에서 2,450문제가 출제되었습니다.
이 가운데 일제시기 부분은 353문제가 출제되어 14.41% 비중을 차지합니다. 최근 10회 시험에서는 85문제, 17% 비중으로 출제되었습니다. 독립운동사 부분이 중요해짐에 따라 비중이 올라간 것으로 볼 수 있습니다. 일제시기 부분은 8~9문제가 매년 출제됩니다.

IMPORTANT

지피지기 2. 어떤 문제가 출제되었나?

일제의 식민지배

49회 44번은 일제의 국가 총동원법이 적용되어 인적 물적 자원을 수탈당하던 시대에 대한 문제였고, 48회 44번도 일제가 침략 전쟁을 확대하던 시기 일제의 정책에 대한 문제였습니다. 48회 34번은 조선주차헌병조례가 시행되었던 1910년대에 볼 수 있었던 조선 태형령에 대한 문제였습니다.

일제의 식민지배는 71회 출제되어, 1회 평균 1.4문제 출제되었습니다. 특히 1937년 중·일 전쟁 이후 일제의 민족말살정책, 총동원정책과 관련된 문제가 30문제 이상 출제되어 출제 비중이 가장 높습니다. 1920~30년대 문화통치시기에는 치안유지법과 쌀 증산계획, 1910년대 무단통치 시기에는 토지조사사업이 가장 빈번하게 출제됩니다. 또한 회사령 실시와 철폐, 조선교육령의 변화 등도 자주 출제되는 문제입니다. 일제의 식민지배의 변화 과정을 점검해두시기 바랍니다.

1910년대 민족 운동

50회 39번은 헤이그 특사로 파견되었다가 연해주에 정착하여, 성명회와 권업회, 그리고 대한 광복군 정부 수립을 주도한 이상설에 대한 문제가 출제되었습니다. 48회 40번은 1910년대 중광단을 결성하여 항일 투쟁을 전개하였던 북간도 지역의 민족운동에 대한 문제가 출제되었습니다. 47회 39번은 숭무학교를 건립하고 독립군을 양성한 멕시코 이주민에 대해, 46회 38번은 임병찬의 독립의군부, 45회 41번은 대구에서 결성한 공화정체 근대국가를 지향하며, 독립군을 양성한 대한광복회에 대한 문제였습니다.

의병투쟁과 독립투쟁, 구국운동과 독립운동이 구분되는 것이 아니라, 이어지고 있음을 보여주는 1910년대 민족운동은 최근 들어 중요성이 높아지고 있습니다. 독립의군부, 대한광복회 등 국내 비밀결사조직과, 북간도, 서간도, 연해주, 하와이, 미국, 멕시코 등에 독립운동기지를 건설한 1910년대 민족운동을 지역별로 정리를 해두시는 것이 필요합니다.

3대 만세운동

49회 40번은 6.10 만세운동, 48회 38번은 3.1 만세운동, 45회 36번은 광주학생항일운동에 대한 문제였습니다.

3.1 운동은 13회, 6.10 만세운동은 13회, 광주학생항일운동은 4회가 출제되어, 3대 만세운동이 30회 출제되었습니다. 광주학생 항일운동은 신간회와 관련된 문제까지 합치면 출제비중이 더 높습니다. 3대 만세운동은 배경, 진행, 영향, 그리고 특이점까지 이렇게 4가지로 나누어 정리해보는 것이 필요합니다.

대한민국 임시정부

50회 44번은 대한민국 임시정부의 연통제와 이봉창 의거 사이에 대한민국 임시정부가 국민대표회의를 개최한 사실을 묻는 문제가 출제되었고, 45번은 대한민국 임시정부 건국 강령 초안을 쓴 조소앙에 대한 문제가 출제되었습니다.

대한민국 임시정부 관련 문제는 지금까지 31회 출제 되었지만, 최근 10회 동안 10문제가 출제되어, 비중이 크게 높아졌습니다. 대한민국 임시정부의 시기별 활동의 변화, 특히 국민대표회의와 개헌, 광복군 창설 등에 대한 문제가 자주 출제됩니다. 특별히 주의해서 살펴야 합니다.

무장 독립 투쟁

50회 38번은 청산리 전투, 49회 45번은 쌍성보, 대전자령 전투에서 활약한 지청천 장군에 대해 질문이었고, 48회 45번은 중국관내에서 최초로 결성된 한인 무장 부대인 조선의용대, 48회 44번은 조선혁명군 총사령 양세봉 장군에 대한 문제였습니다. 무장 독립투쟁사는 최근 10회의 경우 출제 비중이 매우 높아져, 평균 2문제 이상 출제되고 있습니다. 의열단이 6회, 지청천 3회, 조선의용대 3회, 한인애국단 2회, 청산리 전투 2회, 봉오동 전투의 주역 홍범도, 조선혁명군 총사령 양세봉 등이 출제되었습니다.

무장 독립투쟁사는 많은 단체와 인물이 등장합니다. 시기별, 지역별, 무장투쟁과 의열 투쟁으로 나누어 정리하여 공부하시면 됩니다. 교재에 있는 표 등을 통해 정리하시기 바랍니다.

여성 항일 독립운동가

49회 41번은 서로군정서의 숨은 공로자 허은, 48회 39번은 서로군정서, 여자권학회 등에서 활동했던 님자현, 46회에서는 3.1 운동에 참여한 김마리아, 43회에서는 조선의용대에서 활동한 박차정, 37회에서는 여성광복군 오광심에 대한 문제가 출제되었습니다. 50회 40번 평양 고무공장 노동쟁의를 일으킨 항일운동가 강주룡에 대한 문제가 출제된 것에서 보듯 최근 여성 항일 독립운동가에 대한 출제 빈도가 높아졌습니다.

2019년 3.1 운동 100주년에 우리가 기억해야 할 여성 독립운동가 12인으로 선정된 분들을 중심으로 정리해 보는 것이 필요할 것입니다.

단원의 핵심

민족 운동

50회 36번은 일제 강점기 최대 규모의 사회단체인 신간회의 활동, 49회 42번은 암태도 소작쟁의에 대한 문제였습니다. 48회 42번은 조선물산 장려운동, 47회 38번은 대성학교를 설립하고 흥사단을 창설한 안창호에 대한 문제가 출제되었습니다. 46회 44번은 형평운동, 45회 44번은 신간회에 대한 문제가 출제되었습니다.

일제시기 민족운동은 매회 1문제 정도 출제되고 있습니다. 12회 출제된 물산장려 운동, 역시 12회 출제된 신간회의 민족 유일당 운동은 필히 알아두셔야 하며, 민립대학설립운동, 브나로드 운동, 원산노동자 총파업과 암태도 소작쟁의, 형평운동 등 다양한 일제시기 민족운동의 성격을 파악해두는 것이 필요합니다.

민족 문화 활동

50회 43번은 조선말 큰사전 원고를 만든 조선어학회에 대한 문제였고, 50회 42번은 소설 상록수와 저항시 '그날이 오면'을 발표한 심훈에 대한 문제가 출제되었습니다.

일제시기 민족문화 활동은 다른 분야에 비해 출제 비중이 다소 낮지만, 외워야 할 것이 많습니다.

신채호와 박은식 등의 한국사연구, 정인보와 문일평 등의 조선학운동, 조선어연구회와 조선어학회의 국어연구, 윤동주, 이기영 등의 문학 활동 등을 중심으로 정리해야 합니다.

종교에서는 출제 비중이 높은 무장 투쟁에 앞장선 대종교, 3.1 운동과 소년운동을 주도한 천도교를 중심으로, 불교, 개신교, 천주교, 원불교의 활동도 살펴보기 바랍니다.

IMPORTANT

지피지기 3. 어떤 문항이 자주 출제되었나?

일제 식민지지배와 독립운동 단원에서 자주 출제된 문항을 익히면, 시험에 대한 자신감을 크게 상승시킬 수 있을 것입니다. 빈출 문항에는 그 시대를 대표하는 키워드가 많이 담겨있습니다.

일제의 식민지배

(신민회) 105인 사건으로 해체되었다. - 6회
한국인에 한하여 적용되는 조선 태형령을 시행하였다. - 15회
근대적 토지 소유권 확립을 명분으로 토지조사사업을 실시하였다. - 11회
기한 내에 소유지를 신고하게 하는 토지조사령을 공포하였다. - 6회
회사 설립 시 총독의 허가를 받도록 하는 회사령을 발표하다. - 14회
사회주의 운동을 탄압하고자 치안유지법을 적용하였다. - 9회
독립운동 탄압을 위해 조선 사상범 예방 구금령을 제정하였다. - 7회

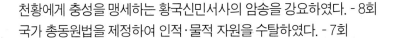

천황에게 충성을 맹세하는 황국신민서사의 암송을 강요하였다. - 8회
국가 총동원법을 제정하여 인적·물적 자원을 수탈하였다. - 7회

1910년대 국내외 민족운동

(신민회) 일제가 조작한 105인 사건으로 해체되었다. - 19회
(임병찬, 1912) 고종의 밀지를 받아 독립의군부를 조직하였다. - 17회
(독립의군부) 복벽주의를 내세우며 의병 전쟁을 준비하였다. - 5회
(박상진) 대한광복회를 조직하여 친일파를 처단하였다. - 6회
(대한광복회 박상진) 공화정체의 국민국가 수립을 목표로 삼았다. - 5회
대한광복회를 조직하여 친일파를 처단하였다. - 6회
(독립의군부) 조선총독부에 국권 반환 요구서를 발송하려 하였다. - 10회
(천주교) 만주에서 의민단을 조직하여 무장 투쟁을 전개하였다. - 6회
(서간도) 신흥 무관학교를 설립하여 독립군을 양성하였다. - 9회
(대종교) 중광단을 조직하여 무장 항일 투쟁에 나섰다. - 12회
(연해주) 권업회를 조직하여 권업신문을 발행하고 대한 광복군 정부를 수립하였다. - 7회
(연해주) 대한광복군 정부가 수립되면서 무장 항일 운동의 터전이 마련되었다. - 9회
(연해주) 대한광복군 정부가 세워져 무장 독립 투쟁을 준비하였다. - 7회
(박용만) 대조선 국민 군단을 결성하고 군사 훈련을 실시하였다. - 10회
(안창호) 샌프란시스코에서 재미 한인을 중심으로 흥사단을 창립하였다. - 7회
(멕시코, 이근영) 숭무학교를 설립하여 독립군을 양성하였다. - 5회

만세운동

(여운형, 김규식) 신한 청년단을 결성하여 파리강화회의에 대표를 파견하였다. - 6회
도쿄에서 유학생들이 2.8 독립선언서를 발표하여 한국의 독립을 주장하였다. - 6회
(3.1운동) 대한민국 임시정부가 수립되는 계기가 되었다. - 14회
(3.1운동) 일제가 이른바 문화통치를 실시하는 배경이 되었다. - 11회
순종의 인산일을 기회로 삼아 학생들의 주도로 6.10 만세운동이 일어났다. - 11회
(6.10 만세운동) 국내에서 민족 유일당 운동이 전개되는 계기가 되었다. - 6회
광주에서 일어난 한·일 학생들 간의 충돌에서 비롯되어 전국적으로 확산되었다. - 10회
신간회에서 광주학생항일운동에 진상조사단을 파견하였다. - 11회

단원의 핵심

파리 강화회의에 김규식을 통해 독립청원서를 제출하였다. - 12회

구미위원부를 설치하여 외교 활동을 전개하였다. - 8회

(조지 루이스) 이륭양행에 교통국을 설치하여 국내와의 연락을 취하였다. - 5회

독립운동 자금 마련을 위해 독립 공채를 발행하였다. - 5회

임시 사료 편찬 위원회를 두고 한·일 관계 사료집을 발간하였다. - 8회

국민 대표 회의에서 독립운동의 방향을 논의하였다. - 14회

한인애국단이 조직되어 의거활동을 전개하였다. - 16회

윤봉길이 상하이 홍커우 공원에서 의거를 일으켰다. - 6회

삼균주의에 입각해 대한민국 건국 강령이 발표되었다. - 10회

지청천을 총사령관으로 한국광복군이 창설되어 국내 진공 작전을 준비하였다. - 14회

미국과 연계하여 국내 진공 작전을 계획하였다. - 14회

(한국 광복군) 연합군의 일원으로 인도, 미얀마 전선에 파견되었다. - 5회

(대한독립군) 봉오동에서 일본군을 상대로 승리를 거두었다. - 11회

북로군정서군 등 독립군 연합 부대가 청산리 일대에서 일본군에 승리하였다. - 10회

(대한독립군단) 간도 참변 이후 조직을 정비하고 자유시로 이동하였다. - 10회

(대한독립군단) 자유시 참변으로 큰 타격을 입었다. - 7회

(나석주) 동양척식주식회사에 폭탄을 투척하였다. - 6회

일제가 중국 군벌과 미쓰야협정을 체결하여 (독립군이) 타격을 받았다. - 7회

(신채호) 민중의 직접 혁명을 주장하는 조선혁명선언을 발표하였다. - 7회

(김원봉) 의열단을 조직하여 단장으로 활동하였다. - 5회

(의열단) 조선혁명선언을 행동 지침으로 삼았다. - 19회

(의열단) 조선혁명 간부학교를 세워 군사력을 강화하였다. - 12회

(지청천) 한국독립군이 대전자령 전투에서 일본군을 상대로 승리를 거두었다. - 9회

(한국 독립군) 중국 호로군과 연합 작전을 통해 항일 전쟁을 전개하였다. - 8회

(양세봉) 조선 혁명군이 영릉가, 흥경성 전투에서 일본군에 승리하였다. - 5회

(조선 의용대) 중국 관내에서 결성된 최초의 한인 무장 부대였다. - 15회

민족 운동

민립대학 설립운동을 추진하였다. - 13회
(천도교 소년회, 방정환)『어린이』등의 잡지를 발간하여 소년 운동을 주도하였다. - 10회
조만식 등을 중심으로 조선물산장려회가 결성되었다. - 14회
(물산장려운동) 평양에서 시작되어 전국으로 확산되었다. - 9회
백정에 대한 차별 철폐를 요구하는 조선 형평사가 창립되었다. - 8회
사회주의 세력의 활동 방향을 밝힌 정우회의 선언이 발표되었다. - 5회
민족 유일당 운동의 일환으로 신간회가 창립되었다. - 8회
여성계몽과 구습 타파를 주장한 근우회가 주최한 강연회에 참여하는 여성 - 6회
고액 소작료에 반발하여 암태도 소작 쟁의가 발생하였다. - 8회
(노동쟁의) 조선 노동 총동맹을 중심으로 전개되었다. - 7회
노동 조건 개선을 요구하며 원산 노동자 총파업이 전개되었다. - 9회
(1931~34년 동아일보) 농촌계몽을 위해 브나로드 운동을 전개하였다. - 11회
조선어학회사건으로 최현배, 이극로 등이 투옥되었다. - 5회
(여운형) 일제의 패망과 광복에 대비하여 조선건국동맹을 결성하였다. - 9회

민족 문화 활동

(신채호) 독사신론을 발표하여 민족을 역사 서술의 중심에 두었다. - 9회
(박은식) 한국독립운동지혈사에서 독립투쟁과정을 서술하였다. - 7회
(백남운) 조선사회경제사에서 식민사학의 정체성이론을 반박하였다. - 5회
(백남운) 유물 사관을 바탕으로 조선봉건사회경제사를 저술하였다. - 5회
(이병도) 진단학회를 설립하여 실증주의 사학을 발전시켰다. - 7회
(정인보) 조선학 운동을 주도하여『여유당 전서』를 간행하였다. - 13회
(천도교)『개벽』,『신여성』등의 잡지를 간행하여 민족의식을 높였다. - 7회
(조선어학회) 한글맞춤법통일안과 표준어를 제정하였다. - 7회
나운규가 제작한 영화 아리랑이 처음 개봉되었다. - 6회

일제 통치와 민족 말살 위기

-ᵕ̈- **주요한 기출 키워드**

- 무단 통치 - 헌병 경찰, 조선 태형령, 토지조사사업, 회사령
- 문화 통치 - 회사령 폐지, 치안 유지법, 자치론 확산, 산미 증식계획
- 민족말살 통치 - 조선 사상범 예방 구금령, 황국신민서사, 국가 총동원법, 조선 교육령

용어설명

중추원

조선 총독의 자문기구인 중추원은 한국인을 회유하기 위해 만든 것이다. 일제가 한국인에게도 정치 참여를 시킨다는 선전목적으로 만들어진 것이지만, 1919년 3.1 운동 전까지 한 번도 소집되지 않았다. 조선총독부는 중추원간부로 346명의 한국인을 임명했다.

태형

죄를 지은 사람에게 볼기를 때리는 처벌이다. 1894년 갑오개혁 때 폐지되었다. 일제는 이를 부활시켜 한국인에 대한 차별과 공포심을 조장했다.

105인 사건

1911년 일제는 서북지방 항일세력에게 조선 총독 암살 모의 누명을 씌워 대거 체포하여 독립운동 세력을 대대적으로 탄압했다. 이 사건으로 신민회가 해체되었으나, 이때 윤치호, 이승훈, 양기탁 등 6명만 실형을 받았고, 나머지는 무죄로 석방되었다. 일제가 조작한 사건이었다.

조선총독부 청사

---

① 1910년대 무단 통치

시대배경

1910년 8월 29일 한·일 병합조약이 발효되면서 일제의 식민통치가 시작되었다. 일제는 식민 통치기관으로 조선총독부를 설치하고, 헌병경찰 등을 앞세워 무단 통치를 시작했다. 일제는 자국의 이익을 위해 식민지 경제 침탈을 본격화하였고, 수탈을 견디지 못한 한국인들은 해외 이주, 비밀 결사조직을 통해 저항을 준비했다.

■ 조선총독부

일제가 설치한 조선총독부는 식민 통치의 최고 기구였다. 조선 총독은 일본 육해군 대장 중에 임명되었으며, 입법, 사법, 행정 및 군사권을 장악하고 전권을 휘둘렀다.

■ 일제의 무단 통치

- **헌병 경찰** : 일제는 한국인의 저항 의지를 무력화시키고자, 강압적 통치를 실시했다. 군대 경찰인 헌병이 민간 경찰과 함께 치안을 담당했다.
- **즉결 처분권** : 헌병 경찰은 법 절차나 재판 없이 바로 징역이나 구류, 벌금, 태형 등 형벌을 가할 수 있는 즉결 처분권을 갖고 있었다.
- **독립운동가 색출** : 1911년 105인 사건을 조작해 신민회를 해체시켰다.
- **조선 태형령(1912)** : 한국인에 한하여 적용되는 조선 태형령을 시행하였다.
- **공포 분위기 조성** : 관리와 교원에게도 칼을 차고 제복을 착용하게 하였다.
- **자유 제한** : 언론, 출판, 집회, 결사의 자유를 제한하는 보안법, 신문지법, 출판법을 제정하였다.
- **1차 조선 교육령(1911)** : 일본어 위주의 교과목을 편성하고, 한국인에게 초보적인 기술과 기능만을 가르쳤다. 보통학교 수업연한도 일본보다 짧은 4년으로 하여, 우민화 교육정책을 펼쳤다. 대학교육은 실시하지 않았다.

■ 1910년대 경제 침탈

- **토지조사사업(1910~1918)** : 무단통치기간 중 일제가 실시한 정책 가운데 한국인에게 가장 큰 영향을 끼쳤다.
- **토지조사사업의 명분** : 근대적 토지 소유권 확립을 명분으로 실시했지만, 실제로는 식민통치의 재정기반 확대를 위해 실시했다.
- **토지조사사업 실시** : 토지 소유자가 직접 신고하는 것을 원칙으로 했다. 국유지, 문중 토지 등을 경작하던 농민들의 관습적 경작권이 부정되었고, 소유 관계가 불분명한 토지는 총독부 소유로 편입되었다.

- **토지조사사업 결과** : 경작권을 빼앗긴 다수의 농민이 소작농으로 전락하거나, 화전민, 도시 노동자로 전락하였고, 해외로 이주하는 농민의 수가 급증하였다. 반면 동양척식주식회사 소유의 농지가 크게 증가하였고, 한국으로의 일본인 농업 이민이 촉진되었다.
- **회사령 실시(1910)** : 조선인의 회사 설립과 민족자본의 성장을 억제하고자 회사 설립 시 총독의 허가를 받게 했다.
- **산업 침탈** : 어업령(1911), 삼림령(1911), 은행령(1912), 광업령(1915) 등을 제정하고, 철도와 항만 등을 건설하여 원료 약탈의 편리성을 도모했다.

② 1920년대 문화 통치

시대배경

1919년 3.1 운동이 발생하자, 일제는 무단 통치의 한계를 체감하게 되었다. 또한 고문과 학살 등으로 인한 국제 여론 악화를 우려하게 되었다. 일제는 식민 지배에 대한 반발을 무마하고자 이른바 문화 통치를 실시하면서, 친일파 양성을 통한 민족 분열을 도모하고자 했다.

〈문화 통치의 주요 정책〉

구분	시행 정책	실상
총독 자격	문관 총독 임명 가능	문관 출신 총독 없음
경찰제도	헌병 경찰제도 폐지, 보통 경찰제도 시행	경찰 인력 및 예산 증가, 헌병경찰을 일반경찰로 전환
기본권	언론, 출판, 집회, 결사 자유의 제한적 허용	조선일보·동아일보(1920) 창간, 신문검열 제도로 탄압
정치 참여	지방 자치 허용, 도 평의회, 부·면 협의회 설치	친일 인사를 위원으로 임명, 실권 없는 자문위원에 불과
교육 정책	제2차 조선교육령(1922), 교육 기회 확대	민립대학 설립 운동 탄압하기 위해 경성제국대학설립(1924)

- **조선 교육령(1922)** : 일본인과 동일한 학제로 변경하고, 사범학교와 대학 설립 규정을 마련하는 등, 일본인과 동등한 교육을 표방했다. 하지만 한국인의 민립대학 설립운동을 방해하는 등, 실제로는 기만 정책에 불과했다.
- **치안 유지법(1925)** : 일본 천황 통치 체제 및 사유재산제를 부정하는 독립운동가와 사회주의 운동을 탄압하고자 치안 유지법을 적용하였다.

■ 문화 통치의 허상

일제는 한국인에게 일부 자유를 허가하였지만, 실상은 식민 통치를 강화하기 위한 기만적인 통치술로 민족 운동의 분열을 획책했다.

- **일제의 친일파 육성** : 일제는 핵심적 친일 인물을 중심으로, 귀족, 양반, 유생, 부호, 교육가, 종교가에 접근해 친일 단체를 조직하고, 수재 교육 이름하에 많은 친일 지식인을 긴 안목으로 육성하기 시작했다.
- **자치론의 확산** : 일제의 기만적인 술책에 넘어간 최남선, 이광수 등 일부 지식인들은 자력 독립은 불가능하므로 일제의 식민 통치를 인정한 가운데, 그 속에서 한국의 자치를 획득하자는 주장을 내세워 일제와 타협했다.

용어설명

『동아일보』

1920년 창간된 『동아일보』는 문화 통치에 대한 비판적 기사로, 4회 무기 정간을 비롯해 일제로부터 많은 탄압을 받았다. 1931년부터 브나로드 운동을 지원하였고, 1936년 손기정 일장기 말소 사건으로 정간을 당했다. 1940년 8월 폐간되었다가, 1945년 12월 복간되었다.

산미 증산과 소작농

일제는 쌀 재배를 강요하여, 쌀 중심 농업구조가 심화되었다. 지주와 소작농의 빈부 격차도 확대되었다. 몰락 농민이 급증하면서, 소작 쟁의가 발생하게 되었다.

이광수 민족개조론

그는 2.8 독립선언의 집필자이며, 대한민국 임시정부 기관지 『독립신문』 주필이었다.
그는 1922년 5월 개벽 잡지에 민족개조론을 통해, 조선인의 민족성에 많은 문제가 있으므로, 도덕적 각성을 통해 개조하자고 하였다. 그는 일제가 허용하는 범위 내에서 합법적 정치를 하자는 민족적 경륜 글을 쓰는 등 일제와 타협했다.

용어설명

조선 민사령

1912년에 공포된 일제 강점 하에 한국인의 민사에 관한 기본 법령이다. 관습적이던 것을 민법, 상법, 민사소송법 등 일본 법령에 따르도록 전환시켰다. 여러 차례 개정되었는데, 특히 여성은 호주가 될 수 없게 하였고, 사위를 양자로 삼는 제도 등 일본식 제도를 조선에 강요하기 위한 조항을 넣었다. 특히 창씨개명은 민족 말살 정책 가운데 가장 악명 높고 대표적인 것이었다.

조선 신궁

일제는 한국인을 정신으로 지배하고자, 남산에 조선신궁을 건립(1925)하였다. 처음에는 일본인만 참배가 허락되었으나, 1930년 말 이후 애국일에 한국인의 참배를 강요했다.

■ 1920년대 일제의 경제 침탈

• **회사령 철폐(1920)** : 회사령을 철폐하고 회사 설립을 신고제로 전환했다. 회사설립을 자유롭게 하는 것이 목적이 아니라, 일본 내 축적된 자본이 한국에 투자하도록 유도하기 위해 회사령을 철폐했다.

• **관세 철폐(1923)** : 일본 상품의 소비 시장화를 위해 관세를 철폐하여, 일본 상품의 수입이 증가하였다. 그에 따라 한국인 기업이 타격을 입었다.

• **산미 증식계획(1920~1934)** : 일제는 품종 개량, 개간사업, 저수지나 수로 등 관개시설을 늘려 쌀 증산을 도모해, 일본에 부족한 쌀을 확보하고자 했다. 일제의 비호를 받은 지주들은 수리시설 개선비용을 소작농에게 전가시켰고, 고율의 소작료를 징수했다. 지주들의 수탈 심화로 농가의 부채는 증가하여, 국외 이주 농민이 증가하였다. 또 생산이 늘어난 쌀보다 더 많은 쌀을 일본으로 가져가 한국인의 식량 사정은 악화되었다.

③ 1930~40년대 민족말살 통치

시대배경

1930년대 초 세계적 경제공황으로 어려움을 겪게 된 일제는 대륙 침략을 본격화하여 위기를 극복하고자 했다. 1931년 만주사변, 1937년 중·일 전쟁과 1941년 태평양전쟁을 일으켰다. 전쟁이 확대되자 일제는 침략 전쟁에 필요한 인적, 물적 자원을 수탈하기 위해 한국인의 민족의식을 말살시키고자 했다.

■ 황국 신민화 정책

• **내선 일체** : 일본인과 한국인은 같은 조상에서 나왔다는 일선 동조론, 내(일본)선(한국)은 하나라는 내선 일체론을 주장하고 나섰다.

• **창씨개명(1940)** : 조선 민사령을 개정하여, 한국인에게 일본식 성과 이름으로 고칠 것을 강요했다.

• **황국신민서사 제정(1937)** : 황국신민서사를 중요 의식 때마다 암송할 것을 강요해, 일제에 충성하도록 강요했다.

• **신사 참배와 궁성 요배 강요** : 일본의 종교시설인 신사에 의무적으로 참배하게 하고, 일본 궁성이 있는 쪽을 향해 의무적으로 절을 하도록 강요했다.

• **일본어 사용 강요** : 학교, 관공서 등에서 조선어 사용을 금지했다.

• **언론 탄압(1940)** : 조선일보, 동아일보를 폐간시켜, 언론 자유를 억압했다.

■ 조선 교육령의 개정
일제는 식민지 지배정책에 따라, 한국인에 대한 교육방침을 변화시켜왔다.

• **3차 교육령 (1938)** : 황국신민화 정책에 따라, 교육과정을 일본과 동일하게 바꾸었다. 학교 명칭을 심상소학교로 바꾸었다가, 일본과 같은 국민학교로 바꾸었다. 반면 조선어를 선택과목으로 바꾸고, 일본사를 가르치게 했다.

• **4차 교육령 (1943)** : 태평양전쟁이 극에 달하자, 일제는 전시 교육체제를 강요하기 위해, 한국어와 한국사 교육을 폐지시키고, 군사훈련을 강화했다.

<表>

	시기	주요 내용
1차	1911	우민화교육, 보통, 실업, 전문학교 구분, 보통학교 4년
	1911	사립학교 규칙 - 사립학교 수를 대폭 축소
	1918	서당규칙 -서당 교육 탄압
2차	1922	유화정책, 보통학교 6년. 조선어 필수, 고등교육 가능, 경성제국대학 설립(1924)
3차	1938	황국신민화, 보통학교 → 심상소학교, 교육과정 일본과 통일, 조선어 선택, 일본사 교육
	1941	천황칙령 개정 : 소학교 → 국민학교, 교과목을 국민, 이수, 체련, 예능, 직업과로 통합
4차	1943	한국어, 한국사 폐지, 군사훈련 등 전시 교육체제를 강화

〈조선 교육령의 변화〉

■ 사상 통제와 독립운동 감시 탄압
- **조선 사상범 보호 관찰령 (1936)** : 치안 유지법 위반자 출소 시 보호 관찰을 시작하였고, 사상범 통제를 위해 보호 관찰소가 운영되었다.
- **조선 사상범 예방 구금령(1941)** : 독립운동 탄압을 위해 조선 사상범 예방 구금령을 제정하여, 사상범의 자의적인 구금을 가능하게 했다.

■ 1930년대 일제의 경제 침탈
- **병참 기지화 정책** : 전쟁 수행에 필요한 문자를 조달하기 위해 한반도 지역의 병참 기지화 정책을 추진했다. 북부지방에 군수공장, 중화학공장 등의 설립과 광산 개발을 통해 식민지 공업화를 추진한 반면, 생필품 산업 육성에 소홀해 생필품이 부족해지는 등 지역별, 산업별 불균형을 초래했다. 또한 한국인 노동자를 저임금으로 착취했다.
- **남면북양 정책** : 일본 방직산업의 공업 원료 증산을 위해 남면북양 정책을 실시하여, 남부에 면화, 북부에 양 사육을 강요했다.
- **농촌 진흥 운동** : 소작 쟁의가 확산되는 등, 농촌 경제의 어려움이 커지자, 일제는 1934년 조선 농지령을 제정하여, 소작자의 임대차 기간을 3년 이상으로 늘렸다. 1932년부터 조선총독부 주도로 농민의 자력갱생을 내세운 관제 농민운동인 농촌진흥운동을 실시하여, 식민지 지배 체제 안정을 추구했으나, 실효성은 거의 없었다.

■ 전시 수탈 체제
- **국가 총동원령(1938.4)** : 1937년 중·일 전쟁을 일으킨 일제는 전시에 필요한 인적, 물적 수탈을 강화하기 위해 제정했다.

> 제 4조 - 정부는 전시에 국가 총동원상 필요할 때는 칙령이 정하는 바에 따라 제국신민을 징용하여 총동원 업무에 종사하게 할 수 있다.
> 제 8조 - 물자의 생산, 수리, 배급, 양도 기타의 처분, 사용, 소비, 소지 및 이동에 관하여 필요한 명령을 내릴 수 있다.
> 제 20조 - 신문지, 기타 출판물의 게재에 대하여 제한 또는 금지를 행할 수 있다.

■ 인적 수탈
- **육군 특별 지원병령(1938.2)** : 병역의 의무가 없는 조선인과 대만인에게 지원의 형식으로 일본 육군에 복무하게 하였다.
- **국민 징용령(1939.7)** : 탄광, 군수공장, 건설 공사장으로 젊은이들을 보내 강제 노동에 종사하게 했다.
- **학도지원병 제도(1943)** : 학생들을 강제로 전쟁터로 끌고 갔고, 친일파 인사들로 하여금 학도병 출전 권고 연설을 하게 시켰다.

국민학교

황국 신민의 학교를 줄인 말로, 일본 천황에게 충성하는 교육을 시키겠다는 의미를 담고 있다.

방직 공업

실과 옷감을 생산하는 방직산업은 일제의 군수산업에 있어서 중요한 비중을 차지했다. 영등포 일대에는 종방, 경방 등 방직공장, 기계, 제련, 피혁 공장 등이 들어서, 군수물자를 생산했다.

징용인원

1939년부터 1945년 4월까지 일본, 사할린, 태평양 군도 등에 동원된 한국인은 최고 76만 7천명에 달한다.

군함도(하시마섬)

일본 나가사키시에 있는 섬으로, 일제 강점기 많은 한국인이 강제 징용되어 열악한 노동 환경 속에서 석탄을 캐냈다. 일본은 2015년 이 섬을 세계문화유산으로 등재하면서 역사왜곡 등의 논란을 빚고 있다.

용어설명

일본군 위안부

일제는 전쟁 군인들을 위해 위안소를 설치하고, 한국, 중국 등 동아시아 각국 여성을 일본군 위안부로 강제 동원해 고통을 주었다.

- **징병제(1944)** : 태평양 전쟁 후반기로 갈수록 일본인만으로 병력수가 모자라자, 식민지 남성들을 상대로 징병제를 실시했다.
- **여자 정신 근로령(1944)** : 여자 정신 근로령을 공포해, 전쟁 수행을 위해 여성을 강제 노역에 투입할 근거를 마련하고, 여성들을 강제 동원했다.
- **일본군 위안부** : 여자 근로 정신대를 조직하여 일본군 위안부에 강제 동원했다.

■ 물적 수탈

- **공출** : 1939년 조선 미곡 통제령, 조선 미곡 배급 조정령을 공표해, 식량 배급을 통제하고 공출 및 식량 배급제를 시행했다. 일제는 전시 수탈을 강화하여, 놋그릇, 수저 등 금속류를 강제로 공출했다.
- **헌금 강요** : 전쟁 수행으로 물자가 부족해진 일본은, 강제 저축, 국방헌금 등을 강요했다.
- **산미 증식 계획 재개** : 군량미를 확보하기 위해 1934년 이후 중단된 산미 증식을 재개하여 수탈을 강화했다.

▶ MEMO ◀

02

3.1 운동과 임시정부의 활동

주요한 기출 키워드

- 국내 비밀 결사 - 독립의군부, 대한광복회, 105인 사건
- 국외 독립기지 - 경학사, 신흥강습소, 중광단, 권업회, 대조선 국민군단
- 만세운동 - 2,8 독립선언서, 기미독립선언문, 6.10만세운동, 광주학생운동
- 임시정부 - 대동단결선언, 연통제, 구미위원부, 국민대표회의, 한국광복군, 건국 강령 제정

① 1910년대 국내외 민족운동

시대배경

일제의 무단통치로 국내에서 항일 활동은 많은 제약이 따랐다. 그럼에도 민족운동가들은 국내에서 비밀 결사 조직을 만들어 활동하고, 해외에 독립운동기지를 건설하여 독립투쟁을 지속했다. 1910년대 민족운동은 3.1 운동과 1920년 이후 무장투쟁을 지속할 수 있는 힘이 되었다.

1) 국내 비밀 결사 조직

- **일제의 탄압** : 1911년 일제는 105인 사건을 조작하여, 실력양성과 독립군 기지 건설을 통한 무장투쟁을 준비하던 비밀 결사단체 신민회를 와해시켰다. 또한 1907년부터 1915년까지 황해도, 강원도 등지에서 활동하던 마지막 의병장 채응언을 체포했다.
- **독립의군부(1912~1914)** : 1912년 임병찬은 고종의 밀지를 받아 의병을 모아 독립의군부를 조직했다. 복벽주의 이념에 따라 전국적인 의병을 일으키고자 했던 독립의군부는 조선총독부에 국권 반환 요구서를 발송하고자 했다. 하지만 조직이 발각되어 해체되었다.
- **대한광복회(1915~1918)** : 1915년 대구에서 박상진의 주도로 대한광복회가 조직되었다. 공화정체의 근대국가 수립을 목표로 삼은 단체로, 군대식 조직을 갖추고, 만주에 무관학교를 설립해 독립군을 양성하고자 군자금을 모금해 활동했다. 군자금 마련을 위해 일제의 재산을 빼앗고, 부호들에게 의연금을 걷었고, 협조하지 않는 친일 부호를 처단했다.
- **송죽회(1913~)** : 평양 숭의여학교 교사와 학생이 중심이 되어, 독립군 자금 지원, 망명지사 가족 돕기, 독립을 위한 회원들의 실력 양성을 목표로 했다. 3.1 운동에도 송죽회 조직이 크게 활약했다.
- **기성단(1914~1915)** : 평양 대성학교 출신 학생들의 항일비밀결사조직으로, 해외 각지의 무관학교에 단원을 입학시켜 실력을 양성했다.

2) 국외 독립운동 기지 건설

- **만주와 연해주** : 국내와 인접하고, 일제의 간섭이 적으며, 19세기 말부터 이주한 동포들의 생활 터전이 있는 곳이다. 신민회 등은 이곳에 자치단체를 조직하고 학교를 설립하는 등 독립운동의 기반을 준비하였다.

용어설명

임병찬(1951~1916)

최익현의 제자로, 낙안군수를 지냈다. 최익현과 함께 을사의병을 일으켰다. 일본군에 잡혀 대마도로 유배되었다가, 귀국 후, 고종의 밀서를 받고 독립의군부를 조직했다. 1914년 일본경찰에 붙잡혀, 거문도에서 유배 중에 병사하였다.

복벽주의

물러난 임금이 다시 왕위에 오르게 하거나, 무너진 왕조를 다시 세우려는 주의다. 20세기 초 복벽주의는 고종을 다시 황제로 세우고 대한제국 회복을 목표로 했다.

박상진(1894~1921)

13도 창의군 군사장 허위의 제자로, 대한제국 판사였으나, 경술국치가 발생하자, 자진 사퇴하고 독립운동에 나섰다. 만주를 여행하며 이상용, 김동삼 등과 만나 투쟁 방략을 논의했다. 귀국 후에는 대구에 곡물상점인 상덕태상회를 세워 자금을 조달하는 한편, 대한광복회를 결성해, 1910년대 국내 최대 독립군 단체로 성장시켰다. 1918년 체포되어, 대구형무소에서 순국했다.

이회영(1837~1892)과 형제들

이조판서 이유승의 아들들인 건영, 석영, 철영, 회영, 시영, 호영 6형제는 엄청난 재산을 가진 명문가였다.
이들은 전 재산을 처분하고 만주로 망명하여, 신흥강습소를 설립하고 독립군을 양성하는 등 독립운동에 투신했다.

이상룡(1858~1932)

안동 유림의 대표로, 의병항쟁과 애국계몽운동을 전개하던 그는 1911년 서간도에 가서, 경학사장에 추대되었다. 1919년 서로군 정부 총재, 1925년 대한민국 임시정부 국무령에 취임했다. 그의 일가 가운데 9명이 독립운동가로 애족장, 독립장을 받았다.
그의 가문은 이회영 가문과 함께 대표적인 독립운동의 명문가다.

신흥무관학교

1919년 5월에 설립된 독립군 양성학교로, 장교반(6개월), 하사관반(3개월), 특별훈련반(1개월) 과정으로 나누어 군사훈련을 실시했다. 군사교육 외에 국어, 국사, 지리를 교육했다. 수천 명의 졸업생은 서로군정서, 북로군정서에 가담했다. 1920년 8월 폐교되었다.

■ 서간도 (압록강 북쪽 지역)

- **경학사(1911~1912)** : 신민회 회원인 이회영, 이상룡 등이 1911년 서간도 통화현 삼원보에 한인 자치단체로 경학사를 조직했다. 부민단에 흡수된다.
- **신흥강습소(1911)** : 군사학교로 독립군을 양성한 경학사의 부속기관이다. 1919년 신흥무관학교로 발전했다.
- **부민단(1912~1919)** : 서간도 통화에서 경학사에 뒤를 이어 이상룡 등이 조직한 자치기관으로, 자활과 교육 사업에 주력했다. 군사간부 양성학교인 신흥학교를 지원하며, 조국광복 달성을 위해 매진한 독립운동단체였다.

■ 북간도 (두만강 북쪽, 현재 연변자치주)

- **중광단(1911)** : 이주 동포들이 많이 살고 있고, 서전서숙(1906), 명동학교(1908) 등 민족학교가 설립되었던 북간도에 대종교가 중광단을 결성하여 항일 투쟁을 전개하였다. 만주에서 결성된 최초의 무장단체인 중광단은 서일을 단장으로, 김좌진 등이 참여했다. 1919년 북로군정서로 발전했다.
- **간민회** : 1913년 북간도에서 조직된 독립운동단체로, 김약연을 회장으로 선임하고, 연길, 화룡, 왕청 등에 분회를 세웠다. 독립운동의 기반조성에 기여했고, 1919년 북간도 지방 만세운동을 주도했다.
- **의민단** : 북간도에서 활동하던 항일무장단체로, 1919년 천주교도가 중심이 되어 조직되었다.

■ 연해주

- **성명회(1910)** : 블라디보스토크에서 이상설 등이 주동이 되어 결성한 독립 운동 단체로, 한일병합의 부당성을 각국 정부에 호소하기 위해 설립되었다. 일본이 러시아에 항의하자, 러시아에 의해 해체되었다.
- **권업회(1911)** : 블라디보스토크 신한촌에서 이상설, 최재형 등이 권업회를 조직하고, 기관지로 권업신문을 발행하여 민족의식을 고취하였다.
- **한민학교(1912)** : 권업회가 주관하여 신한촌에 세운 4년제 학교로, 민족의식 고취에 중점을 두고 1937년까지 많은 학생들을 배출했다.
- **대한광복군 정부(1914)** : 권업회를 기반으로 이상설, 이동휘를 정통령, 부통령으로 선임하고, 정부 형태의 독립군 단체 조직을 만들었다.
- **전로한족회 중앙총회(1917)** : 1914년 권업회가 러시아에 의해 강제 해산된 후, 1917년 러시아 지역 한인 대표 회의를 열어 한인 모임을 통합하고, 1919년 2월 임시성부 성격의 '대한국민의회'로 조직을 개편하였다.

■ 미국과 멕시코

- **대한인국민회(1909)** : 1908년 전명운, 장인환 의사의 스티븐스 암살 사건을 계기로, 안창호, 박용만, 이승만 등이 하와이의 한인 협성협회와 본토의 대한인 공립협회를 통합해 샌프란시스코에서 설립했다. 대한인국민회를 중심으로 외교활동을 전개했다.
- **흥사단 (1913)** : 안창호가 샌프란시스코에서 창립한 실력 양성 운동단체다.
- **대조선 국민군단(1914)** : 박용만은 하와이에서 대조선 국민군단을 창설해 군사 훈련을 하였다.
- **숭무학교(1910)** : 멕시코에서 이근영을 중심으로 숭무학교를 설립해 무장투쟁 준비를 위한 독립군을 양성했다.

② 3.1 운동을 비롯한 만세운동

1) 3.1 만세운동 (1919)

- **3.1 운동의 배경** : 일제 무단 통치에 대한 반발, 1918년 미국 윌슨 대통령의 민족자결주의 제창, 대한독립선언과 2.8 독립선언 발표, 러시아 혁명 이후 레닌의 세계의 민족해방운동 지원선언 등에 영향을 받았다.

■ 국외 민족 운동의 움직임
- **신한청년단의 활동** : 1918년 상하이에서 여운형, 김철, 장덕수 등이 신한청년단을 결성했다. 여운형 등은 민족자결주의 소식을 듣고, 1919년 2월 파리강화회의에 김규식을 파견해 독립청원서를 제출하게 했다. 단원들은 국내, 일본, 만주로 가서 만세운동을 통해 세계여론을 환기하고자 했다.
- **대한 독립 선언(1919.2.1)** : 만주 길림에서 김교헌, 신규식, 박은식, 안창호, 김동삼, 이시영, 이동녕, 신채호, 이승만 등 39인 명의로 '대한독립선언서'를 발표했다. 음력으로 무오년에 발표되었기에, '무오독립선언서'라고도 한다. 한일병합은 무효이며, 결사 항전으로 독립을 쟁취할 것을 선언했다.
- **2.8 독립 선언(1919.2.8)** : 도쿄에서 유학생들이 2.8독립선언서를 발표하여 한국의 독립을 주장했다. 2.8 독립선언서는 국내로 반입되어 3.1독립선언서에 참고가 된다.

■ 3.1 운동의 준비
- **고종의 인산(장례)일** : 고종이 일제에 의해 독살 당했다는 소문이 퍼져, 반일감정이 커진 가운데, 전국에서 인파가 서울로 상경했다.
- **3.1 운동 주도 세력** : 일제 무단통치하에서 조직을 갖추고 모임을 가질 수 있는 것은 종교계와 학생뿐이었다. 따라서 학생과 종교계 대표들의 주도로 만세시위가 전개되었다. 손병희, 이종일, 최린 등 천도교, 이승훈 등 기독교, 한용운 등 불교 지도자들과, 학생들이 연합하여 시위를 준비했다.
- **독립선언서 작성** : 인도주의에 입각한 비폭력, 평화적인 방법으로 민족자결에 의한 자주독립을 주장하는 선언서를 작성해, 수만 장을 인쇄하고 비밀리에 전국에 배포했다.

■ 3.1 만세운동의 전개
- **3.1 만세시위** : 손병희 등 민족대표 33인은 태화관에서 독립선언서를 발표했다. 이들은 일본경찰에 붙잡혀 서대문형무소에 수감되었다. 학생과 시민들은 탑골공원에서 독립선언서를 낭독한 후, 만세 시위를 전개했다. 고종의 인산을 계기로 모인 군중들이 대규모 시위를 전개하였다.
- **3.5 학생시위** : 남대문역 앞에서 학생들이 기습적인 만세시위를 하여, 고종의 장례를 마치고 돌아가던 사람들에게 만세시위가 전파되었다.
- **전국적 확산** : 대도시에서, 중소도시, 농촌으로, 신분, 직업, 종교의 구별 없이 200만이 넘는 인원이 참여한 전국적인 만세시위로 확대되었다.
- **국외 확산** : 만주, 연해주, 일본(오사카, 도쿄), 미국(필라델피아) 한인들의 만세시위로 확대되었다.
- **독립선언 확산** : 한국의회선언서(필라델피아), 대한독립녀자선언(러시아), 독립청원서(유림 대표) 등 국내외 각계각층에서 독립선언서를 발표했다.
- **일제의 탄압** : 한국인의 비폭력 평화시위를, 일제는 헌병경찰, 군대 등을 동원해 무력으로 진압했다. 또 수천 명을 참살한 평북 곽산 학살사건, 수원 제암리 학살 등을 자행하였다.
- **3.1 운동의 영향** : 대한민국 임시정부가 수립되는 계기가 되었다. 일제가 무단통치에서 이른바 문화통치로 전환하는 계기가 되었다. 중국의 5.4 운동에도 영향을 주었다. 또한 무장 독립 투쟁이 확산되는 계기가 되었고, 민중들의 사회의식이 고취되어, 다양한 민족 운동의 계기를 마련했다.

용어설명

민족자결주의

1918년 1월 8일 미국 대통령 윌슨은 1차 세계대전 종전 처리의 원칙으로 14개조 평화원칙을 발표한다. 이 가운데 5조에 주권 평등과 민족자결주의를 규정하는 내용이 담겨 있다.

손병희(1862~1922)

3.1 운동의 실질적 최고 지도자로, 자금과 인력을 지원했다. 민족대표 33인 가운데 첫 번째였으며, 3.1 운동 직전에 탄생한 대한국민의회 초대 대통령에 추대되었다.

손병희의 외침

"우리가 만세를 부른다고 당장 독립이 되는 것은 아니오. 그러나 겨레의 가슴에 독립정신을 일깨워 주어야 하기 때문에 이번 기회에 꼭 만세를 불러야 하겠소."

3.1 운동 학생 조직

3.1 운동의 주역인 학생 대표로는 보성전문 강기덕, 연희전문 김원벽, 경성의전 한위건 등이 주축이 되어, 전문학교 학생이 중등학교 학생들을 지도 규합해 학생조직을 구성하고, 독립선언서 전달, 시위운동 주동과 확산을 담당했다.

순종(1874~1926)

고종의 차남으로, 일제에 의해 1907년 대한제국 황제가 되었고, 연호를 융희로 고쳤다. 사실상 일제의 꼭두각시로, 창덕궁에 유폐되었다. 한일병합 이후에는 창덕궁 이왕으로 격하되었다.

성진회(독서회)

1926년 11월 광주에서 조직된 항일학생운동단체. 광주고등보통학교 학생과 광주농업학교 학생 13명이 조국의 독립과 민족 해방을 목표로 조직했다. 1929년 독서회로 개편하였고, 광주, 목포 등의 학교에 단위 독서회 조직을 만들었다. 이들이 광주학생운동의 실질적 주역이다. 독서회 운동은 이후 전국적으로 확대되어, 1930년대 학생운동의 핵심이 된다.

2) 6.10 만세운동 (1926)

- **배경** : 3.1 운동과 청산리대첩으로 독립운동 열기가 고조되었지만, 1922년 이후 해외 독립운동이 부진에 빠졌고, 국내 민족운동도 일제의 기만적 문화통치에 의해 부진상태에 빠졌다. 하지만 식민지 수탈과 차별 교육에 대한 저항 의식이 고조되고 있었기에, 1926년 대한제국의 마지막 임금 순종의 인산일에 학생들의 주도로 전개되었다.
- **주도 세력** : 민족주의 진영과 사회주의 진영이 함께 준비했다. 학생 단체가 추진하고 천도교 세력이 이를 지원하였다.
- **일제의 대응** : 3.1 운동을 경험한 일제는 철저한 경계태세를 갖추고 있었다. 결국 시위를 준비하는 과정에서 사회주의자들이 대거 검거되었다.
- **만세 시위운동** : 1926년 6월 10일 순종 인산일 행렬에 학생들이 '조선독립만세'를 부르고 격문을 배포하고, 만세 시위를 전개했다.
- **격문 내용** : '일본 제국주의 타도', '우리의 교육은 우리들 손에', '토지는 농민에게', '8시간 노동제 채택' 등 식민 통치 전반에 대한 반발을 담았다.
- **전개 과정** : 시민들이 합세하였고, 전국에서 만세 시위운동이 일어났으나, 일제의 강경 진압으로 주모자가 대거 검거되었다.
- **영향** : 국내에서 민족 유일당 운동이 전개되는 계기가 되었다. 광주학생항일운동에도 영향을 끼쳤다.

3) 광주학생항일운동 (1929.11.3.)

- **배경** : 일본 남학생의 한국 여학생 희롱이 원인이 되어, 한국인 학생과 일본인 학생 간의 충돌에서 비롯되었다. 이후 일제 언론, 교육 당국의 민족 차별과 편파적인 조치로 인해 학생들이 불만이 폭발했다.
- **학생들의 시위** : 광주지역 성진회와 학교 독서회가 중심이 되어 시위를 시작했다. 신간회는 광주학생항일운동에 진상조사단을 파견했다. 민족 차별에 반발한 광주지역 학생들의 시위를 계기로 신간회의 지원 속에 전국으로 확산되었다. 전국 각지에서 일어난 동맹 휴학의 도화선이 되었다. 학생들이 주도한 1920년대 최대 규모의 항일운동이었다.

〈3대 항일만세운동 비교〉

구분	연대	주요 사항
3.1 운동	1919	민족자결주의와 2.8독립선언의 영향 받음 대한민국 임시정부 수립 계기. 일제가 문화통치로 전환 배경 고종 인산일을 계기로 각계각층이 참여
6.10만세운동	1926	순종의 인산일에 학생주도로 전개. 민족 유일당 운동의 계기 민족주의, 사회주의 진영이 함께 준비
광주학생운동	1929	한·일 학생간 충돌에서 시작, 신간회 후원 속 전국적 운동 확산 민족차별에 항의, 전국 동맹 휴학의 도화선

③ 대한민국 임시정부

1) 임시정부 탄생 배경

- **민족 역량 결집의 필요성** : 1910년대 각 지역별, 단체별 독립투쟁의 한계를 체험한 독립운동가들은 3.1 운동을 통해 겨레의 응집된 힘을 확인하고, 보다 체계적인 조직체를 통한 독립운동을 절감하게 되었다.
- **대동단결 선언(1917)** : 1917년 상하이에서 신규식, 박용만, 신채호, 박은식, 조소앙, 이상설 등 14인의 명의로 발표되었다. 민주와 공화제의 새로운 나라 건국을 표방하여, 주권재민 사상을 담은 최초의 독립선언서이다. 독립운동의 활로와 이론 정립을 모색하기 위해 임시정부 수립과 민족대회의 소집을 제의, 제창했다.
- **신한청년단의 활동(1919)** : 파리 강화회의에 김규식을 보내 독립청원서를 제출하면서, 우리 겨레의 대표성을 가진 단체의 필요성을 제기했다.

2) 지역별 임시정부의 수립

- **대한국민의회(1919.3)** : 연해주 블라디보스토크에서 전로한족회 중앙총회를 정부 형태로 개편해 설립하였고, 대통령에 손병희를 추대하였다.
- **한성 정부 (1919.4)** : 서울에서 13도 대표 24명이 국민대회를 개최해 수립하였으며, 집정관 총재로 이승만을 추대했다.
- **대한민국 임시정부(1919.4.11)** : 중국 상하이에서 신한청년단을 중심으로 민주공화제를 지향하는 정부가 설립되어, 국무총리로 이승만을 선출했다.

3) 임시정부의 통합

- **통합 임시정부(1919.9.11)** : 한성정부 정통성을 계승하고, 대한국민의회조직을 흡수하여, 외교활동을 펴기에 유리한 상하이에 대한민국 임시정부를 수립하여 통합하기로 하였다.
- **대한민국 임시정부의 정치 형태** : 1919년 9월 11일 삼권 분립과 공화주의 원칙에 입각한 헌법을 공포했다. 의정원(입법), 법원(사법), 국무원(행정)을 두고, 대통령 이승만, 국무총리 이동휘 등으로 지도부를 구성했다.

4) 대한민국 임시정부의 활동

내무부활동	교통국을 두어 국내외 정보를 수집하였다. 이륭양행에 교통국을 설치하여 국내와 연락을 취하였다. 국내 비밀 행정조직으로 연통제를 운영하였다. 연통제를 통해 독립운동 자금을 모았다.
외무부활동	파리 강화회의에 참석중인 김규식을 전권 대사로 임명하였다. 구미 위원부를 설치하여 외교 활동을 전개하였다.
군무부활동	서로 군정서와 북로 군정서를 군무부 산하에 편제하였다. 육군 무관학교를 설립하였다.(상하이) 직속부대 설치 : 광복군사령부, 광복군 총영, 육군 주만 참의부
재무부활동	국외 거주 동포에게 독립(애국) 공채를 발행하여 독립운동 자금을 마련하였다.
문화홍보활동	독립의식을 고취하기 위해 독립신문을 간행하였다. 임시 사료 편찬소를 두어 한·일 관계 사료집을 간행하였다.

용어설명

이륭양행

랴오닝성 단둥시에 위치한 무역회사로, 아일랜드계 영국인 조지 루이스 쇼가 운영했다. 그의 도움으로, 이륭양행 2층에 임시정부 교통사무국이 설치되었다. 이 회사 소유 기선을 이용해, 독립운동가 망명, 무기 반입, 독립자금 모집과 운송을 했다. 1963년 죠지 루이스 쇼에게 건국훈장 독립장이 추서되었다.

동화약방

한국 최초 근대적 제약 브랜드인 활명수를 제조 판매한 동화약방의 초대 민강 사장은 대한민국 임시정부 서울 연통부 비밀거점으로 동화약방을 제공했다. 활명수를 팔아 얻은 돈을 독립자금으로 보내고, 국내 정보를 제공했다.

백산상회

1914년 안희제가 부산에 세운 민족기업으로, 독립운동단체의 연락 및 자금공급을 담당했다. 대구, 서울, 원산, 안동, 봉천 등지에 지점과 연락사무소를 설치했다. 대한민국 임시정부 등에 자금과 정보를 제공했다. 백산상회는 독립운동가의 은신처가 되었다. 1927년 일본경찰의 탄압으로 해산되었다.

이동휘(1873~1935)

대한제국 육군 장교 출신으로, 의병활동, 신민회 활동을 하였고, 105인 사건으로 유배되기도 했다. 연해주에서 권업회에 참여했고, 1914년 대한광복군 정부 부통령에 선임되었다. 이후 러시아에서 사회주의를 받아들였다. 대한민국 임시정부 국무총리를 역임하며 이승만과 충돌했다. 그는 외교 독립론에 반대하고, 무장 독립 항쟁이 최선이라고 주장했다.

이동녕(1869~1940)

1906년 북간도로 망명해 이상설과 함께 서전서숙을 건립했다. 1914년 대한 광복군 정부에 참여하고, 1919년 임시 의정원 초대의장, 임시정부 국무총리, 군무총장, 대통령 대행, 초대 주석을 역임했다.

박용만(1881~1928)

미국으로 건너가, 대조선국민군단을 설립하고 군사훈련을 실시했다. 1914년 이후 그의 무장투쟁론에 반대한 이승만과 갈등을 빚었다. 1923년 국민대표자의회에서 임정 불신임운동에 앞장섰다. 1925년 베이징 외각에 독립운동기지를 마련하던 중, 1928년 암살당했다.

5) 임시정부의 위기

- **일제의 탄압** : 1923년 일제의 대대적인 검거로 교통국과 연통제가 와해되면서, 국내 독립활동에 대한 지도력을 잃었고, 독립자금도 부족해졌다.
- **독립운동 방향성의 갈등** : 임시정부 출범 초기부터 이동휘 등의 무장독립 투쟁론과, 이승만의 외교 독립론, 안창호의 실력 양성론 사이에 노선 갈등이 있었다. 외교활동에서 성과가 없자, 이 문제가 부각되었다.
- **이승만과 갈등** : 구미위원부를 장악한 그가 미주교포의 독립성금을 자신이 관리하고 임시정부에 거의 보내지 않았다. 미국에 머물며 정부가 있는 상하이에 오지도 않으면서 대통령 행세만 했다. 게다가 그가 국제 연맹에 위임 통치 청원을 한 것이 알려졌다. 그러자 그를 탄핵하려는 움직임이 생겼다.

6) 국민대표회의(1923)

- **이승만에 대한 불신** : 신채호 등이 이승만을 불신임하면서 독립운동 방향을 논의하고 노선 갈등을 해결하기 위해 국민대표 회의를 열고자 하였다.
- **국민대표회의 개최** : 1923년 1월 상해에서 국내외 독립운동 단체 대표들이 모여, 125명 대표를 확정하고 국민대표회의를 열었다.
- **창조파와 개조파의 대립** : 신채호, 김규식, 박용만 등 임시정부를 해체하고 새로운 정부 수립을 주장한 창조파, 안창호, 이동휘, 여운형, 김동삼 등 임시정부 보완하자는 개조파, 이동녕, 김구 등 현상유지파로 대립하였다.
- **국민대표회의 결과** : 의견 대립으로 대표회의가 결렬되었다. 창조파가 탈퇴하면서 임시정부 세력이 크게 약화되었고, 독립운동세력이 분열되었다.
- **국민대표회의 의의** : 6월까지 장기간에 걸친 국민대표회의는 분열로 끝이 났지만, 민주적 절차에 따른 민주주의 실험을 했다는 점에서 의미가 있다.

7) 대한민국 임시정부 개편

- **최초의 대통령 탄핵** : 민주적 절차에 따라 대통령 이승만을 탄핵하고, 2대 대통령에 박은식이 선출되었다. 곧 체제 개편을 추진해 개헌을 하였다.

〈임시정부 조직 변화와 개헌, 이것만!〉

임시정부수립	1919.4	이승만 국무총리 선출
1차 개헌	1919.9	대통령 중심제, 이승만 선출 대한 국민 의회, 한성 정부와 통합
국민대표회의	1923.1~6	정부 진로 갈등 - 창조, 개조, 유지파의 대립
2차 개헌	1925.4	이승만 탄핵(1925.3) 국무령 중심 내각책임제
3차 개헌	1927.3	국무위원 중심의 집단지도체제 한인애국단 조직 (1931)
4차 개헌	1940.10	주석 중심제, 주석 김구 선출 한국광복군(1940) 건국강령제정(1941)
5차 개헌	1944.4	주석, 부주석제, 김구, 김규식

8) 임시정부의 침체와 위기

- **임정 지도체제의 위기** : 1925년 초대 국무령 이상룡 이후, 홍진, 김구 등이 국무령이 되었고, 1927년 이동녕을 주석으로 한 내각 조직 후 안정되었다.

- **독립군에 대한 지도력 상실** : 이동휘 등 만주지역 무장세력이 임시정부를 탈퇴하며, 임시정부는 사실상 상해지역 독립단체로 전락했다.

9) 민족 유일당 운동

- **배경** : 사회주의, 민족주의, 무장투쟁론과 외교 독립론, 실력 양성론 등으로 갈라선 독립운동세력들이 다시 통합하려는 움직임이 국내외에서 일어났다. 중국의 1차 국공합작, 코민테른의 민족 통일 전선론 제기 등 주변 상황도 통합의 분위기를 조성했다.
- **한국 독립 유일당 북경 촉성회(1926)** : 1926년 7월 안창호는 '주의 여하를 불문하고 단합된 통일전선을 결성하자며 민족대당 결성을 역설했다. 안창호의 주도로 한국 독립 유일당 북경 촉성회가 창립되었다. 이후 상해 등 중국 각지에서 민족 유일당 촉성회가 조직되었다.
- **유일당 운동의 좌절** : 만주지역 교포사회를 실질적으로 통치한 참의부(1923), 정의부(1924), 신민부(1925)의 통합 노력은 1928년 9월 삼부 통일회의를 거쳐 12월 혁신의회와 1929년 4월 국민부로 통합되었으나, 더 이상 통합되지 못했다. 1929년 11월 민족 유일당 운동의 구심점이던 상해 촉성회가 해체되며, 민족 유일당 운동이 종료된다.

10) 임시정부의 위기 극복 노력

- **한국 독립당 결성(1930)** : 사회주의 세력의 탈퇴로 민족 유일당 촉성회가 해체되자, 민족주의 세력은 임시정부를 강화하고, 이를 중심으로 독립운동의 주도권을 장악하기 위해 이동녕, 안창호 등이 한국 독립당을 조직했다.
- **한인 애국단 조직(1931)** : 침체된 대한민국 임시정부에 활력을 불어넣기 위해, 김구에 의해 상하이에서 조직되었다. 비밀 지하 조직으로 무장 투쟁을 준비하였다.

▲ 대한민국 임시정부 이동

- **이봉창과 윤봉길 의거(1932)** : 1월 8일 한인애국단 단원 이봉창이 도쿄에서 일왕의 행렬에 폭탄을 던졌으나 암살에는 실패했다. 4월 29일 상하이 윤봉길이 홍커우 공원에서 일본 전승축하식장에 폭탄을 던져 일제 요인을 살상했다.
- **윤봉길 의거의 반향** : 중국 국민당이 임시정부를 지원하는 계기가 되었다. 일제의 탄압이 강화되자 대한민국 임시정부는 상하이에서 피난하여 항저우, 창사 등으로 이동했다가, 1940년 충칭에 안착한다.

11) 충칭 시기 대한민국 임시정부

- **한국 독립당 통합(1940)** : 한국 국민당(김구), 조선 혁명당(지청천), 한국 독립당(조소앙)이 해소되고, 한국 독립당으로 통합했다.
- **한국광복군 창설(1940)** : 지청천을 총사령관으로 한국광복군을 창설하였다. 1942년 김원봉의 조선 의용대의 일부가 합류해 군사력이 증강되었다.
- **건국 강령 제정(1941)** : 충칭에서 조소앙의 삼균주의에 기초한 건국 강령을 반포하였다.
- **대일 선전포고와 연합군 활동** : 1941년 태평양 전쟁 발발 직후, 대일 선전포고를 발표하고, 연합군의 일원으로 인도 미얀마 전선에 파견되어 항일 투쟁을 계속했다. (1943) 또한 미국과 연계해 국내 진공작전을 위한 군사훈련을 실시(1945)했다.
- **카이로 회담 (1943)** : 국제적으로 한국의 독립을 처음 보장하였지만, 미국, 영국은 해방이 될 때까지 임시정부를 승인하지 않았다.

용어설명

중국의 국공합작

1924년 1월부터 1927년 5월까지 중국 국민당과 중국 공산당이 일본의 침략에 맞서 위해 연합전선을 구축해 싸웠다. 하지만 국민당 내 공산당 세력 숙청을 계기로 합작이 종료되었다. 국공합작 종료는 민족 유일당 운동을 좌절시킨 한 원인이 되었다.

윤봉길(1908~1932)

1932년 2월 일본군이 상하이를 침공하여, 7월까지 점령했다. 일본군은 일본 천황 생일연과 상하이 점령 전승 기념행사를 열었다. 이때 윤봉길은 상하이 파견 총사령관 시라카와 요시노리 대장 등을 처단했다. 윤봉길 의거를 계기로 일본군의 감시가 심해져, 대한민국 임시정부는 상하이에 머물 수가 없어 항저우로 이주하게 되었다.

장제스의 극찬

중국 국민당 지도자 장제스는 "중국 100만이 넘는 대군도 해내지 못한 일을 조선인 청년 윤봉길이가 해냈다"고 윤봉길 의거를 극찬했다.

03

무장 독립 전쟁

주요한 기출 키워드

- 1920년대 - 봉오동전투, 대한독립군, 청산리전투, 북로군정서, 간도참변, 자유시참변, 미쓰야 협정, 참의부, 정의부, 신민부, 혁신의회, 국민부
- 의열투쟁 - 조선 혁명 선언, 나석주, 김상옥, 한인 애국단, 이봉창, 윤봉길, 조선혁명 간부학교
- 30~40년대 - 한국독립군, 지청천, 조선혁명군, 양세봉, 조선 의용대

용어설명

홍범도(1868~1943)

포수출신으로, 1907년 정미의병에 참여한 평민 의병장이다. 그는 만주로 건너가, 1919년 대한독립군을 창설하고, 1920년 6월 봉오동전투에서 일본군을 격파했다. 1937년 스탈린의 한인강제이주정책에 의해 카자흐스탄으로 강제 이주되어, 그곳에서 죽었다.

김좌진(1889~1930)

1915년 대구에서 박상진 등이 결성한 대한광복회에 가입했고, 1918년 만주로 망명해, 북로군정서에서 독립군을 훈련시켰다. 청산리 전투에서 북로군정서를 지휘해 대승을 거두었다. 1925년 신민부를 결성했고, 성동사관학교를 설립해, 독립군 간부를 양성했다. 1930년 암살당했다.

자유시

러시아 아무르강 주변에 있는 스보보드니시다. 아무르강은 흑하, 헤이룽강 등으로 부른다. 자유시참변은 흑하사변으로도 부른다.

① 1920년대 무장 독립 전쟁

1) 봉오동 전투(1920.6)

- **배경** : 3.1 만세운동 이후 만주지역 독립군은 국내 진입작전을 시도했다. 그러자 일본군이 두만강 건너 독립군을 추격하였다.
- **전투 상황** : 1920년 6월 홍범도가 지휘한 대한독립군은 군무도독부(최진동)와 대한국민회군(안무)과 연합하여 봉오동 전투에서 일본군을 상대하여 승리를 거두었다.
- **훈춘 사건** : 봉오동 전투에서 패배한 일본군은 복수를 위해 마적단을 사주하여, 10월 2일 훈춘 일본 영사관을 불태우게 한다. 이 사건을 빌미로 일본군은 간도로 진군해 독립군 토벌 작전을 시행했다.

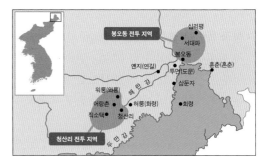

2) 청산리 전투(1920.10.21.~26)

- **배경** : 훈춘 사건으로 일본군의 만행이 심해지자, 간도지역 독립군은 백두산지역으로 이동했고, 일본군이 이를 추격했다.
- **전투 상황** : 서일, 김좌진이 이끈 북로군정서, 홍범도의 대한독립군 등 독립군 연합부대가 청산리에서 일본군과 교전했다. 청산리 전투는 백운평, 천수평, 완루구 등지에서 일본군과 6일 동안 10여 차례 전투를 하여 일본군 1,200여명을 사살한 큰 승리였다.

3) 독립군의 시련

- **간도참변** : 청산리 전투에서 패한 일본군의 보복으로 간도참변이 발생했다. 일본군은 간도지역 동포들을 무차별 학살하는 총공세를 취했다.
- **대한 독립군단 결성(1920)** : 간도참변과 일제의 독립군 토벌 작전으로 활동의 어려움을 겪게 된 독립군은 러시아 접경지대인 밀산부로 집결해 서일을 총재로 대한 독립군단을 결성하였다.
- **자유시 이동(1921)** : 간도참변 이후 조직을 정비한 독립군은 러시아 자유시로 이동하여, 장기 항전 준비를 시작했다.
- **자유시참변(1921.6.28)** : 자유시(스보보드니)로 옮긴 독립군은 독립군 통합과정에서 지휘권 분쟁이 발생했다. 러시아 레닌의 군대인 적색군이 지휘권 양도를 거부하는 독립군을 공격한 자유시참변으로 큰 타격을 입었다.

봉오동전투 1920.6	홍범도가 지휘한 대한독립군이 일본군 격파 → 훈춘사건을 일으켜 만주독립군 압박
청산리대첩 1920.10	북로군정서 등 독립군 연합부대가 백운평, 천수평, 완루구 전투에서 최대 규모 승리를 거둠
간도참변 1920.10~	일본군의 보복과 총공세, 독립군은 조직을 정비해 대한 독립군단 결성
자유시참변 1921.6	대한독립군단이 러시아 자유시로 이동, 러시아 적군의 공격을 받아 큰 타격

4) 3부(참의부, 정의부, 신민부)의 성립

- **만주지역 무장 독립운동 단체** : 서간도에는 신흥무관학교 출신이 중심이 된 서로군정서와, 대한민국 임시정부 직속의 광복군 총영, 의병세력을 중심으로 한 대한 독립단이 있었다. 북간도에는 대한 국민회 산하의 대한독립군과, 대종교에서 만든 중광단이 개편되어 설립된 북로군정서가 있었다.
- **대한통의부(1922.8)** : 광복군 총영, 대한 독립단, 서로군정서, 의병 등 여러 독립운동 단체를 통합했다. 1922년 가을부터 국내 진공작전을 실시했다.
- **통의부의 분열과 의군부(1923.2)** : 다양한 구성원과 지도이념 차이로 대한 갈등을 빚었다. 복벽주의자인 전덕원 등이 이탈해 의군부를 결성했다.
- **참의부(1923.8)** : 통의부 내에 대한민국 임시정부를 지지하는 세력들이 참의부를 결성했다. 대한민국 임시정부로부터 군정부로 승인받아, 임시정부 직속의 육군 주만 참의부로 정비되었으며, 국내 진공작전을 수행했다.
- **정의부(1924.12)** : 오동진, 김동삼, 양기탁 등의 주도로 대한통의부 잔여 세력이 재통합해 탄생했다. 임시정부에 부정적이었고, 식산흥업에 힘썼다.
- **신민부(1925.3)** : 러시아에서 탈출한 대한독립군단(김좌진), 대한독립군정서(조성환, 김혁) 등이 중심이 되어 북만주 일대를 중심으로 활동했다.
- **3부의 성격** : 동포 사회를 중심으로 민정 기관과 군정 기관으로 구성되어 자치 정부 기능을 수행했다. 동포들에게 거둔 세금으로 운영되었다.

5) 미쓰야 협정

- **미쓰야 협정(1925.6)** : 만주지역 독립군을 탄압하기 위해 중국 군벌 장쭤린과 조선총독부 경무국장 미쓰야가 협약을 체결했다. 독립군을 체포하여 일본 영사관에 넘기면 일본이 중국인에게 그 대가로 상금을 지불한다는 내용이다.
  장쭤린의 독립군 단속으로 만주 독립군의 활동은 크게 위축되었다.

6) 3부 통합

- **3부 통합** : 미쓰야 협정 이후 3부의 세력이 약화되자 통합 필요성이 커졌다. 국내와 중국지역에서 민족유일당 운동이 전개되자, 1928년 9월 삼부통일회의가 열렸다. 개인본부 통합을 주장한 참의부와 신민부, 단체본위 통합론을 주장한 정의부가 대립했다.
- **혁신의회(1928.12)** : 북만주에서 결성되었다. 한국독립당으로 개편되어, 한국 독립군을 편성했다. 신민부 군정파, 참의부, 사회주의자가 참여했다.
- **국민부(1929.4)** : 남만주에서 결성되어, 조선 혁명당을 창설하고, 조선 혁명군을 편성했다. 신민부 민정파, 정의부 등이 참여했다.

용어설명

복벽주의 독립운동

최익현, 유인석 제자들로 구성된 의병들이 만주에서 대한 독립단을 결성했다. 통의부에도 적극 참여했다. 양기탁 등 공화주의자들이 지도부를 형성하자, 의군부를 결성해 이탈한다. 공화주의, 사회주의 확산으로 복벽주의 운동은 약화되고, 일부세력은 참의부에 편입된다.

장쭤린(장작림)

중국 마적단 출신으로 1919년 봉천성 독군겸 성장이 되어, 동북지역 실권을 장악했다. 일본의 후원을 받아 중화민국 대원수에 올랐다가, 일본의 배신으로 봉천부근에서 열차가 폭파되어 사망했다. 그의 아들 장학량은 항일투쟁으로 전환했다. 그에 따라 독립군은 중국군과 연합하게 되었다.

군정파와 민정파

1927년 2월 신민부의 주요 간부들이 일본 경찰에 체포된다. 남은 간부들 가운데 더 적극적인 무장 투쟁을 주장하는 김좌진 등 군정파와, 교육과 산업 발전을 시켜야 한다는 최호 등 민정파가 대립했다. 군정파는 혁신의회로, 민정파는 국민부로 갈라졌다.

② 의열 투쟁

1) 의열단의 탄생

- **결성** : 1919년 11월 김원봉, 윤세주가 일제 요인 및 민족 반역자를 처단하고, 식민 통치 기관 파괴를 통한 일제 타도를 목표로 의열단을 결성했다.
- **활동지침** : 의열단 단장 김원봉의 요청으로 신채호가 작성한 『조선혁명선언』(1923)을 활동지침으로 삼았다. 신채호는 민중의 직접 혁명을 주장했다.
- **『조선혁명선언』내용** : 일본은 조선의 국호와 정권, 생존을 박탈해 간 강도이므로, 이를 타도하기 위한 혁명은 정당한 수단이다. 자치론, 내정독립론 등 일제와 타협하는 것은 적이다. 일제를 몰아내려는 혁명은 민중의 직접혁명이어야 한다. 폭력은 우리 혁명의 유일한 무기다.

2) 의열단의 활동

의열단은 개인의 폭력 투쟁을 통해 독립을 쟁취하려고자, 일제 침략의 앞잡이, 친일파 제거, 친일기관 등의 파괴 활동을 벌였다.

열사	연도	의거 활동
박재혁	1920.9	부산경찰서장 폭탄투척 의거
김익상	1921.9	조선총독부 폭탄 투척 의거
최수봉	1921.12	밀양경찰서 폭탄 투척 의거
김익상	1922.3	상하이 황포탄 의거 - 일본 육군대장 암살, 실패
김상옥	1923.1	종로 경찰서 폭탄 투척 의거
김지섭	1924.1	도쿄 일본왕궁 폭탄 투척 의거
나석주	1926.12	동양척식주식회사, 조선식산은행 폭탄 투척 의거

3) 의열단의 활동 변화

개인투쟁에 의한 의열단 활동이 한계를 보이자, 연합투쟁, 조직투쟁의 필요성이 대두되어, 군부대로 전환을 모색하게 된다.

- **황푸군관학교 입소(1926)** : 중국정부의 도움으로 단장인 김원봉을 비롯해 단원 일부가 황푸군관학교에 입학해 군사 훈련을 받았다.
- **조선혁명 간부학교 설립(1932)** : 김원봉은 난징에 조선혁명 간부학교를 세워 군사훈련을 하며 독립군을 양성하였다.

4) 각지의 의열 활동

- **강우규 의거 (1919.9.2)** : 블라디보스토크 신한촌에 결성된 노인동맹단 소속 강우규가 사이토 총독에게 폭탄을 투척하였다.
- **한인 애국단(1931.1)** : 침체된 대한민국 임시정부에 활력을 불어넣기 위해, 김구에 의해 상하이에서 조직되었다. 이봉창, 윤봉길의 의거는 대한민국 임시정부의 위상을 높였고, 독립운동의 여론을 환기시켰다.

- 흑색 공포단(1931) : 베이징에서 이회영이 일본군의 시설 파괴를 목포로 흑색 공포단을 조직했다. 한인 애국단과 협력하여 친일부역자 등을 처단했고, 주중 일본공사 폭살 기도 등의 활동을 전개했다.

③ 여성 독립운동가의 활동

〈3.1 운동 100주년 기념 우리가 기억해야 할 여성독립운동가 12인〉

구분	주요 활동
남자현	3.1 운동에 참여, 만주에서 여성 교육 계몽 운동을 펼치고, 조선총독과 주만주 일본대사 암살을 시도
김마리아	2.8 독립선언서를 조선에 전달해 3.1 운동의 기폭제가 되었고, 대한민국애국부인회, 근화회에서 활동
유관순	이화학당 학생으로 3.1 운동에 참여해, 천안 아우내 장터 만세운동을 주도, 옥중 만세항쟁으로 순국
박차정	근우회 집행위원, 서울여학생시위운동을 주도하다가, 중국에 가서 의열단, 조선의용대원으로 전투에 참여
정정화	독립운동자금 모금활동을 펼치고, 한국여성동맹에 참여하였으며, 대한민국 임시정부의 안살림을 관장함
오광심	한국광본진선청년공작대에서 항일선전 활동을 하고, 한국광복군 대원으로 입대해 대원 모집활동을 펼침
조마리아	구한말 국채보상운동에 참여하고, 아들 안중근의 순국 후에는 임시정부 위원으로 독립 운동가들을 지원
안경신	평양에서 3.1 운동에 참여하고 상해로 망명, 대한광복군총영 국내결사대에 가담, 평남도청과 경찰청에 폭탄 투척
김순애	신한청년당에 입당, 3.1 운동 발생에 기여, 대한애국부인회, 대한적십자회, 한인여자청년동맹 간부로 활약
윤희순	을미의병, 정미의병에서 '안사람 의병가'를 지어 여성 무장투쟁참여 독려, 중국 망명 후에도 독립운동 지속
이순애	1919년 11월 독립운동선언서 대동단 선언 33인 중 부인대표로 서명, 1920년 3월 옥중 만세운동을 펼침
조신성	대한독립청년단을 조직, 군자금 모금과 관공서 파괴 등의 무장투쟁 펼치고, 근우회 평양지회 회장으로 활동

- **허은** : 이상룡의 손주 며느리로, 서간도 통화현 삼원보에서 결성된 서로군정서의 숨은 공로자로 독립군의 어머니로 불렸다. 독립운동가의 끼니를 마련하고, 군복을 만들어 보급하는 등 무장독립운동 지원에 헌신했다. 1995년 회고록『아직도 내 귀엔 서간도 바람소리가』책으로 출판되었다.
- **이은숙** : 이회영 선생의 아내로, 이회영 일가의 독립운동기지 개척 사업을 조력하고, 독립운동가들의 활동을 후원하고, 독립운동자금을 조달하는 등 독립운동에 헌신했다. 2016년 회고록『서간도 시종기』가 출간되었고, 허은 지사와 함께 2019년 건국훈장 애국장에 추서되었다.
- **박자혜** : 간호사 독립운동 단체인 간우회를 만들어 3.1 만세운동에 동참했고, 북경으로 건너가 신채호와 결혼 후에도 독립운동을 지속했다.
- **권기옥** : 한국의 첫 여성비행사로, 1919년 숭의여학교 재학 중 3.1 운동을 주도했다. 평남도청 폭파사건 관여 혐의로 쫓기다 중국으로 망명, 조선총독부를 공중에서 폭파하기 위해 1923년 윈난육군항공학교에 입학, 비행사가 되었다. 중국 공군에서 10년 간 항일전선에서 싸우고 무공훈장을 받았다.
- **허정숙** : 1921년 동아일보에 「여성해방은 경제적 독립이 근본」 글을 발표하고, 여자도 인간이라고 선언하며 여성해방에 앞장섰다. 동아일보 기자, 근우회 집행위원으로 활동했다. 1929년 12월 여학생만세운동을 주도했다. 중국 망명 후, 조선의용군 창설에 참여하고, 훈련교관, 참모로 활동했다.

용어설명

대전자령 전투(1933)

한국독립군이 중국군과 함께 대전자에 주둔한 일본군을 기습, 대포 3문, 박격포 10문, 소총 1,500정 등 막대한 전리품을 노획한 대승리를 거두었으나, 전리품 분배과정에서 중국군과 불화로 연합이 깨졌다.

지청천(1888~1957)

1914년 일본육군사관학교를 졸업하고, 만주로 망명해 1919년 신흥무관학교 교성대장으로 독립군을 양성했다. 정의부 총사령관, 한국독립군 총사령관을 역임했다. 1940년대 한국광복군을 창설하여 총사령관을 역임했다. 해방 후에는 국회의원 등을 역임했다.

양세봉(1896~1934)

대한 통의부, 참의부, 정의부에서 독립군 지휘관으로 활동하며, 국내 진공작전 등에서 많은 전공을 세웠다. 1932년 조선 혁명군 총사령관이 되어 일본군을 상대로 연전연승을 거둬, 일본군이 가장 두려워한 인물이었다. 1934년 일본군 밀정의 계략에 빠져, 전사했다. 그가 죽자 조선 혁명군의 전투력은 크게 약화되었다.

④ 1930년~40년대 무장 독립 전쟁

시대배경

일제가 1931년 만주 사변을 일으키고, 1932년 만주국을 수립하자, 중국 내 반일감정이 고조되어, 한국인과 연합투쟁 필요성이 커졌다. 이에 따라 한·중 연합 작전이 전개되었다.

1) 만주지역 무장 독립 전쟁

- **한국독립군과 지청천** : 북만주지역에 성립된 혁신의회는 한국독립당으로 이름을 바꾸고, 군사조직으로 한국독립군을 두었다. 총사령관 지청천은 중국 호로군과 연합작전을 전개했다. 쌍성보(1932), 대전자령(1933) 전투에서 한중 연합 작전을 전개하여, 일본군을 격파하였다.
- **조선혁명군과 양세봉** : 남만주지역에 성립된 국민부는 조선혁명당으로 이름을 바꾸고, 산하 조직으로 조선혁명군을 두었다. 총사령관 양세봉이 이끈 조선혁명군은 중국의용군과 함께 연합작전을 펼쳐 영릉가(1932), 흥경성(1933) 전투에서 일본군에 승리하였다.
- **동북항일연군(1936)의 활동** : 중국인과 한국인의 연합부대로, 동북인민혁명군이 동북항일연군으로 개편되어 유격전을 펼쳤다. 사회주의 계열의 한국인 항일연군 유격대가 1937년 함경남도 갑산군 보천보를 습격해 승리했다.

2) 중국 관내 항일 무장 투쟁

- **민족혁명당 건설(1935)** : 난징에서 김원봉(의열단), 조소앙(한국독립당), 지청천(신한독립당), 김규식(대한독립당), 최동호(조선혁명당) 등이 연합하여 결성하였다. 김원봉이 독주하자, 조소앙, 지청천 등 민족주의 계열이 이탈했다. 결국 김원봉을 중심으로 조선민족혁명당을 만든다.
- **조선민족전선연맹(1937)** : 약화된 통일 전선을 강화시킬 필요성을 가진 사회주의 세력이 조선민족혁명당을 중심으로 연합하여 결성했다.
- **조선의용대(1938) 창설** : 조선 민족 전선 연맹의 군사조직으로, 우한에서 김원봉 주도로 중국국민당과 협력해 조선의용대를 결성하고 항일투쟁에 나선다. 중국 관내에서 결성된 최초의 한인 무장 부대였다. 정보 수집, 선전, 후방 교란 등 중국국민당 부대를 지원했다.
- **조선의용대의 광복군 합류** : 1942년 김원봉 등은 중국국민당과 대한민국 임시정부가 있는 충칭으로 이동했다. 조선의용대 일부가 대한민국 임시정부 광복군에 합류했다.
- **조선의용대 화북지대(1941)** : 중국 공산당 근거지인 화북지역으로 이동한 조선의용대 화북지대는 중국공산군(팔로군)과 연합하여, 호가장 전투(1941.11)에서 일본군에 승리하였다. 이후 조선의용군으로 개편된다.

3) 한국광복군

1940년 충칭에서 대한민국 임시정부의 정규군으로 한국광복군이 창설되었다. 중국 국민당의 원조를 받은 탓에, 중국군의 군령을 받아야했다. 1944년 8월 행동준승 9개조 폐기로 중국군의 구속에서 벗어났다.

- **영국군과 연합 작전(1943)** : 연합군의 일원으로 인도·미얀마 전선에 파견되어 항일 투쟁을 했다.
- **국내 진공작전 추진(1945)** : 미국과 연계해 국내 진공작전을 위한 군사훈련을 실시했으나, 일본의 항복으로 전쟁에 참여하지 못했다.

04

민족 운동의 전개

☀ **주요한 기출 키워드**

• 실력 양성 운동 - 물산장려운동, 민립 대학 설립운동, 브나로드 운동
• 정치 사회 경제 운동 - 민족 유일당 운동, 정우회 선언, 신간회, 근우회, 천도교 소년회, 조선 형평사, 암태도 소작 쟁의, 조선 노농 총동맹, 원산 총파업, 강주룡

① 일제 강점기 시대상의 변화

시대배경

일본은 자국의 자본주의와 산업을 발전시키기 위해 한반도를 원료 공급지와 시장으로 활용했고, 대륙침략의 기지로 군수공장 등을 세우고, 철도를 깔고 군대를 배치했다. 일본인과 일본 자본이 조선에 침투하면서, 한반도에는 과거와 다른 사회상이 펼쳐졌다.

■ 의식주 생활의 변화

• **복장의 변화** : 1895년 단발령 이후 머리를 자르고, 양복을 입은 한국인이 늘어났다. 1920년대 이후 양장을 입은 모던보이, 모던걸이 등장했다. 반면 한복에 모자, 구두를 착용하는 경우도 생겼다. 1920년대 초 고무신이 생산되어 큰 인기를 끌었다. 1937년 중·일 전쟁 이후에는 전시 동원 체제에 맞춰 남성은 국민복, 여성은 근로복인 몸뻬가 유행하였다.

• **주택의 변화** : 서양식과 일본식 주택, 개량 한옥 등이 보급되었다. 가난한 도시민들은 가마니로 만든 지붕을 덮은 토막집에 거주했다.

• **식생활의 변화** : 일본과 서양 요리가 전해졌다. 반면 일제의 쌀 수탈로 인해 한국인들의 주식인 쌀의 소비가 줄고, 만주에서 들여온 콩, 조, 옥수수 등 잡곡 소비량이 늘어났다.

■ 도시의 변화

• **도시의 변화** : 개항장과 철도역이 지나가는 주요 교통 중심지와 행정 중심지에 새로운 도시가 성장하였다. 1930년대 군수품 등을 생산하는 공장들이 들어선 북부지방에는 공업도시가 성장하였다.

• **경성(서울)의 변화** : 조선총독부가 들어선 경성(서울)은 일본인의 거주비율이 크게 높아졌다. 특히 청계천을 중심으로 일본인이 주로 사는 명동, 충무로 일대의 남촌은 고급 주택과 서양식 건물 등이 늘어선 화려한 도시로 발전한 반면, 한국인이 사는 비율이 높은 북촌은 도시 발전이 더뎠다. 또한 도시 외곽에는 도시 빈민들의 대거 거주했다. 1920년 25만 명이던 경성의 인구는 1944년 99만으로 크게 증가하여, 거대도시로 성장했다.

• **도시인의 직업 변화** : 공장 노동자, 사무직 근로자, 학교 교사, 일본경찰 보조원, 인력거꾼, 자동차 운전수, 전화 교환원, 영화관 매표원 등 새로운 근대 직업인이 대거 도시에 등장했다. 이에 따라 도시 인구가 폭증했다.

• **새로운 빈민의 등장** : 토지 조사사업으로 경작권을 잃은 소작농이 화전민이 되거나, 도시로 유입되어 저임금 근로자나, 도시 빈민으로 전환되었다.

■ 인프라, 교육과 의식의 변화

• **인프라의 변화** : 철도, 기선, 자동차 등 새로운 교통수단의 보급으로 사람들의 활동무대가 넓어지면서

용어설명

모던보이, 모던걸

1920년대 식민지 경성의 도시공간에 나타난 서양풍 옷을 입은 새로운 스타일의 남성, 여성 소비주체를 지칭한다. 이들이 주로 활동한 곳은 경성의 남촌이었다.

토막집

일제가 개발한 신도시

청진, 신의주, 군산, 목포, 진남포, 인천 등은 일제의 의해 개발된 개항장이었다. 진해, 나남, 회령은 군사도시로, 영등포, 수원, 개성, 대전, 강경, 조치원, 김천, 이리 등은 철도교통 요지로 일본인이 다수 거주하는 도시로 성장했다.

관동 대학살

1923년 일본에 관동대지진으로 수많은 인명과 재산 피해가 발생해 민심이 동요했다. 일본 당국은 "조선인이 폭동을 일으켰다."는 소문을 퍼뜨려 사회 불안 원인을 한국인에게 돌렸다. 자경단을 동원해 수천 명의 한국인 유학생과 이주민을 학살했다. 국내에도 보도되어 큰 반향을 일으켰다.

의식도 따라 변화되었다.

- **교육의 변화** : 일제의 조선교육령에 따라 근대식 학교에서 신학문을 배우는 학생들이 크게 늘었고, 서당에서 유학을 배우는 학생은 크게 감소했다.
- **의식의 변화** : 일본, 미국 등에서 공부하는 유학생이 늘어나고, 신학문을 배운 사람들이 늘어남에 따라, 서양과 일본을 따라 변화해야 한다는 사람들도 늘었다.

② 실력 양성 운동

시대배경

식민지 시기 지식인들은 사회 진화론에 입각해, 실력이 부족해 식민지가 되었으니 민족의 실력을 키우는 길이 독립의 길이라고 판단하고, 실력 양성 운동을 전개한다.

■ 물산 장려 운동

- **배경** : 1920년 일제는 회사령을 철폐하여, 일본 기업의 한반도 진출 확대를 모색했다. 1923년부터 한국과 무역에서 면직물과 주류를 제외한 모든 상품의 관세를 폐지한다고 예고했다. 이는 곧 민족자본의 위기로 다가왔다.
- **평양 조선 물산 장려회(1920)** : 평양에서 조만식 등이 토산물 애용을 위한 조선 물산 장려회를 발족시켰다. 민족 자본의 보호와 육성을 추구하고, 민족 경제 자립을 추구하자는 운동을 전개했다.
- **물산 장려 운동 확산** : 평양에서 시작되어 전국으로 확산되었다. 1923년 서울에서 조선 물산 장려회가 결성되었고, 학생중심의 자작회(1922), 여성계의 토산 애용부인회(1923) 등 여러 단체가 설립되어 이 운동에 동참했다.
- **물산 장려 활동** : '조선 사람 조선 것' 등의 구호를 내세우고, 근검 저축, 금주, 단연 운영을 추진하였다.
- **운동의 결과** : 늘어난 토산물 수요를 감당할 수 있는 민족 자본이 부족해, 도리어 상품 가격이 상승했다. 게다가 사회주의 세력은 자본가와 기업의 이익만 우선한다고 비판을 했다. 조선총독부의 탄압 등으로 실패하였다.

■ 민립대학 설립 운동

- **배경** : 고등교육의 필요성이 확산되던 1920년대 초, 일제가 2차 조선교육령(1922)을 실시하여 대학 설치 규정이 마련되었다. 그러자 일제의 우민화 교육과 민족 차별 교육에 대항하기 위해, 대학 설립을 통해 민족의 인재를 양성하자는 움직임이 일어났다.
- **민립 대학 설립 운동** : 이상재, 한규설 등이 1920년 조직한 조선교육회는 민족교육 진흥을 위한 교육제도 개선, 교육사상 보급 활동을 전개했다. 1922년 이후 조선 민립대학 설립 운동을 전개했다.
- **조선민립대학 설립기성회(1923)** : 이상재, 한용운, 이승훈 등이 중심이 되어 설립한 조선민립대학 설립기성회가 민립대학 설립 운동을 전개하였다. '한 민족 1천만이 한 사람이 1원 씩'이라는 구호를 내세우며 모금 운동을 전개하여, 전국적인 호응을 받았고 만주, 미주에서도 모금에 동참했다.
- **일제의 탄압과 실패** : 일본은 민립 대학 설립 운동을 방해하기 위해, 1923년 '경성제국대학관제'를 발표하고, 경성제국대학 창설 위원회를 설치했다. 1924년 경성제국대학을 설립하고, 이를 명분으로 민립대학 설립 운동을 탄압했다.

■ 문맹 퇴치 운동

- **배경** : 일제의 식민지 차별 교육과 가난한 농민, 노동자들이 교육을 제대로 받지 못하는 상황을 극복하고자 전개되었다.

- **야학 활동** : 노동자, 농민을 대상으로 문맹 퇴치와 계몽, 민족 자주의식을 고취하는 운동이 1920년대에 활발히 전개되었다. 한글 교재로 한국의 역사와 지리, 한글 교육을 실시했다.
- **문자 보급 운동(1929~934)** : '아는 것이 힘, 배워야 한다.' 는 구호 아래 조선일보가 주도한 전국 규모의 문맹 퇴치 운동이 벌어졌다. 『한글원본』등의 교재를 배포하고, 순회강연 등을 전개했다.
- **브나로드 운동(1931~1934)** : 동아일보는 농촌계몽운동을 전개하고, '배우자, 가르치자, 다 함께 브나로드'라는 구호를 내세웠다.
- **문맹 퇴치 운동의 결과** : 민족적 성격이 강해지자, 일제가 탄압을 시작하여, 1930년대 중반 이후에는 대부분 중단되었다. 하지만 농촌 계몽소설인 심훈의 『상록수』등 문학 작품에 영향을 끼쳤다.

■ 실력 양성 운동의 의미와 한계
- **의미** : 애국 계몽 운동을 계승하여 민족의 실력을 양성하여, 자주적인 민족 독립의 토대를 마련했다.
- **한계** : 일제가 허용하는 범위 안에서 전개되었기 때문에, 일제의 탄압에 의해 쉽게 좌절되었고, 지속되지 못하였다.

③ 정치, 사회, 경제적 운동

1) 민족 유일당 운동

- **배경** : 1920년대 초 코민테른의 민족 통일 전선론, 중국의 제1차 국공합작, 1926년 한국 독립 유일당 북경 촉성회 창립 및 만주지역 3부 통합 움직임 등 사회주의 계열과 민족주의 계열이 힘을 합쳐 항일 운동에 나서자, 국내에서도 통합의 움직임이 생겼다. 6.10만세운동 이후 본격화되었다.
- **민족주의 진영의 분열** : 1920년대 일제가 허용하는 범위 내에서 자치권과 참정권을 얻자는 자치론(이광수, 최남선, 최린 등)이 등장하자, 비타협적 민족주의 세력(안재홍, 이상재 등)이 반발했다.
- **사회주의 세력의 약화** : 일제가 사회주의 운동을 탄압하고자 치안유지법(1925)을 시행하고, 6.10만세운동 직전 많은 사회주의 인사들이 검거되자, 사회주의 세력이 약화되었다.
- **조선민흥회(1926.7)** : 일부 사회주의자들과 민족주의 계열인 조선물산장려회 등이 참여한 조선민흥회가 출범하였다.
- **정우회 선언(1926.11)** : 비타협적 민족주의 세력과의 협동 전선을 주장한, 사회주의 세력의 활동 방향을 밝힌 정우회 선언이 발표되었다. 정우회 선언의 영향으로 신간회가 결성되었다.
- **신간회(1927)** : 자치론에 반대하는 비타협적 민족주의 세력과 사회주의 세력이 연합해 결성한 항일단체다. 기회주의 배격과 민족의 단결을 내세운 신간회는 민족 유일당 운동의 일환으로 창립되었다. 전국 각 군과 해외까지 지회를 확장한 일제 강점기 최대의 민족운동 단체였다.
- **신간회 활동** : 광주학생항일운동에 진상조사단을 파견하고, 진상보고 민중대회를 개최하고자 계획했으나, 경찰 방해로 실패했다. 광주학생항일운동은 신간회의 지원을 받으며 전국적 운동으로 확산되었다. 전국적으로 강연회, 연설회, 농민운동, 청년운동, 형평운동, 여성운동과 연계해 활동했다.
- **신간회의 해체** : 민중대회 추진 과정에서 간부가 대거 구속되고, 새 지도부가 타협론자와 협력을 추구하자, 1931년 코민테른의 결의와 그 지시를 받은 사회주의 계열의 이탈로 해체된다.

2) 여성 운동

- **배경** : 여성교육의 확대와, 여성의 사회진출이 늘어나면서, 여성계몽과 권리 신장, 사회적 지위개선을 위한 노력이 구체화되었다.

용어설명

브나로드(В народ)

러시아어로 '민중 속으로'라는 의미다.

심훈(1901~1936)

동아일보 기자출신으로, 1935년 동아일보에 농촌 문맹 퇴치를 소재로 장편소설 『상록수』를 연재했다. 그는 3.1 운동에 참여했던 감격을 되살려, '그날이 오면'이란 저항시를 지었으나, 조선총독부 검열로 시집을 출간하지는 못하고, 해방 후에 유고집으로 간행되었다.

코민테른(Коминте́рн)

1919년 모스크바에서 결성된 국제 공산주의 운동의 지도 단체로, 공산주의 인터내셔널의 약칭이다.

용어설명

소년운동 표어

천도교 소년회는 "씩씩하고 참된 소년이 됩시다. 그리고 늘 서로 사랑하며 도와갑시다."를 신조로 잡지 『어린이』를 간행하였다. 어린이날에는 "잘 살려면 어린이를 위하라"는 표어를 내세우며 소년운동을 펼쳤다.

강주룡(1901~1931)

평양 고무공장 여성 노동자로, 자신들의 투쟁을 사회에 알리고 여론을 환기시키기 위해 한국 최초 노동자 고공투쟁 사건을 일으켰다. 8시간 만에 일본경찰에 의해 강제로 끌려 내려졌지만, 그는 계속 단식하며 임금 삭감에 저항하다 사망했다.

- **여성 단체의 성립** : 1920년 조선여자교육회, 1921년 조선여자청년회, 1924년 조선여성동우회 등이 설립되어, 여성교육과 계몽 활동에 나섰다.
- **근우회 출범(1927)** : 신간회 결성을 계기로 여성계의 민족 유일당으로 출범했다. 신간회의 외곽 지원 단체로, 각계각층 여성이 참여한 전국규모 조직이었다. 봉건적 굴레와 일제 침략으로부터 여성 해방을 목표로 했다. 신간회와 연계하여 여성의 권익을 옹호하고 강연회를 개최했다.
- **근우회 해체** : 신간회와 함께 1931년 해체된다.

3) 소년운동

- **천도교 소년회(1921)** : 방정환을 중심으로 창립된 천도교 소년회는『어린이』등의 잡지를 발간하여 소년운동을 주도하였다. 일제는 소년 운동을 애국 운동으로 간주하여 1937년 중·일 전쟁 이후 전면 금지시켰다.
- **어린이날 (1923) 제정** : 5월 1일에 어린이날 기념행사를 거행하였다.

4) 형평 운동

- **배경** : 1894년 갑오개혁으로 신분이 철폐되었음에도 불구하고, 백정들에 대한 신분적 차별은 지속되었다.
- **조선 형평사 창립(1923)** : 백정에 대한 차별 철폐를 위해 조선 형평사를 창립하였다. 조선 형평사(진주)를 중심으로 형평운동이 전국으로 확산되었다.

5) 농민운동

- **배경** : 토지조사 사업과 산미 증식 계획으로 농민 생활이 어려워졌다. 자작농 감소와 소작농 증가 및 소작료 인상으로 농민 부담이 가중되었다.
- **암태도 소작쟁의(1923~1924)** : 전남 신안군 암태도의 소작인들이 고액 소작료에 반발하여 암태도 소작쟁의를 일으켰다. 친일 지주 문재철이 7할 소작료를 징수하자, 소작농들이 1년간 쟁의 끝에 4할로 낮추어 생존권을 지켜내었다.
- **농민 단체의 결성** : 암태도 소작쟁의 사건을 계기로 농민 조직의 필요성이 커지면서, 조선 노농 총동맹 결성(1924), 전국적 조직인 조선 농민 총동맹(1927)이 결성되었다. 1930년대에는 사회주의 계열의 지원을 받아 조직적인 쟁의를 전개했다.

6) 노동 운동

- **배경** : 일제의 식민지 공업화 추진으로, 일본 기업이 증가하고 노동자의 수도 증가되었다. 하지만 저임금과 열악한 노동 조건으로 노동자들의 어려움이 컸다.
- **노동 단체의 등장** : 조선 노동 공제회(1920)를 시작으로, 조선 노농 총동맹(1924), 1927년에는 전국 단위 조직인 조선 노동 총동맹이 창립되었다. 1930년대에는 비합법적, 혁명적 노동조합 중심의 노동 운동이 전개되었다. 임금 인상, 노동 시간 단축 등 열악한 노동 조건의 개선을 요구하였다.
- **원산 총파업(1929)** : 외국 기업의 착취에 저항한 노동자 총파업이 일어났다. 일본, 프랑스 등지의 노동 단체로부터 격려 전문을 받았다.
- **평양 고무공장 노동자 파업(1931)** : 회사 측 임금인하에 반대하여 노동자 강주룡이 평양 을밀대에 올라가 고공 농성을 벌였다.

05
민족 문화 지키기

☀ 주요한 기출 키워드

- 국사 연구 - 박은식, 한국독립운동지혈사,
  신채호, 조선상고사, 백남운, 조선사회경제사,
  정인보, 조선학 운동, 여유당전서
- 조선어학회 - 한글 맞춤법 통일안, 표준어 제정,
  조선어학회 사건
- 문학과 예술 활동 - 아리랑, 나운규, 카프 결성,
  신경향파

시대배경

일제는 식민 통치를 정당화하고, 독립 의지를 약화시킬 목적으로 우리 역사를 왜곡하고, 한국어 사용을 못하게 하고, 우리 전통 문화를 비하시켰다. 이에 맞서 우리 민족 문화 수호 운동이 벌어졌다.

① 국사 연구

■ 일제 식민사학

일제 지배가 정당하다는 것을 합리화하고, 한민족의 자긍심을 비하하고, 독립의지를 약화시키기 위해 우리 역사를 왜곡했다. 조선총독부 산하에 조선사편수회를 설치하고, 어용학자들을 동원해『조선사』37권을 편찬하고, 식민사관을 주입시켰다. 식민사관의 주요 논리는
　① 한국사는 외세의 간섭에 의해 타율적으로 전개되었다는 타율성론
　② 한국사는 고대로부터 정체되어 발전이 없었다는 정체성론
　③ 한국인은 항상 내분으로 싸워 통합되지 못했다는 당파성론
으로 독립할 능력도, 의지도 없는 나라를 일본이 구해준 것이라 가르쳤다.

■ 민족주의 사학

주체적인 우리 역사 발전과 민족의 우수성을 강조하여, 민족의 독립의지와 긍지를 되살리고, 식민사학의 타율성론을 반박했다.

- **신채호**『독사신론』을 발표해 민족주의 사관의 기초를 마련한 그는 고대사 연구를 바탕으로『조선사연구초』,『조선상고사』등을 저술했다.
- **박은식** - 독립투쟁과정을 서술한『한국독립운동지혈사』와 일제의 침략과정을 서술한『한국통사』를 저술하였다.
- **정인보**『조선사연구』를 저술하였으며, 민족의 얼을 강조했다. 그는 문일평, 안재홍 등과 함께 조선학 운동을 주도하고,『여유당전서』를 간행했다. 그는 실학에서 자주적인 근대 사상을 찾고자 했다.

■ 사회경제사학

유물사관의 일원론적 역사법칙에 따라 다른 민족과 거의 같은 궤도로 한국사가 발전했다고 설명했다.

- **백남운** - 식민사학을 반박하는『조선봉건사회경제사』를 저술하였고,『조선사회경제사』에서 식민사학의 정체성 이론을 반박하였다.

용어설명

이병도(1896~1989)

진단학회를 설립하여 실증주의 사학을 발전시켰으며, 해방 후 서울대교수로 후학을 양성했다. 조선사편수회 참여 경력으로 친일논란을 갖고 있다.

『여유당전서』

실학자 정약용의 저술을 총 정리한 문집으로, 1934년 정인보, 안재홍 등이 교열에 참여해 간행되었다.

일장기 말소 사건

1936년 베를린올림픽 대회 마라톤 경기에서 손기정 선수가 우승하자, 조선중앙일보와 동아일보는 손기정 가슴에 일장기를 지운 사진을 게재하고 보도했다. 그러자 일제는 동아일보를 무기 정간시켰다. 조선중앙일보는 자진 휴간했다. 이 사건은 우리 민족에게 민족의식을 일깨워주었다.

랑케의 역사학에 기초해 문헌 고증의 실증성을 바탕으로 실증주의를 강조했다. 이병도, 손진태 등은 진단학회를 결성해 활동했다.

1929~1942년까지 작업한 원고다. 조선어학회 사건의 증거물로 일본 경찰에 압수되었다가, 1945년 9월 서울역 창고에서 2만 6,500여장의 원고가 극적으로 발견되었다.

카프(KAPF)

1925년에 결성된 사회주의 혁명을 위한 문학가들의 실천단체로, 카프는 조선프롤레타리아예술동맹(Korea Artista Proleta Federatio)의 약자다.

2 국어 연구

- **조선어 연구회** : 주시경의 국문연구소를 계승하여, 한글의 연구와 보급에 나섰다. 가갸날을 제정하고 기관지인 한글을 발행하였다.
- **조선어 학회** : 『조선말 큰사전』편찬 사업을 추진하였고, 한글 맞춤법 통일안과 표준어를 제정하였다. 조선어학회 사건으로 최현배, 이극로 등이 투옥되었다. 해방 후 재건되어 1957년『조선말 큰사전』을 간행했다.

국문 연구소	1907	학부 산하 최초 한글 연구단체, 주시경, 지석영 등 활동, 1910년 국어문법 저술, 한글맞춤법 통일안 기본틀 마련
조선어연구회	1921	조선어연구회 창립
	1926	9월 29일 가갸날 제정하고 기념식
	1927	잡지 한글 간행
조선어학회	1931	조선어학회로 개칭
	1933	한글 맞춤법 통일안, 조선어 표준어 사정안(1936) 제정
	1942	일제가 조선어학회 사건 일으켜, 33명 수감, 강제 해산

3 문학과 예술 활동

■ 일제하의 문학 활동
- **1910년대** : 근대 의식 고취를 위한 계몽주의적 경향이 강했다. 이광수의『무정』은 남녀 간 애정 문제를 섬세한 심리묘사와 함께 민족에 대한 각성까지 확대한 내용으로, 최초의 근대소설로 평가된다.
- **1920년대** :『창조』,『폐허』,『백조』등 동인지 문학이 성행하고, 낭만주의적 경향의 소설과 더불어, 문학의 사회적 실천을 강조한 신경향파가 등장하였다. 신경향파 작가들은 카프(KAPF)를 결성했다. 한용운의「님의 침묵」, 이상화의「빼앗긴 들에도 봄은 오는가」등 저항문학도 등장하였다.
- **1930년대** : 이육사의「광야」, 심훈「그날의 오면」, 윤동주의「서시」등의 저항 문학과 더불어, 최남선, 이광수 등의 친일문학, 현실도피적인 순수문학 경향이 등장했다. 1940년대 이후에는 문학에도 암흑기가 도래했다.

〈주요 문학가〉

최남선	1890~1957	신체시『해에게서 소년에게』, 최초 문학잡지『소년 창간』, 3.1 운동 선언문 작성, 친일행위
이기영	1895~1984	소설『고향』, 사회주의 문학작가, 1925년 김기진, 박영희와 함께 카프(KAPF) 결성
심 훈	1901~1936	3.1 운동 기념에 발표된 시「그 날이 오면」, 농촌계몽을 소재로 한 소설『상록수』, 손기정의 일장기 말소 사건을 소재로 한 시를 썼다. 의열단과 민족 혁명당에 가입하여 독립운동을 하였다.
이육사	1904~1944	시『광야』, 항일저항 시인, 의열단 단원 출신
윤동주	1917~1945	『서시』,『하늘과 별과 바람과 시』, 반일혐의로 죽음

■ 예술 활동
- 영화 : 1926년 나운규가 제작한『아리랑』이 단성사에서 처음 개봉되었다.
- 연극 : 토월회가 1923년부터 본격적인 신극운동을 전개하였고, 1931년 극예술 연구회가 활동했다.
- 음악 : 홍난파의 「봉선화」, 안익태의 「코리아 환상곡」 등이 발표되었다.
- 미술 : 이중섭의 서양화 「소」, 안중식의 한국화 「백악춘효」 등이 유명하다.

■ 종교 활동
- **천도교** :『개벽』,『신여성』등의 잡지를 간행하여 민족의식을 높였고, 방정환 등이 주도한 천도교 소년회에서『어린이』등의 잡지를 발간하여 소년운동을 주도하였다.
- **대종교** : 단군 숭배 사상을 통해 민족의식을 높였다. 중광단을 결성하여 항일투쟁을 전개하였다.
- **불교** : 한국 불교를 일본 불교에 편입시키려는 일제의 사찰령(1911)에 맞서 민족불교의 자주성을 지키고자 했다.
- **개신교** : 신사 참배 강요를 금지해 달라는 청원 운동을 벌였다.
- **천주교** : 만주에서 의민단을 조직하여 무장 투쟁을 전개하였다.
- **원불교** : 간척사업을 추진하고 박중빈을 중심으로 새생활 운동을 전개했다.

MEMO

01 일제 통치와 민족 말살 위기

44-41 1910년대 일본의 정책

01 밑줄 그은 '이 시기'에 볼 수 있는 일제의 정책으로 옳은 것은? [2점]

> 이 그림은 토지 조사 사업이 진행되던 이 시기에 총독부가 조선에 대한 식민 통치를 미화하고, 그 실적을 선전하기 위해 개최한 조선 물산 공진회의 회의장 전경을 그린 것입니다. 그림에는 경복궁 일부를 헐어내고 물산 공진회장으로 조성한 모습이 그대로 드러나 있는데, 이는 일제가 조선의 정통성과 존엄성을 훼손하려는 의도였습니다.

① 국가 총동원법을 제정하여 인력과 물자를 수탈하였다.
② 도 평의회, 부·면 협의회 등의 자문 기구를 설치하였다.
③ 재정 고문 메가타의 주도 아래 화폐 정리 사업을 실시하였다.
④ 회사 설립 시 총독의 허가를 받도록 하는 회사령을 적용하였다.
⑤ 독립운동을 탄압하기 위해 조선 사상범 보호 관찰령을 공포하였다.

36- 43 토지조사사업

02 다음 법령의 시행 결과로 옳지 않은 것은?

> 제1조 토지의 조사 및 측량은 이 영(令)에 의한다.
>
> ⋮
>
> 제4조 토지의 소유자는 조선 총독이 정하는 기간 내에 그 주소, 성명 또는 명칭 및 소유지의 소재, 지목, 자번호, 사표, 등급, 지적, 결수를 임시 토지 조사 국장에게 신고하여야 한다. 다만, 국유지는 보관 관청에는 임시 토지 조사 국장에게 통지하여야 한다.
>
> 제5조 토지의 소유자 또는 임차인, 기타 관리인은 조선 총독이 정하는 기간 내에 그 토지의 사방 경계에 표지판을 세우되, 민유지에는 지목 및 자번호와 소유자의 성명 또는 명칭을, 국유지에는 지목 및 자번호와 보관 관청명을 기재하여야 한다.

① 조선 총독부의 재정 수입이 증대되었다.
② 지계아문이 설치되어 지계가 발급되었다.
③ 일본에서 한국으로의 농업 이민이 증가하였다.
④ 만주와 연해주로 이주하는 농민들이 늘어났다.
⑤ 동양 척식 주식회사의 보유 토지가 확대되었다.

01 정답 ④ 번

1910년 한일병합 후, 일제는 식민통치를 미화하고 실적을 선전하기 위해 1915년 조선물산 공진회를 경복궁에서 개최했다. 1910년대 일본 통치정책은 이권을 챙기기 위한 경제수탈과, 조선인의 저항을 막는 무단통치로 구분된다.

① 1938년 국가 총동원법을 제정했다.
② 1920년대 문화통치의 일환으로 자문기구를 설치했다.
③ 메가타는 1905년 조선에서 화폐 정리사업을 실시했다.
④ 회사령은 1910년에 제정되었다.
⑤ 1936년에 조선 사상법 보호 관찰령이 공포된다.

✓ **1910년대 일본통치정책, 이것만!**

구분	정책	내용 및 결과
경제 침탈	토지조사령	근대적 토지소유권 확립 명분, 총독부 소유 토지 급증, 조선 농민 소작농 전락, 해외로 이주 농민 증가
	회사령	한국인의 기업설립과 민족자본 억제
	기타	어업령, 광업령, 삼림령 등으로 일본 자본의 원료 약탈 편리성 도모
무단 통치	헌병경찰	재판 없이 조선인 즉결 처분
	공포조성	관리, 교원도 제복과 칼 착용. 조선태형령 제정해 차별 대우, 공포조장
	기본권박탈	언론, 출판, 집회, 결사 자유 제한

02 정답 ② 번

일제의 무단통치기간 중 여러 정책이 시행되었지만, 한국인에게 가장 큰 영향을 끼친 것은 1910년부터 1918년까지 실시한 토지조사사업이다. 지세의 공정한 부과와 근대적 토지 소유권 확립을 명분으로 하였지만, 실상은 식민통치의 재정기반을 확대하고, 조선 총독부의 지세 수입증가를 위한 것이었다. 토지조사사업 결과 많은 농민들이 소작농으로 전락했고, 땅을 잃은 사람들은 해외로 이주하게 되었다.

①, ③, ④, ⑤ 는 모두 토지 조사사업의 결과물이다.
② 지계아문은 대한제국에서 1901년 설치한 것이다.

✓ **토지조사사업, 이것만!**
· 식민 통치의 재정기반 확대를 위해 실시했다.
· 소작농의 관습적 경작권이 부정되었다.
· 소유 관계가 불분명한 토지를 총독부 소유로 편입시켰다.
· 만주와 연해주로 이주하는 농민들이 늘어났다.
· 토지 소유자가 직접 신고하는 것을 원칙으로 하였다.
· 동양척식주식회사 소유의 농지가 증가하였다.
· 한국으로의 일본인 농업 이민이 촉진되었다.

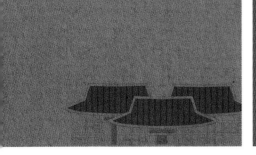

03 (가) 법령이 적용된 시기 일제의 정책으로 옳은 것은? [2점]

한일병합 이후 일반 기업들이 발흥하여 회사 조직으로써 각종 사업을 경영하려 하는 자가 점차 증가함으로, 일본 정부는 한인의 사업 경영에 제한을 주기 위하여 총독부제령(總督府制令)으로서 (가) 을/를 공포해서 허가주의를 채택하여(일본인에게는 관대하고 한인에게는 가혹함은 물론) 사소한 일까지 간섭을 다하되, 이를 어기는 자에게는 신체형 및 벌금형을 부과하였다.

『한일관계사료집』

① 제2차 조선 교육령을 시행하였다.
② 범죄 즉결례에 의해 한국인을 처벌하였다.
③ 조선 사상범 예방 구금령을 통해 독립운동을 탄압하였다.
④ 농민의 자력갱생을 내세운 농촌 진흥 운동을 실시하였다.
⑤ 국가총동원법을 제정하여 인력과 물자를 강제 동원하였다.

04 다음 법령이 발표된 이후에 있었던 사실로 옳은 것은? [2점]

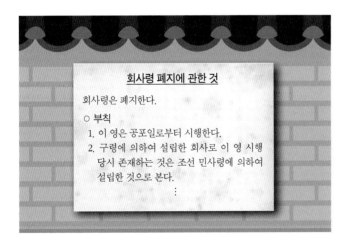

회사령 폐지에 관한 것

회사령은 폐지한다.

○ 부칙
1. 이 영은 공포일로부터 시행한다.
2. 구령에 의하여 설립한 회사로 이 영 시행 당시 존재하는 것은 조선 민사령에 의하여 설립한 것으로 본다.
⋮

① 조선 물산 장려회가 발족되었다.
② 함경도에서 방곡령이 선포되었다.
③ 동양 척식 주식회사가 창립되었다.
④ 한성은행, 대한천일은행이 설립되었다
⑤ 메가타의 주도로 화폐 정리 사업이 실시되었다.

03 정답 ② 번

한일병합 이후, 회사를 설립할 때 허가주의를 채택한 회사령은 1910년 12월에 공포되었다. 한국인의 사업 경영에 제한을 두고, 일본인의 경제 침탈을 용이하게 하기 위한 제도였다.

① 2차 조선 교육령은 1922년 문화통치 시기에 시행되었다.
② 범죄 즉결례는 1910년 12월에 제정되었다. 일제헌병경찰이 조선인을 재판 없이 즉결 처분할 수 있게 한 것이다.
③ 조선사상범 예방구금령은 1941년에 제정되었다. 조선사상범 보호관찰령은 1936년에 제정되었다. 일제통치가 막바지에 이르러, 민족말살통치의 일환으로 실시한 것이다.
④ 1932년부터 조선총독부 주도로 농민의 자력갱생을 내세운 관제 농민운동인 농촌 진흥운동이 실시된다.
⑤ 1938년 4월 국가총동원령이 제정되었다.

04 정답 ① 번

1910년 회사령을 제정하여, 총독의 허가를 받아야 회사를 설립할 수 있게 했던 일제는, 한국인의 회사 설립을 억제하는데 성공했다. 하지만 1920년 일본 자본의 원활한 진출을 도모하기 위해서 회사령을 철폐한다.

1923년부터 일본은 한국과 무역에서 면직물과 주류를 제외한 모든 상품의 관세를 폐지한다고 예고했다. 이는 곧 민족자본의 위기로 다가왔다. 1920년 8월 조만식이 평양에서 물산장려운동을 전개했고, 1923년에는 조선물산장려회를 발족시켰다. 하지만 민족자본이 물산장려 운동으로 늘어난 수요를 감당할 만큼 생산력을 갖추지 못해, 사회주의 세력으로부터 기업의 이익만 우선한다는 비판을 받았다.

일본의 회사령 시행과 폐지, 무역품의 관세 폐지는 모두 일본의 입장만을 고려한 것으로, 식민지시기 민족자본은 스스로를 보호하기에도 벅찬 상황이었다.

① 1923년 조선 물산 장려회가 발족되었다.
② 1889년 함경도관찰사 조병식이 흉년으로 굶주리는 백성을 구제하기 위해 원산항을 통해 해외로 반출되는 콩의 유출을 금지하는 방곡령을 선포했다. 하지만 일본의 항의로 1894년 전년 해세뇌고, 일본에 배상금까지 물어주었다.
③ 1908년 창립
④ 우리나라 상인과 기업을 지원하는 은행으로, 1896년 조선은행, 1897년 한성은행, 1899년 대한천일은행이 세워졌다.
⑤ 1905~1909년 사이에 실시되었다.

✔ **회사령, 이것만!**
- 1910년 회사령 제정해 회사 설립 시 총독 허가를 받게 했다.
- 조선인의 회사 설립과 민족자본의 성장을 억제했다.
- 1920년 회사령을 폐지하여 일본의 자본 진출을 도왔다.

36-39 치안유지법과 문화통치

05 다음 법령이 공포된 이후에 있었던 사실로 옳지 않은 것은? [3점]

> **제1조**
> 국체를 변혁하거나 사유 재산 제도를 부인하는 것을 목적으로 결사를 조직하거나 또는 사정을 알고 이에 가입한 자는 10년 이하의 징역 또는 금고에 처한다. 전항의 미수죄도 처벌한다.
>
> **제2조**
> 전조 제 1항의 목적으로 그 목적이 되는 사항의 실행에 관하여 협의를 한 자는 7년 이하의 징역 또는 금고에 처한다.

① 박상진의 주도로 대한 광복회가 조직되었다.
② 전국적 조직인 조선 농민 총동맹이 결성되었다.
③ 민족 유일당 운동의 일환으로 신간회가 창립되었다.
④ 사회주의 세력의 활동 방향을 밝힌 정우회 선언이 발표되었다.
⑤ 노동조건 개선을 요구하며 원산 노동자 총파업이 전개되었다.

49-43 일제의 민족 말살 정책

06 밑줄 그은 '시기'에 볼 수 있는 모습으로 적절하지 않은 것은? [1점]

8월 14일, 일본군 '위안부' 피해자 기림의 날

1991년 8월 14일은 고(故) 김학순 할머니가 국내에서 처음으로 일본군 '위안부' 피해 사실을 공개 증언한 날이다. 그의 용기 있는 행동은 일본군 '위안부' 문제가 국제 사회에 알려지는 계기가 되었다. 정부는 이날을 <일본군 '위안부' 피해자 기림의 날>로 제정하여 2018년부터 매년 국가 기념일로 기리고 있다. 김학순 할머니는 일제가 국가 총동원법을 적용하여 인적·물적 자원을 수탈하는 <u>시기</u>에 일본군 '위안부'로 끌려가 참혹한 고통을 겪었다.

① 태형을 집행하는 헌병 경찰
② 신사 참배를 강요하는 교사
③ 황국 신민 서사를 암송하는 어린이
④ 학도병 출전 권고 연설을 하는 친일파 인사
⑤ 공출한 놋그릇, 수저를 정리하는 면사무소 관리

 문제분석

05 정답 ① 번

치안유지법은 1925년 제정되어, 일본제국과 식민지 전체에 적용되었다. 천황 통치 체제 및 사유재산제를 부정하는 독립운동가와 사회주의자들을 탄압하기 위한 법령이다. 1920년대 문화통치를 표방한 일제가 실제로는 사상통제까지 하고 있음을 보여주는 법령이다.

① 박상진, 김좌진 등이 주도하여 1915년에 대구에서 결성한 대한광복회는 공화정체의 근대국가를 지향하는 단체였다. 군대식 조직을 갖추고, 만주에 무관 학교를 설립해 독립군을 양성하고자 군자금을 모금했다.
② 1927년 조선 농민 총동맹이 결성되어, 소작료 인하 등의 생존권 투쟁을 전개했다.
③ 1927년 비타협적 민족주의 세력과 사회주의 세력의 협동체인 신간회가 창립되었다.
④ 치안유지법(1925)으로 탄압을 크게 받은 사회주의자들은 1926년 정우회 선언을 계기로 비타협적 민족주의 세력과 협력하여 신간회를 만든다.
⑤ 1929년 1월 원산노동자 총파업이 전개된다.

06 정답 ① 번

일제가 국가 총동원법을 적용하여 인적, 물적 자원을 수탈하여, 위안부 피해자, 강제 징용 피해자 등을 발생시킨 시기는 1937년 중일전쟁 이후부터 시작된 민족말살기다. 1944년 8월 일제는 여자 정신 근로령을 공포해, 전쟁 수행을 위해 여성을 강제 노역에 투입하게 했다. 그 결과 수많은 여성들이 일본군 위안부로 끌려가 참혹한 고통을 겪었다.

① 1912년 일제는 조선태형령을 제정하여, 헌병 경찰로 하여금 공포 분위기를 조성했다. 무단 통치기의 모습이다.
② 1937년 이후 일제는 학생들에게 신사참배를 강제했다.
③ 1937년 이후 일제는 황국신민서사를 학교, 관공서, 직장 등의 모든 집회에서 강제로 낭송하게 했다.
④ 1943년 학도 지원병 제도가 실시되자, 학생들을 강제로 전쟁터로 끌고 갔고, 친일파 인사들로 하여금 학도병 출전 권고 연설을 하게 시켰다.
⑤ 1941년 태평양 전쟁을 일으킨 일제는 전시 수탈을 강화하여, 놋그릇, 수저 등 금속류를 강제로 공출했다.

✓ **일제의 민족말살정책, 이것만!**
- 1938년 국가 총동원령 제정
- 황궁신민서사 암송, 궁성요배, 신사참배, 일본어 사용 강요
- 국민 징용령(1939년), 여자 정신 근로령(1944) 제정
- 독립운동 탄압 위한 조선 사상범 예방구금령(1941) 제정
- 일본식 성명을 강요하기 위해 조선민사령 개정(1939)
- 4차 조선교육령(1943년)에서 한국어와 한국사 과목 폐지

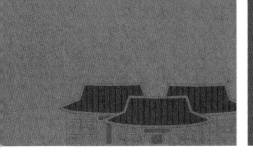

07 밑줄 그은 '시기'의 일제의 통치 정책으로 옳은 것은? [2점]

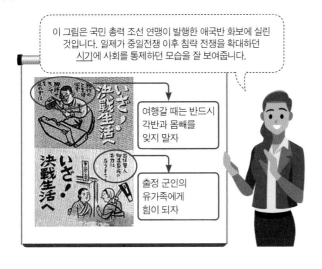

이 그림은 국민 총력 조선 연맹이 발행한 애국반 화보에 실린 것입니다. 일제가 중일전쟁 이후 침략 전쟁을 확대하던 시기에 사회를 통제하던 모습을 잘 보여줍니다.

여행갈 때는 반드시 각반과 몸뻬를 잊지 말자

출정 군인의 유가족에게 힘이 되자

① 미쓰야 협정을 체결하였다.
② 토지 조사 사업을 실시하였다.
③ 경성 제국 대학을 설립하였다.
④ 헌병 경찰 제도를 시행하였다.
⑤ 조선 사상범 예방 구금령을 공포하였다.

08 다음 법령이 제정된 이후 볼 수 있는 모습으로 가장 적절한 것은? [2점]

제1조
국민학교의 교과는 국민과·이수과·체련과·예능과 및 직업과로 한다.

⋮

제2주
국민학교에서는 항상 다음 각 호의 사항에 유의하여 아동을 교육하여야 한다.

1. 교육에 관한 칙어의 취지에 의하여 교육의 전반에 걸쳐 황국의 도를 수련하게 하고 특히 국체에 대한 신념을 공고히 하여 황국 신민이라는 자각에 철저하게 하도록 힘써야 한다.

⋮

14. 수업 용어는 국어를 사용하여야 한다.

⋮

① 원산 총파업에 동참하는 노동자
② 헌병 경찰에게 태형을 당하는 상인
③ 신간회 창립 대회에 참여하는 청년
④ 광주 학생 항일 운동을 주도하는 학생
⑤ 여자 정신 근로령에 의해 강제로 끌려가는 여성

 문제분석

07 정답 ⑤ 번

1937년 중일전쟁 이후 일본은 민족말살통치 정책을 펼쳤다. 황국신민화 정책을 통해 일본 천황에 충성하는 백성으로 동화시키려고 하였고, 신사참배, 창씨개명 등을 강요했다. 반면 1936년 조선 사상범 보호 관찰령을 제정한 후, 1941년 조선사상범 예방 구금령을 제정하여, 재판 없이 독립 운동가를 구금할 수 있게 했다.

① 1925년 6월 일제는 독립군을 탄압하기 위해 만주 군벌인 장쭤린과 미쓰야협정을 체결했다. 만주 지역에서 활동하는 항일 한인 단체의 해산과 무기 몰수, 지도자 체포 및 인도 관련 조항이 있어, 항일무장 투쟁은 큰 타격을 입게 되었다.
② 1910년부터 1918년까지 일제는 토지조사사업을 실시했다. 1910년대 무단통치기의 식민정책이다.
③ 1923년 이상재 등이 민립대학설립운동을 하자, 일제는 이를 방해하고자, 경성제국대학을 1924년에 설립한다.
④ 1910년 일제는 헌병 경찰제도를 실시하여, 무단 통치를 단행한다. 1919년 3.1 운동 이후, 일제는 헌병경찰제도를 보통경찰제도로 전환했다.
⑤ 1941년에 조선사상범 예방 구금령이 공포된다.

08 정답 ⑤ 번

국민학교 용례가 나온 것은 3차 교육령 이후인 1941년 4월 천황칙령 이후다. 일제는 초등교육기관인 소학교를 황국신민의 학교라는 의미의 국민학교로 바꾸었다.

① 1929년 1~4월에 원산 총파업이 발생했다.
② 1912년~1920년 태형령이 시행되던 시기의 모습이다.
③ 신간회 창립은 1927년이다.
④ 1929년 11월에 광주학생 항일 운동이 발생했다.
⑤ 1944년 8월 여자정신 근로령이 제정되었다.

✔ **조선 교육령, 이것만!**

	시기	주요 내용
1차	1911	우민화교육, 보통, 실업, 전문학교 구분, 보통학교 4년(일본 6년)
	1918	서당규칙 - 서당 교육 탄압
2차	1922	유화정책, 보통학교 6년, 조선어 필수, 고등교육 가능, 경성제국대학설립 1924
3차	1938	황국신민화, 보통학교 → 심상소학교, 교육과정 일본과 통일, 조선어선택, 일본사교육
	1941	천황칙령 개정 - 소학교 → 국민학교, 교과목을 국민, 이수, 체련, 예능, 직업과로 통합
4차	1943	한국어, 한국사 폐지, 전시 교육체제 강화

02 3.1 운동과 임시 정부의 활동

42-46 김규식

01 다음 인물에 대한 설명으로 옳은 것은? [3점]

이달의 독립운동가

| 찾기▼ | 이름 ▼ | | 검색 | 목록 |

○○○ (1881~1950)

• 훈격: 대한민국장　• 서훈 연도: 1989년

○ 공적개요
• 1919년 파리 강화 회의 민족 대표
• 1935년 민족 혁명당 설립 참여
• 1944년 대한민국 임시 정부 부주석

① 의열단을 조직하여 단장으로 활동하였다.
② 재미 한인을 중심으로 흥사단을 창립하였다.
③ 신흥 강습소를 설립하여 독립군을 양성하였다.
④ 민족 자주 연맹을 이끌고 남북 협상에 참여하였다.
⑤ 일제의 패망과 건국에 대비하여 조선 건국 동맹을 결성하였다.

35-42 파리위원회

02 (가)의 활동으로 옳지 않은 것은? [2점]

해외 독립 운동 사적지 정보

| 목록▼ | 이름 ▼ | | 검색 | 목록 |

(가) 파리 위원부 구지(舊地)

• 사적지 종류: 건물　• 국가:프랑스
• 주소: 파리 샤토됭가 38번지

○ 사적지 안내
　신한 청년단 대표로 파리 강화 회의에 파견된 김규식은 (가) 수립과 함께 외무총장 겸 주 파리 위원부의 대표 위원으로 선임되었다. (가) 의 파리 위원부는 바로 이 건물에 입주하여 여러 외교 선전활동을 전개하였다.

① 국내 비밀 행정 조직으로 연통제를 두었다.
② 독립 의식을 고취하기 위해 독립신문을 간행하였다.
③ 독립운동 자금 마련을 위해 독립 공채를 발행하였다.
④ 대성 학교와 오산 학교를 세워 민족 교육을 전개하였다.
⑤ 임시 사료 편찬 위원회를 두고 한·일 관계사료집을 발간하였다.

01 정답 ④ 번

1919년 파리강화회의 민족 대표로 참석하였고, 1944년 대한민국 임시 정부 부주석을 지낸 인물은 김규식이다.

일제시기 독립운동가 활동이 자주 문제로 출제된다. 김구 9회, 여운형 5회, 김원봉 5회, 김규식 4회, 이승만 4회, 홍범도 4회, 지청천 4회, 이봉창 4회, 안창호 3회, 양세봉 3회, 윤봉길 3회 출제되었다. 신채호, 박은식 등은 역사가로서 활동뿐만 아니라 독립운동가의 모습도 출제된다.

① 김원봉(1898~1958)은 1919년 의열단을 조직해 단장으로 활동했고, 1938년 조선의용대를 조직했으며, 광복군 부사령관, 임시정부 군무부장 등을 역임했다.
② 안창호(1878~1938)는 1907년 양기탁과 신민회 결성을 주도했고, 1908년 평양에 대성학교, 1912년 미국에서 흥사단을 창설했다. 1919년 임시정부 내무부 총장 등을 지냈다.
③ 이회영(1867~1932)는 남만주 삼원보에 독립기지를 세우고, 신흥 강습소를 설립했고, 1931년에는 흑색공포단을 조직해 일본 요인 암살을 지휘하기도 했다.
④ 김규식은 1947년 12월 민족자주연맹을 창당하고, 남북분단을 막기 위해 1948년 4월 남북협상에 참여했다.
⑤ 여운형(1886~1947)은 1944년 조선건국동맹을 결성해 건국을 준비했고, 해방 후에는 조선건국준비위원회를 발족시키고 위원장을 맡았다.

✓ 김규식, 이것만!
• 신한 청년단의 대표로 파리강화회의에 독립청원서를 제출하였다.
• 민족 자주 연맹을 이끌고 남북 협상에 참여하였다.
• 광복 이후 여운형과 함께 좌우합작 운동을 전개하였다.

02 정답 ④ 번

1919년 2월 1일 김규식은 상해를 출발, 3월 13일 파리에 도착했고, 4월 대한민국 임시정부가 수립되자, 김규식은 외무총장에 임명되어, 파리에서 선전활동을 활발히 전개한다.

① 연통제는 1919년 7월부터 1921년까지 대한민국 임시정부의 국내 연락망, 독립자금 모집통로가 되었다.
② 독립신문은 1919년 8월 창간되어, 1925년 9월까지 대한민국 임시정부의 기관지 역할을 했다.
③ 1919년 11월 대한민국 임시정부에서 독립운동을 수행하고, 조국 광복을 달성하기 위해 군자금 모집 공채를 발행했다.
④ 신민회 회원 이승훈은 1907년 정주에서 오산학교, 안창호는 1908년 평양에서 대성학교를 설립했다.
⑤ 대한민국 임시정부는 1919년 9월 국제연맹회의에 우리민족의 독립을 요청하기 위해 한일관계사료집을 만들었다.

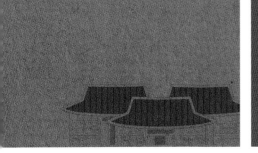

48-37 호머 헐버트와 조지 루이스

03 (가), (나) 인물에 대한 설명으로 옳은 것을 〈보기〉에서 고른 것은? [3점]

한국의 독립을 도운 외국인

(가)	(나)
미국인	아일랜드계 영국인
• 세계지리 교과서인 『사민필지』를 한글로 저술함	• 김구 등이 상하이로 갈 수 있도록 도움
• 을사늑약 직후 고종의 친서를 미국 정부에 전달함	• 독립운동을 지원하다가 일제에 의해 내란죄로 체포됨
• 1950년 건국훈장 독립장 추서	• 1963년 건국훈장 독립장 추서

〈보기〉
ㄱ. (가) - 육영공원에서 학생들에게 영어를 가르쳤다.
ㄴ. (가) - 최초의 서양식 병원인 광혜원 설립을 주관하였다.
ㄷ. (나) - 중국 안동에서 무역회사인 이륭양행을 운영하였다.
ㄹ. (나) - 이화 학당을 설립하여 근대적 여성 교육에 기여하였다.

① ㄱ, ㄴ　② ㄱ, ㄷ　③ ㄴ, ㄷ　④ ㄴ, ㄹ　⑤ ㄷ, ㄹ

35-38 조소앙

04 다음 인물에 대한 설명으로 옳은 것은? [2점]

이달의 독립운동가

찾기▼　이름▼　　　　검색　목록

○○○ (1887~1958)

• 훈격: 대한민국장　• 서훈 연도: 1989년

○ 공적개요
• 1917년 대동단결선언 발표
• 1919년 대한민국 임시 정부 국무원 비서장
• 1927년 한국 독립당 관내 촉성회 연합회 결성
• 1930년 한국 독립당 결성
• 1944년 대한민국 임시 정부 외무부장

① 도쿄에서 일왕의 행렬에 폭탄을 투척하였다.
② 재미 한인을 중심으로 흥사단을 조직하였다.
③ 일본의 침략 과정을 서술한 한국 통사를 저술하였다.
④ 새로운 국가 건설의 이념으로 삼균주의를 주창하였다.
⑤ 일제의 패망과 광복에 대비하여 조선 건국 동맹을 결성하였다.

🔍 문제분석

03 정답 ② 번

(가)는 을사늑약 직후 고종의 친서를 미국 정부에 전달한 인물은 호머 헐버트로, 1886년 육영공원에서 영어교사로 일했던 감리교 선교사다. 고종의 신임을 받아, 자문 및 특사로 활약하기도 했다. 그는 한글에도 능통해, 세계지리 교과서인 사민필지를 순 한글로 저술했다. 그는 헤이그밀사도 지원하는 등, 한국의 독립운동을 지원하기도 했다.
(나)는 김구를 돕고, 독립운동을 하다 내란죄로 일제에게 체포된 인물은 조지 루이스 쇼다. 그는 중국 안동(단동)에서 무역회사인 이륭양행을 운영했다. 그는 대한민국 임시정부의 교통사무국을 설치하는데 지원해주었고, 독립운동가들이 무기, 자금, 출판물 등을 운송하고 보관하는데 도움을 주었다.

ㄱ. 1886년 육영공원에서 영어를 가르친 이는 호머 헐버트(1863~1949), 벙커, 길모어 3인이었다.
ㄴ. 1885년 서양식 병원인 광혜원 설립을 주관한 사람은 호레이스 알렌이다.
ㄷ. 중국 안동(단동)에서 무역회사 이륭양행을 운영한 이는 조지 루이스 쇼(1880~1943)다.
ㄹ. 1886년 미국 선교사 메리 스크랜튼 여사가 이화학당을 설립했다.

04 정답 ④ 번

조소앙은 1919년 대한독립선언서(무오독립선언서)를 작성한 인물이며, 1919년 상하이에서 대한민국 임시헌장을 작성하기도 했다. 그는 임시정부 외무부장, 한국독립당 당수 등을 지냈고, 해방 후에는 김구, 김규식과 남북협상에 참여했다. 1950년 한국전쟁 때 납북되었다.
개인간, 민족간, 국가간의 균등, 정치적, 경제적, 교육적 균등을 의미하는 삼균주의는 조소앙이 1918년 정립하여 내세운 공화주의, 민족주의 정치노선이다. 만민평등사상이 담긴 삼균주의는 대한민국 임시정부 헌법에 기초 이념이 되며, 1941년 대한민국 건국 강령도 삼균주의에 기초하여 제정되었다.

① 1932년 1월 이봉창은 일왕의 행렬에 폭탄을 투척했다.
② 1913년 안창호(1878~1938)가 미국 샌프란시스코에서 흥사단을 조직했다.
③ 박은식(1859~1925)이 1915년 한국통사를 저술했다.
④ 삼균주의는 조소앙이 주창했다.
⑤ 여운형(1886~1947)은 1944년 조선건국동맹을 조직했다.

✏️ MEMO
....
....
....
....

문제분석

50-44 국민대표회의

05 (가), (나) 사이의 시기에 있었던 사실로 옳은 것은? [2점]

(가) → 연통제 공소 공판
히라야마 검사의 구형
피고 37명에 대하여 징역형

(나) → 금년 1월 8일에 돌발한
앵전문 앞 대역 사건
범인은 경성 출생 이봉창

① 신규식 등이 대동 단결 선언을 발표하였다.
② 대한민국 임시정부가 대일 선전 성명서를 공표하였다.
③ 김구, 이시영 등이 항저우에서 한국 국민당을 창당하였다.
④ 충칭에서 지청천을 총사령관으로 하는 한국 광복군이 창설되었다.
⑤ 독립운동의 방략을 논의하기 위하여 국민 대표 회의가 개최되었다.

46-41 이승만 탄핵

06 다음 공보가 발표된 이후 대한민국 임시 정부의 활동으로 옳은 것은? [2점]

대한민국 임시 정부 공보 제42호
• 3월 18일 임시 의정원에서 임시 정부 대통령 이승만 각하를 임시 헌법 제 21조 제14항에 의하여 탄핵하고 심판에 회부하다.
• 3월 23일 임시 의정원에서 임시 정부 대통령 이승만 각하를 심판, 면직하다.
• 3월 23일 임시 의정원에서 박은식 각하를 임시 헌법 제12조에 의하여 임시 정부 대통령으로 선거하다.

① 삼균주의에 바탕을 둔 건국 강령을 발표하였다.
② 무장 투쟁을 위해 육군 주만 참의부를 조직하였다.
③ 독립군 비행사 양성을 위해 한인 비행 학교를 설립하였다.
④ 국민 대표 회의를 개최하여 독립 운동의 방향을 논의하였다.
⑤ 파리 강화 회의에 대표단을 파견하여 외교 활동을 전개하였다.

05 정답 ⑤ 번

(가)는 1920년 11월 19일자 매일신보 기사로, 연통제는 1919년 7월에 조직된 대한민국 임시정부의 비밀 행정망이다. 연통제를 통해 독립자금이 임시정부로 전달되었으나, 일제의 감시와 탄압으로 1921년 후반에는 와해되고 말았다.
(나) 이봉창 의사는 1932년 1월 8일 일본 도쿄에서 히로히토 일왕에게 수류탄을 투척했다.

① 신규식 등 14인의 독립혁명가들이 1917년 상하이에서 대동단결 선언을 발표하였다. 조소앙이 초고를 썼다.
② 대한민국 임시정부는 1941년 12월 대일 선전 성명서를 발표하고, 광복군을 연합군과 함께 대일항전에 참전시켰다.
③ 김구 등은 1935년 항저우에서 한국 국민당을 창당했다.
④ 1940년 대한민국 임시정부는 충칭에서 지청천을 총사령관으로 하는 한국광복군을 창설했다.
⑤ 1923년 상하이에서 국민대표회의가 개최되었다. 창조파와 개조파의 갈등으로, 대한민국 임시정부가 약화되었다.

06 정답 ① 번

국민대표회의가 성과 없이 끝난 후, 창조파를 비롯한 다수의 독립지사들이 임시정부를 이탈하자 임시정부는 침체에 빠졌다. 임시정부를 살리기 위해 1925년 이승만을 대통령에서 탄핵하고, 2대 대통령에 박은식을 선출했다. 박은식은 내각책임제로 정부 운영체제를 바꾼 후 물러났다. 2년 후 집단지도체제로 바꾸었다가, 주석제로 다시 체제를 바꾸었다.

② 1941년 11월 조소앙이 쓴 건국 강령이 발표된다.
② 1924년 6월 육군 주만 참의부가 조직되었다.
③ 임시정부 군무총장 노백린과 김종림이 1920년 7월 캘리포니아 월로우스 비행학교를 설립하여, 1923년까지 77명의 졸업생을 배출했다.
④ 1923년 1월 ~ 6월 국민대표회의가 진행되었다.
⑤ 1919년 4월~7월에 파리강화회의의 대표단이 활동했다.

✓ 임시정부 조직 변화와 개헌, 이것만!

임시정부수립	1919.4	이승만 국무총리 선출
1차 개헌	1919.9	대통령 중심제, 이승만 선출 독립공채발행, 연통제, 구미위원회, 참의부, 한일관계사료집
국민대표회의	1923	정부 진로갈등 - 창조, 개조, 유지
2차 개헌	1925	이승만 탄핵, 국무령 김구 선출
3차 개헌	1927	국무위원 중심의 집단지도체제, 한인애국단 조직(1931)
4차 개헌	1940	주석 중심제, 주석 김구 선출 한국광복군(1940),건국강령제정(1941)
5차 개헌	1944	주석, 부주석제, 김구, 김규식

38-43 한인애국단 활동 - 이봉창, 윤봉길

07 다음 두 의거를 일으킨 단체에 대한 설명으로 옳은 것은? [2점]

> 오늘 아침 신년 관병식을 마지고 궁성으로 돌아가던 일왕의 행렬이 궁성 부근 앵전문(櫻田門) 앞에 이르렀을 때 군중 가운데서 돌연 한인(韓人) 한 명이 뛰쳐나와 행렬을 향해 수류탄을 투척하였다.
>
> -시보(時報)-
>
> 일왕의 생일인 천장전 기념식장에 폭탄을 투척하여 다수의 일본 군부 및 정계 요인에게 부상을 입혔던 한인(韓人) 윤(尹) 지사는 현장에서 체포된 뒤 일본군 헌병대 사령부로 압송되었다.
>
> -상해보(上海報)-

① 중·일 전쟁 발발 이후에 창설되었다.
② 김구의 주도로 상하이에서 조직되었다.
③ 조선 혁명 선언을 활동 지침으로 하였다.
④ 김익상, 김상옥 등이 단원으로 활동하였다.
⑤ 일제가 꾸며낸 105인 사건으로 해체되었다.

42-42 이봉창

08 (가) 단체의 활동으로 옳은 것은? [1점]

이달의 독립운동가

이봉창

서울 출신으로 1925년에 일본으로 건너가 막일로 생계를 유지하다 민족 차별에 분도하여 독립 운동에 투신할 것을 결심하고 상하이로 갔다. 1931년 김구가 조직한 [(가)]에 가입하고, 1932년 1월 도쿄에서 일왕이 탄 마차를 향해 폭탄을 던졌다. 같은 해 사형을 선고받아 순국하였으며, 광복 후 서울 효창 공원에 안장되었다.

① 중국군과 함께 영릉가 전투에서 큰 전과를 올렸다.
② 영국군의 요청으로 인도·미얀마 전선에 투입되었다.
③ 홍커우 공원에서 일어난 윤봉길 의거를 계획하였다.
④ 조선 총독부에 국권 반환 요구서를 제출하려 하였다.
⑤ 조선 혁명 간부 학교를 설립하여 군사 훈련에 힘썼다.

🔍 문제분석

07 정답 ② 번

1923년 국민대표회의, 1925년 이승만 대통령 탄핵 등으로 다수의 독립운동가가 상하이를 떠나 임시정부가 크게 침체되었다. 국무령 김구는 임시정부의 침체를 극복하고자 1931년 항일 의거단체인 한인애국단을 조직한다. 이봉창, 윤봉길의 의거는 임시정부에 큰 활력을 불어넣는다.
본문의 위 사건은 1932년 1월 한인애국단 이봉창이 일본 도쿄에서 일왕 행렬에 폭탄을 투척한 사건이고, 아래 사건은 1932년 4월 상하이 홍커우 공원에서 윤봉길이 폭탄을 투척한 사건이다. 윤봉길 의거로 인해, 중국 국민당 정부가 대한민국 임시정부를 승인하고 많은 지원을 하게 된다. 반면 일본군에게 쫓겨 상하이에서 충칭까지 8년간 이동하게 된다.

① 중일전쟁은 1937년에 발발한다.
② 1931년 김구가 한인애국단을 조직했다.
③ 조선 혁명선언은 1919년 김원봉이 조직한 의열단의 행동강령으로 신채호가 1923년에 작성했다.
④ 김익상은 1921년 조선총독부 폭탄 투척, 김상옥은 1923년 종로 경찰서 폭탄 투척 의거를 일으킨 분으로, 의열단 단원이다.
⑤ 1911년 105인 사건과 연관되어 해체된 단체는 신민회(1907~1911)다.

08 정답 ③ 번

이봉창 의사는 김구가 조직한 한인애국단에 가입하여, 1932년 일왕에게 폭탄 투척 의거를 일으킨 분이다.

한인애국단 활동은 8회 출제되었다. 이봉창, 윤봉길 의사의 활동과 두 분의 의거가 끼친 영향을 공부해두어야 한다.

① 1932년 중국 요녕성 신빈현 영릉가 전투에서 일본 관동군과 만주 국군을 상대로 승리로 이끈 주역은 조선 혁명군을 이끈 양세봉 장군이다.
② 1943년 한국광복군은 연합군과 공동으로 작전에 참여했다.
③ 윤봉길 의거를 계획한 단체가 한인애국단이다.
④ 1912년 임병찬이 조직한 독립의군부가 국권 반환 요구서를 제출하려 하였다.
⑤ 1919년 의열단을 창설한 김원봉은 개인 의거 활동의 한계를 느껴, 1932년 조선혁명 간부학교를 세우고 군사 간부를 양성했다.

✓ 한인애국단, 이것만!

• 단원인 이봉창이 일왕의 행렬에 폭탄을 던졌다.
• 홍커우공원에서 일본 전승축하식장에 윤봉길이 폭탄을 투척했다.
• 김구에 의해 상하이에서 조직되었다.
• 침체된 대한민국 임시 정부에 활력을 불어넣기 위해 결성되었다.
• 중국 국민당이 임시정부를 지원하는 계기(윤봉길)가 되었다.
• 비밀 지하 조직으로 무장 투쟁을 준비하였다.

47-45 한국 독립당 통합

09 다음 선언문 발표 이후 일어난 사실로 옳은 것은? [3점]

한국 국민당, 조선 혁명당, 한국 독립당은 각각 자기 당을 해소(解消)하고 새로 한국 독립당을 창립하였음을 중외(中外) 각계에 정중히 선언한다. 동지 동포들! 우리 3당이 1당을 조직하게 된 최대 이유는 다음과 같다. 첫째 원래 3당의 당의(黨議), 당강(黨綱), 당책(黨策)으로든지 독립운동의 의식으로든지 역사적 혁명 노선으로든지 3당 서로가 1당을 세울 만한 통일적 가능성을 충족하게 내포하였던 것이다.

둘째, 수 3년 내로 3당 통일의 예비 행동이 점차로 성숙되었던 것이다. …… 마침내 우리 민족 해방 운동의 역사적 임무를 달성하려면 각계각층의 협력 합작을 통하여 비로소 총동원될 것은 누구도 부인하지 못할 명확한 결론이므로, 가까운 장래에 각방(各方)의 정성 단결이 확립되어야 우리의 광복 대업이 속히 이루어질 것으로 믿는다.

① 김규식이 파리 강화 회의에 대표로 파견되었다.

② 참의부, 신민부, 정의부가 만주 지역에 성립되었다.

③ 윤봉길이 상하이 홍커우 공원에서 의거를 일으켰다.

④ 삼균주의에 입각한 대한민국 건국 강령이 발표되었다.

⑤ 독립 운동의 방략을 논의하기 위한 국민 대표 회의가 개최되었다.

44-40 광복군

10 (가) 군대에 대한 설명으로 옳은 것은? [1점]

이것은 대한민국 임시 정부 산하의 (가) 총사령부 건물로, 지난 3월 이곳 충칭이 옛선에 복원되었습니다. 과거 임시 정부가 중국의 도움으로 (가) 을/를 창설하였듯이, 오늘날 이 총사령부 건물도 양국의 노력으로 세울 수 있었습니다.

① 김좌진의 지휘 아래 활동하였다.

② 자유시 참변으로 큰 타격을 입었다.

③ 미국과 연계하여 국내 진공 작전을 계획하였다.

④ 중국 관내(關內)에서 결성된 최초의 한인 무장 부대였다.

⑤ 중국 호로군과 연합 작전을 통해 항일 전쟁을 전개하였다.

---

09 정답 ④ 번

1940년 4월 대한민국 임시정부가 충칭으로 옮겨온 뒤, 한국국민당, 조선혁명당, 한국독립당 3당의 통합을 이루어 김구를 중심으로 한 한국독립당으로 개편되면서, 임시정부의 여당 역할을 한다. 1942년 10월 김원봉의 민족혁명당이 임시정부에 참여하여 야당 역할을 했다.

① 1919년 김규식은 파리 강화 회의의 대표로 파견되었다.
② 참의부는 1923년, 정의부는 1924년, 신민부는 1925년에 각각 만주지역에서 성립된다.
③ 1932년 4월 한인애국단 소속 윤봉길이 상하이 홍커우공원에서 의거를 일으켰다.
④ 1941년 삼균주의에 입각한 대한민국 건국 강령이 발표된다.
⑤ 국민대표회의는 1923년 상하이에서 개최되었다.

10 정답 ③ 번

대한민국 임시정부 산하에 총사령부를 둔 것은 한국광복군이다. 임시정부는 중국국민당 정부의 지원을 받아, 각처에 흩어진 독립군을 모아, 1940년 9월 한국광복군을 창설했다.

한국광복군은 6회 출제된 기출 문제다. 1911년 연해주에서 수립된 대한 광복군 정부(2회 출제)와는 구분해야 한다.

① 김좌진은 북로군정서를 이끌고, 홍범도가 이끈 대한독립군 등 여러 부대와 연합해 1920년 10월 청산리 대첩을 이뤄냈다.
② 청산리에서 대패한 일본군은 1920년 10월부터 간도참변을 일으켜, 간도지역의 독립군을 소탕하고자 했다. 그러자 독립군들은 12월에 대한독립군단으로 연합한 후, 러시아의 자유시로 옮겨갔으나, 그곳에서 1921년 6월 러시아군의 공격을 받아 극심한 타격을 받는다.
③ 한국광복군은 1945년 3월 미전략정보국(OSS)와 협조해 국내 진공 작전을 계획했으나, 일제의 패망으로 실현하지 못했다.
④ 중국 관내 최초 한인 무장부대는 1938년에 결성된 김원봉의 조선 의용대다.
⑤ 중국 호로군과 연합 작전을 펼친 것은 한국독립군의 지청천 부대다. 1932년 쌍성보 전투, 1933년 대전자령전투에서 일본군에 승리했다.

✓ **광복군, 이것만!**
- 지청천을 총사령관으로 하는 한국 광복군을 창설(1940)
- 조선 의용대의 일부가 합류하여 군사력이 증강되었다.(1942)
- 연합군의 일원으로, 인도 미얀마 전선에 파견되었다.(1943)
- 미국과 연계해 국내 진공작전을 위한 군사훈련 실시(1945)

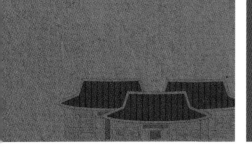

37-44 여성독립군 오광심

11 (가) 부대에 대한 설명으로 옳은 것은? [2점]

> **이달의 독립운동가**
>
> **오광심** (1910. 3. 15 ~ 1976. 4. 7)
>
> 평안북도 선천 출신으로 남만주에서 교직 생활을 하다가, 1931년 만주 사변이 일어나자 교직을 그만두고 독립운동에 투신하였다. 특히, 1940년 9월 17일에 충칭에서 대한민국 임시 정부 산하의 <u>(가)</u> 이/가 창설될 때, 김정숙·지복영 등과 함께 참여하였다. 또한 기관지인 '광복'의 간행 업무를 담당하고 병사 모집과 선전·파괴 활동을 전개하는 등 독립 투쟁에 큰 업적을 남겼다.

① 자유시 참변으로 큰 타격을 입었다.

② 미국과 연계하여 국내 진공 작전을 계획하였다.

③ 신흥 무관 학교를 설립하여 독립군을 양성하였다.

④ 중국 관내(關內)에서 결성된 최초의 한인 무장 부대였다.

⑤ 중국 호로군과 연합 작전을 통해 항일 전쟁을 전개하였다.

43-39 조선의용대, 박차정

12 (가)에 대한 설명으로 옳은 것은 ? [3점]

> ## ◇◇ 신문
>
> 제 ○○호　　　　　　　　　　　　　　　　2019년 ○○월 ○○일
>
> ### 여성 독립운동가 기념 우표 발행
>
> 우정사업본부는 3·1 운동 100주년을 맞아 조국의 독립을 위해 헌신한 여성 독립운동가 4명의 기념 우표를 발행하였다. 그들 중 박차정은 근우회에서 활동하다가 보다 적극적인 독립운동을 위해 중국으로 망명하였다.
>
> 1938년 조선 민족 전선 연맹 산하의 군사 조직으로 우한에서 창설된 <u>(가)</u>의 부녀복무단장으로 무장 투쟁을 전개하다가 35세의 젊은 나이로 순국하였다. 1995년 건국 훈장 독립장이 추서되었다.

① 총사령 양세봉의 지휘 아래 활동하였다.

② 미국과 연계하여 국내 진공 작전을 계획하였다.

③ 쌍성보 전투에서 한·중 연합 작전을 전개하였다.

④ 간도 참변 이후 조직을 정비하고 자유시로 이동하였다.

⑤ 중국 관내(關內)에서 결성된 최초의 한인 무장 부대였다.

---

11 정답 ② 번

독립운동에는 여성들의 활약이 컸다. 독립협회가 남녀평등권을 주장하였고, 대한민국 임시정부의 강령도 평등주의적인 삼균주의에 기초하고 있었다. 여성 광복군은 남자와 똑같이 교육과 훈련을 받고, 선전활동, 병사 모집, 구호활동, 파괴활동을 전개했다. 권기옥, 김정숙, 지복영 등 많은 여성광복군이 활동했다.

오광심은 학생들을 가르치던 교사였다가, 양세봉 장군이 활약한 조선혁명군에 가입하여, 유격대 및 한중연합 항일전에도 참여했다. 그는 중경으로 가서, 대한민국 임시정부 산하 한국광복군에 참여하여 독립투쟁을 계속했다.

① 대한독립군단으로, 1921년 6월 러시아군에게 자유시참변을 당한다.

② 1945년 한국광복군은 미군과 국내진공작전을 계획했다.

③ 신민회 회원인 이회영, 이상룡 등이 1911년 서간도 삼원보에 민족운동단체 경학사를 조직하고, 신흥강습소를 설립한다. 신흥강습소는 1919년 5월 신흥무관학교로 명칭을 바꾼다.

④ 1938년 김원봉이 결성한 조선의용대가 중국 관내 최초의 한인 무장부대였다.

⑤ 1931년 결성된 한국독립군은 지청천의 지휘아래 중국 호로군과 쌍성보전투, 대전자령 전투 등에서 일본군을 격파했다.

12 정답 ⑤ 번

박차정(1910~1944)은 의열단을 이끈 김원봉(1898~1958)의 부인이다. 그는 여성단체인 근우회(1927~1931) 임원으로 활약하다가 수감 생활을 했다. 1930년 만주로 망명 후, 의열단에 가입해 활동하다, 김원봉과 결혼했다. 조선혁명군사정치간부학교 여자교관, 조선의용대 부녀복무단장 등으로 활동하다가, 1939년 쿤룬산 전투 중 일본군의 총탄을 맞아 부상으로 입었고, 1944년 후유증을 앓다가 병사했다. 여성독립운동가는 최근 자주 출제되고 있으므로 확인이 꼭 필요하다.

① 1929년 결성된 조선 혁명군은 양세봉의 지휘 아래, 중국 의용군과 영릉가 전투, 흥경성 전투에서 일본군을 물리쳤다.

② 한국광복군은 미군과 함께 국내 진공 작전을 계획했다.

③ 1931년 한국 독립단 산하에 결성된 한국 독립군은 지청천의 지휘 아래 중국 호로군과 연합해 쌍성보 전투, 대전자령 전투에서 일본군에 승리했다.

④ 간도참변 후 자유시로 이동한 부대는 대한독립군단이다.

⑤ 1938년 김원봉이 결성한 조선의용대가 최초로 중국 관내에서 결성된 한인 무장 부대다.

49-38 이상설 대한광복군 정부

01 (가) 인물에 대한 설명으로 옳은 것은? [2점]

> 연해주 우수리스크에 있는 [(가)] 의 유허비를 관리하기 위해 현지 교민들이 나섰습니다. 이 비에는 헤이그 특사로 파견되었던 [(가)] 이/가 연해주에서 성명회와 권업회를 조직하여 독립운동을 이끈 사실 등이 기록되어 있습니다.

연해주 교민들, [(가)] 유허비 지킴이로 나서

① 대한 광복군 정부 수립을 주도하였다.
② 이토 히로부미를 하얼빈에서 사살하였다.
③ 의열단을 조직하여 단장으로 활동하였다.
④ 숭무 학교를 설립하여 독립군을 양성하였다.
⑤ 일본의 침략 과정을 서술한 한국통사를 저술하였다.

47-38 안창호

02 다음 방송에서 소개하는 인물에 대한 설명으로 옳은 것은? [2점]

> 이곳은 도산 ○○○ 기념관 입니다.
> 이 인물에 대해 알고 있는 사실을 알려주세요.

신민회 결성을 주도 했어요.

서북 학회를 조직했어요.

흥사단을 창설했어요.

① 국문 연구소의 위원으로서 국문 연구에 힘썼다.
② 대성 학교를 설립하여 민족 교육을 실시하였다.
③ 도쿄에서 일왕이 탄 마차를 향해 폭탄을 던졌다.
④ 한국독립운동지혈사에서 독립 투쟁을 서술하였다.
⑤ 13도 창의군을 이끌고 서울 진공 작전을 전개하였다.

01 정답 ① 번

1907년 헤이그 특사로 파견되었고, 연해주에서 독립운동을 이끈 분은 이상설이다. 그는 1909년 러시아와 중국의 국경지대인 밀산에 독립운동기지인 한흥동을 건설했다. 1910년 13도 의군을 편성하고, 고종의 망명정부 수립을 준비했다. 1911년 최재형 등과 함께 권업회를 조직했다. 1914년 대한광복군 정부를 세워 정통령에 선임되었고, 1915년에는 상하이에서 신한 혁명당을 조직했다

① 이상설은 1914년 대한 광복군 정부 수립을 주도해, 정통령에 선임되었다.
② 1909년 안중근은 이토 히로부미를 하얼빈에서 사살했다.
③ 1919년 김원봉은 의열단을 조직해 단장으로 활동했다.
④ 1910년 이근영은 멕시코에서 숭무학교를 설립해 독립군을 양성했다.
⑤ 1915년 박은식은 일본의 침략과정을 서술한 한국통사를 저술했다.

02 정답 ② 번

안창호(1878~1938)는 1907년 양기탁 등과 신민회 결성을 주도했고, 1908년 평양에 대성학교, 1912년 미국에서 흥사단을 창설했다. 1919년 임시정부 내무부 총장 등을 지냈다.
서북학회는 1908년 1월 이동휘, 안창호, 박은식 등 서북, 관서, 해서 지방 출신자들이 서울에서 조직했던 애국계몽단체. 독립군기지 건설과, 교육운동에 주력했고, 기관지로 서북학회월보를 발간했다. 1910년 9월 강제 해산되었다.

① 국문연구소의 위원으로 국문 연구에 힘쓴 분은 주시경과 지석영 등이 있다.
② 1908년 안창호가 대성학교를 설립했다.
③ 1932년 1월 이봉창은 도쿄에서 일왕이 탄 마차를 향해 폭탄을 투척했다.
④ 박은식은 1920년 한국독립운동지혈사를 저술하였다.
⑤ 1908년 1월 13도 창의군 군사장 허위는 서울진공 작전을 전개했다.

✏ MEMO

47-39 멕시코 지역 이주민의 삶

03 (가)에 해당하는 지역을 지도에서 옳게 찾은 것은? [2점]

탐구활동 계획서

1. **주제** : [(가)] 지역 이주민의 삶
2. **탐구 방법** : 문헌 조사, 인터넷 검색 등
3. **탐구 내용**
   가. 에네켄 농장의 열악한 노동 조건
   나. 독립군 양성을 위한 숭무 학교 설립
   다. 성금 모금을 통한 독립 운동 지원
4. **결과** : 보고서 작성

① (가)　　② (나)　　③ (다)　　④ (라)　　⑤ (마)

26-41 이회영

04 다음 인물의 활동으로 옳은 것은? [2점]

○○○ 연보

○ 1867년 서울 저동 출생
○ 1905년 나인영, 기산도 등과 함께 을사
　오적 암살 모의
○ 1910년 6형제 50여 명의 가족이 전 재산
　을 처분하여 독립 운동 자금을
　마련 후 만주로 망명
○ 1911년 재만 한인 자치 기관인 경학사를
　조직
○ 1931년 항일 구국 연맹을 결성하고 비밀
　행동 조직인 흑색 공포단을 조직
○ 1932년 다롄에서 일본 경찰에 검거되어 모진 고문 끝에 순국

① 의열단을 창설하여 무장 투쟁을 전개하였다.
② 미군과 연계하여 국내 진공 작전을 추진하였다.
③ 신흥 강습소를 설립하여 독립군을 양성하였다.
④ 한국 독립군을 이끌고 대전자령 전투에 참여하였다.
⑤ 중국 의용군과 연합하여 흥경성 전투를 지휘하였다.

03 정답 ⑤ 번

해외 노동 이민은 1902년 하와이 사탕수수밭 노동 이민부터 시작되었다. 1905년에는 1,033명의 한인들이 멕시코 유카탄 지역으로 노동 이민을 와서 에네켄(용설란과 식물) 농장에서 에네켄 잎을 자르고 풀을 제거하는 일을 했다. 1909년까지 계약 노동을 마친 한인들은 대부분 멕시코 전역으로 흩어져 살게 되었다. 숭무학교는 멕시코에서 이근영이 무장투쟁 준비를 위해 1910년에 설립한 학교다. 멕시코 교민들은 성금을 모아 독립 운동을 지원하기도 했다.

① (가) 남만주는 무장독립투쟁 최대의 기지로, 신흥무관학교 등이 이곳에 설립되었다.
② (나) 1914년 연해주 신한촌에서 권업회를 기반으로 대한광복군 정부가 수립되었고, 이범윤, 이상설, 최재형 등이 이곳에서 활동했다.
③ (다) 1919년 일본 유학생들이 2.8 독립선언을 했다.
④ (라) 1914년 박용만이 하와이에서 대조선 국민군단을 조직하기도 했다.
⑤ (마) 멕시코 지역 이주민들은 에네켄 농장의 열악한 노동 조건에서 생활했음에도 불구하고, 성금을 모아 독립운동을 지원했고, 독립군 양성을 위한 숭무학교도 건립했다.

04 정답 ③ 번

이회영(1867~1932)은 형제들과 함께 만주로 이주하여, 서간도 삼원보 독립운동 기지 건설에 앞장섰다. 대한민국 임시정부에서 활동한 동생 이시영과 달리, 그는 1931년에는 일본요인 암살 조직인 흑색공포단을 조직해 활동했다.

① 의열단은 약산 김원봉(1898~1958)이 1919년에 설립한 무장독립 운동단체로, 요인 암살, 파괴 활동을 했다. 김상옥, 김익상, 나석주 등이 의열단 단원으로 활약했다.
② 1945년 한국광복군은 미군과 연계하여 국내 진공 작전을 추진했다.
③ 이회영이 1911년 신흥강습소를 설립했다. 1919년 신흥무관학교로 이름을 바꾼다.
④ 지청천(1888~1957)은 한국 독립군을 지휘하여, 1933년 중국 호로군과 연합해 대전자령 전투에서 일본군을 격파했다.
⑤ 양세봉(1896~1934)은 조선 혁명군을 지휘하고 중국의용군과 연합 1933년 흥경성 전투에서 승리했다.

✎ MEMO

43-41 홍범도

05 (가) 인물에 대한 설명으로 옳은 것은? [2점]

저는 지금 카자흐스탄 크질오르다에 있습니다. 이곳은 (가) 이/가 근무하였던 옛 고려 극장 건물입니다. 대한 독립군 총사령관이었던 그는 1937년 옛 소련의 강제 이주 정책에 의해 연해주에서 중앙아시아 지역으로 이주하였습니다. 최근 그의 유해 봉환 문제가 제기되면서 국내외 독립운동가의 예우와 선양 사업에 대한 관심이 높아지고 있습니다.

① 양기탁 등과 함께 신민회를 조직하였다.
② 광복에 대비하여 조선 건국동맹을 결성하였다.
③ 봉오동 전투에서 일본군을 상대로 승리를 거두었다.
④ 독립군을 양성하기 위하여 신흥 강습소를 설립하였다.
⑤ 독립 투쟁 과정을 정리한 한국독립운동지혈사를 저술하였다.

50-38 청산리 전투

06 (가) 전투에 대한 설명으로 옳은 것은? [2점]

이곳은 부산 해운대에 있는 '애국지사 강근호 길'입니다. 그는 1920년 10월 백운평, 어랑촌, 고동하 등지에서 일본군에 맞서 싸운 (가) 당시 북로 군정서 중대장으로 활약하였습니다.

① 중국 호로군과 협력하여 진행되었다.
② 미국 전략 정보국(OSS)의 지원을 받았다.
③ 대한민국 임시 정부 수립에 영향을 주었다.
④ 조국 광복회의 지원 아래 유격적으로 전개되었다.
⑤ 대한 독립군, 대한 국민군 등이 연합하여 참여하였다.

---

05 정답 ③ 번

(가)는 홍범도(1868~1943)다. 그는 포수출신으로 1907년 정미의병에 참여한 평민 의병장이다. 만주로 건너간 홍범도는 1919년 대한독립군을 창설하고, 1920년 6월 봉오동전투에서 일본군을 격파했다. 1937년 스탈린의 한인강제이주정책에 의해 카자흐스탄으로 강제 이주되어, 그곳에서 죽었다.

① 안창호(1878~1938)는 1907년 양기탁 등과 신민회 결성을 주도했고, 1908년 평양에 대성학교, 1912년 미국에서 흥사단을 창설했다. 1919년 임시정부 내무부 총장 등을 지냈다. ② 여운형(1886~1947)은 1944년 조선건국동맹을 결성해 건국을 준비했고, 해방 후에는 조선건국준비위원회를 발족시키고 위원장을 맡았다. ③ 홍범도, ④ 이회영이 1911년 신흥강습소를 설립했다. 1919년 신흥 무관학교로 이름을 바꾼다. ⑤ 박은식(1859~1925)이 1920년 한국 독립운동지혈사를 저술했다. 1925년 대한민국 임시정부 2대 대통령에 취임하기도 했다.

06 정답 ⑤ 번

1920년 10월 백운평, 어랑촌, 고동하 등지에서 일본군과 맞서 싸운 전투가 청산리 전투다. 청산리 전투는 북로군정서, 대한독립군, 대한 국민군 등 연합 부대가 10회의 전투 끝에 일본군 1,200명을 사살한 큰 승리였다.

① 지청천이 이끄는 한국독립군은 중국 호로군과 협력하여 쌍성보 전투, 대전차령 전투 등에서 일본군과 싸웠다. ② 1940년 9월에 창설된 대한민국 임시정부 산하 한국광복군은 미국전략 정보국의 지원을 받아, 대일항전에 참전했디. ③ 3.1운동은 대한민국 임시정부 수립에 큰 영향을 끼쳤다. ④ 1936년 동북항일연군은 조국 광복회의 지원 아래 유격전을 전개해 국내 진공작전을 수행하기도 했다. ⑤ 청산리 전투에는 북로군정서와 대한독립군, 대한국민군 등이 연합하여 참여하였다.

✓ **1920년대 무장독립전쟁, 이것만!**

봉오동전투 1920.6	홍범도가 지휘한 대한독립군이 일본군 격파 → 훈춘사건을 일으켜 만주독립군 압박
청산리대첩 1920.10	북로군정서 등 여러 부대가 백운평, 어랑촌, 고동하 전투에서 최대 규모 승리를 거둠
간도참변 1920.10~	일본군의 보복, 총공세, 독립군이 조직을 정비해 자유시로 이동
자유시참변 1921.6	대한독립군단으로 통합해 러시아로 이동, 러시아군의 공격을 받아 큰 타격
3부 성립 1923~1925	참의부(1923), 정의부(1924), 신민부(1925)
미쓰야협정 1925.6	만주 군벌 장쭤린 + 일본 → 독립군 탄압
3부 통합 1928~1929	삼부통일회의(1928.9) → 혁신의회(한국독립당), 국민부(조선혁명당)

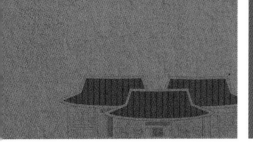

07 (가) 지역에서 전개된 민족운동에 대한 설명으로 옳은 것은? [3점]

국외 민족 운동 유적지 답사 사진전

우리 학교 역사 동아리에서는 (가) 지역의 민족 운동을 조명하는 답사 사진전을 개최합니다. 학생 여러분의 많은 관심과 참여 바랍니다.

| 명동 학교 | 삼종사 묘 | 봉오동 전투 전적비 |

기간: ○○. ○○ ~ ○○. ○○ | 장소 : 동아리실

① 권업회를 조직하여 기관지를 발행하였다.
② 중광단을 결성하여 항일 투쟁을 전개하였다.
③ 숭무 학교를 설립하여 독립군을 양성하였다.
④ 조선 독립 동맹을 창립하여 대일 항전을 준비하였다.
⑤ 조선 청년 독립단을 결성하여 2.8 독립 선언서를 배포하였다.

08 밑줄 그은 '이 부대'의 활동으로 옳은 것은? [2점]

이 건물은 승은문으로, 총사령 지청천이 이끈 이 부대가 길림 자위군과 연합하여 만주국 군대를 격파한 쌍성보 전투의 현장입니다.

① 동북 항일 연군으로 개편되어 유격전을 전개하였다.
② 대전자령 전투에서 일본군을 상대로 승리를 거두었다
③ 간도 참변 이후 조직을 정비하고 자유시로 이동하였다.
④ 홍범도 부대와 연합하여 청산리에서 일본군과 교전하였다.
⑤ 조선 혁명당의 군사 조직으로 남만주 지역에서 활약하였다.

---

07 정답 ② 번

봉오동 전투 전적비, 명동학교를 통해 오늘날 연변자치주가 있는 북간도 지역임을 알 수 있다. 1908년에 김약연이 화룡현 명동촌에 설립한 명동학교는 수많은 항일 독립투사를 키워냈다. 일제의 탄압으로 1925년에 폐교되었다. 1920년 홍범도, 최진동 등이 이끈 한국독립군 연합부대가 일본군을 격퇴한 봉오동 전투는 북간도 왕청현 봉오동에서 벌어졌다.

삼종사묘는 대종교 대종사 나철, 무원종사 김교헌, 백포종사 서일 3분의 묘다. 나철은 을사오적암살단을 조직해 활동했고, 1909년 대종교를 중창했다. 대종교 2대 교주 김교헌은 민족주체역사 사관을 정립하고, 항일무장투쟁을 지도했다. 서일은 1911년 북간도에서 중광단을 조직해 총재가 되었고, 1920년 청산리전투의 실질적인 지도자로 활동했다.

① 1911년 연해주 블라디보스토크 신한촌에서 이상설, 최재형 등이 권업회를 조직하고, 대한광복군 정부를 수립했다.
② 서일이 1911년 북간도에서 중광단을 조직했다.
③ 숭무학교는 멕시코에서 이근영이 무장투쟁 준비를 위해 1910년에 설립한 학교다.
④ 김두봉 등이 1942년 중국 화북에서 조선독립동맹을 결성했다. 군사조직으로 조선의용군을 두고 활동했다.
⑤ 1919년 2.8독립 선언서는 일본 동경에서 발표되었다.

08 정답 ② 번

지청천의 이끈 부대는 한국 독립군이다. 1932년 만주국이 성립되면서, 만주지역에서 독립군 활동이 매우 어려워졌다. 하지만 한국독립군과 조선혁명군은 중국군과 연합작전을 펼쳐 일본군을 물리쳤다.

한국독립군 6회, 조선혁명군 5회 출제되었다. 1930년대 초반에 활동한 두 부대를 확실히 구분해야 한다.

① 동북항일연군은 1936년 중국 공산당 주도하에 개편된 부대로, 1937년 보천보 전투에서 일본군에 승리했다.
② 한국독립군이 대전자령 전투에서 승리했다.
③ 대한독립군단은 1920년 12월 자유시로 이동했다.
④ 김좌진이 지휘한 북로군정서가 청산리에서 활약했다.
⑤ 조선혁명군은 남만주를 주무대로 활동했다.

✓ 한국독립군과 조선혁명군, 이것만!

구분	한국독립군 (북만주)	조선혁명군 (남만주)
지휘관	지청천	양세봉
연합 부대	중국 호로군	중국 의용군
주요 전투	쌍성보, 대전자령	영릉가, 흥경성
소속	한국독립당(혁신의회)	조선혁명당(국민부)

47-44 양세봉의 조선혁명군

09 (가) 독립군 부대에 대한 설명으로 옳은 것은? [2점]

> 이곳은 국립현충원 애국지사 묘역이 있는 양세봉의 묘입니다. 그의 묘는 북한 애국열사릉에도 있어 그가 남북 모두로부터 추앙받는 인물임을 알 수 있습니다. 그는 남만주 일대에서 조직된 ☐(가)☐ 의 총사령으로 중국 의용군과 함께 항일 투쟁을 전개하였습니다.

① 영릉가 전투에서 승리하였다.
② 중광단을 중심으로 조직되었다.
③ 자유시 참변 이후 세력이 약화되었다.
④ 조선 혁명 간부 학교를 세워 군사력을 강화하였다.
⑤ 영국군의 요청으로 인도, 미얀마 전선에 투입되었다.

36-44 조선혁명선언

10 다음 자료에 대한 설명으로 옳은 것은? [3점]

> 강도(强盜) 일본을 쫓아내려면 오직 혁명으로만이 가능하며, 혁명이 아니고는 강도 일본을 쫓아낼 방법이 없는 바이다. …… 민중은 우리 혁명의 대본영(大本營)이다. 폭력은 우리 혁명의 유일한 무기이다. 우리는 민중 속에 가서 민중과 손을 잡아 끊임없는 폭력, 암살, 파괴, 폭동으로써 강도 일본의 통치를 타도하고 우리 생활에 불합리한 일체 제도를 개조하여 인류로써 인류를 압박하지 못하며 사회로써 사회를 약탈하지 못하는 이상적 조선을 건설할지니라.

① 민족 대표 33인이 선언에 참여하였다.
② 대한민국 임시정부의 건국 강령이었다.
③ 의열단 단장인 김원봉의 요청으로 작성되었다.
④ 일본 유학생을 중심으로 도쿄에서 발표되었다.
⑤ 독립 청원을 위해 파리 강화 회의에 제출되었다.

09 정답 ① 번

양세봉(1896~1934)은 육군주만 참의부 소대장 출신으로, 국민부 소속 독립군인 조선혁명군 중대장이 되었고, 1931년 총사령이 되었다. 그는 중국의용군과 한중연합군을 편성해, 1932년 영릉가 전투, 1933년 흥경성 전투를 비롯한 다수의 전투에서 연전연승을 거둔 명장이었다. 하지만 배신자의 밀고로 그가 순국하자, 조선혁명군은 급격히 위축되었다.

① 1932년 4월 요령성 신빈현 영릉가에서 양세봉이 지휘한 조선혁명군이 중국 의용군과 연합해 일본군에 승리한다.
② 1911년 북간도에서 대종교인들이 중광단을 결성하였고, 중광단은 북로군정서로 개편되어 청산리대첩의 주역이 된다.
③ 1920년 10월 청산리대첩 승리 이후, 북로군정서, 대한독립군 등은 대한독립군단으로 통합해 러시아 자유시로 이동하였으나, 1921년 6월 자유시참변으로 세력이 약화된다.
④ 의열단장 김원봉은 1932년 조선혁명 간부학교를 설립해 조선인 간부를 양성했다.
⑤ 한국광복군은 1943년 인도, 미얀마 전선에서 연합군의 일원으로 일본군과 싸웠다.

✓ **양세봉, 이것만!**

· 조선혁명군은 양세봉의 지휘 아래 활동하였다.
· 영릉가 전투에서 일본군을 물리쳤다.
· 중국 의용군과 연합하여 흥경성 전투를 지휘하였다.
· 총사령관 양세봉의 사망 후 점차 세력이 약화되었다.

10 정답 ③ 번

혁명으로 일본을 몰아내고, 민중의 힘을 강조한 선언문은 조선혁명선언이다. 조선혁명선언은 김원봉의 부탁을 받은 역사학자이자, 독립운동가, 언론인, 문필가였던 신채호가 작성하여, 1923년 1월 발표되었다. 일체의 타협적인 외교론, 준비론, 실력양성론을 비판하고, 민중에 의한 직접 혁명, 무력에 입각한 독립노선을 제시한 선언문은 일본 요인 암살, 친일파 제거에 앞장선 의열단의 이념과 일치한다.

① 신채호, 김원봉은 3.1운동 민족대표로 참여하지 않았다. 신채호는 대한독립선언서(무오독립선언서)에 서명한 민족대표 39인이다.
② 1941년 조소앙의 삼균주의에 입각해 대한민국 임시정부 건국 강령이 발표되었다.
③ 조선혁명선언은 김원봉의 요청으로 작성되었다.
④ 1919년 2.8 독립선언서가 도쿄에서 발표되었다.
⑤ 1919년 5월 김규식이 독립청원서를 파리 강화회의에 제출했다.

47-40 의열단 박재혁

11 (가) 단체의 활동으로 옳은 것은? [1점]

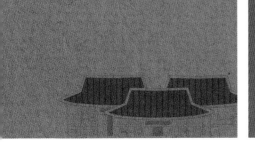

이 동상은 박재혁 의사의 1920년 의거를 기념하여 세운 것입니다. 그는 김원봉, 윤세주 등이 만주 지린성에서 창설한 (가) 에 가입한 후, 고서상으로 위장하여 부산 경찰서에 들어가 폭탄을 터뜨렸습니다.

① 국채 보상 운동을 적극 후원하였다.
② 조선 혁명 선언을 활동 지침으로 삼았다.
③ 청산리에서 일본군에 맞서 대승을 거두었다.
④ 구미 위원부를 설치하여 외교 활동을 전개하였다.
⑤ 만민 공동회를 개최하여 민권 신장을 추구하였다.

45-45 의열단장 김원봉

12 다음 인물에 대한 설명으로 옳은 것은? [3점]

○○○ 연보

○ 1919년 의열단 조직
○ 1932년 조선 혁명 간부 학교 설립
○ 1935년 민족 혁명당 조직
○ 1937년 조선 민족 전선 연맹 결성
○ 1938년 조선 의용대 창설
○ 1944년 대한민국 임시 정부 군무부장

① 대조선 국민 군단을 조직하였다.
② 한국광복군 부사령관으로 활약하였다.
③ 하얼빈 역에서 이토 히로부미를 사살하였다.
④ 한국 독립군을 이끌고 쌍성보 전투에서 승리하였다.
⑤ 일제의 패망과 광복에 대비하여 조선 건국 동맹을 결성하였다.

11 정답 ② 번

김원봉, 윤세주 등이 1919년 창설한 단체는 의열단이다. 의열단은 개인의 폭력 투쟁을 통해 독립을 쟁취하고자, 일제 침략의 앞잡이, 친일파 제거, 친일기관 등의 파괴 활동을 벌였다. 1920년 9월 박재혁의 부산 경찰서 폭탄 투척 사건을 시작으로, 12월 최수봉의 밀양경찰서 폭탄 투척, 1921년 9월 김익상의 조선총독부 폭탄 투척, 1923년 김상옥의 종로 경찰서 폭탄 투척, 1924년 김지섭의 도쿄 일본왕궁 폭탄 투척, 1926년 나석주의 동양척식주식회사와 조선식산은행 폭탄 투척 거사를 실행했다. 하지만 단원들이 희생되면서 개별적인 투쟁이 한계를 보였다. 그렇지만 1931년 김구가 상하이에서 한인애국단을 결성하고, 이회영이 톈진에서 흑색공포단을 결성하는데 큰 영향을 끼쳤다.

① 1907년 국채보상운동을 후원한 것은 대한매일신보다.
② 김원봉의 요청으로 신채호가 쓰고, 1923년 1월에 발표된 조선 혁명선언은 의열단의 활동 지침이 되었다.
③ 1920년 청산리에서 일본군에서 승리를 거둔 부대는 북로군정서 등 연합부대다.
④ 1919년 미국 워싱턴에 구미 위원부를 설치하여 외교 활동을 전개한 것은 대한민국 임시정부다.
⑤ 독립협회가 1898년 만민공동회를 개최했다.

12 정답 ② 번

김원봉(1898~1958)은 일본이 가장 두려워한 독립운동가였다. 그는 의열단을 조직해, 일본에게 공포심을 주었다. 그는 의열단 활동이 한계를 보이자, 연합투쟁, 조직투쟁의 필요성을 깨닫고, 1926년 대원들과 함께 황푸군관학교 훈련생으로 입소해 투쟁노선을 변경한다. 김원봉은 1932년 조선혁명 간부학교를 설립해 조선인 간부를 양성했다. 또한 1938년 조선 의용대를 창설해 중국 국민당과 함께 항일투쟁에 나선다. 1944년 임시정부 군무부장, 광복군 부사령관 등을 역임했다. 해방 후 귀국하여 좌우합작 운동을 추진하였으나, 실패했다. 월북했다가 1958년 숙청당한 것으로 알려져 있다.

① 박용만이 1914년 하와이에서 대조선 국민 군단을 조직했다.
② 김원봉은 1944년 광복군 부사령관으로 활약했다.
③ 1909년 10월 안중근은 하얼빈역에서 이토 히로부미를 사살했다.
④ 1932년 지청천은 한국 독립군을 이끌고 쌍성보 전투에서 승리했다.
⑤ 1944년 여운형은 조선 건국 동맹을 결성했다.

✏ MEMO

....
....
....
....

04 민족 운동의 전개

47-41 3.1 운동

01 다음 자료에 나타난 민족 운동에 대한 설명으로 옳은 것은? [2점]

> 문: 오늘 종로 1가 사거리 큰 길에서 모인 동기를 진술하라.
> 답: 나는 어제 오후 5시 무렵 경성부 남대문로에 있었는데, 자동차에서 뿌린 독립 선언서를 습득하였다. 나는 그 선언서를 읽고 우리 조선국이 독립되었다고 생각하고 기쁨을 참지 못하였다. 그래서 오늘 오후 1시 무렵 종로 1가 사거리 큰 길 중앙에서 독립 만세를 큰 소리로 계속 외쳤더니 5백명 가량의 군중이 내 주위에 모여 들었고 함께 모자를 흔들면서 만세를 계속 부르며 행진하였다.
> 문: 그 선언서의 내용을 진술하라.
> 답: 우리 조선이 독립국임과 조선인이 자주민인 것을 선언함 등의 내용이었다. 그리고 조선 민족 33인의 성명을 기재하고 있었다.
> ○○○ 신문조서

① 사회주의 세력의 주도 아래 계획되었다.
② 대한민국 임시 정부 수립의 계기가 되었다.
③ 일제가 105인 사건을 조작하여 탄압하였다.
④ 한국인 학생과 일본인 학생 간의 충돌에서 비롯되었다.
⑤ 배우자 가르치자 다 함께 브나로드 등의 구호를 내세웠다.

46-39 3.1운동과 김마리아

02 (가) 운동에 대한 설명으로 옳은 것은? [1점]

이달의 독립운동가

여성 독립운동을 이끈
김마리아
(1892~1944)

정신 여학교 교사로 재직하던 중 일본에 유학하였다. 2.8 독립 선언에 참여한 후 이를 알리기 위해 독립선언서를 숨긴 채 귀국하였다. 고종의 인산일을 계기로 (가) 이/가 일어나자 여성들의 시위참여를 촉구하던 중, 여학생들이 전개한 독립운동의 배후자로 지목되어 체포되었다. 이후 대한민국 애국 부인회 회장이 되어 군자금 모금 활동을 벌였다. 정부는 선생의 업적을 기려 1962년 건국훈장 독립장을 추서하였다.

① 조선 혁명 선언을 활동 지침으로 삼았다.
② 신간회에서 진상 조사단을 파견하여 지원하였다.
③ 박상진이 주도한 대한 광복회 결성에 영향을 주었다.
④ 전개 과정에서 일제가 제암리 학살 등을 자행하였다.
⑤ 대한매일신보의 후원을 받아 전국적으로 확산되었다.

01 정답 ② 번

3.1운동은 1918년 미국 윌슨대통령의 민족자결주의 제창, 일제 무단 통치에 대한 반발, 그리고 일본, 만주 등지에서 독립선언서 발표 등에 영향을 받아, 종교계와 학생이 중심이 되어 고종의 장례식에 맞추어 실행되었다. 3.1운동은 대한민국 임시정부 수립에 직접 영향을 끼쳤고, 일본이 무단통치에서 문화통치로 전환하는 계기가 되었다.

① 사회주의 세력의 주도 아래 계획된 것은 1926년 6.10만세운동이다.
② 3.1운동은 대한민국 임시정부 수립의 계기가 되었다.
③ 1911년 105인 사건을 조작해 신민회를 탄압했다.
④ 한국 학생과 일본 학생간의 충돌에서 비롯된 것은 1929년 광주학생항일운동이다.
⑤ 1931년 동아일보를 중심으로 농촌계몽운동인 브나로드 운동이 시작되었다.

✓ **3대 항일만세운동, 이것만!**

구분	주요 사항
3.1운동 1919년	민족자결주의와 2.8독립선언의 영향 받음 대한민국 임시정부 수립 계기 일제가 문화통치로 전환 배경 고종 인산일을 계기로 각계각층이 참여
6.10만세운동 1926년	순종의 인산일에 학생주도로 전개 민족 유일당 운동의 계기 민족주의, 사회주의 진영이 함께 준비
광주학생운동 1929년	한국 학생과 일본 학생간 충돌에서 비롯됨 신간회의 후원 속 전국적 운동 확산됨 민족차별에 항의, 전국 동맹 휴학의 도화선

02 정답 ④ 번

독립선언서를 전국에 배포하고, 전국적 시위를 이끌어내는 일에는 학생들의 역할이 컸다. 특히 여학생의 역할도 컸는데, 김마리아는 이들 가운데 지도적 역할을 한 인물이다. 그는 서대문형무소에 6개월간 수감되며 고문을 받았다. 출감 후 그는 대한민국 애국부인회 회장을 했고, 상해 임시정부 활동, 미국에서 근화회 활동, 다시 국내에서 원산에서 항일투쟁 등을 펼치다가 고문 후유증으로 순국했다.

① 의열단장 김원봉의 의뢰를 받아 신채호가 쓴 조선혁명선언은 의열단의 활동지침이 된다.
② 1929년 11월 광주학생항일운동이다.
③ 1915년 대구에서 박상진이 대한광복회를 결성했다.
④ 3.1 운동이 전국적으로 확산되자, 일제는 1919년 4월 15일 제암리에서 양민 28명을 교회당에 몰아넣고 총격과 방화로 학살했다.
⑤ 1907년 국채보상운동이다.

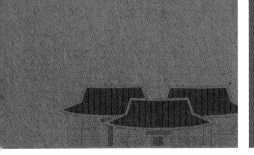

44-39 6.10 만세 운동

03 (가), (나) 격문이 작성된 사이의 시기에 있었던 사실로 옳은 것은? [2점]

(가) 왕조의 마지막 군주였던 창덕궁 주인이 53세의 나이로 지난 4월 25일에 서거하였다. …… 지금 우리 민족의 통곡과 복상은 군주의 죽음 때문이 아니고 경술년 8월 29일 이래 사무친 슬픔 때문이다. …… 슬퍼하는 민중들이여! 하나가 되어 혁명 단체 깃발 밑으로 모이자! 금일의 통곡복상의 충성과 의분을 모아 우리들의 해방 투쟁에 바치자!

(나) 조선 청년 대중이여! 궐기하라. 제국주의적 침략에 대한 반항적 투쟁으로서 광주 학생 사건을 지지하고 성원하라. …… 저들은 소위 사법 경찰을 총동원하여 광주 조선 학생 동지 400여 명을 참혹한 철쇄에 묶어 넣었다. 여러분! 궐기하라! 우리들이 흘리는 선혈의 마지막 한 방울까지 조선 학생의 이익과 약소민족의 승리를 위하여 항쟁적 전투에 공헌하라!

① 김상옥이 종로 경찰서에 폭탄을 투척하였다.
② 동아일보를 중심으로 브나로드 운동이 전개되었다.
③ 고액 소작료에 반발하여 암태도 소작 쟁의가 발생하였다.
④ 사회주의 세력의 활동방향을 밝힌 정우회 선언이 발표되었다.
⑤ 일제가 데라우치 총독 암살 미수 사건을 계기로 105인 사건을 날조하였다.

45-36 광주학생운동

04 다음 기사에 보도된 사건에 대한 설명으로 옳은 것은? [2점]

△△일보

○○○○년 ○○월 ○○일

광주고보, 중학생 충돌 사건
쌍방 기세 의연 험악

지난 3일 광주역 부근 일대에서는 광주 공립 고등 보통학교 학생과 광주 일본인 중학교 학생 각 300여 명이 다투어 쌍방에 수십 명의 부상자를 내었다. 이후 고등 보통학교 학생들은 막대를 총과 같이 어깨에 메고 시내에서 시위를 벌였다. 두 학교에서는 극도로 감정이 격양된 학생들을 진정시키기 위해 6일까지 사흘동안 임시 휴교를 하였다는데 쌍방 학생의 기세는 아직도 험악하다고 하더라.

---

① 순종의 인산일을 계기로 일어났다.
② 일제의 무단 통치를 완화시키는 배경이 되었다.
③ 대한민국 임시 정부가 수립되는 계기가 되었다.
④ 대한매일신보의 후원 속에 전국적으로 확산되었다.
⑤ 전국 각지에서 일어난 동맹 휴학의 도화선이 되었다.

---

03 정답 ④ 번

3.1운동이 고종의 장례식을 기회로 일어났던 것처럼, 1926년 조선의 마지막 군주인 순종의 장례식에도 다시금 6.10만세 운동이 일어났다. (가)는 6.10만세 운동 당시 뿌려진 격문이다.
(나)는 광주학생 항일운동임을 본문에서 제시하고 있다. 1929년 11월 전남 나주역에서 한·일 학생들 사이의 충돌을 계기로 일어난 광주학생 항일운동은 신간회의 후원으로 전국으로 확산된 대규모 항일 운동이었다.

① 김상옥은 1923년 종로경찰서 폭탄 투척 의거를 일으킨 의열단 단원이다.
② 1931년부터 1934년까지 동아일보를 중심으로 전개된 브나로드 운동은 농촌문맹퇴치 운동이다.
③ 1923년 암태도 소작 쟁의는 1920년대에 벌어진 대표적인 농민운동으로, 소작료 인하를 관철시켰다.
④ 1926년 11월 정우회 선언을 통해 비타협적 민족주의자와 민족 협동 전선을 만들 것을 제안, 1927년 신간회가 탄생했다.
⑤ 1911년 105인 사건으로, 신민회가 해산되었다.

04 정답 ⑤ 번

광주학생 항일운동은 1929년 11월 3일 한·일 학생 간의 충돌 사건을 계기로 민족차별과 식민지 교육에 저항한 학생시위로 시작되었다.

① 6.10만세 운동은 순종의 인산일을 계기로 일어났다.
②, ③ 3.1운동은 국내에서는 일제가 무단 통치를 완화시켜 이른바 문화통치를 실시하는 원인이 되었고, 국외에서는 대한민국 임시정부가 수립되는 계기가 되었다.
④ 1905년 국채보상운동은 대한매일신보 후원으로 전국으로 확대되었다.
⑤ 1929년 광주학생 항일운동은 전국적인 동맹 휴학의 도화선이 되었다.

✏️ MEMO

....

....

....

....

48-43 물산장려운동

05 다음 자료에 나타난 민족운동에 대한 설명으로 옳은 것은? [1점]

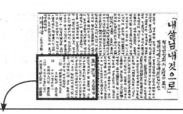

표어 모집으로 말하면 조선에 있어서는 처음 일이라 그래서 그 내용도 시원치 못하여 일등이라고 할 만한 것이 하나도 없었음은 매우 유감된 일이라 하며 이번에 당선된 것으로 말하면 이등이 셋, 삼등 넷이라는데 그중 한 두 가지를 소개하면 아래와 같다.
2등 내 살림은 내것으로 / 2등 조선 사람 조선 것 / 3등 우리 것으로만 살기

① 조선 노동 총동맹을 중심으로 전개되었다.
② 근우회의 주도로 여성의 권익을 옹호하였다.
③ 백정에 대한 사회적 차별 철폐를 목표로 하였다.
④ 자작회, 토산 애용 부인회 등의 단체가 활동하였다.
⑤ 국문 연구소를 세워 한글을 체계적으로 연구하였다.

47-42 소년 운동

06 다음 자료에 나타난 사회 운동에 대한 설명으로 옳은 것은? [2점]

어린 동무들에게

• 돋는 해와 지는 해를 반드시 보기로 합시다.
• 어른에게는 물론이고 당신들끼리도 서로 존대하기로 합시다.
• 뒷간이나 담벽에 글씨를 쓰거나 그림 같은 것을 그리지 말기로 합시다.
• 길가에서 떼를 지어 놀거나 유리 같은 것을 버리지 말기로 합시다.
• 꽃이나 풀을 꺾지 말고, 동물을 사랑하기로 합시다.
• 전차나 기차에서는 어른에게 자리를 사양하기로 합시다.
• 입은 꼭 다물고 몸은 바르게 가지기로 합시다.
　　　　　　　　　　- 1923년 5월 1일 어린이날 기념 선전문 -

① 통감부의 탄압으로 중단되었다.
② 김광제, 서상돈 등이 주도하였다.
③ 서당 규칙을 제정하는 계기가 되었다.
④ 천도교 세력이 중심이 되어 추진하였다.
⑤ 평양에서 시작하여 전국으로 확산되었다.

05 정답 ④ 번

내 살림 내 것으로, 조선 사람 조선 것, 우리 것으로만 살기 표어를 통해, 자료에 나타난 민족운동이 물산 장려운동임을 알 수 있다. 1920년 일본은 일본 자본의 원활한 한반도 진출을 도모하기 위해 회사령을 철폐했다. 민족자본의 위기상황에서 조만식이 평양에서 물산장려운동을 전개했다. 1923년 조선물산장려회가 발족되어 운동이 전국으로 확대되었다.

① 1927년 결성된 조선 노동 총동맹을 중심으로 전개된 것은 노동운동이다.
② 1927년 5월 신간회의 자매단체로 결성된 근우회는 여성 권익을 옹호하고, 문맹퇴치, 항일 여성운동을 전개했다.
③ 백정에 대한 사회적 차별 철폐 운동은 1923년 형평운동이다.
④ 자작회, 토산애용부인회 등의 이름에서 이들이 활동한 운동이 물산 장려 운동임을 알 수 있다.
⑤ 1907년 주시경, 지석영 등은 국문연구소를 세워 한글을 체계화했다. 특히 주시경은 1910년 국어문법을 저술하여 한글맞춤법 통일안의 기본 틀을 마련했다.

사회, 경제 민족운동은 물산장려운동, 노동운동, 소작쟁의, 소년운동, 형평운동, 민립대학 설립 운동, 브나로드 운동 순으로 자주 출제된다. 거의 매회 시험마다 이 부분에서 1문제가 출제되고 있으므로, 반드시 점검해야한다.

06 정답 ④ 번

1921년에 방정환을 중심으로 칭립된 천도교 소년회는 1923년 5월 1일 어린이날을 제정하고 "잘 살려면 어린이를 위하라"는 표어를 내세우며 소년 운동을 펼쳤다.

① 통감부의 탄압으로 중단된 것은 1907년부터 시작된 물산장려운동이다. 일제는 친일단체 일진회를 앞세워 이 운동을 방해해 좌절시켰다.
② 1907년 대구에서 광문사의 서상돈, 김광제 등이 국채보상운동을 시작했다.
③ 1918년 일제는 서당규칙을 만들어, 조선의 서당 교육을 탄압했다.
④ 소년 운동은 천도교 세력이 중심이 되어 추진되었다.
⑤ 평양에서 시작되어 전국으로 확산된 것은 1920년 조만식이 조선 물산 장려회를 조직해 시작한 물산장려운동이다. 1923년에는 경성에서 조선물산장려회가 발족되었다.

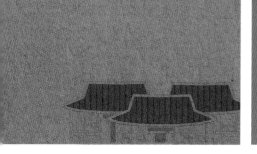

50-40 강주룡의 노동쟁의

07 밑줄 그은 '이 사건' 이후의 사실로 옳은 것은? [3점]

이 사진은 을밀대 지붕 위에서 고공 농성을 벌이는 강주룡의 모습입니다. 그녀는 대공황 이후 열악해진 식민지 노동 환경에서 임금 삭감 등에 반대하여 평원 고무 공장 쟁의를 주도하였습니다. 이 사건은 자본가와 일제에 맞선 반제국주의 항일 투쟁이라는 점에서 의미가 있습니다.

① 조선 노동 총동맹과 조선 농민 총동맹이 창립되었다.
② 전국 단위의 조직인 조선 노동 공제회가 조직되었다.
③ 전시 징용 정책에 반대하여 동방 광산 광부들이 투쟁하였다.
④ 회사 설립 시 총독의 허가를 받도록 하는 회사령이 제정되었다.
⑤ 일본인 감독의 한국인 구타 사건을 계기로 원산 총파업이 일어났다.

49-42 암태도 소작쟁의

08 밑줄 그은 '투쟁' 이후의 사실로 옳은 것은? [2점]

최근 개통된 천사대교를 건너면 일제 강점기 대표적인 소작 쟁의가 전개된 암태도를 만날 수 있습니다. 당시 암태도의 농민들은 고율의 소작료를 징수하는 지주 문재철에 맞서 목포까지 나가 단식을 벌이는 등 약 1년에 걸친 투쟁으로 소작료를 낮추는 성과를 거두었습니다.

① 회사령이 제정되었다.
② 농광 회사가 설립되었다.
③ 토지 조사 사업이 실시되었다.
④ 조선 농민 총동맹이 결성되었다.
⑤ 함경도에서 방곡령이 선포되었다.

🔍 문제분석

07 정답 ③ 번

강주룡이 고공농성을 벌인 것은, 1931년 5월 28일의 일이다. 당시 세계는 대공황 시기로, 식민지 노동 환경은 매우 열악했다. 그녀는 임금 삭감 등에 반대하며 공장쟁의를 주도했다. 사회적 무관심이 여공들을 힘들게 하자, 강주룡은 자신들의 투쟁을 사회에 알리고 여론을 환기시키기 위해 한국 최초 노동자 고공투쟁 사건을 일으켰다. 8시간 만에 일본경찰에 의해 강제로 끌려 내려졌지만, 그녀는 계속 단식하며 임금 삭감에 저항했다. 비록 강주룡을 비롯한 여공들의 생존권 투쟁은 성과 없이 끝나고 말았지만, 이 사건은 자본가와 일제에 맞선 반제국주의 항일투쟁이란 점에서 의미가 있다.

① 조선노동 총동맹과 조선 농민 총동맹은 1927년 9월에 창립된다.
② 조선 노동공제회는 1920년 4월에 조직된다.
③ 일제는 1939년 국민 징용령을 제정했다. 전시 징용 정책에 반대해 동방 광산 광부들이 투쟁한 사건은 1942년에 일어났다.
④ 회사 설립시 총독의 허가를 받도록 하여 민족자본의 회사설립을 어렵게 한 회사령은 1910년에 제정되었다.
⑤ 원산총파업은 1929년 1월부터 4월까지 지속된다.

08 정답 ④ 번

암태도 소작쟁의 사건은 1923년 전남 신안군 암태도에서 지주인 문재철이 7할 소작료를 징수하자, 소작농들이 쟁의 끝에 4할로 낮추어 생존권을 지켜낸 사건이다. 암태도 소작쟁의 사건을 계기로 농민 조직의 필요성이 커지면서, 1924년 조선노농총동맹, 1927년 조선농민 총동맹이 등장했다.

① 회사령은 1910년에 한국인의 기업설립과 민족자본을 억제하기 위해 일제가 제정했다.
② 농광회사는 1904년 일본의 토지 침탈을 저지하기 위해 설립되었다.
③ 1910년부터 1918년까지 일제는 토지조사사업을 실시하여, 식민 통치의 재정 기반을 확대했다. 반면 토지를 잃은 조선의 농민들이 만주와 연해주로 이주하는 원인이 되었다.
④ 1927년 조선농민 총동맹이 결성되었다.
⑤ 1889년 함경도관찰사 조병식이 방곡령을 선포했다.

09 밑줄 그은 '이 운동'의 표어로 적절한 것은? [1점]

34-42 브나로드 운동

> 학생 여러분!
> 여름방학을 이용하여 고향으로 돌아가 문맹타파에 힘씁시다. 미신 타파와
> 근검절약을 생활화하게 합시다.
> 1931년부터 본 신문사에서 주최한 <u>이 운동</u>이 올해로 2회를 맞이하였습니다. 뜻있는 학생들의 많은 참여 바랍니다.

① 조선 사람 조선 것으로
② 잘살려면 어린이를 위하라
③ 한민족 1천만이 한 사람이 1원씩
④ 배우자 가르치자 다 함께 브나로드
⑤ 천차만별의 천시(賤視)를 철폐하자

42-41 종교계 저항

10 (가), (나)에 들어갈 내용으로 옳은 것은? [2점]

일제 강점기 종교계의 저항

불교	천도교	대종교
조선 불교 유신회를 조직하여 사찰령 철폐운동을 전개하였다.	(가)	(나)

① (가) - 의민단을 조직하여 무장 투쟁을 전개하였다.
② (가) - 잡지 개벽을 발행하여 민족 의식을 고취하였다.
③ (나) - 경향신문을 발간하여 민중 계몽에 힘썼다.
④ (나) - 배재 학당을 세워 신학문보급에 기여하였다.
⑤ (가), (나) - 을사오적을 처단하기 위해 자신회를 결성하였다.

🔍 문제분석

09 정답 ④ 번

문맹타파에 힘쓰고, 신문사가 주관하는 운동은 브나로드 운동이다. 브나로드는 러시아어로 '민중 속으로' 라는 뜻이다.
1920년대 말부터 문화단체, 언론사, 학생을 중심으로 민중계몽운동이 일어났고, 1931년 동아일보사가 4회에 걸쳐 전국적인 문맹퇴치운동을 전개했다. 민중계몽운동은 일제의 식민통치에 저항하고, 독립의 기초를 다지기 위해 전개된 거국적인 민족자강운동이었다.

① 물산장려운동 표어, ② 소년운동 표어, ③ 민립대학설립운동 표어, ④ 브나로드운동 표어, ⑤ 형평운동 표어

✓ **1920~30년대 사회, 경제 민족운동, 이것만!**

구분	주요 사항
물산장려 운동	평양에서 조만식 등 시작, 자작회, 토산애용 부인회 활동, 민족자본 보호와 육성 추구
노동운동	원산노동자 총파업, 외국 노동단체의 격려 전문, 노동조건 개선요구
농민운동	암태도 소작쟁의, 농민단체 결성해 쟁의 전개, 지주의 소작료인상과 소작권 이동에 저항
소년운동	방정환, 천도교 소년회 주도, 어린이날 제정, 잡지 어린이 발간
형평운동	진주에서 조선형평사 주도, 백정 차별 철폐
민립대학 설립운동	한규설, 이상재 등 민립대학기성회 발기인 주도, 일제 방해로 실패, 경성제국대학 설치
브나로드 운동	배우자 가르치자 브나로드 구호, 동아일보 등 언론사 주관으로 진행된 농민계몽운동

10 정답 ② 번

3.1운동의 주역은 천도교, 기독교, 불교 등 종교계였다. 3.1독립선언서보다 앞서 발표된 대한독립선언서는 대종교도들이 주축이었다. 대종교를 중창한 나철은 1907년 자신회(오적암살단)을 이끌었다. 대종교는 1911년 북간도에 중광단을 결성했고, 중광단은 북로군정서로 개편되어, 청산리대첩의 주축이 된다. 만주에서 활동한 독립운동가의 다수가 대종교도였다. 1905년 동학의 3대 교주 손병희는 동학을 천도교로 개칭했다. 1919년 3.1 운동을 준비한 천도교는 1922년에도 제2의 3.1운동을 준비하였다. 1920년 6월 개벽사를 설립해 잡지 개벽을 간행해 문화, 계몽 운동을 전개했다.

① 의민단은 북간도지역에서 활동하던 항일무장단체로, 1919년 천주교도가 중심이 되어 조직되었다.
② 1920년 천도교에서 개벽사를 세워 잡지를 발행했다.
③ 경향신문은 1906년 천주교에서 애국계몽운동의 일환으로 발간된 순한글판 주간신문으로, 일제가 강제 폐간시켰다.
④ 1885년 미국 감리교 선교사 아펜젤러가 설립했다.
⑤ 자신회를 결성한 것은 나철이고, 천도교는 무관하다.

45-44 신간회

11 (가) 단체에 대한 설명으로 옳은 것은? [1점]

> (가) 은/는 '우리는 정치적, 경제적, 사회적 각성을 촉진함', '우리는 단결을 공고히 함', '우리는 일체 기회주의를 부인함'이라는 3대 강령 하에서 탄생되어 금일까지 140개 지회의 39,000명의 회원을 포함한 단체가 되었다.
>
> 『동광』

① 민족 유일당 운동의 일환으로 결성되었다.
② 이상설, 이동휘를 정·부통령에 선임하였다.
③ 일제가 조작한 105인 사건으로 조직이 해체되었다.
④ 조선 총독부에 국권 반환 요구서를 발송하려 하였다.
⑤ 오산 학교와 대성 학교를 세워 민족 교육을 실시하였다.

24-43 근우회

12 다음 취지서를 발표한 단체에 대한 설명으로 옳은 것은? [2점]

> 인류 사회는 많은 불합리를 생산하는 동시에 그 해결을 우리에게 요구하여 마지않는다. 여성 문제는 그 중의 하나이다. 세계인은 이 요구에 응하여 분연하게 활동하고 있다. …… 우리 자체를 위하여, 우리 사회를 위하여 분투하려면 우선 조선 자매 전체의 역량을 공고히 단결하여 운동을 전반적으로 전개하지 아니하면 아니 된다. 일어나라! 오너라! 단결하자! 분투하자! 조선의 자매들아! 미래는 우리의 것이다

① 3·1 운동에 주도적으로 참여하였다.
② 조선 여자 청년회 결성에 영향을 주었다.
③ 통감부의 감시와 탄압을 받아 해산되었다.
④ 신간회와 연계하여 민족 운동을 전개하였다.
⑤ 근대적 여성 교육을 위해 이화 학당을 세웠다.

🔍 문제분석

11 정답 ① 번

『동광』은 안창호의 흥사단과 같은 계열의 단체인 수양동우회의 기관지로 1926년에 창간된 월간 종합잡지였다. 『동광』이 발행되던 시기, 3대 강령, 140개 지회, 39,000명 회원을 가진 거대한 단체는 신간회뿐이다. 신간회는 조선 민흥회 발기와 정우회 선언을 계기로, 자치론에 반대하는 민족주의 세력과 사회주의 세력이 연합해 결성한 항일 단체다. 광주학생 항일운동에 진상조사단을 파견하고 진상보고 민중대회를 개최하고자 계획했으나, 경찰 방해로 실패했다. 1931년 코민테른의 지시를 받은 사회주의 계열이 이탈하여 해소된다.

① 신간회는 민족 유일당 운동의 민족주의 세력과 사회주의 세력이 연합해 결성되었다.
② 1914년 연해주 신한촌에서 설립된 대한광복군 정부에서 이상설, 이동휘를 정·부통령에 선임했다. 러시아가 권업회를 해산하자, 대한광복군 정부도 해체된다.
③, ⑤ 신민회는 1907년 정주에서 이승훈이 오산학교를, 1908년 평양에서 안창호가 대성학교를 세워, 민족 교육을 실시하는 등 활발한 활동을 했다. 하지만 1911년 일제가 조작한 105인 사건으로 해체된다.
④ 1912년 고종의 밀지에 따라 조직된 독립의군부는 1914년 일본정부와 총독부에 국권반환요구서 제출을 시도했다.

✓ 신간회, 이것만!
· 민족 유일당 운동의 일환으로 창립되었다.
· 정우회 선언의 영향으로 결성되었다.
· 민족족의와 사회주의 세력 간의 연대로 조직되었다.
· 기회주의 배격과 민족 단결을 내세웠다.
· 광주학생 항일운동 진상보고를 위한 민중대회를 계획하였다.

12 정답 ④ 번

3.1운동에서 여성들이 대거 참여하면서, 여성의 사회 참여가 크게 늘었다. 근대교육을 받은 여성들을 중심으로, 여성단체를 만들어, 여성계몽과 권리 신장, 사회적 지위개선을 위한 노력이 구체화되었다. 1920년 조선여자교육회, 1921년 조선여자청년회, 1924년 조선여성동우회 등이 설립되었다. 1927년 신간회 결성을 계기로 여성계의 민족유일당으로 근우회가 출범했다. 신간회의 외곽지원단체로, 각계각층의 여성이 참여한 전국규모 조직이었다. 조선 여성의 지위 향상을 도모한 근우회는 신간회와 마찬가지로, 1931년 해체된다.

① 1919년 3.1운동 당시 근우회는 창립되지 않았다.
② 조선여자청년회는 1921년에 설립되었다.
③ 통감부는 1906년 2월~1910년 8월까지 존재했다.
④ 신간회와 연계해 민족운동을 전개한 단체가 근우회다.
⑤ 이화학당은 1886년 미국 감리교 선교사 스크랜튼 부인이 설립했다.

🔍 **문제분석**

38-41 박은식, 백남운

01 (가), (나) 인물의 활동으로 옳은 것은? [2점]

> 옛 사람이 말하기를 나라는 멸망할 수 있으나 그 역사는 없어질 수 없다고 했으니, 이는 나라가 형체라면 역사는 정신이기 때문이다.

> 우리 조선의 역사는 세계사적·일원론적인 역사 법칙에 의해 다른 민족들과 거의 같은 궤도로 발전 과정을 거쳐왔다.

(가)

(나)

① (가) - 한국독립운동지혈사에서 독립 투쟁 과정을 서술하였다.
② (가) - 유물 사관을 토대로 식민 사학의 정체성론을 반박하였다.
③ (나) - 진단 학회를 창립하여 실증주의 사학을 발전시켰다.
④ (나) - 독사신론을 발표하여 민족을 역사 서술의 중심에 두었다.
⑤ (가), (나) - 조선학 운동을 주도하며 여유당전서를 간행하였다.

40-42 조선학운동

02 (가)에 대한 설명으로 옳은 것은? [3점]

> **학술 대회 안내**
>
> 우리 학회는 일제의 식민 지배 이데올로기에 대항하여 한국 역사와 문화의 독자성·주체성을 탐구한 민족 운동인 ＿(가)＿ 의 역사적 의의를 조명하는 학술 대회를 개최합니다.
>
> ○ 발표주제
> • 정인보의 조선 양명학 연구와 얼 사상
> • 안재홍의 조선학과 신민족주의론
> • 문일평의 조선학론과 역사 대중화
> ○ 일시: 2018년 ○○월 ○○일 13:00 ~ 17:00
> ○ 장소: ◇◇대학교 대강당
> ○ 주최: □□학회

① 신경향파 문학이 등장하는 배경이 되었다.
② 여유당전서 간행 사업을 계기로 전개되었다.
③ 조선사 편수회를 설치하여 조선사를 편찬하였다.
④ 모금 활동을 통한 민립 대학 설립을 목표로 하였다.
⑤ 오산 학교와 대성 학교를 설립하여 민족 교육을 실시하였다.

01 정답 ① 번

(가) '역사는 정신'을 강조한 역사가는 박은식이다. (나) 우리 역사가 세계사적 역사법칙과 같은 궤도로 발전 과정을 겪었다고 주장한 역사가는 백남운이다.

① 박은식은 한국독립운동지혈사를 썼다.
② 백남운은 유물사관에 입각해 조선사회경제사를 썼다.
③ 이병도는 진단학회 창립에 기여했다.
④ 신채호는 독사신론, 조선상고사 등을 저술했다.
⑤ 정인보, 안재홍 등은 조선학 운동을 주도했다.

02 정답 ② 번

정인보, 안재홍, 문일평이 주도한 것은 조선학 운동이다.

조선학 운동은 4회 출제되었다. 국학 연구자로 박은식 8회, 신채호 6회를 비롯해 백남운, 안재홍, 정인보, 문일평 등이 출제되었다. 이들 국학연구자들을 알아두어야 한다.

① 신경향파 문학은 1920년대 사회주의 경향의 문학을 통칭한다.
② 1935년 여유당전서 간행을 계기로 실학 중심의 우리문화 고유성과 주체성을 탐구하는 조선학운동이 전개된다.
③ 1920년대 조선총독부가 설치한 조선사편수회가 일제 식민사학을 담아낸 조선사를 편찬했다.
④ 1920년대 한규설, 이상재 등이 민립대학기성회를 조직해 모금활동을 했다.
⑤ 오산학교는 이승훈, 대성학교는 안창호가 설립하였다.

✔ **일제시기 국학연구자, 이것만!**

구분	주요 업적
신채호	독사신론을 저술하여 민족주의 사관 기초 마련 조선상고사, 조선사연구초 등을 저술 아와 비아의 투쟁 애국심 고취를 위해 을지문덕을 집필
박은식	일제 침략과정을 서술한 한국통사 저술 한국독립운동지혈사에서 독립투쟁과정 서술 역사를 민족정신인 '국혼'의 전개과정으로 파악
백남운	조선사회경제사에서 식민사학의 정체성이론 반박 유물 사관을 바탕으로 사회 경제 사학을 확립 식민사학을 반박하는 조선봉건사회경제사를 저술
정인보	민족의 얼을 강조하고 조선 학 운동을 추진 여유당전서를 간행하고 조선학 운동을 주도 실학에서 자주적인 근대사상을 찾으려고 함
안재홍	여유당전서 간행사업 계기로 조선학운동 전개 신민족주의이념을 국가건설운동의 지표로 내세움
문일평	조선인의 특수성을 표시하는 언어, 역사, 문학 등이 조선학 구성의 중심임을 강조

03 (가) ~ (마)에 들어갈 내용으로 옳은 것은? [2점]

〈수행평가보고서〉

○ 주제: 민족 문화 수호를 위한 노력
○ 내용: 일제의 역사 왜곡과 동화(同化) 정책에 맞서 우리의 말과
　　　　역사를 지키고자 헌신한 인물들의 활동에 대하여 조사하
　　　　였다.

인 물	활 동
신채호	(가)
백남운	(나)
정인보	(다)
이윤재	(라)
최현배	(마)

① (가) - 잡지 한글의 간행을 주도하였다.
② (나) - 한글 맞춤법 통일안 제정에 참여하였다.
③ (다) - 민족의 얼을 강조하고 조선학 운동을 추진하였다.
④ (라) - 애국심 고취를 위해 을지문덕전을 집필하였다.
⑤ (마) - 조선사회경제사에서 식민 사학의 정체성론을 반박하
　　　　였다.

04 (가) 단체에 대한 설명으로 옳은 것은? [2점]

조선말 큰사전 편찬 원고

　(가)　에서 조선말 사전 편찬을 위해 1929년부터 13년 동안 작성한 원고
이다. 이 원고는 1942년 일제에 압수되었다가, 1945년 9월 서울역 창고에
서 발견되었다

• 지정번호: 국가 지정 기록물 제4호
• 지정일: 2008년 11월 3일

① 국어 문법서인 대한문전을 편찬하였다.
② 한글 맞춤법 통일안과 표준어를 제정하였다.
③ 우리말 음운 연구서인 언문지를 저술하였다.
④ 한글 연구를 목적으로 학부 아래에 설립되었다.
⑤ 주시경을 중심으로 국문을 정리하고 철자법을 연구하였다.

03 정답 ③ 번

(가) 신채호(1880~1936)는 애국심 고취를 위해 을지문덕전을 집필
　　했다.
(나) 백남운(1894~1978)은 유물사관을 바탕으로 사회 경제사학을
　　확립했고, 조선사회경제사를 저술하여 한국역사가 정체된 것이
　　아니라 세계사와 함께 발전했음을 밝혀 식민사학을 반박했다.
(다) 정인보(1893~1950)는 안재홍 등과 함께 여유당전서 간행사업
　　을 하며 조선학 운동을 추진했다.
(라) 이윤재(1888~1943)는 한글 맞춤법 통일한 제정에 참여한 인물
　　이다. 그는 조선어학회 기관지 한글의 편집주간을 맡기도 했다.
(마) 주시경의 제자인 최현배(1894~1970)는 1927년 동인지 성격의
　　잡지 한글을 간행했고, 1932년 조선어학회 기관지인 학술잡지
　　로 복간했다.

① 잡지 한글의 간행을 주도한 것은 최현배다.
② 한글 맞춤법 통일한 제정에 이윤재가 참여했다.
③ 정인보는 민족의 얼을 강조하고 조선학 운동을 추진했다.
④ 신채호는 애국심 고취를 위해 을지문덕전을 집필하였다.
⑤ 백남운은 조선사회경제사를 집필해, 식민사학의 정체성을 반박
　　했다.

04 정답 ② 번

1921년에 설립된 조선어 연구회의 후신으로, 1931년에 조선의 말
과 글의 연구 정리 및 통일을 목적으로 설립된 민간 학술단체가 조선
어학회다. 조선어학회는 1933년 한글 맞춤법 통일안, 조선어 표준어
사정안, 외래어 표기법 통일안 등을 확정했고, 한글 사전 편찬에 노
력을 기울였다. 1942년 조선어학회 사건으로 일제에 의해 강제 해산
되었지만, 해방 후 재건되어, 1957년 '조선말 큰사전'을 간행했다.

① 국어 문법서인 대한문전은 1908년 유길준이 편찬했다.
② 조선어학회는 한글 맞춤법 통일안과 표준어를 제정했다.
③ 언문지는 1824년 유희가 저술했다.
④ 1907년 한글 연구를 목적으로 학부 아래에 설립된 것은 국문연구
　　소로, 주시경, 지석영 등이 활동했다.
⑤ 주시경을 중심으로 국문을 정리하고 철자법을 연구한 단체는 국
　　문연구소이다.

✔ **한글연구, 이것만!**

• 1907년 주시경은 국문연구소를 세워, 한글을 체계화
• 주시경은 국어문법 저술 '한글맞춤법 통일안' 기본틀 마련
• 1921년 조선어연구회가 창립되어, 1926년 가갸날을 제정
• 1927년 조선어연구회는 잡지 한글을 간행했다.
• 1931년 조선어학회로 확대 개편
• 1933년 한글맞춤법 통일안과 표준어를 제정(조선어학회)
• 1942년 일제는 조선어학회 사건을 일으켜, 강제해산시켰다.

50-42 심훈

05 (가)에 들어갈 내용으로 옳은 것은? [1점]

브나로드 운동을 소재로 소설 상록수를 쓴 사진 속 인물에 대해 말씀해 주세요.

(가)

① 저항시 그날이 오면을 발표하였습니다.
② 근대극 형식을 도입한 토월회를 조직하였습니다.
③ 단성사에서 개봉된 영화 아리랑을 제작하였습니다.
④ 고대사 연구를 바탕으로 조선상고사를 저술하였습니다.
⑤ 일제 강점기 농촌 현실을 묘사한 소설 고향을 연재하였습니다.

41-45 이기영과 카프문학

06 (가)에 들어갈 내 용으로 가장 적절한 것은? [2점]

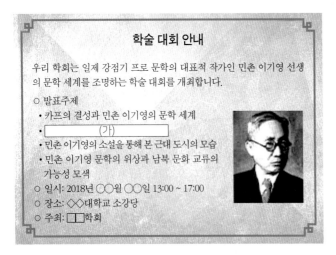

학술 대회 안내

우리 학회는 일제 강점기 프로 문학의 대표적 작가인 민촌 이기영 선생의 문학 세계를 조명하는 학술 대회를 개최합니다.

○ 발표주제
• 카프의 결성과 민촌 이기영의 문학 세계
      (가)
• 민촌 이기영의 소설을 통해 본 근대 도시의 모습
• 민촌 이기영 문학의 위상과 남북 문화 교류의 가능성 모색
○ 일시: 2018년 ○○월 ○○일 13:00 ~ 17:00
○ 장소: ◇◇대학교 소강당
○ 주최: □□학회

① 황성신문에 연재된 소설의 주제와 문체
② 해에게서 소년에게에 나타난 신체시의 형식
③ 소설 고향을 통해 본 일제 강점기 농촌 현실
④ 금수회의록을 통해 본 신소설의 소재와 내용
⑤ 시 광야에 드러난 항일 정신과 작가의 독립운동

---

05 정답 ① 번

1931년부터 1934년까지 동아일보를 중심으로 전개된 브나로드 운동은 농촌문맹퇴치 운동이다. 이를 소재로 소설 상록수를 쓴 인물은 심훈(1901~1936)이다. 상록수는 1935년 동아일보에 연재된 장편소설이다. 그는 3.1운동에 참여했던 감격을 되살려, '그날이 오면'이란 저항시를 지었으나, 조선총독부 검열로 시집을 출간하지는 못하고, 해방 후에 유고집으로 간행되었다.

① 저항시 그날이 오면을 발표한 인물은 심훈이다.
② 근대극 형식을 도입한 토월회를 1923년에 조직한 인물은 박승희, 김기진 등이다.
③ 단성사에서 1926년에 개봉된 영화 아리랑은 나운규가 제작했다.
④ 신채호는 1931년 조선일보에 조선상고사를 연재하였다.
⑤ 일제 강점기 농촌 현실을 묘사한 소설 고향을 1933년부터 다음해까지 조선일보에 연재한 인물은 이기영이다.

06 정답 ③ 번

이기영(1895~1984)는 일제시기 프로문학(사회주의 문학)의 대표작가로, 김기진, 박영희와 함께 1925년 조선프롤레타리아 예술동맹(카프) 결성을 주도했다.
그는 1934년 소설 고향을 통해 일제 강점기 궁핍한 농촌 현실을 구체적으로 묘사했다.

① 황성신문은 1898년에 창간된 국한문혼용체 신문으로, 장지연의 시일야방성대곡을 게재했다. 1910년에 폐간되었다.
② 1908년 최남선(1890~1957)은 최초의 문학잡지 소년을 창간하고, 우리나라 최초의 신체시인 '해에게서 소년에게'를 발표했다.
③ 소설 고향은 이기영의 작품이다.
④ 안국선(1878~1926)은 1908년 현실 비판적인 내용을 담은 신소설 금수회의록을 발표해, 현실을 비판했다.
⑤ 광야는 의열단 단원 출신으로 항일저항 시인 이육사(1904~1944)가 쓴 시로, 1945년 유작으로 발표되었다.

✏ MEMO

....
....
....
....

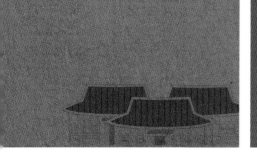

43-44 나운규 아리랑

07 다음 영화가 처음 개봉되었던 당시에 볼 수 있는 모습으로 가장 적절한 것은? [3점]

이 사진은 나운규가 감독·주연을 맡아 제작한 영화의 장면과 제작진의 모습입니다. 단성사에서 개봉된 이 영화는 식민 지배를 받던 한국인의 고통스러운 삶을 표현한 작품입니다.

① 카프(KAPF)에서 활동하는 신경향파 작가
② 원각사에서 은세계 공연을 관람하는 학생
③ 육영 공원에서 영어를 가르치는 미국인 교사
④ 전차 개통식에 참여하는 한성 전기 회사 직원
⑤ 손기정 선수의 올림픽 우승 소식을 보도하는 기자

42-44 손기정 일장기 사건

08 밑줄 그은 '이 사건' 이후의 사실로 옳은 것은? [2점]

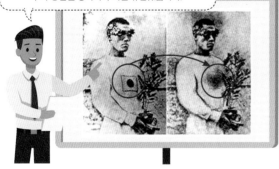

이 사진은 베를린 올림픽에서 우승한 손기정 선수의 시상식 모습입니다. 일부 신문들이 손기정 선수의 가슴에 있던 일장기를 삭제했는데, 이 사건으로 해당 신문들은 무기 정간을 당하거나 자진 휴간했습니다.

① 일제에 의해 경성 제국 대학이 설립되었다.
② 신경향파 작가들이 카프(KAPF)를 결성하였다.
③ 나운규가 제작한 영화 아리랑이 처음 개봉되었다.
④ 여성 계몽과 구습타파를 주장하는 근우회가 창립되었다.
⑤ 일제가 한글 학자들을 구속한 조선어 학회 사건이 일어났다.

🔍 문제분석

07 정답 ① 번

나운규가 감독 주연한 영화로, 단성사에서 개봉한 영화는 아리랑이다. 아리랑은 1926년에 개봉되었다.

① 카프(KAPF)는 1925년에 결성되었다.
② 이인직의 신극 은세계는 1908년에 원각사에서 공연되었다.
③ 1886년 정부가 육영공원을 세우고, 헐버트 등 미국인 교사를 초빙해 양반 자제들에게 신지식과 영어를 가르쳤다.
④ 1899년 서대문과 청량리 사이에 최초의 전차가 운행되었다.
⑤ 1936년 베를린 올림픽에서 손기정 선수가 마라톤 경기에서 우승했다.

08 정답 ⑤ 번

이 사건은 1936년 조선중앙일보와, 동아일보가 1936년 베를린올림픽 대회 마라톤 경기에서 우승한 손기정 선수 소식을 보도하면서, 사진에서 가슴에 일장기를 지웠다. 그러자 일제는 동아일보를 무기 정간시켰고, 조선중앙일보는 자진 휴간했다.

① 이상재 등이 1923년 민립대학기성회를 조성하여 민족대학을 세우려고 하자, 일제는 이를 방해하고자, 1923년 경성제국대학 관제를 발표하고, 1924년 경성제국대학을 설립했다.
② 1925년 카프(KAPF)가 결성되었다.
③ 1926년 아리랑이 개봉되었다.
④ 근우회는 1927년에 설립되어, 1931년까지 여성 계몽과 구습타파 활동을 했다.
⑤ 1942년 일제는 조선어학회 사건을 일으켜, 조선어학회를 강제해산시켰다.

✏️ MEMO

....

....

....

....

CHAPTER
06
대한민국의 변화

한국사능력검정시험

단원의 핵심

지피지기 1. 출제 경향 점검

2회부터 50회까지 총 49회 시험에서 2,450문제가 출제되었습니다.

이 가운데 현대 부분은 223문제가 출제되어 9.1% 비중을 차지합니다. 최근 10회 시험에서는 50문제, 10% 비중으로 출제되었습니다. 매회 50문제 가운데 46번에서 50번까지 5문제가 1945년 해방 이후의 역사에서 출제되고 있습니다. 해방에서 정부수립까지 3년까지의 역사, 개헌의 역사는 출제 빈도가 대단히 높습니다. 최근에는 49번은 민주화운동, 50번은 박정희~노무현 정부의 통일 노력 문제로 고정되는 경향성을 보이고 있습니다.

지피지기 2. 어떤 문제가 출제되었나?

1. 정부수립과 한국전쟁

50회 47번은 한국전쟁 정전 협정 전후 정치 상황, 49회 46번은 1945년 10월 미군정 장관 아놀드의 성명 전후 상황에 대한 문제였습니다.

1945년 해방에서 1950년 한국전쟁까지 5년의 시간은 한국사에서 매우 중요한 시간입니다. 이 시기에서 49회 시험 동안 51문제가 출제되어, 매회 1문제 이상 출제됩니다.

특히 1945년 8월 15일 해방부터 1948년 8월 15일 정부수립까지 3년간에 벌어진 중요 사건(여운형의 건국준비위원회, 모스크바 3상회의, 신탁통치 찬반, 이승만의 정읍발언, 1차 및 2차 미·소 공동위원회, 좌우합작운동, 유엔한국임시위원단, 남북협상, 5.10 총선거, 정부수립)의 시간 순서와 의미를 알아두어야 합니다. 개별 사건에 대한 질문보다 여러 사건들이 어떻게 맞물려 진행되었는지를 묻는 문제가 출제됩니다. 이 부분에서 난이도가 높은 문제가 출제될 수 있으므로, 좀 더 주의 깊게 공부하여야 합니다.

이 외에 반민특위, 농지개혁, 제주 4.3사건 등도 각각 4~2회씩 출제되었습니다.

한국전쟁은 8문제가 출제되었는데, 북한의 침입, 낙동강 방어, 인천상륙작전, 북진, 1.4후퇴, 휴전선 공방, 정전 협정까지 전쟁 전개 과정을 중심으로 공부하시면 됩니다.

2. 현대 정치

50회 46번은 발췌개헌과 사사오입 개헌 문제, 49회 48번은 8차 개헌 문제, 49회 47번은 박정희 정부의 3선 개헌과 베트남 파병에 대한 문제였습니다.

현대 정치 문제는 61문제가 출제되었는데, 이 가운데 헌법의 개헌 문제는 25회 이상 출제되고 있습니다. 정부 형태, 대통령 임기 등이 바뀌는 개헌은 각 공화국을 구분하는 중요한 정치적 행위입니다. 3차 개헌과 8차 개헌은 민주화 운동과도 깊은 관련이 있으므로, 개헌의 역사는 반드시 확인하셔야 합니다. 한일국교 정상화는 5회 출제된 문제로 주목할 만합니다. 그 외에 각 정부의 시대상황, 조봉암과 진보당 사건, 월남파병, 유신체제의 긴급조치 등도 2회 이상 출제되었으니 점검하시기 바랍니다.

3. 경제와 사회

50회 48번은 김대중 정부의 국민기초생활보장법 제정, 48회 48번은 김영삼 정부의 금융실명제, 47회 46번은 박정희 정부 시기 100억 수출과 YH 무역 사건 문제였습니다.

현대사에서 경제 문제는 40문제가 출제되었습니다. 이승만 정부시기 미국의 경제 원조와 농지개혁, 박정희 정부시기에 경제개발과 교육정책, 노동 문제가 출제되었습니다. 특히 김영삼 정권 시기의 금융실명제 실시, 외환위기와 IMF 구제금융 신청에 대한 문제는 출제빈도가 높은 편입니다. 필히 점검하어야 할 사항입니다.

4. 민주화

49회, 46회, 45회의 49번 문제는 1987년 6월 민주항쟁에 대한 문제가 출제되었습니다. 50회와 40회 49번 문제는 1960년 4.19혁명에 대한 문제였고, 48회와 43회 49번 문제는 1980년 5.18광주 민주화 운동에 대한 문제였습니다.

49회 시험에서 민주화운동은 31회가 출제되었지만, 34회 이후에는 매회 49번 문제가 거의 고정적으로 민주화 운동에 대한 문제가 출제되고 있습니다. 특히 1987년 6월 민주항쟁 13회, 1980년 광주 민주화운동 7회, 1960년 4.19혁명 7회 등이 집중적으로 출제가 되고 있습니다. 3대 민주화와 운동과 유신정권에 대항한 부마항쟁을 중심으로 공부하시면 될 것입니다.

5. 통일

39, 50회 50번은 박정희 정부의 통일 노력, 41, 43, 46, 49회 50번은 김대중 정부의 통일 노력, 48회 50번은 노태우 정부의 통일 노력, 42, 43, 45, 47회 50번은 노무현 정부의 통일 노력에 대한 문제였습니다.

총 49회의 시험에서 통일문제는 31문제가 출제되었지만, 39회 시험부터 매회 50번 문제는 각 정부의 통일 노력에 대해 문제가 고정적으로 출제되고 있습니다. 40회 50번 문제처럼 각 정부의 통일 노력의 순서에 대한 문제가 출제되기도 하지만, 보기에서 여러 정부의 통일 노력을 함께 제시하는 문제가 대부분이기 때문에, 각 정부의 통일 노력의 결과물을 분명하게 구분할 줄 아는 것이 필요합니다.

단원의 핵심

지피지기 3. 어떤 문항이 자주 출제되었나?

정부수립과 한국 전쟁

남한만의 단독 정부 수립을 주장한 이승만의 정읍 발언이 제기되었다. - 5회
제 1차 미·소 공동 위원회가 개최되었다. - 10회
김규식과 여운형이 좌우 합작 위원회를 구성하였다. - 5회
좌우 합작 위원회가 좌우 합작 7원칙을 발표하였다. - 9회
미국의 원조 물자를 가공하는 삼백 산업이 발달하였다. - 14회
우리나라 최초의 보통 선거인 5. 10 총선거가 실시되었다. - 5회
반민족 행위 처벌법이 제정되었다. - 8회
반민족 행위 특별 조사 위원회가 출범하여 활동하였다. - 9회
유상 매수, 유상 분배 원칙의 농지 개혁법이 제정되었다. - 13회
일제가 남긴 재산 처리를 위한 귀속 재산 처리법을 제정하였다. - 5회
국군과 유엔군이 인천 상륙 작전을 전개하였다. - 5회

민주주의 시련과 정착

(1954년 사사오입개헌) 초대 대통령에 한해 중임 제한을 철폐하였다. - 6회
평화통일론을 주장한 진보당의 조봉암이 구속되었다. - 4회
(2공화국) 대통령 중심제에서 의원 내각제로 바뀌는 계기가 되었다. - 5회
(4,19혁명) 장면의 민주당 정권이 들어서는 계기가 되었다. - 5회
허정을 수반으로 하는 과도 정부가 수립되었다. - 9회
(6.3 사태) 굴욕적인 한·일 국교 정상화에 반대하여 일어났다. - 7회
통일 주체 국민회의가 조직되어 대통령을 선출하였다. - 11회

경제와 사회 변화

제1차 경제 개발 5개년 계획이 추진되었다. - 6회
서독에 광부와 간호사가 파견되었다. - 7회
미국의 요청에 따라 브라운 각서가 체결되어 베트남 파병이 결정되었다. - 7회
농촌 근대화를 표방하는 새마을 운동이 전개되었다. - 7회
제2차 석유 파동으로 경제 불황이 심화되었다. - 7회
3저 호황으로 물가가 안정되고 수출이 증가하였다. - 9회
경부 고속도로를 준공하였다. - 4회
(1982년 전두환 정부) 프로 야구단이 출범되었다. - 6회
(1993년 김영삼 정부) 대통령 긴급 명령으로 금융 실명제가 실시되었다. - 7회

금융 거래의 투명성을 확보하고자 금융 실명제가 실시되었다. - 8회
(1996년 김영삼 정부) 경제 협력 개발 기구(OECD)에 가입하였다 - 13회
외환 위기로 국제 통화 기금의 구제 금융을 지원받았다. - 6회
외환 위기 극복을 위해 금 모으기 운동이 전개되었다. - 5회
(노무현 정부) 칠레와 자유 무역 협정(FTA)을 체결하였다. - 8회
(노무현 정부) 미국과 자유 무역 협정(FTA)을 체결하였다. - 10회

민주화 운동

3.15 부정 선거에 항의하는 시위가 전국적으로 일어났다. - 9회
(4.19 혁명) 대통령 하야를 요구하는 대학 교수단의 시위행진이 있었다. - 5회
(1976년) 3.1 민주 구국 선언을 통해 긴급 조치 철폐 등을 요구하였다. - 8회
(5.18 광주 민주화 운동) 신군부의 비상계엄 확대가 원인이 되어 일어났다. - 10회
(광주 민주화 운동) 관련 기록물이 유네스코 세계 기록유산으로 등재되었다. - 9회
4.13 호헌 조치에 국민들이 저항하며 철폐를 요구하였다. - 9회
호헌 철폐와 독재 타도 등의 구호를 내세웠다. - 7회
(1987년. 6월 항쟁) 5년 단임의 대통령 직선제 개헌을 이끌어 냈다. - 12회

통일을 위한 노력

7. 4 남북 공동 성명을 실천하기 위한 남북 조절 위원회를 구성하였다. - 17회
(전두환 정부) 최초의 이산가족 고향 방문과 예술 공연단 교환을 실현하였다. - 18회
(노태우 정부) 남북한이 한반도 비핵화 공동 선언에 합의하였다. - 14회
(노태우 정부) 남북 기본 합의서가 채택되었다. - 17회
(노태우 정부) 남북한 유엔 동시 가입을 성사시켰다. - 11회
(김대중 정부) 금강산 관광 사업을 시작하였다. - 13회
(김대준 정부) 6.15 남북 공동 선언이 발표되었다. - 5회
(김대중 정부) 남북 정상 회담이 최초로 개최되었다. - 9회
(김대중, 2000) 개성 공업지구 조성에 합의하였다. - 13회 (입주는 노무현정부)
(노무현 정부) 10.4 남북 공동 선언을 채택하였다. - 7회

주요한 기출 키워드

- 해방 후 정치적 혼란 - 조선 건국 준비위원회, 정읍 발언, 좌우 합작 7원칙, 5.10 총선거
- 대한민국 정부 수립 - 반민족 행위 처벌법, 농지 개혁법, 귀속 재산 처리법, 제주 4.3사건
- 6.25 전쟁 - 인천 상륙 작전, 한·미 상호 방위 조약

용어설명

소련의 참전

1945년 2월 미국, 영국, 소련 지도자들이 얄타회담을 열어, 소련의 대일본전 참전을 결정하였다. 1945년 8월 9일 소련은 일본에 선전포고를 하고 만주국, 사할린, 한반도로 진격했다. 소련군의 참전은 남북 분단의 원인이 되었다.

조선 인민 공화국

1945년 9월 6일 미군 선발대가 도착하자, 건국준비위원회에서 급히 건국을 선포했다. 주석 이승만, 부주석 여운형, 내부무장 김구 등으로 구성되었지만, 이승만, 김구의 동의는 없었다. 실제로는 박헌영 등 공산주의 세력이 주도했다. 미군정의 불인정으로 와해되었다.

유력 정치인의 암살

송진우(1945.12.30)
장덕수(1947.12.2)
여운형(1947.7.19)
김구(1949.6.26.)
등 유력정치인이 해방정국의 혼란 속에 암살을 당했다.

---

① 8.15 광복과 정치적 혼란

시대 상황

1945년 8월 15일 일본이 항복을 선언하고, 우리겨레는 광복을 맞이했다. 하지만 38도선 이남에는 미군이, 이북에는 소련이 진주하여, 새로운 지배자로 등장했다. 한국을 독립시켜야 한다는 것은 국제 사회의 약속이었지만, 어떤 세력을 중심으로 어떤 성격의 정부가 들어서야 하는지가 문제였다. 여러 정치세력의 갈등 속에 정치적 혼란이 지속될 수밖에 없었다.

1) 광복 직전의 상황

- **대한민국 임시정부** : 1941년 충칭에서 조소앙의 삼균주의에 기초한 건국 강령을 반포하여, 민족의 자유와 독립, 민주주의 국가 건설 준비를 하였다.
- **조선 건국 동맹(1944.8)** : 국내에서 독립운동을 준비하던 여운형은 일제의 패망과 광복에 대비하여 조선 건국 동맹을 조직하였다.
- **카이로회담(1943.11)** : 미국, 영국, 중국 지도자들은 한국을 적당한 시기에 독립시키기로 결의하여, 국제적으로 한국의 독립을 처음 보장하였다.
- **포츠담회담(1945.7)** : 미국, 소련, 영국 지도자들은 카이로 선언의 조항은 이행될 것이라고 밝혀, 한국의 독립을 재확인했다.

2) 8.15 광복과 38도선의 획정

- **8.15 광복** : 미국의 원자 폭탄 투하와 소련의 참전으로, 일본이 연합군에 항복하면서, 35년간의 식민 지배에서 벗어나게 되었다.
- **건국준비위원회 활동** : 일본 항복 선언 직후 여운형이 중심이 되어 조선 건국 준비위원회를 조직하였다. 전국에 지부 설치 및 치안대를 조직했다. 좌익 세력이 주도권을 장악하자, 안재홍 등 우파 세력이 탈퇴하였다. 인민 대표자 회의를 열어 조선인민공화국을 선포(1945.9.6)하고, 전국 각지에 인민위원회를 조직해 각 지역의 치안과 행정을 담당했다.
- **미국과 소련의 진주** : 일본군의 무장 해제를 구실로, 소련군은 8월 25일 평양에 진주했고, 미군은 9월 8일 인천에 상륙해 다음날 서울에 진주했다.
- **미군정 실시** : 38도선을 기준으로 남한에서 미군정(1945.9.12~1948.8.15)이 실시되었다. 미군정은 조선총독부 일본인 관리를 행정고문으로 삼고, 경찰을 비롯한 일제 식민지 통치 기구를 그대로 이용했다.
- **아놀드 선언(1945.10.10)** : 미군정장관 아놀드 소장은 38도 이남에 미군정외에 조선인민공화국 등 정부를 표방하는 모든 세력을 불인정했다.

- **북한 상황** : 북한은 소련군정(1945. 10. 3~1946. 2. 15)이 실시되어 공산주의 정권 수립을 지원하고, 조만식 등 민족주의 인사를 대거 숙청했다.

3) 광복 직후 주요 정치 세력

- **우익 세력** : 김성수, 송진우 등은 한국 민주당을 창당(1945. 9. 16)했고, 미군정과 유대를 강화했다. 이승만은 맥아더 전용기를 타고 귀국(1945. 10. 14)하여, 민족주의 정당을 중심으로 독립촉성 중앙 협의회를 결성하였다. 반면 김구 등 대한민국 임시정부 요인들은 미군정의 불허로 개인 자격으로 환국(1945. 11. 23)하였고, 한국 독립당을 만들었다.
- **좌익 세력** : 박헌영은 조선공산당을 재건(1945. 9. 11)하여 책임비서가 된다. 1946년 9월 미군정이 공산당 간부를 검거하려 하자, 북한으로 탈출했다.
- **중도 세력** : 여운형은 조선인민공화국이 와해되자, 1945년 12월 조선 인민당을 결성하였고, 좌우합작 운동을 추진했다.

4) 모스크바 3상 회의(1945.12)

- **회의 목적** : 미국, 영국, 소련 3국 외상회의에서 한국의 통일 정부를 구성하는 구체적 절차를 논의하였다.
- **결정 사항** : 미·소 공동 위원회를 설치하고 4개국(미, 영, 중, 소)에 의한 최고 5년 기한의 신탁 통치를 결정했다.
- **국내 영향** : 신탁 통치 결정을 둘러싸고 좌우대립이 격화되었다. 이승만, 김구 등은 신탁 통치에 반대하는 운동을 전개하였다. 좌익세력은 초기에는 신탁 통치를 반대하였으나, 소련의 지령에 의해 모스크바 회의 결정을 지지하는 찬탁으로 돌아섰다.

용어설명

신탁 통치

유엔의 신탁을 받은 국가가 유엔 총회 및 신탁통치 이사회의 감독을 받아 일정한 지역이 자체 통치 능력을 갖출 때까지 대신 통치해주는 제도다.
신탁 통치는 독립을 전제로 한 조치로, 식민지화와는 달랐다.
하지만 신탁 통치는 자기 나라를 통치할 능력이 없음을 인정하는 것이기 때문에, 한국인 대다수는 신탁 통치에 반대했다.

MEMO

덕수궁 석조전

대한제국의 황궁으로 사용할 목적으로, 1900년 공사에 들어가, 1910년 12월에 낙성식을 했다. 일제는 석조전을 이왕가 미술관, 근대일본미술진열관으로 사용했다. 광복 후, 임시정부 대환영 기념식장, 미소공동위원회 및, 유엔 한국위원단 회의장 등으로 사용되었다.

유엔 한국임시위원단

프랑스, 캐나다, 중국, 호주, 인도, 필리핀, 엘살바도르, 시리아 8개국 대표로 구성된 위원단이 1948년 1월 7일 한국에 도착했다. 위원단은 남한지역만 단독선거를 실시할 지를 심의하였지만, 독자적 결론을 내지 못하고, 유엔총회에 자문을 구하는 보고서를 제출했다.

② 통일 정부 수립을 위한 노력과 남북 분단

시대 상황

38도선 이남은 미국이 지원한 우파세력이, 이북은 소련이 지원한 좌파세력이 권력을 장악한 가운데, 좌우 합작운동, 남북협상을 통해 통일 정부를 수립하려는 노력이 진행되었지만, 끝내 남북은 분단되고 말았다.

1) 제1차 미·소 공동위원회(1946.3~5)

- **개최** : 모스크바 3국 외상 회의 결정에 따라 한국에 임시 정부를 수립하기 위해 덕수궁 석조전에서 미·소 공동위원회가 개최되었다.
- **휴회** : 미국과 소련이 미·소 공동 위원회에 참여할 수 있는 단체 문제로 대립하였다. 소련은 모스크바 회의 결정을 찬성하는 단체로 한정할 것을 주장했지만, 미국이 반대하여 무기한 휴회를 선언했다.

2) 이승만의 정읍 발언(1946.6)

미·소 공동위원회가 결렬되자, 이승만은 정읍에서 발언을 통해, 통일정부에 대한 기대를 포기하고, 남한만의 임시 정부를 조직하자는 남한 단독 정부론을 주장하여, 국내에 파장을 일으켰다. 한국 민주당은 지지선언을 하였다.

3) 좌우합작운동

- **배경** : 신탁 통치 문제로 좌익과 우익의 대립이 심화된 가운데, 이승만 등 우익의 단독 정부 수립 움직임이 등장하는 등 분단이 현실화되자, 통일 정부를 구성하기 위해 좌우익의 대립을 극복하기 위한 운동이 일어났다.
- **좌우 합작 위원회(1946.7)** : 미군정의 지원으로 여운형, 김규식 등 중도 세력을 중심으로 결성되었다.
- **좌우 합작 7원칙 발표(1946.10)** : 좌익과 우익의 입장을 절충해 모스크바 3국 외상 회의 결정에 의하여 남북 좌우합작 민주정부 수립, 친일파 민족반역자 처리 등 좌우합작 7원칙을 발표했다.
- **결과** : 좌·우 세력이 불참하였고, 여운형이 암살되고(1947.7), 미군정의 지원이 철회되자 활동에 어려움을 겪었다. 결국 해체(1947.10.6)되었다.

4) 제2차 미·소 공동위원회(1947.5~10)

미국과 소련이 한국 문제를 논의하기 하였으나, 제2차 미·소 공동 위원회도 결렬되었다. 미국은 신탁 통치안을 포기하고, 한국문제를 UN에 이관시켰다.

5) 한국 문제의 유엔 상정(1947.11)

미국이 한국문제를 유엔에 상정하였다. 11월 제2차 유엔 총회에서 미국이 제안한 한국통일안을 통과시켰다. 이에 따라 한반도의 공정한 선거와 민주적인 정부 수립을 돕기 위해 유엔 한국 임시위원단(UNTCOK)이 발족하였다.

6) 유엔 한국임시위원단(1948.1) 내방

한국 내 총선거를 감시할 유엔 한국 임시위원단이 한국에 입국하였다. 하지만 소련의 반대로 입북을 거부당했고, 북한 지역에서 총선을 실시할 수 없음을 유엔 소총회에 보고했다. 결국 2월 유엔소총회에서는 남한만의 총선거(5.10 총선거)를 결정하였다.

7) 남북 협상(1948.4.19~30)

- **김구와 김규식의 방북** : 김구와 김규식은 통일 정부 구성을 위한 남북 협상을 추진하였다. 평양에서 김일성, 김두봉 등 북측 지도자와 협상하였다.
- **성명서 발표** : 전조선 정당 사회단체 지도자 협의회의 명의로 성명서를 발표하여, 남북통일정부 수립 방안으로 외국 군대 즉시 철수, 남한 단독 선거 반대, 전조선 정치회의를 소집해 통일적 민주정부 수립 등을 주장했다.
- **결과** : 아무런 성과를 얻지 못하였다. 도리어 대한민국 정부 수립과정에서 통일정부 수립노선을 택하였던 인사들이 배제되었다. 김구와 김규식은 5.10 총선거에 불참하고, 통일독립촉진회를 결성(7.21)하였다.

8) 5.10 총선거 (1948.5.10.)

남한 지역에서 최초로 실시된 직접, 비밀, 평등, 보통 선거였다. 21세 이상 모든 남녀에게 선거권이 부여되었으며, 제주도 2곳을 제외한 전 선거구에서 198명 제헌의원(임기 2년)을 선출했다.

〈해방에서 통일까지 주요 정치 상황〉

사건	시점	주요 내용
모스크바3국외상회의	1945.12	5년간 신탁통치 결정. 미국과 소련이 공동위원회 설치
1차미소공동위원회	1946.3~5	미소공동위원회에 참여할 단체 문제로 대립, 결렬
정읍 발언	1946.6	이승만, 남한 단독정부 설립 주장
좌우합작 운동	1946.7~1947.10	여운형, 김규식 등 중도세력이 좌우합작위원회 구성, 미군정의 지지
	1946.10	좌우합작 7원칙 발표
2차미소공동위원회	1947.5~10	협상 결렬, 미국이 신탁 통치안 포기, 한국문제를 UN에 이관
유엔한국임시위원단	1948.1	소련이 입북 반대, 2월 유엔소총회에서 남한만 선거 결정
남북협상	1948.4	김구, 김규식 평양방문, 김일성, 김두봉과 남북협상, 성과 없음
5.10총선거	1948.5	남한만의 총선거 실시

용어설명

조선인민유격대

여수·순천 사건 이후 좌익 군인을 흡수해, 1949년 7월 남조선로동당 산하에 조선인민유격대가 창설되었다.
한국전쟁 전후에 대한민국 영역에서 유격전을 수행했으며, 흔히 빨치산, 남부군 등으로 불렸다. 1953년에 실질적으로 활동이 종료되었다.

국회 프락치 사건

1949년 6월 김약수 등 진보적 국회의원 일부가 남로당 프락치(공작원)와 접촉해 정국을 혼란시키려 했다는 혐의로 이들을 검거한 사건이다. 이때 체포된 의원이 관여한 반민특위의 해체에도 영향을 끼쳤다.

노덕술(1899~1968)

일제 강점기 고등계 형사로, 독립운동가를 체포, 고문한 악질 경찰이었다. 일본의 전쟁 수행에도 적극 협력했다. 해방 후, 수도경찰청 수사과장에 기용되어, 반이승만 세력 숙청, 좌익분자 검거에 앞장섰다. 반민족 행위 특별 조사 위원회에 체포되었으나, 이승만은 그를 반공투사라며 석방을 요구했고, 반민특위 해체로 풀려나 경찰에서 도리어 승진했다.

③ 대한민국 정부 수립

시대 상황

5.10 총선거를 통해 민주적 절차에 의해 대한민국 정부가 수립되었다. 정치 갈등 해소, 친일파 청산과 농지 개혁 등 국내의 수많은 과제가 산적한 가운데, 미·소 냉전 대결의 최전선에 위치해 불안한 상황 속에 대한민국 정부가 출범했다.

1) 대한민국 정부의 수립

- **제헌 헌법 공포(1948.7.17.)** : 5.10 총선거로 선출된 국회의원들로 제헌국회가 구성되어, 헌법을 제정하여, 공포하였다. 대통령 중심제, 대통령 중임(2회), 삼권 분립, 양원제 등을 헌법에 명시했다.
- **대통령 선출** : 제헌국회에서 국회 간접 선거로, 임기 4년의 대통령 이승만과 부통령 이시영을 선출하였다.
- **대한민국 정부 수립(1948.8.15.)** : 대한민국 정부 수립이 공식적으로 선포되었고, 1948년 12월에는 유엔 총회에서 대한민국을 한반도에서 유일한 합법 정부로 승인하였다.

2) 정부 수립을 전후한 갈등

- **제주 4.3사건(1948.4.3.)** : 남로당 제주도위원회 등 좌익 세력은 제주도 인민유격대를 조직해, 무장 봉기를 일으켰다. 계엄 상태에서 치러진 5.10총선에서 제주도 지역구 2곳의 선거가 무효화되었다. 정부 수립 후 이승만은 본토의 군 병력을 투입해, 강경 진압에 나서 제주도 중산간 지대를 초토화시켰다.
- **제주 4.3 사건의 결과** : 군경의 진압과정에서 무고한 많은 주민이 희생되었다. 2000년에 '제주 4.3사건 진상 규명 및 희생자 명예회복에 관한 특별법'이 제정되었다.
- **여수·순천 10.19사건(1948.10.19.~27)** : 이승만 정부가 제주 4.3사건을 진압하기 위해 여수 주둔 군대에 제주 출동 명령을 내리자, 군 내부에 좌익 세력이 군사반란을 일으켰다. 국군, 경찰에 의해 반란군이 진압되었지만, 여수, 순천 일대 많은 민간인이 희생당했다.
- **여수·순천 10.19사건의 영향** : 이승만 정부는 1948년 12월 1일 국가보안법을 제정하고 반공주의를 강화하였다.

3) 반민족 행위 처벌법(1948.9)

- **배경** : 광복 후, 국민들의 최우선 요구사항은 친일 잔재 청산이었다. 제헌 헌법에 반민족 행위자를 소급 처벌할 수 있는 근거가 마련되어 있었다.
- **반민족 행위 처벌법 제정(1948.9)** : 제헌국회에서 민족정기를 바로 잡기 위해 반민족 행위 처벌법이 제정되었다. 일제 강점기 반민족 행위자에 대한 처벌, 재산 몰수, 공민권 제한하는 조항을 마련하고, 반민족 행위 특별조사위원회를 설치하였다.
- **반민족 행위 특별 조사 위원회 활동** : 반민족 행위를 한 인물들을 조사하여, 노덕술, 박흥식, 최린, 최남선, 이광수 등을 체포, 조사했다.
- **이승만 정부의 방해** : 국회 프락치 사건을 일으키고, 경찰이 반민족 행위 특별 조사 위원회를 습격하여, 위원회의 활동을 방해하였다.
- **결과** : 반민족 행위 처벌법 시효 축소(1950년 6월 → 1949년 8월)로 반민특위가 해체되어, 친일파 청산이 좌절되었다.

4) 농지 개혁법(1949.6)

- **배경** : 일제강점기 지주 중심의 토지 제도가 고착화되어 있었다. 동양척식주식회사 및 일본인이 차지한 농지를 농민에게 되돌려줄 법 제정이 시급했다.
- **신한공사 설립(1946.3)** : 미 군정청은 동양척식주식회사와 일본인 귀속 재산 처리를 위해 신한공사를 설립했다. 38도선 이남 전체 경지면적의 13.4%, 전체 농가의 27%인 60만 농가를 소작농으로 관리했다. 소작료는 기존의 1/3 수준이었다. 1948년 3월 미군정은 귀속 농지를 생산물의 3배로 쳐서 매년 2할씩 15년 상환 조건으로 토지를 매각했다.
- **농지개혁법 제정(1949.6)** : 제헌국회에서 유상 매수, 유상 분배 원칙의 농지 개혁법이 제정되었다. 1950년 일부 개정되어 시행되었다. 경자유전의 원칙에 따라 실제 경작하는 농민에게 토지를 매각했고, 1가구 당 3정보 이내로 토지 소유를 제한하였다. 매년 평균 생산량의 1.5배를 5년간 현물로 상환하도록 하였다.
- **결과** : 지주제가 사라지고, 농민 중심의 토지 소유가 확립되었으나, 토지 매입금을 감당할 수 없는 영세 농민은 몰락하였다. 3정보 이내로 토지소유를 제한해, 농업의 영세화를 초래했다.
- **한계** : 북한의 농지개혁(토지상한선 5정보, 무상몰수, 무상분배)과 비교해 농민에게 불리하여 농민의 불만이 컸다. 지주세력 역시 반발이 커서 개혁이 지연되었다. 일부 지주들은 개혁이 단행되기 전에 토지를 미리 처분하였고, 6.25 전쟁으로 인해 개혁 추진에 어려움을 겪었다.

5) 귀속재산처리법(1949.12)

광복 직후 미군이 신한 공사를 두어 관리했던 일제 귀속 재산은 대한민국 정부로 이관되었다. 정부는 일제가 남긴 재산 처리를 위해 귀속재산처리법을 제정하였다. 이 법에 따라 1950년대에 귀속재산 대부분을 민간에게 불하하였다. 재산 불하를 통해 민간 기업이 탄생하게 되었다.

◀ MEMO ▶

용어설명

애치슨 선언의 영향

애치슨은 미국의 동북아시아에 대한 극동방위선에서 대한민국, 중화민국, 인도차이나 반도를 제외한다고 발표했다. 애치슨 선언으로 공산진영에서는 남한을 침략할 경우 미국이 참전하지 않을 것이라고 판단하게 되었다. 애치슨 선언이 한국전쟁의 한 원인으로 지목된다.

한강 인도교 폭파

1950년 6월 28일 2시 30분 국군이 한강인도교를 폭파하여 수많은 사람이 사망했다.
대통령 이승만은 서울을 굳게 사수한다고 약속해놓고, 본인은 6월 27일 새벽에 대전으로 피난을 간 상황이었다.

1950년 남대문 주변

9.28수복 직후 상황으로, 포격으로 수많은 건물이 파괴되었다.

④ 6.25 전쟁

전쟁 배경

미국과 소련 사이에 냉전 체제가 공고해졌고, 남한과 북한에 체제가 다른 두 개의 정부가 수립되어 대립이 심해졌다. 1949년 중국이 공산화되면서, 공산권이 확대되고 있었다.

1) 전쟁 직전 남북한과 미국의 상황

- **애치슨 선언** : 미국은 대한민국 정부가 수립된 후 한반도에서 미군을 철수하기 시작했다. 1950년 1월 12일 미국 국무장관 딘 애치슨이 미국의 태평양 방어선에서 한반도를 제외하기로 한 애치슨 선언을 발표하였다.
- **북한의 전쟁 준비** : 김일성은 소련과 중국을 방문하여, 전쟁 동의와 군수 물자 지원을 약속받았다. 중국의 지원으로 조선 의용군을 인민군에 편입하여 군사력을 강화했고, 소련으로부터 탱크 등을 지원받았다.
- **한국의 상황** : 내부 정치적 분란과, 좌익세력의 준동 등으로 혼란이 지속되는 상황이었다. 전쟁 준비 또한 미흡한 상황이었다.

2) 6.25 전쟁의 발발과 전개과정

- **북한군의 무력 남침(1950.6.25.)** : 북한군은 기습적으로 남침하여, 3일 만에 서울을 함락시키고, 7월에는 낙동강까지 진격했다.
- **이승만 정부의 수도 이전** : 부산을 임시 수도로 삼아 피난을 갔다.
- **미국과 유엔군 파병** : 미국의 주도하에 유엔 안전 보장 이사회의 결의로 맥아더를 총사령관으로 하는 유엔군이 참전을 결정했다(1950.7.1) 16개국에서 파견된 유엔군은 국군과 함께 낙동강 방어선을 구축하였다.
- **인천 상륙작전(9.15)** : 국군과 유엔군은 인천 상륙 작전을 전개하였다. 이 작전의 성공으로, 서울을 수복(9.28)하였다.
- **북진** : 국군과 유엔군은 38도선을 넘어(10.1), 압록강까지 진격(10.24)하였고, 최대 북진(11.25) 하였다.
- **중국군의 개입** : 중국군의 개입(10.25)으로 국군과 유엔군은 흥남 부두에서 해상 철수(12.9)를 하는 등 후퇴를 거듭하였고, 1951년 1월 4일에는 서울을 빼앗기고 말았다.
- **전쟁 교착 상태** : 재반격을 시도한 국군과 유엔군은 서울을 재탈환하고, 38도선 부근에서 교착 상태를 보이기 시작했다.
- **정전협정 논란** : 소련의 제안에 따라 휴전 협정이 진행되었으나, 휴전선 설정과 포로 교환 방식 문제로 대립하여, 2년간(1951.7~1953.7.27.) 협상이 지연되었다.
- **반공 포로 석방** : 정전 협정 진행에 반대한 이승만은 반공포로를 일방적으로 석방(1953.6.18.)하였다.
- **정전협정 조인(1953.7.27)** : 판문점에서 6.25전쟁 정전협정이 조인되었다.

3) 전쟁의 피해와 영향

- **전쟁 피해** : 수많은 살상자가 발생하였고, 이산가족, 전쟁고아 등이 발생하였으며, 수많은 산업 시설이 파괴되었다.
- **분단의 고착화** : 남북 상호간에 적개심이 커져, 분단이 더욱 고착화되었다. 남한에서는 반공 체제를 강화시켰으며, 남북 대치 상황을 이용해 남한과 북한 모두 독재 체제를 강화시켰다.
- **한·미 상호 방위 조약 체결(1953.10)** : 한국과 미국 간에 한반도 무력 충돌이 발생할 경우, 미국이 즉각 개입한다는 내용을 담은 한·미 상호 방위조약이 체결되고, 미군이 한국에 주둔하게 되었다.

〈 전쟁 진행 과정 〉

▲ 북한군 남침
(1950.6.25.1950.9)

▲ 국군과 유엔군 반격
(1950.9.15~1950.11)

▲ 중국군의 개입
(1950.10.25~1951.1)

▲ 전선고착과 휴전
(1951.1~1953.7.27)

용어설명

거제 포로수용소

6.25전쟁 당시 사로잡은 조선인민군과 중국군 포로들을 수용하기 위해 거제도에 포로수용소가 설치되었다.
1951년 2월부터 1953년 7월까지 운용되었다. 15만 명의 포로가 반공포로와 공산포로로 나눠 수용되었다.
1952년 5월 7일에는 거제도 포로 소요사건이 발생하여, 수용소 소장 도드 준장이 포로들에게 납치되었다가 석방되기도 했다.

◀ MEMO ▶

민주주의 시련과 정착

주요한 기출 키워드

- 이승만 정부 - 발췌개헌, 사사오입 개헌, 조봉암 구속, 국가보안법 파동
- 제2공화국 - 4.19혁명, 교수단 시위행진, 의원 내각제, 양원제, 장면 민주당 정권
- 박정희 정부 - 6.3사태, 베트남 파병, 3선 개헌, 유신헌법, 통일주체 국민회의, 3.1 민주 구국선언, 부마항쟁, 10.26 사태
- 5공화국 - 12.12군사반란, 5.18 광주 민주화 운동, 6.10 민주 항쟁, 6.29 선언

용어설명

사사오입

넷 이하는 버리고 다섯 이상은 열로 하여 윗자리에 끌어올려 계산하는 방식이다.
1954년 국회 투표에서 개헌안이 통과되려면 전체 205명 중 2/3를 넘은 136명의 찬성이 필요하다. 자유당은 205명의 2/3는 135.33명이므로, 사사오입하면 135석이 된다는 논리를 내세워 개헌안을 통과시켰다.

계엄

전쟁 혹은 큰 사고, 또는 이에 준하는 국가비상사태에서 지역 내의 행정권 또는 사법권을 군대에 이관하고 헌법에 보장된 국민의 기본권을 제한할 수 있는 법제도다.

장면 부통령 테러

1956년 이승만은 81세(1875년생) 노인이었다. 이승만에게 변고기 생기면 부통령이 권한을 이어받을 수 있기 때문에, 자유당에서 민주당 출신 장면에게 사임 압박, 테러 등을 감행했다.
1960년 3.15선거에서 부통령을 자유당에서 배출하고자 부정선거를 저질렀다.

시대 배경

민주주의가 아직 뿌리를 내리지 못한 상황에서 영구집권을 획책하는 독재자와 그 추종세력이 등장했다. 독재정치를 타도하고, 민주화를 정착시키기까지 많은 이들의 희생과 고난이 필요했다.

① 이승만과 자유당 정부

1) 발췌 개헌(1차 개헌, 1952.7.4)

- **자유당 창당(1951)** : 제2대 국회의원 선거(1950.5)에서 정부에 비판적인 의원이 과반수 이상 당선되자, 이승만은 자유당을 창당 지지 세력을 모았다.
- **이승만의 개헌 시도** : 1951년 11월 이승만은 국회의원들이 선출하는 대통령 간선제에서는 자신이 재선될 수 없다고 판단하여, 대통령 직선제 개헌을 시도했다. 개헌안은 국회에서 찬성 19표, 반대 143표로 부결되었다.
- **부산 정치 파동** : 전쟁 중에 이승만은 비상계엄을 선포하고, 개헌에 반대하는 야당 의원들을 헌병대를 동원해 연행했다. 폭력을 동원한 정치적 파동을 일으키자, 부통령 김성수는 '민주주의를 유린한 행위'라고 반발했다.
- **발췌 개헌(1952.7.4)** : 군경이 국회의사당을 포위한 가운데 국회의원의 기립 표결로 강압적으로 대통령 직선제 개헌안을 통과시켰다.
- **결과** : 1952년 8월 5일 대통령 직선제 선거에서 이승만이 당선되었다.

2) 사사오입 개헌(2차 개헌, 1954.11.27)

- **발단** : 이승만은 영구 집권을 획책하여, 개헌 당시의 대통령에 한해 중임 제한을 철폐하자는 개헌안을 발의했다.
- **개헌안 투표** : 개헌이 이루어지기 위해서는 국회의원 3분의 2의 동의를 얻어야 하지만, 1표가 부족하여 개헌안이 부결되었다.
- **자유당의 억지 통과** : 2일 후, 자유당은 폭력배들을 국회 방청객으로 투입하고, 사사오입 논리로 내세워 개헌안 통과를 선언했다.
- **호헌동지회(1954)** : 사사오입 개헌에 반대해 60여명의 정치인이 모여 호헌 동지회를 결성하였다. 이들이 1955년 민주당을 출범시켰다.

3) 3대 대통령 선거(1956.5.15)

- **후보자** : 자유당에서는 대통령 후보 이승만, 부통령 후보 이기붕이 출마했고, 야당인 민주당에서는 신익희와 장면, 무소속으로 조봉암이 출마했다.
- **결과** : 선거를 10일 앞두고 민주당 신익희가 급사하여, 대통령 이승만, 부통령 장면이 당선되었고, 평화통일론을 주장한 조봉암은 30% 득표를 했다.

4) 이승만과 자유당 정권의 영구집권 계획

- **9.28 테러(1956.9.28)** : 장면 부통령을 총탄 저격한 사건이 발생했다.
- **진보당 사건(1958)** : 이승만은 경쟁자로 떠오른 조봉암이 혁신 세력을 규합하여 진보당을 창당하자, 진보당 간부들을 국가변란 및 간첩죄로 체포하고 조봉암을 간첩으로 몰아 사형시켰다. (1959)
- **국가보안법 개정(1958.12)** : 대통령을 비난한 자를 10년 이하 징역에 처하는 내용 등을 담은 국가보안법 개정안을 통과시킨 보안법 파동이 일어났다. 무술경관을 동원해 야당의원을 감금하고, 자유당만 출석해 통과시켰다.

② 4.19 혁명과 제2공화국

1) 4대 대통령 선거(1960.3.15)

- **후보자** : 자유당은 대통령 후보로 이승만, 부통령 후보로 이기붕이 출마했고, 야당인 민주당은 조병옥과 장면이 출마했다.
- **3.15 부정선거** : 선거를 한 달 앞둔 시점에서 민주당 대통령 후보 조병옥이 미국에서 갑자기 사망(1960.2.15)한 탓에, 이승만이 단독 대통령 후보가 되었다. 하지만 부통령에 장면이 될 것을 우려한 자유당은 여당 부통령 후보 당선을 위한 3.15 부정선거를 자행하였다.

2) 4.19혁명

- **발단** : 미국의 원조 축소로 인한 경기 침체와 실업 증가, 이승만 정부의 독재와 부정부패로 인한 사회 경제적 불안감, 3.15 부정선거에 대한 분노로 전국적인 부정선거 규탄 및 재선거 시위가 벌어졌다.
- **김주열 학생의 죽음** : 부정선거에 항의한 3.15 마산의거에 참여했던 김주열 학생이 4월 11일 마산 앞바다에 시신으로 떠오른 것이 보도되자 분노한 시민이 시위를 했고, 경찰 무력진압에 항의하는 전국적인 시위로 확산되었다.
- **비상계엄령 선포(4.19)** : 고려대 학생 시위대가 정치깡패에게 피습(4.18) 되자, 4월 19일 학생들이 일제히 궐기하였다. 이승만은 전국에 비상계엄령을 선포하였지만, 대통령 하야를 요구하는 대학 교수단의 시위행진(4.25)이 이어졌다.
- **이승만 하야 선언(4.26)** : 이승만은 대통령 하야를 발표하고 미국으로 망명하였고, 이기붕은 아들의 총에 맞아 죽었다.
- **4.19 혁명의 의미** : 국민들의 요구에 굴복하여 대통령이 하야하는 결과를 가져왔다. 허정 과도정부 성립의 배경이 되었다. 대통령 중심제에서 의원 내각제로 바뀌는 계기가 되었다. 국민의 힘으로 독재 정권을 몰아낸 민주주의 혁명으로, 민주주의 발전의 기반이 되었다.

용어설명

소급입법

법령상 종결된 사실관계나 법률관계에 법을 적용하는 것이다. 현재는 헌법상 소급입법을 금지하고 있으나, 예외적으로 중대한 공익상의 사유가 있을 때는 허용된다.

양원제

국회의원을 상원과 하원으로 나눠 구성하는 제도. 상원과 하원이 서로 견제하여 권한을 조절함으로써 독단과 부패를 막는 효과가 있다. 발췌개헌에서 양원제 구성이 명시 되었으나, 상원이 구성되지 않았다.
2공화국에서 상원인 참의원 58명과 하원인 민의원 233명이 국민투표로 선출되어 장면 내각을 구성했다. 양원제는 2공화국 외에는 시행되지 않았다.

중앙정보부

1961년 국가 안전보장을 목적으로 설치되어 박정희 정권 창출과 유지를 위해 활용되었다. 1981년 국가안전기획부, 1999년 국가정보원으로 개편되었다.

1차 인혁당 사건

박정희 정부는 한·일 협정에 반대 시위를 한 자들을 구속하고, 이들이 북한의 지령을 받아 인민혁명당을 결성하여 국가 변란을 시도했다고 발표하고 기소했다. 2015년 대법원은 관련자들을 무죄로 판결했다.

3) 제2공화국(1960.6.15~1961.5.16)

- **3차 개헌(6.15)** : 4.19혁명 직후 허정을 수반으로 하는 과도정부시기에 추진되었다. 의원내각제와 양원제를 골자로 하는 개헌안이 통과되었다.
- **5대 국회의원 선거(7.29)** : 민의원 233명, 참의원 58명이 선출되었고, 민주당이 다수당이 되었다.
- **4대 대통령 선거 재시행(8.12)** : 국회 양원합동회의 대통령 선거에서 윤보선, 국무총리(행정수반) 장면이 선출되었다.
- **4차 개헌(11.29, 소급입법개헌)** : 3.15 부정선거 주모자 처벌 등을 위한 개헌으로, 소급법을 적용했다. 혁명재판소 및 혁명검찰부가 설치되어 혁명재판이 진행되어, 3.15 부정선거 원흉과 발포 책임자, 부정축재자 처벌을 시작했다.
- **민주주의 확산** : 노동 운동, 교원노조 운동, 청년 운동, 학원 민주화 운동 등이 활발해졌다.
- **장면 내각의 문제** : 민주당 내 구파(윤보선 등), 신파(장면 등)의 세력 다툼이 일어나, 윤보선이 탈당해 신민당을 창당해 장면 내각과 대립했다. 또한 국민의 다양한 요구를 수용하지 못하였고, 3.15 부정 선거 책임자 처벌 등에서 소극적인 모습을 보였다.

③ 5.16 군사 정변과 제3공화국

1) 5.16 군사 정변(1961.5.16)

- **군사 정변 이유** : 장면 내각의 무능과 사회 혼란을 이유로, 박정희와 일부 육사출신 장교들이 군사정변을 일으켜, 국가 권력을 장악했다.
- **박정희 군사정권** : 박정희는 반공을 국시로 내건 혁명 공약을 발표하였다.
  국가 재건 최고 회의를 구성하고, 군정을 실시했다. 국회, 정당, 사회단체를 해산하고 구 정치인의 활동을 금지시켰으며, 사회 정화 사업이란 이름으로 불량배를 소탕하고 부정 축재자를 처벌했다.
- **5차 개헌(1962.12)** : 대통령 중심제와 국회 단원제, 대통령 직선제(4년, 중임가능)를 골자로 한 5차 헌법 개정안이 국민투표를 통해 확정되었다.
- **5대 대통령 선거** : 박정희는 민주공화당을 창당하고, 민주 공화당 후보로 출마하여, 민정당 윤보선을 1.5% 차이로 겨우 이기고 당선되었다.

2) 제 3공화국(1963~1972)

■ 한·일 국교 정상화(1965)
- **추진 배경** : 경제 개발에 필요한 자본을 마련하려는 한국과, 한·미·일 안보체제를 구축하려는 미국의 요구가 맞물려 진행되었다.
- **김종필·오히라 비밀회담(1962)** : 중앙정보부장 김종필과 일본 외무 장관 오히라가 비밀 회담을 진행하여, 일본이 독립 축하금 및 차관을 제공하는 조건으로 한·일 국교 정상화를 추진하기로 약속하였다.
- **6.3시위(1964)** : 식민 통치에 대한 사과와 배상이 없자, 국민들은 굴욕적인 한·일 국교 정상화에 반대하고, 시위를 하였다.
- **비상 계엄령** : 6. 3 시위가 전개되자, 비상 계엄령이 선포되었다.
- **국교 정상화(1965.6)** : 한·일 협정이 체결되어 일본과 국교를 수립했다.

■ 베트남 파병(1964~1973)
- **추진 배경** : 경제개발에 필요한 자본을 마련하려는 한국과, 베트남 전쟁에 필요한 용병을 구하려는 미국의 요구가 맞물려 진행되었다.
- **파병(1964)** : 미국의 경제, 군사적 지원 약속을 받고 파병을 시작했다.
- **브라운 각서(1966)** : 한국군의 전력 증강과 AID(미국의 국제 개발법) 차관 제공에 합의한 베트남 파병에 관한 브라운 각서가 체결되었다.
- **결과** : 전사자 5천여 명, 부상자 1만 1천여 명이 발생하였고, 고엽제 후유증, 베트남 민간인의 희생, 라이따이한 문제가 발생하였다. 반면 베트남 특수와 미국의 지원으로 경제와 군사력이 성장했다.

■ 3선 개헌(6차 개헌, 1969)
- **6대 대통령 선거(1967)** : 박정희는 경제 개발에 성공하여, 윤보선 후보를 제치고 대통령 연임에 성공하였다.
- **3선 개헌** : 박정희는 더 이상 대통령이 될 수 없자, 대통령 3회 연임을 허용하는 개헌논의를 시작했다. 다수당을 차지한 공화당을 앞세워 국회에서 장기 집권을 위한 3선 개헌이 통과되었다. 국민투표로 확정되었다.
- **7대 대통령 선거(1971)** : 공화당 후보 박정희가 신민당 후보 김대중을 근소한 차이로 누르고 3선에 성공했다.

④ 유신 체제와 제4공화국

1) 7차 개헌 (유신헌법, 1972)

- **배경** : 닉슨 독트린 발표(1969)로 냉전 체제가 완화된다. 국제 원유가격 상승으로 경제 불황마저 닥치자 국민의 불만도 커지고, 야당의 지지율이 올라갔다. 반공을 국시로 내걸었던 박정희 정부는 다음 선거에서 패배할 수 있다는 위기감을 갖게 되었다.
- **10월 유신 (1972.10.17)** : 박정희는 국가 안보와 조국 통일을 명분으로, 전국에 비상계엄령을 선포하고, 국회해산 및 헌법 정지를 골자로 하는 대통령 특별선언을 발표했다.
- **7차 개헌** : 모든 정치 활동을 금지시키고, 10월 27일 비상 국무회의에서 7차 헌법 개정안(유신헌법)을 의결하고 국민 투표로 통과(12.27)시켰다.
- **유신 헌법의 특징** : 국회의원 3분의 1의 추천권, 국회 해산권, 법관 인사권, 국민의 기본권을 제한할 수 있는 긴급조치권을 대통령에 부여하였다. 대통령의 임기를 6년으로 늘리고 출마 횟수에 제한을 없앴고, 통일 주체 국민회의에서 간선제로 대통령을 선출하게 하였다.
- **제왕적 대통령의 탄생** : 1972년 12월 23일 통일주체국민회의에서 단독 입후보한 박정희는 99%의 찬성으로 제8대 대통령에 선출되었다. 영구집권이 가능해진 박정희는 입법, 사법, 행정에 대한 모든 권한을 갖게 되었다.

2) 유신 체제에 대한 저항과 탄압

- **개헌 청원 100만인 서명 운동(1973)** : 장준하, 함석헌, 김수환 추기경 등은 개헌 청원 운동 본부를 발족하고 100만 서명 운동을 전개했다.
- **3.1 구국선언(1976)** : 함석헌, 김대중, 윤보선, 문익환 등 종교인, 정치인, 지식인, 학생 등이 박정희 정권 퇴진과 민주 인사 및 학생들의 석방을 요구하며 명동 성당에서 3.1 민주 구국 선언을 발표하여 유신 체제에 저항하였다.

용어설명

라이따이한

대한민국 국군과 현지 베트남 여성 사이에 태어난 2세를 말한다.

닉슨 독트린

1969년 7월 25일에 발표한 미국의 외교정책이다. 베트남 전쟁과 같은 군사적 개입을 피하고, 아시아 각국에 경제중심의 원조를 하며, 상호안전보장을 위한 기구를 만든다는 내용 등이 담겨있다.

통일주체국민회의

1972년 12월~1980년 10월까지 존재했던 간접민주주의 기관이다. 8대 박정희, 9대 박정희, 10대 최규하, 11대 전두환 대통령을 선출했다.

김대중 납치사건

1973년 8월 8일 일본 도쿄 호텔에서 야당지도자 김대중을 한국 중앙정보부 주도하에 괴한들이 납치하였다가, 수장(水葬) 직전 구출하여 5일 후에 되돌려 보내졌다. 이 사건은 여론을 크게 자극해 학생들의 대규모 시위로 이어졌다.

민주주의

국민이 권력을 가짐과 동시에 스스로 권리를 행사하는 정치 형태이다. 민주주의 국가가 되려면 국민의 기본권이 존중되고, 권력의 전제화를 억제할 정치제도 확립이 충족되어야 한다. 독재국가는 민주국가가 아니다.

신군부

육사출신 장교들이 만든 사조직 하나회를 중심으로 정치권력을 장악한 군 세력이다. 육사 11기 보안사령관 전두환, 9사단장 노태우 등은 12.12일 상관인 계엄사령관인 육군참모총장 정승화, 장태완 수도방위사령관 등을 체포하고, 군권을 장악했다.

위르겐 한츠페터

독일인 기자로, 1980년 5월 목숨을 걸고 광주에 들어가 계엄군이 일으킨 참사 현장을 촬영하여, 전 세계에 5.18민주화 운동의 참상을 알렸다. 2017년 개봉된 영화 『택시운전사』는 그와 그를 도운 택시운전사 김사복, 광주시민의 이야기를 담아냈다.

- **긴급 조치 발령** : 국민의 유신 체제에 대한 저항이 거세지자, 박정희는 긴급 조치를 1호부터 9호까지 발령하여 비판세력을 탄압하였다.
- **인혁당 사건(1974)** : 유신 반대운동을 전개한 전국 민주 청년 학생 총연맹(민청학련)의 배후 조직으로 인민 혁명당을 지목하고 8명을 체포해, 사형을 집행하였다. 2007년 재심에서 대법원은 이들에게 모두 무죄를 선고했다.

3) 유신 체제의 붕괴

- **10대 국회의원 선거(1978.12.12)** : 통일주체국민회의를 통해 9대 대통령 선거(1978)에 박정희가 당선되었지만, 야당인 신민당은 득표율 32.8%로 박정희의 민주공화당의 31.7%보다 앞섰다.
- **YH 무역 사건(1979)** : 회사 폐업에 항의하던 YH무역 노동자들이 신민당 당사에서 농성을 벌이자, 경찰이 강경 진압하여 노동자가 사망하였다. 신민당 총재 김영삼은 기자 회견에서 유신 체제를 거세게 비판하였다.
- **김영삼 제명과 부마항쟁** : 대통령 모독죄로 국회에서 김영삼 신민당 총재를 제명 처리하자, 부산과 마산 일대에서 대규모 시위가 일어났다. 박정희는 계엄령을 선포하여 공수특전단 병력을 투입하고, 위수령을 선포해 군부대를 동원해 강경하게 진압했다. 유신 체제가 붕괴되는 계기가 되었다.
- **10.26사태(1979)** : 중앙정보부장 김재규가 박정희 대통령과 차지철 경호실장을 총으로 저격하면서, 박정희 유신체제가 끝나게 되었다.

5 신군부의 등장과 5공화국

1) 신군부의 등장

- **계엄령 선포** : 10.26사태 후 계엄령이 선포되었다. 최규하 국무총리가 10대 대통령에 선출(1979.12.6)되었으나, 실권이 없었다.
- **12.12 군사반란** : 보안사령관 전두환을 비롯한 신군부 세력이 쿠데타를 일으켜 권력을 장악했다.
- **서울의 봄** : 10.26사태 이후 유신 헌법 폐지, 신군부 폐지, 비상계엄 철폐 등을 요구하는 민주회의 요구가 커졌다. 5월 15일 서울역 시위에서 학생과 시민이 모여 민주화의 진전을 요구했다.
- **비상계엄령 확대** : 신군부는 비상계엄령을 전국으로 확대하고, 모든 정치 활동을 금지하고, 언론 검열 강화 등의 조치를 취했다.

2) 5.18 민주화 운동

- **배경** : 신군부의 정권 장악과 민주화 운동 탄압에 대한 반발과, 신군부의 비상계엄 확대에 반대하여 일어났다.
- **전개** : 전라남도 광주시 학생과 시민들이 신군부 퇴진을 요구하며 시위를 전개했다. 신군부가 파견한 계엄군은 무차별적으로 시위를 진압하였다. 시위대는 시민군을 조직하여 대항하였으나, 계엄군에게 진압되었고, 다수의 사상자가 발생하고 시민들이 희생되었다.
- **의의** : 관련 기록물이 유네스코 세계 기록유산으로 등재되었다. 1980년대 민주화 운동의 기반이 되었고, 군부 독재에 저항한 민중의식을 표출했다.

3) 제5공화국

- **성립** : 5.18민주화 운동을 진압한 신군부는 국가 보위 비상 대책 위원회를 구성하여 입법, 사법, 행정 3
권을 장악했다.
- **11대 대통령 선거(1980.8.27.)** : 신군부는 최규하 대통령을 압박해 사퇴시키고, 통일주체 국민회의에
서 전두환을 대통령으로 선출했다.
- **8차 개헌(1980.10)** : 대통령 선거인단에 의한 간접 선거제를 규정하였고, 임기 7년 단임의 대통령을
선출하는 내용의 개헌안이 통과되었다.
- **12대 대통령 선거(1981.2.25.)** : 대통령선거인단 선거에서 전두환을 대통령으로 선출하였다.

4) 6월 민주 항쟁 (1987)

- **12대 국회의원 선거(1985.2.12.)** : 김대중, 김영삼이 이끈 신한민주당이 약진하여, 재야 세력과 함께
대통령 직선제 개헌 운동을 추진했다.
- **박종철 고문치사 사건(1987.1)** : 시위하던 대학생 박종철이 경찰의 고문 폭행으로 사망하고, 검찰의
사건 은폐 조작으로, 국민 저항이 커졌다.
- **4.13호헌 조치** : 전두환은 국민의 직선제 요구를 거부한 4.13 호헌 조치를 발표하였다. 시위하던 대학
생 이한열이 최루탄에 맞아 의식불명에 빠졌다.
- **6.10 민주 항쟁** : 민주헌법 쟁취 국민 운동본부의 국민대회가 열렸고, 호헌 철폐와 독재 타도 등의 구
호를 내세운 시위가 전국으로 확산되었다.
- **6.29 선언** : 민주정의당 대표이자 대통령 후보인 노태우가 대통령 직선제 개헌 요구를 수용했다. 여야
합의로 9차 헌법 개정(87.10)이 이루어져, 5년 단임 대통령 직선제 개헌이 이루어지게 되었다.

6 민주주의 발전과 6공화국

1) 노태우 정부(1988~1993)

- **13대 대통령 선거(1987.12.16)** : 민주정의당 노태우, 통일민주당 김영삼, 평화민주당 김대중, 신민주
공화당 김종필이 출마해, 노태우가 당선되었다.
- **5공 청문회** : 13대 국회의원 선거(1988.4.26.)에서 야당이 국회의석의 과반수를 차지하여 여소야대 국
회가 구성되자, 야당 주도로 5.18민주화 운동 진상규명과 전두환 정부의 비리를 밝히기 위한 5공 청문
회가 개최되었다.
- **3당 합당** : 여소야대 상황을 극복하고자, 민주정의당(노태우), 통일민주당(김영삼), 신민주공화당(김
종필)이 합당해 민주자유당을 창당했다.

2) 김영삼 정부(1993~1998)

- **14대 대통령선거(1992.12)** : 민주자유당 김영삼, 민주당 김대중, 통일국민당 정주영, 신정치개혁당 박
찬종이 출마해, 김영삼이 당선되었다. 5.16 군사 정변 이후, 30년 만에 민간인 출신이 대통령에 당선되
었다.
- **5.18특별법 제정(1996)** : 민주화 정착을 위한 5.18 민주화 운동 등에 관한 특별법을 제정하여, 신군부
세력을 내란 및 내란목적 살인죄로 기소함으로써 전두환과 노태우를 구속하였다.

삼청교육대

전두환은 사회 정화라는 명목으로 1980년 8월 전국 각 군부대에 삼청 교육대를 설치하여, 1981년 1월까지 6만 755명을 법원의 영장 발부 없이 체포하여, 그 가운데 약 4만 명을 삼청교육대로 끌고 가 고된 육체훈련을 시켜, 54명이 사망하는 등 인권유린을 저질렀다.

헌법 개헌 역사

헌법 연도	개헌 주요내용
제헌 1948	4년 중임 국회선출
1차 1952	직선제 발췌개헌
2차 1954	중임 허용 사사오입
3차 1960	의원내각제 양원제
4차 1960	소급입법
5차 1963	4년 중임 직선제
6차 1969	3선 가능 3선 개헌
7차 1972	6년 무제한 간선제 유신헌법
8차 1981	7년 단임 간선제
9차 1987	5년 단임 직선제

주요 민주화 사건

연도	사건명
1960	4.19혁명
1964	6.3시위
1974	3.1 구국선언
1979	부마항쟁
1980	5.18 민주화운동
1987	6.10 민주항쟁
2016	촛불항쟁

3) 김대중 정부(1998~2003)

• 15대 대통령 선거(1997.12) : 야당인 새정치국민회의 김대중 후보가 여당인 한나라당 이회창 후보를 누르고, 최초로 여야 간 평화적인 정권 교체가 이루어졌다.

4) 노무현 정부(2003~2008)

• 16대 대통령 선거(2002.12) : 새천년 민주당 노무현 후보가 한나라당 이회창 후보를 누르고, 대통령에 당선되었다.

5) 이명박 정부(2008~2013)

• 17대 대통령 선거(2002.12) : 한나라당 이명박 후보가 대통합민주신당 정동영 후보를 누르고, 대통령에 당선되어 여야 정권교체를 이루었다.

6) 박근혜 정부(2013~2017)

• 18대 대통령 선거(2002.12) : 한나라당 박근혜 후보가 민주통합당 문재인 후보를 누르고, 대통령에 당선되었다.
• 촛불 항쟁(2016.10.26~2017.3) : 대통령의 뇌물 수수와 박근혜-최순실 게이트로 인해 대통령 퇴진을 요구하는 퇴진집회가 전국적으로 벌어졌다. 촛불을 들고 평화적으로 이루어진 시위는 2017년 3월까지 이어졌다.
• 대통령 파면(2017.3.10) : 2016년 12월 9일 국회에서 대통령에 대한 탄핵소추안이 가결되었고, 헌법재판소에서 재판관 전원일치로 대통령 탄핵 소추안을 인용하여 박근혜는 대통령에서 파면되었다.

7) 문재인 정부(2017~)

• 19대 대통령 선거(2017.5) : 더불어 민주당 문재인 후보가 자유한국당 홍준표, 국민의당 안철수 후보를 누르고 19대 대통령에 당선되었다.

03
경제, 사회의 변화

주요한 기출 키워드

• 이승만 정부 - 삼백산업,
• 박정희 정부 - 경제 개발 5개년 계획, 베트남 파병, 새마을 운동, 전태일 분신 사건, 경부 고속도로
• 전두환 정부 - 3저 호황, 프로 스포츠 출범
• 1990년 대 이후 - 금융실명제 실시, 경제협력 개발기구 가입, 외환위기, 금 모으기 운동, 자유무역협정 체결, 소련, 중국과 외교 관계 수립

시대 상황

해방이 되었지만, 자본과 기술, 자원과 산업시설이 부족한 한국은 6.25전쟁의 피해로 더욱 가난한 나라가 되었다. 미국의 경제 원조를 받아, 겨우 굶주림을 면했던 한국은 높은 교육열을 바탕으로, 1960년대부터 급격한 경제성장을 이루었다. 빠르게 산업구조가 변화되고, 도시화가 진행되고, 서구 문화가 빠르게 유입되면서 한국사회는 급격한 변화를 겪게 되었다. 이 과정에서 사고방식과 생활문화의 변화, 세대 및 계층 갈등, 빈부 격차의 확대 등 다양한 문제에 직면하게 되었다.

1 이승만 정부 시기의 경제와 사회 변화

1) 전후 복구와 미국의 원조 경제

• **6.25 전쟁의 여파** : 전쟁으로 인해 대다수 생산 시설이 파괴되었다. 생활 필수품이 부족해, 물가가 폭등하였다.
• **한·미 원조 협정** (1948. 12. 14. ~1961. 2. 27.) : 한국의 경제적 위기를 극복하고 국력 부흥을 촉진하고 안정을 확보하기 위해 미국 정부가 한국 정부에 재정적, 기술적 원조를 약속한 협정이다. 이 협정으로 미국의 값싼 농산물이 공급되었다. 1950년대 후반부터 무상원조가 유상 차관 방식으로 전환되었다.
• **원조 경제의 문제** : 미국의 경제 원조를 바탕으로 밀가루, 설탕, 면화를 가공하는 제분·제당·면방직의 삼백 산업이 성장하였다. 미국의 경제 원조로 소비재 산업이 발전한 반면, 생산재 산업이 부진해졌다. 식량문제가 다소 해결되었으나, 국내의 밀이나 면화 생산은 큰 타격을 받았다.
• **재벌 형성과 농민 몰락** : 귀속 재산 불하 과정에서 정경 유착으로 특혜를 받은 기업과 삼백 산업체를 중심으로 재벌 형성의 토대가 마련된 반면, 농산물 가격 하락으로 농민이 몰락했다.

2) 사회 문화의 변화

• **높아진 교육열** : 1949년 미국에서 시행되고 있던 6-3-3 학제가 처음 도입되었다. 전쟁을 거치며 경제적으로 평등화되면서 교육열이 크게 높아졌다.
• **전시 하 교육 특별 요강(1951.2)** : '전시 하 교육 특별 요강'이 공포되어, 전쟁 중에도 교육이 단절되지 않도록 했다. 노천이나 가건물에서도 수업이 진행되었다. 1952년 교육자치가 시작되어 의무교육을 적극 추진하였다. 50년대 말 초등학교 취학률이 100%에 육박했다.
• **떨어진 문맹률** : 한글 교과서가 보급되고, 농한기에 교육프로그램이 시행되어, 일제 강점기에 비해 문맹률이 크게 낮아졌다.
• **인구 급증** : 전후 베이비붐이 일어나 인구가 급증하였다.

용어설명

50년대 식생활 변화

UN 구호식품과 미국의 잉여농산물이 대량으로 들어오면서, 한국인의 식생활이 변화되었다. 밀가루 소비가 급증하였고, 과자, 빵, 국수류 소비가 크게 증가하였다.

삼백 산업

1950년대 한국 산업에서 중추적 역할을 한 밀가루(제분), 설탕(제당), 면직물(면방직) 산업은 제품이 모두 흰색이므로, 삼백 산업이라고 한다. 삼백산업의 발달은 원료를 외국에서 수입해, 가공하는 산업이어서, 무역의존도가 크게 높아진 원인이 되었다.

기지촌

병영을 중심으로 하여 그 주변에 서비스업 중심의 생활권을 형성하는 군사취락이다.
한국 전쟁 이후 서울의 용산, 부산, 포천, 문산, 양주, 파주, 평택, 동두천 등을 중심으로 발달했다. 기지촌은 미국 물품과 문화가 들어오는 창구가 되었다.

1973년 중동 전쟁으로 아랍 산유국들이 석유 무기화 정책으로 석유 가격을 크게 올렸다. 석유를 전량 수입한 우리나라는 수입액의 증가, 원재료 가격 상승으로 경제에 큰 타격을 입었다.
1979년 이란 혁명으로, 석유 생산이 대폭 축소되어 석유 가격이 다시 오르는 2차 석유파동은 전 세계 경제에 큰 타격을 주었다.

독일 파견 광부, 간호사

1963년부터 1980년까지 실업문제 해소와 외화획득을 위해 독일에 광부 7,900명, 간호사 1만 여명을 파견했다. 이들이 매년 국내로 송금한 외화는 한국 경제개발에 큰 기여를 하였다.

근로기준법

헌법은 근로자가 인간으로서의 존엄성을 확보할 수 있도록 근로조건을 법률로 정하도록 규정하고 있고, 이에 따라 제정된 것이 근로기준법이다.
이 법에는 경제적, 사회적 약자인 근로자들의 실질적 지위를 보호, 개선하기 위하여 근로조건의 최저 기준을 정하고 있다.

② 장면 정부시기 사회 변화

경제개발 노력 : 경제 개발 계획을 입안하고, 국토 건설단(1960.11) 운동을 추진하고자 하였으나, 실행되지 못했다.

③ 박정희 정부시기의 경제 성장과 사회 변화

1) 경제 개발 5개년 계획 추진

■ 제1차(1962~1966), 제2차(1967~1971) 경제 개발 5개년 계획
• 경제 개발 계획 추진 : 자립 경제 구축을 위한 제1차 경제 개발 5개년 계획이 추진되었다.
• 차관 도입 : 베트남 전쟁 파병(1964)을 통한 미국의 경제 지원과 차관 도입, 한·일 국교 정상화(1965)를 통한 배상금과 차관 도입을 추진하였다.
• 광부와 간호사 독일 파견 : 1960년대 중반 이후 외화 획득을 목적으로 수천 명의 광부와 간호사가 서독에 이주하였다.
• 경공업 중심 수출산업 육성 : 의류, 가발, 합판 산업 등 노동집약적인 경공업 제품을 중심으로 수출이 증가하였다.
• 경부 고속도로 준공(1970) : 경부 고속도로를 준공하여, 사회 간접 자본을 확충하였다.
• 저곡가 정책 : 저곡가 정책을 추진하여, 노동자의 최저 생계비를 낮추어 저임금 구조를 유지시켰다. 부족한 식량은 수입 밀로 보충하였다. 정부는 밀 소비를 촉진하기 위해 혼식이나 분식을 적극적으로 장려하였다.
• 전태일 분신 사건(1970) : 열악한 노동환경의 개선을 위해 평화시장 재단사 전태일이 근로 기준법 준수를 요구하며 분신자살하였다.

2) 제3차(1972~1976), 제4차(1977~1981) 경제 개발 5개년 계획

• 특징 : 포항제철을 건설하여 중공업 육성의 기반을 마련하고, 조선, 철강, 자동차, 정유 단지를 조성하는 등 자본집약적 산업을 육성했다. 제1차 석유 파동으로 경제 불황이 심화되었지만, 건설업의 중동 진출이 본격화되어 이를 극복하였다. 국가 주도, 수출 위주, 성장 위주 경제정책을 추진했다.
• 결과 : 제3차 경제 개발 계획으로 경공업 중심에서 중화학 공업 중심으로 공업 구조가 바뀌었다. 1977년에는 연간 수출액 100억 달러를 달성하였다. 산업구조가 고부가 가치 산업 위주로 개편되었다. 제2차 석유파동(1978)으로 경제위기가 심화되었다.

3) 새마을 운동(1970~1979)

• 추진 : 농촌 환경 개선과 소득 증대 등 농촌 근대화를 목표로 근면, 자조, 협동을 내세운 새마을 운동이 시작되었다.
• 특징 : 관련 기록물이 유네스코 세계 기록 유산에 등재(2013)되었다.

4) 교육과 사회 변화

- **교육 분야** : 교육의 기본 지표로 국민 교육 헌장이 공포(1968.12)되었다. 중학교 입시 제도를 폐지하고 무시험 추첨제를 실시(1969)하였고, 고교 평준화 제도를 시행(1974)하였다.
- **사회 분야** : 허례허식을 없애기 위해 법령으로 가정의례 준칙이 제정(1969)되었다. 미풍양속을 보호한다는 명목으로, 거리에서 자를 들고 미니스커트를 단속하고, 장발을 단속하였다.
- **청년 문화** : 청바지, 통기타 등으로 상징되는 청년 문화가 등장하였다.
- **새로운 사회 문제의 등장** : 경제 개발에 따른 급속한 도시화로, 주거, 교통, 환경 등의 문제, 빈부 격차, 도농 간 소득격차 문제가 발생했다.

④ 1980년대 경제와 사회 변화

1) 1980년대 경제 변화

- **경제 위기** : 70년대 말 중화학 공업에 과잉 투자와 국내 정치 불안이 원인이 되었다.
- **위기 극복** : 중화학 공업 구조 조정을 실시하고, 3저(저유가, 저달러, 저금리) 호황으로 물가가 안정되고 수출이 늘었다. 무역 수지에서 흑자를 기록하게 되었다.
- **최저 임금법 제정(1988.1)** : 경제 민주화 요구와, 올림픽 개최에 맞춰 세계 경제의 기준에 따라 최저 임금법이 제정되었다.

2) 1980년 사회 변화

- **프로스포츠 출범** : 1982년 프로 야구단이 정식으로 출범하였고, 이듬해 프로축구리그도 출범했다.
- **언론 통제** : 언론의 통폐합이 강제로 단행되고 언론 기본법이 제정되어 시행되었다. (1980~1987)
- **야간통행 금지 해제(1982.1)** : 1945년 9월 8일 미군정청이 공포한 이후로 지속해서 실시되어오던 야간 통행금지(24시~04시)를 해제 하였다. 24시간 조업이 가능해져 경제활동이 활성 되었지만, 유흥업소 영업시간 연장으로 향락적인 사회 환경과 범죄가 늘어나기도 했다.
- **해외여행 자유화 (1989)** : 전 국민의 해외여행 자유화가 시행되었다.
- **국민 연금제도 도입(1988)** : 노후 생활 안정을 위해 국민 연금 제도가 도입되었다.
- **전국민 의료보험 실시(1989)** : 전체 국민의 의료비 부담을 덜어주고 건강 진흥을 위해 전국민 의료보험을 실시하였다.
- **교육 분야 변화** : 과외 전면 금지(1980)와 대학 졸업 정원제(1981)가 시행되었다. 또한 교복자율화 (1983)가 시행되었다.

3) 하계 올림픽 개최

- **하계 올림픽 개최(1988)** : 우리역사상 최초로 세계적 스포츠 경기인 서울 올림픽을 개최하였다. 올림 픽 개최를 계기로 국교가 없던 공산국가와 관계가 개선되었다. 대한민국의 발전상을 전 세계에 널리 알리는 무대가 되었다.

WTO(세계무역기구)

회원국들 간의 무역 관계를 정의하는 수많은 협정을 관리 감독하기 위한 기구다. 세계 159개국이 회원이며, 모든 회원국은 최혜국대우 공여원칙을 지킬 의무를 갖는다.

외환위기

1997년 금융 기관 부실, 대기업의 과다 부채로 인한 연쇄부도, 단기 외채의 급증 등으로 외환 부족 위기를 겪게 된다. 대외 신뢰도 하락이 외환 차입을 어렵게 하고, 외환 시장 불안이 환율 상승으로 이어지고, 국가 경쟁력 하락으로 이어지는 경제 악순환이 벌어졌다.

한·미 자유무역협정

노무현 정부는 2007년 한·미 자유무역 협정을 체결하였으나, 국회 비준에 실패했다. 재협상하여 이명박 정부 때 양국 국회에서 통과되어 2012년에 발효가 되었다.

⑤ 1990년대 이후 경제와 사회 변화

1) 1990년대 경제 변화

- **시장 개방** : 우루과이 라운드 타결(1994)로 값싼 외국 농산물이 들어왔다. 세계 무역 기구(WTO)의 출범(1995)으로 시장 개방이 가속화되었다.
- **금융실명제 실시(1993)** : 경제 활동의 투명성을 높이기 위해 대통령 긴급 명령으로 금융 실명제가 실시되었다.
- **OECD 가입(1996)** : 선진국 모임인 경제 협력 개발 기구(OECD)에 가입하였다.
- **민노총 탄생(1995)** : 전국민주노동조합 총연맹이 창립되어, 한국노동조합 총연맹(한국노총,1946)과 함께 양대 노동조합이 되었다. 1996년 정부의 노동법 날치기 통과에 항의해 총파업으로 맞서기도 했다.

2) IMF 체제와 위기 극복

- **외환위기(1997.12)** : 김영삼 집권 말기 외환 위기가 발생하여, 국제 통화 기금(IMF)의 구제 금융 지원을 받았다.
- **IMF 체제의 극복** : IMF는 우리나라에 금융기관과 대기업 구조 조정, 노동 유연성 확보(비정규직 탄생), 정리해고 등을 요구하였다. 그러자 외환위기 극복을 위해 금 모으기 운동이 전개되었다. 노사정 위원회 운영 등을 통해 국제 통화 기금의 지원 자금을 조기(2001)에 상환하였다.
- **IMF 체제의 후유증** : 정리 해고된 실업자, 비정규직 노동자 증가로 인한 노동 환경이 악화되었다. 또한 많은 국내 기업이 헐값에 외국기업에 넘어가기도 했다.
- **외국과 무역 협정(FTA) 체결** : 칠레와 자유 무역 협정을 체결(2004)하였고, 미국과도 자유 무역 협정을 체결(2007)하고, 유럽연합과도 체결(2011)했다.
- **IT, 반도체, 자동차, 조선 산업의 성장** : 외환위기를 극복하고, 2000년대 새롭게 성장한 IT, 반도체, 자동차, 조선 산업 등에서 국제 경쟁력을 키워, 2020년 현재 세계 경제 10위권의 경제대국으로 성장했다.
- **한국 경제의 과제** : 산업간 불균형 문제, 높은 해외 의존도, 빈부 격차 및 부동산 가격 폭등 문제 등 아직 해결해야 할 과제가 많다. 하지만 세계 최빈국에서 세계적인 경제 강국으로 성장한 것은 실로 엄청난 성과였다.

3) 세계화 시대의 한국

- **공산국가와 외교** : 노태우 정부는 북방정책을 적극 추진하여, 헝가리(1989) 등 동유럽국가, 소련(1990), 중국(1992)과 외교관계를 수립하였다.
- **일본 대중문화 개방(1998)** : 자국 문화 보호와 국민감정을 고려해, 일본 대중문화를 규제해왔던 것을 1998년부터 개방하였다.
- **한·일 월드컵 개최(2002)** : 길거리 응원 등을 통해 한국문화를 세계에 널리 알렸다.
- **한류 열풍** : 1990년대 중반 이후 한국 드라마와 가요 등이 아시아 등을 중심으로 전파되기 시작했다. 2000년 이후 세계인의 한국 대중문화에 대한 선호도가 높아지는 한류 열풍은 한국의 국제적 위상을 높여주고 있다.

4) 제도와 사회 변화

- **여성부 출범(2001)** : 여성정책을 총괄하는 중앙부처인 여성부가 출범하였다. 현재 여성가족부로 개편되었다.
- **노사정 위원회(2000)** : 대통령 직속으로 노사정(노동자, 사용자, 정부) 위원회를 구성하여 노사 문화를 개편했다.
- **지방 자치제 전면 실시(1995)** : 지방자치제가 전면 실시되어, 지방 자치 단체장 선거가 실시되었다.
- **초등학교 개명(1996)** : 국민학교라는 명칭을 초등학교로 변경하였다.
- **중학교 의무 교육 실시(2002)** : 의무교육을 초등학교에서 중학교로 확대하여, 중학교 의무 교육이 전면적으로 실시하였다.
- **행정 수도(2003) 이전 논란** : 노무현 정부는 행정수도 이전, 혁신도시 건설 등 지역균형 발전 정책을 발표하였다. 위헌 판결로 수도 이전을 못하였다.
- **호주제 폐지(2005)** : 양성평등의 실현을 위해 호주제가 폐지되었다. 호주 중심의 호적 대신 가족 관계 등록부(2008)가 만들어졌다.
- **노인 장기 요양보험법 제정(2007)** : 노후생활의 안정과 가족의 부담을 덜고 국민의 삶의 질을 높이기 위해 노인 장기 요양보험법이 제정되었다.

용어설명

호주제

민법상 가족을 규정할 때 호주를 중심으로 구성하는 제도다. 호주는 가족의 대표, 가족의 교육, 입양, 분가 동의, 상속 우선권, 제사 관련 재산권 등 다양한 권리를 가졌다. 호주 승계 순위를 남성이 모든 여성에 우선하도록 하는 규정으로 인해 남녀 차별의 문제가 컸다. 호주제도가 양성평등과 인간 존엄에 위반한다는 헌법재판소의 헌법 불합치 판정으로, 2008년 완전히 사라졌다.

◀ MEMO ▶

용어설명

1.21 사태

1968년 특수 훈련을 받은 북한군인 31명이 대한민국 청와대를 기습하여, 대통령 박정희를 제거하려다 미수에 그친 사건으로, 유일하게 생포된 김신조의 이름을 따 김신조 사건이라고도 한다. 이 사건을 계기로 향토예비군을 창설하게 되었다.

울진삼척지구 무장공비 침투사건

1968년 11월 120명의 북한 무장공비가 유격대 활동거점 구축을 목적으로 울진, 삼척 지역에 침투한 사건으로, 15명씩 8개조 나눠 주민들을 선동하고 양민을 학살하는 만행을 저지르기도 했다. 12월 말까지 침투했던 공비 대부분이 사살되었다. 이를 계기로 반공태세가 더욱 강화되었다.

적십자

전쟁 시에 부상병 등의 구호를 목적으로 설립된 국제적인 인도적 기구로, 포로 및 민간인 보호, 위생교육, 전염병 예방 등의 활동을 하고 있다.

---

① 냉전시대의 통일 노력

시대 배경

1950년 6.25전쟁을 거치면서 남북 간에는 동질감과 함께 적대감이 커졌다. 남한에서는 반공 정책을 추진했고, 북한 역시 대남 적대정책과 반미 정책을 추진하여, 남북 대립은 강화되었다. 남북은 체제 경쟁을 지속했고, 통일정책은 남북 체제 강화에 이용되고 있었다. 미국과 소련을 중심으로 한 자본주의와 공산주의 진영의 대립이 지속된 냉전시대 상황 속에서도 남북의 대화와 통일을 위한 노력은 지속되었다.

1) 이승만 정부(1948~1960)의 통일 정책

이승만 정부는 철저한 반공 정책을 추진하여, 북진 통일, 멸공 통일을 주장하였다. 1956년 대통령 후보 조봉암은 평화통일을 주장하며 약 30%를 득표하였다. 그러자 이승만은 평화통일론을 주장한 진보당 당수 조봉암을 구속시킨 후 사형시켜, 평화 통일론을 탄압했다.

2) 장면 정부(1960~1961)의 통일 정책

4.19 혁명 이후 학생과 진보세력을 중심으로 한 민족통일연맹에서 '가자 북으로!, 오라 남으로!' 등의 슬로건을 내걸고 남북 학생 회담을 추진하였다.
중립화 통일론 등 민간의 통일 논의가 활발해졌지만, 장면 정부는 '선 건설 후 통일', '유엔 감시 하에 남북한 총선거' 등을 제시하며, 소극적 통일 정책을 추진했다.

3) 박정희 정부(1963~1979)의 통일 정책

- **남북 대립 격화(1968)** : 1.21사태, 미국 선박 푸에블로호가 북한 해군에 의하여 원산 앞바다에서 납치되는 사건, 울진·삼척 무장공비 사건 등 북한의 군사 도발이 계속되면서, 박정희 정부는 강력한 반공 정책을 추진하였다.
- **냉전 체제 완화** : 1969년 닉슨 독트린의 영향으로 냉전 체제가 완화되면서, 평화 공존을 위한 남북 대화가 시작되었다.
- **남북 적십자회담(1971.8)** : 이산가족 찾기를 위한 남북적십자 회담을 개최하였다.
- **7.4 남북 공동 성명(1972)** : 자주·평화·민족 대단결이라는 평화통일 3대 기본원칙에 합의한 7.4 남북 공동 성명을 발표하였다.
- **남북 조절 위원회** : 7.4 남북 공동 성명을 실천하기 위한 남북 조절 위원회를 구성하였다.

- 6.23 평화 통일 선언(1973) : 남북한 불가침 협정 체결 및 남북한의 국제연합 동시 가입 안을 제의했다. 북한은 거부하고, 남북대화 중단을 선언했다.
- 7.4 남북 공동 성명의 의의 : 남북한이 상대를 협상의 실체로 인정하고, 국제연합이 아닌 남북한 당사자들 사이에 평화적인 협상을 통해 통일문제에 접근하는 계기가 되었다.
- 7.4 남북 공동 성명의 한계 : 남북 모두 정치적으로 통일을 독재 권력 강화에 이용했다. 박정희 정부는 10월 유신, 북한은 사회주의 헌법 제정과 김일성 독재 체제 강화에 이용했다.

4) 전두환 정부(1980~1988)의 통일 노력

- 남북한 당국 최고책임자 상호방문 제의(1981.1.12) : 1월과 6월 북한에 남북한 당국 최고책임자 상호방문을 제의했으나, 북한은 거부 하였다.
- 민족화합민주통일 방안(1981.1.21) 제시 : 1980년 북한이 고려민주연방공화국 수립 안을 제시한 것에 대응하여, 남북한 기본관계 잠정협정 체결, 남북한 통일헌법 제정하여 통일 민주 공화국 수립하자고 제의하였으나, 북한이 거부했다.
- 미얀마 폭탄테러 사건(1983.10) : 미얀마 수도 양곤을 방문한 5공화국 정부 요인에게 북한이 폭탄테러를 감행하였다. 이후 북한은 이미지 쇄신을 위해 남북한과 미국 3자 회담 제안 등을 하며 대화에 나섰다.
- 인적 왕래 및 문화적 교류 실현(1985.9) : 분단 이후 처음으로 이산가족 고향 방문과 예술 공연단 교환 방문이 실현되었다.

② 탈냉전 시대의 통일 노력

시대 배경

베를린 장벽의 붕괴(1989.10)를 시작으로 세계 곳곳에서 공산정권이 연쇄적으로 무너지며 냉전질서가 해체되었다. 소련이 해체되고, 남한과 러시아(1990), 중국(1992)이 수교하는 등 이념보다 경제적 실익이 우선시되는 세계질서 속에서, 남북 경제 교류의 필요성이 높아졌다. 이에 따라 남북한 정상회담 개최, 경제 교류 확대가 실현되었다.

1) 노태우 정부(1988~1993)의 통일 노력

- 7.7 특별 선언(1988) : 북한을 민족 공동체 일원으로 인정한다는 전제하에, 북한과 서방국가의 관계 개선을 돕겠다는 대통령 선언을 발표했다.
- 한민족 공동체 통일 방안(1898) 제시 : 자주, 평화, 민주의 원칙하에 남북 연합이란 중간 단계를 설정해 민주 공화제의 통일 국가 수립하자고 함
- 남북한 유엔 동시 가입(1991) : 남한과 북한이 동시에 유엔에 가입하였다.
- 남북 기본 합의서 채택(1991) : 남북한이 서로의 체제를 인정하고 상호 불가침에 합의한 남북기본 합의서를 발표하였다.
- 한반도 비핵화 선언(1991) : 남북한이 핵무기의 실험, 제조, 생산금지를 약속한 한반도 비핵화 공동 선언에 서명하였다.

용어설명

남북 이산가족 상호 고향 방문

1885년 5월 서울에서 열린 8차 남북적십자회담에서 합의되었다. 9월 21일~22일에 남북한 이산가족 상봉이 이루어졌다. 9월 20일 판문점을 통과한 방문단은 서울과 평양에서 각각 2차례 예술단 공연을 가졌다. 남한 방문단 50명 중 35명이 41명의 북한 친척을, 북한 방문단 50명 중 30명이 51명의 남한 친척을 만났다.

경수로

원자력 발전에 사용되는 원자로 가운데 감속재로 물을 사용하는 '경수형 원자로'의 줄임말이다. 다른 원자로에 비해 핵무기 제조가 힘들다는 장점이 있다. 1994년 제네바 합의에 의해 북한이 영변의 흑연로를 해체하는 대가로 미국 등이 경수로를 지어주었다. 하지만 북한이 플루토늄 추출을 시도한 탓에, 2003년 경수로 사업은 중단되었다. 비록 실패했지만, 공사과정에서 한반도 긴장 완화와 평화 유지에 기여했다.

이산가족 면회소

6.15 공동선언에서 합의된 사항으로, 2008년 북한 강원도 금강산에 완공된 시설이다. 최대 1천명이 숙박할 수 있는 있는 호텔과 콘도, 행사장과 회의실 등이 들어섰고, 여러 차례 이산가족 상봉이 이곳에서 이루어졌다.

개성관광 사업

2007년 12월 5일부터 2008년 11월 29일까지 북한 개성특별시 관광 프로그램이 실시되었다. 금강산 관광 사업이 중단된 후에도 4개월간 더 지속되었지만, 결국 남북관계 악화로 중단되었다.

개성 공업지구

남한의 전기와 수도, 기술과 자본이 투입되고, 북한의 값싼 노동력과 부지가 제공되어 2005년부터 2016년까지 운영되었다. 입주업체 125개, 남측 근로자 820명, 북측 근로자 5만 5천명이 일하던 대규모 공업지구였다. 10년간 32억 달러의 생산액을 올린 한반도 평화 경제 산업단지였다.

2) 김영삼 정부(1993~1998)의 통일 노력

- **북한 핵확산 금지협정 탈퇴** : 북한은 1993년 핵확산금지협정 탈퇴를 선언하였다. 미국의 중재 아래 1994년 남북정상회담 개최가 합의되었으나, 김일성이 사망하면서, 회담이 무산되었다.
- **3단계 통일방안 발표(1994)** : 화해와 협력 → 남북 연합 → 통일 국가 단계로 통일을 이루자는 민족 공동체 통일 방안을 발표했다.
- **북한 경수로 건설 사업 지원** : 1994년 제네바에서 미국과 북한 사이에 합의로, 북한은 핵개발 동결을 약속했고, 한, 미, 일이 공동 출자하여 북한에 경수로 2기를 지어주기로 약속했다.

3) 김대중 정부(1998~2003)의 통일 노력

- **김대중 정부 대북정책의 특징** : 남북 사이의 평화 정착을 실현하기 위한 햇볕정책으로 통칭되는 대북 화해협력 정책을 추진했다. 1994년 김일성 사망 이후, 북한을 통치한 김정일의 개방정책과 맞물려 빠르게 남북관계가 개선되었다.
- **현대그룹 정주영 회장의 북한방문** : 1998년 6월과 10월 2차례에 걸쳐 현대그룹 정주영 회장이 소떼 1,001마리를 이끌고 판문점을 넘어 북한을 방문했다. 이 사건을 계기로 남북 민간교류의 물꼬를 트게 되었다.
- **금강산 관광사업(1998.11.18.~2008.7.13)** : 금강산 해로 관광 사업을 실시하였다. 2003년 9월부터는 육로 관광이 시작되었다.
- **제 1차 남북 정상회담(2000.6.13.~15)** : 김대중 대통령이 북한을 방문하여, 북한 김정일 군사위원장과 정상회담을 하였다. 회담 결과로, 남한의 연합제 안과 북한의 낮은 단계의 연방제 안의 공통성을 인정한 6.15 남북 공동 선언을 채택하였다.
- **남북한 교류 사업의 확대** : 남북한의 교류 협력을 위한 개성 공업 지구 건설에 합의(2000)하였다. 이산가족 면회소 설치, 경의선 연결 등 남북 교류를 활성화하였다.

〈6.15 공동선언 내용〉

1	남과 북은 나라의 통일문제를 그 주인인 우리 민족끼리 서로 힘을 합쳐 자주적으로 해결해 나간다.
2	통일을 위한 남측의 연합제 안과 북측의 낮은 단계의 연방제 안이 서로 공통성이 있다고 인정하고 앞으로 이 방향에서 통일을 지향시켜 나간다.
3	흩어진 가족, 친척방문단을 교환하며 비전향장기수 문제를 해결하는 등 인도적 문제를 조속히 풀어 나간다.
4	경제협력을 통하여 민족경제를 균형적으로 발전시키고 사회·문화·체육·보건·환경 등 제반 분야의 협력과 교류를 활성화하여 서로의 신뢰를 다져 나간다.
5	합의사항을 조속히 실천에 옮기기 위하여 이른 시일 안에 당국 사이의 대화를 개최한다.

4) 노무현 정부(2003~2008)의 통일 노력

- **노무현 정부 통일노력의 특징** : 김대중 정부의 대북 화해협력 정책을 계승하여 대북 포용 정책을 추진했다.
- **개성 공단** : 남북 간 경제 교류 활성화를 위한 개성 공업 지구 건설에 착수하여, 2003년 6월 개성공단 착공식을 하였고, 2004년 완공되어 업체들의 입주가 시작되었다. 2016년 2월 10일까지 운영되었다.
- **철도 연결 사업(2003.6)** : 경의선이 복구되어 연결되었고, 동해선도 2005년 연결되어, 2007년 열차시험 운행을 하였다.
- **제2차 남북 정상 회담 개최(2007.10.2~4)** : 평양에서 노무현 대통령과 북한 김정일 국방위원장이 만나 2차 남북 정상회담을 개최하고, 10.4 남북 공동 선언을 발표하였다.

- **10.4 남북 공동 선언** : 6.15남북 공동 선언을 고수하고 적극 구현해나가며, 군사적 긴장완화, 경제 협력 사업 활성화 등에 합의했다.

〈각 정부의 통일 노력 정리〉

정 부	각 정부의 통일 노력
이승만	멸공통일 주장, 평화통일론 탄압(진보당사건)
장 면	민간 통일 논의-남북 학생 통일 회담 제안
박정희	1971년 남북적십자 회담, 1972년 7.4 남북 공동성명, 남북조절위원회 설치
전두환	이산가족 고향 방문, 예술 공연단 공연(1985.9)
노태우	남북한 유엔 동시 가입 (1991.9) 남북 기본 합의서(1991.12), 상호 체제 인정, 한반도 비핵화 공동 선언 채택
김영삼	한민족공동체건설 위한 3단계 통일방안제시(94)
김대중	정주영 북한 방문, 금강산 관광사업 실시(98) 제1차 남북 공동성명(2000), 6.15 남북공동선언 경의선 복구, 개성 공단조성건설 합의
노무현	제2차 남북 정상회담(2007), 10.4 남북공동선언 개성공단 입주

** 7.4 남북 공동성명(박정희) → 남북 기본합의서(노태우) → 6.15 남북공동선언(김대중)
　→ 10.4 남북공동선언(노무현)

5) 이명박 정부(2008~2013)의 통일 노력

- **북한의 핵실험과 유엔의 대북 제재** : 북한은 2006년 1차 핵실험에 이어 2009년 2차 등 2017년 6차에 달하는 핵실험을 하였다. 유엔 안전보장이사회의 결의안을 통해 대북제재가 이루어져, 남북한 경제협력에 어려움을 겪게 되었다.
- **금강산 관광 중지** : 2008년 3월 금강산 승용차관광이 실시되었으나, 8월에 금강산 관광객 피격사망 사건이 발생하여, 금강산 관광이 중단되었다.
- **천안함 침몰 사건(2010.3.26)** : 백령도 해상에서 천안함 침몰 사건이 발생하였다. 정전 이후 최초로 상대방 영토에 무력을 가한 북한의 연평도 포격 사건(2010.11.23)이 발생하여, 남북 관계가 크게 경색되었다.

6) 박근혜 정부(2013~2017)의 통일 노력

- **대북 적대 정책** : 이명박 정부와 마찬가지로, 대북관계는 악화되었다.
- **개성공업지구 철수(2016.2.10)** : 북한이 제4차 핵실험을 삼행하사, 내한민국 징부가 개성공업지구 페쇄를 선언하면서 남북 관계의 긴장이 높아졌다.

7) 문재인 정부(2017~)의 통일 노력

- **남북 정상회담 개최(2018)** : 문재인 대통령과 김정은 북한 국무위원장이 판문점에서 만나 공동기자회견(4.27)을 가졌다. 5월 26일에는 2차 남북 정상회담을 가졌고, 9월 18일부터 20일까지 평양에서 3차 남북 정상회담을 가졌다. 비핵화, 군사, 경제, 이산가족, 문화 체육 분야 등 다양한 분야의 합의를 한 9.19 평양 공동선언이 발표되었다.

38-45 여운형과 건국준비위원회

01 다음 가상 인터뷰의 주인공에 대한 설명으로 옳은 것은? [3점]

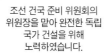

선생께서는 광복에 대비하여 조선 건국 동맹을 결성하셨습니다. 광복 이후에는 어떤 활동을 하셨나요?

조선 건국 준비 위원회의 위원장을 맡아 완전한 독립 국가 건설을 위해 노력하였습니다.

① 좌우 합작 위원회의 주축이 되었다.
② 김규식과 함께 남북 협상에 참여하였다.
③ 재미 한인을 중심으로 흥사단을 설립하였다.
④ 정읍에서 남한만의 단독 정부 수립을 주장하였다.
⑤ 중국 국민당과 협력하여 조선 의용대를 창설하였다.

48-47 유엔 총회 남북 총선거

02 (가), (나) 사이의 시기에 있었던 사실로 옳은 것은? [3점]

(가)
1. 조선의 민주 독립을 보장한 3상 회의 결정에 의하여 남북을 통한 좌우 합작으로 민주주의 임시 정부를 수립할 것
3. 토지 개혁에 있어 몰수, 유조건 몰수, 체감 매상 등으로 토지를 농민에게 무상으로 나누어 주며, 시가지의 기지와 큰 건물을 적정 처리하며 중요 산업을 국유화하며 …… 민주주의 건국 과업 완수에 매진할 것

(나)
3. 외국 군대가 철퇴한 이후 하기(下記) 제 정당·단체들은 공동 명의로써 전 조선 정치 회의를 소집하여 조선 인민의 각층 각계를 대표하는 민주주의 임시 정부가 즉시 수립될 것이며 국가의 일체 정권은 정치, 경제, 문화생활의 일체 책임을 갖게 될 것이다.

① 유상 매수, 유상 분배 원칙의 농지 개혁법이 제정되었다.
② 남한만의 단독 정부 수립을 주장한 정읍 발언이 제기되었다.
③ 유엔 총회에서 인구 비례에 따른 남북 총선거가 의결되었다.
④ 여운형이 중심이 되어 조선 건국 준비 위원회를 조직하였다.
⑤ 국가보안법 개정안을 통과시킨 이른바 보안법 파동이 발생하였다.

01 정답 ① 번

인터뷰의 주인공은 조선 건국 준비위원회 위원장 여운형(1886~1947)이다. 여운형은 1918년 신한 청년단을 조직해 김규식을 파리 강화회의에 파견시켰고, 3.1 만세운동과 대한민국 임시정부 탄생에도 큰 역할을 했다. 또 1936년 조선중앙일보 사장 당시 일장기 말소 사건이 발생하여, 신문을 폐간했다.
여운형은 1944년 조선건국동맹 결성, 1945년 조선건국준비위원회 위원장 활동, 1946년 김규식과 좌우합작위원회 결성과 좌우합작운동을 하였다.

① 1946년 7월 미군정의 지원을 받아 여운형과 김규식이 좌우합작위원회를 결성했으나, 김구, 이승만, 박헌영 등이 불참했다. 1947년 7월 여운형이 암살당하면서, 합작운동은 실패했다.
② 1948년 4월 남북 협상에 참여한 사람은 김구와 김규식이다.
③ 안창호(1878~1938)가 1913년 흥사단을 설립했다.
④ 1946년 6월 이승만이 단독정부 수립을 주장했다.
⑤ 1938년 김원봉은 조선 의용대를 창설했다.

✓ **여운형, 이것만!**
- 미군정이 지원한 좌우 합작 위원회에 주축으로 참여
- 일제의 패망과 광복에 대비하여 조선 건국 동맹을 결성
- 조선건국 준비위원회를 만들어 각 지역 치안과 행정을 담당

02 정답 ③ 번

(가)는 모스크바 3상회의 결정에 따른 좌우 합작으로 민주 정부 수립과, 토지의 무상 분배, 중요 산업 국유화 등의 소항으로 볼 때, 1946년 10월 7일에 발표된 좌우합작 7원칙임을 알 수 있다.
(나)는 외국 군대 철수 이후, 조선 정치 회의를 소집해 임시정부를 수립하자는 내용으로 볼 때, 1948년 4월 김구와 김규식이 평양을 방문해, 김일성, 김두봉 등과 남북협상을 한 후, 전조선 정당 사회단체 지도자 협의회 명의로 1948년 4월 30일에 발표된 공동성명서임을 알 수 있다.

(가)와 (나) 시기에 있었던 사실은 1947년 5월에서 10월까지 2차 미소공동위원회, 1947년 11월 유엔총회에서 인구 비례에 따른 남북 총선거 의결, 1948년 1월 유엔한국임시위원단 방문과 소련의 입북 반대, 1948년 2월 유엔소총회에서 남한만의 선거 결정 등이 있다. (나) 김구, 김규식의 평양방문 성과가 없자, 1948년 5월 남한만의 총선거가 실시된다.

① 1949년 6월 농지개혁법이 제정되었다.
② 1946년 6월 이승만이 정읍에서 단독 정부론을 주장했다.
③ 1947년 11월 유엔총회에서 남북 총선거를 의결했다.
④ 조선건국준비위원회는 1945년 8월 15일에 조직되었다.
⑤ 보안법 파동은 1948년 12월 24일로, 이승만 정권이 정부 비판세력과 여론을 통제하기 위해 강제로 통과시켰다.

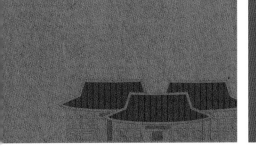

43-46 이승만과 김구

03 (가), (나) 사이의 시기에 있었던 사실로 옳은 것은? [2점]

> (가) 이제 우리는 무기 휴회된 공위가 재개될 기색도 보이지 않으며 통일 정부를 고대하나 여의치 않게 되었으니, 우리는 남방만이라도 임시 정부 혹은 위원회 같은 것을 조직하여 38도선 이북에서 소련이 철퇴 하도록 세계 공론에 호소하여야 될 것이다.
>
> (나) 귀국한 이래 3년이 지난 오늘까지 온갖 잠음을 물리치고 남북 통일과 독립을 이루고자 나머지 목숨을 38도선에 내놓은 김구의 얼굴에 이 제 아무런 의혹의 티가 없었다. …… 이윽고 김구를 태운 자동차는 38도선을 넘어 멀리 평양을 향하여 성원 속에 사라졌다.

① 좌우 합작 7원칙이 발표되었다.
② 조선 건국 준비 위원회가 결성되었다.
③ 모스크바 3국 외상 회의가 개최되었다.
④ 반민족 행위 특별 조사 위원회가 구성되었다.
⑤ 유상 매수, 유상 분배 원칙의 농지 개혁법이 제정되었다.

30-46 현대사의 흐름

04 (가)에 들어갈 사진으로 옳지 않은 것은? [3점]

광복 이후 현대사의 흐름

8·15 광복 ▶ 모스크바 3국 외상회의 개최 ▶ (가) ▶ 5·10 총선거 실시

①
좌·우 합작 위원회 활동

② 제1차 미·소 공동 위원회 개최

③
김구의 남북 협상 참석

④
반민족 행위 특별 조사 위원회 활동

⑤ 유엔 한국 임시 위원단 방한

---

03 정답 ① 번

(가)는 통일정부에 대한 기대를 포기하고, 남한만의 임시 정부를 조 직하자는 이승만의 1946년 6월 정읍 발언은 국내에 큰 파장을 일으 켰다. (나) 이승만의 단독정부론 이후, 분단이 현실화되자 통일정부 를 구성하기 위해 좌우익의 대립을 극복하기 위해 좌우합작위원회가 1946년 7월 구성되었다. 하지만 1948년 2월 유엔 소총회에서 유엔 한국임시위원단이 활동 가능한 지역에서 선거를 치르기로 하자, 분 단을 우려해 김구는 1948년 4월 38도선을 넘어 평양에서 남북 지도 자 협상을 하였지만, 성과를 거두지 못했다.

① 1946년 10월 임시정부 수립, 친일파 처단 등 좌우합작 7원칙이 발표되었다.
② 일제가 항복하기 직전 여운형이 1945년 8월 조선건국 준비위원 회를 결성했다.
③ 1945년 12월에 모스크바 3상 회의가 개최되었다.
④ 1948년 10월 반민특위가 구성되었으나, 기한을 마치지 못하고 해 산된다.
⑤ 1949년 6월에 농지 개혁법이 제정되었다.

04 정답 ④ 번

해방 이후 겨레의 최대 과제는 정부 수립이다. 정부수립까지 과정은 현재 대한민국을 만든 중요한 역사이므로 필히 점검해두어야 한다. 건국준비위원회부터 모스크바 3국 외상회담, 좌우대립과 합작, 미소 공동위원회, 유엔한국임시위원단 방한, 남북협상, 5.10총선거와 정 부 수립까지의 역사는 출제비중이 매우 높다.

① 1946년 7월~1947년 10월 ② 1946년 3월~5월 ③ 1948년 4월
④ 1949년 1월~8월 ⑤ 1948년 1월

✔ **해방이후, 건국까지, 이것만!**

사건	시점	주요 내용
모스크바3국 외상회의	1945.12	5년간 신탁통치 결정. 미국과 소련이 공동참여 위원회 설치
1차미소 공동원위원회	1946.3~5	미소공동위원회 참여할 단체 문제로 대립, 결렬
정읍 발언	1946.6	이승만, 남한 단독정부 수립 주장
좌우합작 운동	1946.7 ~1947.6	여운형, 김규식 등 중도세력이 좌우합작위원회 구성,미군정지지
	1946.10	좌우합작 7원칙 발표
2차미소 공동원위원회	1947.5~10	협상 결렬, 미국이 신탁통치안 포기, 한국문제를 UN에 이관
유엔한국 임시위원단	1948.1	소련이 입북 반대, 2월 유엔소총회에서 남한만 선거 결정
남북협상	1948.4	김구, 김규식 평양방문, 김일성, 김두봉과 남북협상, 성과 없음
5.10총선거	1948.5	남한만의 총선거

44-44 단독정부수립

05 (가), (나) 사이의 시기에 있었던 사실로 옳은 것은? [2점]

> (가) 나의 연령이 이제 70하고도 3인 바 나에게 남은 것은 금일 금일 하는
> 여생이 있을 뿐이다. 이제 새삼스럽게 재물을 탐내며 영예를 탐낼 것
> 이냐? 더구나 외군 군정 하에 있는 정권을 탐낼 것이냐? …… 나는 통
> 일된 조국을 건설하려다가 38선을 베고 쓰러질지언정 일신에 구차한
> 안일을 취 하여 단독 정부를 세우는 데는 협력하지 아니하겠다.
>
> (나) 이 민국은 기미 3월 1일에 우리 13도 대표들이 서울에 모여서 국민 대
> 회를 열고 대한 독립 민주국임을 세계에 공포하고 임시 정부를 건설
> 하여 민주주의 기초를 세운 것입니다. …… 이 국회는 전 민족을
> 대표한 국회이며 이 국회에서 탄생되는 민국 정부는 완전한 한국 전
> 체를 대표한 중앙 정부임을 이에 또한 공포하는 바입니다.

① 우리나라 최초의 보통 선거인 5·10 총선거가 실시되었다.
② 남한만의 단독 정부 수립을 주장한 정읍 발언이 제기되었다.
③ 여운형이 중심이 되어 조선 건국 준비 위원회를 조직하였다.
④ 좌우 합작 위원회가 결성되어 좌우 합작 7원칙에 합의하였다.
⑤ 민족주의 정당을 중심으로 독립 촉성 중앙 협의회가 결성되었다.

42-45 제헌국회

06 밑줄 그은 '국회'에 대한 설명으로 옳은 것은? [2점]

> 지난 5·10 총선을 통해 구성된 국회가 반민족 행위자를
> 처벌할 수 있는 법안을 통과시켰습니다. 이 법의 적용을
> 받는 자는 한·일 합방에 협력한 자, 한국의 주권을 침해
> 하는 데 도움을 준 자, 일본 치하 독립운동자나 그 가족
> 을 살상·박해한 자 등입니다. 아울러 반민족 행위를 예
> 비 조사하기 위해 특별 조사 위원회를 설치하기로 했습
> 니다.

① 민의원, 참의원의 양원으로 운영되었다.
② 한·미 자유 무역 협정(FTA)을 비준하였다.
③ 초대 대통령에 한해 중임 제한을 철폐하였다.
④ 유상 매수·유상 분배 원칙의 농지 개혁법을 제정하였다.
⑤ 의원 정수 3분의 1이 통일 주체 국민 회의에서 선출되었다.

🔍 문제분석

05 정답 ① 번

(가)는 73세의 김구가 통일 조국 건설을 위하여 38도선을 넘어 평양으로 가기 직전 '삼천만 동포에 읍고함'을 발표한 내용이다. 단독정부 수립에 반대하는 김구의 입장이 잘 나타나 있다. 김구는 분단을 막기 위해, 1948년 4월 김규식과 함께 평양에 가서 김일성, 김두봉 등 북측 지도자와 남북협상을 하였으나, 실패하고 만다.
(나) 이 국회가 전 민족을 대표하는 국회이며, 국회에서 탄생되는 민국정부라는 내용을 통해, 1948년 5월 10일 총선거로 제헌국회가 탄생한 이후부터, 아직 정부가 탄생하기 전의 상황임을 알 수 있다. 제헌국회가 탄생한 후, 7월 17일 제헌헌법이 만들어지고, 8월 15일 대한민국 정부가 수립된다.

① 1948년 5월 10일에 총선거가 실시되었다.
② 1946년 6월 이승만의 정읍 발언이 제기되었다.
③ 1945년 8월에 조선 건국 준비 위원회가 조직되었다.
④ 1946년 10월에 좌우 합작 7원칙이 합의되었다.
⑤ 1945년 10월 결성된 독립촉성중앙 협의회는 이승만과 안재홍, 원세훈 등 200명을 모아 회합을 개최하며 탄생했으며, 이승만이 회장에 추대되었다.

06 정답 ④ 번

5.10총선거에 의해 구성된 국회는 제헌국회. 반민족 행위자 특별법을 제정한 제헌국회는 2년 임기로, 1948년 5월부터 1950년 5월까지였다.

① 1960년 4.19 혁명 이후 의원 내각제와 양원제를 골자로 한 개헌이 이루어져 1960년 7월 총선에서 양원제가 운영되기 시작했다.
② 2007년 노무현 정부 때 한미자유무역협정이 체결되었다.
③ 1954년 11월 사사오입 개헌으로 통과되었다.
④ 1949년 6월 농지개혁법이 제정되었다. 농지개혁은 친일파 척결과 함께 해방 후 가장 시급한 과제였다.
⑤ 의원 정수 3분의 1을 통일주체 국민회의에서 뽑아 유신정우회로 선출하는 헌법은 1972년 박정희 정권의 유신헌법이다.

✓ 제헌국회, 이것만!

· 유상매수, 유상분배를 내용으로 하는 농지개혁법을 제정
· 반민족 행위자를 처벌하기 위한 반민족 행위 처벌법을 제정
· 국회에서 대통령과 부통령을 간선으로 선출하였다.
· 2년 임기의 국회의원이 선출되었다.

✏️ MEMO
....
....
....
....

39-49 한국전쟁 상황

07 밑줄 그은 '이 작전'이 실행된 시기를 연표에서 옳게 고른 것은? [3점]

> 친애하는 ○○○ 귀하
> …… 말씀하신 대로 인천항은 많은 난점을 안고 있습니다. 이곳은 좁은 단일 수로로 대규모 함정의 진입이 불가능하고, 적이 기뢰를 매설할 경우 많은 피해가 예상됩니다. 이와 같은 어려운 조건 때문에 적군도 <u>이 작전</u>이 불가능하다고 판단할 것입니다.
> 하지만 바로 그 점이 적을 기습할 수 있는 충분한 요소라고 확신합니다. 우리는 <u>이 작전</u>으로 많은 인적·물적·시간적 손실을 최소화시킬 수 있을 것입니다.

1950년 6월	1950년 7월	1950년 9월	1950년 12월	1951년 7월	1953년 7월
	(가)	(나)	(다)	(라)	(마)
북한군 남침	대전 함락	서울 탈환	흥남 철수	휴전 회담 시작	정전 협정 체결

① (가) ② (나) ③ (다) ④ (라) ⑤ (마)

42-47 휴전협정

08 다음 조약에 대한 설명으로 옳은 것을 〈보기〉에서 고른 것은? [2점]

> 국제 연합군 총사령관을 한쪽 편으로 하고 조선 인민군 최고사령관 및 중국 인민 지원군 사령원을 다른 쪽으로 하는 아래의 서명자들은 쌍방에 막대한 고통과 유혈을 초래한 한국에서의 충돌을 정지시키기 위하여, 최후적인 평화적 해결이 달성될 때까지 한국에서의 적대행위와 일체 무장 행동의 완전한 정지를 보장하는 정전을 확립할 목적으로, 아래의 조항에 기재된 정전 조건과 규정을 접수하며 또 그 제약과 통제를 받는 데 각자 공동 상호 동의한다. 이 조건과 규정들의 의도는 순전히 군사적 성질에 속하는 것이며 이는 오직 한국에서의 교전 쌍방에만 적용한다.

〈보기〉
ㄱ. 포로 송환 문제로 인해 체결이 지연되었다.
ㄴ. 미국과 소련의 군정이 종식되는 계기가 되었다.
ㄷ. 군사 분계선을 확정하고 비무장지대를 설정하였다.
ㄹ. 미국의 극동 방위선을 조정한 애치슨 선언에 영향을 주었다.

① ㄱ, ㄴ ② ㄱ, ㄷ ③ ㄴ, ㄷ ④ ㄴ, ㄹ ⑤ ㄷ, ㄹ

 문제분석

07 정답 ② 번

인천항에서 벌어지는 작전은 1950년 9월 15일 인천상륙작전이다.

한국전쟁은 5회 출제되었는데, 전쟁 상황에 대한 개략적 흐름만 알아도 답을 알 수 있는 문제가 출제된다.

따라서 정답은 ② (나) 이다.

✓ **한국전쟁, 이것만!**
- 1950년 1월 미국이 극동방어선으로 애치슨 라인을 설정
- 1950년 6월 25일 북한군침략, 인도교, 한강철교 폭파, 후퇴
- 1950년 8월 국군 유엔군 최후 방어선 - 낙동강전선
- 1950년 9월 15일 인천상륙작전, 서울 탈환
- 1950년 10월 유엔군 최대 북진, 중국군 참전
- 1950년 12월 유엔군이 흥남항 통해 대규모 해상철수 단행
- 1951년 1월 1.4후퇴. 중국군 최대 남진
- 1951년 7월 1차 휴전회담
- 1953년 6월 이승만 반공포로 석방
- 1953년 7월 27일 휴전협정 조인

08 정답 ② 번

1953년 7월 27일 휴전협정에 대한 내용이다. 한국전쟁은 1951년 3월 이후 38선 부근에서 교착 상태에 빠졌다. 6월 소련의 제안으로 7월부터 휴전회담을 개최했다. 이승만 정부는 휴전에 반대했다. 휴전협정에서 전쟁포로 송환문제를 놓고 유엔측은 자유의사에 의한 송환, 공산군측은 강제송환 원칙으로 맞서 회담이 지연되었다. 또한 전쟁 막판인 1953년 6월 18일 이승만 정부가 반공포로를 석방하면서, 회담이 중지되었지만, 결국 7월 27일 협상이 체결되어 남북 분단선인 38선이 휴전선으로 대치되었다.

ㄱ. 포로송환 문제와 군사분계선 설정 문제가 휴전협정에 2가지 걸림돌이었다.
ㄴ. 미국과 소련의 군정은 1948년 8월 남한, 9월 북한에 정부가 수립되면서 완전 종식되었다.
ㄷ. 군사분계선은 유엔측은 현재 접촉선으로, 공산측은 38선으로 경계를 하자는 주장이 대치되다가, 유엔측 주장대로 접촉선이 군사분계선으로 확정되고, 양쪽 2㎞ 지역을 비무장지대로 설정하였다.
ㄹ. 미국의 극동 방어선을 조정한 애치슨 선언은 1950년 1월로, 북한의 대남침략을 부추겼다고 평가된다. 휴전협정과는 무관하다.

38-46 반민특위

01 (가), (나) 사이의 시기에 있었던 사실로 옳은 것은? [2점]

> (가) 반민족 행위 특별 조사 위원회(반민 특위)가 본격적으로 친일 청산에 나서자, 친일 경력이 있던 일부 경찰과 친일파들은 '공산당과 싸우는 애국지사를 잡아 간 반민 특위 위원은 공산당'이라며 시위를 벌였다. 대통령은 특별 담화를 발표하고, 공산당과 내통했다는 구실로 반민 특위 소속 국회의원들을 구속하였다.
>
> (나) 자유당은 당시 대통령에 한하여 중임 제한을 적용하지 않는다는 내용을 골자로 하는 개헌을 추진하였다. 그해 11월, 개헌안은 의결 정족수에 1명이 부족하여 부결되었는데, 사사오입의 논리를 내세워 개헌안이 다시 통과된 것으로 번복하였다.

① 정부 형태가 내각 책임제로 바뀌었다.
② 장기 독재를 가능하게 한 유신 헌법이 공포되었다.
③ 평화 통일론을 주장한 진보당의 조봉암이 구속되었다.
④ 임시 수도 부산에서 대통령 직선제 개헌안이 통과되었다.
⑤ 여당 부통령 후보 당선을 위한 3·15 부정 선거가 자행되었다..

45-46 사사오입 개헌

02 밑줄 그은 '개헌안'의 시행 결과로 옳은 것은? [2점]

정부, 개헌안 통과로 인정
-28일 국무 회의 후, 갈 처장 발표-

27일 국회에서 개헌안에 대하여 135표의 찬성표가 던져졌다. 그런데 민의원 재적수 203석 중 찬성표 135, 반대표 60, 기권 7, 결석 1이었다.
60표의 반대표는 총수의 3분의 1이 훨씬 되지 못한다는 사실을 잘 주의해서 보아야 한다.
민의원의 3분의 2는 정확하게 계산할 때 135⅓인 것이다. 한국은 표결에 있어서 단수(端數)를 계산하는 데에 전례가 없었으나 단수는 계산에 넣지 않아야 할 것이면 따라서 개헌안은 통과 되었다는 것이 정부의 견해이다.
※ 단수(端數): '일정한 수에 지고 남는 수'로, 여기에서는 소수점 이하의 수를 의미함

① 대통령 중심제가 의원 내각제로 바뀌었다.
② 통일 주체 국민 회의에서 대통령이 선출되었다.
③ 개헌 당시의 대통령에 한하여 중임 제한이 철폐되었다.
④ 선거인단이 선출하는 7년 단임의 대통령제가 실시되었다.
⑤ 우리나라 최초의 보통 선거인 5·10 총선거가 실시되었다.

01 정답 ④ 번

(가)는 1949년 6월 반민특위 습격사건이다. 제헌의회는 1948년 9월 반민족 행위 처벌 특별법을 제정했다. 1949년 1월부터 반민특위가 본격적인 활동을 하여, 8천명의 반민족 행위자를 선별하고, 일제에 협력한 자들을 체포했다. 그러자 이승만 정권은 친일파 경찰을 앞세워 반민특위를 습격하고, 공산당과 내통했다는 구실로 구속하고 서류를 압수했다. 1949년 8월 반민특위가 해체되었다.
(나)는 1954년 11월 사사오입 개헌이다. 1954년 5월 3대 민의원 선거에서 관권이 개입하여 이승만의 자유당이 압승했다. 이승만은 종신 대통령을 획책하고 1954년 11월 2차 개헌을 시도했다. 국회에서 1표차로 부결되자, 자유당은 부결 2일 만에 사사오입 논리를 내세워 가결을 선언했다.

① 1960년 4.19 혁명으로 이승만 정부를 붕괴시킨 후, 6월에 3차 개헌에서 내각책임제와 양원제가 채택되었다. ② 1972년 박정희가 7차 개헌으로 유신헌법을 통과시켰다. ③ 1958년 1월 ④ 1952년 7월 이승만은 국회에서 대통령으로 선출될 가능성이 없자, 발췌개헌을 통해 대통령 직선제 개헌을 가결시켰다. ⑤ 이승만 정부는 1960년 또 다시 부정선거를 자행했다. 그러자 학생, 시민들이 나서, 부정선거를 규탄하고 대통령 하야를 요구한 4.19혁명을 일으켰다.

02 정답 ③ 번

헌법을 고치는 개헌의 역사는 대중들의 위한 것이기 보다, 최고 권력자가 자신의 권력을 더 유지하려는 의지로 시도되었다. 따라서 개헌의 역사는 정치권력의 역사와도 직결된다.
사사오입개헌은 1954년 11월 2차 개헌이다.

① 1960년 3차 개헌, ② 1972년 7차 개헌, ③ 1954년 2차 개헌, ④ 1980년 8차 개헌, ⑤ 1948년 2월 유엔 소총회의 결의에 따라 남한만의 단독선거가 결정되어 총선거 실시

✔ 개헌의 역사, 이것만!

정부	헌법	주요 개헌 내용
이승만	제헌헌법(48)	대통령중심, 4년 중임, 국회 선출
	1차(52,발췌)	대통령 직선제 (국민선출)
	2차(56,사사)	초대대통령 중임제 미적용
장 면	3차(60)	의원내각제, 양원제
	4차(60)	부정선거관련자,부정축재자 처벌
박정희	5차(63)	대통령중심제, 4년 중임, 직선제
	6차(69)	대통령 3선 가능
	7차(72,유신)	대통령 6년, 무기한 연임 가능, 통일주체국민회의에서 대통령 선출
전두환	8차(81)	대통령 7년 단임제, 간선제
노태우	9차(87)	대통령 5년 단임제, 직선제

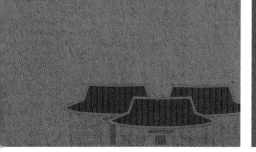

03 (가) 정부 시기에 있었던 사실로 옳은 것은? [2점]

> 이 사건은 평화 통일을 주장하는 조봉암이 제3대 대통령 선거에서 200여만 표 이상을 얻어 [(가)] 정권에 위협적인 정치인으로 부상하자 조봉암이 이끄는 진보당의 민의원 총선 진출을 막고 조봉암을 제거하려는 [(가)] 정권의 의도가 작용하여 서울시경이 조봉암 등 간부들을 국가변란 혐의로 체포하여 조사하였고, 민간인에 대한 수사권이 없는 육군 특무대가 조봉암을 간첩 혐의로 수사에 나서 재판을 통해 처형에 이르게 한 것으로 인정되는 비인도적, 반인권적 인권 유린이자 정치 탄압 사건이다.
>
> 「진보당 조봉암 사건 결정 요지」

① 통일 주체 국민회의 대의원이 선출되었다.
② 농촌 근대화를 표방한 새마을 운동이 전개되었다.
③ 사회 정화를 명분으로 삼청 교육대가 설치되었다.
④ 한·독 정부 간의 협정에 따라 서독으로 광부가 파견되었다.
⑤ 국가보안법 개정안을 통과시킨 이른바 보안법 파동이 일어났다.

04 (가) 민주화 운동에 대한 설명으로 옳은 것은? [2점]

> 이것은 대전 지역의 고등학생들이 장면 부통령 후보 유세를 기회로 삼아 시작한 3·8 민주 의거를 기리는 탑입니다. 3·8 민주 의거는 대구의 2·28 민주 운동, 마산의 3·15 의거와 더불어 [(가)] 이/가 전국적으로 확산되는 계기가 되었습니다.

① 한·일 국교 정상화에 반대하여 일어났다.
② 호헌 철폐와 독재 타도 등의 구호를 내세웠다.
③ 대학 교수단이 대통령 퇴진을 요구하며 시위 행진을 벌였다.
④ 3·1 민주 구국 선언을 통해 긴급 조치 철폐 등을 요구하였다.
⑤ 5년 단임의 대통령 직선제 개헌이 이루어지는 계기가 되었다.

문제분석

03 정답 ⑤ 번

1956년 3대 대통령 선거에서 이승만 후보에 이어 2위였던 조봉암은 1956년 11월 진보당을 창당하고 이승만의 자유당을 견제하는 세력이 되었다. 그러자 이승만은 1958년 그를 간첩죄 및 국가보안법 위반혐의로 몰아, 진보당을 강제해산시키고 1959년 7월 그를 전격적으로 사형에 처했다.
2007년 9월 27일 진실·화해를 위한 과거사정리위원회는 「진보당 조봉암 사건 결정 요지」를 통해 조봉암이 연루된 진보당 사건이 이승만 정권의 반인권적 정치탄압이라는 결론을 내리고, 국가의 유가족에 대한 사과와 독립유공자 인정, 판결에 대한 재심 등을 권고했다.
2011년 대법원은 전원일치 판결로 조봉암의 무죄를 선고하여, 복권시켰다.
(가) 정부는 이승만 정권이다.

① 1972년 7차 개헌(유신헌법)으로 대통령을 선출할 통일주체 국민회의 대의원 선거가 실시되었다.
② 1970년 박정희정부가 새마을 운동을 시작했다.
③ 전두환 정권이 1980년 8월부터 1981년 1월까지 사회정화를 목적으로 6만 여명을 체포하고, 4만 이상을 군부대에 가두어 가혹하게 다뤘다. 그 결과 449명의 사망자와 정신장애 등 상해자 2,678명이 발생했다.
④ 1963년에 서독으로 광부가 파견되었다.
⑤ 1958년 12월 24일 자유당은 정부에 대한 비판세력과 국민여론을 통제하기 위해 강화된 국가보안법 개정안을 단독으로 통과시켰다. 언론자유와 인권을 침해하는 악법을 통과시킨 후, 이법으로 조봉암을 사형시켰다.

04 정답 ③ 번

(가) 민주화운동은 장면 부통령 후보 유세를 기회로 삼아 시작했다는 것을 통해 1960년 3.15 부정선거에 항의하는 민주화운동임을 알 수 있다. 3.8 민주의거는 1960년 대전에서 일어난 의거로, 대구의 2.28 민주운동, 마산의 3.15의거와 더불어 4.19 혁명이 전국적으로 확산되는 계기가 된다. 이승만 정권은 장기집권을 위해 고령의 이승만을 대신할 부통령 후보 이기붕을 당선시키기 위해 조직적인 선거부정행위를 3.15 선거 이전부터 실시해, 국민들의 저항을 받았다.

① 한·일 국교 정상화에 반대한 사건은 6.3 항쟁이다.
② 호헌 철폐와 독재타도 등의 구호가 등장한 것은 1987년 6월 민주항쟁이다.
③ 대학교수단이 대통령 퇴진을 요구하며 시위행진을 벌인 것은 1960년 4.19 민주화운동이다.
④ 박정희 정부의 유신체제에 반대하여, 1976년 3월 1일 긴급조치 철폐 등을 요구하는 3.1 구국선언이 발표되었다.
⑤ 1987년 6.10 민주항쟁으로 인해 5년 단임의 대통령 직선제 개헌인 9차 개헌이 이루어졌다.

46-46 2공화국

05 밑줄 그은 '헌법'이 적용된 시기에 있었던 사실로 옳은 것은? [3점]

> 민주당의 윤보선 의원이 국회에서 208표를 얻어 대통령에 당선되었습니다. 내각 책임제를 골자로 개정된 <u>헌법</u>에 따라 선출된 윤보선 대통령은 국가의 원수로서 나라를 대표하고, 국무총리 지명권과 긴급 재정 처분권 그리고 국군 통수권 등의 권한을 가지며 임기는 5년입니다.

① 반민족 행위 처벌법이 제정되었다.

② 통일 주체 국민회의가 조직되었다.

③ 2년 임기의 국회의원이 선출되었다.

④ 조봉암을 중심으로 진보당이 창당되었다.

⑤ 국회가 민의원, 참의원의 양원으로 운영되었다.

44-49 유신 반대

06 다음 헌법 조항이 시행된 시기의 민주화 운동으로 옳은 것은? [2점]

> 第39조 ① 대통령은 통일 주체 국민회의에서 토론 없이 무기명 투표로 선거한다.
> 第40조 ① 통일 주체 국민회의는 국회의원 정수의 3분의 1에 해당하는 수의 국회의원을 선거한다.
> ② 제1항의 국회의원의 후보자는 대통령이 일괄 추천하며, 후보자 전체에 대한 찬반을 투표에 부쳐 재적 대의원 과반수의 출석과 출석 대의원 과반수의 찬성으로 당선을 결정한다.
> 第47조 대통령의 임기는 6년으로 한다.
> 第59조 ① 대통령은 국회를 해산할 수 있다.

① 굴욕적 대일 외교 반대를 주장하는 6·3 시위가 일어났다.

② 긴급 조치 철폐를 요구하는 3·1 민주 구국 선언이 발표되었다.

③ 부정 선거에 항거하는 4·19 혁명이 전국 각지에서 전개되었다.

④ 4·13 호헌 조치 철폐를 요구하는 전 국민적인 저항이 벌어졌다.

⑤ 김영삼과 김대중을 공동 의장으로 한 민주화 추진 협의회가 조직되었다.

문제분석

05 정답 ⑤ 번

윤보선 대통령은 2공화국의 대통령이다. 그는 4.19혁명의 결과 1960년 6월 3차 개정된 헌법에 의해 선출된 대통령이다. 3차 개정 헌법은 의원내각제와 양원제를 특징으로 한다. 대통령은 국회에서 선출한다. 대통령은 나라를 대표하지만, 내각을 지휘하는 것은 국무총리다. 장면 총리가 이때 선출되었다.

① 반민족 행위처벌법은 1948년 9월 제헌의회에서 제정되었다.

② 1972년 12월 7차 개헌, 즉 유신헌법에 의해 대통령을 뽑는 선거 인단인 통일 주체 국민회의가 조직된다.

③ 국회의원 임기가 2년 인 것은 1948년 5.10 총선거에서 선출된 제헌의원 뿐이다.

④ 조봉암은 1956년 11월 진보당을 창당했다.

⑤ 1960년 7월 29일 4년 임기의 민의원과 6년 임기의 참의원이 동시에 선출되어 양원제 국회가 비로소 구성되었다. 8월 12일 국회에서 4대 대통령으로 윤보선을 선출했다.

06 정답 ② 번

1972년 10월 박정희는 유신을 선포하고 비상계엄을 선포하여 국회를 해산하고, 7차 개헌으로 유신헌법을 만들어 국민 투표로 확정짓고, 통일 주체 국민회의에서 다시 대통령에 당선된다. 유신헌법은 대통령에게 국회의원 정수의 1/3을 추천하여 유신정우회 의원으로 선출할 권리, 국회 해산권, 국민의 자유와 권리를 잠정적으로 정지시키는 긴급조치권 등을 부여해, 제왕적 대통령을 탄생시켰다. 박정희는 긴급조치권을 이용해 민청학련 사건 등 자신에게 반대하는 세력을 마구 탄압하였다. 이러한 유신 체제에 반대해 1976년 재야 정치인, 종교인, 대학교수 등이 긴급조치 철폐를 요구하는 3.1 민주구국 선언으로 저항하기도 했다.

① 1964년에 6.3 시위가 발생했다.

② 1976년 유신체제에 반대하는 3.1 민주 구국 선언이 발표된다.

③ 1960년 4.19 혁명이 전개되었다.

④ 1987년 전두환 정부는 국민의 민주화 염원인 대통령 직선제를 무시하고, 대통령 간선제를 고수하는 4.13 호헌 조치를 발표하자, 6월 민주항쟁이 일어났다. 결국 전두환 정권은 6.29선언으로 대통령 직선제를 수용했다.

⑤ 1984년 전두환 정권에 대항하기 위해 재야의 지도자인 김영삼과 김대중이 힘을 모았다.

✏️ **MEMO**

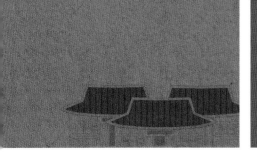

42-48 인혁당사건

07 (가) 정부 시기의 사실로 옳은 것은? [3점]

지난 2007년 1월 서울중앙지방법원은 '인민혁명당 재건위 사건'에 연루되어 사형당한 8인에게 무죄를 선고하였다. '인민혁명당 재건위 사건'은 (가) 정부 시기 국가 전복을 계획했다는 혐의로 국가보안법 및 긴급 조치 제4호에 따라 서도원·도예종·여정남을 포함한 다수 인사들을 체포하여 사형·무기 징역 등을 선고한 사건이다. 특히 판결 확정 후 18시간 만인 다음 날 새벽, 형선고 통지서가 도착하기도 전에 사형수에 대한 형이 집행되었다. 당시 국제법학자협회는 사형이 집행된 4월 9일을 '사법 역사상 암흑의 날'로 선포하였다.

사형 집행 소식에 오열하는 가족

① 한·미 상호방위 조약을 체결하였다.
② YH 무역 노동자들의 농성을 강경 진입하였다.
③ 대통령 긴급 명령으로 금융 실명제를 시행하였다.
④ 사회 정화를 명분으로 삼청 교육대를 설치하였다.
⑤ 평화 통일론을 주장한 진보당의 조봉암을 제거하였다.

49-48 8차 개헌, 5공화국

08 다음 헌법이 시행된 시기의 사실로 옳은 것은? [2점]

> 제39조 ① 대통령은 대통령 선거인단에서 무기명 투표로 선거한다.
>
> ② 대통령에 입후보하려는 자는 정당의 추천 또는 법률이 정하는 수의 대통령 선거인의 추천을 받아야 한다.
>
> ③ 대통령 선거인단에서 재적 대통령 선거인 과반수의 찬성을 얻은 자를 대통령 당선자로 한다.
>
> ⋮
>
> 제45조 대통령의 임기는 7년으로 하며, 중임할 수 없다.

① 긴급 조치 9호가 발동되었다.
② 국민 교육 헌장이 공포되었다.
③ 지방자치제가 전면 시행되었다.
④ 프로 야구가 6개 구단으로 출범되었다.
⑤ 한미 자유 무역 협정(FTA)이 체결되었다.

07 정답 ② 번

1972년 유신헌법을 통해 막강한 권력을 갖게 된 박정희는 긴급조치권을 이용해, 유신 체제에 반대하는 세력을 억압했다. 특히 1974년 5월 '인민 혁명당 재건위 사건'을 조작했다. 1975년 대법원에서 8명에게 사형 판결이 확정되자, 곧장 사형을 집행했다. 하지만 2007년 재심에서 8명에게 모두 무죄가 선고되었다.

① 1953.10월 이승만 정부는 휴전협정 체결이후, 미국으로부터 안전보장을 받기 위해 한미상호방위조약을 체결했다.
② 1979년 8월 YH무역 여공들이 회사 폐업조치에 항의하며, 야당인 신민당사로 들어가 농성을 했다. 경찰 1천여 명이 신민당사로 들어가 농성 진압을 하면서 김영삼 신민당 총재 등에게도 폭행을 행사했고, 김경숙 노동자가 사망했다. 김영삼이 정부를 강하게 비판하자, 10월 박정희 정부는 국회에서 김영삼의 국회의원직을 강제 제명했다. 이로 인해 부마항쟁이 일어났고, 결국 박정희 정부가 몰락하는 도화선이 되었다.
③ 1993년 김영삼 정부가 금융 실명제를 시행했다.
④ 1980년 8월 전두환의 신군부가 삼청교육대를 설치했다.
⑤ 1959년 이승만 정부가 조봉암을 사형시켰다.

08 정답 ④ 번

대통령 임기는 1948년~1960년 1공화국과 1963~1972년 3공화국은 4년, 1972년 7차 개헌에 따른 4공화국은 6년, 1981년 8차 개헌에 따른 5공화국은 7년, 1987년 9차 개헌에 따른 6공화국 이후는 5년이다. 대통령 선거인단에 의한 간접선거, 7년 단임으로 헌법이 개정된 8차 헌법은 1981년 전두환 정부 시기다.

전두환 정부는 언론 기관 통폐합, 삼청교육대 설립 등 민주화를 탄압하는 반면, 유화책으로 야간 통행금지 해제, 프로 스포츠 도입, 해외여행 자율화 등의 정책을 펼쳤다.

① 긴급조치 9호는 1977년에 발동된 것으로, 긴급조치권은 1972년 유신헌법이 대통령에게 부여한 초헌법적 권한이다.
② 1968년 12월 국민교육헌장이 공포되었다.
③ 김영삼 정부는 1995년 6월 자치단체장 및 의원 선거를 통해 지방자치제를 전면 시행했다.
④ 1982년 프로 야구가 6개 구단으로 출범했다.
⑤ 2007년 한미 자유 무역 협정이 체결되었다.

🖊 MEMO

기출문제

48-49 광주 민주화운동

09 (가) 민주화 운동에 대한 설명으로 옳은 것은? [2점]

△△일보

○○○○년 ○○월 ○○일

경찰관 부당 징계 취소

경찰청은 ⎡(가)⎤ 40주기를 맞아 신군부의 명령을 거부하고 시민들을 보호했다는 이유 등으로 부당하게 징계를 받은 퇴직 경찰관 21명의 징계 처분을 직권 취소했다고 밝혔다. 당시 경찰관에 대한 징계는 국가 보위 비상 대책 위원회의 문책 지시에 따라 이루어졌다.

경찰청은 징계 처분이 재량권을 남용한 하자가 있는 행정 처분이라고 판단하였고, 중앙 징계 위원회를 개최하여 심의·의결을 거쳐 징계 처분을 직권 취소하게 되었다.

---

① 박종철과 이한열의 희생으로 확산되었다.

② 호헌 철폐와 독재 타도 등의 구호를 내세웠다.

③ 관련 기록물이 유네스코 세계 기록 유산으로 등재되었다.

④ 대통령 중심제에서 의원 내각제로 바뀌는 계기가 되었다.

⑤ 대통령 하야를 요구하며 대학 교수단이 시위행진을 벌였다.

49-49 6월 민주항쟁

10 다음 기사에 보도된 민주화 운동의 결과로 옳은 것은? [2점]

△△일보

○○○○년 ○○월 ○○일

민주 헌법 쟁취를 위한 국민 대회 열려

경찰이 사상 최대 규모인 5만 8천여 명의 병력을 동원하여 전국 집회장을 원천 봉쇄한다는 방침을 밝힌 가운데 서울을 비롯한 전국 20여 개 도시에서 국민 대회가 열렸다.

민주 헌법 쟁취 국민운동 본부는 "국민 합의를 배신한 4·13 호헌 조치는 무효임을 전 국민의 이름으로 선언한다."라고 발표하면서 민주 헌법 쟁취를 통한 민주 정부 수립 의지를 밝혔다.

---

① 국가 보위 비상 대책 위원회가 설치되었다.

② 신군부가 비상계엄을 전국으로 확대하였다.

③ 5년 단임의 대통령 직선제 개헌이 이루어졌다.

④ 허정을 수반으로 하는 과도 정부가 수립되었다.

⑤ 조봉암이 혁신 세력을 규합하여 진보당을 창당하였다.

문제분석

09 정답 ③ 번

2020년에 40주기를 맞은 사건은 1980년 5월 광주민주항쟁이다. 계엄령 철폐와 전두환 보안사령관을 비롯한 신군부 인사의 퇴진, 김대중 석방을 요구하며, 광주시민들이 시위에 나서자, 신군부는 군대를 동원해 강제 진압했다.

① 박종철과 이한열의 희생은 6월 민주 항쟁을 확산시켰다.

② 호헌 철폐와 독재 타도는 6월 민주항쟁의 구호였다.

③ 5.18 민주화운동은 세계 기록유산으로 등재되었다.

④ 의원내각제는 1960년 4.19혁명이 계기로 등장하였다.

⑤ 대학교수단이 시위행진은 4.19 혁명 때 등장한다.

10 정답 ③ 번

직선제 고수를 내세운 4.13 호헌조치의 무효를 외치며 열린 국민 대회는 1987년 6월 민주항쟁이다. 6월 항쟁의 결과 5년 단임의 대통령 직선제 개헌이 이루어졌다.

① 전두환 등 신군부는 1980년 5월 31일 국가보위비상대책위원회를 설치해, 권력을 완전 장악했다.

② 1980년 5월 17일 신군부가 비상계엄을 전국으로 확대하고, 정치인을 체포 구금하자, 광주 민주화운동이 일어났다.

③ 1987년 10월 5년 단임의 대통령 직선제 등을 담은 9차 개헌이 이루어졌다.

④ 1960년 4.19 혁명으로 이승만 정권이 몰락하고, 허정을 수반으로 하는 과도 정부가 수립되었다.

⑤ 이승만과 겨뤘던 조봉암이 1958년 11월 혁신세력을 규합하여 진보당을 창당했다.

✓ 민주화운동, 이것만!

구 분	내 용
4.19혁명 (1960)	3·15 부정 선거에 항의하는 시위에서 비롯 대학교수단이 대통령하야 요구 시위행진 국민의 요구에 굴복 이승만 대통령이 하야함 대통령중심제가 의원내각제로 변화되는 계기 장면의 민주당 정권이 들어서는 계기
6.3시위 (1964)	굴욕적인 한일국교 정상화에 반대해 일어남 사죄와 배상 없는 경제 협력에 반대
3.1구국선언 (1976)	긴급조치 철폐 등을 요구
부마항쟁 (1979)	유신체제에 저항해 부산, 마산에서 일어남 유신체제가 붕괴되는 계기
5.18광주 민주화운동 (1980)	신군부의 비상계엄 확대에 저항하여 일어남 전개과정에서 시민이 자발적으로 조직 관련기록물이 유네스코 세계기록유산 등재
6월민주항쟁 (1987)	4.13 호헌 조치에 반발 호헌 철폐 요구 직선제개헌 약속한 6.29민주화선언 이끌어냄 5년 단임 대통령 직선제 개헌이 되는 계기

11 밑줄 그은 '선거'가 실시된 배경으로 가장 적절한 것은? [2점]

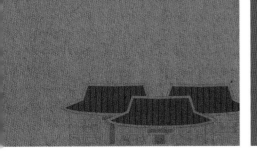

이번 대통령 선거에 나오는 후보들이군

마침내 국민의 손으로 대통령을 직접 뽑을 수 있게 되었으니 신중하게 투표하세.

① 3당 합당으로 민주 자유당이 창당되었다.
② 국제 통화 기금(IMF)의 구제 금융을 받게 되었다.
③ 비상 계엄이 선포된 기운데 발췌 개헌안이 통과되었다.
④ 여당 부통령 후보당선을 위한 3·15부정 선거가 자행되었다.
⑤ 호헌 철폐 등을 내세운 시위로 6·29 민주화 선언이 발표되었다.

12 (가)~(라)의 헌법을 공포된 순서대로 옳게 나열한 것은? [3점]

(가)	제 69조 ① 대통령의 임기는 4년으로 한다. ② 대통령이 궐위된 경우는 후임자가 전임자의 잔임 기간 중 재임한다. ③ 대통령의 계속 재임은 3기에 한한다.
(나)	제 39조 ① 대통령은 통일 주체 국민회의에서 토론 없이 무기명 투표로 선거한다. : 제47조 대통령의 임기는 6년으로 한다.
(다)	제 39조 ① 대통령은 대통령 선거인단에서 무기명 투표로 선거한다. : 제45조 대통령의 임기는 7년으로 하며, 중임할 수 없다.
(라)	제67조 ① 대통령은 국민의 보통·평등·직접·비밀선거에 의하여 선출한다. : 제70조 대통령의 임기는 5년으로 하며, 중임할 수 없다.

① (가) - (나) - (다) - (라)
② (가) - (다) - (라) - (나)
③ (나) - (가) - (라) - (다)
④ (나) - (라) - (가) - (다)
⑤ (다) - (라) - (나) - (가)

문제분석

11 정답 ⑤ 번

노태우, 김영삼, 김대중, 김종필 4후보가 출마한 대통령선거는 1987년 12월 16일에 실시된 13대 대통령 선거다. "국민의 손으로 대통령을 직접 뽑을 수 있게 되었다"는 표현에서 알 수 있듯이, 이 선거의 배경은 1987년 10월 대통령 5년 단임과 직선제를 골자로 한 9차 개헌이다.

1980년 대통령에 당선된 전두환은 대통령 선거인단에 의한 간접선거로 당선되었다. 국민이 직접 대통령을 선출하려는 열망을 전두환은 1987년 4월 13일 호헌 조치로 무시해버렸다. 그러자 6월 민주항쟁이 전국적으로 일어나자, 마침내 6.29 민주화 선언으로 대통령 직선제로 받아들였다.

① 1988년 13대 국회의원 선거에서 노태우의 민정당은 125석을 얻어 여당이지만 과반수를 얻지 못했다. 반면 김대중의 평민당 70석, 김영삼의 통일민주당 59석, 김종필의 신민주공화당이 35석을 얻었다. 그러자 1990년 1월 22일 노태우는 김영삼, 김종필과 보수대연합을 통한 3당 합당을 통해 218석의 거대여당인 민주자유당을 창당했다.
② 1997년 12월 김영삼 정부는 외환 위기로 IMF 구제금융을 받게 된다.
③ 1952년 이승만은 국회에서 대통령으로 선출될 가능성이 없자, 대통령 직선제 부분만 발췌해서 개헌하는 안을 비상계엄이 선포된 상태에서 강제로 통과시켰다.
④ 1960년 3.15 부정 선거
⑤ 6.29 민주화 선언으로 9차 개헌으로 대통령 직선제가 시행되었다.

12 정답 ① 번

(가) 대통령 3기 연임을 했다는 내용으로 볼 때, 1969년 3선 개헌임을 알 수 있다. 3선을 넘은 대통령은 박정희와 이승만이 있지만, 이승만은 1956년 2차 개헌 즉 사사오입개헌에서 초대 대통령에 한해서 중임할 수 있다는 조건을 달아 개헌을 했다.
(나) 통일주체 국민회의에서 간접 선거로 대통령을 선출하고, 임기 6년으로 한다는 것에서 1972년 7차 개헌에 따른 유신헌법임을 알 수 있다.
(다) 대통령 임기 7년에 선거인단에서 선출하는 것에서 1980년 8차 개헌임을 알 수 있다.
(라) 5년 단임, 직선제로 대통령을 선출하는 것을 볼 때, 1987년 9차 개헌임을 알 수 있다.
따라서 답은 ① (가) - (나) - (다) - (라) 이다.

✎ MEMO
....
....
....
....

03 경제, 사회의 변화

39-46 4.3사태

01 사건에 대한 탐구 활동으로 가장 적절한 것은? [3점]

> 저는 지금 (가) 70주년을 맞아 큰넓궤에 나와있습니다.
> 이곳은 1948년 토벌대의 제주도 중산간 마을에 대한 초토화 작전을 피해 동광 리 주민들이 두 달 가까이 은신했던 장소입니다. 하지만 결국 발각되어 많은 사람들이 학살당했습니다. 70주년 추념식에 참석하나 대통령은 제주도민에게 깊은 사과와 위로를 전했습니다.

① 통일 주체 국민 회의의 역할을 알아본다.
② 국가 보위 비상 대책 위원회의 설치 배경을 찾아본다.
③ 5년 단임의 대통령 직선제가 실시된 계기를 파악한다.
④ 비상 국무 회의에서 마련한 유신 헌법의 내용을 검색한다.
⑤ 단독 정부 수립에 대한 반발로 일어난 사실들을 조사한다.

45-47 한일협정

02 (가), (나) 문서가 작성된 사이의 시기에 있었던 사실로 옳은 것은? [3점]

(가)
1. 무상 원조에 대해 한국 측은 3억 5천만 달러, 일본 측은 2억 5천만 달러를 주장한 바 3억 달러를 10년에 걸쳐 공여하는 조건으로 양측 수뇌에게 건의함
3. 수출입 은행 차관에 대해 …… 양측 합의에 따라 국교 정상화 이전이라도 협력 하도록 추진할 것을 양측 수뇌에게 건의함
(나)
제1조 양 체약 당사국 간에 외교 및 영사 관계를 수립한다.
제2조 1910년 8월 22일 및 그 이전에 대한 제국과 일본 제국 간에 체결된 모든 조약 및 협정이 이미 무효임을 확인한다.

① 한·미 상호방위 조약이 체결되었다.
② 6·3 시위가 전개되고 비상 계엄령이 선포되었다.
③ 경찰이 반민족 행위 특별 조사 위원회를 습격하였다.
④ 평화 통일론을 주장한 진보당의 조봉암이 구속되었다.
⑤ 유상 매수, 유상 분배 원칙의 농지 개혁법이 제정되었다.

---

01 정답 ⑤ 번

1948년 제주도 중산간 마을에 대한 초토화 작전으로 많은 사람이 학살당한 제주도 4.3사건이다. 1948년 5.10총선거 실시와 단독정부 수립이 가시화되던 4월 3일 제주도 좌익세력은 단독정부 반대와 미군 철수를 주장하며 무장봉기하여 경찰서를 습격했다. 군대와 경찰, 미군은 초토화 작전을 펼쳤고, 좌익무장대가 저항하는 가운데, 무고한 제주도민이 희생되었다. 1954년 9월까지 사망자가 1만 4천명이 넘었다.

① 통일 주체 국민회의는 1972년 유신헌법으로 탄생했다. 통일주체 국민회의에서 대통령을 선출하고, 대통령이 추천한 국회의원 1/3을 선출했다. 박정희 정부의 장기독재를 위한 기구였다.
② 5.18 민주화운동을 진압한 전두환의 신군부는 1980년 5월 31일 국가보위비상대책위원회를 조직해, 국가권력을 장악하고, 최규하 대통령을 허수아비로 만들었다.
③ 1987년 6월 민주항쟁의 결과 9차 개헌이 마련되어 5년 단임 직선제가 실시되었다.
④ 1972년 10월 17일 박정희는 비상조치를 선포하고, 비상 국무회의에서 유신헌법을 마련했다. 박정희의 종신 집권을 가능하도록 헌법을 개정했다.
⑤ 1948년 4.3 사건이 대표적이다.

✔ 4.3 사건 이것만!
• 광복 후 좌우익의 대립으로 4.3사건이 일어났다.
• 희생자들의 명예 회복을 위해 특별법이 제정되었다.
• 4.3 사건으로 많은 주민들이 희생되었다.
• 단독 정부 수립에 대한 반발로 일어났다.
• 제주도의 일부 지역에서 선거가 무효 처리되었다.

02 정답 ② 번

(가)는 1962년 11월 김종필 중앙정보부장과 오히라 마사요시 일본 외상간에 김종필-오히라 메모다. 두 사람이 한일청구권 문제에 대한 해결원칙에 합의를 했다.
(나)는 대한제국과 일본제국간에 체결된 조약을 언급한 것으로 볼 때, 1965년 6월 한일협정 임을 알 수 있다.

1965년 한일협정은 7회 출제되었다. 6.3사태와 관련해 반대가 많았고, 비상계엄이 선포되었다는 것에 주의해야 한다.

① 1953년 10월 이승만 정부는 휴전협정 체결 이후, 미국으로부터 안전보장을 받기 위해 한미상호방위조약을 체결했다.
② 박정희 정부의 굴욕적인 한일국교 정상화 과정에 반발하여 국민들이 1964년 6월 3일 대규모 시위를 하자, 정부가 비상계엄령을 선포했다.
③ 1949년 6월, 이승만 정권이 반민특위 습격사건을 일으켜, 친일파 청산을 못하게 막았다.
④ 1958년 1월, 이승만 정권이 진보당사건을 일으켰다.
⑤ 1949년 6월 제헌의회에서 농지개혁법을 제정했다.

41-49 브라운각서

03 다음 문서를 접수한 정부 시기의 외교 정책으로 옳은 것은? [2점]

> I. 군사원조
> • 한국에 있는 한국군의 현대화 계획을 위해 앞으로 수년 동안에 걸쳐 상당량의 장비를 제공한다.
> • 월남에 파견되는 추가 증파 병력에 필요한 장비를 제공하는 한편 증파에 따른 모든 추가적 원화 경비를 부담한다.
>
> 2. 경제 원조
> • 주월 한국군에 소요되는 보급 물자. 용역 설치 장비를 실시 할 수 있는 한도까지 한국에서 구매하며 주월 미군과 월남군을 위한 물자 가운데 선정된 구매 품목을 한국에 발주할 것이며 그 경우는 다음과 같다.

① 남북한이 유엔에 동시 가입하였다.
② 중화 인민 공화국과 국교를 수립 하였다.
③ 경제 협력 개발 기구(OECD)에 가입하였다.
④ 칠레와 자유 무역 협정 (FTA)을 체결하였다.
⑤ 한·일 협정을 체결하여 국교 정상화를 추진하였다.

20-46 광주 천막촌 사건

04 다음 자료의 사건에 대한 탐구 활동으로 가장 적절한 것은? [2점]

광주 대단지 천막촌 모습

이곳의 주민들은 주거 및 생활 대책을 위한 결단을 내리고서 집회에 나섰다. 당시 집회에는 15만 명의 광주 대단지 인구 중 3만 여 명이 집결하였다. 이들 군중은 "허울 좋은 선전 말고 실업 군중 구제하라", "살인적 불하 가격 절대 반대"등의 구호를 외치면서 성남 출장소로 몰려갔다.

① 6월 민주 항쟁 이후 노동자들의 요구를 분석한다.
② 핵 폐기장 후보지 선정을 둘러싼 갈등을 살펴본다.
③ 경제 개발에 따른 급속한 도시화의 문제를 알아본다.
④ 토지 조사 사업이 농촌 사회에 미친 영향을 파악한다.
⑤ 일제 강점기 토막민의 실태와 그에 대한 대책을 조사한다.

🔍 문제분석

03 정답 ⑤ 번

박정희 정부는 1964년에는 미국의 월남전 파병 요청을 받고 군사, 경제적 지원을 약속받고 파병했다. 미국은 한국에 추가 파병을 요구하며, 그 선행조건에 대한 양해사항을 1966년 3월 미국대사 브라운을 통해 한국 정부에 공식 통고서를 전달했다. 브라운 각서로 알려진 이 문서에 월남 파병 대가로 각종 군사, 경제 원조를 한다는 내용이 담겨있다.

박정희 정부는 한일협정을 맺어 자금을 끌어들였다. 1963년 독일에 광부와 간호사를 파견해 외자를 송금 받았고, 월남전 파병으로 미국의 경제지원을 받아, 경제개발계획을 추진했다. 베트남전 특수 등을 이용 경제성장을 했다.

① 1991년 8월 노태우 정부는 남북한 동시 유엔 가입에 성공했다.
② 노태우 정부는 1992년 중국과 수교했다.
③ 1996년 김영삼 정부는 세계화를 내세우며, OECD에 가입했으나, 1997년 말 금융위기에 처해 IMF 사태를 맞게 된다.
④ 2004년 4월 노무현 정부는 최초의 자유무역협정을 칠레와 체결했다.
⑤ 1965년 박정희 정부

✓ 이승만, 박정희 시기 경제, 이것만!

• 미국 원조 물자 배당 과정에서 정부와 유착된 재벌 탄생
• 제분, 제당, 면방직 삼백 산업 중심의 소비재 산업 발달
• 베트남전 참전에 따른 특수를 누림
• 경공업 중심의 수출 주도형 공업화 정책 추진
• 외화획득 목적으로 수천 명의 광부와 간호사를 서독에 파견
• 경제개발 5개년 계획 추진, 중화학공업중심 경제구조로 변화

04 정답 ③ 번

경제성장에 다른 도시빈민 문제가 커지자, 박정희 정부는 도시 빈민가 정비와 철거민 이주 사업을 실시해, 위성도시에 토지 분양과 일터를 약속하고 이주시켰다. 하지만 경기도 광주(현재 성남) 일대 주민들은 열악한 주거환경과 비싼 분양가에 항의하여 1971년 8월 성남 출장소로 몰려들어 무력시위를 벌였다. 결국 서울시장이 사과하고, 주민 요구를 수용했다. 경제개발에 따른 도시빈민 문제가 표출된 사건이었다.

① 1987년 6월 민주 항쟁 이후, 민주화가 진전되면서, 노동조합 결성이 활발해지고, 노동쟁의가 크게 늘었다.
② 1978년 원자력발전소 가동 이후, 핵 폐기장 건설이 논의되었으나, 님비현상 때문에 후보지를 찾지 못했다. 2005년 경주시가 지원금을 받는 조건으로 선정되었다.
③ 광주 천막촌 사건은 경제성장과 도시화 문제에서 비롯되었다.
④ 1910년~1918년 토지조사 사업은 소작농의 몰락과, 해외이주를 초래했다.
⑤ 1920~30년대 경성부에 수만 명의 빈민들이 토막집을 짓고 살았다.

38-48 전태일 분신사건

05 다음 뉴스에 보도된 사건 이후의 사실로 옳은 것을 〈보기〉에서 고른 것은? [3점]

어제 동대문 평화시장 재단사 전태일 씨가 분신하는 사건이 발생하였습니다. 이 과정에서 그는 노동자들의 열악한 근무 환경 실태를 고발하여 근로 기준법의 준수를 외쳤습니다.

전태일 씨 분신 사건 발생

〈보기〉

ㄱ. 최저 임금법이 제정되었다.
ㄴ. 한·미 원조 협정이 체결되었다.
ㄷ. 연간수출액 100억 달러가 달성되었다.
ㄹ. 제1차 경제 개발 5개 년 계획이 추진되었다.

① ㄱ, ㄴ ② ㄱ, ㄷ ③ ㄴ, ㄷ ④ ㄴ, ㄹ ⑤ ㄷ, ㄹ

47-46 경제 성장과 100억불 수출

06 밑줄 그은 '정부'시기에 있었던 사실로 옳은 것은? [2점]

이것은 당시 정부가 100억 수출 달성을 축하하고자 광화문 사거리에 설치한 조형물입니다. 10억 달러 수출을 달성한지 7년 만에 100억 달러 수출을 이룬 눈부신 경제 성장을 상징합니다.

① 경제 협력 개발 기구(OECD)에 가입하였다.
② 미국과 자유 무역 협정(FTA)을 체결되었다.
③ YH무역 노동자들의 농성을 강경 진압하였다.
④ 대통령 긴급 명령으로 금융실명제가 실시되었다.
⑤ 대통령 직속 자문 기구인 노사정 위원회가 구성되었다.

05 정답 ② 번

박정희 정부 시기 급속한 산업화로, 노동자 수가 크게 증가했다. 1960년대 박정희 정부는 수출드라이브 정책을 펼쳐, 저임금 노동자의 노동으로 만든 값싼 섬유제품, 가발, 합판 등을 수출하는 산업구조를 만들어갔다. 반면 노동자들은 열악한 노동환경에서 고통을 겪어야 했다. 1970년 11월 서울 청계천 평화시장에서 재단사였던 전태일은 '근로기준법을 지켜라', '우리는 기계가 아니다'는 구호를 외치며 분신하여, 당시 암울한 노동 현실을 고발했다. 이 사건은 한국노동운동사의 큰 전환점이 되었다.

ㄱ. 최저임금법은 1988년 1월부터 시행되었다.
ㄴ. 1948년 10월 미국은 한미원조협정을 체결해, 1961년까지 경제 원조를 했다.
ㄷ. 1977년 100억 불 수출이 달성되었다.
ㄹ. 1차 경제 개발 5개년 계획은 1962년~1967년까지다.
따라서 정답은 ② ㄱ, ㄷ 이다.

06 정답 ③ 번

1977년 박정희정부는 100억 달러 수출을 달성했다. 박정희 정부는 경제개발 5개년 계획을 추진하며 경공업 중심에서 중화학공업 중심으로 산업을 개편하고, 수출산업을 키워 경제성장을 달성했다. 하지만 그 과정에서 열악한 노동환경에서 노동자들이 고통을 겪었다. 1970년 전태일 분신사건, 1979년 YH무역 노동자 농성사건은 당시 열악한 노동현실을 고발한 사건이었다.

① 1996년 김영삼 정부는 경제협력 개발기구(OECD)에 가입한다. 너무 서둘러 가입한 탓에, 1997년에는 외환위기를 겪고 국제통화기금(IMF) 관리체제하에 들어가게 된다.
② 미국과 자유무역협정(FTA)이 최종 타결된 것은 2007년 4월로 노무현 정부 때이다.
③ 1979년 YH 무역 노동자들이 부당한 폐업에 항의하여 야당인 신민당사로 와서 농성을 벌이자, 정부가 경찰을 동원 강경 진압했고, 신민당 총재 김영삼이 유신 체제를 비판하자, 박정희 정부는 김영삼을 국회의원에서 제명했다. 이것이 곧 부산 마산 민주화운동을 촉발했고, 정부는 계엄령을 선포해 강경 진압했다. 이 과정에서 10.26사태가 발생해 중앙정보부장 김재규가 박정희를 저격해, 박정희정부의 장기 집권이 종결된다.
④ 1993년 김영삼 정부는 금융 실명제를 실시했다.
⑤ 1998년 김대중 정부는 기업구조조정과 노사정 위원회를 설치해, 외환위기를 탈출했다.

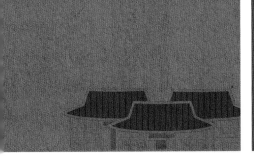

45-48 유신시대 금지곡

07 다음 기사 내용이 보도된 정부 시기에 볼 수 있는 모습으로 옳은 것은? [2점]

국내 대중 가요 222곡, 금지곡으로 선정

긴급 조치 제9호의 후속 조치로 수립된 「공연물 및 가요 정화 대책」에 따라 한국 예술 문화 윤리 위원회는 국내 대중가요 222곡을 금지곡으로 선정하여 발표하였다. 한국 예술 문화 윤리 위원회는 국가 안보 위협, 왜색 풍, 창법 저속, 불신 풍조 조장, 퇴폐성 등이 금지곡 선정 이유라고 밝혔다. 대표적인 금지곡으로는 이미자의 '기러기 아빠', 김추자의 '거짓말이야', 이장희의 '그건 너', 신중현의 '미인' 등이 있다.

① 경기장에서 프로 축구를 관람하는 회사원
② 개성 공단 착공식에 참석하고 있는 공무원
③ 금융 실명제에 따라 신분증을 요구하는 은행 직원
④ 거리에서 자를 들고 미니 스커트를 단속하는 경찰
⑤ 외환 위기 극복을 위한 금 모으기 운동에 참여하는 학생

41-47 야간 통금 해제

08 다음 기사 내용이 보도된 정부 시기의 사실로 옳은 것을 〈보기〉에서 고른 것은? [2점]

□□신문

제 ○○호　　　　　　　　　　○○○○년 ○○월 ○○일

야간 통행 금지 해제

오는 1월 5일 24시를 기하여, 지난 37년간 지속되어 온 야간 통행 금지가 전국적으로 해제될 예정이다. 다만 국방상 중요한 전방 지역과 후방 해안 도서 지역은 대상에서 제외되었다.

이번 야간 통행 금지의 해제로 국민 생활의 편익이 증진되고 관광과 경제 활동이 활성화될 전망이다.

〈보기〉
ㄱ. 한국 프로 야구가 6개 구단으로 출범하였다.
ㄴ. 언론의 통폐합이 강제로 단행되고 언론 기본법이 제정되었다.
ㄷ. 허례허식을 없애기 위해 법령으로 가정의례준칙이 제정되었다.
ㄹ. 재건 국민운동 본부를 중심으로 혼·분식 장려운동이 전개되었다.

① ㄱ, ㄴ　② ㄱ, ㄷ　③ ㄴ, ㄷ　④ ㄴ, ㄹ　⑤ ㄷ, ㄹ

🔍 문제분석

07 정답 ④ 번

보기에 '긴급조치 9호'를 통해 박정희 유신정부 시대임을 알 수 있다. 1972년 유신헌법에 의해 제왕적 권력을 갖게 된 박정희는 긴급조치권을 이용해, 유신 체제에 반대하는 세력을 억압했다. 1974년 1월 긴급조치 1호를 시작으로 1975년 5월 9호까지 잇따라 긴급조치를 발표했다. 대중문화와 국민 일상까지도 통제하고 억압했다. 이러한 억압과 통제가 국민들의 민주화 요구와 저항을 불러왔다.

① 프로축구는 1983년 전두환 정부가 국민들의 관심을 정치에서 스포츠, 스크린, 오락 등으로 돌리려는 시도에서 탄생시킨 것이다. 프로축구보다 1년 전 프로야구도 출범했다.
② 남북 화해 분위기에서 노무현 정부 시기인 2003년 6월 30일 개성공단 착공식이 열렸다.
③ 1993년 김영삼 정부는 금융 실명제를 전격 실시했다.
④ 박정희 정부는 여성들의 치마길이가 무릎 위 15㎝ 보다 짧으면 경범죄로 단속하기도 했다.
⑤ 1997년 말 외환위기로 IMF 구제 금융을 받게 되자, 김대중 정부는 1998년 1월부터 금모으기 운동을 시작해, IMF에서 빌린 차입금을 조기 상환하여 경제위기에서 탈출할 수 있었다.

08 정답 ① 번

야간 통행 금지 해제조치는 1982년 전두환 정부시기에 이루어졌다. 이때 제외된 지역도 1988년 모두 해제되었다. 통행금지 폐지는 국민 기본권 보장과 경제활동 활성화에 기여하는 측면이 크다. 하지만 유흥업소의 영업시간 연장으로 향락산업과 범죄의 증가 등이 문제로 지적되기도 한다.

ㄱ. 전두환 정부는 국민의 정치에 대한 관심을 돌리고자 스포츠 산업 등을 육성하고, 교복자율화 등 국민유화 정책을 실시했다. 1982년 프로야구, 1983년 프로축구가 출범했다.
ㄴ. 1980년 12월 전두환 정부는 TBS 방송을 KBS방송에 통합시키는 등 언론 통폐합을 강제로 단행하고, 언론 기본법을 제정하여 언론을 통제했다.
ㄷ. 1969년 박정희 정부가 가정의례 순직늘 제성했나.
ㄹ. 1967년 박정희 정부는 당시 부족한 쌀의 소비를 줄이기 위해 혼분식 장려운동을 10년간 실시했다.
따라서 정답은 ① ㄱ, ㄴ 이다.

문제분석

39-50 IMF사태

09 다음 뉴스의 사건이 일어난 정부 시기의 사실로 옳은 것은? [1점]

> 정부는 최근 겪고 있는 금융, 외환, 시장에서의 어려움을 극복하기 위해 국제 통화 기금에 유동성 조절 자금을 지원해 줄 것을 요청하기로 하였습니다.

국제 통화 기금(IMF)에 지원 요청

① 제1차 경제 개발 5개년 계획이 추진되었다.
② 경제 협력 개발 기구(OECD)에 가입하였다.
③ 한·미 자유 무역 협정(FTA)이 체결 되었다.
④ 제2차 석유 파동으로 경제 불황이 심화되었다.
⑤ 유상 매수·유상 분배의 농지 개혁법이 제정되었다.

44-48 의무교육확대

10 다음 뉴스가 보도된 정부 시기의 사실로 옳은 것은? [2점]

> 정부가 대학 입시 본고사를 폐지하고 대학의 졸업 정원제를 실시한 데 이어, 중학교 의무 교육을 처음 도입하기로 하였습니다. 이에 따라 올해 도서·벽지 중학교 1학년부터 의무 교육이 시작되어 내년에는 도서·벽지 중학교 전학년으로 확대 적용될 예정입니다.

정부, 올해부터 중학교 의무 교육 실시

① 프로 야구단이 정식으로 창단되었다.
② 금강산 해로관광 사업이 시작되었다.
③ 제1차 경제 개발 5개년 계획이 추진되었다.
④ 외환 위기 극복을 위해 금 모으기 운동이 전개되었다.
⑤ 대통령의 긴급 명령으로 금융 실명제가 전격 실시되었다.

---

09 정답 ② 번

국제통화기금(IMF)에 유동성 조절 자금을 지원 요청한 것은 1997년 외환위기를 맞이했기 때문이다. 김영삼 정부는 1996년 당시 경제 선진국들의 모임인 OECD 가입을 서둘러 진행하여, 경제의 세계화, 개방화를 추진했다. 하지만 아직 경제력이 미약했던 한국은 세계적인 금융자본의 횡포에 외환위기를 겪게 되고, IMF 관리 체제에 들어가, 주요 산업시설을 외국에 헐값 매각, 강제적인 구조조정, 비정규직 노동자 양산 등 많은 부작용을 갖게 되었다. 하지만 금모으기 운동, 산업구조 개편 등으로 조기에 IMF 체제에서 벗어났다.

① 박정희 정부에서 1962년~1967년 동안 제1차 경제 개발 5개년 계획을 추진했다.
② 1996년 김영삼 정부시기에 경제 협력 개발 기구(OECD)에 가입했다.
③ 2007년 노무현 정부는 미국과 자유 무역 협정(FTA)을 체결했다.
④ 제2차 석유파동은 이란 혁명으로 야기되어, 1978년부터 1980년까지 우리 경제를 불황에 빠드렸다.
⑤ 이승만 정부는 1949년 6월 농지 개혁법을 제정했다.

10 정답 ① 번

전두환 정부는 1980년 입사과열을 막기 위해 대학 입시 본고사를 폐지했고, 1981년에는 대학 졸업정원제, 1984년에는 중학교 의무교육을 단행했다. 의무교육 확대는 국가의 재정 부담을 늘리는 것이어서, 이승만 정부나 박정희 정부가 시행하기 어려운 것이었다. 1980년대 비로소 실시된 것이다.

① 1982년 진두환 정부시기에 프로야구난이 창난되었다.
② 1998년 6월 김대중 정부시기에 금강산 해로관광 사업이 시작되었다.
③ 박정희 정권은 1962년~1967년까지 1차 경제개발 5개년 계획을 추진했다.
④ 1998년 김대중 정부는 외환위기 극복을 위해 금 모으기 운동을 전개해, 3년 만에 외환위기에서 탈출했다.
⑤ 1993년, 김영삼 정부는 탈세와 부정부패를 방지하기 위해 금융 실명제를 전격 실시했다.

MEMO
....
....
....
....

04 통일을 위한 노력

50-50 박정희정부 통일노력

01 다음 기사의 사건이 일어난 정부 시기의 통일 정책으로 옳은 것은? [2점]

광주 대단지 주민 5만여 명, 대규모 시위

지난 10일, 경기도 광주시 중부면 광주 대단지에서 5만여 명의 주민들이 차량을 탈취하여 대규모 시위를 벌였다. 이번 시위는 서울 도심을 정비하기 위하여 10만여 명의 주민들을 경기도 광주로 이주시키는 과정에서 발생하였다. 서울시가 처음 내건 이주 조건과 달리, 상하수도나 교통 등 기반 시설이 갖추어지지 않은 채 강제로 이주시켰기 때문이다. 시위 과정에서 관공서와 주유소 등이 불에 탔고, 주민과 경찰 다수가 부상을 입었으며, 일부 주민들이 구속되었다.

① 남북한이 유엔에 동시 가입하였다.
② 10·4 남북 공동 선언을 발표하였다.
③ 남북한이 한반도 비핵화 공동 선언에 서명하였다.
④ 남북 조절 위원회를 설치하여 통일 방안을 논의하였다.
⑤ 남북한의 교류 협력을 위한 개성 공업 지구 건설에 착수하였다.

40-50 각 정부의 통일노력

02 (가)~(라)의 사건을 일어난 순서대로 옳게 나열한 것은? [2점]

사진으로 보는 통일 노력

7·4 남북 공동 성명 발표
(가)

남북 학생 회담 요구 집회
(나)

10·4 남북 공동 선언 채택
(다)

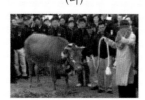

정주영 북한 방문
(라)

① (가) - (나) - (다) - (라)
② (가) - (다) - (라) - (나)
③ (나) - (가) - (라) - (다)
④ (나) - (라) - (가) - (다)
⑤ (다) - (라) - (나) - (가)

---

01 정답 ④ 번

광주 대단지 주민 5만여 명의 대규모 시위는 1971년 8월 10일에 일어났다. 이 사건은 박정희 정부가 서울 도심을 정비하기 위해 10만 주민을 경기도 광주로 이주시키는 과정에서 발생했다. 이때 주민이 이주하며 성남시가 탄생했다.
박정희 정부 통일 노력으로 1971년 남북 적십자 회담을 시작으로 1972년 7.4 남북 공동성명, 11월 남북조절위원회 설치가 이루어졌다.

① 1991년 노태우 정부시기에 남북한이 유엔에 동시 가입했다.
② 2007년 10월 노무현 정부는 10.4 남북 공동선언을 발표했다.
③ 남북한이 한반도 비핵화 공동선언에 서명한 것은 1991년 12월 노태우 정부 시기의 일이다.
④ 박정희 정부는 1972년 7.4 공동성명의 후속 조치로 11월에 남북 조절 위원회를 설치하여 통일방안을 논의했다.
⑤ 2000년 김대중 정부는 6.15 남북공동성명을 발표하고, 개성공단 조성건설에 합의했다. 하지만 남북한의 교류 협력을 위한 개성공업지구 건설에 착수한 것은 2003년 노무현 정부 시기이며, 2004년에 개성공단 입주가 시작되었다.

02 정답 ③ 번

통일 노력 문제 각 정부별 대표적 통일 노력을 시대 순으로 반드시 암기하고 있어야 한다. 매회 50번 문제는 통일과 관련된 문제가 출제되고 있다.

(가) 7.4 남북 공동 성명은 1972년 박정희 정부 시기에 발표되었다.
(나) 남북 학생 회담 요구 집회는 1961년 5월로, 장면 정부시기에 등장했다. 이승만 정부가 철저한 반공 정책을 펼친 반면, 제2공화국 시기에 평화 통일 운동이 일어났다.
(다) 10. 4 남북 공동 선언은 2007년 노무현 정부가 2차 남북 정상회담을 개최하고 그 결과로 채택된 것이다.
(라) 현대그룹 정주영 회장이 1998년 6월과 10월 2차례 걸쳐 500마리, 501마리를 이끌고 민간 교류 차원에서 북한을 방문했다. 이를 계기로 분단 후 처음으로 금강산 관광사업이 실현된다. 2000년 김대중 정부는 최초로 남북 정상회담을 개최하고, 6.15 남북 공동선언을 하였다.
따라서 정답은 ③ (나) - (가) - (라) - (다) 이다.

MEMO

48-50 노태우 통일정책

03 다음 정부 시기의 통일 노력으로 옳은 것은? [2점]

사진으로 보는 ○○○ 정부

한국·헝가리 수교   남북한 유엔 동시 가입   한국·중국 수교

① 남북 조절 위원회를 설치하였다.
② 개성 공업 지구 조성에 합의하였다.
③ 10·4 남북 공동 선언을 채택하였다.
④ 금강산 해로 관광 사업을 시작하였다.
⑤ 한반도 비핵화 공동 선언에 서명하였다.

---

03 정답 ⑤ 번

남북한 유엔 동시가입은 노태우 정부의 대표적인 통일노력의 성과다. 한국과 헝가리 수교는 1989년의 일이고, 남북한 유엔 동시가입은 1991년 9월 18일, 한국과 중국 수교는 1992년에 이루어졌다. 노태우 정부는 1991년 12월 31일 한반도 비핵화 공동 선언에 서명을 하였다.

① 남북조절 위원회는 1972년 7.4일 남북공동선언 이후인 1972년 11월에 설치되었다.
② 개성공업지구 조성에 합의한 것은 2000년 1차 남북정상회담이 이루어진 김대중 정부시기에 있었고, 개성 공단 입주는 2004년 노무현 정부시기에 이루어졌다.
③ 10.4 남북 공동 선언 발표는 2007년 제 2차 남북정상회담의 성과로 노무현 정부시기에 있었다.
④ 금강산 해로관광사업은 1998년 11월 김대중 정부시기에 시작되었고, 금강산 육로 관광은 2003년 9월 노무현 정부시기에 시작되었다.
⑤ 한반도 비핵화 공동선언 서명은 1991년 노태우 정부시기에 이루어졌다.

34-50 1차 남북정상회담

04 밑줄 그은 '이 선언'이 발표된 결과로 옳은 것은? [2 점]

보고 싶은 조카에게

잘 지내니?
남북 통일에 대한 관심이 많다고 들었어. 분단의 고통으로 해소하고, 민족의 지속적인 발전을 위해서도 통일은 꼭 필요하지.
이 사진은 분단 이후 처음으로 남북정상이 2000년에 평양에서 만나는 역사적인 장면이란다.
두 정상은 회담 후에 이 선언을 발표했지.

다음에 만나서 통일에 대해 더 이야기 해보자.
삼촌이

① 남북 기본 합의서가 채택되었다.
② 남북 조절 위원회가 설치되었다.
③ 남북한 유엔 동시 가입이 이루어졌다.
④ 남북한이 개성 공단조성에 합의하였다.
⑤ 이산가족의 고향 방문이 처음으로 성사되었다.

---

04 정답 ④ 번

6.15 공동선언의 결과를 묻는 질문이다. 1998년에 들어선 김대중 정부는 1998년 정주영의 북한 방문을 계기로 금강산 관광사업을 시작하였고, 2000년 평양에서 북한 김정일 국방위원장과 최초의 남북한 정상회담을 성사시켰다. 이때 우리 민족끼리 통일을 자주적으로 해결하기로 하고, 후속조치로 경의선 복구 사업, 개성공단 건설, 이산가족 상봉 등을 실행하였다.

① 1991년 12월 노태우 정부시기 남북 기본 합의서가 채택되었다.
② 1972년 박정희 정부는 남북 조절 위원회를 설치했다.
③ 1991년 8월 남북한이 유엔에 동시 가입했다.
④ 2000년 김대중 정부는 개성 공단조성에 합의했다. 개성공단 완공은 2004년 노무현 정부 때에 일이다.
⑤ 1985년 전두환 정부 시기에 이산가족 고향 방문이 처음으로 성사되었다.

✏ MEMO
....
....
....
....

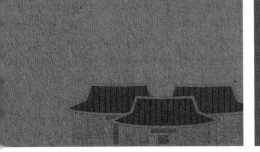

49-50 김대중 통일노력

05 밑줄 그은 '정부'의 통일 노력으로 옳은 것은? [2점]

국민들은 금 모으기 운동에 자발적으로 동참하여 외환 위기 극복에 힘을 보탰습니다. 정부는 지금까지 어떤 노력을 해왔는지 말씀해 주십시오.

정부는 기업에 대한 강도 높은 구조 조정, 노사정 위원회 설치 등 다각적인 노력을 통해 국제 통화 기금(IMF)의 구제 금융 지원금을 예정보다 3년이나 빨리 상환하였습니다.

① 금강산 관광 사업을 시작하였다.
② 남북한이 유엔에 동시 가입하였다.
③ 제1차 남북 적십자 회담을 개최하였다.
④ 한반도 비핵화 공동 선언을 채택하였다.
⑤ 남북 간 이산가족 상봉을 처음 실현하였다.

05 정답 ① 번

금모으기 운동, 기업 구조 조정, 노사정 위원회 설치 등의 노력을 통해 IMF 구제 금융을 3년 일찍 상환하여 외환위기를 극복한 정부는 김대중 정부(1998년 2월~ 2003년 2월)다.
김대중 정부는 햇볕 정책을 통해, 적극적인 통일정책을 추진해, 2000년 최초의 남북 정상 회담을 개최하여, 6.15 남북 공동 선언을 발표했다. 또한 개성 공단 설치에도 합의하고, 금강산 관광 사업을 실시했다.

① 1998년 금강산 관광 사업이 시작되었다.
② 1991년 9월 남북한 유엔 동시 가입이 이루어졌다.
③ 1971년 제1차 남북 적십자 회담이 개최되었다.
④ 1991년 한반도 비핵화 공동 선언이 채택되었다.
⑤ 1985년 남북간 이산가족 상봉이 처음 실현되었다.

✓ 각 정부의 통일 노력, 이것만!

정 부	주요 노력
이승만	멸공통일 주장, 평화통일론 탄압(진보당사건)
장 면	민간 통일 논의·남북 학생 통일 회담 제안
박정희	1971년 남북적십자 회담. 1972년 7.4 남북 공동성명, 남북조절위원회 설치
전두환	이산가족 고향 방문, 예술공연단 공연(1985.9)
노태우	남북한 유엔 동시 가입 (1991.9) 남북 기본 합의서(1991.12), 상호 체제 인정, 한반도 비핵화 공동 선언 채택
김영삼	한민족공동체건설 위한 3단계 통일방안제시(1994)
김대중	정주영 북한 방문, 금강산 관광사업 실시(1998) 제1차 남북 공동성명(2000), 6.15 남북공동선언 경의선 복구, 개성 공단조성건설 합의
노무현	제2차 남북 정상회담(2007), 10.4 남북공동선언 개성공단 입주(2004)

* 7.4 남북 공동성명 → 남북 기본합의서 → 6.15 남북공동선언 → 10.4 남북공동선언은 반드시 암기

47-50 노무현정부의 통일 정책

06 (가)에 들어갈 내용으로 옳은 것은? [2점]

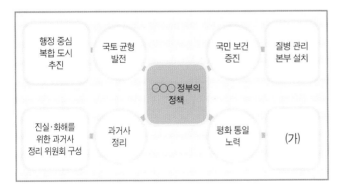

| 행정 중심 복합 도시 추진 | 국토 균형 발전 | | 국민 보건 증진 | 질병 관리 본부 설치 |
| 진실·화해를 위한 과거사 정리 위원회 구성 | 과거사 정리 | ○○○ 정부의 정책 | 평화 통일 노력 | (가) |

① 남북 기본 합의서 서명
② 남북 조절 위원회 구성
③ 10.4 남북 정상 선언 발표
④ 한반도 비핵화 공동 선언 채택
⑤ 이산가족 고향 방문 최소 성사

06 정답 ③ 번

노무현 정부의 평화 통일 노력은 경의선 복구, 금강산 육로 관광 시행, 2004년 개성공단 입주, 2007년 2차 남북 정상 회담 개최 및, 10.4 남북 정상 공동 선언 발표로 이어졌다.

① 남북 기본 합의서는 1991년 12월 노태우 정부시기에 체결되었으며, 남북한 사이 화해와 불가침 및 교류 협력, 상호 체제 인정이 담겨 있다. 한반도 비핵화 선언으로 이어진다.
② 1972년 7.4 남북 공동성명을 발표한 박정희 정부는 남북 조절위원회를 설치한다.
③ 2007년 노무현 정부는 10.4 남북 정상 선언을 발표했다.
④ 1991년 노태우 정부는 한반도 비핵화 공동 선언을 채택한다.
⑤ 이산가족 고향 방문이 최초로 성사된 것은 1985년 9월 전두환 정부 때이다.

CHAPTER

07

공간으로 본 역사

한국사능력검정시험

공간으로 본 역사

🔆 **출제경향**

• 지역사는 1회 1-2문제 출제되지만, 사건이 일어난 장소에 대한 이해가 없이는 풀 수 없는 문제들이 출제된다.

① 왜 공간이 중요할까?

한국사능력검정시험 출제 유형에는 다음과 같은 유형의 문제들이 출제되기도 한다

1. 사건이 발생한 지역이 어디인지를 찾는 문제
2. 여러 유적이 모인 지역이 어디인지를 유추하게 한 후 그 지역에서 벌어진 역사적 사건을 묻는 문제
3. 특정 지역의 역사에 대한 종합적 이해를 묻는 문제

한국사능력검정시험에서 자주 출제되는 지역사 문제는 독도, 제주도, 강화도 등 역사적 사건이 많이 발생한 섬 지역과 개성, 평양, 공주, 부여, 김해 등 한때 나라의 수도였던 곳, 안동, 청주, 인천, 진주 등 역사의 고장인 곳, 그리고 간도와 연해주, 상하이 등 고구려, 발해 등의 역사와 독립운동의 자취가 남은 지역에 대한 문제가 주로 출제된다. 따라서 한국사능력검정시험은 역사 유적을 자주 답사하거나, 여행을 많이 다닌 사람에게 유리하다. 여행 경험이 적거나, 지리에 관심이 부족했던 사람들은 지도와 유적 사진을 많이 보아야 한다. 역사적 사실이 어디에서 벌어진 일인지, 자주 확인해보는 습관이 필요하다.

역사를 공부할 때는 역사책과 함께 지도를 함께 놓고 공부하는 좌도우사(左圖右史)라는 공부법이 있다. 초중고 교육과정에서 사회과부도, 역사부도를 제공하는 이유는 공간적 인식이 역사 이해에 꼭 필요하기 때문이다. 한국사능력검정시험 뿐만 아니라, 앞으로 더 깊고 폭넓은 인문학적 지식을 얻기 위해서라도 지리 공간에 대한 이해는 꼭 필요하다.

7장. 공간으로 본 역사, 8장. 시간으로 본 역사는 앞서 공부한 것을 한 번 더 체계적으로 정리하고자 함이다. 7, 8장 공부를 통해 앞서 공부한 것을 반복학습하면서 자신의 것으로 만들도록 하자.

② 지리 공간과 역사

평양, 개성, 서울 등 각국의 수도는 모두 강을 끼고 있고, 바다와 가까워 물류 운송이 편리한 곳이다. 산악지역에서 성장한 동예, 동해안의 해안 평야 지역에서 성장한 옥저는 큰 나라로 성장하기가 어려웠다. 인구가 모여살기 힘들고, 외부와 교통이 편리하지 못했기 때문이다. 반면 인구가 많이 모여살 수 있는 서남해안에 자리 잡은 가야와 백제는 바다와 강의 해상교통을 장악하여 경제적으로 성장할 수 있었다. 반면 고구려는 압록강 중류 좁은 산골짜기에서 성장했지만, 불리한 지역 환경을 극복하고자 넓은 평야로 진출하기 위해 노력했고, 그 결과 제국으로 성장할 수가 있었다.

같은 조건이라도 시대에 따라 다르게 영향을 준 경우도 있다. 통일신라와 고려는 동아시아 해상교역의 중심국가가 되어 대륙과 일본열도를 잇는 무역활동을 펼쳤다. 아라비아 상인들도 신라와 고려를 찾아와 활발한 무역을 했다. 하지만 조선은 해상교역의 이점을 전혀 살리지 못했다. 농본억상정책, 명나라의 해금정책, 고려 말 왜구 침탈의 영향과 그로 인한 공도정책 등이 겹치면서 지리적 이점을 제대로 활용하지 못했다. 따라서 19세기 말에는 외국의 정보를 뒤늦게 받아들여 근대 산업사회로의 발전이 뒤처지기도 했다.

이처럼 지리조건이 역사에 큰 영향을 끼치기도 하지만, 그보다 더 중요한 것은 사람들이 어떠한 생각을 갖고 있는가에 달렸다. 지리공간이 역사에 미친 영향이 중요하기는 하지만, 그보다 중요한 것은 인간의 의지이고, 인간의 행동력이다. 그렇기 때문에 역사는 같은 공간이

어도 다른 역사상을 만들어낸다.

③ 꼭 알아야 할 지역

■ 독도

• **위치와 가치** : 독도는 울릉도 동남쪽 87.4㎞ 떨어진 곳에 위치한다. 울릉도에서 맑은 날 독도를 볼 수 있을 정도로 비교적 가깝기 때문에, 삼국시대부터 독도는 울릉도에 예속된 섬으로 이용되어 왔다. 반면 일본에서 독도에 가장 가까운 섬은 오끼섬으로 157.5km 떨어져 있어, 독도를 육안으로 확인할 수 없다. 독도는 작은 섬이지만, 수산자원과 해저 광물자원의 보고이며, 지정학적, 전략적 가치가 매우 높다.

• **신라 시대** : 512년 신라 지증왕 13년 이사부가 우산국을 정벌하면서, 울릉도와 부속도서, 즉 독도가 신라에 귀속되었다.

• **조선 시대** : 조선은 1454년 세종실록지지리에 독도가 조선의 영토임을 적었다. 1693년 동래 어부 안용복은 울릉도 근해에서 왜인을 발견하고 퇴거시켰고, 일본으로 건너가에도 막부에 항의했다. 그러자 일본은 일본인의 울릉도와 독도 불법 출항을 금지하겠다는 문서를 보내왔다. 1770년 동국문헌비고에는 울릉도 독도는 모두 우산국의 땅이라고 명확하게 기록하여, 신라시대부터 우리 영토임을 적어두었다. 1877년 일본 국가 최고 기관인 태정관에서 울릉도와 독도는 조선의 영토이고, 일본과 관계없음을 명심하라고 시네마현에 지령을 보냈다.

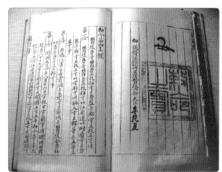

▲ 대한제국 칙령 41호

• **대한제국** : 1900년 10월 25일 대한제국은 칙령 41호로, 강원도 울진현에 속해있던 울릉도와 그 부속도서를 고쳐서 하나의 독립된 군으로 설치한다. 구역은 울릉 전도와 죽도 및 석도를 관할한다고 분명히 밝혔다. 석도가 독도다. 관보에 게재되어 국내외에 공포되었다.

1905년 1월 일본은 러일전쟁 중에 대한제국의 영토인 독도를 일본 시네마현에 불법 편입시키고 다케시마로 명명했다. 이후 일본인이 독도에 출몰하자, 1906년 3월 울릉도 군수 심흥택이 독도가 울릉도 관할이라는 내용이 들어간 문서를 정부에 보고했다. 그러자 의정부 참정대신 박제순은 1906년 5월 지령 3호를 통해 독도의 일본 영토 편입을 부정하고, 독도가 대한제국 영토임을 명백히 했다.

• **현대** : 1945년 해방이 되면서, 독도는 대한민국 고유 영토로 회복되었고, 1946년 1월 29일 연합국 최고 사령관 각서(SCAPIN) 제 677호에도 독도가 일본 영토가 아니라 한국 영토임을 명시했다. 1952년 독도 의용수비대의 활약으로 대한민국이 실효적 지배를 하고 있고, '인접 해양에 대한 주권에 관한 대통령 선언'을 통해 독도가 우리 영토임을 분명히 밝혔다. 1956년 이후 한국 경찰이 독도에 상주하고 있다.

■ 강화도

• **청동기 시대** : 부근리 고인돌은 2000년 화순, 고창의 고인돌과 함께 세계문화유산으로 등재되었다. 단군이 쌓았다고 전해지는 참성단이 마니산에 있을 만큼, 강화도는 역사의 고장이다.

• **고려 시대** : 고종19년(1232) 최우는 몽골과의 항쟁을 결의하고 이곳으로 도읍을 옮겼다. 고려는 식량을 확보하기 위해 간척 사업을 벌였다. 이곳에는 고려 궁지, 홍릉 등 고려 왕릉이 남아있다.

• **조선 시대** : 인조는 정묘호란을 맞아 후금의 공격을 피해 강화도로 피신했다. 병자호란 때는 세자와 세자빈이 이곳으로 피신했다. 성이 함락되자 김상용이 순절했다. 양명학의 학문적 체계를 수립한 정제두가 이곳에서 후진 양성에 힘을 기울어 이광사 등 많은 제자를 길러내고, 이곳에 묻혔다. 조선은 이곳에 외규장각을 두어 의궤 등을 보관하였고, 조선 전기에는 마니산, 후기에는 정족산에 사고를 두어 실록을 보관했다.

• **근대 이후** : 고종 3년(1866) 프랑스 해군제독 로즈는 이곳에 군대를 파견하여 군기와 서적(의궤 등) 등을 약탈하고, 서울로 진격하려다가 패퇴했다. 양헌수는 정족산성 전투에서 프랑스군을 격퇴하였다. 또한 신미양요 때 어재연이 미국에 맞서 싸운 요새인 광성보, 일본군이 침략한 초지진이 있다. 1876년 조일수호조규가 이곳에서 체결되었다.

■ 간도(북간도)

- **위치와 역사적 가치** : 간도는 압록강 북쪽 쑹화강과 토문강 동쪽 지역이다. 현재 조선족이 가장 많이 거주하는 연변자치주가 위치하고 있다. 옥저, 동부여, 고구려, 발해의 터전이었다. 고려 시대 윤관이 개척했던 곳이다. 조선시대 많은 동포들이 이곳에서 농사를 지으며 거주했다. 간도는 항일민족운동의 가장 중요한 기지였다.
- **백두산 정계비** : 1702년 조선과 청 사이에 국경 문제가 발생하자, 양국 대표가 백두산을 답사하고 국경을 정한 백두산 정계비를 세웠다. '서위압록, 동위토문'으로 정계비에 적었는데, 조선에서는 토문을 쑹화강으로, 중국은 두만강으로 해석하여 논란이 생겼다.
- **간도 문제의 발생** : 1903년 대한제국은 간도 관리사로 이범윤을 파견해, 간도를 함경도 행정 구역에 속하게 했다. 1905년 을사늑약으로 대한제국의 외교권을 박탈한 일본은 1905년 간도 협약을 체결하여, 간도를 청의 영토로 인정한 대가로, 남만주 철도 부설권을 획득한다.
- **독립운동 기지** : 헤이그 밀사였던 이상설은 이동녕 등과 함께 북간도 용정촌에 서전서숙(1906)을 건립했고, 김약연은 화룡현 명동촌에 명동학교(1908)를 세워 민족교육을 시켰다. 또한 대종교가 설립한 중광단(1911)과 이를 발전시킨 북로군정서(1919)가 이곳에서 활동했다. 1920년 6월 봉오동전투, 10월 청산리 전투 승리가 이곳에서 이루어졌다. 그러자 일본이 1920년 말 간도참변을 일으켜, 많은 한인 동포들이 희생당하기도 했다.
- **현재** : 중국이 관할하는 북간도 일대에는 조선족 동포들이 많이 살고 있어, 연변자치주로 지정되어 있다.

■ 중부 지역

〈서울〉

신석기	암사동 유적지-빗살무늬토기, 움집터
백제	하남위례성, 475년 개로왕 전사, 몽촌토성, 석촌동고분군
고려	양주군, 남경으로 승격
조선	1394년 천도. 5대 궁궐(경복궁, 창덕궁, 창경궁, 경운궁, 경희궁), 종묘, 사직단, 한양도성, 원각사지 10층석탑, 삼전도비
근대	우정총국(1894), 독립문(1897), 명동성당(1898), 경인철도(1899)
일제	3.1독립만세운동, 6.10만세운동, 조선총독부 폭탄투척(1921, 김익상)
현대	1.2차 미소공동위원회, 대한민국 수도

〈인천〉

백제	미추홀 - 온조의 형 비류의 근거지
고려	인주 (인주이씨 본향)
근대	제물포조약(1882) 체결, 각국 조계지, 개항장, 경인철도 출발지
현대	인천상륙작전(1950.9.15.)

〈철원〉

태봉	궁예의 천도(904), 궁예도성
현대	한국전쟁 철의 삼각지, 노동당사터

■ 경상 지역

〈경주〉

신라	신라 수도, 월성, 남산, 불국사, 석굴암, 첨성대, 대릉원, 분황사, 황룡사터, 감은사지 3층석탑, 문무왕수중릉, 호우총
고려	동경(東京)(987), 신라 부흥운동(1204)
조선	양동마을 (이언적의 본가 무첨당, 옥산서원), 최제우의 동학 창시(1860)
현대	세계문화유산 지정(불국사, 석굴암 - 1995, 경주역사 유적지구 - 2000)

〈거제도〉

현대	1950년 한국전쟁 당시 포로수용소 설치 1953년 6월 반공포로 석방

〈마산〉

조선	삼포개항 (1426)
현대	마산의거(1960. 3.15), 부마항쟁(1979)

〈김해〉

가야	금관가야 수도, 가야 철 수출 항구, 대성동고분, 파사석탑,
신라	680년 금관경 설치(신라 5소경)

〈진주〉

신라	신라 말 호족 왕봉규
조선	진주대첩(1592, 김시민), 임술농민봉기(1862, 유계춘 등) - 안핵사 박규수 파견하고 삼정이정청 설치
일제	조선 형평사 운동(1923)

〈울산〉

고대	대곡리 암각화, 천전리 각석
신라	신라 무역항, 이슬람 상인 왕래
조선	삼포(1426) 개항

〈대구〉

신라	신문왕 때 달구벌 천도 시도(689)
고려	공산전투(927) 후백제군이 고려군 격파
근대	최제우 처형(1864), 국채보상운동(1907)
일제	대한광복회(1915, 서상돈)

〈영주〉

신라	부석사 창건(676, 의상)
고려	부석사 무량수전(13c), 소조 여래좌상
조선	백운동 서원-소수서원(최초 사액서원)

〈안동〉

고려	고창전투(930) 고려군이 후백제군 격파 봉정사 극락전(13c, 현존 최고목조건물)
조선	도산서원(이황), 병산서원, 하회마을

■ 전라 지역

〈전주〉

후백제	900년 견훤의 후백제 건국(동고산성)
고려	무신정권에 반발 전주 관노의 난(1182)
조선	사고설치(전주사고), 전주화약(1894.5)

〈익산〉

백제	미륵사지 석탑, 왕궁리 5층 석탑

〈나주〉

고대	마한의 중심지, 나주 반남고분군
후삼국	후고구려 왕건의 나주전투 승리(903)
고려	거란 2차 침입때 현종의 피난지
조선	영산창(조운창고)

〈광주〉

일제	광주학생항일운동(1929)
현대	광주민주화운동(1980)

〈강진〉

고려	요세 백련사 결사운동, 청자 도요지
조선	정약용 유배지(1801~1818, 다산 초당)

〈진도〉

고려	삼별초 대몽항쟁기지(1270), 용장성

〈흑산도〉

조선	정약전 유배(1801~1816), 조선 최초 어류도감인 자산어보 저술

〈거문도〉

근대	러시아 남진 막는다는 명분으로, 영국이 불법 점령(1885~1887)

〈완도〉

신라	장보고가 청해진(828~851) 설치

■ 제주도

고대	탐라국 건국
고려	삼별초 대몽항쟁(김통정, 1273), 몽골의 탐라총관부 설치
조선	하멜 표류해 도착(1653), 김만덕 구휼활동(18세기 말)
현대	제주 4.3사건(1947~1954)

■ 충청 지역

〈청주〉

신라	서원경, 민정문서
고려	직지심체요절 금속활자(흥덕사), 용두사지 철당간

〈공주〉

고대	석장리 구석기 유적
백제	백제 2번째 수도(475~538), 공산성, 송산리고분군 (무령왕릉 외)
고려	망이 망소이의 난(1176, 명학소)
근대	동학농민군 우금치 전투(1894. 11) 패전

〈충주〉

삼국	중원고구려비, 신라 중원경
고려	다인철소, 처인성(김윤후)의 몽골항쟁
조선	탄금대 전투(신립) 패전(1592)
근대	유인석 의병 항전(1895)

〈부여〉

백제	백제 3번째 수도(538~660), 부소산성, 정림사지 5층 석탑, 능산리고분, 궁남지, 부여나성, 백제금동대향로
현대	2015년 백제역사유적지구 세계유산 등재 (공주, 부여, 익산)

■ 북한 지역

〈평양〉

고구려	고구려 3번째수도(427~668), 안학궁, 장안성, 대성산성, 을밀대, 동명왕릉, 당나라 안동도호부 설치(668)
고려	서경 설치(분사제도), 묘청의 난(1135), 조위총의 난(1174~1176), 최광수의 난(1217, 고구려부흥운동), 몽골의 동녕부 설치(1270~1290)
조선	평양성전투(1592), 유상 근거지
근대	제너럴셔먼호사건(1866), 대성학교(1908, 안창호)
일제	물산장려운동(1920, 조만식)
현대	김구, 김규식 남북지도자회의참석(1948)

〈의주〉

고대	미송리식 토기
고려	흥화진 전투(1018), 위화도회군(1388)
조선	선조 몽진(1592), 만상 근거지

〈개성〉

후삼국	궁예 후고구려 건국(901)
고려	고려 수도(918~1392), 나성축조(1029), 만월대, 개성 천문대
조선	송상 근거지, 개성 남대문(15세기)
현대	개성공단 입주(2004)

〈원산〉

고려	몽골의 쌍성총관부(1258~1356) 설치
조선	덕원 원산장
근대	원산학사 설립(1883), 함경감사 조병식 방곡령(1889) 시행
일제	원산노동자총파업(1929)

■ 만주와 기타지역

〈지안〉

고구려	고구려 2번째 수도, 장군총, 태왕릉, 환도산성, 국내성, 광개토대왕릉비, 무용총, 각저총,

〈서간도〉

1911년 신민회 회원인 이회영, 이상룡 등이 삼원보에 경학사와 신흥강습소 설립, 1919년 신흥무관학교로 개칭.
1923년 대한민국임시정부 주만참의부 설립
1930년대 양세봉장군이 조선혁명군을 지휘하여 영릉가전투, 흥경성전투에서 승리를 거둠.

〈상하이〉

1919년 대한민국 임시정부 수립
1923년 국민대표회의 개최
1931년 한인애국단 조직, 윤봉길의 상하이 홍커우 공원의거

〈하와이〉

1902년 사탕수수밭 노동 이민 시작.
1909년 한인 합성협회 조직
1914년 박용만이 대조선 국민군단 조직

〈유럽〉

1907년 헤이그에서 열린 2차 만국평화회의에 이상설, 이준, 이위종을 파견
1919년 파리강화회의에 신한청년단에서 김규식을 파견하여 독립청원서 제출
1963년 독일에 광부와 간호사 파견

〈일본 도쿄〉

1919년 2.8 독립선언
1931년 이봉창의 일왕 처단 시도

〈하얼빈〉

근대	안중근의 이토 히로부미 처단(1909)
일제	일제 731부대(생체실험 희생자 발생)

〈연해주〉

1908년 해조신문 창간(해외 최초 우리말신문)
1910년 13도 의군, 성명회 조직
1911년 이상설, 최재형 등이 권업회 조직, 독립운동기지 신한촌 설립
1914년 권업회를 기반으로 대한광복군정부 수립
1919년 임시정부인 대한국민의회 설립

〈중국 기타〉

1938년 우한에서 조선의용대 창설
1941년 7월 타이항산에서 조선의용군 하북지대 조직, 1942년 조선의용군으로 개편
1940년 임시정부 충칭 정착, 한국독립단 결성, 한국 광복군 창설

〈미국 기타〉

1883년 보빙사 파견.
1908년 전명운과 장인한이 대한제국 외교고문인 스티븐스를 샌프란시스코에서 저격
1910년 대한인국민회를 중심으로 외교활동 펼침
1919년 워싱턴에 구미위원부 설치(이승만)
1920년 노백린과 김종림이 캘리포니아 월로우스 비행학교 설립

〈멕시코〉

1905년 1천여 한인들이 유카탄 지역에 노동 이민 와서, 에네켄 농장에서 일함
1910년 이근영이 숭무학교 세워 무장투쟁 준비, 교민들이 성금 모아 독립 운동 지원

봉오동

블라디보스토크

용정

청산리

신빈현
영릉가

통화

지안

위주

평양

원산

철원

개성

강화도

인천 서울

충주

청주

영주

안동

울릉도

독도

공주
부여

익산
전주

대구

경주

울산

광주

진주

미산 김해 부산

거제도

훅산도

진모

강진
완도

거문도

제주도

공간으로 본 역사

45-16 대구지역사

01 (가) 지역에서 있었던 사실로 옳은 것은? [2점]

답사계획서

○ 주제: [(가)]의 역사와 인물을 찾아서
○ 일시: 2019년 ○○월 ○○일 09:00 ~ 17:00
○ 경로: 2·28 기념 중앙 공원 → 경상 감영 공원 → 달성 공원 내 최제우 동상 → 민족 저항 시인 이상화 고택

① 인조가 피신하여 청군에 항전하였다.
② 오페르트가 남연군묘 도굴을 시도하였다.
③ 정약용이 유배 중에 『경세유표』를 저술하였다.
④ 김광제 등의 발의로 국채보상운동이 일어났다.
⑤ 노동자 강주룡이 을밀대 지붕에서 고공 농성을 벌였다.

46-35 미주유적지

02 (가) 지역에서 전개된 민족 운동에 대한 설명으로 옳은 것은? [2점]

국외 민족 운동 유적지 답사 안내

우리 학회에서는 [(가)] 지역의 민족 운동을 조명하는 답사를 진행하고자 합니다. 관심있는 분들의 많은 참여 바랍니다.

○ 일시: 2020년 ○○월 ○○일
○ 답사코스: 다뉴바 애국선열 기념비 → 리들리 한인 이민 역사 기념각 → 장인환, 전명운 의거지 → 공립협회 회관 터
○ 주관: ◇◇학회

① 신흥강습소를 세워 독립군을 양성하였다.
② 『해조신문』을 발간하여 국권 회복에 힘썼다.
③ 서전서숙을 설립하여 민족교육을 실시하였다.
④ 대한인 국민회를 중심으로 외교활동을 펼쳤다.
⑤ 조선독립동맹을 결성하여 대일 항전을 준비하였다.

01 정답 ④ 번

경상감영공원, 달성공원 등을 통해 대구지역임을 알 수 있다. 689년 신라가 수도를 경주에서 달구벌(대구)로 천도하려다 무산된 적이 있었고, 927년 후백제군이 고려군을 공산(대구 팔공산) 전투에서 승리한 것, 그리고 1232년 팔공산에 위치한 부인사에 있던 초조대장경이 몽골군에 의해 불탄 역사를 갖고 있다. 대구가 주목받게 된 것은 1601년 경상감영이 이곳에 설치되면서 영남지역의 중심지가 되었기 때문이다. 대구 약령시는 전국적인 유명세를 떨쳤다. 1907년 서상돈, 김광제가 주도한 국채보상운동이 일어난 곳도 대구였다. 또한 1915년 박상진, 김좌진 등이 결성한 대한광복회도 이곳에서 탄생했다. 1960년 대구에서 일어난 2.28 학생시위는 당국이 야당 선거유세장에 가지 못하도록 일요일에 등교조치를 한 것에 반발하여 시위를 벌여, 4.19 혁명의 도화선이 되었다.

① 1636년 인조는 남한산성으로 도피했다가, 1637년 1월 말 삼전도의 굴욕을 당한다.
② 1868년 오페르트가 도굴한 남연군묘는 충남 예산군 덕산면에 있다.
③ 1801년 정약용은 신유박해로 18년간 강진으로 유배를 가서, 그곳에서 『경세유표』, 『목민심서』, 『흠흠신서』 등을 저술했다.
④ 김광제 등이 발의한 국채보상운동은 1907년 대구에서 시작되었다.
⑤ 1931년 평양 고무공장 파업 때 여성 노동자 강주룡이 평양 을밀대 지붕 위에서 투쟁했다.

02 정답 ④ 번

다뉴바, 리들리, 장인환과 전명운 등이 거론된 것으로 볼 때 이곳이 미국 샌프란시스코 지역임을 알 수 있다. 1904년 대한제국 외교고문으로 왔던 미국인 스티븐스가 미국에 돌아가 기자회견에서 일본의 한국 보호정치를 찬양했다. 그러자 재미한국인 장인환과 전명운이 1908년 캘리포니아주 오클랜드역에서 그를 저격 사살했다. 대한인 공립협회는 샌프란시스코에서 안창호 등이 조직한 항일 애국단체다.

① 신흥강습소는 1911년 서간도 통화현 삼원보에서 설립되었다. 1919년 신흥무관학교로 개칭되었다.
② 해조신문은 1908년 러시아 블라디보스토크에서 창간된 일간신문으로, 해외에서 우리말로 발행된 최초의 신문이다.
③ 서전서숙은 만주에 설립된 최초의 신학문 민족교육기관으로 이상설에 의해 1906년 북간도 용정촌에 설립되었다.
④ 대한인 국민회는 샌프란시스코에서 조직된 대한인 공립협회와 하와이에서 조직된 한인 합성협회가 1909년 처음으로 국민회로 통합되고, 1910년 대동보국회를 흡수해 출범한 단체다.
⑤ 조선독립동맹은 1942년 중국 화북지역에서 결성되었다.

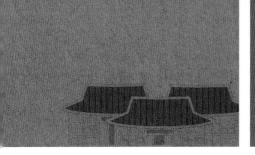

03 (가) 지역에서 있었던 사실로 옳지 않은 것은? [2점]

> **답사계획서**
>
> ○ 주제: [(가)]의 유적과 역사 인물을 찾아서
> ○ 일시: 2017년 ○○월 ○○일 09:00 ~ 17:00
> ○ 경로: 부근리 고인돌 → 홍릉 → 고려궁지 → 죽산 조봉암 선생 추모비

① 병자호란 때 김상용이 순절하였다.
② 프랑스군이 외규장각을 약탈하였다.
③ 정몽주가 이방원 세력에 의해 피살되었다.
④ 어재연이 이끄는 부대가 미국군에 맞서 싸웠다.
⑤ 조선왕조실록을 보관하던 사고(史庫)가 설치되었다.

04 다음 지역에서 있었던 사실로 옳은 것은? [3점]

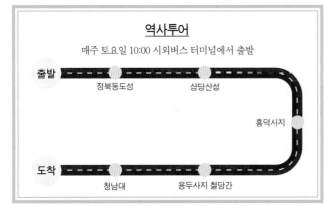

역사투어

매주 토요일 10:00 시외버스 터미널에서 출발

출발 — 정북동토성 — 상당산성 — 흥덕사지
도착 — 청남대 — 용두사지 철당간

① 유형원이 『반계수록』을 저술하였다.
② 안승을 왕으로 하는 보덕국이 세워졌다.
③ 금속활자로 『직지심체요절』이 간행되었다.
④ 백제와 신라 사이에 황산벌 전투가 벌어졌다.
⑤ 전태일이 근로기준법 준수를 외치며 분신하였다.

문제분석

03 정답 ③ 번

강화도는 우리 역사의 축소판이라고 할 정도로 많은 역사가 담긴 섬이다. 부근리 고인돌은 2000년 화순, 고창의 고인돌과 함께 세계문화유산으로 등재되었으며, 강화도가 오랜 역사의 고향임을 보여준다. 1232년 고려는 몽골침략에 대항해 수도를 강화도로 옮겼다. 1270년 환도할 때까지 강화도는 고려의 수도로 고려궁지와, 왕릉인 홍릉, 석릉, 팔만대장경을 조판한 선원사지, 강화도성 등 많은 유적과 유물이 남아있다. 조선시대에는 비상시 최후의 보장처로, 외규장각, 정족산사고가 있었고, 병인양요와 신미양요, 운요호 사건의 현장이던 광성보, 초지진 등의 군사시설 등이 만들어졌던 곳이다. 또한 강화학파를 형성한 정제두를 비롯해, 동명왕편의 저자 이규보, 독립운동가로 3대 대통령 후보였지만 진보당사건으로 억울하게 죽은 조봉암 관련 유적지도 강화도에 있다.

지역사 문제 가운데 강화도는 6회나 출제되어, 독도 9회 다음으로 자주 출제된다. 강화도와 관련된 문제까지 포함하면 14회 출제되었다. 강화도 역사는 필히 알아두어야 한다.

① 김상용은 1637년 병자호란 때 성이 함락될 위기에 처하자 스스로 순절했다.
② 1866년 프랑스군은 병인양요를 일으켜 강화도를 침략해 외규장각에서 의궤와 보물들을 약탈했다.
③ 1392년 이방원은 정몽주를 개경 선죽교에서 죽였다.
④ 1871년 어재연은 광성보에서 신미양요를 일으킨 미군과 싸우다 순국하였다.
⑤ 조선왕조실록은 묘향산, 태백산, 오대산, 강화도 마니산 사고에 보관되어 있다가, 병자호란의 피해를 입었다. 이후 1678년 정족산사고 등에 다시 보관했다.

04 정답 ③ 번

금속활자로 1377년 직지심체요절을 간행한 곳은 청주 흥덕사지다. 청주 용두사지 철당간은 높이 13m, 국보 41호이다. 962년 고려 광종의 연호인 준풍이 철당간 명문으로 양각되어 있어, 연대를 알 수 있는 유물이나. 징북동도성과 싱딩신성은 백제시대 성이며, 보존상태가 양호하다. 청주는 조선 전기에는 충청감사가 머무는 충청도의 중심지였고, 지금도 충청북도 제일의 도시다.

① 유형원(1622~1673)은 전북 부안에서 『반계수록』을 저술했다.
② 674년 안승의 보덕국은 전북 익산(금마저)에 세워졌다.
③ 직지심체 요절은 청주 흥덕사에서 간행되었다. 청주에는 고인쇄박물관이 자리하고 있다.
④ 660년 황산벌 전투는 충남 논산에서 벌어졌다.
⑤ 1970년 10월 전태일이 분신한 곳은 그가 일하던 서울 청계천 평화시장이다.

45-9 독도 역사

05 (가)에 해당하는 섬에 대한 설명으로 옳은 것은? [1점]

우리 땅인 (가) 의 역사

(가) 와/과 무릉은 거리가 서로 멀지 않아 날씨가 맑으면 볼 수 있다고 기록됨

512년 우산국 복속

1454년 세종실록 지리지

1696년 안용복 일본 도해

1906년 심흥택 보고서

1770년 동국문헌비고

울도 군수 심흥택이 (가) 이/가 울도군의 관할이라는 내용이 들어간 문서를 정부에 보고하였음

울릉과 (가) 은/는 모두 우산국의 땅이라고 명확하게 기록됨

① 몽골에 항전할 때 임시 수도였다.
② 정약전이 자산어보를 저술한 섬이다.
③ 하멜 일행이 표류하다가 도착한 곳이다.
④ 양헌수 부대가 프랑스군을 격퇴한 장소이다.
⑤ 대한제국 칙령 제41호에서 관할 영토로 명시한 곳이다.

35-44 제주도 역사

06 다음 지역에 대한 탐구 활동으로 적절하지 않은 것은? [2점]

답사보고서

○ 주제: 우리 고장의 일제 강점기 군사 시설
○ 날짜: 2017년 ○○월 ○○일
○ 답사지 개관
우리 고장에는 삼별초의 마지막 근거지인 항파두리 항몽 유적이 있다. 한편 일제가 주민들을 강제 동원하여 건설한 군사 시설 등의 유적도 있는데, 대표적인 것으로 비행장과 격납고, 그리고 연합군의 상륙에 대비해 해안 절벽에 굴을 뚫어 만든 동굴 진지가 있다.

알뜨르 비행장

송악산 해안 동굴 진지

① 탐라총관부가 설치된 목적을 살펴본다.
② 고산리 유적에서 출토된 유물을 알아본다.
③ 정약전이 『자산어보』를 저술한 지역을 찾아본다.
④ 김만덕의 빈민 구제 활동에 대한 기록을 조사한다.
⑤ 4·3 사건으로 많은 주민이 희생된 지역을 파악한다.

🔍 문제분석

05 정답 ⑤ 번

독도 역사는 한일관계의 변화 추세에 따라, 자주 출제되고 있다. 독도역사는 반드시 알아야 한다.

① 몽골과 항전할 때 임시수도는 강화도(1232~1270)였다.
② 정약전이 1801년부터 16년간 유배생활을 하며 『자산어보』를 쓴 곳은 흑산도다.
③ 1653년 네덜란드 상인 하멜 일행이 표류해 도착한 곳은 제주도다.
④ 양헌수 부대가 1866년 프랑스군을 격퇴한 곳은 강화도 정족산성이다.
⑤ 1900년 10월 25일 울릉도를 군으로 승격시켜, 독도를 관할하게 했다.

✓ **독도 역사, 이것만!**

· 1900년 대한제국 칙령 41호에서 울릉도 관할 영토로 명시
· 관보에 게재되어 국내외에 공포
· 일본은 1905년 러일전쟁 중 독도를 시네마현에 강제 편입
· 512년 신라 지증왕 때 이사부가 우산국을 정벌해 차지
· 『세종실록지리지』(1454)에 독도가 우리 영토임을 밝힘
· 1952년부터 대한민국이 실효적 지배 중임.

06 정답 ③ 번

한반도 부속 도서 가운데 가장 큰 제주도에는 일찍부터 사람이 살았다. 제주 고산리 유적은 약 1만 년 전 신석기 유적이다. 삼국이 경쟁하던 시기, 제주도에는 탐라국이 별도로 존재했다. 1270~1273년 삼별초가 몽골과 항쟁할 때 제주도는 삼별초의 최후 거전이 되었다. 항파두리성은 당시 유적이다. 삼별초를 제압한 몽골은 말 사육에 유리한 제주도에 1273년 탐라총관부를 설치했다. 이후 100년간 제주도에는 몽골인 목호가 관리하는 말목장이 있었다. 조선시대 제주에는 제주목이 설치되었다. 제주 출신 여성인 거상 김만덕(1739~1812)은 빈민구제에 힘써, 정조의 칭송을 받았다. 일제시기에는 일본군이 제주도에 비행장과 해안 동굴 진지를 건설하는 등 전쟁의 전초기지로 이용했다. 1948년 4.3사건이 일어나, 수많은 주민들이 희생된 역사를 갖고 있다.

① 1273년 몽골이 탐라총관부를 설치한 것은 말을 키우기 위함이다.
② 고산리 유적에서는 신석기 시대 초기 토기 등이 출토되었다.
③ 정약전이 1801년부터 16년간 유배를 당해, 『자산어보』를 저술한 곳은 흑산도다.
④ 김만덕은 1795년 제주에 흉년이 들자, 자신의 재산을 팔아 육지의 곡식을 구매하여 백성들을 구휼했다.
⑤ 1948년 4.3사건으로 제주도 중산간 지역 주민이 많이 희생되었다.

CHAPTER

08

시간으로 본 역사

한국사능력검정시험

시간으로 본 역사

출제경향

• 출제경향 : 2회부터 48회까지 사건의 순서를 찾는 57문제, 사건과 사건 사이에 벌어진 일을 찾는 70문제, 연대표가 제시되고 사건의 시점을 찾는 70문제, 총 197문제가 출제되어, 전체 2350문제 가운데 8.4% 비중을 차지한다. 최근 이와 같은 유형의 문제 출제 빈도가 더욱 높아지고 있다.

1 왜 연대표가 중요할까?

역사는 인간이 시간과 공간 속에서 살아온 이야기다. 시간을 빼놓고는 역사를 이해할 수는 없다. 1950년 9월 초 낙동강 전선에게 악전고투하던 국군은 10월 1일에는 압록강까지 북진한다. 1950년 9월 15일 인천상륙작전이 한국전쟁을 크게 바꾸었기 때문이다.

역사를 바꾼 사건이 언제였는지를 알아야 역사사건이나 상황을 정확하게 이해하고, 인과관계를 제대로 파악할 수 있다. 한국사능력검정시험의 출제 유형에는 연대표를 제시하고 언제 사건이 발생했는지를 묻는 문제도 있고, 사건을 순서별로 올바르게 나열하라고 요구하는 문제도 있다.

모든 연대를 외우지 않아도 되지만, 자주 출제되고 자주 묻는 연대는 꼭 알아두어야 한다.

2 각국 왕의 순서는 외워두는 것이 편리하다.

조선의 27대 왕, 고려 34대 왕, 삼국시대 각국별 주요 왕들의 순서를, 발해는 고왕, 무왕, 문왕, 선왕 4명의 순서만이라도 알아야 한다. 왕의 재위 기간이 곧 시대를 나누는 기준이기 때문이다.

■ 조선 27대왕

조선 왕명은 산토끼 노래에 맞춰 외우보세요. 태정태세 문단세 ~

1대	태조	2대	정종	3대	태종	4대	세송	5대	문종	6대	단종	7대	세조
8대	예종	9대	성종	10대	연산군	11대	중종	12대	인종	13대	명종	14대	선조
15대	광해군	16대	인조	17대	효종	18대	현종	19대	숙종	20대	경종	21대	영조
22대	정조	23대	순조	24대	헌종	25대	철종	26대	고종	27대	순종		

■ 고려 34대왕

고려 왕명은 4, 4 / 4, 4 / 4, 4 / 4 / 6 / 4 로 외우시는 것이 좋습니다. 태혜정광~ 열선숙혜목정~

1대	태조	2대	혜종	3대	정종	4대	광종	5대	경종	6대	성종	7대	목종	8대	현종
9대	덕종	10대	정종	11대	문종	12대	순종	13대	선종	14대	헌종	15대	숙종	16대	예종
17대	인종	18대	의종	19대	명종	20대	신종	21대	희종	22대	강종	23대	고종	24대	원종
25대	충렬왕	26대	충선왕	27대	충숙왕	28대	충혜왕	29대	충목왕	30대	충정왕				
31대	공민왕	32대	우왕	33대	창왕	34대	공양왕								

■ 고대 주요 왕들 (- 바로 다음 왕, … 중간에 다른 왕이 있는 경우)

고구려	태조왕 … 고국천왕 … 동천왕 … 미천왕 - 고국원왕 - 소수림왕 … 광개토왕 - 장수왕 - 문자명왕 … 평원왕 - 영양왕 - 영류왕 - 보장왕

신라	내물왕 ⋯ 지증왕 - 법흥왕 - 진흥왕 ⋯ 진평왕 - 선덕여왕 - 진덕여왕 - 무열왕 - 문무왕 - 신문왕 ⋯ 성덕왕 ⋯ 경덕왕 - 혜공왕 ⋯ 원성왕 ⋯ 진성여왕 ⋯ 경순왕
백제	고이왕 ⋯ 근초고왕 ⋯ 침류왕 ⋯ 개로왕 ⋯ 동성왕 - 무녕왕 - 성왕 - 위덕왕 ⋯ 무왕 - 의자왕
발해	고왕 - 무왕 - 문왕 ⋯ 선왕

12지는

쥐, 소, 호랑이, 토끼, 용, 뱀, 말, 양, 원숭이, 닭, 개, 돼지를 말합니다. 10간 12지는 역사를 공부할 때만이 아니라, 일상생활에서도 필요한 만큼, 22자만큼은 외워두는 것을 권장합니다.

③ 연대표, 10간, 12지를 알면 편리하다

■ 육십갑자를 다 외운다면 좋겠지만, 10간 만큼이라도 꼭 외우자!

10간 : **갑, 을, 병, 정, 무, 기, 경, 신, 임, 계**

12지 : **자, 축, 인, 묘, 진, 사, 오, 미, 신, 유, 술, 해**

※ 주의
10간: 신(申)
12지: 신(辛)

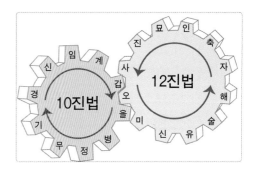

60십 갑자는 갑자, 을축, 병인, ⋯⋯ 계유, (10년)
　　다음은 갑술, 을해, 병자, ⋯⋯ 계미, (20년)
　　　　갑신 ⋯
　　　　갑오 ⋯
　　　　갑진 ⋯
　　　　갑인, 을묘, 병진, ⋯⋯ 계해, (60년) 다시 갑자, 을축 ⋯ 60가지 조합을 만든다. 2020년은 경자년, 2021년은 신축년이 된다.

■ 10간을 보면, 끝자리 서기 연도를 안다. → 이것만큼은 꼭!
60갑자 연도를 서기 연도로 바꿀 때 - **갑*년은** → ***4년이다. (갑신정변 1884)
갑* 보다 2개 뒤인 **병*년은** → ***6년이다. (병자호란 1636)
그러면　　　　**신*년은** → ***1년이다. (신미양요 1871)

■ 1개를 외우면 10년 전, 후 연도를 안다.
1545년 을사사화, 10년 후는? → 1555년 을묘년 (을묘왜란) | 1884년 갑신정변, 10년 후는? → 1894년 갑오년 (갑오개혁)
10간은 똑같아도, 10년 뒤 조합된 60갑자에서 12지는 앞쪽으로 2개 당기면 된다.
갑신년 보다 20년 후인 1904년은? 갑진년이다. (12지에서 앞으로 4개 당김)
(※ 갑축년, 을인년, 병사년 이런 연도는 없다. 1개씩 당기지 않는 것을 주의! 10간의 홀수 번째는 12지의 홀수 번째, 짝수 번째는 짝수 번째 하고만 만난다.) 1636년 병자호란, 240년 후인 1876년도 병자년. 1609년 기유약조, 300년 후인 1909년 기유각서.
60년, 120년, 180년, 240년, 300년 등 앞뒤의 간지도 알 수 있다.

■ 기준년도만 1개 알아도 많은 연도를 알게 된다.
조일수호조약 - 강화도조약 - 병자수호조약 (　　　), 임오군란 (　　　), 갑신정변 (　　　), 갑오농민전쟁, 갑오개혁 (　　　), 을미사변, 을미개혁, 을미의병 (　　　), 을사늑약, 을사의병, (　　　), 정미7조약, 정미의병 (　　　), 기유각서 (　　　), 경술국치 (　　　)
→ 갑오년인 1894년을 안다면, 다음해인 을미년은 1895년, 10년 후인 을사년 1905년

정답 : 병자수호조약 1876, 임오군란 1882, 갑신정변 1884, 갑오농민전쟁 1894, 을미사변 1895, 을사늑약 1905, 정미의병 1907, 기유각서 1909, 경술국치 1910

연대	고구려	백제	신라	가야 / 발해
56	옥저 정벌(태조왕)			
194	진대법 실시(고국천왕)			
246	관구검 환도성 함락			
260		고이왕 16관등 제정		
313	낙랑군 축출(미천왕)			
371	고국원왕 죽음 ← 백제 승리(근초고왕)			
372	불교 도입, 태학 설립			
373	율령 반포(소수림왕)			
384		불교 공인(침류왕)		
396	광개토왕 백제에 승리 → 고구려에 항복			
400	광개토대왕 왜, 가야 격퇴 ——————— 고구려에 구원 요청 ——→ 전기 가야연맹 붕괴			
427	평양천도, 남진 본격화			
433		백제 비유왕, 신라 눌지마립간 혼인 동맹		
475	장수왕, 한성함락 → 개로왕 전사, 웅진천도			
493		백제 동성왕, 신라 소지마립간 혼인동맹		
509			동시전 설치	
527			불교 공인	
532			금관가야 공격 → 금관가야 멸망	
538		사비천도, 국호 남부여		
551	고구려 남부 영토 상실 ← 백제, 신라 연합공격, 한강유역 차지			
554		성왕 전사 ← 관산성 전투 승리		
562			대가야 공격 → 대가야 멸망	
568			마운령 순수비 건립	
600	신집 편찬			
601		미륵사 창건(무왕)		
612	살수대첩, 수나라 격파			
642	연개소문 정변	신라 공격 → 대야성 등 40여성 함락		
645	안시성에서 당군 격파			
660		황산벌전투, 백제 멸망 ← 나당연합군 공격		
663		백제, 왜 백강전투 패배 ← 백제부흥군 격파		
668	평양성 함락, 고구려 멸망 ←——————— 나당연합군 공격			
676			기벌포전투, 당군 축출	
689			녹읍 폐지	
698				발해 건국(고왕 대조영)
722			정전 지급	
732				장문휴 등주 공격(무왕)
756		불국사 건립(751~774)		상경용천부 천도(문왕)
757			녹읍 부활	
788			독서삼품과 실시	
828			청해진 설치(장보고)	해동성국(선왕818~830)
889			원종과 애노의 난	
894			최치원 시무 10조	
926				거란의 침공으로 멸망
935			고려에 투항, 멸망	

46-6 태학 설립

01 다음 사실이 있었던 시기를 연표에서 옳게 고른 것은? [2점]

> 전진 왕 부견이 사신과 승려 순도를 파견하여 불상과 경문을 보내왔다. 왕이 사신을 보내 답례로 방물(方物)을 바쳤다. 태학을 세우고 자제를 교육시켰다.
>
> 『삼국사기』

246		313		371		427		475		554	
	(가)		(나)		(다)		(라)		(마)		
관구검의 환도성 함락		낙랑군 축출		고국원왕 전사		평양 천도		개로왕 전사		관산성 전투	

① (가)　② (나)　③ (다)　④ (라)　⑤ (마)

48-5 나·당 동맹 결성

02 다음 사건이 일어난 시기를 연표에서 옳게 고른 것은? [2점]

> 당에 파견되었던 이찬 김춘추가 오늘 무사히 귀국하였습니다. 김춘추는 그곳에서 큰 환대를 받았고, 태종의 군사적 지원을 이끌어 내는 성과를 거두었습니다.

김춘추, 당의 군사 지원 약속받고 귀국

589		645		660		668		676		698	
	(가)		(나)		(다)		(라)		(마)		
수의 중국 통일		안시성 전투		황산벌 전투		평양성 함락		기벌포 전투		발해 건국	

① (가)　② (나)　③ (다)　④ (라)　⑤ (마)

43-7 흑치상지의 백제 부흥운동

03 다음 상황이 나타난 시기를 연표에서 옳게 고른 것은? [3점]

> 흑치상지가 좌우의 10여 명과 함께 [적을] 피해 본부로 돌아가 흩어진 자들은 모아 임존산(任存山)을 지켰다. 목책을 쌓고 굳게 지키니 열흘 만에 귀부한 자가 3만여 명이었다. 소정방이 병사를 보내 공격하였는데, 흑치상지가 죽음을 두려워하지 않고 막아 싸우니 그 군대가 패하였다. 흑치상지가 본국의 2백여 성을 수복하니 소정방이 토벌할 수 없어서 돌아갔다.

612		618		645		660		676		698	
	(가)		(나)		(다)		(라)		(마)		
살수 대첩		당 건국		안시성 전투		황산벌 전투		기벌포 전투		발해 건국	

① (가)　② (나)　③ (다)　④ (라)　⑤ (마)

32-9 녹읍지급

04 다음 자료에 해당하는 시기를 연표에서 옳게 고른 것은? [2점]

> ○ 3월에 서울과 지방의 관리에서 지급하던 월봉을 없애고, 다시 녹읍을 주었다.
>
> ○ 12월에 사벌주를 상주로 고치고, 1주 10주 30현을 거느리도록 하였다. …… 한산주를 한주로 고치고, 1주 1소경 27군 46현을 거느리도록 하였다.
>
> 『삼국사기』

676		698		722		788		822		901	
	(가)		(나)		(다)		(라)		(마)		
삼국 통일		발해 건국		정전 지급		독서삼품과 실시		김헌창의 난		후고구려 건국	

① (가)　② (나)　③ (다)　④ (라)　⑤ (마)

🔍 문제분석

01 정답 ③번　고구려가 불교를 받아들이고, 태학을 세운 시점은 소수림왕 시기다. 고국원왕이 백제와의 전쟁에서 죽자, 위기에 처한 고구려를 개혁하기 위해 소수림왕은 372년 불교를 수용하고, 태학을 설립했으며, 373년 율령을 반포한다. ③ (다)가 정답이다.

02 정답 ②번　김춘추는 신라의 태종 무열왕이 되는 인물이다. 당태종의 군사적 지원을 이끌어낸 사건은 648년 나·당 동맹을 말한다. 나·당 동맹 결과 660년 백제, 668년 고구려가 멸망했다. 따라서 ② (나)가 정답이다.

03 정답 ④번　흑치상지는 백제 부흥운동을 일으킨 장수다. 따라서 백제가 멸망한 660년 이후의 일이다. 황산벌 전투는 백제 멸망의 상징적 전투다. 따라서 ④ (라)가 정답이다.

04 정답 ③번　삼국통일 이후 강력한 왕권을 가진 신문왕은 689년 녹읍을 폐지해 신하들의 힘을 약화시켰다. 하지만 경덕왕 때인 757년에 녹읍이 부활한다. 경덕왕은 9주를 비롯한 지방행정구역 명칭을 중국식으로 바꾼 왕이다. 따라서 ③ (다)가 정답이다.

연 대	주요 왕들의 계보		주요 사건	
892~936	(견 훤) (신 검)	(궁 예) 태 조	892 견훤, 후백제 건국, 901년 궁예 후고구려 건국 918 왕건 궁예 몰아내고 고려 건국 927 견훤, 공산전투에서 고려에 승리 930 견훤, 고창전투 패배, 935년 신라 고려에 투항	후삼국 시대
918~943		태 조	936 일리천 전투 승리, 후백제 멸망, 통일달성 947 광군 조직, 거란 대비	호족 연합 체제
945~949 949~975	(혜 종) (정 종)	광 종	956 노비 안검법 실시 958 과거제도 실시	중앙 집권 강화
981~997	(경 종) (목 종)	성 종	976 전시과 실시 982 최승로 시무 28조 건의 983 전국에 12목 설치, 2성 6부제 실시 992 국자감 설치 993 서희의 담판(요의 1차 침입 막음) 996 건원중보(철전)의 주조	
1010~1031		현 종	1009 강조 정변, 1010 요 2차 침입(양규활약) 1018 5도 양계 설치(지방 제도 정비) 1019 귀주대첩(강감찬 →요의 3차 침입)	문벌 귀족 사회
1046~1083	(덕 종) (정 종) (순 종) (선 종) (헌 종)	문 종	1049 공음전시과 실시, 최충 9재 학당 1090 신편제종교장총록 간행(의천, 천태종 성립)	
1095~1105		숙 종	1097 주전도감 설치(해동통보, 삼한통보)	
1105~1122		예 종	1107 윤관, 여진 정벌(9성 획득 후 반환) ※ 1115 여진→금 건국, 1125 요 멸망	문벌 귀족 사회 동요
1122~1146	(인 종)		1126 이자겸의 난 1135 묘청의 서경 천도 운동 1145 김부식, 삼국사기 편찬	
1146~1170	(의 종) (명 종) (신 종)		1170 무신 정변(정중부 등) 1173 김보당의 난 1179 경대승 집권 1184 이의민 집권 1193 김사미의 난 1196 최충헌 집권 (지눌, 조계종 성립)	무신 정권 시대 몽골의 침입
1213~1259	(희 종) (강 종) (원 종)	고 종	1231 몽고의 1차 침입, 1232 강화 천도 1234 금속활자 상정고금예문 간행 1236 고려대장경 새김(~1251) 1270 개경 환도, 삼별초의 항쟁	
1274~1351	(충렬왕) - (충선왕) - (충숙왕) - (충혜왕) - (충목왕) - (충정왕)		1273 삼별초 항쟁 실패(강화도→진도→제주도) 1274 고려 - 몽골 1차 일본 정벌 실패 1281 고려 - 몽골 2차 일본 정벌 실패 일연 삼국유사 편찬	원의 간섭기 권문 세족 등장
1351~1374	(우 왕) (창 왕) (공양왕)	공민왕	1359 홍건적의 침입(~1361) 1377 최무선 화통도감 설치 1380 진포해전, 왜구 격퇴 1388 위화도 회군 1391 과전법 실시 1392 고려 멸망	반원 개혁시대 고려 말의 혼란 신진 사대부 성장

45-15 강감찬의 귀주대첩

01 다음 상황이 나타난 시기를 연표에서 옳게 고른 것은? [2점]

거란군이 귀주를 지날 때, 강감찬 등이 동쪽 교외에서 맞아 싸웠다. …… 고려군이 용기백배하여 맹렬하게 공격하니, 거란군이 북으로 도망치기 시작하였다.…… 거란군의 시신이 들판에 널렸고, 사로잡은 포로와 획득한 말, 낙타, 갑옷, 무기는 헤아릴 수 없이 많았다. 살아서 돌아간 자가 겨우 수천 명이었으니, 거란의 패배가 이토록 심한 적이 없었다.

『고려사』

918		993		1104		1170		1232		1270
	(가)		(나)		(다)		(라)		(마)	
고려 건국		서희의 외교 담판		별무반 조직		무신 정변		강화 천도		개경 환도

① (가)　② (나)　③ (다)　④ (라)　⑤ (마)

48-13 고려의 금나라에 대한 사대

02 다음 자료의 상황이 나타난 시기를 연표에서 옳게 고른 것은? [3점]

바야흐로 금이 번성하여 우리 왕조로 하여금 신하를 칭하게 하고자 하였다 중론이 뒤섞여 어지러웠는데, 공이 홀로 간쟁하기를, "…… 여진은 본래 우리 왕조 사람의 자손이었습니다. 그래서 신하가 되어 천자를 조회하였고 국경 부근의 사람들은 모두 우리 왕조의 호적에 속한 지가 오래되었습니다. 어찌 우리 왕조가 도리어 신하게 될 수 있습니까?"라고 하였다. 당시 권신(權臣)이 왕명을 멋대로 하였으므로 이에 신하를 칭하고 이로 인해 서표(誓表)를 올렸다. 진실로 인종의 본심이 아니었으니 공히 심히 부끄럽고 슬프게 여겼다.

- 윤언이 묘지명 -

918		1019		1104		1170		1232		1356
	(가)		(나)		(다)		(라)		(마)	
고려 건국		귀주 대첩		별무반 설치		무신 정변		처인성 선두		쌍성총관부 탈환

① (가)　② (나)　③ (다)　④ (라)　⑤ (마)

30-15 무신정권에 대한 반발

03 다음 두 사건이 일어난 시기를 연포에서 옳게 고른 것은? [2점]

○ 동북면 병마사 간의대부 김보당이 동계(東界)에서 군사를 일으켜 …… 전왕(前王)을 복위시키고자 하였다. …… (김보당은) 장순석 등을 거제로 보내 전왕을 받들어 계림에 모시게 하였다.

○ 서경 유수 조위총이 군사를 일으켜 …… 동북 양계(兩界)의 여러 성들에 격문을 보내어 사람을 모았다. 겨울 10월 기미일에 중서시랑 평장사 윤인첨을 보내 삼군(三軍)을 거느리고 조위총을 공격하게 하였다.

『고려사』

1126		1135		1170		1232		1270		1351
	(가)		(나)		(다)		(라)		(마)	
이자겸의 난		묘청의 난		무신 정변		강화 천도		개경 환도		공민왕 즉위

① (가)　② (나)　③ (다)　④ (라)　⑤ (마)

22-16 공민왕의 개혁

04 다음 사실이 있었던 시기를 연표에서 옳게 고른 것은? [2점]

왕이 이르기를 "그들은 임금을 능가하는 위세를 빙자하여 나라의 법도를 흔들고, 관리의 임명을 좌우하며 …… 다른 사람의 토지와 노비를 빼앗았다. 다행히 반역의 무리인 기철 등과 간악하고 부정한 무리인 수경 등은 이미 나라의 법대로 처단되었으니, 협박을 받아 그들에게 따른 자는 죄를 묻지 않겠노라. 이제부터는 법령을 준수하고 기강을 정돈하여 온 나라 사람이 모두 새로이 출발할 것을 기약하노라" 라고 하였다.

『고려사절요』

918		1019		1170		1232		1270		1388
	(가)		(나)		(다)		(라)		(마)	
고려 건국		귀주 대첩		무신 정변		강화 천도		개경 환도		위화도 회군

① (가)　② (나)　③ (다)　④ (라)　⑤ (마)

🔍 문제분석

01 정답 ② 번　강감찬의 귀주대첩은 1019년으로, 고려가 거란의 3차 침략에서 승리한 전쟁이다. 서희의 외교담판이 거란의 1차 침략 때 일이므로, 그 보다 늦은 ② (나)가 정답이다.

02 정답 ③ 번　1107년 고려 별무반이 여진을 정벌하고 9성을 개척했으나, 되돌려주었다. 이후 여진이 강해져 금을 세우고, 고려에 사대를 요구해, 1126년 고려의 권신 이자겸이 이를 받아들였다. ③ (다)가 정답이다.

03 정답 ③ 번　무신정변이 발발해 의종이 폐위되자, 문신 출신 김보당이 정중부, 이의방을 몰아내고 의종을 복위시키고자 1173년 난을 일으켰다가 실패했다. 조위총도 1174년 봉기했다가 실패했다. ③ (다)가 정답이다.

04 정답 ⑤ 번　기철이 제거된 것은 1356년 공민왕에 의해서다. 고려 말이므로, ⑤ (마)가 정답이다.

연 대	왕계보	주요 사건	
1392~1398	태조	1392 조선 건국, 1394 한양 천도, 1397 요동정벌 추진	
1398~1400	정종	1398 1차 왕자의 난, 정도전 피살	
1400~1418	태종	1402 혼일강리역대국도지도 제작, 1403 주자소 설치	
		1407 왜관 설치, 일본과 무역	
1418~1450	세종	1419 이종무의 지휘로 대마도 정벌	농사직설 1429
		1426 삼포 개항 → 1443 계해약조	향약집성방 1433
1450~1452	문종	1443 사군 개척(최윤덕), 1449 육진 개척(김종서)	훈민정음 1443
1452~1455	단종	1444 전분 6등, 연분9등법 시행	칠정산 1444
1455~1468	세조	1456 사육신 처형	
1468~1469	예종	1466 직전법을 실시하여 현직관리에게만 수조권을 지급	
1469~1494	성종	1485 경국대전 반포, 동국통감 편찬	
1494~1506	연산군	1498 조의제문이 발단, 김일손 등을 처형한 무오사화 발생	
		1504 폐비 윤씨 사건으로 인한 갑자사화 발생	
1506~1544	중종	1519 위훈삭제 문제로 조광조 등 사림 몰락한 기묘사화 발생	사화
1544~1545	인종	1545 외척 간 대립으로 을사사화 발생	
1545~1567	명종	1547 양재역 벽서사건 (정미사화) 발생	
		1555 을미왜변, 비변사 상설화	
1567~1608	선조	1575 이조전랑 임명을 둘러싸고 동인과 서인이 나눔	붕당
		1589 정여립 모반 사건 계기로 기축옥사 발생. 동인 피해	임진왜란
		1592 임진왜란, 이순신 한산도대첩, 조명연합군 평양성 승리	
		1597 정유재란, 명량해전 승리, 1598년 노량대첩	
1608~1623	광해군	1608 대동법 경기도부터 시작 (~ 1708 황해도 실시)	명 - 청 교체기
		1609 일본과 제한무역 허용한 기유약조 체결	실리와 명분의 갈등
		1619 명 요청으로 강홍립 부대 파견. 광해군의 중립외교	
1623~1649	인조	1623 서인이 반정 일으켜 정권 장악, 1624 이괄의 반란	
		1627 정묘호란, 1636 병자호란.	
		1635 전세를 1결당 4~6두로 고정한 영정법 실시	
1649~1659	효종	1651 설점수세제 시행으로 민간 광산 개발 허용	북벌 좌절
		1654 1차 나선정벌 1658 2차 나선정벌 (북벌 파행)	
1659~1674	현종	1659 기해 예송 (자의대비 복상 문제 - 서인승리)	
1674~1720	숙종	1674 갑인 예송 (자의대비 복상 문제 - 남인승리)	예송, 환국
		1680 경신환국(남▼), 1689 기사환국(서▼), 1694 갑술환국(남▼)	
1720~1724	경종	1712 백두산 정계비 세움	
1724~1776	영조	1742 탕평비 건립 1746 속대전 편찬	
		1750 균역법 실시	실학의 시대
1776~1800	정조	1776 규장각 설치, 초계문신제도 실시 1785 대전통편 편찬	
		1791 신해통공 실시, 육의전 제외 금난전권 폐지	
		1796 수원화성 완성	
1800~1834	순조	1801 신유박해, 공노비 해방.	
1834~1849	헌종	1812 홍경래가 난을 일으켜 정주성 등을 장악	세도정치
1849~1863	철종	1862 삼정이정청 설치, 삼정 문란 시정 노력, 임술농민봉기	폐해
1863~1907	고종	1863 ~ 1873 대원군 집권	근대
1907~1910	순종		

45-23 1차 왕자의 난

01 다음 상황이 나타난 시기를 연표에서 옳게 고른 것은? [1점]

정도전, 남은, 심효생 등이 여러 왕자를 해치려 꾀하다가 성공하지 못하고 참형을 당하였다. …… 이에 정안군이 도당(都堂)으로 하여금 백관을 거느리고 소를 올리게 하였다. "후계자를 세울 때에 장자로 하는 것은 만세의 상도(常道)인데, 전하께서 장자를 버리고 어린 아들을 세웠으며, 정도전 등이 세자를 감싸고서 여러 왕자를 해치고자 하니 화를 예측할 수 없었습니다. 다행히 천지와 종사의 신령에 힘입게 되어 난신(亂臣)이 참형을 당하였으니, 원컨대 전하께서는 적장자인 영안군을 세워 세자로 삼으십시오."라고 하였다.

1374		1392		1418		1453		1485		1519
	(가)		(나)		(다)		(라)		(마)	
우왕 즉위		조선 건국		세종 즉위		계유 정란		경국대전 반포		기묘 사화

① (가)   ② (나)   ③ (다)   ④ (라)   ⑤ (마)

23-25 숙종의 환국 정치

02 다음 사건이 일어난 시기를 연표에서 옳게 고른 것은? [1점]

궐내에 보관하던 기름 먹인 장막을 허적이 다 가져갔음을 듣고 임금이 노하여 "궐내에서 쓰는 장막을 마음대로 가져가는 것은 한명회도 못하던 짓이다."라고 말하였다. 시종에게 알아보게 하니, 잔치에 참석한 서인(西人)은 몇 사람뿐이었고, 허적의 당파가 많아 기세가 등등하였다고 아뢰었다. 이에 임금이 남인(南人)을 제거할 결심을 하였다. …… 허적이 잡혀오자 임금이 모든 관직을 삭탈하였다.

『연려실기술』

1623		1636		1674		1724		1776		1801
	(가)		(나)		(다)		(라)		(마)	
인조 반정		병자 호란		숙종 즉위		영조 즉위		정조 즉위		신유 박해

① (가)   ② (나)   ③ (다)   ④ (라)   ⑤ (마)

33- 32 황사영 백서 사건

03 다음 편지가 작성된 시기를 연표에서 옳게 고른 것은? [2점]

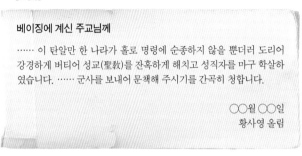

베이징에 계신 주교님께

…… 이 탄알만 한 나라가 홀로 명령에 순종하지 않을 뿐더러 도리어 강경하게 버티어 성교(聖敎)를 잔혹하게 해치고 성직자를 마구 학살하였습니다. …… 군사를 보내어 문책해 주시기를 간곡히 청합니다.

○○월 ○○일
황사영 올림

1750		1776		1800		1811		1862		1876
	(가)		(나)		(다)		(라)		(마)	
균역법 실시		정조 즉위		순조 즉위		홍경래의 난		임술 농민 봉기		강화도 조약

① (가)   ② (나)   ③ (다)   ④ (라)   ⑤ (마)

40-27 임술 농민 봉기

04 밑줄 그은 '소란'이 일어난 시기를 연표에서 옳게 것은? [1점]

금번 진주의 난민들이 소란을 일으킨 것은 오로지 전 경상 우병사 백낙신이 탐욕스러워 백성을 침학했기 때문입니다. 경상 우병영의 환곡 결손[還逋] 및 도결(都結)*에 대해 시기를 틈타 한꺼번에 6만 냥의 돈을 가호(家戶)에 배정하여 억지로 부과하려고 하니, 민심이 크게 들끓고 백성들의 분노가 폭발하여 전에 듣지 못했던 소란이 발생하기에 이른 것입니다.

*도결: 각종 명목의 조세를 토지에 부과하여 징수함

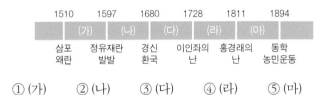

1510		1597		1680		1728		1811		1894
	(가)		(나)		(다)		(라)		(마)	
삼포 왜란		정유재란 발발		경신 환국		이인좌의 난		홍경래의 난		동학 농민운동

① (가)   ② (나)   ③ (다)   ④ (라)   ⑤ (마)

🔍 **문제분석**

01 정답 ② 번
정도전은 조선 건국의 주역이다. 정도전은 1398년 이방원이 일으킨 1차 왕자의 난에 의해 죽임을 당했다. ② (나)가 정답이다.

02 정답 ③ 번
재상 허적이 왕의 허락도 없이 궐내에서 쓰는 장막을 빌린 일을 계기로, 숙종이 허적을 비롯한 남인을 제거한 사건은 1680년 경신환국이다. 숙종은 경신, 기사, 갑술환국을 단행했다. ③ (다)가 정답이다.

03 정답 ③ 번
황사영 백서는 신유박해로 천주교도들이 많이 희생된 것을 베이징에 머문 주교에 알리고, 군사를 보내 문책하라는 문서다. 이 사건으로 1801년 신유박해가 더 확대된다. 천주교에 관용을 베풀었던 정조가 죽은 이후의 일이므로, ③ (다)가 정답이다.

04 정답 ⑤ 번
19세기 세도정치로 인해 관료사회가 크게 부패하였고, 이에 저항하여 1862년 진주에서 일어난 민란이 전국으로 확대된다. 임술농민봉기라 불린다. ⑤마가 정답이다.

	연대	주요 사건	외세 침탈		
대원군	1863	고종 즉위, 흥선대원군 집권			
	1865	경복궁 중건시작 (~1872), 대전회통 편찬			
	1866	병인박해, 당백전 발행, 사창제 실시 양헌수 정족산성에서 프랑스군 격퇴	제너럴 셔먼호사건, 병인양요, 외규장각 약탈		
	1868		독일 상인 오페르트의 남연군묘 도굴사건		
	1871	어재연 광성보 분전. 서원철폐(47개소 제외)	신미양요 → 척화비 건립		
	1873	최익현의 상소, 고종의 친정 선포			
개항과개혁	1875		일본이 윤요호 사건 일으켜 영종도 상륙 약탈		
	1876	제1차 수신사 파견(김기수)	강화도 조약(조일수호조규) 체결		
	1880	제2차 수신사 파견(김홍집) - 조선책략 도입, 통리기무 아문과 12사 설치			
	1881	일본에 조사시찰단, 청에 영선사 파견, 5군영을 2군영으로 축소, 별기군 창설. 이만손 등이 영남만인소 올림			
	1882	임오군란	조청상민수륙무역장정, 조미수호통상조약 체결		
	1883	기기창, 전환국, 박문국 설치, 보빙사 파견, 한성순보 발간, 대동상회 등 상회사 설립, 원산학사 설립, 관립외국어학교 설립	청군 개입으로 임오군란 실패, 대원군 납치		
	1884	갑신정변	청군 개입, 3일 천하로 갑신정변 실패		
	1885	광혜원 설립, 배재학당 설립, 전신개통	영국군 거문도 불법 점령(~1887)		
	1886	이화학당, 육영공원 설립	조불수호통상조약 체결 - 천주교 포교자유 인정		
	1889	함경도에서 방곡령 실시, 황성신문 발간			
	1894	동학농민봉기 갑오개혁, 홍범14조 반포	1월 - 고부농민봉기 3월 - 1차 봉기 4월 - 황토현, 황룡촌승리 4월 27일 전주성 점령	5월 - 청군, 일본군 도착 전주화약, 집강소설치 9월 2차봉기 11월 우금치 패전	6월 21일 일본군 경복궁 침략 청일전쟁
	1895	을미개혁, 교육입국조서 반포, 을미의병	을미사변 - 왕비 살해, 미국 - 운산금광채굴권		
	1896	아관파천, 독립신문 창간, 독립협회 설립			
대한제국	1897	대한제국 수립, 광무개혁			
	1898	만민공동회, 관민공동회 개최, 여권통문 양지아문을 설치 양전사업 실시			
	1899	대한국 국제 반포, 전차개통, 경인선개통			
	1901	지계아문에서 지계 발급			
	1903	이범윤, 간도관리사 임명	러시아 용암포 점령하고 조차 요구		
	1904	보안회 활동(일본황무지 개간권 저직) 대한매일신보 창간	한일의정서 체결, 1차 한일협약, 러일전쟁 일본 황무지 개간권 요구		
	1905	시일야방성대곡, 을사의병, 경부선개통,	을사늑약, 일본 독도 불법 편입 재정고문 매가타 주도로 화폐정리사업		
	1906	대한자강회 조직, 만세보 창간	통감부 설치		
	1907	헤이그특사 파견, 고종 강제퇴위 반대, 정미의병, 국채보상운동 시작, 신민회 설립	고종 강제퇴위, 한일신협약(정미 7조약)		
	1908	13도 창의군 서울진공작전, 원각사 설립, 전명운, 장인환이 스티븐스 저격	동양척식주식회사 설립		
	1909	대종교 창시, 안중근 이토 히로부미 처단	기유각서, 일제의 남한 대토벌 작전		
	1910	덕수궁 석조전 준공	한국 합병 조약 체결		

49-29 신미양요

01 다음 사건이 일어난 시기를 연표에서 옳게 고른 것은? [2점]

의정부에서 아뢰기를 "서양 오랑캐가 광성진을 침범하였을 때 진무 중군 어재연의 생사는 자세히 알 수 없었습니다. 하지만 지방 수령이 대신할 진무 중군을 임명해 달라고 이미 청한 것을 보면 절개를 지켜 싸우다 전사한 것 같습니다."라고 하였다.
『고종실록』

1863	1866	1868	1873	1876	1882
	(가)	(나)	(다)	(라)	(마)	
고종 즉위	병인 박해	오페르트 도굴 사건	고종 친정	강화도 조약	조미 수호 통상 조약

① (가)　　② (나)　　③ (다)　　④ (라)　　⑤ (마)

35-36 부들러의 중립론

02 다음 글이 작성된 시기를 연표에서 옳게 고른 것은? [2점]

제 의견은 청·러시아·일본 3국이 서로 조약을 체결하여 서양 스위스의 예에 따라 조선을 영세중립국으로 보장하는 것입니다. 그러면 설혹 뒷날 타국이 공벌(攻伐)하고자 해도 조선에서 길을 빌릴 수 없을 것입니다. 그리고 조선도 스스로 수천명의 군대를 파견하여 국경을 지키면서, 각국의 평화 조약을 체결하여 통상을 한다면 영원히 큰 이익을 누릴 것입니다.
- 독일 부영사 부들러 -

1876	1884	1894	1897	1904	1910
	(가)	(나)	(다)	(라)	(마)	
강화도 조약	갑신 정변	청·일 전쟁	대한 제국 수립	러·일 전쟁	국권 피탈

① (가)　　② (나)　　③ (다)　　④ (라)　　⑤ (마)

42-33 을미사변

03 다음 사건이 일어난 시기를 연표에서 옳게 고른 것은? [2점]

일본 장교는 군사의 대오를 정렬하여 합문을 에워싸고 지키도록 명령하여, 흉악한 일본 자객들이 황후 폐하를 수색하는 것을 도왔다. 이에 자객 20~30명이 …… 전각으로 돌입하여 왕후를 찾았다. …… 자객들은 각처를 찾더니 마침내 깊은 방 안에서 왕후폐하를 찾아내고 칼로 범하였다. …… 녹원 수풀 가운데로 옮겨 석유를 그 위에 바르고 나무를 쌓아 불을 지르니 다만 해골 몇 조각만 남았다.
- 고등재판소 보고서 -

1882	1884	1889	1894	1896	1904
	(가)	(나)	(다)	(라)	(마)	
임오 군란	갑신 정변	함경도 방곡령 선포	청·일 전쟁	아관 파천	러·일 전쟁

① (가)　　② (나)　　③ (다)　　④ (라)　　⑤ (마)

31-41 13도 창의군

04 다음 사건이 일어난 시기를 연표에서 옳게 고른 것은? [2점]

군사장(허위)은 미리 군비를 신속히 정돈하여 철통과 같이 함에 한 방울의 물도 샐 틈이 없는지라. 이에 전군에 명령을 전하여 일제히 진군을 재촉하여 동대문 밖으로 진군하였다. 대군은 긴 뱀의 형세로 천천히 전진하게 하고, 3백 명을 인솔하고 선두에 서서 동대문 밖 삼십 리 되는 곳에 나아가 전군이 모이기를 기다려 일거에 서울을 공격하여 들어가기로 계획하였다. 전군이 모여드는 시기가 어긋나고 일본군이 갑자기 진격하는지라. 여러 시간을 격렬히 사격하다가 후원군이 이르지 않으므로 그대로 퇴진하였더라.

1894	1899	1904	1905	1907	1910
	(가)	(나)	(다)	(라)	(마)	
갑오 개혁	대한국 국제 반포	한·일 의정서	을사 늑약	정미 7조약	국권 피탈

① (가)　　② (나)　　③ (다)　　④ (라)　　⑤ (마)

문제분석

01 정답 ③ 번　광성진에 침략한 서양 오랑캐, 어재연을 통해 미국과 싸운 신미양요임을 알 수 있다. 신미양요는 병인양요 보다 5년 뒤에 있었던 사건이다. 신미년은 1871년 이므로, ③ (다)가 정답이다.

02 정답 ② 번　독일 부영사 부들러가 갑신정변 직후인 1884년에 제기한 조선 중립론은, 조선을 에워싸고 청, 러시아, 일본이 각축하던 시기에 나왔다. 러시아는 1884년 조선과 조러수호조약을 체결한다. 청일전쟁 이후에는 청나라가 조선에서 물러났다. 따라서 ② (나)가 정답이다.

03 정답 ④ 번　일본 자객들이 조선의 왕후를 살해한 을미사변은 1895년의 일이다. 청일전쟁 후 조선을 삼키려던 일본이 러시아를 이용해 일본을 견제하려던 민왕후를 살해한 것이다. ④ (라)가 정답이다.

04 정답 ⑤ 번　1908년 1월 13도 창의군이 서울진공 작전에 실패한 시기를 묻는 문제다. 13도 창의군은 정미년에 일어난 의병들을 모아 결성된 것이다. ⑤ (마)가 정답이다.

	연대	일본의 통치와 국내 민족 운동	국외 독립운동과 임시정부
무단통치기	1910	회사령 공포, 토지조사령 제정	숭무학교 설립(멕시코), 이상설 13도 의군
	1011	105인 사건, 제1차 교육령 발표	경학사, 신흥강습소(서간도), 권업회(연해주)
			중광단 (북간도) 설립
	1912	조선 태형령 시행, 토지 조사령 공포	
		임병찬 독립의군부 조직 (고종 밀명)	
	1914	조선 광업령 제정	박용만 대조선국민군단 조직(하와이)
			대한 광복군 정부 수립(블라디보스토크)
	1915	박상진 주도로 대한 광복회 조직	
	1918		신한청년단 조직 (상하이)
	1919	3.1 만세운동 전국적 전개, 제암리 학살사건	2.8독립선언, 대한민국임시정부 수립,
			파리강화회의 대표단 파견, 구미위원회설치
문화통치기	1920	조만식 조선물산 장려회 조직, 회사령 폐지	6월 봉오동전투, 10월 청산리대첩, 간도참변
	1921	조선어연구회 설립,	자유시참변 (러시아)
		김익상 조선총독부 폭탄 투척	
	1923	암태도소작쟁의, 민립대학운동, 물산장려회	국민대표회의(상하이), 참의부 조직
		조선형평사 창립, 어린이날 제정	
	1924	경성제국대학 설립	정의부 조직
	1925	신경향파 작가들이 카프(KAPF) 결성	신민부 조직, 미쓰야 협정, 이승만 탄핵
	1926	6.10 만세운동, 나석주 동양척식 폭탄 투척	
		나운규 아리랑공연, 가갸날제정, 정우회선언	
	1927	신간회 창립, 근우회 창립, 조선노농총동맹	
	1928		혁신의회(북만주) 탄생
	1929	원산 총파업, 광주학생항일운동	국민부(남만주) 탄생
	1931	조선어학회 개편, 브나로드운동, 신간회해소	김구 한인애국단
민족말살기	1932	농촌 진흥 운동 시작	이봉창 일왕 암살시도, 윤봉길 상하이 의거
			조선 혁명군 (양세봉) 영릉가 전투 승리
	1933	한글 맞춤법통일안, 표준어제정(조선어학회)	한국독립군(지청천) 대전자령 전투 승리
	1934	여유당전서 간행, 조선학운동, 조선 농지령	
	1935		민족혁명당(김원봉), 한국국민당(김구) 결성
	1936	손기정 일장기 말소 사건	
	1937	황국 신민 서사 제정	연해주 한인, 중앙아시아로 강제 이주
	1938	국가 총동원법 공포, 보통학교 → 심상소학교	김원봉, 조선 의용대 조직
	1939	국민 징용령	
	1940	창씨개명 강요	한국독립당 결성, 한국 광복군 창설
	1941	소학교 → 초등학교개칭, 사상범 예방구금령	대한민국 건국 강령 발표, 대일선전포고
	1942	조선어학회 사건으로 최현배, 이극로 투옥	김원봉 조선의용대 한국광복군 합류
	1943	학도 지원병 제도 실시, 한국어 교육 폐지	
	1944	여자정신근로령, 여운형 조선건국동맹 결성	
	1945	해방	광복군, 미국과 연계해 국내 진공작전 계획

38-37 간도 참변

01 밑줄 그은 '이 사건'이 일어난 시기를 연표에서 옳게 고른 것은? [1점]

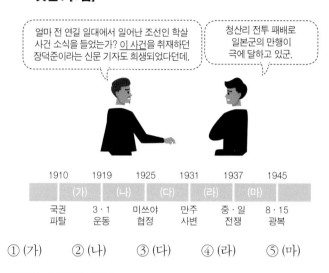

> 얼마 전 연길 일대에서 일어난 조선인 학살 사건 소식을 들었는가? 이 사건을 취재하던 장덕준이라는 신문 기자도 희생되었다던데.

> 청산리 전투 패배로 일본군의 만행이 극에 달하고 있군.

1910		1919		1925		1931		1937		1945
	(가)		(나)		(다)		(라)		(마)	
국권 파탈		3·1 운동		미쓰야 협정		만주 사변		중·일 전쟁		8·15 광복

① (가) ② (나) ③ (다) ④ (라) ⑤ (마)

24-39 민립대학 설립 운동

02 다음 자료가 발표되었던 시기를 연표에서 옳게 고른 것은? [1점]

> 수삼 년 이래 각지에서 향학열이 힘차게 일어나 학교의 설립과 교육 시설이 많아진 것은 실로 우리의 고귀한 자각에서 나온 것이다. 모두가 경하할 일이나 우리에게 아직도 대학이 없다. …… 그러므로 우리는 감히 만천하 동포에게 향하여 민립대학 설립을 제창하오니, 자매 형제로 모두 와서 성원하라.
>
> - 민립대학 발기 취지서 -

1897		1910		1919		1926		1937		1945
	(가)		(나)		(다)		(라)		(마)	
대한 제국 수립		국권 피탈		3·1 운동		6·10 만세 운동		중·일 전쟁		8·15 광복

① (가) ② (나) ③ (다) ④ (라) ⑤ (마)

41-36 임시정부 내각 책임제 개헌

03 다음 사건이 일어난 시기를 연표에서 옳게 고른 것은? [3점]

> **대한민국 임시정부, 내각 책임제와 국무령제 채택**
>
> 대한민국 임시정부는 제2차 개헌을 통하여 내각 책임제를 채택하였다. 국무령과 국무원으로 조직된 국무회의가 임시 정부를 운영하며 임시 의정원에 대해 책임을 지고, 임시 의정원이 국무령과 국무원을 선임하게 만들었다. 기존의 대통령제를 유지하는 동안 독재적인 상황이 나타났던 경험을 고려한 것으로 보인다.

1919		1923		1931		1935		1941		1945
	(가)		(나)		(다)		(라)		(마)	
대한민국 임시 정부 수립		국민 대표 회의 개최		한인 애국단 조직		한국 국민당 창당		대한민국 건국 강령 발표		8·15 광복

① (가) ② (나) ③ (다) ④ (라) ⑤ (마)

29-38 임시정부 조직 개편

04 다음 가상 뉴스의 보도 내용이 나타난 시기를 연표에서 옳게 고른 것은? [3점]

> 대한민국 임시정부는 개정된 임시 헌장에 따라 의정원 회의를 개최하고 한국 독립당의 김구를 주석, 조선 민족 혁명당의 김규식을 부주석으로 선출하였습니다. 이로써 임시 정부는 중국 관내 독립 운동 세력이 결집된 형태의 정부 조직을 구성하게 되었습니다.

임시정부, 조직을 개편하다

1919		1923		1931		1935		1941		1945
	(가)		(나)		(다)		(라)		(마)	
대한민국 임시정부 수립		국민 대표회의 개최		한인 애국단 조직		한국 국민당 창당		대한민국 건국강령 발표		광복

① (가) ② (나) ③ (다) ④ (라) ⑤ (마)

🔍 문제분석

01 정답 ② 번 청산리 전투의 패배로 인한 간도참변이다. 청산리전투가 1920년 10월이므로, ② (나)가 정답이다.

02 정답 ③ 번 민립대학 설립운동은 1923년에 벌어진 대표적인 민족운동이다. 일제는 이를 방해하고자 1924년 경성제국대학을 설립했다. ③ (다)가 정답이다.

03 정답 ② 번 임시정부 대통령 이승만이 국제연맹에 위임통치 청원한 사실이 알려져, 그에 대한 불신임이 커져 1923년 국민대표회의가 열렸다. 1925년에는 이승만을 탄핵하고, 박은식이 2대 대통령으로 취임했다. 박은식은 곧 개헌을 단행해 내각 중심제로 체제를 바꾼다. ② (나)가 정답이다.

04 정답 ⑤ 번 임시정부의 조직은 5회 개헌으로 이루어졌다. 주석과 부주석제가 도입된 것은 1944년 5차 개헌이다. ⑤ (마)가 정답이다.

시대구분	연 대	주요 사건	정치	경제	민주	통일
해방 이후	1945. 8	8.15 광복, 여운형이 중심이 되 조선건국 위원회 조직				
	1945.12	모스크바 3국 외상회의, 신탁통치 결정				
	1946. 3	1차 미소공동위원회				
	1946. 6	이승만 남한만의 단독 정부 수립 주장한 정읍 발언				
	1946. 7	여운형, 김규식 등이 좌우합작위원회 구성, 좌우합작7원칙				
	1947. 5	2차 미소공동위원회, 한국문제 UN 이관				
	1948. 1	유엔한국임시위원단, 남한만의 단독 선거 결정				
	1948. 4	김구, 김규식 평양 방문 남북협상, 제주도 4.3 사건				
	1948. 5	5.10 총선거, 8.15 남한 단독정부 수립				
	1948. 9	친일파 청산을 위한 반민족행위특별조사 위원회 활동				
한국 전쟁	1950. 6.25	북한의 전면적인 남침으로 6.25 전쟁이 발발				
	1950. 9.15	인천 상륙작전 실시, 북진 시작				
	1952. 7	임시 수도 부산에서 대통령 직선제 개헌안 통과				
	1953. 7.27	정전 협정 체결.				
이승만정부	1953. 1	한미상호방위조약 체결	○			
	1954.11	사사오입 개헌, 초대 대통령 중임 제한 철폐	○			
	1959. 7	평화통일론을 주장한 진보당의 조봉암 사형	○			
	1960. 4.19	3.15 부정선거에 항의하는 4.19 혁명이 전국에서 전개			○	
2 공화국	1960. 8	장면 민주당 정권 수립. 내각 책임제, 양원제로 바뀜	○			
박정희정부	1961. 5.16	박정희와 육사출신 장교들에 의한 군사정변	○			
	1962	1차 경제 개발 5개년 계획 추진		○		
	1964. 6. 3	굴욕적인 대일 외교 반대를 주장한 6.3시위			○	
	1972. 7. 4	7.4 남북 공동성명. 남북 공동위원회 설치				○
	1972.10	장기 독재를 가능하게 한 유신 헌법 공포	○			
	1976. 1	3.1 구국선언 발표			○	
	1979.10	부마항쟁, 10.26사태, 박정희 피살			○	
전두환정부	1980. 5	5.18 광주 민주화 항쟁.			○	
	1985. 9	최초의 이산가족 교환방문 실현, 예술공연단 공연				○
	1987. 6	6월 민주화 항쟁, 6.29선언으로 5년 단임 직선제 개헌			○	
노태우정부	1991. 9	남북한 유엔 동시 가입, 남북 조절 위원회 설치				○
	1991.12	남북 기본합의서 채택, 한반도 비핵화 공동 선언.				○
김영삼정부	1993. 8	금융실명제 전격		○		
	1997.12	외환위기로 IMF 구제금융 신청.		○		
김대중정부	1998.	정주영 소떼 북한 방문, 금강산 관광사업 실시				○
	2000. 6.15	1차 남북 정상회담, 6.15남북공동성명, 개성공단조성 합의				○
노무현정부	2007. 4	대한민국과 미국이 자유무역협정(FTA) 최종 타결		○		
	2007.10. 4	2차 남북 정상회담, 10.4 남북공동선언				○
이명박정부 박근혜정부 문재인정부	2008~2013 2013~2017 2017~					

46-47 유엔 총회 결의문

01 다음 선언이 발표된 시기를 연표에서 옳게 고른 것은? [2점]

> 동포여!
> 8·15 이전과 이후 피차의 과오와 마찰을 청산하고서 우리 정부 밑에 모이자. 그리하여 그 지도하에 3천만의 총역량을 발휘하여서 신탁 관리제를 배격하는 국민 운동을 전개하여 자주 독립을 완전히 획득하기까지 3천 만 전 민족의 피한 방울까지라도 흘려서 싸우는 항쟁 개시를 선언함.

1945.8.	1945.12.	1946.3.	1947.5.	1948.1.	1948.5.
	(가)	(나)	(다)	(라)	(마)
8·15 광복	모스크바 3국 외상 회의 개최	제1차 미·소 공동 위원회	제2차 미·소 공동 위원회	유엔 한국 임시 위원단 내한	5·10 총선거

① (가)　② (나)　③ (다)　④ (라)　⑤ (마)

46-47 유엔 총회 결의문

02 다음 결의문이 채택된 시기를 연표에서 옳게 고른 것은? [2점]

> 총회가 당면하고 있는 한국 문제는 근본적으로 한국민 자체의 문제이며 그 자유와 독립에 관련된 문제이므로 …… 총회는 한국 대표가 한국 주재 군정 당국에 의하여 지명된 자가 아니라 한국민에 의하여 실제로 정당하게 선출된 자라는 것을 감시하기 위하여, 조속히 유엔 한국 임시 위원단을 설치하여 한국에 주재케 하고, 이 위원단에게 한국 전체를 여행·감시·협의할 수 있는 권한을 부여할 것을 결의한다.

1945.8.	1945.12.	1946.3.	1946.10.	1947.5.	1948.8.
	(가)	(나)	(다)	(라)	(마)
8·15 광복	모스크바 3국 외상 회의 개최	제1차 미소 공동 위원회 개최	좌우 합작 7원칙 발표	제2차 미소 공동 위원회 개최	대한민국 정부 수립

① (가)　② (나)　③ (다)　④ (라)　⑤ (마)

37- 48 개헌 청원운동

03 다음 자료가 작성된 시기를 연표에서 옳게 고른 것은? [3점]

> 1. 파괴된 민주 헌정의 회복을 위해 대통령 자신이 개헌을 발의하되 민족 통일의 기초가 될 수 있는 완전한 민주 헌법으로 하여 이 헌법에 의해 자신의 거취를 지혜롭고 영예롭게 스스로 택함은 물론 앞으로 오고 올 모든 이 나라 집권자들의 규범으로 삼게할 것
> 2. 긴급 조치로 구속된 민주 인사와 학생 전원을 무조건 급속히 석방할 것
> ……
> 4. 학원·종교계·언론계·정계의 사찰, 탄압을 중지하고 야비한 정보 정치의 수법인 이간, 중상, 분열 공작으로 이 이상 더 우리 사회의 불신 풍조와 배신의 습성을 조장시키지 말도록 할 것
>
> 개헌 청원 백만인 서명 운동 본부 장준하

1948	1952	1960	1972	1979	1987
	(가)	(나)	(다)	(라)	(마)
대한민국 정부 수립	부산 정치 파동	4·19 혁명	7·4 남북 공동 성명	부·마 항쟁	6월 민주 항쟁

① (가)　② (나)　③ (다)　④ (라)　⑤ (마)

27-50 민주화 운동

04 (가)~(라)를 일어난 순서대로 옳게 나열한 것은? [2점]

사진으로 보는 현대사

(가) 6월 민주 항쟁　(나) 4·19 혁명
(다) 부·마 민주 항쟁　(라) 5·18 민주화 운동

① (가) - (나) - (다) - (라)　② (가) - (다) - (라) - (나)
③ (나) - (다) - (라) - (가)　④ (나) - (라) - (다) - (가)
⑤ (다) - (나) - (가) - (라)

문제분석

01 정답 ② 번　신탁통치반대 국민총동원위원회 선언문으로, 모스크바 3국 외상회의에서 한국에 대한 신탁통치가 결정된 직후인, 1946년 1월 1일에 발표되었다. ② (나)가 정답이다.

02 정답 ⑤ 번　1947년 11월 14일의 유엔총회 결의문으로, 남북총선거 실시를 의결한 것임을 알 수 있다. 제2차 미소공동위원회가 결렬되면서 미국이 한국문제를 유엔에 넘기면서 결의문이 나왔다. ⑤ (마)가 정답이다.

03 정답 ④ 번　긴급조치에 대한 반대가 언급된 내용으로 볼 때 1972년 유신헌법에 반대해 개헌을 추진하자는 것임을 알 수 있다. 개헌청원 백만인 서명운동은 1973년 12월에 시작되었다. ④ (라)가 정답이다.

04 정답 ③ 번　6월 민주항쟁은 1987년 4.13 전두환 정권의 호헌조치에 반대해 일어났다. 4.19혁명은 이승만정권의 3.15부정선거에 반대해 1960년에 일어났다. 1979년 부마민주항쟁은 박정희정권의 유신독재에 항의해 일어났다. 5.18민주운동은 전두환 신군부세력의 비상계엄령 확대 등에 분노해 일어났다. ③이 정답이다.

01 (가) 시대의 생활 모습으로 옳은 것은? [1점]

금속이 우리의 삶으로. [가] 시대로의 여행

우리 박물관에서는 금속을 사용하기 시작한 [가] 시대 특별전을 마련하였습니다. 비파형 동검, 거푸집, 민무늬 토기 등 당시의 생활 모습을 엿볼 수 있는 다양한 유물들을 준비하였으니 많은 관람 바랍니다.

○ 기간: 2020년 ○○월 ○○일~○○일
○ 장소: △△ 박물관 기획 전시실

① 주로 동굴이나 막집에서 거주하였다.
② 지배층의 무덤으로 고인돌을 축조하였다.
③ 농경과 목축을 시작하여 식량을 생산하였다.
④ 쟁기, 쇠스랑 등의 철제 농기구를 사용하였다.
⑤ 대표적인 도구로 주먹도끼, 찍개 등을 제작하였다.

02 (가) 나라에 대한 설명으로 옳은 것은? [2점]

위만이 망명하여 호복을 하고 동쪽의 패수를 건너 준왕에게 투항하였다. 위만은 서쪽 변경에 거주하도록 해주면, 중국의 망명자를 거두어 [가] 의 번병(藩屛)*이 되겠다고 준왕을 설득하였다. 준왕은 그를 믿고 총애하여 박사로 삼고 …… 백 리의 땅을 봉해 주어 서쪽 변경을 지키게 하였다.

『삼국지』 동이전 -

* 번병: 변경의 울타리

① 국가 중대사를 정사암에서 논의하였다.
② 마립간이라는 왕의 칭호를 사용하였다.
③ 여러 가(加)들이 다스리는 사출도가 있었다.
④ 빈민을 구제하기 위해 진대법을 시행하였다.
⑤ 사회 질서를 유지하기 위해 범금 8조를 두었다.

03 (가)에 들어갈 내용으로 옳은 것은? [1점]

신지, 읍차 등의 지배자가 있었던 나라에 대해 발표해 볼까요?

벼농사가 발달하였고, 씨뿌리기가 끝난 5월과 추수를 마친 10월에 제천 행사를 열었습니다.

(가)

① 혼인 풍습으로 민며느리제가 있었습니다.
② 대가들이 사자, 조의, 선인을 거느렸습니다.
③ 제사장인 천군과 신성 지역인 소도가 있었습니다.
④ 남의 물건을 훔쳤을 때는 12배로 갚게 하였습니다.
⑤ 단궁, 과하마, 반어피 등이 특산물로 유명하였습니다.

04 다음 지역에 대한 탐구 활동으로 적절한 것은? [2점]

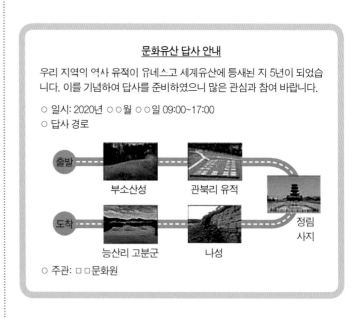

문화유산 답사 안내

우리 지역이 역사 유적이 유네스코 세계유산에 등재된 지 5년이 되었습니다. 이를 기념하여 답사를 준비하였으니 많은 관심과 참여 바랍니다.

○ 일시: 2020년 ○○월 ○○일 09:00~17:00
○ 답사 경로

출발 → 부소산성 → 관북리 유적 → 정림사지
도착 → 능산리 고분군 → 나성

○ 주관: □□문화원

① 장용영의 외영이 설치된 곳을 알아본다.
② 성왕이 새롭게 수도로 정한 지역을 조사한다.
③ 배중손이 삼별초를 지휘하였던 근거지를 찾아본다.
④ 한성근 부대가 서양 세력에 맞서 항전한 장소를 검색한다.
⑤ 남북한 경제 협력 사업으로 설치된 공단의 위치를 파악한다.

05 밑줄 그은 '왕'의 업적으로 옳은 것은? [3점]

금관국의 김구해가 세 아들과 함께 보물을 가지고 와서 항복하였다고 하네.

나도 들었네, 우리 왕께서 그들을 예로서 대접하여 높은 벼슬을 주고, 그가 다스리던 금관국을 식읍으로 삼게 하였다는군.

① 관료전을 지급하고 녹읍을 폐지하였다.
② 건원이라는 독자적인 연호를 제정하였다.
③ 지방에 22담로를 두어 왕족을 파견하였다.
④ 독서삼품과를 시행하여 인재를 등용하였다.
⑤ 자장의 건의로 황룡사 구층 목탑을 건립하였다.

06 (가) 국가의 경제 상황으로 옳은 것은? [2점]

상세 정보

서원경 부근 4개 촌락의 인구 수, 토지 종류와 면적, 소와 말의 수 등을 기록한 문서로, 일본 도다이사 쇼소인에서 발견되었다. 문서의 내용을 통해 (가) 이/가 촌락의 경제 상황 등을 세밀하게 파악하였음을 알 수 있다.

① 은병이 화폐로 제작되었다.
② 집집마다 부경이라는 창고가 있었다.
③ 목화, 담배 등이 상품 작물로 재배되었다.
④ 울산항, 당항성이 무역항으로 번성하였다.
⑤ 현직 관리를 대상으로 직전법이 실시되었다.

07 (가), (나) 사이의 시기에 있었던 사실로 옳은 것은? [3점]

(가) 살수에 이르러 [수의] 군대가 반쯤 건너자 을지문덕이 군사를 보내 그 후군을 공격하였다. 우둔위 장군 신세웅을 죽이니, [수의] 군대가 걷잡을 수 없이 모두 무너져 9군의 장수와 병졸이 도망쳐 돌아갔다.
『삼국사기』

(나) [신라군이] 당군과 함께 평양을 포위하였다. 고구려 왕은 먼저 연남산 등을 보내 영공(英公)에게 항복을 요청하였다. 이에 영공은 보장왕과 왕자 복남·덕담, 대신 등 20여만 명을 이끌고 당으로 돌아갔다.
『삼국사기』

① 안승이 신라에 의해 보덕국왕에 책봉되었다.
② 미천왕이 서안평을 공격하여 영토를 넓혔다.
③ 광개토 대왕이 신라에 침입한 왜를 물리쳤다.
④ 연개소문이 정변을 일으켜 권력을 장악하였다.
⑤ 장수왕이 백제를 공격하여 한성을 함락시켰다.

08 (가) 국가에 대한 설명으로 옳은 것은? [2점]

이것은 (가) 의 중대성에서 일본의 태정관에 보낸 외교 문서의 사본입니다. 문서에는 정당성의 좌윤 하복연 등 주요 사신단의 명단과 두 나라의 우호를 돈독히 하고자 사신을 파견한다는 내용 등이 담겨 있습니다.

오늘 소개해주실 자료는 무엇인가요?

① 광군을 창설하여 외침에 대비하였다.
② 주자감을 설치하여 인재를 양성하였다.
③ 골품제라는 엄격한 신분제를 마련하였다.
④ 9주 5소경의 지방 행정 제도를 갖추었다.
⑤ 왕족인 부여씨와 8성의 귀족이 지배층을 이루었다.

09 다음 검색창에 들어갈 왕의 재위 기간에 있었던 사실로 옳은 것은? [1점]

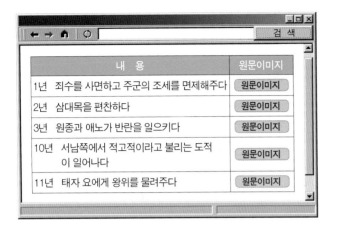

내 용	원문이미지
1년 죄수를 사면하고 주군의 조세를 면제해주다	원문이미지
2년 삼대목을 편찬하다	원문이미지
3년 원종과 애노가 반란을 일으키다	원문이미지
10년 서남쪽에서 적고적이라고 불리는 도적이 일어나다	원문이미지
11년 태자 요에게 왕위를 물려주다	원문이미지

① 왕의 장인인 김흠돌이 반란을 도모하였다.
② 강조가 정변을 일으켜 김치양을 제거하였다.
③ 거칠부가 왕명을 받들어 국사를 편찬하였다.
④ 최치원이 왕에게 시무 10여 조를 건의하였다.
⑤ 복신과 도침 등이 부여풍을 왕으로 추대하였다.

10 다음 대화에 나타난 인물에 대한 설명으로 옳은 것은? [2점]

신라 왕족의 후예로 알려져 있으며, 송악을 도읍으로 나라를 세운 인물에 대해 알아보자.

광평성 등 여러 정치 기구를 마련했어.

미륵불을 자칭하며 폭정을 일삼기도 했지.

① 후당, 오월에 사신을 보냈다.
② 금산사에 유폐된 후 고려에 귀부하였다.
③ 지방관을 감찰하고자 외사정을 파견하였다.
④ 청해진을 설치하여 해상 무역을 전개하였다.
⑤ 마진이라는 국호와 무태라는 연호를 사용하였다.

11 다음 가상 인터뷰의 왕이 추진한 정책으로 옳은 것은? [2점]

김부를 경주의 사심관으로 임명하신 의도는 무엇인가요?

투항한 김부의 공을 치하하고, 부호장 이하의 관직 등에 대한 일을 맡게 하여 지방 세력을 견제하고자 한 것입니다.

① 흑창을 설치하여 빈민을 구제하였다.
② 양현고를 두어 장학 기금을 마련하였다.
③ 노비안검법을 시행하여 재정을 확충하였다.
④ 전국에 12목을 설치하고 지방관을 파견하였다.
⑤ 전시과 제도를 마련하여 관리에게 토지를 지급하였다.

12 (가)에 들어갈 내용으로 적절하지 않은 것은? [3점]

학술 발표회 안내

우리 연구회에서는 고려 시대 문화유산에 대한 학술 발표회를 마련하였습니다. 관심있는 분들의 많은 참석 바랍니다.

○ 주제: [(가)   ]
○ 일시: 2020년 ○○월 ○○일 14:00~17:00
○ 장소: △△ 연구회 회의실

① 논산 개태사 철확의 제작 시기
② 예산 수덕사 대웅전의 공포 구조
③ 서울 원각사지 십층 석탑의 건립 목적
④ 안동 이천동 마애 여래 입상의 조성 배경
⑤ 청주 흥덕사에서 간행된 직지심체요절의 특징

13 다음 자료에 나타난 시기의 경제 상황으로 옳은 것은? [1점]

> ○ 화폐를 주조하는 법을 제정하여, 그것에 따라 주조한 전(錢) 15,000관을 재추와 문무 양반 및 군인에게 나누어 주어 화폐 사용의 시작점으로 삼고 이름을 해동통보라고 하였다.
>
> ○ 주현에 명령하여 미곡을 내어 술과 음식을 파는 점포를 열고 백성에게 교역을 허락하여 전(錢)의 이로움을 알게 하였다.

① 모내기법이 전국적으로 확산되었다.

② 초량 왜관을 통해 일본과 무역하였다.

③ 독점적 도매 상인인 도고가 활동하였다.

④ 감자, 고구마 등의 작물이 널리 재배되었다.

⑤ 경시서의 관리들이 수도의 시전을 감독하였다.

14 (가), (나) 사이의 시기에 있었던 사실로 옳은 것은? [2점]

> (가) 농묵면병마사 산의내부 김보덩이 동계(東界)에서 군대를 일으켜, 정중부와 이의방을 토벌하고 전왕(前王)을 복위 시키려고 하였다. …… 동북면지병마사 한언국이 장순석 등에게 거제(巨濟)로 가서 전왕을 받들어 계림에 모시게 하였다.
>
> (나) 만적 등이 노비들을 불러 모아서 말하기를, "장군과 재상에 어찌 타고 난 씨가 있겠는가? 때가 되면 누구나 할 수 있는 것이다."라고 하였다. …… 만적 등 100여 명이 체포되어 강에 던져졌다.

① 웅천주 도독 김헌창이 반란을 일으켰다.

② 최우가 인사 행정 담당 기구로 정방을 설치하였다.

③ 이자겸과 척준경이 반란을 일으켜 궁궐을 불태웠다.

④ 최충헌이 봉사 10조를 올려 시정 개혁을 건의하였다.

⑤ 김부식이 서경의 반란군을 진압하기 위해 출정하였다.

15 다음 정책을 추진한 업적으로 옳은 것은? [2점]

> ○ 왕은 우리나라에 서적이 대단히 적어서 유생들이 널리 볼 수 없는 것을 염려하여 주자소를 설치하고 구리고 글자 자형을 떠서 활자를 만드는 대로 인출(印出)하게 하였다.
>
> ○ 왕이 시경·서경·좌전의 고주본(古註本)을 자본(字本)으로 삼아 이직 등에게 십만 자를 주조하게 하였는데, 이것이 계미자이다.

① 경국대전을 완성하여 법령을 정비하였다.

② 청과 국경을 정하는 백두산정계비를 세웠다.

③ 문하부 낭사를 분리하여 사간원으로 독립시켰다.

④ 신해통공을 실시하여 시전 상인의 특권을 축소하였다.

⑤ 함길도 토착 세력이 일으킨 이시애의 난을 진압하였다.

16 (가) 국가의 침입에 대한 고려의 대응으로 옳은 것은? [2점]

이곳 죽주산성은 송문주 장군이 [가] 의 침입을 격퇴한 장소입니다. 사신 저고여의 피살을 빌미로 [가] 이/가 쳐들어오자, 송문주 장군은 귀주성과 이곳에서 거듭 물리쳤습니다.

① 화통도감을 두어 화포를 제작하였다.

② 진관 체제를 실시하여 국방을 강화하였다.

③ 별무반을 편성하고 동북 9성을 축조하였다.

④ 삼수병으로 구성된 훈련도감을 설치하였다.

⑤ 대장도감을 설치하여 팔만대장경판을 간행하였다.

17 밑줄 그은 '왕'에 대한 설명으로 옳은 것은? [2점]

> 왕이 지정(至正) 연호의 사용을 중지하고 교서를 내려 말하기를. "…… 기철 등이 군주의 위세를 빙자하여 나라의 법도를 뒤흔들었다. 자신의 기분에 따라 관리를 마음대로 임명하여 정령(政令)이 원칙 없이 바뀌었다. 남이 토지를 가지고 있으면 그것을 차지하고, 노비를 가지고 있으면 빼앗았다. …… 이제 다행히도 조종(祖宗)의 영령에 기대어 기철 등을 처단할 수 있었다."라고 하였다.
> 『고려사』

① 중서문하성과 상서성을 복구하였다.
② 원의 요청으로 일본 원정에 참여하였다.
③ 조준 등의 건의로 과전법을 제정하였다.
④ 이인임 일파를 축출하고 왕권을 회복하였다.
⑤ 쌍기의 건의를 받아들여 과거제를 실시하였다.

18 (가) 기구에 대한 설명으로 옳은 것은? [2점]

> 이것은 악장가사에 실린 상대별곡(霜臺別曲)으로 '상대'는 관리를 감찰하고 풍속을 바로잡는 임무를 맡은 [(가)] 을/를 의미합니다. [(가)] 의 대사헌을 역임한 권근은 이 기사에서 관원들이 일을 끝내고 연회를 즐기는 장면 등을 흥미롭게 묘사하였습니다.

① 은대(銀臺)라고도 불렸다.
② 집현전의 학문 연구 기능을 계승하였다.
③ 서얼 출신 학자들이 검서관에 등용되었다.
④ 임진왜란을 거치면서 국정 최고 기구로 성장하였다.
⑤ 5품 이하의 관리 임명 과정에서 서경권을 행사하였다.

19 밑줄 그은 '이 사건'에 대한 설명으로 옳은 것은? [2점]

> 이것은 능주 목사 민여로가 건립한 정암 선생 적려유허비입니다. 정암 선생은 소격서 폐지, 현량과 실시 등을 추진하다가 이 사건으로 능주에 유배되었습니다.

① 김종직의 조의제문이 빌미가 되었다.
② 서인이 정권을 장악하는 계기가 되었다.
③ 윤임 일파가 제거되는 결과를 가져왔다.
④ 상왕의 복위를 목적으로 성삼문 등이 일으켰다.
⑤ 위훈 삭제에 대한 훈구 세력의 반발이 원인이었다.

20 밑줄 그의 '이 왕'이 재위 시기에 있었던 사실로 옳은 것은? [3점]

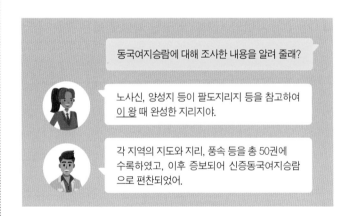

> 동국여지승람에 대해 조사한 내용을 알려 줄래?
>
> 노사신, 양성지 등이 팔도지리지 등을 참고하여 이 왕 때 완성한 지리지야.
>
> 각 지역의 지도와 지리, 풍속 등을 총 50권에 수록하였고, 이후 증보되어 신증동국여지승람으로 편찬되었어.

① 전통 한의학을 정리한 동의보감이 완성되었다.
② 역대 문물을 정리한 동국문헌비고가 편찬되었다.
③ 음악 이론 등을 집대성한 악학궤범이 간행되었다.
④ 세계 지도인 혼일강리역대국도지도가 만들어졌다.
⑤ 한양을 기준으로 한 역법서인 칠정산 내편이 제작되었다.

21 (가)~(다) 학생이 발표한 내용을 일어난 순서대로 옳게 나열한 것은? [2점]

〈주제: 임진왜란 때 수군의 활약〉

옥포에서 26척의 적선을 격파하는 전과를 올렸어.

견내량에 머물던 왜군을 한산도 앞바다로 유인하여 학익진 전술을 펼쳐 물리쳤어.

10여 척의 배로 명량에서 대승을 거두었어.

① (가) - (나) - (다)
② (가) - (다) - (나)
③ (나) - (가) - (다)
④ (나) - (다) - (가)
⑤ (다) - (가) - (나)

22 다음 상황이 나타난 시기에 볼 수 있는 모습으로 적절하지 않은 것은? [2점]

> 사행(使行)이 책문을 출입할 때에는 만상과 송상 등이 은과 인삼을 몰래 가지고 인부나 말 속에 섞여들어 물건을 팔아 이익을 꾀하였다. 되돌아올 때는 수레를 일부러 천천히 가게 하고 사신을 먼저 책문으로 나가게 하여 거리낄 것이 없게 한 뒤에 저희 마음대로 매매하고 돌아오는데 이것을 책문 후시라 한다.

① 장시에서 책을 읽어주는 전기수
② 벽란도에서 교역하는 송의 상인
③ 시사(詩社)에서 시를 낭송하는 중인
④ 관청에 필요한 물품을 납품하는 공인
⑤ 물주의 자금으로 광산을 경영하는 덕대

23 밑줄 그은 '이 법'에 대한 설명으로 옳은 것은? [1점]

이 법은 공납의 폐단을 해결할 목적으로 경기도와 강원도 지역에서 실시되고 있습니다. 고통받는 백성을 위해 충청도와 전라도에도 이 법을 확대 시행해야 합니다.

그렇다면 충청도에 먼저 시행하시오.

① 양반에게도 군포를 부과하였다.
② 1결당 쌀 4~6두로 납부액을 고정하였다.
③ 비옥도에 따라 토지를 6등급으로 나누었다.
④ 일부 상류층에게 선무군관포를 징수하였다.
⑤ 특산물 대신 쌀, 베, 동전 등으로 납부하게 하였다.

24 (가) 시기에 있었던 사실로 옳은 것은? [3점]

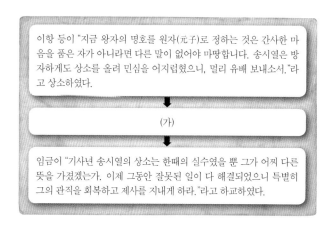

이항 등이 "지금 왕자의 명호를 원자(元子)로 정하는 것은 간사한 마음을 품은 자가 아니라면 다른 말이 없어야 마땅합니다. 송시열은 방자하게도 상소를 올려 민심을 어지럽혔으니, 멀리 유배 보내소서."라고 상소하였다.

↓

(가)

↓

임금이 "기사년 송시열의 상소는 한때의 실수였을 뿐 그가 어찌 다른 뜻을 가졌겠는가. 이제 그동안 잘못된 일이 다 해결되었으니 특별히 그의 관직을 회복하고 제사를 지내게 하라."라고 하교하였다.

① 자의 대비의 복상 문제로 예송이 전개되었다.
② 공신 책봉에 불만을 품고 이괄이 반란을 일으켰다.
③ 정여립 모반 사건으로 인해 기축옥사가 발생하였다.
④ 붕당의 폐해를 경계하기 위해 탕평비가 건립되었다.
⑤ 남인이 권력을 장악하고 희빈 장씨가 왕비로 책봉되었다.

25 (가) 전쟁 이후에 있었던 사실로 옳은 것은? [2점]

이것은 (가) 의 결과 심양에 볼모로 잡혀간 봉림 대군이 쓴 한글 편지입니다. 편지에는 척화론을 내세우다 끌려와 함께 있던 김상헌에 대한 염려가 담겨 있습니다.

① 국경 지역에 4군 6진이 개척되었다.
② 나선 정벌에 조총 부대가 동원되었다.
③ 강홍립 부대가 사르후 전투에 참전하였다.
④ 정봉수와 이립이 용골산성에서 항전하였다.
⑤ 제한된 무역을 허용한 기유약조가 체결되었다.

26 다음 가상 인터뷰의 주인공에 대한 설명으로 옳은 것은? [3점]

수원 화성 건설을 위해 설계한 거중기에 대해 설명해 주십시오.

공사에 참여한 백성의 어려움을 덜어주고자 기기도설에 실린 도르래의 원리를 활용하였습니다. 전하께서는 거중기의 사용으로 4만 냥의 비용을 절약했다고 말씀하셨습니다.

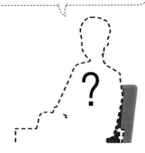

① 북학의에서 절약보다 소비를 권장하였다.
② 의산문답에서 중국 중심의 세계관을 비판하였다.
③ 우서에서 사농공상의 직업적 평등을 주장하였다.
④ 마과회통에서 홍역에 대한 의학 지식을 정리하였다.
⑤ 금석과안록에서 북한산비가 진흥왕 순수비임을 고증하였다.

27 (가)에 들어갈 문화유산으로 옳은 것은? [1점]

문화유산소개하기

(가)

국보 제258호인 이 자기는 회회청 또는 토청 등의 코발트 안료를 사용하여 만들어진 것입니다. 이러한 종류의 자기는 조선 전기부터 생산되었고, 후기에 널리 보급되었습니다.

①
②
③
④
⑤

28 (가) 사건에 대한 설명으로 옳은 것은? [2점]

이것은 평안도 지역에 대한 차별 등에 반발하여 일어난 (가) 을/를 진압하기 위해 관군이 정주성을 에워싸고 있는 상황을 그린 그림입니다. 이후 관군은 땅굴을 파고 성벽을 폭파하는 전술로 봉기군을 진압하였습니다.

정주성공격도

① 홍경래, 우군칙 등이 주도하였다.
② 흥선 대원군이 다시 집권하는 결과를 가져왔다.
③ 정부가 청군의 출병을 요청하는 계기가 되었다.
④ 사건 수습을 위해 박규수가 안핵사로 파견되었다.
⑤ 폐정 개혁안 실천을 위해 집강소 설치를 요구하였다.

29 다음 사건이 일어난 시기를 연표에서 옳게 고른 것은? [2점]

> 의정부에서 아뢰기를 "서양 오랑캐가 광성진을 침범하였을 때 진무 중군 어재연의 생사는 자세히 알 수 없었습니다. 하지만 지방 수령이 대신할 진무 중군을 임명해 달라고 이미 청한 것을 보면 절개를 지켜 싸우다 전사한 것 같습니다."라고 하였다.
>
> 『고종실록』

1863		1866		1868		1873		1876		1882	
	(가)		(나)		(다)		(라)		(마)		
고종 즉위		병인 박해		오페르트 도굴 사건		고종 친정		강화도 조약		조미 수호 통상 조약	

① (가)   ② (나)   ③ (다)   ④ (라)   ⑤ (마)

30 다음 인물에 대한 설명으로 옳은 것은? [2점]

○○○ 연보
- 1842년 출생
- 1880년 일본에 수신사로 파견됨
- 1884년 좌의정으로 임명됨
- 1894년 총리대신으로 갑오개혁을 주도함
- 1896년 사망

① 황준헌이 쓴 조선책략을 국내에 들여왔다.
② 초대 주미 공사로 임명되어 미국에 파견되었다.
③ 고종의 밀지를 받아 독립 의군부를 조직하였다.
④ 영국인 베델과 함께 대한매일신보를 창간하였다.
⑤ 서유견문을 집필하여 서양 근대 문명을 소개하였다.

31 (가) 사건의 결과로 옳은 것은? [2점]

> 이것은 개화당이 (가) 당시 발표한 개혁 정강의 일부입니다. 개화당은 새로운 정부를 구성하고 이 정강을 내세웠습니다.

1. 대원군을 가까운 시일 안에 돌아오게 하고 청에 조공하는 허례를 폐지할 것.
2. 문벌을 폐지하여 인민 평등의 권리를 제정하고 능력에 따라 관리를 등용할 것.
13. 대신과 참찬은 합문 안 의정소에서 회의하고 왕에게 보고한 후 정령을 반포해서 시행할 것.

① 한성 조약이 체결되었다.
② 신식 군대인 별기군이 창설되었다.
③ 부산 외 두 곳의 항구가 개항되었다.
④ 김윤식이 청에 영선사로 파견되었다.
⑤ 개화 정책을 총괄하는 통리기무아문이 설치되었다.

32 (가)~(마)에서 있었던 사실로 옳은 것은? [3점]

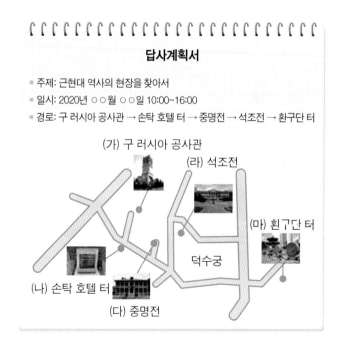

답사계획서

- 주제: 근현대 역사의 현장을 찾아서
- 일시: 2020년 ○○월 ○○일 10:00~16:00
- 경로: 구 러시아 공사관 → 손탁 호텔 터 → 중명전 → 석조전 → 환구단 터

(가) 구 러시아 공사관
(라) 석조전
(마) 환구단 터
덕수궁
(나) 손탁 호텔 터
(다) 중명전

① (가) - 임오군란 때 구식 군인들의 습격이 있었다.
② (나) - 제1차 미소 공동 위원회가 개최되었다.
③ (다) - 은세계, 치악산 등의 신극이 공연되었다.
④ (라) - 일본 낭인들이 명성 황후를 시해하였다.
⑤ (마) - 대한 제국 황제 즉위식이 거행되었다.

33 (가) 인물에 대한 설명으로 옳은 것은? [1점]

> ### 선고서
> 고부 군수 조병갑이 부임하고 학정을 행하니 (가) 은/는 그 무리를 이끌고 고부 관아의 창고를 털어 곡식을 농민에게 나누어 주었다. …… 무장에서 일어나 장성에 이르러 관군을 격파하고, 밤낮없이 행군하여 전주성에 들어가니 전라 감사는 이미 도망하였다. …… 위에 기록한 사실은 피고와 공모자 손화중 등이 자백한 공초, 압수한 증거에 근거한 것이니 이에 피고 (가) 을/를 사형에 처한다.

① 단발령 시행에 반발하여 의병을 일으켰다.
② 우금치에서 일본군 및 관군에 맞서 싸웠다.
③ 동학의 2대 교주로 교조 신원 운동을 주도하였다.
④ 명동 성당 앞에서 이완용을 습격하여 중상을 입혔다.
⑤ 13도 창의군을 지휘하여 서울 진공 작전을 전개하였다.

34 다음 대화에 나타난 상황 이후의 사실로 옳은 것은? [3점]

> 며칠 전 러시아, 프랑스, 독일의 압력으로 일본이 청에 랴오둥반도를 반환했다는 소식 들었는가?

> 들었네. 우리도 이 기회에 러시아를 이용하여 일본의 간섭에서 벗어날 방도를 찾아야 할 것이네.

① 조청 상민 수륙 무역 장정을 체결하였다.
② 건양이라는 독자적인 연호를 사용하였다.
③ 행정 기구를 6조에서 8아문으로 개편하였다.
④ 군국기무처를 설치하여 근대적 개혁을 추진하였다.
⑤ 영국이 러시아를 견제하기 위해 거문도를 점령하였다.

35 밑줄 그은 '협회'에 대한 설명으로 옳은 것은? [2점]

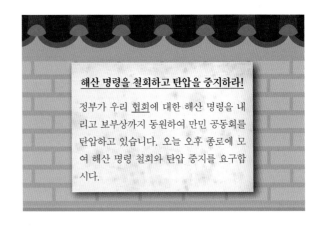

> ### 해산 명령을 철회하고 탄압을 중지하라!
> 정부가 우리 협회에 대한 해산 명령을 내리고 보부상까지 동원하여 만민 공동회를 탄압하고 있습니다. 오늘 오후 종로에 모여 해산 명령 철회와 탄압 중지를 요구합시다.

① 대성 학교와 오산 학교를 설립하였다.
② 고종 강제 퇴위 반대 운동을 주도하였다.
③ 일본의 황무지 개간권 요구를 저지하였다.
④ 중추원 개편을 통해 의회 설립을 추진하였다.
⑤ 일본에 진 빚을 갚자는 국채 보상 운동을 전개하였다.

36 교사의 질문에 대한 학생의 답변으로 옳은 것은? [2점]

> 이것은 한성 전기 회사가 공급하는 전기를 사용하여 서대문과 청량리 사이를 운행하던 전차입니다. 전차가 개통된 이후에 도입된 근대 문물에 대해 말해 볼까요?

① 박문국이 세워졌어요.
② 경부선이 완공되었어요.
③ 기기창이 설치되었어요.
④ 한성주보가 발행되었어요.
⑤ 육영 공원이 설립되었어요.

37 밑줄 그은 '개혁'에 대한 설명으로 옳은 것은? [1점]

구본신참을 원칙으로 추진된 개혁에 대해 말해보자.

상공업 진흥에 필요한 인재를 양성하기 위해 상공학교를 세웠습니다.

양전 사업을 실시하여 지계를 발급했습니다.

① 과거제를 폐지하였다.
② 홍범 14조를 반포하였다.
③ 공사 노비법을 혁파하였다.
④ 전국 8도를 23부로 개편하였다.
⑤ 황제 직속의 원수부를 설치하였다.

38 (가) 인물에 대한 설명으로 옳은 것은? [2점]

연해주 우수리스크에 있는 [가]의 유허비를 관리하기 위해 현지 교민들이 나섰습니다. 이 비에는 헤이그 특사로 파견되었던 [가]이/가 연해주에서 성명회와 권업회를 조직하여 독립운동을 이끈 사실 등이 기록되어 있습니다.

연해주 교민들, [가] 유허비 지킴이로 나서

① 대한 광복군 정부 수립을 주도하였다.
② 이토 히로부미를 하얼빈에서 사살하였다.
③ 의열단을 조직하여 단장으로 활동하였다.
④ 숭무 학교를 설립하여 독립군을 양성하였다.
⑤ 일본의 침략 과정을 서술한 한국통사를 저술하였다.

39 다음 퀴즈의 정답으로 옳은 것은? [1점]

덕원부의 관민이 힘을 합쳐 설립한 우리나라 최초의 근대 학교로, 외국어 교육 등을 실시한 이 교육 기관은 무엇일까요?

?

① 동문학   ② 명동 학교
③ 원산 학사   ④ 서전서숙
⑤ 배재 학당

40 (가) 민족 운동에 대한 설명으로 옳은 것은? [2점]

이것은 순종의 인산일에 일어난 [가] 당시 장례 행렬이 모인 사람들에게 뿌려진 격문의 일부입니다.

• 대한 독립운동가여 단결하라!
• 일체 납세를 거부하자!
• 일본 물자를 배척하자!
• 언론·출판·집회이 자유름!
• 보통 교육은 의무 교육으로!
• 교육 용어는 조선어로!

① 대구에서 시작되어 전국으로 확산되었다.
② 대한민국 임시 정부 수립에 영향을 주었다.
③ 민족주의 진영과 사회주의 진영이 함께 준비하였다.
④ 일제가 이른바 문화 통치를 실시하는 배경이 되었다.
⑤ 신간회 중앙 본부가 진상조사단을 파견하여 지원하였다.

41 (가) 지역에서 전개된 민족 운동에 대한 설명으로 옳은 것은? [2점]

□□ 신문

제 00호 　　　　　　　　　　　　OOOO년 OO월 OO일

허은 지사, 독립 유공자로 서훈

대한민국 임시 정부 초대 국무령 석주 이상룡 선생의 손부(孫婦) 허은 지사에게 건국훈장 애족장이 추서되었다. 허 지사는 (가) 의 삼원보에서 결성된 서로 군정서의 숨은 공로자였다. 그녀는 기본적인 생계 활동과 공식적인 행사 준비 외에도 서로 군정서 대원들의 군복을 제작·배급하는 등 독립운동에 힘을 보탰다. 허은 지사의 회고록에는 당시의 상황이 생생하게 담겨 있다

① 해조신문을 발간하여 국권 회복에 힘썼다.
② 신흥 강습소를 설립하여 독립군을 양성하였다.
③ 대한인 국민회를 조직하여 외교 활동을 펼쳤다.
④ 대조선 국민 군단을 창설하여 군사 훈련을 하였다.
⑤ 유학생들이 중심이 되어 2·8 독립 선언서를 발표하였다.

42 밑줄 그은 '투쟁' 이후의 사실로 옳은 것은? [2점]

최근 개통된 천사대교를 건너면 일제 강점기 대표적인 소작 쟁의가 전개된 암태도를 만날 수 있습니다. 당시 암태도의 농민들은 고율의 소작료를 징수하는 지주 문재철에 맞서 목포까지 나가 단식을 벌이는 등 약 1년에 걸친 투쟁으로 소작료를 낮추는 성과를 거두었습니다.

① 회사령이 제정되었다.
② 농광 회사가 설립되었다.
③ 토지 조사 사업이 실시되었다.
④ 조선 농민 총동맹이 결성되었다.
⑤ 함경도에서 방곡령이 선포되었다.

43 밑줄 그은 '시기'에 볼 수 있는 모습으로 적절하지 않은 것은? [1점]

8월 14일, 일본군 '위안부' 피해자 기림의 날

1991년 8월 14일은 고(故) 김학순 할머니가 국내에서 처음으로 일본군 '위안부' 피해 사실을 공개 증언한 날이다. 그의 용기 있는 행동은 일본군 '위안부' 문제가 국제 사회에 알려지는 계기가 되었다. 정부는 이날을 <일본군 '위안부' 피해자 기림의 날>로 제정하여 2018년부터 매년 국가 기념일로 기리고 있다. 김학순 할머니는 일제가 국가 총동원법을 적용하여 인적·물적 자원을 수탈하는 시기에 일본군 '위안부'로 끌려가 참혹한 고통을 겪었다.

① 태형을 집행하는 헌병 경찰
② 신사 참배를 강요하는 교사
③ 황국 신민 서사를 암송하는 어린이
④ 학도병 출전 권고 연설을 하는 친일파 인사
⑤ 공출한 놋그릇, 수저를 정리하는 면사무소 관리

44 다음 선언문이 발표된 시기를 연표에서 옳게 고른 것은? [3점]

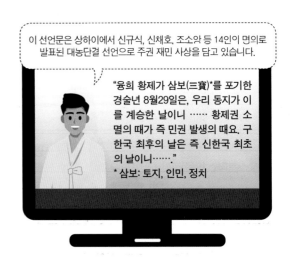

이 선언문은 상하이에서 신규식, 신채호, 조소앙 등 14인의 명의로 발표된 대동단결 선언으로 주권 재민 사상을 담고 있습니다.

"융희 황제가 삼보(三寶)*를 포기한 경술년 8월29일은, 우리 동지가 이를 계승한 날이니 …… 황제권 소멸의 때가 즉 민권 발생의 때요. 구 한국 최후의 날은 즉 신한국 최초의 날이니……"
*삼보: 토지, 인민, 정치

1910	1919	1923	1931	1941	1945
	(가)	(나)	(다)	(라)	(마)
국권 파탈	3·1 운동	국민 대표 회의 개최	한국 애국단 조직	대한민국 건국 강령 발표	8·15 광복

① (가)　　② (나)　　③ (다)　　④ (라)　　⑤ (마)

45 다음 인물의 활동으로 옳은 것은? [2점]

이달의 독립운동가

한국 광복군 창설의 주역
○○○ 장군

○ 생몰: 1888년~1957년
○ 주요 활동
  - 정의부 총사령관 역임
  - 한국 독립당 창당에 참여
  - 한국 광복군 총사령관 역임
○ 서훈 내용
  건국 훈장 대통령장 추서

① 동양 척식 주식회사에 폭탄을 투척하였다.
② 대한 광복회를 조직하여 친일파를 처단하였다.
③ 쌍성보, 대전자령 전투에서 일본군을 격파하였다.
④ 대한 국민회군과 연합하여 봉오동 전투에서 승리하였다.
⑤ 민중의 직접 혁명을 주장하는 조선 혁명 선언을 집필하였다.

46 다음 성명이 발표된 이후에 있었던 사실로 옳지 않은 것은? [3점]

북위 38도 이남의 조선에는 오직 한 정부가 있을 뿐이다. …… 자천자임(自薦自任)한 관리라든가 경찰이라든가 국민 전체를 대표하였노라는 대소 회합이라든가 조선 인민 공화국이라든지 조선 인민 공화국 내각은 권위와 세력과 실제가 전혀 없는 것이다.

- 미군정 장관 육군 소장 아놀드 -

① 조선 건국 동맹이 결성되었다.
② 좌우 합작 7원칙이 발표되었다.
③ 유엔 한국 임시 위원단이 설치되었다.
④ 반민족 행위 특별 조사 위원회가 출범하였다.
⑤ 귀속 재산 처리를 위해 신한 공사가 설립되었다.

47 (가), (나) 사이의 시기에 있었던 사실로 옳은 것을 〈보기〉에서 고른 것은? [2점]

(가) 국군 장교가 위원으로 선출되었으며, 3권을 장악하고 국회의 권한을 행사하는 최고 통치 기구인 국가 재건 최고 회의가 출범하였다.

(나) 국민의 직접 선거로 대의원이 선출되었으며, 통일 정책을 최종 결정하고 대통령 선거권 등을 행사하는 통일 주체 국민 회의가 발족하였다.

〈보기〉
ㄱ. 장기 집권을 위한 3선 개헌안이 통과되었다.
ㄴ. 제2차 석유 파동으로 경제 불황이 심화되었다.
ㄷ. 베트남 파병에 관한 브라운 각서가 체결되었다.
ㄹ. 대통령 긴급 명령으로 금융 실명제가 실시되었다.

① ㄱ, ㄴ ② ㄱ, ㄷ ③ ㄴ, ㄷ ④ ㄴ, ㄹ ⑤ ㄷ, ㄹ

48 다음 헌법이 시행된 시기의 사실로 옳은 것은? [2점]

제39조 ① 대통령은 대통령 선거인단에서 무기명 투표로 선거한다.

② 대통령에 입후보하려는 자는 정당의 추천 또는 법률이 정하는 수의 대통령 선거인의 추천을 받아야 한다.

③ 대통령 선거인단에서 재적 대통령 선거인 과반수의 찬성을 얻은 자를 대통령 당선자로 한다.

⋮

제45조 대통령의 임기는 7년으로 하며, 중임할 수 없다.

① 긴급 조치 9호가 발동되었다.
② 국민 교육 헌장이 공포되었다.
③ 지방자치제가 전면 시행되었다.
④ 프로 야구가 6개 구단으로 출범되었다.
⑤ 한미 자유 무역 협정(FTA)이 체결되었다.

49 다음 기사에 보도된 민주화 운동의 결과로 옳은 것은? [2점]

△△신문

제 ○○호   ○○○○년 ○○월 ○○일

민주 헌법 쟁취를 위한 국민 대회 열려

경찰이 사상 최대 규모인 5만 8천여 명의 병력을 동원하여 전국 집회장을 원천 봉쇄한다는 방침을 밝힌 가운데 서울을 비롯한 전국 20여 개 도시에서 국민 대회가 열렸다.

민주 헌법 쟁취 국민운동 본부는 "국민 합의를 배신한 4·13 호헌 조치는 무효임을 전 국민의 이름으로 선언한다."라고 발표하면서 민주 헌법 쟁취를 통한 민주 정부 수립 의지를 밝혔다.

---

① 국가 보위 비상 대책 위원회가 설치되었다.
② 신군부가 비상계엄을 전국으로 확대하였다.
③ 5년 단임의 대통령 직선제 개헌이 이루어졌다.
④ 허정을 수반으로 하는 과도 정부가 수립되었다.
⑤ 조봉암이 혁신 세력을 규합하여 진보당을 창당하였다.

---

50 밑줄 그은 '정부'의 통일 노력으로 옳은 것은? [2점]

> 국민들은 금 모으기 운동에 자발적으로 동참하여 외환 위기 극복에 힘을 보탰습니다. 정부는 지금까지 어떤 노력을 해왔는지 말씀해 주십시오.

> 정부는 기업에 대한 강도 높은 구조 조정, 노사정 위원회 설치 등 다각적인 노력을 통해 국제 통화 기금(IMF)의 구제 금융 지원금을 예정보다 3년이나 빨리 상환하였습니다.

① 금강산 관광 사업을 시작하였다.
② 남북한이 유엔에 동시 가입하였다.
③ 제1차 남북 적십자 회담을 개최하였다.
④ 한반도 비핵화 공동 선언을 채택하였다.
⑤ 남북 간 이산가족 상봉을 처음 실현하였다.

1회 실전모의 고사 정답표

문항번호	정답	배점	문항번호	정답	배점	문항번호	정답	배점	문항번호	정답	배점	문항번호	정답	배점	문항번호	정답	배점
01	③	1	11	①	3	21	②	2	31	③	3	41	③	2
02	④	2	12	②	2	22	④	3	32	④	2	42	③	2
03	①	2	13	①	2	23	①	2	33	③	2	43	②	3
04	④	3	14	③	2	24	③	2	34	①	2	44	④	2
05	②	2	15	③	3	25	②	1	35	③	2	45	①	2
06	②	2	16	④	2	26	①	2	36	④	2	46	③	2
07	①	2	17	②	2	27	①	2	37	④	2	47	①	1
08	③	1	18	④	1	28	④	1	38	③	3	48	①	2
09	③	3	19	②	2	29	④	3	49	①	3	49	②	3
10	④	2	20	②	1	30	④	2	40	①	2	50	①	1

01 (가) 시대의 생활 모습으로 옳은 것은? [1점]

> 공주 석장리에서 남한 최초로 [(가)] 시대의 유물인 찍개, 주먹도끼 등의 뗀석기가 출토되었습니다. 이번 발굴로 우리나라에서도 [(가)] 시대가 존재했다는 사실이 입증되었다.

공주 석장리, 남한 최초로 뗀석기 출토

① 반달 돌칼로 벼를 수확하였다.
② 주로 동굴이나 막집에서 거주하였다.
③ 거푸집을 이용하여 청동 무기를 제작하였다.
④ 빗살무늬 토기를 제작하여 식량을 저장하였다.
⑤ 가락바퀴와 뼈바늘을 이용하여 옷을 만들었다.

02 (가) 나라에 대한 설명으로 옳은 것을 〈보기〉에서 고른 것은? [2점]

> 아들을 거쳐 손자 우거 때 이르러서는 …… 주변의 여러 나라들이 글을 올려 천자를 알현하고자 하였으나, 또한 가로막고 통하지 못하게 하였다. …… 좌장군이 두 군대를 합하여 맹렬히 [(가)] 을/를 공격하였다. 상 노인, 상 한음, 니계상 참, 장군 왕협 등이 서로 [항복을] 모의하였다. …… [우거]왕이 항복하려하지 않았다. 한음, 왕협, 노인이 모두 도망하여 한에 항복하였는데, 노인은 도중에 죽었다.
>
> 『사기』

〈보기〉

ㄱ. 22담로에 왕족을 파견하였다.
ㄴ. 빈민을 구제하기 위해 진대법을 실시하였다.
ㄷ. 진번과 임둔을 복속시켜 세력을 확장하였다.
ㄹ. 살인, 절도 등의 죄를 다스리는 범금 8조가 있었다.

① ㄱ, ㄴ　② ㄱ, ㄷ　③ ㄴ, ㄷ　④ ㄴ, ㄹ　⑤ ㄷ, ㄹ

03 (가) 나라에 대한 설명으로 옳은 것은? [2점]

[(가)] 의 사회와 경제

풍습
산천을 중시하며, 산과 내마다 읍락의 경계가 있어 함부로 들어가지 않는다. 다른 읍락을 침범하면 소, 말 등으로 변상하게 하는 책화가 있다.

특산물
낙랑의 단궁이 그 땅에서 나고, 바다에서는 반어피가 산출된다. 무늬 있는 표범과 과하마 등이 유명하다.

① 신성 지역인 소도가 존재하였다.
② 정사암에 모여 재상을 선출하였다.
③ 읍군이나 삼로라는 지배자가 있었다.
④ 12월에 영고라는 제천 행사를 열었다.
⑤ 도둑질한 자에게 12배로 배상하게 하였다.

04 밑줄 그은 '왕'에 대한 설명으로 옳은 것은? [2점]

> 용이 검은 옥대를 바쳤다. …… 왕이 놀라고 기뻐하여 오색 비단·금·옥으로 보답하고, 사람을 시켜 대나무로 베어서 바다로 나오자, 산과 용은 홀연히 사라져 보이지 않았다. 왕이 감은사에서 유숙하고 …… 행차에서 돌아와 그 대나무로 피리를 만들어 월성의 천존고에 보관하였다. 이 피리를 불면 적병이 물러가고 병이 나으며, 가물 때 비가 오고 비올 때 개며, 바람이 잦아들고 파도가 평온해졌다. 이를 만파식적(萬波息笛)이라 부르고 국보로 삼았다.
>
> 『삼국유사』

① 병부와 상대등을 설치하였다.
② 이사부를 보내 우산국을 복속하였다.
③ 마립간이라는 칭호를 처음 사용하였다.
④ 매소성 전투에서 당의 군대를 격파하였다.
⑤ 김흠돌을 비롯한 진골 귀족 세력을 숙청하였다.

05 (가), (나) 사이의 시기에 있었던 사실로 옳은 것은? [3점]

(가) 고구려 왕 거련(巨璉)이 군사 3만 명을 이끌고 와서 왕도인 한성을 포위하였다. 왕이 성문을 닫고서 나가 싸우지 못하였다. 고구려 군사가 네 길로 나누어 협공하고, 바람을 타고 불을 놓아 성문을 불태웠다. 사람들이 매우 두려워하여 나가서 항복하려는 자들도 있었다. 왕이 어찌할 바를 몰라 수십 명의 기병을 거느리고 성문을 나가 서쪽으로 달아나니, 고구려 군사가 추격하여 왕을 해쳤다.

(나) 여러 장수가 급히 안시성을 공격하였다. …… 60일 동안 50만 명의 인력을 동원하여 밤낮으로 쉬지 않고 토산을 쌓았다. 토산의 정상은 성에서 몇 길 떨어져 있고 성 안을 내려다 볼 수 있었다. 도중에 토산이 허물어지면서 성을 덮치는 바람에 성벽의 일부가 무너졌다. …… 황제가 여러 장수에서 명하여 안시성을 공격하였으나, 3일이 지나도록 이길 수 없었다.

① 미천왕이 서안평을 점령하였다.
② 을지문덕이 살수에서 수의 군대를 물리쳤다.
③ 고국원왕이 백제의 평양성 공격으로 전사하였다.
④ 관구검이 이끄는 위의 군대가 고구려를 침략하였다.
⑤ 광개토 대왕이 군대를 보내 신라에 침입한 왜를 격퇴하였다.

06 (가) 나라에 대한 설명으로 옳은 것은? [2점]

문화재청이 김해 대성동과 양동리 고분에서 출토된 목걸이 3점에 대해 보물 지정을 예고했습니다. 이 유물은 김수로왕이 건국했다고 전해지는 (가) 의 수준 높은 공예 기술을 보여줍니다. 또한 출토지가 명확하고 보존 상태가 온전하여 학술 및 예술적 가치가 높은 것으로 평가됩니다.

대성동과 양동리 출토 목걸이, 보물로 지정 예고

① 골품에 따라 관등 승진에 제한이 있었다.
② 만장일치제로 운영된 화백 회의가 있었다.
③ 여러 가(加)들이 별도로 사출도를 주관하였다.
④ 박, 석, 김의 3성이 교대로 왕위를 계승하였다.
⑤ 철이 많이 생산되어 낙랑과 왜 등에 수출하였다.

07 밑줄 그은 '이 왕'의 업적으로 옳은 것은? [2점]

이것은 능산리 절터에서 발견된 석조 사리감입니다. 이 사리감에서 새겨진 글을 통해 능산리 절터가 관산성에서 전사한 이 왕의 명복을 빌기 위하여 조성된 것임을 알 수 있습니다.

① 익산에 미륵사를 창건하였다.
② 동진으로부터 불교를 수용하였다.
③ 윤충을 보내 대야성을 함락하였다.
④ 고흥에게 서기를 편찬하게 하였다.
⑤ 진흥왕과 연합하여 한강 하류 지역을 되찾았다.

08 (가) 국가에 대한 설명으로 옳은 것은? [2점]

특집 다큐멘터리   (가) , 남북국 시대를 열다

〈1부〉 동모산에 도읍하고 나라를 세우다
〈2부〉 당의 등주를 공격하고 요서에서 격돌하다
〈3부〉 일본에 국서를 보내어 고려 국왕이라 칭하다

① 9서당 10정의 군사 조직을 갖추었다.
② 정당성의 대내상이 국정을 총괄하였다.
③ 지방관을 감찰하기 위해 외사정을 파견하였다.
④ 위화부 등 13부를 두어 행정 업무를 분담하였다.
⑤ 마진이라는 국호와 무태라는 연호를 사용하였다.

09 (가) 인물에 대한 설명으로 옳은 것을 <보기>에서 고른 것은? [3점]

(가) 은/는 상주 가은현 사람이다. …… 왕의 총애를 받던 측근들이 정권을 마음대로 휘둘러 기강이 문란해졌다. 기근까지 겹쳐 백성들이 떠돌아다니고, 여러 도적들이 봉기하였다. 이에 (가) 이/가 몰래 왕위를 넘겨다보는 마음을 갖고 …… 드디어 무진주를 습격하여 스스로 왕이 되었으나, 아직 감히 공공연하게 왕을 칭하지는 못하였다. …… 서쪽으로 순행하여 완산주에 이르니 그 백성들이 환영하였다.

『삼국사기』

─〈보기〉─

ㄱ. 후당, 오월에 사신을 파견하였다.
ㄴ. 광평성을 비롯한 각종 정치 기구를 마련하였다.
ㄷ. 신라의 금성을 습격하여 경애왕을 죽게 하였다.
ㄹ. 정계와 계백료서를 지어 관리의 규범을 제시하였다.

① ㄱ, ㄴ   ② ㄱ, ㄷ   ③ ㄴ, ㄷ   ④ ㄴ, ㄹ   ⑤ ㄷ, ㄹ

10 다음 장면에 등장하는 왕에 대한 설명으로 옳은 것은? [1점]

내 몸은 비록 궁궐에 있지만 마음은 언제나 백성에게 있노라. 지방 수령들의 눈과 귀를 빌어 백성의 기대에 부합하고자 한다. 이에 우서(虞書)의 12목 제도를 본받아 시행할 터이니, 주나라가 8백 년간 지속되었듯이 우리의 국운도 길이 이어질 것이다.

① 천수라는 독자적인 연호를 사용하였다.
② 관학을 진흥하고자 양현고를 설치하였다.
③ 독서삼품과를 실시하여 관리를 채용하였다.
④ 쌍성총관부를 공격하여 철령 이북을 수복하였다.
⑤ 최승로의 시무 28조를 받아들여 통치 체제를 정비하였다.

11 밑줄 그은 '이 시기'에 있었던 사실로 옳은 것은? [2점]

이곳은 김방경의 묘입니다. 그는 개경 환도 이후 몽골의 간섭이 본격화된 이 시기에 여·몽 연합군의 고려군 도원수로 일본 원정에 참여하였습니다.

① 삼수병으로 구성된 훈련도감이 창설되었다.
② 삼군부가 부활하여 군국 기무를 전담하였다.
③ 중서문하성과 상서성이 첨의부로 개편되었다.
④ 인재를 양성하기 위한 초계문신제가 시행되었다.
⑤ 국방 문제를 논의하기 위한 비변사가 설치되었다.

12 (가) 역사서에 대한 설명으로 옳은 것은? [2점]

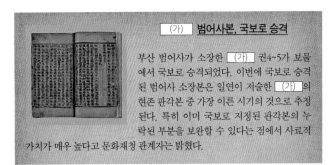

(가) 범어사본, 국보로 승격

부산 범어사가 소장한 (가) 권4~5가 보물에서 국보로 승격되었다. 이번에 국보로 승격된 범어사 소장본은 일연이 저술한 (가) 의 현존 관각본 중 가장 이른 시기의 것으로 추정된다. 특히 이미 국보로 지정된 관각본의 누락된 부분을 보완할 수 있다는 점에서 사료적 가치가 매우 높다고 문화재청 관계자는 밝혔다.

① 단군의 건국 이야기를 수록하였다.
② 사초, 시정기 등을 바탕으로 편찬되었다.
③ 왕명에 의해 고승들의 전기를 기록하였다.
④ 본기, 열전 등 기전체 형식으로 서술되었다.
⑤ 서사시 형태로 고구려 계승 의식이 반영되었다.

13 밑줄 그은 '왕'의 재위 기간에 볼 수 있는 모습으로 가장 적절한 것은? [1점]

얼마 전 왕께서 친히 위봉루에 나가 과거 급제자를 발표하셨다더군.

한림학사 쌍기가 이번에 처음 치러진 과거의 지공거를 맡았다네.

① 녹과전을 지급받는 관리
② 만권당에서 책을 읽는 학자
③ 주전도감에서 화폐를 주조하는 장인
④ 노비안검법에 의해 양인으로 해방된 노비
⑤ 금속 활자로 직지심체요절을 인출하는 기술자

14 다음 사진전에 전시될 사진으로 적절하지 않은 것은? [2점]

불상으로 보는 불교 문화 사진전

제△△전시실

이 실에서는 ○○ 시대 불상의 사진을 전시합니다. ○○ 시대에는 대형 철불이 유행하였으며, 논산 관촉사 석조 미륵보살 입상처럼 거대한 불상이 조성되기도 하였습니다.

①   ②   ③

④   ⑤

15 다음 검색창에 들어갈 인물에 대한 설명으로 옳은 것은? [2점]

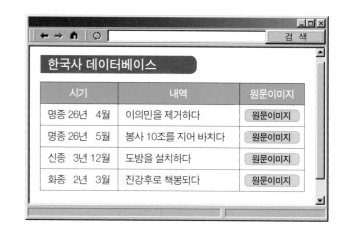

한국사 데이터베이스

시기	내역	원문이미지
명종 26년 4월	이의민을 제거하다	원문이미지
명종 26년 5월	봉사 10조를 지어 바치다	원문이미지
신종 3년 12월	도방을 설치하다	원문이미지
희종 2년 3월	진강후로 책봉되다	원문이미지

① 서경에서 난을 일으키고 국호를 대위로 하였다.
② 화약과 화포 제작을 위한 화통도감 설치를 건의하였다.
③ 삼별초를 이끌고 진도로 이동하여 대몽 항쟁을 펼쳤다.
④ 교정별감이 되어 인사, 재정 등 국정 전반을 장악하였다.
⑤ 전민변정도감의 책임자로 임명되어 권문세족을 견제하였다.

16 (가)~(다)를 일어난 순서대로 옳게 나열한 것은? [3점]

(가) 양규가 이수에서 전투를 벌이다가 석령까지 추격하여 2,500여 명의 머리를 베고 사로잡혔던 남녀 1,000여 명을 되찾아 왔다.

(나) 윤관 등이 여러 군사들에게 내성(內城)의 목재와 기와를 거두어 9성을 쌓게 하고, 변경 남쪽의 백성을 옮겨 와 살게 하였다.

(다) 적군이 30일 동안 귀주성을 포위하고 온갖 방법으로 공격하였으나, 박서가 임기응변으로 대응하여 굳게 지켰다. 이에 적군이 이기지 못하고 물러났다.

① (가) - (나) - (다)   ② (가) - (다) - (나)
③ (나) - (가) - (다)   ④ (나) - (다) - (가)
⑤ (다) - (가) - (나)

17 다음 정책을 실시한 국가의 경제 상황으로 옳은 것은? [1점]

> ○ 토지의 비옥함과 척박함을 문무백관에서 부병(府兵), 한인(閑人)에 이르기까지 모두 과(科)에 해당하는 토지를 주고, 또 과에 따라 땔나무를 구할 땅을 주었다.
>
> ○ 도평의사사에서 방을 붙여 알리기를, "지금부터 은병 1개를 쌀로 환산하여 개경에서는 15~16석, 지방에서는 18~19석의 비율로 하되, 경시서에서 그 해의 풍흉을 살펴 그 값을 정할 것이다."라고 하였다.

① 모내기법이 전국적으로 확산되었다.
② 덕대가 광산을 전문적으로 경영하였다.
③ 면화, 담배 등이 상품 작물로 재배되었다.
④ 예성강 하구의 벽란도가 국제 무역항으로 번성하였다.
⑤ 토지의 비옥에 따라 6등급으로 나누어 전세를 거두었다.

18 (가)~(마)에 대한 탐구 활동으로 적절하지 않은 것은? [3점]

> **답사계획서**
>
> ○ 주제: 조선왕의 자취를 찾아 길을 걷다
> ○ 기간: 2020년 ○○월 ○○일~○○일
> ○ 답사 지역 및 일정
>
> [1일차] (가) 경복궁 → (나) 종묘 ➡ [2일차] (다) 남한산성 → (라) 수원 화성
>
> ➡ [3일차] (마) 영릉 → 신륵사

① (가) - 조선 건국 이후 한양으로 천도한 과정을 조사한다.
② (나) - 국왕이 신농, 후직에게 풍년을 기원하던 의례를 검색한다.
③ (다) - 인조가 피신하여 청과 항전을 벌인 과정을 살펴본다.
④ (라) - 장용영 외영의 창설 배경을 알아본다.
⑤ (마) - 훈민정음을 창제한 목적을 파악한다.

19 밑줄 그은 '이 나라'에 대한 조선의 정책으로 옳은 것은? [2점]

작품명 **의순관 영조도**

이 나라 사신이 만력제(신종)의 등극을 알리기 위해 압록강을 건너 의주에 있던 의순관에 도착하는 모습을 그렸다. 조선의 관리들이 예를 갖추어 의순관 앞에서 사신 일행을 맞이하고 있다.

① 광군을 조직하여 침입에 대비하였다.
② 한성에 동평관을 두어 무역을 허용하였다.
③ 정도전을 중심으로 요동 정벌을 추진하였다.
④ 기유약조를 체결하고 부산에 왜관을 설치하였다.
⑤ 포로 송환을 위하여 유정을 회답 겸 쇄환사로 파견하였다.

20 (가) 인물의 활동으로 옳은 것은? [2점]

> 이곳은 (가) 이/가 제주도에 유배되어 머물렀던 장소입니다. 그는 이곳에서 세한도를 그렸습니다.

① 100리 척을 사용하여 동국지도를 제작하였다.
② 무한 우주론을 주장한 의산문답을 집필하였다.
③ 명에서 천리경, 자명종, 홍이포 등을 들여왔다.
④ 침구술을 집대성하여 침구경험방을 저술하였다.
⑤ 북한산비가 진흥왕 순수비임을 처음으로 고증하였다.

21 (가)에 대한 설명으로 옳은 것은? [2점]

이 그림은 평양에 새로 부임한 (가) 을/를 환영하는 모습을 묘사한 부벽루연회도입니다. (가) 은/는 감사 또는 방백이라고도 불리었는데, 대개 종2품 이상의 고위 관리가 임명되었습니다.

① 간관으로서 간쟁과 봉박을 담당하였다.
② 6조 직계제의 실시로 권한이 약화되었다.
③ 호장, 기관, 장교, 통인 등으로 분류되었다.
④ 관대 군현의 수령을 감독하고 근무 성적을 평가하였다.
⑤ 출신지의 경재소를 관장하고 유향소 품관을 감독하였다.

22 (가)~(다)를 일어난 순서대로 옳게 나열한 것은? [3점]

(가) 한영규가 아뢰기를, "서양의 간특한 설이 윤리와 강상을 없애고 어지럽히니 어찌 진산의 권상연, 윤지충 같은 자가 또 있겠습니까? 제사를 폐하고 위패를 불태웠으며, 조문을 거절하고 그 부모의 시신을 내버렸으니 그 죄가 매우 큽니다."라고 하였다.

(나) 사헌부에서 아뢰기를 "아! 통분스럽습니다. 이가환, 이승훈, 정약용의 죄가 무거우니 이를 어찌 다 처벌할 수 있겠습니까? 사학(邪學)이란 것은 반드시 나라에 흉악한 화를 가져오고야 말 것입니다."라고 하였다.

(다) 의금부에서, "죄인 남종삼은 명백한 근거도 없이, 러시아에 변란이 있을 것이고 프랑스와 조약을 맺을 계책이 있다면서 사람들을 현혹하였습니다. 감히 나라를 팔아먹고자 몰래 외적을 끌어들이려 하였으니, 그 죄는 만 번을 죽여도 모자랍니다. 죄인이 자백하였습니다."라고 아뢰었다.

① (가) - (나) - (다)   ② (가) - (다) - (나)
③ (나) - (가) - (다)   ④ (나) - (다) - (가)
⑤ (다) - (나) - (가)

23 밑줄 그은 '왕'이 추진한 정책으로 옳은 것은? [2점]

역 사 신 문

○○○○년 ○○월 ○○일

호패법 재실시 발표

금일, 왕이 호패법을 다시 시행하라고 명령하였다. 이는 문란해진 군적을 정비하고 이괄의 난 이후 심상치 않은 백성들의 동태를 점검하기 위한 것으로 보인다. 호패법은 반정(反正) 직후부터 논의되어 왔으나, 새로 군역에 편입될 백성들의 반발을 우려하여 지금까지 시행이 미루어져 왔다.

① 공신에게 공로와 인품에 따라 역분전을 지급하였다.
② 삼정의 문란을 해결하고자 삼정이정청을 설치하였다.
③ 시전 상인의 특권을 축소하는 신해통공을 단행하였다.
④ 전세를 1결당 4~6두로 고정하는 영정법을 제정하였다.
⑤ 1년에 2필식 걷던 군포를 1필로 줄이는 균역법을 시행하였다.

24 (가)~(마)에 들어갈 내용으로 옳은 것은? [2점]

한국사 과제 안내문

다음에 제시된 조선의 농업 서적 중 하나를 선택하여 보고서를 제출하시오.

책 이름	소개
구황촬요	(가)
금양잡록	(나)
농사직설	(다)
산림경제	(라)
임원경제지	(마)

○ 조사 방법: 문헌 조사, 인터넷 검색 등
○ 제출 기간: 2020년 ○○월 ○○일 ~ ○○월 ○○일
○ 분량: A4 용지 3장 이상

① (가) - 목화 재배와 양잠 등 중국 화북 지방의 농법 소개
② (나) - 인삼, 고추 등의 상품 작물 재배법과 원예 기술 수록
③ (다) - 정초, 변효문 등이 우리 풍토에 맞는 농법을 종합하여 편찬
④ (라) - 농촌 생활을 위한 백과사전으로 서유구가 저술
⑤ (마) - 강희맹이 손수 농사를 지은 경험과 견문을 종합하여 서술

25 (가)에 들어갈 내용으로 옳은 것은? [2점]

색경을 편찬한 인물에 대해 이야기해 보자

노론에 의해 사문난적으로 몰려 당시 학계에서 배척당했어

(가)

① 청으로부터 시헌력 도입을 건의했어.
② 기기도설을 참고하여 거중기를 설계했어.
③ 무오사화의 발단이 된 조의제문을 작성했어.
④ 천체의 운행과 위치를 측정하는 혼천의를 제작했어.
⑤ 유학 경전을 주자와 달리 해석한 사변록을 저술했어.

26 (가) 교육 기관에 대한 설명으로 옳은 것은? [2점]

그림으로 보는 조선 국왕의 일생

이 그림은 효명세자가 (가) 에 입학하는 의식을 그린 『왕세자입학도첩』 중 「입학도」이다. 효명세자는 이날 궁을 나와 (가) 에 도착하여 먼저 대성전의 공자 신위에 술을 올린 후, 명륜당에 가서 스승에게 교육을 받았다.

① 전문 강좌인 7재가 운영되었다.
② 전국의 부·목·군·현에 하나씩 설립되었다.
③ 중앙에서 교관인 교수나 훈도가 파견되었다.
④ 생원시나 진사시에 합격자에게 입학 자격이 부여되었다.
⑤ 한어(漢語), 왜어(倭語), 여진어 등 외국어 교육을 담당하였다.

27 (가), (나) 문서가 작성된 사이의 시기에 있었던 사실로 옳은 것은? [2점]

(가) 저들이 비록 왜인이라고는 하나 실은 양적(洋賊)입니다. 화친이 한번 이루어지면 사학(邪學)의 서책과 천주의 초상이 교역하는 속에 섞여 들어오게 되고, 조금 지나면 전도사와 신도가 전수하여 사학이 온 나라에 두루 가득 차게 될 것입니다.

- 지부복궐척화의소 -

(나) 지금 조정에서는 어찌 백해무익한 일을 하여 러시아가 없는 마음을 먹게 하고, 미국이 의도하지 않았던 일을 만들어 오랑캐를 끌어들이려 하십니까? 저 황준헌이라는 자는 스스로 중국에서 태어났다고 하면서도, 일본을 위해 말하고 예수를 좋은 신이라 하며, 난적의 앞잡이가 되어 스스로 짐승과 같은 무리가 되었습니다. 고금천하에 어찌 이런 이치가 있겠습니까?

- 영남 만인소 -

① 김기수가 수신사로 일본에 파견되었다.
② 영국이 거문도를 불법으로 점령하였다.
③ 평양 관민이 제너럴 셔먼호를 불태웠다.
④ 거중 조정 조항을 포함한 조약이 체결되었다.
⑤ 양헌수 부대가 정족산성에서 프랑스군을 격퇴하였다.

28 다음 자료의 상황이 나타난 시기에 볼 수 있는 모습으로 적절하지 <u>않은</u> 것은? [1점]

김상철이 말하기를, "도성 백성들의 생계는 점포를 벌여 놓고 사고파는 데 달려 있습니다. 그런데 근래 기강이 엄하지 않아서 어물과 약재 등 온갖 물건의 이익을 중간에서 독점하는 도고(都庫)의 폐단이 한둘이 아닙니다. 대조(大朝)께서 여러 차례 엄하게 다스렸으나, 점차 해이해져 많은 물건의 가격이 폭등한 것은 오로지 이 때문이라고 합니다. 평시서(平市署) 등에서 적발하여 강하게 다스렸다면 어찌 이런 일이 있었겠습니까?"라고 하였다.

① 청요직 통청을 요구하는 서얼
② 한글 소설을 읽고 있는 부녀자
③ 동국문헌비고를 열람하는 관리
④ 염포의 왜관에서 교역하는 상인
⑤ 장시에서 판소리를 구경하는 농민

29 (가) 인물에 대한 설명으로 옳은 것은? [1점]

> 신(臣) 병창이 [(가)] 앞에 나아가 품의했더니, 이르기를 '성묘(聖廟) 동서무(東西廡)에 배향된 제현 및 충절과 대의가 매우 빛나 영원토록 높이 받들기에 합당한 47곳의 서원 외에는 모두 향사(享祀)를 중단하고 사액을 철폐하라'고 하였습니다. 지시를 받들어 이미 사액된 서원 중 앞으로 계속 보존할 곳 47개를 별단에 써서 들였습니다. 계하(啓下)*하시면 각 도에 알리겠습니다.
>
> 『승정원일기』
>
> * 계하(啓下): 국왕의 재가

① 종로와 전국 각지에 척화비를 건립하였다.
② 나선 정벌을 위하여 조총 부대를 파견하였다.
③ 각 궁방과 중앙 관서의 공노비를 해방하였다.
④ 도성을 방비하기 위하여 총융청을 설치하였다.
⑤ 통치 체제를 정비하기 위하여 경국대전을 편찬하였다.

30 (가) 사건에 대한 설명으로 옳은 것은? [2점]

> 이것은 우정총국이 업무를 시작하면서 발행한 국내 최초의 우표입니다. 당시 화폐 단위가 '문(文)'이어서 문위 우표라는 이름이 붙여졌습니다. 하지만 김옥균 등이 주도한 [(가)] (으)로 우정총국이 폐쇄되면서 이 우표는 더 이상 발행되지 못했습니다.

① 건양이라는 연호를 제정하였다.
② 단발령 시행에 반발하여 일어났다.
③ 개혁 추진 기구로 교정청을 설치하였다.
④ 구본신참에 입각하여 개혁을 추진하였다.
⑤ 청·일 간 톈진 조약 체결의 계기가 되었다.

31 다음 상황이 전개된 배경으로 옳은 것은? [2점]

> 백동화를 제일 은행권으로 바꾸려고 교환소에 갔더니, 터무니없이 낮게 평가해 바꿔 주더군.

> 백동화는 곧 사용할 수 없을 테니 손해를 보더라도 교환할 수 밖에 없지 않겠나.

① 금속류 회수령이 공포되었다.
② 국채 보상 운동이 전개되었다.
③ 산미 증식 계획이 실시되었다.
④ 조선 물산 장려회가 조직되었다.
⑤ 재정 고문으로 메가타가 임명되었다.

32 밑줄 그은 ㉠ 사건 이후 사실로 옳은 것은? [3점]

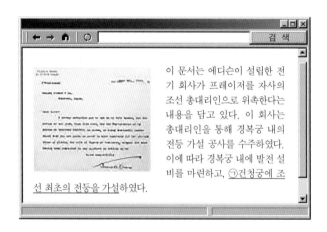

> 이 문서는 에디슨이 설립한 전기 회사가 프레이저를 자사의 조선 총대리인으로 위촉한다는 내용을 담고 있다. 이 회사는 총대리인을 통해 경복궁 내의 전등 가설 공사를 수주하였다. 이에 따라 경복궁 내에 발전 설비를 마련하고, ㉠건청궁에 조선 최초의 전등을 가설하였다.

① 알렌의 건의로 광혜원이 세워졌다.
② 박문국에서 한성순보가 발행되었다.
③ 무기 제조 공장인 기기창이 설립되었다.
④ 정부가 외국어 교육 기관인 동문학을 세웠다.
⑤ 노량진에서 제물포를 잇는 경인선이 개통되었다.

33 (가) 운동에 대한 설명으로 옳은 것은? [2점]

이곳은 공주 우금치 전적으로 [(가)] 당시 남접과 북접 연합군이 북상하던 중 관군과 일본군을 상대로 격전을 벌인 장소입니다. 우금치는 도성으로 올라가는 길목으로 전략상 매우 중요한 지역이었습니다.

① 이소응, 유인석 등이 주도하였다.
② 황토현에서 전라 감영군을 격파하였다.
③ 한성 조약이 체결되는 결과를 가져왔다.
④ 관민 공동회를 개최하여 헌의 6조를 결의하였다.
⑤ 사건 수습을 위하여 박규수가 안핵사로 파견되었다.

34 다음 사건이 전개된 결과로 옳은 것은? [2점]

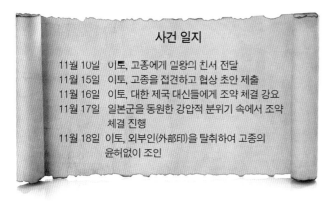

사건 일지

11월 10일 이토, 고종에게 일왕의 친서 전달
11월 15일 이토, 고종을 접견하고 협상 초안 제출
11월 16일 이토, 대한 제국 대신들에게 조약 체결 강요
11월 17일 일본군을 동원한 강압적 분위기 속에서 조약 체결 진행
11월 18일 이토, 외부인(外部印)을 탈취하여 고종의 윤허없이 조인

① 대한국 국제가 반포되었다.
② 별기군 교관으로 일본인이 임명되었다.
③ 외교권이 박탈되고 통감부로 설치되었다.
④ 고종이 러시아 공사관으로 거처를 옮겼다.
⑤ 제물포에서 러시아 함대가 일본 해군에게 격침되었다.

35 (가) 인물의 활동으로 옳은 것은? [2점]

[(가)]의 우수리스크 거주지

사적지 안내

○ 사적지 종류: 건물
○ 국가: 러시아
○ 주소: 연해주 우수리스크시 블르다르스코고 거리 38번지

이 건물은 연해주의 한인 사회에서 명망이 높았던 독립운동가 [(가)] 이/가 거주했던 곳이다. 그는 1909년 대동공보 사장으로 취임하였으며, 1911년에는 권업회를 조직하고 권업신문을 발간하였다. 1918년 제2회 전로 한족 대표 회의에서 이동휘와 함께 명예 회장으로 추대되었다. 1920년 일본군이 자행한 4월 참변으로 우수리스크에서 순국하였다.

① 안중근이 하얼빈 의거를 지원하였다.
② 숭무 학교를 설립하여 독립군을 양성하였다.
③ 의열단의 활동 지침인 조선 혁명 선언을 작성하였다.
④ 대조선 국민군단을 조직하여 무장 투쟁을 준비하였다.
⑤ 신한 청년단을 결성하고 파리 강화 회의에 참석하였다.

36 (가) 단체의 활동으로 옳은 것은? [1점]

역사 다큐멘터리 기획안

[(가)], 좌우가 힘을 합쳐 창립하다

○ 기획의도
일제 강섭기 최내 규모의 사회 단체인 [(가)]에 대한 다큐멘터리를 제작하여 그 역사적 의미를 살펴본다.

○ 장면별 구성 내용
- 정우회 선언을 작성하는 장면
- 이상재가 회장으로 추대되는 장면
- 전국 주요 도시에 지회가 설립되는 장면
- 순회 강연단을 조직하고 농민 운동을 지원하는 장면

① 평양에 자기 회사를 설립하였다.
② 2·8 독립 선언서를 작성하여 발표하였다.
③ 제국 신문을 발행하여 민중 계몽에 힘썼다.
④ 어린이날을 제정하고 잡지 어린이를 간행하였다.
⑤ 광주 학생 항일 운동에 진상 조사단을 파견하였다.

37 다음 자료를 활용한 탐구 활동으로 가장 적절한 것은? [1점]

> ○ 신(臣) 등이 들은 말에 의하면 일전에 외부(外部)에서 산림과 원야(原野)와 진황지(陳荒地)를 50년 기한으로 일본인에게 빌려주는 일을 정부에 청의(請議)하여 도하(都下)의 인심이 매우 술렁거리고 있습니다.
> 『해학유서』
>
> ○ 종로에서 송수만, 심상진 씨 등이 각 부(府)·부(部)·원(院)·청(廳)과 각 대관가(大官家)에 알리노라. 지금 산림과 하천 및 못, 원야, 황무지를 일본인이 청구하니, 국가의 존망과 인민의 생사가 경각에 달려 있노라.
> - 황성신문 -

① 105인 사건의 영향을 조사한다.
② 보안회의 활동 내용을 파악한다.
③ 독립문이 건립된 과정을 살펴본다.
④ 조선 형평사의 설립 목적을 검색한다.
⑤ 황국 중앙 총상회의 활동을 파악한다.

38 (가) 전투에 대한 설명으로 옳은 것은? [2점]

> 이곳은 부산 해운대에 있는 '애국지사 강근호 길'입니다. 그는 1920년 10월 백운평, 어랑촌, 고동하 등지에서 일본군에 맞서 싸운 (가) 당시 북로 군정서 중대장으로 활약하였습니다.

① 중국 호로군과 협력하여 진행되었다.
② 미국 전략 정보국(OSS)의 지원을 받았다.
③ 대한민국 임시 정부 수립에 영향을 주었다.
④ 조국 광복회의 지원 아래 유격적으로 전개되었다.
⑤ 대한 독립군, 대한 국민군 등이 연합하여 참여하였다.

39 (가) 인물에 대한 설명으로 옳은 것은? [3점]

> 이것은 국회 의사당의 중앙홀에 있는 (가) 의 흉상입니다. 그는 안창호, 양기탁과 함께 신민회를 조직하였고, 국권 피탈 이후에는 서간도 삼원보로 건너가 경학사와 신흥 강습소 설립을 주도하였습니다.

① 대한민국 임시 의정원의 초대 의장을 맡았다
② 고종의 밀지를 받아 독립 의군부를 조직하였다.
③ 독립 투쟁 과정을 서술한 한국독립운동지혈사를 저술하였다.
④ 일제의 패망과 광복에 대비하여 조선 건국 동맹을 결성하였다.
⑤ 네덜란드 헤이그에서 열린 만국 평화 회의에 특사로 파견되었다.

40 밑줄 그은 '이 사건' 이후의 사실로 옳은 것은? [3점]

> 이 사진은 을밀대 지붕 위에서 고공 농성을 벌이는 강주룡의 모습입니다. 그녀는 대공황 이후 열악해진 식민지 노동 환경에서 임금 삭감 등에 반대하여 평원 고무 공장 쟁의를 주도하였습니다. 이 사건은 자본가와 일제에 맞선 반제국주의 항일 투쟁이라는 점에서 의미가 있습니다.

① 조선 노동 총동맹과 조선 농민 총동맹이 창립되었다.
② 전국 단위의 조직인 조선 노동 공제회가 조직되었다.
③ 전시 징용 정책에 반대하여 동방 광산 광부들이 투쟁하였다.
④ 회사 설립 시 총독의 허가를 받도록 하는 회사령이 제정되었다.
⑤ 일본인 감독의 한국인 구타 사건을 계기로 원산 총파업이 일어났다.

41 다음 지역에 있었던 사실로 옳은 것은? [1점]

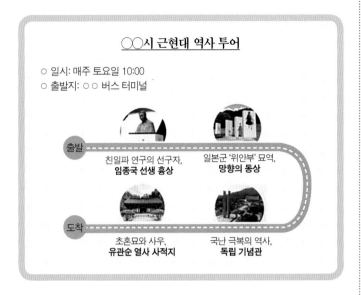

○○시 근현대 역사 투어

○ 일시: 매주 토요일 10:00
○ 출발지: ○○ 버스 터미널

출발 — 친일파 연구의 선구자, **임종국 선생 흉상**
일본군 '위안부' 묘역, **망향의 동상**
초혼묘와 사우, **유관순 열사 사적지**
도착 — 국난 극복의 역사, **독립 기념관**

① 4·3 사건으로 많은 주민이 희생되었다.
② 오페르트가 남연군 묘 도굴을 시도하였다.
③ 아우내 장터에서 독립 만세 운동이 일어났다.
④ 강우규가 사이토 총독에게 폭탄을 투척하였다.
⑤ 지주 문재철의 횡포에 맞서 소작 쟁의가 발생하였다.

42 (가)에 들어갈 내용으로 옳은 것은? [1점]

브나로드 운동을 소재로 소실 상록수를 쓴 사진 속 인물에 대해 말씀해 주세요.

(가)

① 저항시 그날이 오면을 발표하였습니다.
② 근대극 형식을 도입한 토월회를 조직하였습니다.
③ 단성사에서 개봉된 영화 아리랑을 제작하였습니다.
④ 고대사 연구를 바탕으로 조선상고사를 저술하였습니다.
⑤ 일제 강점기 농촌 현실을 묘사한 소설 고향을 연재하였습니다.

43 (가) 단체에 대한 설명으로 옳은 것은? [2점]

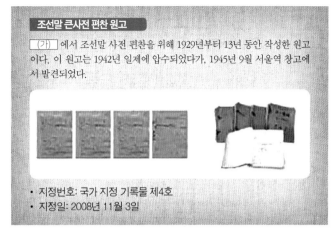

조선말 큰사전 편찬 원고

[(가)] 에서 조선말 사전 편찬을 위해 1929년부터 13년 동안 작성한 원고이다. 이 원고는 1942년 일제에 압수되었다가, 1945년 9월 서울역 창고에서 발견되었다.

• 지정번호: 국가 지정 기록물 제4호
• 지정일: 2008년 11월 3일

① 국어 문법서인 대한문전을 편찬하였다.
② 한글 맞춤법 통일안과 표준어를 제정하였다.
③ 우리말 음운 연구서인 언문지를 저술하였다.
④ 한글 연구를 목적으로 학부 아래에 설립되었다.
⑤ 주시경을 중심으로 국문을 정리하고 철자법을 연구하였다.

44 (가), (나) 사이의 시기에 있었던 사실로 옳은 것은? [2점]

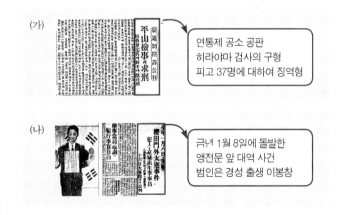

(가) — 연통제 공소 공판
히라야마 검사의 구형
피고 37명에 대하여 징역형

(나) — 금년 1월 8일에 돌발한
앵전문 앞 대역 사건
범인은 경성 출생 이봉창

① 신규식 등이 대동 단결 선언을 발표하였다.
② 대한민국 임시정부가 대일 선전 성명서를 공포하였다.
③ 김구, 이시영 등이 항저우에서 한국 국민당을 창당하였다.
④ 충칭에서 지청천을 총사령관으로 하는 한국 광복군이 창설되었다.
⑤ 독립운동의 방략을 논의하기 위하여 국민 대표 회의가 개최되었다.

45 (가) 인물의 활동으로 옳은 것은? [2점]

이 문서는 ⬚(가)⬚ 이/가 마련한 대한민국 임시 정부 건국 강령 초안이다. 건국 강령은 민족 운동의 방향과 광복 후 국가 건설의 지향을 담은 것으로 대한민국 임시 정부 임시 헌장의 이론적 기초가 되었다. 이 초안에는 ⬚(가)⬚ 이/가 고심하여 수정한 흔적이 그대로 남아 있어 역사적 가치가 높다.

① 대성 학교를 세우고 흥사단을 창립하였다.
② 대한 광복회를 조직하여 친일파를 처단하였다.
③ 조선 혁명 간부 학교를 세워 독립군을 양성하였다.
④ 삼균주의를 제창하여 정치·경제·교육의 균등을 강조하였다.
⑤ 조선사회경제사에서 식민주의 사학의 정체성 이론을 반박하였다.

[46-47 다음 자료를 읽고 물음에 답하시오.]

> (가) **제31조** 입법권은 국회가 행한다. 국회는 민의원과 참의원으로써 구성한다.
> **제53조** 대통령과 부통령은 국민의 보통, 평등, 직접, 비밀 투표에 의하여 각각 선거한다. ······
> **제55조** 대통령과 부통령의 임기는 4년으로 한다. 단, 재선에 의하여 1차 중임할 수 있다. ······
>
> (나) **제7조의2** 대한민국의 주권의 제약 또는 영토의 변경을 가져올 국가 안위에 관한 중대 사항은 국회의 가결을 거친 후에 국민 투표에 부하여 민의원 의원 선거권자 3분지 2 이상의 투표와 유효 투표 3분지 2 이상의 찬성을 얻어야 한다.
> **제55조** 대통령과 부통령의 임기는 4년으로 한다. 단, 재선에 의하여 1차 중임할 수 있다. ······
> **부칙** ······ 이 헌법 공포 당시 대통령에 대하여는 제55조 제1항 단서의 제한을 적용하지 아니한다.

46 (가), (나) 헌법에 대한 설명으로 옳은 것은? [3점]

① (가) - 제헌 국회에서 제정되었다.
② (가) - 계엄령 아래 국회에서 기립 표결로 통과되었다.
③ (나) - 대통령의 국회의원 1/3 추천 조항을 담고 있다.
④ (나) - 대통령 선거인단에 의한 간접 선거제를 규정하였다.
⑤ (가), (나) - 호헌 동지회 결성 이후 개정되었다.

47 (가), (나) 사이의 시기에 있었던 사실로 옳은 것은? [2점]

① 중화 인민 공화국과 국교를 수립하였다.
② 경제 협력 개발 기구(OECD)에 가입하였다.
③ 미국의 요청에 따라 베트남 파병이 시작되었다.
④ 판문점에서 6·25 전쟁 정전 협정이 조인되었다.
⑤ 미국과 한·미 상호 방위 원조 협정이 체결되었다.

48 밑줄 그은 '정부' 시기의 사실로 옳은 것은? [3점]

대통령은 신년사에서 월드컵과 부산 아시안 게임 개최로 국운 융성의 한 해를 만들자고 강조하며, 공명한 대통령 선거와 지방 자치 선거에 최선을 다하겠다고 밝혔습니다. 아울러 정부도 경제적 정의 실현과 사회 안전망을 강화하여 중산층과 서민 생활 안정에 노력하겠다고 발표했습니다.

대통령, 공명 선거와 사회 정책 방향 제시

① 호주제가 폐지되었다.
② 대학 졸업 정원제가 시행되었다.
③ 노인 장기 요양 보험법이 제정되었다.
④ 국민 기초 생활 보장법이 실시되었다.
⑤ 중학교 무시험 진학 제도가 시작되었다.

49 (가) 민주화 운동에 대한 설명으로 옳은 것은? [2점]

이것은 대전 지역의 고등학생들이 장면 부통령 후보 유세를 기회로 삼아 시작한 3·8 민주 의거를 기리는 탑입니다. 3·8 민주 의거는 대구의 2·28 민주 운동, 마산의 3·15 의거와 더불어 (가) 이/가 전국적으로 확산되는 계기가 되었습니다.

① 한·일 국교 정상화에 반대하여 일어났다.
② 호헌 철폐와 독재 타도 등의 구호를 내세웠다.
③ 대학 교수단이 대통령 퇴진을 요구하며 시위 행진을 벌였다.
④ 3·1 민주 구국 선언을 통해 긴급 조치 철폐 등을 요구하였다.
⑤ 5년 단임의 대통령 직선제 개헌이 이루어지는 계기가 되었다.

50 기사의 사건이 일어난 정부 시기의 통일 정책으로 옳은 것은? [2점]

광주 대단지 주민 5만여 명, 대규모 시위

지난 10일, 경기도 광주시 중부면 광주 대단지에서 5만여 명의 주민들이 차량을 탈취하여 대규모 시위를 벌였다. 이번 시위는 서울 도심을 정비하기 위하여 10만여 명의 주민들을 경기도 광주로 이주시키는 과정에서 발생하였다. 서울시가 처음 내건 이주 조건과 달리, 상하수도나 교통 등 기반 시설이 갖추어지지 않은 채 강제로 이주시켰기 때문이다. 시위 과정에서 관공서와 주유소 등이 불에 탔고, 주민과 경찰 다수가 부상을 입었으며, 일부 주민들이 구속되었다.

① 남북한이 유엔에 동시 가입하였다.
② 10·4 남북 공동 선언을 발표하였다.
③ 남북한이 한반도 비핵화 공동 선언에 서명하였다.
④ 남북 조절 위원회를 설치하여 통일 방안을 논의하였다.
⑤ 남북한의 교류 협력을 위한 개성 공업 지구 건설에 착수하였다.

2회 실전모의고사 정답표

문항번호	정답	배점	문항번호	정답	배점	문항번호	정답	배점	문항번호	정답	배점	문항번호	정답	배점
01	②	1	11	③	2	21	④	2	31	⑤	2	41	③	1
02	⑤	2	12	①	2	22	①	3	32	⑤	3	42	①	1
03	③	2	13	④	1	23	④	2	33	②	2	43	②	2
04	⑤	2	14	②	2	24	③	2	34	②	2	44	⑤	2
05	②	3	15	④	2	25	⑤	2	35	①	2	45	④	2
06	⑤	2	16	①	3	26	④	2	36	⑤	1	46	②	3
07	⑤	2	17	④	1	27	②	2	37	②	1	47	④	2
08	②	2	18	②	2	28	②	1	38	⑤	2	48	④	3
09	②	3	19	③	2	29	①	1	49	①	3	49	③	2
10	⑤	1	20	⑤	2	30	⑤	2	40	③	3	50	④	2

2021 빅데이터 한국사 능력검정시험 심화

2021년 2월 15일 초판 1쇄 발행

지은이 우리역사문화연구소 김용만

펴낸이 권혁재

편 집 권이지
디자인 이정아

인 쇄 성광인쇄
펴낸곳 학연문화사
등 록 1988년 2월 26일 제2-501호
주 소 서울시 금천구 가산디지털1로 168 우림라이온스밸리 B동 712호

전 화 02-2026-0541
팩 스 02-2026-0547
E-mail hak7891@chol.com

ISBN 978-89-5508-431-3 (13910)